피터 럭크만의 주석서

사도행전

피터 럭크만 지음

윤 지 영 옮김

말씀보존학회

THE BIBLE BELIEVER'S COMMENTARY

THE BOOK OF ACTS

By

Peter S. Ruckman, Ph.D.

Bible Baptist Bookstore

Pensacola, Florida

1997 / Korean by Word of God Preservation Society

Seoul, Korea

이 책을 내면서

사도행전은 신약성경에 들어 있는 전환기적인 세 가지 책 중 하나이다. 마태복음은 구약과 신약 사이에 있는 책이요, 사도행전은 유대인의 율법과 그리스도인의 은혜(신약 교회)를 잇는 책이며, 히브리서는 교회 시대와 환란 시대를 잇는 책이다. 지난 1,900여 년 동안의 신약 교회사에서 많은 교리적인 오류가 나왔는데 그것은 거의 이 세 책을 잘못 이해한 데서 비롯된 것들이다. 이것은 매우 심각한 일인데도 사람들은 간과해 버리고 제 나름대로 학자의 권위나 목사의 권위를 내세웠던 것이다. "성경은 하나님의 말씀이요 진리이다." 이것은 아무도 부인할 수 없는 명제이다. 그러나 성경 전체가 신약 교회의 교리가 될 수는 없는 것이다. 특히 사도행전은 교리의 책이 아니다. 물론 성경의 어떤 부분도 우리에게 적용시킴으로써 영적 교훈과 양식을 얻을 수 있다. 그러나 성경 전체를 신약 교회의 교리로 적용시키게 되면 커다란 문제를 낳게 된다.

복음서에서도 시기적으로 마태복음 26장 이전과 이후는 커다란 분기점이 된다. 주 예수 그리스도께서 십자가에 달리시기 이전과 이후는 실제적으로 큰 차이가 있다. 이러한 차이는 하나님께서 마련해 놓으신 인간의 구원이 예수 그리스도의 십자가의 보혈을 믿음으로 가능하기 때문이다. 신약 교회는 예수 그리스도의 승천으로 인하여 성령님께서 오셔서 예수님을 믿고 구원받은 사람들의 몸에 거처를 정하심으로 성립되었다. 그러므로 예수 그리스도의 죽음, 부활, 승천을 근거로 신약 교리가 정립될 수 있는 것이다. 바울 서신은 바로 이 점을 해결했기에 신약 교회들의 교리서가 된 것이다. 그후 성도의 휴거와 이 지상에서의 7년 대환란, 그리고 환란 끝에 예수 그리스도께서 재림하심으로 이 세상은 새로운 세대를 맞게 된다.

사도행전이 교리서가 아니라고 해서 교리적 적용이 전혀 안 된다는 말은 아니다. 사도행전의 구절이 성경의 다른 부분과 일치하고 특히 바울 서신서들과 일치하는 부분들은 신약 교회 교리로 적용할 수 있다. 사도행전 2:38에서 베드로는『**회개하라. 그리고 죄들을 사함받은 것으로 인하여 너희 각자는 예수 그리스도의 이름으로 침례를 받으라. 그리하면 너희가 성령의 선물을 받으리라.**』고 말했다. 지금 베드로는 유대인들에게 회개의 침례를 외치고 있다. 만일 이 구절을 교리로 삼는다면, 침례를 받으면 구원을 받는다는 결론에 이른다. 침례를 받으면 구원받는 것이 신약 교리인가? 절대로 아니다. 베드로는 그 후 3번이나 믿음으로 구원받는다고 정정했던 것이다(행 10:43; 11:17; 15:11). 그러나 이 구절을 오해함으로 인하여 소위 "그리스도의 교회"(캠벨파)가 생겨난 것이다.

본 주석서는 지금까지 그리스도인들이 잘못 이해한 많은 부분을 선명하게 바로잡아 주게 될 것이며, 따라서 독자 여러분은 이 책으로 진리의 지식에 이르게 될 것이고, 공부를 할수록 이 책의 가치를 인정하게 될 것이다.

1997년 1월

말씀보존학회 대표

이송오 목사

서 문

〈킹제임스성경〉 번역자들이 이 책에 붙인 "사도들의 행적"(Acts of the Apostles)이라는 제목은 적절한 표현이다. 이 책은 분명히 "사도들의 행적"이기 때문이다. 이 책은 베드로와 야고보, 요한을 비롯한 열한 명의 사도들의 행적으로 시작된다. 그들은 유다를 대신할 사람을 뽑고, 오순절을 기다리며, 이스라엘에게 설교하고, 병자를 치유하며, 집사들을 선출하고, 죽은 자를 살리며, "천국"의 문들을(마 16:19) 이방인에게 열어 준다. 이 책은 바울, 실라, 바나바 - 이들은 모두 "사도들"(행 14:14)로 불린다 - 의 행적으로 끝을 맺으나, 복음은 사도들의 "표적과 이적"(롬 15:19, 고후 12:12)과 더불어 땅 끝까지 전해지게 된다.

다른 주석서들을 읽어 본 독자라면 〈킹제임스성경〉이 이 책에 붙인 제목까지 공격 대상이었다는 사실에 놀라지 않을 것이다. 왜냐하면 모든 죽은 정통 보수주의자들(페이지, 렌돌, 로버트슨, 샤프, 모울튼, 브루스, 클라크, 래드, 벌링거, 노울링, 그로티우스, 알포드, 워즈워드 등)은 어떠한 이유로든 종교개혁 성경의 권위에 맹렬하게 이의를 제기하기 때문이다.

전형적인 예가 풀러 신학교의 "성경" 신학 교수 래드(Ladd)가 쓴 〈위클리프 주석〉에 있는데(p.1123), 그는 〈킹제임스성경〉에 있는 제목이 "원본"에는 없다고 말한다. 이것이 바로 예레미야 36:23 이후로 죽은 정통 보수주의자들이 해 온 말이다. 그러나 그는 결코 "원본"을 본 적이 없으며, "원본"을 본 사람을 알지도 못하며, 더구나(존 R. 라이스, 월버 스미스, 아쳐 웨니거, 로크만 재단과 마찬가지로) "원본"이 무엇인지조차 모른다.

1880년과 1990년 사이에 "보수주의 학계"의 두드러진 특징은 그들이 "원본"에 대해 고의적인 거짓말을 한다는 점이다. 〈사탄의 걸작품 NASV〉을 읽어 본 독자들이라면 이 말이 진실이며 결코 '과장'이 아니라는 사실을 알 것이다. 1880년 이후로 모든 주요 보수주의 주석가와 성경 개정자(혹은 헬라어 교수)는 자신들이 "원본"의 내용을 안다고 수업이나 논문을 통해 큰소리를 쳐 왔다. 이들이 '사도행전' 대신 제안하는 제목들은 거룩한 사도들의 행적, 성령의 복음, 행적, 부활의 실증, 성령 행전 등이다. 헤롤드 만서(〈참조 성경〉 편집자, 1959)는 토레이, 존 샘피, 로버트슨(소위 보수주의자들)을 변호한다. 즉 〈킹제임스성경〉에 있는 이 책 제목은 그 책에 대한 정확한 묘사가 아니라는 것이다.

이 책에서 우리는 종교개혁 성경의 권위를 전복시키는 비평가들과 어떤 타협도 하지 않을 것이다. 그들이 때로는 진리를 말한다 할지라도 그들에게 존경을 표하지 않을 것이다. 1880년 이후로 성경 주석과 개정은 주로 장사치들과 사기꾼들의 일이 되어 왔으며, 그들 중 어떤 이들이 "근본주의"를 믿는 "경건한 사람들"로 통한다 해도 그들은 325년 니케아 공회 이후로 그리스도의 몸에서 일어난 가장 큰 배교에 대해 책임져야 할 것이다. 로크만 재단이 만들어낸 변개된 성서들을 하나님의 말씀으로 인정하지 않는 성경대로 믿는 사람들은 〈킹제임스성경〉의 적들조차도 부인할 수 없는 엄연한 사실을 알아냈다. 즉 미국의 종교와 도덕은 엘리자베스 여왕 시대의 "고대 영어"로 번역된 〈킹제임스성경〉이 밀려나고 "대중의 언어"로 번역된 "보다 나은 번역본들"이 출판되면서부터 더 빠르고 더 심하게 타락해 왔다는 사실이다. 분명히 성령께서는 〈킹제임스성경〉의 "고대 영어"에 크게 신경쓰지 않으시며, 지금도 여전히 300년 이상 된 그 성경을 가지고 일하신다. 성령께서는 가장 최근에 나온 34개의 번역본을 합친 것보다 그 책으로 더 많은 일을 하신다.

사도행전은 28장, 1,067구절, 24,250단어(영어 〈킹제임스성경〉의 경우)로 되어 있으며, 저자는 "사랑하는 의사"(골 4:14) 누가이다. 이 사실은 첫 구절부터 명백히 드러나 있으나, 학자들은 여기에마저 이론을 제기한다.

R.J. 노울링은 "사도행전을 기록한 사람이 누구이든지 간에 그는 또한 누가의 이름을 담고 있는 복음서를 기록했다."고 말한다(〈주해 헬라어 성경〉 1권 p.3). 노울링은 불가지론자이며, 바르트나 부르너와 마찬가지로, 명백한 성경의 진리를 거부하는 사람이다(눅 1:1-3, 행 1:1 비교). 브루스도 "사도행전은 1세기의 한 그리스도인이 기록한 책..."이라고 말한다.

사도행전의 저자는 성경의 다른 어떤 역사서보다 더 분명하게 입증된다(행 1:1 주석 참조)는 점에서 볼 때, 보수주의 신학교의 교수들을 위한 교재를 집필한 사람들이 "학자"임을 증명하기 위해 알 수 없다고 변명한다는 것은 뭔가 의미심장하지 않은가? 그리스도의 교회 목사들이 에베소서 2:8-10 대신 사도행전 2:38을 근거로 성도를 논쟁에 말려들게 하는 것처럼, "대다수의 인정받는 학자들"은 그들 자신이 만들어낸 논쟁에 성도를 끌어들이고자 한다. 그럼으로써 그들은 서로 다른 견해들을 수없이 제시하여 성도의 믿음을 파괴시키거나, 그렇지 않으면 적어도 이 사람들의 학문과 연구 결과들이 존경할 만하거나 고려해 볼 만하다고 생각하도록 만드는 것이다. 현대의 기독교 교육의 진짜 목적은 〈킹제임스성경〉을 증오하는 사람들의 수많은 이론과 견해 속에 성도를 파묻어서 결국은 성경의 저자를 의심하도록 만드는 것이다.

따라서 학자들은 의도적으로 사도행전의 저자가 누구냐는 문제를 다루는 데 있어서 수많은 이론들을 제시한다. 모펫은 누가복음과 사도행전에서 공통적으로 사용된 57단어에 관해 무엇을 증명했는가? 윈디스크(Windisch)가 이것을 인정했는가? 클락은 그것을 부인했는가? 그렇다면 이유는? 낙스는 이 질문들에 답변하지 않았는가? 그렇지 않다면 왜 하르낙은 그것을 지지했는가? 호바트와 잔은 이것에 관해 어떻게 생각했는가? 캐르베리는 이것을 반박했는가? 그렇다면 브루스와 메이저의 의견이 진리에 더 가까운 것이 아닌가?

이런 논쟁의 목적은 신학에 입문한 학생들로 하여금 위대한 지적 거인들이 "원문"에 더 가까워지기 위한 중요한 연구를 하고 있다고 확신시키려는 것이다. 위에 열거한 모든 사람이 〈킹제임스성경〉 본문을 바꿈으로써 생계를 꾸려가고 있다는 생각을 순진한 학생들은 결코 못할 것이다. 이 학자 무리 중 단 한 명도 그리스도의 심판석에 관해 설교할 정도의 지식도 없다. 우리는 아무도 정죄하지 않는다. 우리는 단순히 사실을 말하고 있을 뿐이다. 이런 "경건한 학자들"의 의견을 공부하는 데 시간과 시력과 돈을 낭비한 성경대로 믿는 사람은 마귀에게 속아 온 것이다. 세 번째 복음서와 사도행전을 누가가 기록했다는 데는 전혀 문제가 없다. 문제를 일으키는 것은 "이 세상의 지혜"(고전 2:4,6)에 우리 눈을 돌리게 하는 것이며, 지혜를 얻기 위해 성경을 읽지 못하게 하는 "학자들"이다.

기록 연대 문제에서 우리는 다시 상충되는 많은 의견들과 만나게 된다. 그러나 그것들은 아무것도 해결하지 못하며, 성도의 지각에 아무 기여도 못하며, 아무에게도(구원받았건 그렇지 않았건 간에) 조명을 주지 못한다.

바우어(실제적으로는 무신론자인)와 튜빙겐 학교는 이 책이 2세기에 기록되었다고 주장했다. 브래스와 제롬은 57-59년으로, 산데이 박사와 플러머 박사는 80년으로, 하르낙은 최대로 잡아서 93년까지로, 군스피드와 스코트는 90년으로, 토레이는 61년으로, 모펫은 100년으로 결정을 내린다. 먼저 이들의 비평이 서로 일치하지 않는다는 점과 그들의 연구 동기로 인해서 이런 학자들은 무시할 수 있고, 오히려 우리는 성령께서 보존하신 〈킹제임스성경〉에서 두 가지 사실을 확실하게 알 수 있다.

1. 저자(누가)는 사도행전 28장에서 바울이 처음 투옥되었을 때까지는 그의 책을 완성하지 못했다. 투옥은 (어떤 성경 연대기를 보더라도) 58년 이후이다.

2. 저자 누가는 그의 전 작품 어디서도(눅 21:24) A.D. 70년의 예루살렘 멸망을 언급하고 있지 않다. 사도적 권위를 다루는 역사서에서, 저자가 사도적 권위의 원천이 되는 저자가 1세기의 두드러진 역사적 사건을 간과했다는 것은 있을 수 없다(행 8:14 주석 참조). 대부분의 성경적 연대기로 볼 때 바울은 A.D. 66-69년 사이에 참수를 당했다. 누가가 사도행전을 끝마칠 쯤에 참수형당한 것이 아니다.

그렇다면 이 책의 기록 연대는 명백히 A.D. 59-65년 사이가 된다. 대부분의 정통 연대기가 사도행전 28장을 A.D. 62-63년에 두기 때문에(스코필드, 벌링거, 아담 클라크 등) 가장 가능성 있는 추측은 A.D. 64-65년이다. 이런 "추측"은 〈킹제임스성경〉에 나타난 사실과 숫자를 문자적으로 믿는 데서 나온 것이다. 대다수의 보수주의 학자들이 주장하는 이론들과는 상관없이 사도행전 9:32; 11:25; 12:24; 15:41; 17:1; 28:30, 갈라디아서 1:18; 2:1의 성경적 권위가 앞에서 말한 연대를 뒷받침해 준다.

그러나 우리는 "기록 연대와 저자"보다 더 중요한 것들을 다뤄야 한다. 왜냐하면 전에 언급한 바와 같이(저자의 주석서 〈에베소서〉 서문 참조) 하나님의 말씀은 "살아 계시며" 과거에 대한 역사적 정보는 현시대와 분리시킨 죽은 정통주의 보수주의자만을 매료시킬 뿐이기 때문이다.

사도행전에 관한 주석서들을 읽는 것은(지금 필자 앞에는 15개의 주석서가 있다) 철도 시간표 외우는 일로 소일하는 80세 노인이 안내하는 지루한 관광을 하는 것같다. 캠벨 모건과 존 R. 라이스는 가장 신선하지만 내용의 80%가 교리와 관련 없는 내용이다. 코넬리우스 스탬은 가장 호기심을 유발시킨다. 모든 곳에서 교리적이다! 그러나 나머지 주석서들은 2,3일간 부엌 싱크대에 놓여 있는 타버린 토스트 같을 뿐이다.

사도행전을 성경의 가장 중요한 책으로 만드는 이유 중 하나는 현존하는 서양의 4대 이단들이 그들의 이단 교리를 정립하는 데 이 책을 사용한다는 것이다. 1850년부터 현재까지 대표적 주석가 중 단 한 명도 사도행전이 당대에 어떻게 사용되었는지를 언급하지 않았다는 사실은 〈킹제임스성경〉 본문을 배격하는 모든 시대의 주요 주석가들을 성령께서 "제쳐 두셨음"을 의미한다. 모두가 본문을 파괴하고 그리스도인의 관심을 성경에서 인간의 권위로 돌림으로써 생계를 유지했다. 그리하여 성경을 배우는 데 성경 본문 대신 자신을 참조하게 만든 것이다. 이런 사람들이 만들어낸 장황한 토론들은 헌신이나 영적 지혜, 심지어 성경 지식에 관한 것도 아니다. 이들은 아무런 영적 장비가 없음에도 그들의 두뇌를 최대한 사용해서 "진리"를 상술하고 있는 것이다. 자신들이 사도행전에 있는 "문제점"들을 알고 있으며, 이런 점들을 매우 심각하게 토론하고 있다는 것을 알리는 데 급급하다. 사도행전에서 죽은 정통주의 보수주의자들은 최선을 다한다. 왜냐하면 여기서 그들은 예언을 억누르고, 실제적 적용을 피하며, 교리적 논쟁을 피하면서 불필요한 것들에 종이와 잉크를 더욱 낭비하기 때문이다.

교리적으로 볼 때 사도행전의 필수사항은 이 책이 다음 네 가지 이단 교리들의 근본적인 "근거 구절들"을 제공한다는 점이다.

1. 칼빈의 교리 및 극단적 칼빈주의
2. 극단적 세대주의
3. 침례에 의한 중생(카톨릭 및 그리스도의 교회)

4. 신유와 "방언"(은사주의 집단)

A.T. 로버트슨(미국의 모든 보수주의 학교에서 추천하는)은 이런 사실들을 전혀 언급하지 않았다. F.F. 브루스도 마찬가지였다. 이 4대 이단 교리 모두가 그가 주석을 쓸 때 영국에 있었음에도 말이다. 그것들은 제미에슨과 포셋과 브라운이 〈단권주석, *One Volume Commentary*〉을 쓸 때에도 존재했었다. 이러한 사실에도 불구하고 위의 학자들은 사도행전의 "어려운" 구절들에서 나온 당대의 교리적 혼란(벧후 3:16)을 단 한 번도 설명하지 않으면서 사도행전 주석을 썼던 것이다. 이제 우리는 사도행전을 더 깊이 연구하면 할수록 로버트슨, 브루스, 제미에슨, 포셋, 브라운(그리고 그들과 똑같은 80명 이상의 학자들) 등이 이 책에서 중요한 것들을 지나쳤을 뿐만 아니라 다음과 같은 오류를 남겼음을 알 수 있게 된다.

1. 헬라어 "미완료 시제"를 번역하는 데 자신의 규칙들을 고수하지 않았다.
2. 문제를 바로잡을 수 있는 대안도 제시하지 않고 부정적인 비평을 했다.
3. 본문의 단어들을 바꿈으로써 심오한 진리에 접근할 수 있는 참조 구절들을 파괴시켰다.
4. 구원받지 못한 헬라어 문법학자들과 작가들의 의견에 동의하기 위해 단어들을 바꾸었다.
5. 가장 심하게 변개된 필사본들을 "최상의" 사본이라고 평했다.
6. 벨과 용, 토빗, 유딧을 포함하고 있는 필사본을 "위대하다고" 평했다.
7. 개인적 주관으로 일관성 없이 성경 본문을 수정했다.
8. 성경 공부와 기도의 부족으로 어리석은 변개를 가했다.
9. 이스라엘의 회복에 대한 사실을 없애고자 했다.
10. 어떤 단어가 신학적 이론과 관련되어 있기 때문에 헬라어의 일차적 뜻을 거부했다.
11. 본문에 나타난 "실제적인" 신학적, 교리적 문제들에 직면하는 것을

절대적으로 거부했다.

12. 그들이 사랑하는 필사본(바티칸 사본)이 표준원문과 일치할 때는 오히려 그 본문을 택하지 않았다.

13. 〈킹제임스성경〉이 엉성한 "숙어적 표현"을 사용했다고 비난하고는 자신들도 정확히 똑같은 일을 했다.

14. 예수 그리스도의 신성을 확증하는 〈킹제임스성경〉의 이탤릭체 삽입에 분개하면서 자신들은 그것을 공격하기 위해 단어들을 삽입시켰다.

15. 문자적 예언들을 비유적으로 만듦으로써 천년왕국 이전에 오실 그리스도의 재림을 계속적으로 부인했다.

16. 〈킹제임스성경〉 본문을 거부하는 이유에 대해 거짓말을 했다.

17. "원본"에 대해 끊임없이 거짓말을 했다.

18. 〈킹제임스성경〉 번역자들이 고어를 분명한 단어로 대체시켰다고 비난한 후 자신들도 똑같은 일을 했다.

19. "필사본 계열들" 사이에 뚜렷한 구별이 있다고 말하면서 어떤 한 계열에 속해 있는 필사본이 다른 계열에 속해 있는 것처럼 속였다.

20. 상습적으로(그리고 거의 편집증적으로) A.D. 300-500년 사이에 기록된 필사본들을 사용하면서 그것들이 B.C. 250-150년에 기록되기라도 한 것처럼 말했다.

이 20가지 뻔뻔스러운 거짓말과 어리석은 짓들은 "훌륭한 사람"-교육을 받았건 그렇지 않았건 간에-임을 자처하는 사람이라면 서로 간과되어서는 안 된다. 우리는 여기서 '인격'이나 '관점' 이상의 것들을 다루고 있다. 우리는 앞으로 현대 기독교 교육의 목표라는 것은 성경의 권위를 죽은 정통주의 학자의 권위로 대체시키는 것임을 거듭거듭 증명할 것이다. 예를 들어 기독교 학교가 "사도들의 행적에 관한 램세이와 하르낙의 연구 업적"이라고 부르는 것은 "신약에 나타난 사실 중 어떤 것들은 역사적으로 사실임을 스스로에게 납득시키기 위해 불신자들이 한 시도"로 표현되는 것이 가장 좋으리라. A.T. 로버트슨, 필립 샤프, F.F. 브루스, 라잇풋, 린드세이, 쿡, 덴톤, 낙스, 빈센트, 스코트, 알포드, 렌돌, 바움가튼, 해킷, 드웻, 메이어, 데이비슨, 하우선, 라이스, 스펜스, 로크만 재단이 하나님께서 높이시는 본문을 거부하고, 성경을 미워하는 "보수주의자들"의 "연구 결과"로 대체시키는 부분에서, 우리는 완벽하고도 결정적으로 그들을 바로잡을 것이다. 그들이 얼마나 경건한지, 학자로서의 그들의 지위가 얼마나 높은지를 전혀 개의치 않고 말이다.

성경대로 믿는 사람은 세상의 지혜를 경멸한다(고전 1,2장). 보수주의 학자의 연구 결과 앞에서 위축되어 겁에 질린 토끼처럼 될 필요는 결코 없다. 이 연구 결과들이(과학적이든, 종교적이든, "기독교적"이든, 아니면 학자적이든) 성령께서 사용하시는 〈킹제임스성경〉 본문에 위배될 때, 성도는 자신의 생각을 학자들에게 맞출 필요가 없다. 〈킹제임스성경〉은 출판된 이후로 모든 시대의 가장 위대한 보수주의 학자들보다 항상 100-300년이나 앞서왔다. 향후 2,000년 내로 교육이나 철학, 과학, 종교가 그것을 따라잡을 위험은 전혀 없다. 그보다는 차라리 세발자전거나 로울러 스케이트가 메르세데스 벤츠를 따라잡으리라고 기대하는 편이 나으리라.

"경건한 사람," "훌륭한 사람들," "근본주의자"라는 단어가 파괴적인 비평가의 글에 나올 때 학자나 교육에 점수를 주는 것은 하나님의 자녀에게 위험한 일이다. 이것은 오늘날까지도 여전히 사용되는 속임수이며, 1880년 이후로 "대부분의 보수주의 불신자들"이 효과적으로 사용해 온 것이다. 예를 들어 존 R. 라이스는 "구령하는" "근본주의자"이자 "전천년주의자"이다. 그러나 그는 요한계시록 22:14에서 자신이 성경 본문을 바꿀 수 있다고 생각했으며, 우리가 각자의 "기호"에 따라 사도행전 8:37을 취할 수도 있고 취하지 않을 수도 있다고 말한다.

이것이 용감하게 "믿음을 위해 싸우며" "성경의 절대 권위"를 고수하는 현대의(1930-1980) "정통주의 요새들"이 취하는 전형적인 접근 방법이다. 이들 중 누구도 성경을 가진 적도 없고 성경을 본 적도 없으며, 성경을 읽어 본 적도 없으며, 성경을 가르치지도 않는다. 그들에게는 "성경"이 없다. 그들이 가진 것이라고는 "믿을 만한 번역본"과 "믿지 못할 번역본들"일 뿐이다. 그들은 어느 것이 "믿을 만하고" 어느 것이 "믿을 수 없는가"를 결정하는 최종권위의 자리에 자기 자신들을 둔다. 즉 그들은 이 문제에 있어서 최종권위로서 전능하신 하나님을 대신하는 것이다.

무오한 성경의 권위를 믿지 않는 데 대한 라이스의 알리바이는 "그런 교리는 성경에 없기 때문에 우리는 그런 것을 가르치지 않는다"는 것이다.

얼핏 보기에 그의 말은 진심에서 나온 것처럼 보이나, 자세히 살펴보면 그것은 권위 문제에 대한 아무런 해답도 되지 못한다. 이 점에서 라이스의 논리에서 두 가지 두드러진 허점을 살펴보자.

1. 성경에 "영감받은 원본"이 무오하거나 실수가 없었다는 교리는 없다. 성령께서 친히 『**모든 성경은… 영감으로 주어진 것으로…**』(딤후 3:16)라고 말씀하셨을 때, "축자적으로 영감받은 원본"을 언급하는 단어는 하나도 없다. 단지 '성경'이라는 단어가 있을 뿐이다. 당신은 '성경'을 한 권 가지고 있는가? '모든' 성경을 가지고 있는가? 그 구절은 『**모든 성경은 하나님의 영감으로 주어진 것으로**』(딤후 3:16)라고 말한다. 그런데도 학자들은 "최초의 원본"을 말하고 있다. 만일 요한계시록이 요한복음보다 열등하다면(모든 보수주의 및 자유주의 학자들은 그렇게 말한다) "최초의 원본"이 1611년 판 〈킹제임스성경〉보다 열등하지 않았다는 것을 어떻게 알 수 있는가?

2. 『**하나님의 거룩한 사람들이 성령으로 감동을 받아 말한 것이니라**』(벧후 1:21). 성령께서 성경을 기록하셨다고 되어 있는 성경은 없다. 베드로후서 1:21에 따르면 성경은 기록되기 전에 말해졌다. 바울 서신서에도 이

사실이 여러 번 언급되어 있다. 펜을 쥔 사람이 성령의 감동을 받은 것이 아니라 말하는 사람이 성령의 감동을 받았다. 많은 성경이 영감을 받아 기록되었다 해도, 많은 부분이 말해진 다음에 기록되었다. 이것이 바로 이 문제에 관해 베드로후서 1:21에서 성령께서 친히 말씀하신 것이다.

뿐만 아니라 "영감받은 원본"을 외치는 근본주의자들은 그들의 주장을 뒷받침해 주는 권위로서 모순되게도 원본의 '복사본'이나 '번역본'을 인용하고 있다. 디모데전서 3:16, 디모데후서 3:16, 베드로전서 1:21이 올바르게 복사되었는지 어떻게 알겠는가? 올바르게 복사되지 않았다면 "하나님께서 호흡을 불어넣으신" 성경에 대한 신약의 권위는 없어진다.

성경대로 믿는 우리들은 디모데전서 3:16이 〈킹제임스성경〉에서 올바로 복사되었고, 1901년 ASV(훌륭한 사람들과 경건한 보수주의자들이 번역했으며 미국의 모든 주요 기독교 대학에서 추천되고 있다)에서 틀리게 복사되었음을 안다.

원본이 없는 지금, 우리 성경대로 믿는 사람들은 어떤 것이 성경이며 어떤 것이 아닌지를 어떻게 아는가? 이런 아첨꾼들 중 아무도 〈킹제임스성경〉이 무오하다고 믿지 않는다. 왜냐하면 "그런 교리는 성경에 없기" 때문이다. 그러나 동시에 그들은 "원본"이 아닌 헬라어 필사본이나 영어 성경의 구절을 사용해서 맹세를 하니, 이상한 일이 아닐 수 없다.

데살로니가전서 2:13과 사도행전 27:25을 믿으며, 이런 파괴적 비평가들을 무시하는 성도야말로 가장 성경적 태도를 견지하는 것이다. 두 편 중 하나를 선택하라. 하나님의 권위를 자기 자신의 것으로 대체시키고자 하는 에큐메니칼 운동은 한 편만 있다고 생각하게끔 했다. 이들은 내가 펜을 들거나 타자기 앞에 앉기 훨씬 전에 자신들의 불신앙으로 그리스도의 몸을 나누었다(1880-1901). 그들은 필사본 증거와 번역본들에 대해 거짓말을 함으로써 이견을 만들어냈다(1930-1970). 하나님의 말씀은 매우 순수하다(시 119:140). 부패한 필사본과 부패한 동기를 가진 이 부패한 보수주의자들이 살아 계신 하나님의 부패하지 않는 말씀을 부패시키고자 할 때, 우리는 "성령의 칼"(엡 6:17)로 6피트짜리 다마스커스 강철 검과 버터 바르는 칼(히 4:12)의 차이를 보여 줄 것이다.

사도행전 1-15장을 읽을 때 독자가 결코 잊지 말아야 할 것은, 사도행전에 등장하는 사람들 중 아무도 창세기부터 말라키까지의 구약성경 외에 다른 성경을 가지고 있지 않았다는 점이다. 위대한 바울의 교리는 로마서와 갈라디아서와 에베소서에 계시되었으며, 사도행전의 처음 일곱 장에 있는 사람들에게는 알려지지 않았다. 이것이 사도행전 2장만을 붙들고 자신들의 교리로 삼는 사람들의 영적 상태를 규정해 준다. 즉 그들은 영적으로 어린 아기들이거나, 그리스도인에게서 이득을 취하고자 하는(벧후 2:1-3) 거듭나지 않은 교사들이거나, 둘 중 하나다.

성경을 올바로 나누지 못하는 사람들은 사도행전을 통해서 오순절 운동, 행위로 인한 구원, 침례에 의한 중생, 종교적 공산주의(행 2:44)를 주장하게 되어 있다. 사도행전 2장에 묶여 있는 사람은 일생 동안 자기 의를 내세우는 "선을 행하는 자"가 되며(행위에 의한 구원), 구원을 의심하고(침례에 의한 중생), 종국에는 순복음 그리스도인 실업인이 클라렌스 라킨을 피하듯이 교리적 진리를 기피하는 사회사업가로서 일생을 보내게 되는 것이다.

사도행전은 물개들(침례에 의한 중생을 주장하는), 방언하는 자들, 종교적 돌팔이 의사, 자기중심적인 인본주의자, 죽은 정통주의 세대주의자, 신학교 사서들에게는 최대의 걸림돌이다.

마태복음에서 로마서로 이어지는 과도기적인 책이 여기 있다. 이 책은 초대 교회와 기독교 교리의 발전, 편견 극복에 관련된 문제들, 지금까지 살았던 가장 위대한 그리스도인의 소명을 보여 주며, 그 누구도 놓칠 수 없는 진짜 성경적 기독교의 모습을 제시해 준다. 그것들은 다음과 같다.

1. 거리 설교
2. 기도 응답
3. 구령
4. 교리적 논쟁
5. 박해
6. 오직 하나님의 은혜로 받는 구원의 계시
7. 지역 교회들 안으로 소속되는 그리스도인들
8. 구원받은 이후의 성도들의 물침례
9. 주 예수 그리스도께서 즉시 오시리라는 기대
10. 그리스도인의 자선 행위와 목적의 일치
11. 주 예수께 대한 순종의 핵심으로서의 선교와 선교 활동
12. 지역 모임의 성경 교육

『**주여, 말씀하소서. 주의 종이 듣나이다**』(삼상 3:9).

우리는 대다수의 주도적인 학자들을 향해 있는 사람들이 아니라 주님을 향해 있는 사람들이다. 우리는 들을 귀를 가지고 있으며 믿을 마음을 가지고 있다. 이런 장비들로 우리는 "뜻밖의 좋은 것들"을 찾아내고 금과 은을 채굴할 것이다. 이것은 A.T. 로버트슨, 하우슨, 빈센트, 렘세이, 노울링, 웨스트, 홀트, 디엠, 브루스가 헬라어에서는 결코 찾을 수 없었던 것들이다.

오 하나님, 우리가 "우리의 모든 스승들보다 더 명철을 얻게 될 것이며"(시 119:99), 목발을 짚고 다니는 것 같은 "노인들"을 따라잡으리라는 것(시 119:100)을 믿습니다. 왜냐하면 "주의 말씀은 처음부터 참되며, 모든 주의 의로운 명령들은 영원히 지속"(시 119:160)될 것이기 때문입니다.

이 책에 인용된 성경 구절은 〈한글킹제임스성경〉입니다.

차 례

사도행전 1장

1:1 오 데오빌로여, 내가 이전에 쓴 글에서는 예수께서 행하시고 가르치
시기를 시작하심부터
2 주께서 택하신 사도들에게 성령을 통하여 계명들을 주신 후 들려 올
라가신 그 날까지의 모든 일을 기록하였노라.
3 예수께서 고난을 당하신 후 자신이 살아 계심을 그들에게 많은 무오
한 증거들로 보여 주시고 사십 일 동안 그들에게 보이시며 하나님의
나라에 관한 일들을 말씀하셨노라.
4 또 사도들과 함께 모이셨을 때에 그들에게 예루살렘을 떠나지 말고
아버지의 약속을 기다려야 한다고 명령하셨으니 주께서 말씀하시기
를 "그것은 너희가 내게서 들은 바니라.
5 요한은 정녕 물로 침례를 주었으나 너희는 여러 날이 지나지 않아
성령으로 침례를 받으리라."고 하시더라.

서문에서 언급한 것처럼, 첫째 절이 성경과 성경을 비교해 보는 그리스

도인에게 저자에 관한 문제를 해결해 준다. 〈주해 헬라어 성경, *Expositer's* Greek Testament〉(pp.3-36)의 저자에 대한 장황한 설명은 신약의 10-90%를 거부하는 사람들이 쓴 의견들에 그리스도인을 끌어들이려는 시도에 지나지 않는다. 그들은 성도가 자신의 불완전함을 느끼고 영적 성장을 위해서는 이 "학자님들"에게 의존할 필요를 느끼게 만들려고 한다. "우리"라는 무리가(행 21:1) 누가가 아니라 디모데라고 하는 슐라이어마허(Schleirmacher)의 의견과, 이 책이 여러 개의 출처로부터 나왔다는 홀츠만(Holtzmann)의 의견과, 베드로와 바울이 저자라는 벤 마넨(Van Manen)의 이론과, 누가가 바울과 디모데의 이야기를 자료로 사용했다는 소로프(Sorof)의 의견과, 누가가 세 개의 출처를 사용했다는 힐젠펠트(Hingenfeld)의 이론과, 요세푸스가 도와주었다는 웬트(Wendt)의 이론은 성경 지식, 성경 이해, 성경 공부에 전혀 도움이 되지 않는다.

『**오 데오빌로여... 이전에[former] 쓴 글에서...**』(1절)라는 표현은 누가가 데오빌로에게 썼던 "이전에(former) 쓴 글"과 완전히 조화를 이룬다. 더구나 누가는 바울이 사역하는 동안 끝까지 바울과 함께 있었으며(딤후 4:11), 사도행전의 저자는 바울과 함께 배에도 승선했었다(행 27:2-4).

대다수의 학자들은 수년간의 연구와 토론 끝에 자신들이 누가가 저자임을 증명했음을 사람들이 알아주기를 원한다. 그들은 성경 자체가 그들의 인가 없이 무엇인가를 증명하는 것을 용납하지 못한다. 하지만 성도들은 사도행전에 관해 많은 학자들이 쓴 모든 책들과 상관없이, 누가가 저자라는 사실을 인정한다.

『**예수께서 행하시고 가르치시기를 시작하심부터**』(1절). 따라서 누가복음에는 그리스도께서 사역을 시작하신 내용이 나온다. 이 진술은 미래의 행함과 가르침을 암시한다. 뒤이어 나오는 것(행 1:2-5 참조)은 말씀을 확증해 준다. 주 예수께서는 올리브 산에서 승천하신 후에도 성령을 통해 행하시고 가르치시기를 계속하셨다.

『**주께서 택하신 사도들에게... 계명들을 주신...**』(2절) 이것들은 요한복음 15:12과 요한일서 2:3처럼 부가적인 계명들로서, 이것들은 안식교도들, 음행하는 자들, 유괴하는 자들, 거짓말쟁이들이(딤전 1:10 참조) 아직도 붙잡고 있는 "십계명"을 넘어서는 것들이다. 더구나 이 "계명들"은 하나님의 나라(3절)에 속한 것으로, 하나님의 나라는 항상 도덕적 의의 영적 상태(롬 14:17)를 나타낸다. 이 왕국은 "천국"과 결코 같지 않지만(〈확실한 예언의 말씀〉 참조) 이 두 왕국은 주 예수 그리스도께서 지상에 계실 때 지상에 임재했다. 물리적이고 영적인 왕국이 창세기 18:1,2과 누가복음 24:12-49에 임재했음을 눈여겨보아야 한다. 이것은 팔레스타인에 눈에 보이고 물리적인 유대 신정국가의 회복과 더불어(눅 1:30-33) 하나님의 나라가 나타나게(눅 19:11) 될 때인 천년왕국을 미리 암시한다. 로마서 14:17에 언급된 하나님의 나라는 이 시대의 그리스도의 몸(엡 3:1-6)과 관련된 것이다. 이 몸은 사도행전 9장 이후까지 드러나지 않기 때문에(형성되지 않은 것이 아니라 계시되지 않은 것이다) 사도행전 1:3의 하나님의 나라는 천년왕국에 적용되어야 한다.

이런 모든 것들이 우리가 앞에서 나열한 이유들 때문에 주석가들의 눈에는 가려져 있다. 참으로 이상하게도 코넬리우스 스탬(Cornelius Stam)은(〈세대적으로 고찰한 사도행전〉 p.28) 그 문제의 진실을 알고 있었음에도 여기서 적용에 실패한다. 여기서 스탬은 "왕국 통치"(p.29)가 본문 해석에 도움이 된다고 말함으로써 (G.T. 암스트롱이 항상 그러는 것처럼) 하나님의 나라와 천국을 똑같이 둔다. 그러나 이것은 반쪽만의 진실이다. "왕국 통치"는 눈에 보이는 문자 그대로의 천국에 해당된다. 이것은 신구약 모든 구절에서 명백히 드러난다. 하나님의 나라는 신구약에 나타날 때마다 영적인 의의 왕국이다[극단적 세대주의자인 월리엄은 여기서 실수를 한다. 그는 사도행전은 교회의 형성을 기록한 책이 아니므로 어떤 교회(그리스도의 몸)도 있었던 것으로 믿어서는 안 된다고 말한다(〈월리엄 주석〉 p.820). 이것에 관해서는 후에 더 다루겠다].

『**자신이 살아 계심을 그들에게 많은 무오한 증거들로 보여 주시고...**』(3절) 기름은 이미 불에 뿌려졌다. 여기서 본문은 그리스도의 부활의 증거들이 "무오하다"고 말하고 있다! "무오한"이라는 말은 미국의 모든 주립대학 캠퍼스에서 결코 들어 볼 수 없는 단어이다. 그 단어를 아직도 사용하고 있는 사람들은 로마카톨릭뿐인데, 그들은 무오한 성경 대신 무오한 교회(카톨릭)나 교황에게 그 단어를 사용한다. 그 단어는 "어떤 종류의 오류도 없음"을 뜻한다. 오늘날 근본주의자들은 A.V.를 공격하면서도 학교 강단에서는 "하나님께서 영감을 불어넣으신 원본," "하나님께서 숨을 불어넣으신 본문" 등에 대해 말하고 있다. 자신들의 모든 파괴적인 비평에도 불구하고 학자들은 여전히 "믿음의 근본 사항"에 대해 말하고 있다. 여기 "근본 사항" 중 하나가 있다. 사실 그것은 근본 사항 중에서도 가장 근본적인 것 중의 하나인 그리스도의 육체적 부활에 대한 "많은 무오한 증거들"을 정작 그러한 학자들이 변개시킨 것이다. 성경의 절대 권위를 수호한다고 자부하는 학자들이 어떻게 "무오한"이라는 단어를 변개시켰는지 살펴보기로 하자.

1. 새미국표준역본(NASV) - "많은 확실한(convincing) 증거들."

2. 무디 성경 연구원과 웨스트 박사 - "의심의 여지없는(indubitable) 많은 증거들." 이 단어는 "무오한"이라는 단어에 비해 얼마나 복잡한 용어인가? 그러면서도 그들은 우리에게 쉬운 언어로 제시해 주기 위해 노력한

다고 말하고 있는 것이다.

3. 켄터키 루이스빌에 있는 남침례 신학교와 지금까지 미국이 배출해낸 가장 위대한 헬라어 학자라고 하는 로버트슨 - "많은 증거들." 기념비적인 헬라어 문법책을 쓴 그가 독자들을 속이고 있는 것이 아닌가?

4. 제미에슨, 포셋, 브라운(래드 박사를 포함해서) 등의 학자들은 모두 이 부분에 대해 아무 설명도 하지 않았다.

5. F.F. 브루스 - "많은 증거들"

6. 카터, 얼 - "많은 증거들"

〈영어 개역본, RV〉에도 "...증거들"로 되어 있다. 신실하고 경건한 학자들이 몸의 부활에 관한 근본적 진리에 대한 자세가 이와 같은데, 그리스도를 거부하는 NCC의 자유주의자들은 어떻게 느끼는지 살펴보자.

〈개역표준역본, *Revised Standard Version*〉과 〈공동성서, *Common Bible*〉는 루이스빌 신학교의 로버트슨 박사와 마찬가지로 "많은 증거들"이라고 말한다. 〈새영어성경, *New English Bible*〉과 〈현대인을 위한 기쁜 소식, *Good News for Modern Man*〉, 〈리빙바이블, *Living Bible*〉도 모두 본문을 변개시켜 놓았다.

"축자적으로 영감받은 원본"을 믿는 근본주의자가 그 부활에 대한 증거들을 다룰 때 육체적 부활을 부인하는 자유주의자와 무슨 차이가 있는가? 이 단어의 헬라어는 '테크메리온'(tekmerion)이다. 플라토나 아리스토텔레스, 리시아스는 어떤 것의 확실하고 분명하고 실증적인 증거를 말할 때 그 단어를 사용했다. "무오한"이라는 단어를 반대하는 자들은 1560년 제네바성경을 거부했던 프로테스탄트들과 카톨릭뿐이다. 1582년의 공식적인 로마카톨릭 성경(예수회의 〈림즈듀웨이성경〉)에는 "많은 논쟁들"(arguments)이라고 되어 있다.

그 절에 대한 모든 연막과 대기 오염은 독자가 반쯤만 정신을 차려도 깨끗이 사라진다. 본문에 언급된 분의 영광을 위해 헌신된 사람이라면 모든 본문의 문제점들을 꿰뚫어 볼 수 있다.

1. 거짓말이나 망상이라 할지라도 어떤 것을 "확신"(convicted, NASV) 할 수는 있다.

2. "많은 증거들"도 여전히 거짓일 수 있다. 예를 들어 진화론 같은 경우이다.

3. 많은 변호사들이 해 왔던 것처럼, "의심할 여지없이" 증명되고서도 여전히 실수할 수 있다.

4. 어떤 것이 "제시되어"(demonstrated) 그것을 "확신"(sure)할 수 있다 해도 여전히 그것은 틀릴 수가 있다.

그러나 "무오한 증거"가 제시되었을 때는 무엇을 할 수 있겠는가? 예를 들어 죽은 사람의 부활을 증거하는 500명의 증인들이 있고(고전 15:6) 그 중 11명은 사십 일 동안 그 사람과 살면서 그와 함께 먹고 마시며(눅 24:38-44) 그를 손으로 만졌다면(요일 1:1) 어떻게 하겠는가!

믿음의 중요한 근본 사항에 대한 그들의 믿음을 보여 줄 황금 같은 기회가 주어지면 로크만 재단(NASV)과 전미교회협의회(RSV)는 그들이 "동정녀 탄생"(NASV의 눅 2:33 참조)이라고 부르는 믿음의 근본 사항에 접근할 때 그랬던 것처럼 진리를 혼잡스럽게 만든다.

부활을 믿는 우리는 부활의 증거들이 하늘이나 땅에 있는 어떤 피조물이라도(현재나 이후에라도) 반박할 수 없는 "무오한 증거들"임을 알고 있다. 이것을 믿는다면 왜 〈킹제임스성경〉 본문에 있는 그대로 내버려 두지 않는가? ("무오한 증거들"은 "테크메리온"의 정확한 번역이다. 왜냐하면 "증거들"이라는 헬라어 단어는 단순히 "독심"(doxime)이기 때문이다.) 많은 근본주의자들은 그들이 주장하는 것처럼 그렇게 보수적이지는 않은 것 같다.

『**하나님의 나라에 관한 일들을 말씀하셨노라**』(3절). 〈복음주의 주석〉(존 더반, 1959, p.5)은 천국이 하나님의 나라와 "정확히 같은 것"이라고 말한다. 그러나 창세기 1:1에서부터 요한계시록 22:21까지 그렇게 말하고 있는 성경 구절은 하나도 없다. 그들은 물질이 영원히 존속한다고 믿기 때문에 양자를 혼동하는 것이다. 하늘들은 물리적이고 눈에 보이는 영역이다. 하늘(heaven)은 육안과 망원경으로 볼 수 있는 문자적이고 눈에 보이는 물리적 지역이다. 하나님이라는 단어는 하늘과 결코 같을 수 없다.

『**아버지의 약속을 기다려야 한다... 주께서 말씀하시기를 "그것은 너희가 내게서 들은 바니라**』(4절). 오순절 사건을 묘사하는 단어들은 오순절 사건의 의미가 무엇인지를 잘 설명해 준다. 오순절에 받은 "아버지의 약속"은 다음과 같다.

1. "침례"(5절)
2. "능력"의 부여(8절)
3. 성령"충만"(행 2:4)
4. "유기체"의 시작(요 17:21,23)
5. 한 "세대"의 시작(요 14:16; 16:13)

오순절파는 1,2,5를 믿는다. 침례교는 1,2,4,5를 받아들인다. 스탬과 벌링거는 1,2,3만을 취한다. 스코필드는 1,3,4,5를 취한다. 여러분도 여러분이 좋을 대로 취할 수 있다. (여기는 자유국가니까!) 그러나 우리는 어휘사전이나 단 하나의 헬라어 단어나 필사본에 의존하지 않고서도 이 다섯 가지 모두를 믿는다. 원본이 풀지 못하는 많은 문제점들을 믿음이 풀어 준다.

『**아버지의 약속**』(4절)은 누가복음 24:49에 있으며 그것이 성취되는 날

짜는 다윗이 솔로몬을 낳기 전으로 되어 있다(레 23장). "약속"은 성령께서 "머리 위에"(overhead)라는 의미로 제자들의(행 1:8) "위"(upon)에(눅 24:49) 오시는 것이다. 이것은 물 속에 잠기는 것과 일치하며, 결론적으로 그 행동이 침례인 요한의 행동에(마 3:11 주석 참조) 비교되는 이유를 설명해 준다. 마리아도 구세주를 잉태할 때 똑같은 것을 경험한다(눅 1:35). 바울이 말한 "한 침례"(엡 4:5)는 "성령침례"일 뿐만 아니라(스탬, 베이커, 벌링거, 오 헤어가 말한 대로 두세 개의 침례가 아닌) "하나의" 침례이다. 고린도전서 12:13을 믿는다면, 바울을 그리스도의 몸 안으로 넣은 침례가 고린도인들을 그리스도의 몸으로 넣는 침례라는 것을 알 수 있다. 로마서 16:7의 바울 자신의 고백에 따르면, 이 "한 침례"가 사도행전 9:1-6 전에 사람들을 그리스도의 몸 안으로 들어가게 한 것이다.

그리스도의 몸이 사도행전 9장 이후에 (아니면 사도행전 28장 이후에) 시작되었다면 3개의 침례가 있게 된다. 하나는 사도행전 2장에서 베드로와 야고보와 요한을 위한 침례이고, 다른 하나는 사도행전 9장에서 바울을 위한 것이고, 또 다른 하나는 사도행전 13장 이후의 이방인 개종자들을 위한 것이다. 이러한 참으로 당혹스런 상황을 피하기 위해 스탬과 베이커는 (웬트, 샤프, 라잇풋, 엘리코트 등과 같이) 헬라어로 달려가서 "-에 의해서"(by)와 "-으로"(with)가 같은 침례가 아님을 증명하고자 한다. (이 문제에 대해서는 나중에 비평할 것이다.)

『**너희는 여러 날이 지나지 않아 성령으로 침례를 받으리라**』(5절). 어떻게 해서 누가는 마태복음 3:11의 "불"을 잊어버린 것인가? 어떻게 해서 베드로는 사도행전 11:16에서 그것을 또다시 잊어버렸는가? (〈조 스네스와 모로니 주석〉 행 2:27 참조)

누가와 베드로는 아무것도 잊어버리지 않았다. 우리의 오순절 친구들이 마태복음 3:11의 문맥 파악을 못했을 뿐이다. 거기서 "불"은 말라키 4:1,3과 데살로니가후서 1:8,9과 연결되는데, 이 두 문맥은 모두 재림 때 죄인들의 멸망을 말하고 있다. 여러분이 "성령과 불침례"를 받고자 기도해 왔다면 앞의 것에 만족하고, 두 번째 것을 경험하기 전에 그만두는 편이 나을 것이다. (행 2:3은 분명히 "불 같은 모양"이지 "불"은 아니다.)

다음 내용으로 넘어가기 전에, 극단적 세대주의자들이 이 침례를 어떻게 왜곡시켰는지 살펴보자. 이들은 캠벨 추종자들이 사도행전 10장을 싫어하는 것만큼이나 사도행전 2장을 싫어한다. 스탬과 그의 친구들은 위에서 언급한 것처럼 여기서 나오는 침례는 "with"(헬라어 'en')인 반면에 고린도전서 12:13의 침례는 "by"(헬라어 'en'-같은 단어)라고 주장하면서, 사도행전 2장에서는 "주님이 침례주는 자"이신 반면 고린도전서 12:13에서는 "성령이 침례주는 자"라는 것이다. 그러나 골로새서 2:12의 침례(헬라어 'en')를 수행하시는 이는 (성령님이 아니라) 주님이시다. 골로새서 2:12은 한 몸(즉 "신비의 몸," "하나의 몸 된 교회") 안으로 들어가게 해주는 침례에 대해서 벌링거와 스탬이 사용한 증거 구절이다.

어떤 사람은 단어를 "나누는" 데 지나치게 집착한 나머지 "진리의 말씀을 잘못" 나누고 만다. 이 문제들에 대해서는 사도행전 2:1-39에서 더 자세히 다루겠다. (극단적 세대주의자들은 행 2장에서 겁을 먹고 물러나 버린다. 이 부분을 에베소서와 교리적으로 조화시킬 만한 능력이 없기 때문이다. 극단적 세대주의자들은 교리적으로 이해할 수 없는 부분을 만나면 자신들이 만든 사사로운 해석체계 속에서 또 다른 세대로 분류해 버린다.)

1:6 그러므로 그들이 함께 모였을 때에 주께 물어 말씀드리기를 "주여, 이 때에 이스라엘에 그 왕국을 다시 회복하시겠나이까?" 하니

7 주께서 그들에게 말씀하시기를 "너희에게는 그 때나 시기를 알게 하신 것이 아니요, 아버지께서 자신의 권한에 두셨느니라.

8 그러나 성령께서 너희에게 임하시면 너희가 능력을 받으리니 그러면 예루살렘과 온 유대와 사마리아와 땅 끝까지 이르러 내게 증인이 되리라."고 하시니라.

9 주께서 이런 일들을 말씀하신 후에 그들이 보는 데서 위로 들려 올라가시니 구름이 그들의 시야에서 주를 가리더라.

10 주께서 올라가실 때에 그들이 하늘을 주시하고 있는데, 보라, 흰 옷을 입은 두 사람이 그들 곁에 서서

11 말하기를 "너희 갈릴리 사람들아, 어찌하여 너희는 하늘을 쳐다보고 서 있느냐? 너희를 떠나 하늘로 들려 올라가신 바로 이 예수는 너희가 하늘로 가심을 본 그대로 오시리라."고 하더라.

12 그후에 그들은 올리브 산이라 하는 곳에서 예루살렘으로 돌아왔는데 이 산은 예루살렘에서 가까워 안식일에 다닐 수 있는 거리더라.

이제 우리는 오만하고 비판적인 마음으로 성경에 접근하는 자들을 위해 성령께서 장치해 두신 첫 번째 "덫"을 만나게 된다. 사도행전에는 10개 정도의 "덫"이 나온다.

1. 사도행전 1:6 - 구약의 약 1/8의 성취를 다루는, 주의해야 할 구절
2. 사도행전 2:16 - 요엘서의 인용. 그 즉시의 상황에 적용되지 않음에도 증거 구절로 인용됨
3. 사도행전 3:19 - 이스라엘의 문자적, 영적 회복을 믿지 않는 학자들을 여지없이 무너뜨리는 함정
4. 사도행전 7:43 - 오늘날 이스라엘이 사용하는 국기를 직접적으로 언급하며 그것을 마귀적이라 칭함

5. 사도행전 13:48 - 극단적 칼빈주의자들이 "제한된 속죄"를 증명할 수 있는 것처럼 보이는 구절

6. 사도행전 14:13 - 우주에서 온 방문객들과 제사장들 사이의 유대를 암시

7. 사도행전 15:16 - 구약에서 이스라엘에게 한 약속들을 영적으로 해석하는 자를 위한 "죽음의 코너"

8. 사도행전 17:22 - 지금까지 살았던 모든 대학원생의 얼굴을 정면으로 겨누고 있는 2중으로 장전된 엽총

9. 사도행전 19:35 - 우주에서 온 방문객은 여자 배우자를 갖게 될 것이다!

10. 사도행전 20:28 - 하나님께서 "피"를 가지고 계시다는 명확한 진술

『**그러므로 그들이 함께 모였을 때에**…』(6절) 그들은 이전에도 여러 차례 함께 모였었지만(4절 참조), 이번에는 특별한 날에 특별한 장소에서 특별히 모여 있는 것이다[『**그들이 보는 데서 위로 들려 올라가시니**…』(9절)]. 그 시기는 그들이 마가복음 16:14-19의 명령과 마태복음 28:19,20의 명령과 누가복음 24:45-49의 명령을 들은 때였다. 이 점을 아는 것은 매우 중요하다. 왜냐하면 이제 곧 살펴보겠지만 주석가들은 『**주여, 이 때에 이스라엘에 그 왕국을 다시 회복하시겠나이까?**』(6절)라고 물은 제자들의 질문이 무지 중에 한 질문이라고 믿기 때문이다.

그들은 진화론자인 플라토(B.C. 427-347)와 어거스틴(A.D. 354-430)의 후천년주의를 고수하고자 하는 사람들이다. 그들의 주장은 "미혹당한" "불쌍한" 유대인 사도들이 왕국에 대해 너무나도 "물질적"이고 "육신적"인 개념을 갖고 있었기 때문에, 그것이 마치 다윗의 보좌(행 2:30)에 앉아 새롭게 된(마 19:28) 지상의(사 11:1-11) 예루살렘(마 25:31)에서 야곱의 집

(눅 1:33)을 다스리는 메시아의 왕국인 것으로 착각했다는 것이다. 로크만 재단(NASV)은 이 사사로운 해석을 정착시키기 위해 교묘히 머리를 쓴다. 그들은 〈확대 역본, *Amplified Version*〉(1954)에서 자신들의 미래관은 "후천년주의적"이라고 말한다. 그들은 이 같은 고대의 이단 교리를 강화시키기 위해 요한복음 18:36의 본문에서 "지금은"이라는 단어를 삭제시킨 후, 데살로니가전서 2:16에서 이스라엘을 영원히 거부해 버린다. 이것이 〈주의 칼, *The Sword of the Lord*〉에서 높이 추천하는 NASV를 번역한 바로 그 재단이다.

『**주여, 이 때에 이스라엘에 그 왕국을 다시 회복하시겠나이까?**』라고 물은 제자들은 세상에서 가장 위대한 교사에게서 40일간 성경 공부를 했으며, 이 교사가 그들의 "지각을 열어 성경을 깨닫게" 하셨던 사실을 잊지 말아야 할 것이다. 그는 이미 "자신에 관하여 모든 성경에 있는 것들을" (눅 24:44) 그들에게 설명하셨다.

이스라엘에 대한 약속이 한 움큼의 영적 연기로 변해 구름 속으로 모두 사라져 버렸다고 생각하는, "스스로 현명하다"고 하는 교만한 이방 성경 교사들(롬 11:25)은 그 점을 간과한 것이다. 필자는 그리스도와 유대 왕국에 연관된 구약의 구절들의 올바른 의미를 배우는 데 있어 열한 제자가 가졌던 위대한 특권을 A.T. 로버트슨이나 더멜로우(Dummelow)나 로크만 재단의 익명의 번역자들이 가졌다고 생각하지 않는다. 구약의 저자에게서 직접 개인 교습을 받은 후에 어째서 그들이 어리석은 질문을 했겠는가? (벧전 1:10,11 참조)

그들의 질문이 잘못된 것이라면, NASV(1963)가 요한복음 18:36에서 바티칸 사본과 시내 사본을 포함한 100개의 헬라어 필사본에 있는 "지금은"이라는 단어를 삭제시킴으로써 그리스도의 왕국이 결코 "이 세상에 속하지" 않는 것이라고 생각하게 만드는 것은 어떤가? 성령께서 요한계시록

11:15에서 그것에 관해 약간의 언질을 주시지 않으셨는가?

『**이 때에 이스라엘에 그 왕국을 다시 회복하시겠나이까?**』라는 질문은 유대인 메시아의 유대인 제자들이 했던 가장 논리적이고 성경적인 질문이다. 같은 저자(누가)가 누가복음 1장에서 그 문제를 매우 분명하게 다루고 있기 때문에 A.T. 로버트슨(〈단어 그림〉 제3권, p.9)조차도 그 문제를 찾아낼 수 있었다. 누가복음 1:71,74에서, "로마의 구속에서 벗어나는 것"(로버트슨, *Ibid.*, p.9)은 『**우리 아버지 아브라함에게 하신 맹세로**』(눅 1:73)라는 부분과 짝을 이룬다. (저자의 주석서 〈갈라디아서〉 3장 참조.) 이 주제는 여기서 논의하기에는 너무나 장황하기 때문에 여기서는 갈라디아서 3:8에 맞추기 위해 창세기 12:3을 변개시킨 사실만 언급하고 넘어간다. 그 변개는 밥존스대학에서 추천하는 NASV의 참조 구절(p.314)에서 찾을 수 있다.

이스라엘 "왕국"의 회복은 구약성경의 약 500구절 이상이 다루고 있는 주제이다. 이사야는 100구절 이상을, 에스겔은 12개 장을, 예레미야도 최소한 100구절에서 그 주제를 언급한다. 다니엘은 너무나 그 주제로 가득 차서(2,7,9,12장) 웨스트코트와 홀트조차도 그것을 간과할 수 없었다(사도행전 15:14-16 주석 참조). 뿐만 아니라 『**너희에게는 그 때나 시기를 알게 하신 것이 아니요...**』(7절)라고 하신 예수님의 대답은 헬라어, 영어, 히브리어, 라틴어의 모든 법칙으로 볼 때 질문 자체를 부인하는 것이 아니라 확증하는 것이다. 예수님께서는 "너희가 그런 질문을 한 것은 실수다."라고 답하지 않으셨다. "하나님께서는 이스라엘에 다시 왕국을 회복시켜 주시지 않으실 것이다."라거나 "그 왕국이 영적 왕국이라는 것을 너희는 아직 모르는구나."라고 대답하지 않으셨다. 오히려 "지금 당장은 아니지만, 기다려라!"고 대답하신 것이다.

90% 이상의 주요 주석가들(과 로크만 재단)이 이 말씀의 의미를 제대로 파악하지 못하는 이유는 그들 중 어느 누구도 하나님의 나라와 천국을 구분하지 못하기 때문이다. 만일 그들이 이 문제를 알고 있었다면 그들은 사도행전 7장까지는 휴거와 7년 대환란(단 9장)이 예비됨으로써(시 50편, 사 26장, 솔 2장) 구약의 예언이 성취되는 중이었음을 알았을 것이다. 사도행전 1-7장에서 그 문제는 엘리야의 예언 성취와 더불어(마 17:11) 진행되어 가고, 적그리스도는 구렁에서 올라올 준비를 하고 있으며(계 17:8), 모세는 미카엘이 나팔을 불자마자(단 12:1,2) 달려나와(말 4:4,5) 설교를 시작할 준비를 하고 있다! 세대가 교차되고 있는 이러한 상황에 대한 지식이 없이는 아무리 많은 교육을 받은(또는 아무리 신실한) 학자라도 사도행전 1-7장의 신비를 풀 수 없다. 자신의 손에 "축자적으로 영감받은 원본"을 가지고 있다 하더라도 NASV에서 찾을 수 있는 것 이상의 진리는 발견해 낼 수 없다. 성경적 지식과 영적 통찰력은 "원본"에서 나오지 않는다는 사실이 근본주의 학자에게는 걸림돌이 된다. 성령께서는 성경의 저자이시며 교사이시며 보존자이시다. 하나님의 말씀을 배우고자 한다면 하나님께서 존귀히 여기시는 본문을 존귀히 여겨야만 한다.

"아들"도 "그 날과 시간"을 알지 못한다(막 13:32)고 예수님께서 말씀하셨을 때, 주님께서는 우리가 위에서 말한 문맥 속에서 말씀하신 것이었다. 다른 해석 체계로는 이 때의(막 13:32) 그분의 특이한 고백이 설명될 수 없다. 하나님은 전능하시므로 "세상들"(히 11:3)을 자신이 원하시는 대로 전개하실 수 있다. 따라서 그분은 어느 누구도 "하나로 연합된 몸"에 대해 알지 못하게 하신 채, 창세기부터 말라키에 나타나 있는 이스라엘을 위한 계획을 펼치실 수 있으셨던 것이다. (이 문제는 사도행전 7장과 15장에 가서 더 자세히 다룰 것이다.)

6절에서 제자들이 한 질문은 타당한 질문일 뿐 아니라 성경적이며, 구약 예언의 관점에서 볼 때도 논리적이며 필수적이다. 이것을 부인하는 성경 교사는 마태복음 10:23을 제대로 풀 수 없게 된다. 왕국 회복에 대한 실제적 약속들이 미래로 연기된 것이 아니라면 마태복음 10:23은 명백한 거짓말이다. 예수님께서 다윗의 보좌에 앉으실 것이라고 말한(눅 1:30-33) 가브리엘도 거짓말쟁이가 되고, 베드로도(행 2:30), 예수님도(마 19:28; 25:31) 마찬가지다(사도행전 2:30 주석 참조).

예수 그리스도께서는 지금 "다윗의 보좌"에 계시지 않으며, 예루살렘에 있는 이 보좌는 예레미야 14:21에서 "주의 영광의 보좌"로 불린다.

"아버지의 보좌 오른편"(히 12:2, 행 2:33)을 그것과 혼동하지 말아야 한다. 예루살렘에 있는 왕(마 25:34)은 셋째 하늘에 또 다른 보좌를 갖고 계신다(계 3:21). 그것을 알지 못하는 사람들이 마태복음 6:13에 나오는 소위 "주의 기도"의 끝부분을 떼어내 버린다. 로마카톨릭이 그 전형적인 예이다. 이스라엘이 당신의 돈지갑을 통제한다면 그래도 별 신경을 쓰지 않겠는가? 당신의 돈과 땅을 영적으로 만든다면 어떻겠는가? 그것이 바로 당신이 이스라엘에게 한 일이다!

이스라엘에게 주어진 문자적 약속들을 영적으로 해석하는 무리들은 다음과 같다.

1. 로마카톨릭 교회(찰로너 라임즈, 1953, p.312) : 사도들은 영적 왕국에 대해 "불완전한 견해"를 가지고 있었다.

2. 보수주의 주석가들(아담 클라크 주석, p.684) : 사도행전 2장에서 성령께서는 정치적 왕국이 세워지리라는 잘못된 생각을 바로잡으셨다.

3. 보수주의 헬라어 학자들(노울링 등) : 그들의 질문은 "너무나도 유치했으나" 유대인들의 편협한 사고는 그 "불완전한 견해"에서 서서히 바로잡혀져 가고 있었다.

4. 근본주의자들(제미에슨-포셋-브라운의 주석, p.1082) : 사도들의 "육

신적 관점"이 다소 "수정"되었다.

스탬이 예언적 약속들을 영적으로 적용하는 사람들을 "육신적"이라고 말한 것은 잘한 일이다. 왜냐하면 그들은 존 R. 라이스처럼(계 22:14) "자기 자신의 잘못된 생각"에 맞추기 위해 명백한 하나님의 말씀을 변개시키기 때문이다. 불행히도 스탬 스스로도 이런 일을 약간 했다. 이것이 우리가 (이 주석서에서) 성경 본문에서 단 한 단어라도 바꾸지 않는 이유이다. 단어들을 변개시키는 사람은 문장의 뜻을 바꾸고 있는 것이다.

5. 더멜로우(주석, p.818) : 제자들은 "속았으며," 회복이란 "영적 이스라엘"에 대한 영적 진리의 "영적" 회복을 의미한다. (마 5:5; 6:10; 19:28, 창 12:1-3도 영적인 것인가!)

6. 복음주의자들(〈복음주의 주석〉 1959, p.8) : 제자들은 왕국에 대한 "오랫동안 전해 내려온 유대인의 '물질적 견해'를 고수"하고 그 "영적 중요성"을 생각하지 않음으로써 크게 실수를 했다.

7. 풀러 신학교(조지 래드 〈위클리프 주석〉 p.1125) : 주께서는 정치적 왕국을 수립하려고 오신 것이 아니며, 앞으로도 결코 그러지 않으실 것이다. 그것은 "영적 능력"이며, 신약의 어떤 구절도 이스라엘이 언제 어떻게 구원받는지 말해 주고 있지 않다.

8. F.F. 브루스(〈사도행전〉 p.35,38) : 그리스도께서는 복음 전파를 통해 사람들의 마음에 그의 영적 왕국이 세워진 후에 오실 것이며, 이스라엘은 땅에서 결코 정치적으로 지배하지 않을 것이다.

이것은 많은 사람들이 아직까지 제대로 인식하고 있지 못하는, 또 다른 에큐메니칼 운동이 존재함을 보여 준다. 후천년주의 성경비평가들과 전천년주의 성경비평가들은 구약의 말씀을 공격하는 데 하나가 되고 있는 것이다. 한편 F.F. 브루스와 더멜로우, 래드는 로크만 재단이 출판했으며 존 R. 라이스와 밥 존스 3세가 추천하는 두 개의 성경이 제시하는 해석을 받아들인다.

이 부분에 있어서는 세대주의자들의 해석이 가장 낫다. 스탬, 다비, 스코필드, 베이커, 벌링거는 문자적이고 물리적이며 눈에 보이는, 유대인의 신정 통치 국가인 천년왕국을 에베소서, 로마서, 골로새서, 데살로니가서의 영적 약속들과 뒤섞지는 않기 때문이다. 이들은 "그리스도의 오심"이 "그를 사랑하는 자들의 마음에" 오는 것이라고 말하는 클라렌스 크레이그(Clarence T. Craig, 〈기독교의 시작〉)만큼 어리석지도 않다. 크레이그(1952년의 RSV 번역가)는 그리스도의 오심은 "미래 시기"에 대한 희망이 아니라 "현재 믿음의 실체"라고 말한다. 눈이라도 퍼내듯이 구약의 3/4과 신약의 1/10을 무시해 버린 것이다. 그러나 우리는 성경대로 믿는 것이 눈 퍼내는 일보다 더 쉽다는 것을 안다.

『**그러나... 너희가 능력을 받으리니... 예루살렘과 온 유대와 사마리아와 땅 끝까지 이르러 내게 증인이 되리라**』(8절). 이 명령과 이스라엘에게 주어진 왕국 약속들 사이에 대립되는 것은 없다. 왜냐하면 이방인들("땅 끝까지")이 이스라엘의 왕국의 축복에 동참하리라는 것은 (성경대로 믿는 사람들이) 주지하고 있는 사실이기 때문이다. 이 주제는 구약에서 너무 많이 나오기 때문에 바울은 그것에 관한 구절들을 별 어려움 없이 교회 시대로 끌어온다(롬 15:9-12; 9:25-28; 10:20,21 참조)[사도행전 15:14-16 주석 참조].

이것이 후천년주의 흡혈박쥐들의 문제점이다. (하나님께서 하신 약속들을 도둑질함으로써 한 나라의 생명의 피를 끊는 것이 "흡혈박쥐"가 아니고 무엇이겠는가?)

자기 의를 내세우는 죄인이나 말로만 그리스도인이라 고백하는 사람은 마태복음에 오면 "산상설교"에서 자신의 힘으로 천국에 가고자 하는 유혹을 떨칠 수가 없다. 사도행전(2장)에 오자마자 산상설교에다가 물만 조금 섞으면 천국 티켓을 딸 수 있으리라 생각하고 계속해서 노력한다. 히브리서 3,6,10장을 지키는 것은 두말할 것도 없이 말이다. 이렇게 한 후 그는 바울 서신으로 가서 바울이 "천년왕국 때 이방인들의 개심"(행 15:14-16 주석 참조)에 대한 구절들을 "교회 시대"로 가져오는 것을 발견하자마자, 이스라엘에 대한 모든 문자적 약속들을 자신에 대한 것으로 바꾸어 버린다. 이것이 흡혈박쥐다.

구약을 문자적으로 믿지 않고서는 사도행전 1장이나 2장을 결코 해결하지 못할 것이다. 왜냐하면 주 예수 그리스도를 포함해서 사도행전 1,2장에 있는 모든 사람들이 그렇게 믿었기 때문이다. 구약은 이스라엘을 통한 이방인들의 구원(사 2:1-5)을 말하고 있으며, UN의 후천년주의 지도자들은 뉴욕 시에 있는 UN 본부에 그것을 붙여 놓고 교회 시대에 그것을 적용시켰다.

오히려 헤롯이 더 똑똑했다. 그는 구약을 문자적으로 이해했다(마 2:3,4,7-9 참조). 빌라도가 더 똑똑했다. 그는 무죄한 피를 흘리는 데 대한 양심의 가책을 지우기 위해 신명기 21:4-8을 "문자적으로" 실행했다.

본문에서 말하고 있는 순서는 이렇다 - 정통적이고 종교적인 유대인(예루살렘), 유대인(유대), 혼혈 유대인(사마리아), 이방인(땅 끝). 그들은 예수 그리스도에 대한 증인이 되라고 명령을 받았으며, 이는 성령께서 주시는 능력이 없이는 불가능하다(사도행전 4:13주석 참조). 정치적 해방을 부정하시는 말씀은 없다. 정치적 해방이 연기될 것이라는 말씀도 (아직은) 없다. 주님께서는 단지 "아버지께서 너희로 하여금 나를 증거할 수 있도록 준비시켜 주실 때까지 여기서 기다려라. 그러면 너희가 증거를 시작할 것이요, 멈추지 않으리라."고만 말씀하신다.

사도행전 1:6 전후의 문맥 어디에도 에스겔 40-48장의 내용이 글자 그대로 이루어지지 않으리라는 말씀은 없다. 더구나 에스겔 40-48장은 단어 하나도 빠지지 않고 A.D. 200년 이전에 실현될 수도 있었다. 그리스도의 예지 속에서 교회 시대가 중간에 삽입되는 것은 하나의 가능성이었다. 교회 시대가 하나의 확정된 기간이었다고 말하는 것은 자신의 제한된 지식에 하나님을 끼워 맞추는 것에 지나지 않는다. (칼빈은 이 점에서 실수한 것이다. 하나님께서는 일어나리라고 미리 알고 계시는 것을 일어나도록 정하시기도 하지만, 일어나도록 미리 정하시지 않은 일까지도 일어나리라는 것을 알고 계신다는 단순한 사실을 칼빈은 이해할 수 없었다.)

여기서 코넬리우스 스탬은 미끄러지는데, 이 무의식적인 실수는 "하나의 몸 된 교회"에 대한 진리 전체를 거부하는 결과로 이어질 수 있었다. 그는 그의 저서(〈세대적으로 고찰해 본 사도행전〉 p.40)에서 주님께서는 "당분간 '비밀'로 유지되어야 했던 어떤 것을 알고 계셨다."고 말한다. 이러한 견해가 그리스도의 몸이 사도행전 9장 이후에 시작되었다고 하는 교리 전체를 어떻게 전복시키는지 나중에 살펴볼 것이다. "오늘의 짧은 스커트가 어제의 영양결핍"을 드러내 주는 것만큼이나 확실하게, 스탬은 어떤 것이 알려지지 않고서도 존재할 수 있음을 인정했다(사도행전 8:34과 그 주석 참조). 이것이 바로 다음 장에서 펼쳐질 일이다. 바울의 사역 때까지 아무도 알지 못하는 어떤 일이 발생하는 것이다. 더구나 그 현상은 매우 많은 사람들에게 영향을 미치는 일이다. 가장 분명한 예는 사도행전 10장에서 발견된다. 하나님께서는 마태복음 27장에서 음식에 관한 율법을 바꾸셨다(골로새서 2:14 주석 참조). 그러나 주님께서 부활하신 지 7년 후까지 누가 그것에 대해 알았는가? 알다시피, 부활 후의 사십 일 동안(6절 주석 참조) 주님께서는 제자들에게 모든 것에 대해 모든 것을 말씀해 주신 것은 아니다. 성령께서는 조심스럽게 그 문제의 내용이 그리스도 자신의 말씀과(눅 24:44) 하나님의 나라(행 1:3 주석 참조)와 연관됨을 말씀하고 계신다.

그리고 나서 코넬리우스 스탬은 사도행전 1:8은 "우리가 위탁받은 사항이 전혀 아니다"라고 말한다. 그는 우리가 마태복음 28:19이나 마가복음 16:16-18, 누가복음 24:47을 붙들고 복음 전파의 행진을 할 수 없다고까지 말한다. 스탬에 의하면 우리가 위탁받은 것은 고린도후서 5:18-21이다.

이것은 그럴듯하게 들리기는 하지만, 마가복음 16장, 마태복음 28장, 누가복음 24장, 사도행전 1장, 이 네 위탁 사항과 바울이 자신에게 위탁된 것으로 기록하고 실천한 것 사이의 틈("말씀을 올바로 나누는" 법칙을 잘못 적용한 것)은 스탬(또는 베이커)이 믿는 것만큼 그렇게 명확하지 않다.

예 : 바울은 "뒤따르는 표적"(행 19:6)을 가지고 마가복음 16장에 따라 사람들에게 침례를 주었다. 즉 바울은 마가복음 16:18의 명령을 성취시킨 것이다. 그는 "열두 사도 가운데" 뱀을 집은 것으로 기록된(행 28:4) 유일한 사람이다.

예 : 바울은 마가복음 16:15에서 명령하신 대로 "전 세계"에 가서 그가 증거한 대로(행 20:26) 모든 피조물에게 복음을 전한다.

예 : 바울은 "회개와 죄사함"을 전하며(눅 24:47), 바울이 "몸의 신비"(행 20:21)에 대해 알았다고 스탬이 말한 시점보다 훨씬 후에 명확한 용어로 그렇게 말한다.

예 : 바울은 사도행전 26:17에 따라서 "모든 민족들을 가르치며"(마 28:19), 주님께서 일차적으로 침례를 주라고 그를 보내신 것은 아니지만, 그는 사람들에게 침례를 주었다(행 16-19장).

"말씀을 올바로 나누는 것"이 손칼을 들고 자신이 싫어하는 부분은 잘라내 버리는 예후디의 위장술로 변질되기도 한다. 고린도후서 5장을 "바울적"인 것으로, 다른 네 개를 "율법주의"로(스탬, *Ibid*, p.50 참조) 나누는 것은 "올바로 나누는 것"이 아니라 종이 인형을 자르고 있는 것에 지나지 않는다.

"극단적 세대주의자들"의 문제점은 지극히 간단하다. 그들은 학자 바울과 설교자 바울을 혼동하는 실수를 하는 것이다. 이것이 〈필사본 증거, *Manuscript Evidence*〉에서 언급한(6장, 주 96번) "바울적 강박관념"이다. 그들은 바울이 명료하고도 논리적인 어조로 "단단한 음식"을 기술하는 형태(에베소서 3장, 고린도후서 5장)만을 설교해야 한다고 생각하는데, 이것은 바울이 구약의 예언(행 26:6), 그리스도인의 행동(행 20:29), 절도 있는 삶(행 24:25)을 설교했다는(행 20:7) 사실을 완전히 망각한 것이다. 일생동안 (단지 십수년 정도만이 아니라) 거리에서 설교하며 무신론자, 프로테스탄트, 불가지론자, 카톨릭, 불교도, 유대인, 안식교인, 캠벨주의자, 여호와의 증인, 마귀 숭배자, 공산주의자, 아테네인들을 (축호전도, 병원, 감옥, 술집, 정신병동 등에서) 대면하여 만나는 성경대로 믿는 사람들은 고린도후서 5장이 우리의 유일한 "위탁사항"이라고 생각할 정도로 어리석지 않다. 또한 모든 무천년주의, 후천년주의, 전천년주의 주석가들이 인정한다고 해서 지금으로부터 19세기 전에 주어진 하나의 계시에만 매달려서 가르치지도 않는다. 그들 주석가들 중에서 구원받은 유대인과 이방인이 "그리스도 안에서 하나"임을 믿지 않은 사람은 없었다. 하지만 그들은 거기서 더 이상 나아가지 못했다.

우리의 "위탁사항"은 지옥이 꽁꽁 얼어붙을 때까지 오직 진리만을 설교하고 증거하는 것이다. 우리는 완전한 의미에서 주 예수를 증거해야만 한다. 우리는 죄인들을 위하여 십자가에서 대속적인 죽음을 맛보신 그분을 증거해야 하는 것과 마찬가지로 이스라엘을 통치하러 오실 유대인 메시아로서의 그분의 사역 또한 증거해야 한다. 왜냐하면 성경에서 누가복음 1:30-33과 연관되는 구절이 고린도후서 5:18-21과 연관되는 구절보다 10

배나 많기 때문이다. 우리는 가정(예루살렘), 이웃(유대), 도시(사마리아), 전국(땅 끝)에서 그분의 증인이 되어야 한다. 우리가 받은 명령은 그 일을 시작하는 것이며, 하나님께서 그만두게 하실 때까지 계속하는 것이다. 우리의 선교사역은 우연적이거나 선택적, 부차적, 조건적인 것이 아니라 필수적이고, 명령이며, 일차적이고, 섭리적이다. 에베소서 3장 하나로 벌링거 추종자들(및 스탬 추종자들)이 선교지의 침례교회들을 파괴시키는 동안 거듭난 침례교 선교사들은 사람들을 예수 그리스도께로 이겨오고 이방인 개종자들에게 바울이 행한 것처럼(행 16:33) 물침례를 준다. (자세한 설명은 저자의 주석서 〈에베소서〉 3:1-8 참조)

독자들 중에서 "지상명령"(great commission)을 원하는 사람이 있다면, 창세기부터 요한계시록까지 그중 알맞은 부분을 기도하는 마음으로 읽으면 적절한 때에 성령님의 인도하심을 따라 계시받게 될 것이다. 만일 그것이 고린도후서 5:18-21보다 더 많은 열매를 맺지 못한다면, 주님께서 다소 부주의하신 것이다. 고린도후서 5:18-21은 대속 안에 있는 화해의 교리를 다루고 있다. 진짜 설교자라면 누구나 알고 있듯이 "기도"와 "간구"(20절)는 우리에게 단순한 교리적 사실 이상의 "직관"을 준다. 이런 이유로 극단적 세대주의자들은 전반적으로 평가할 때 형편없는 설교자들이다. 그들의 "세대적 진리"에서 얻을 수 있는 것 이상을 그들에게 가르친 성경대로 믿는 침례교 설교자의 영향을 받은 경우를 제외하고는 말이다.

『**땅 끝까지**』(8절). 이상한 것은 본문이 마태복음 10:23과 사도행전 8:1과 일치되지 않는 것처럼 보인다는 사실이다. 어떤 주석가는 제자들이 말씀을 전파하는 데 느렸기 때문에 산헤드린이 그들을 "밀어 줘야" 했다고 (행 8:1) 말한다. 그러나 그들은 결코 베드로, 야고보, 요한을 "밀어 주지" 않았으며, 사도행전 1:8의 명령은 베드로, 야고보, 요한 등에게 주어진 것이다.

이 문제에 대한 코넬리우스 스탬의 설명은 이렇다. 열두 제자는 "왕국의 수립을 기다리기 위해" 예루살렘에 머무르고 있었는데, 그 이유는 제자들이 "그리스도의 왕국 권리"를 선포해야 하는 것을 알고 있었기 때문이라는 것이다. 그는 제자들이 "대단한 용기"와 "지상명령에 대한 충실함" 때문에 예루살렘에 남아 있었던 것으로 설명한다. 그러나 무슨 지상명령을 말하는 것인가? 마태복음 28장에 있는 것은 아니다. 마가복음 16:15에 있는 것도 아니다. 사도행전 1:8에 있는 것도 아니다. 어떤 명령을 말하는 것인가? 마태복음 10장의 명령조차도 예루살렘에 머물러 왕국을 기다리라고 말하지 않는다.

갈보리 사건 이전이나 이후에, 유대인이건 이방인이건, 어느 세대의 그 누구에게도(사도이건 제자이건 간에) 예루살렘에 머무르라는 명령이 주어진 적은 없다. 사실 왕국이 나타나기(눅 19:11) 직전에는 예루살렘에서 제트기를 타고서라도 빠져 나오는 것이 나을 것이다!(마 24:16)

스탬과 〈현재의 진리〉라는 잡지는 사도행전 1:8의 명령은 은혜 시대 이전의 유대인 "율법주의자들"을 위한 지상명령이며, 사도행전 8:1에서 그들이 예루살렘에 머물러 있었기 때문에 이것은 명백한 사실이라고 말한다.

그러나 그것은 사도행전 1:8의 명령이 아니다. 거기에는 "땅 끝까지"라고 되어 있다.

마태복음 28장의 명령은 예루살렘이 아니라 "모든 민족들"로 되어 있다.

마가복음 16장의 명령은 예루살렘이 아니라 "모든 피조물"로 되어 있다.

마태복음 10장의 명령은 예루살렘이 아니라 "이스라엘의 성읍들"로 되어 있다.

누가복음 24장의 명령은 예루살렘이 아니라 "모든 민족들"로 되어 있다.

그러므로 스탬의 설명은 전혀 맞지 않는다. 이스라엘이 "그리스도께로" 돌이키지 않았기 때문에 사도들의 일이 끝나지 않았다는 것은 말이 되지 않는다. 베드로는 7-20년 후에 카이사랴와 바빌론에서 설교를 했지만, 그때에도 이스라엘은 여전히 "그리스도께로 돌이키지 않은" 상태였다. 마태복음 10장은 그들이 "불신"과 "박해"에 직면하리라고 말하고 있다. 더구나 사도들은 주님께서 명령하신 대로 사마리아와(행 8장) "땅 끝"까지(바빌론, 벧전 5:13) 가게 된다.

스탬은 "지연된 시간표"를 "다른 명령들"이라고 하는 사적인 이론과 혼동했다. 사도행전 1:8에 시간표 같은 것은 없다. "때"에 대해서는 단지 『**너희에게는 그 때나... 알게 하신 것이 아니요...**』(7절)라고 말씀하신다.

사도행전 1:8의 명령은 사도행전 안에서 수행되며, 사도들에 의해 이루어진다. 스탬은 이 명령이 주어졌을 때 맛디아가 사도가 아니었다는 사실을 간과했다. 바울 역시 사도가 아니었다. 이 사실이 왜 중요한 것인가?

그 명령의 대상은 "열한 제자"에게 국한되지 않는다. 마태복음 10:23이 "열두 제자"에게 국한되지 않는 것과 마찬가지로 말이다.

『**너희가... 증인이 되리라.**』는 부분부터 구절 끝까지는 예루살렘에 있는 어떤 성도에게도 적용될 수 있으며(교리적으로), 주 예수 그리스도의 증거가 필요한 이 세상에 있는 어떤 성도에게도 적용될 수 있다(영적으로). 교리적 적용(딤후 2:15)에만 성경(행 1:8)을 제한시키는 것은 "진리의 말씀을 잘못 나누는" 것이다.

RV(1881-1884) 및 RV의 본문을 그대로 보존하고 있는 NASV(1963)와 그 밖에 로크만 재단이 출간한 다른 변개된 성서들은 "내게 증인이 되리라"(witness unto me)를 "나의 증인(my witness)이 되리라"로 바꾸었다. 이것은 증거되는 메시지의 내용 - 주 예수 그리스도에 관한 - 에 대한 강조를 희석시키고 그들이 정작 무엇을 말할지에 대해서는 언급하지 않은 채, 단지 그들이 "누구의" 증인인가만을 말하는 것이다.

초대 그리스도인들은 그리스도의 증인이었으며 그리스도께 대한 증인들이었다. 저스틴 마터(A.D. 100-165)와 터툴리안(A.D. 163-230)의 기록은 그들의 증거가 얼마나 효과적이었는지를 잘 말해 준다.

『**주께서 이런 일들을 말씀하신 후에 그들이 보는 데서 위로 들려 올라 가시니...**』(9절) 이글의 저자는 공인 의사였다. 그의 문체는 그가 그때 당시의 최고 수준의 학식을 가졌음을 보여 주고 있다. 사도행전을 기록한 동일한 저자는 누가복음에서도 동일한 사건에 대해 『**주께서... 그들에게서 떠나 하늘로 올라가시니라.**』(눅 24:51)고 말했다.

원문비평학적 견지에서 볼 때 "저자의 문체에 가장 잘 맞는" 본문을 택해야 한다고(모든 죽은 정통 보수주의자들은 이 견해를 취한다) 반복해서 주장하면서, 많은 경우 바티칸 사본(B)의 본문이 시내 사본(א)이나 베자 사본(D)보다 뛰어나다고 말하면서, 밥존스대학은 예수 그리스도께서 몸을 입고 승천하신 사실을 언급하는 구절에 와서는 저자의 문체도 무시하고 바티칸 사본도 무시할 것을 권한다. 『**하늘로 올라가시니라.**』(눅 24:51)는 부분이 NASV와 RCC 및 NCCC의 RSV에는 빠져 있으며, 하일스 앤더슨 대학과 리버티 침례대학의 교수진이 추천하는 "믿을 만한 번역본들"에도 빠져 있다.

네슬의 헬라어 성경(바티칸 사본을 더 많이 신뢰할 것을 주장하는)은 이 부분에서 바티칸 사본뿐만 아니라 필사본 A, C, K, W 및 (시내 사본보다도 오래된) 파피루스(P75)의 본문을 저버렸다. 닐(Neal) 박사와 커스터(Custer) 박사(밥존스대학)는 믿음의 근본 사항들 중 하나를 공격하는 데서 그치지 않고 "성경의 절대적 권위"나 "축자적으로 영감받은 원본"과 "믿을 만한 번역본들" 등을 믿으면서도 그리스도의 신성을 공격한다(눅 24:52).

『**그들이 주를 경배하고**』(눅 24:52)가 NASV에는 빠져 있으며 NEB이나 에큐메니칼 성서인 〈공동성서〉 등에도 빠져 있다. 예수 그리스도의 신성을 공격하기 위해 그들이 제시하는 필사본 증거는 무엇인가? P75나 A, B, C, 알렙보다 100년이나 후에 기록된 헬라어 대문자 필사본 "하나"뿐이다. 그리고 그것은 플라토적이며 후천년주의적이고 진화론적인 "육신에" 속한 아우렐리우스 어거스틴(Aurelius Augustine, A.D. 430)이 지지했던 변개된 필사본이다.

교훈 : A, B, C, D, E, F, G, H, P45, 46, 53, 75, 48, 알렙이 〈킹제임스성경〉 본문과 일치하지 않는 부분에서(행 9:5,6을 볼 것) 학자들이 여러분을 성가시게 하지 못하게 하라. 성경을 거부하는 "그리스도인들"인 그들은 그들 자신의 영적 권위를 믿지 않는다. 조금도 믿지 않는다.

유명한 교부 어거스틴(A.D. 354-430)은 그 구절에서 주 예수 그리스도로부터 "경배"를 도둑질했다. 그는 누가복음 24:52의 예수 그리스도의 승천에 관해 일관되지 못하고 서로 상반되는 태도를 보이고 있다.

브루스(F.F. Bruce, 〈뉴 스코필드 참조성경〉의 편집위원, p.1261)는 사도행전 1장 9절(『**주께서... 들려 올라가시니**』)에서 "올라"(up)라는 표현과 10절(『**주께서 올라가실 때에**』)과 11절(『**어찌하여 너희는 하늘을 쳐다보고[up] 서 있느냐?**』)의 "up"이라는 표현은 "코페르니쿠스 이전"에 살던 사람의 기록에 불과하며 "1세기의 우주철학"일 뿐이라고 말한다. 그에 따르면 그리스도께서는 "승천"하신 것처럼 보였을 뿐이다(브루스, 〈사도행전〉 p.41). 살아 계신 하나님의 살아 있는 말씀과 이 두 명의 배교자 사이에서 중간적 입장을 취하고 있는 NASV(커스터, 닐, 위니거, 밥 존스 3세가 추천하는)에는 "하늘"(sky)로 되어 있다. 어느 세기에 필사된 어떤 계열의 어떤 사본에도 "우라논"(헬라어로 "heaven")으로 되어 있음을 그들 모두 잘 알고 있음에도 불구하고 말이다.

앞에서 여러 번 말한 바와 같이, 이 성경을 거부하는 근본주의자들(성경이 "하나님께서 숨을 불어넣으시고, 축자적으로 영감받았다"고 믿으면서)이 모순 투성이의 번역본들에서 하나님을 도와, 20세기의 우주철학으로는 부족한 하나님의 지식을 바로잡으려 할 때마다, 성령께서는 오히려 그들의 오류를 지적해 주신다.

『**너희를 떠나 하늘**[헬라어로 '우라논']**로 들려 올라가신 바로 이 예수는 너희가 하늘**[헬라어로 '우라논']**로 가심을 본 그대로 오시리라**』(11절). 이 성경 교사들이 무엇을 했는가? (그들은 그들 교실에서 하루에 8시간씩 한 일이란 성경에 대한 학생들의 믿음을 파괴하는 것뿐이었다.) 그들은 첫 번째 "heaven"을 "sky"로 번역했고, 두 번째 "heaven"은 "HEAVEN"으로 번역했다(NASV, p.195, F.F. 브루스, Ed.,1960). 브루스 쪽을 따르던 로크만 재단이 왜 갑자기 A.V.의 본문으로 돌아가서 그 두 단어에 담겨진 문자적 예언을 파괴시키는 것인가? "The sky"(NASV)는 사도행전 1:9,10에서 예수 그리스도를 받아들이지 않았다. "Heaven"이 그를 받아들였다. 사도행전 3:21을 보라.

성경을 현대적으로 번역하는 것을 반대한다고 공언하는 근본주의자들은 "자신들의 가는 길"을 잘 살펴보는 편이 나을 것이다. 왜냐하면 위의 본문은 어리석은 보수주의자들이 그것을 "신뢰할 수 없는 번역"이라고 말하는 〈현대인을 위한 기쁜 소식〉(1966, 1969)의 본문이기 때문이다. 그래도 그것은 NASV 정도만큼의 신뢰성은 있다.

어떤 그리스도인 유명 인사가, 우리가 적절한 명분도 없이 "분열"을 일으킨다고 생각한다면 그는 경고를 받아야 할 것이다. 1961년에 나온 NEB의 본문 또한 "20세기 우주 철학"에 근거해서 참조 구절들을 파괴하고 있다. 그런데 밥존스대학은 똑같은 필사본을 사용하고, 똑같은 방법으로 번역되었음에도 그 역본은 신뢰할 수 없는 역본이라고 부른다! 수십 년간 수많은 사립 학교 교사들을 양성해 낸 대학의 교수진들이 주 예수 그리스도의 승천을 다루는 세 개의 부분에서 〈킹제임스성경〉 대신 NEB의 본문을 택할 줄 누가 생각이나 했겠는가? 그 세 부분은 아래와 같다.

1. 누가복음 24:51
2. 누가복음 24:52
3. 사도행전 1:11

밥 존스 3세는 이 세 개의 본문을 모두 "믿을 만하다"고 말한다.

『**이[same] 예수는... 그대로 오시리라...**』(11절) "20세기의 후(後)코페르니쿠스 우주철학자들"은 제쳐 두고, 열린 마음으로 성경을 공부해 보자.

A. "같은" 나라가 권력을 잡을 것이다 - 로마

B. "같은" 민족이 그들의 본향에 있을 것이다 - 유대인

C. 세계적으로 사용되는 언어가 있을 것이다 - 그때 당시는 헬라어

D. 주께서는 셋째 하늘에서 둘째 하늘로, 거기서 다시 첫째 하늘로 "내려오실" 것이다(고후 12:1-4). 그분은 구름을 타고 오실 것이다(계 1:7).

E. 『**흰 옷을 입은 두 사람**』(10절) - 모세와 엘리야가 주님과 함께 있을 것이다(저자의 주석서 〈요한계시록〉 11:3-8 참조).

F. 이 "같은 예수"는 손에 구멍이 있는 분(슥 12:10)이시지 "오순절에 성령이 임하신 사건"이 아니다.

G. 이 "같은 예수"는 예루살렘 멸망 때 임한 심판이 아니라, 동정녀에게

서 나시고 육체로 부활하신(롬 1:4) 바로 그분이다.

H. 이 "같은 예수"는 "예수 그리스도, 슈퍼스타" "그 손에 계획을 가진 남자" "위층 집 남자" 히피 혁명론자, 검은 예수, 공동성 집착 신경증 환자, "겸손한 갈릴리 사람," 갈릴리 남자나 "죄의 사람"(살후 2:2-6)을 위한 길을 마련하기 위해 국제 사회주의자들이 만들어낸 다른 어떤 위조물인 "다른 예수"가 아니다.

I. 이 "같은 예수"는 "위로"라는 단어가 의미하는 그대로와 반대인 "아래로" 내려오실 것이다. 어느 쪽이 위인지 모르는 우주비행사들과 우주 시대의 과학자들을 위해서 설명하겠는데, 북극성이 "위"이고 "아래"는 그 반대 방향이다.

로크만 재단이나 스코필드 편집 위원회가 너무도 미신적이고 무지해서(행 17:22 참조) 시간이나 방향 중에 하나는 "상대적"이라고 생각한다는 것은 참으로 딱하고 수치스러운 일이다. 그것은 다름 아닌 앨버트 아인슈타인(1879-1955)이 가정한 것이다. 어떤 구원받은 죄인이 아인슈타인과 위치를 지금 바꾸고자 한다면 그는 이 땅 위를 걸어본 사람 중에서 가장 어리석은 사람일 것이다.

사탄은 주께서 재림하실 때 오시는(눅 4:9) "방향"을 알았다. 그는 "만나"가 다시 등장하리라는 것도 알았다(저자의 주석서 〈요한계시록〉의 12:14 주석 참조).

이 시점에서 스탬과 베이커 추종자들은 코넬리우스 스탬에게서 실마리를 얻고는, 그리스도인은 "위에서 부르심"(up calling, 살전 1:9,10, 빌 3:20, 딛 2:13)을 기다리고 있기 때문에 지상에서의 통치는 한 몸 된 교회에 속한 그리스도인들에게는 불가능한 것이라고 단정한다. 왜냐하면 교회는 이스라엘과 더불어 유업을 받지 않기 때문이라는 것이다. 그러나 에베소서 5:5, 골로새서 3:24 그리고 로마서 8:17은 이런 이단 교리를 확실하게 바로잡아 준다. 우리는 첫째로 휴거를, 둘째로 재림을 기다릴 수 있다. 그러나 그리스도의 천년통치는 그리스도의 몸에 속한 하나님의 자녀들에게는(고전 12:13) 그리스도의 심판석만큼이나 위대한 진리이다. 성경대로 믿는 그리스도인에게 중요한 진리가 에베소서 3장의 열 구절과 고린도후서 5장의 네 구절만은 아닌 것이다.

『**흰 옷을 입은**』(10절) 두 사람은 천사들(눅 24:4,23)이거나, 아니면 모세와 엘리야이다. 성경을 공부하는 학생은 이 구절과 연관해서 말라키 4:4-6과 다니엘 12:5를 공부해야 한다.

『**올리브 산이라 하는 곳에서 예루살렘으로 돌아왔는데 이 산은 예루살렘에서 가까워 안식일에 다닐 수 있는 거리더라**』(12절). 7과 1/2펄롱(furlongs)은 안식일에 다닐 수 있는 거리로 여겨지고 있으며(1큐빗을 18인치로 잡으면 약 3,000피트), 안식일에 다닐 수 있는 "최대" 거리를 계산하는 근거 구절로는 출애굽기 16:29과 민수기 35:5를 들곤 한다. 그러나 이것은 요세푸스와 탈무드를 신봉하는 랍비들의 주장인 만큼, 그대로 받아들일 수 없는 것이다.

학자들은 안식일에 다닐 수 있는 거리가 반 마일이 조금 넘는 것으로 계산한다. 노스겐(Nosgen), 블래스(Blass), 렌돌(Rendall), 벨서(Belser) 등은 누가복음 24:50이 틀렸다고 믿는다. 왜냐하면 제자들이 "베다니"에 갔다고 기록하고 있기 때문이다. 요한복음 11:18에 따르면 베다니는 예루살렘에서 15펄롱 되는 거리이다. 이것은 안식일에 "합법적으로" 다닐 수 있는 거리의 두 배이다. 그러나 노스겐, 블래스, 렌돌, 벨서는 왜 누가복음 24:50을 제대로 연구하지 않는가? 로크만 재단과 RSV는 누가복음 24:51, 52을 제대로 연구했는가? NASV(섬너 웸프가 추천하는)는 누가복음 23:42

에 시간을 들였는가? 이단자 말시온(2세기)은 누가복음 24:39에 시간을 들였는가?(그의 누가복음은 완전히 변개된 것이었다.) "Key 73"에서 에큐메니칼 운동을 위한 연구로 누가복음을 선택한 것은 당연한 일이었다.

그러나 오리겐과 그의 알렉산드리아 이단들은 주님의 말씀을 왜곡시키고 혼란스럽게 만드는 데 재빠른 사람들이다. 그래서 ASV(1901)는 누가복음 24:50에 "베다니까지"(as far as to)를 "베다니 맞은편"이라고 함으로써 문제를 해결한다(〈복음주의 주석〉 참조, p.14). 이것은 죽은 정통주의 배교자들이 옛날부터 지금까지 끊임없이 시도해 온 것으로서 그리스도인들로 하여금 "육체를 신뢰하게" 만들려는 것이다(빌 3:3 주석 참조). 이런 시도 뒤에 감추어진 동기는 성경의 우월성에 대한 믿음을 잃게 만드는 것이다. 믿는 마음으로 성경을 읽는 사람이라면 민수기 35:5에 있는 도시들의 외곽이 성벽에서부터 3,000-3,500피트나 된다는 사실을 알지 못할 사람이 어디 있겠는가? "베다니까지"(as far as to, 눅 24:50)는 베다니 성 경계에서 무려 3,000피트까지이다. 이것은 예루살렘에서 안식일에 여행할 수 있는 거리이다. 1큐빗이 22인치라면 그 거리는 4,000피트에 근접하게 된다. 문제될 것이 무엇인가? 자기 중심적 사고와 불신 외에 다른 문제점이 있는가?

진짜 문제는 창세기 3:1에 있다. 그러나 이번에는(1900-1980) 그 문제가, 자유주의자들이나 신(新)복음주의자가 아니라 보수주의, 복음주의, 근본주의자들에게 있는 것이다.

예를 들어 〈기독교 사상사, *A History of Christian Thought*〉에서 언급된 니브(Neve)는 밥존스대학 학생들이 매일 오전 11시 아침 채플 시간에 암송하는 강령에 있는 내용 전부를 믿는다. 니케아 종교회의의 모든 규칙들을 보면, 니브는 근본주의자이다. 그러나 시버그(Seeberg), 아우렌(Aulen), 맥기퍼트(McGiffert), 쉐드(Shedd), 피셔(Fisher) 등과 함께 성경을 가지고 그가 한 일은 무엇인가? 니브의 주장에 따르면 "성경의 권위"를 오히려 그리스도인들이 손상시키고 있는데, 그 이유는 기독교는 단지 교리로만 이루어진 것은 아니고, 성경대로 믿는 사람들의 관점은 전(前)과학적(prescientific)이며(행 1:11 주석 참조), 성경의 교리가 그것과 상치되는 "과학적 자료들"보다 우월할 수 없기 때문이라는 것이다.

이 모든 문제에 있어 니브는 디모데전서 6:20 말씀을 어긴 것이다.

니브는 사도행전 1:6을 어떻게 해석하는가? "메시아를 십자가에 처형함으로써 메시아에 대한 이스라엘의 기다림은 '끝난다'... 앞으로 이스라엘이 지상에서 메시아적 통치를 펼 여지는 전혀 없다"(*Ibid.*, p.329).

하나님께서 베다니를 예루살렘에서 너무 멀리 두심으로써 야기된 혼란에서 하나님을 구해 내기 위해서, 우리는 "그 문제를 해결할 만한 설명"을 얻기 위해 성경을 거부하는 학자들에게 달려가야 한다. 왜냐하면 그들은 "성경을 더 잘 이해하도록" 우리를 돕기 위해 수십 년의 세월을 연구에 쏟은 "좋은 사람들"이기 때문이다. 앞에서 말한 것처럼(행 1:1) 이런 모든 교과과정과 신용, 뛰어난 학식, 과학적 조사, "경건한 번역가들," "필사본 탐구자들," "훌륭한 비평적 판본들," 질 좋은 양피지 필사본 등의 배후에 숨겨진 목적은 성경 교사가 필수적으로 갖추어야 할 두 가지 자격 요건도 갖추지 않은 채 성경 교사들이 되고자 하는 자들의 헛된 지식과 끝없는 족보에 여러분의 시간과 돈을 쓰도록 만들려는 것이다. 성경 교사의 필수 자격 요건 두 가지는 "믿는 마음"과 "겸손한 마음"(롬 14:23)이다.

젊은이들이 스윗(Swete), 테넌트(Tennant), 앤드루스(Andrews), 폭스-잭슨(Foakes - Jackson), 포시스(Forsyth), 캠벨(Campbell), 티렐(Tyrell), 브룩(R. Brook), 스튜더트-케네디(Studdert-Kennedy), 폰 휴겔(Von Huegel), 인지(Inge), 모벌리(M.Y. Moberly), 파슨스(R.G. Parsons), 찰스 레이븐(Charles Raven), 존 맥머레이(John MacMurray), 세실 카도스(Cecil Cadous), 로렌스 잭스(Lawrence Jacks), 스톨(F.V. Storr), 매튜스(W.R. Matthews) 등이 해 놓은 말을 듣기 위해 돈을 없애 버리는 것보다 더 가슴 아프고 낭비적인 일은 없다.

위에 열거한 이들은 성경의 2/3를 믿지 않는 판국에, 그들이 하나같이 "베다니까지"가 "베다니 맞은편"이 되어야 한다고 주장하는 것이 무슨 차이가 있겠는가? 요한복음 11:18이 베다니는 15펄롱 떨어져 있고 그들이 "베다니까지" 갔다고 말하고 있다면, 예수께서 승천하시기 전에 그들이 4,000피트를 되돌아가지 않았다는 것을 어떻게 알겠는가? 성경대로 믿는 사람이 토비야나 "아라비아인 게셈"에 하나님의 시간과 돈을 낭비해야 할 이유가 있겠는가?

주께서 영광으로 되돌아가시기 전에 사도들이 지상에서 마지막으로 들었던 메시지는 재림에 관한 메시지였다. 그들은 재림에 대해 논쟁할 필요가 없었다. 왜냐하면 주께서는 그들을 율법학자들이 아니라 증인들(8절)로 부르셨기 때문이다. 우리는 아직 지상이 아니라 하늘(sky)에 있는 은신처를 구하고 있다. 우리는 표적이 아니라 한 음성(딤전 4:16)에 귀를 곤두세우고 있다. 구름이 우리를 둘러싸기 전에 흙덩이가 우리를 덮는다 해도 죽음은 여전히 우리를 속박(요 11:44)에서 풀어 주고 놓아줘야만(고전 15:55) 할 것이다!

1:13 그들이 들어가서 다락방으로 올라가니 거기에는 베드로, 야고보, 요한, 안드레, 빌립, 도마, 바돌로매와 마태, 알패오의 아들 야고보, 셀롯 시몬과 야고보의 형제 유다가 머물고 있더라.

14 이들 모두가 여인들과 예수의 모친 마리아와 주의 형제들과 더불어 하나가 되어 기도와 간구에 전념하더라.

"머물다"(abode, 13절)라는 단어는 영구 거주지를 나타내는데, 그들이 "돌아왔을 때" 베드로와 야고보와 요한 등은 거기에 있지 않았음이 분명하다. 왜냐하면 그들은 승천의 증인들이기 때문이다.

13절에 나오는 이름들은 저자의 주석서 〈마태복음〉 주석(마 10장)에 논의되어 있다. 브루스(F.F. Bruce)는 "야고보의 형제 유다"(눅 6장)를 "다대오"로 바꿨다. 그러나 성경에서 사람들이 두 개의 이름을 갖는 것은 지극히 평범한 일이다[바울(사울), 요세(바나바), 시몬(베드로)]. 때로는 세 개의 이름을 갖기도 한다[요셉 - 바사바 - 유스토(행 1:23)].

『**예수의 모친 마리아와 주의 형제들**』(14절). 이것이 신약에서 마리아에 대한 마지막 언급이다. 그 누구도 기도나 말이나 행위로 마리아를 영예롭게 하는 모습은 성경 어디에도 없다. 신구약 어느 필사본에도 마리아의 "무염시태"(마리아가 죄 없이 잉태되었다는 로마카톨릭의 공식 교리)나 "몽소승천"(마리아가 승천했다는 교리), "영원한 처녀성"(마리아가 영원히 처녀였다는 교리-역자 주) 같은 것은 없다. 오히려 성경에서 그녀는 전혀 중요하지 않는 존재로 나온다(행 2-28장 사이에서). 사도행전을 대강만이라도 읽어 본 사람이라면 마리아의 이름이 그리스도인의 기도 속에서 언급되지 않았으며, 그녀에게 무엇을 구한 사람도 없고 그녀가 누군가를 위해 중보한 적도 없으며, 종교적, 도덕적, 정치적, 영적인 그 어떤 일에 대해서도 그녀의 자문을 구한 일이 없었음을 알 것이다. 마리아에 관한 카톨릭의 교리는 이교도의 공상에 지나지 않는다. 그것은 날조된 것이며, 그리스도의 시대부터 만연해 있었고 20세기에도 여전히 전 세계적으로 퍼져 있는 이교도의 종교에 맞도록 고안된 것이다. 마리아는 오순절 전에 함께 모여 기도했던 몇몇 여인들 중 하나에 불과한, 구원받은 죄인이었다. 오순절 전이나 후에도 그녀는 교회의 문제들에 전혀 관여하지 않았다(행

1,2장). 그녀는 아무도 치유하지 않았으며(행 3장), 집사를 선출하지도 않았고(행 6장), 누구를 사역에 부르지도 않았다(행 9장). 사도행전 15장에서 논의됐던 교리들에 관해서도 아무도 그녀의 의견을 묻지 않았다. 성경의 마리아와 로마카톨릭의 마리아는 너무도 다르다.

『**주의 형제들과 더불어...**』(14절) 여기에는 주님의 남동생들과 여동생들이 포함된다(마 1:25, 막 6:3, 눅 2:7 참조). 그들은 처음에는 주 예수를 믿지 않았으나(요 7:5) 나중에는 사도의 무리에서 이들을 발견하게 된다. "주의 형제"인 야고보는 그 무리의 지도자이며(행 12:17; 15:13; 21:18), 유다서를 쓴 사람도 주의 형제들 중의 하나(유다 - 막 6:3)였다.

NASV에서 마태복음 1:25의 "첫태생"(firstborn)이란 말을 빼버렸기 때문에, 로크만 재단이 "영원한 마리아의(그리고 요셉의) 처녀성"과 관련된 교황의 속임수를 돕고자 하는 것이 아닌가라고 의심할 수밖에 없다. 교황의 다른 동조자들 중에는 에피파니우스(Epiphanius)와 헤게시푸스(Hegesippus)와 헬비디우스(Helvidius, 4,5세기)가 있다. 그러나 프로테스탄트를 가장 심하게 속인 사람은 그리스도의 "형제들"이 "사촌들"이라고 말한 제롬이었다. 라틴 벌게이트, 림즈 듀웨이, the Challoner, 조합성경, NASV가 1582년에 나온 〈예수회 성경〉과 일치하는 이유가 바로 이것이다. 이들 모두는 마태복음 1:25에서 "첫태생"을 삭제시켰다.

마태복음 13장과 요한계시록 17장의 종교적인 창녀는 사람들이 생각하는 것보다 훨씬 더 큰 영향력을 행사하고 있다. 이 시점에서 남침례교도들(루이스벨의 A.T. 로버트슨)은 영어도 읽을 줄 모르는 헬라어 학자에게서나 나올 수 있는 것을 우리에게 주입시킨다. 로버트슨은 누가가 사도행전 1장에서 "'영광의 면류관'을 쓴 마리아"를 제시한다고 말했다. 이것은 두 가지 흥미로운 문제점을 드러낸다.

1. "영광의 면류관"은 회중을 가르칠 책임을 맡은 '남자 장로들'에게만 약속된 것인데(벧전 5:1-4) 마리아가 어떻게 그것을 얻었단 말인가?

2. 그리스도의 심판석 때까지는 어떤 면류관도 수여될 수 없는데 1,900년이나 앞서서 마리아가 어떻게 그것을 얻었단 말인가?

A.T. 로버트슨은 그리스도의 심판석에 대해 논할 자격이 없다. 하나님의 말씀에 신실한 학생은 이런 "기념비적인 헬라어 학자들"의 스타일에 익숙해져야 하며, 이들 모두는(〈Which Bible?〉, 데이비드 오티스 풀러, p.278 참조) 정통 기독교계와 로마카톨릭 교회 사이를 "중재"하는 데 관심이 있었다는 사실을 받아들여야 한다. 마리아는 사도행전 1장에서 "영광의 면류관" 같은 것을 갖지 않았다. 유다 이스카리옷이 그것을 갖지 못한 것과 마찬가지로 말이다.

1:15 그 무렵 베드로가 제자들 가운데 서서 말하기를 (함께 모인 사람의 수는 약 일백이십 명이더라.)
16 "형제 여러분, 예수를 붙잡은 자들의 길잡이가 된 유다에 관하여 성령께서 다윗의 입을 통해 미리 말씀하신 이 성경이 이루어진 것은 당연하도다.
17 그가 우리와 함께 계수되었으며 이 사역의 한 부분을 담당하였느니라.
18 그런데 이 자가 실로 불의의 대가로 밭을 샀는데 그후에 곤두박이로 떨어져서 몸의 중간이 터져 그의 모든 창자가 쏟아져 나왔느니라.
19 이 일이 예루살렘에 사는 모든 사람에게 알려지게 되어 그 밭을 그들의 고유의 말로 '아켈다마'라고 하니 즉 '피의 밭'이라는 뜻이라.

20 이는 시편에 기록되기를 '그의 처소를 황폐케 하시고 그곳에 사는 사람이 없게 하시며 그의 감독의 직분을 다른 사람이 취하게 하소서.'라고 하였음이라.

이 구절은 사역의 압축된 역사와 유다의 죽음에 관해 말해 주고 있다. 시몬 베드로가 이 문제를 거론한 이유는 시편 109편을 성취시키기 위해서였을 뿐만 아니라, 마태복음 19:28의 잃어버린 "법정 추정 상속인"을 채우기 위해서였다. 그 구절의 "나를 따르는 너희들"에는 유다가 포함될 수 없다. 왜냐하면 유다는 "끝까지 따르지" 않았기 때문이다. 시몬 베드로가 제시한 자격 요건들로 볼 때(행 1:21,22) 그는 예수님께서 "나를 따르는 너희들"이라고 하신 대상을 그리스도의 십자가 처형과 부활 때까지 따르던 사람들을 말하는 것으로 이해했다.

『**함께 모인 사람의 수는 약 일백이십 명이더라**』(15절). 이것은 엄격하지는 않았지만 일종의 기록부가 있었음을 보여 준다. 사도행전 9:26은 일종의 "연합"이 지역 교회에 존재했음을 보여 주며, 고린도전서 5,6장에서는 일종의 "분열"이 생긴 사실을 말해 준다. 이런 문제들은 성령께서 자세하게 다루시지 않았으므로 지역의 회중에게 판단이 맡겨진다. 사도행전을 공부하는 학생들은 이 책에 관행의 역사가 나오는데, 그것은 사도행전 이전에 성경적 관행들이 세워져 있지 않았기 때문임을 인식해야 한다. 이것이 바티칸과 추기경 대학이 하나님의 말씀을 뒤엎고 "전통"에 호소하며 빠져 나가는 구멍이지만, 성경대로 믿는 사람은 역사가 말해 주는 바 진실을 알아야만 한다. 출석 확인, 재적 캠페인, 교회 버스 사역, 기도의 제단, 주일학교, 부랑자 구제 사업, 총동원 주일, 회계보고판, 육아실, 교회 게시판, 이사회 등은 그것들을 운영하는 근거가 되는 원칙들이 성경적임을 증명할 수 있는 구절들은 발췌해 낼 수 있지만, 직접적으로 뒷받침해 주는 구절은 성경에 없다. 그러나 분명히 지켜져야 할 규칙은 다음과 같다.

어떤 "사도"나 "교부"나 목사나 교사, 복음전도자가 행하는 관행이나 전통이 성경의 '명백한' 구절에 반대될 때는 심각하게 고려할 필요조차 없다.

어떤 구절들은 애매한 것이 사실이다. 스가랴 1,2장이나 솔로몬의 노래 4,5장이 그렇다. 데살로니가전서 1장, 고린도전서 7:37, 로마서 14:1-4 같은 구절들은 그 구절을 해석하는 사람의 판단에 따라 달라질 수 있으며, 자신의 주장을 입증하기 위해 그 구절을 사용하는 사람의 특성에 달려 있다. 그러나 성경을 믿는 사람이라면 그 누구도 마리아의 몽소승천, 후천년주의, 마리아의 무염시태, 외경, 마리아의 영원한 처녀성, 미사의 희생제, NASB의 누가복음 2:33, 유아세례 등이 하나님의 진리를 명백하게 부인하고 있다는 것에 대해 달리 생각할 수는 없다. 관행이나 전통이 신구약 수십 구절들에 반대될 때 그것은 분명히 "초대 교회"나 "사도적 전통"이나 "거룩한 사도들"에게서 나온 것이 아니다. 그것은 바로 지옥에서 나온 것이다.

사도들의 시대에 있던 "사도의 가르침"은 모두 사도행전에 열거되어 있다. 의사 누가가 이 책을 기록한 목적 중의 하나는 그리스도의 죽으심과 바울 서신 사이의 과도기적 기간 동안에 일어난 일들을 보여 주고자 하는 것이었다. 성령께서 모든 진리 가운데로 인도하심에 따라(요 16:13) 장로들(행 14:23), 집사들(행 6:1-6), 감독들(행 20:28), 교리적 강령들(행 15:5-30) 같은 혁신적인 제도들이 생기게 된다. 이런 영적 첨가물들은 결코 "사도신경," 부활절 토끼, 십자가 상, 묵주, 〈칠십인역〉, 침례로 인한 구원, 수녀, 예비 신자, 교리문답, 네슬의 헬라어 성경, 교황, 십자가 표시, 그 밖의 다른 이교적 '첨가물'들과 결코 혼동되어서는 안 된다.

"뛰어난 보수주의 학자들은" A.V.를 공격하는 데 너무 열심인 나머지, 사도행전 전체에서 가장 중요하고 영적인 진리들 가운데 하나를 놓치고 있다. 경건한 독자라면 그들이 "주의 영광이 하나님의 전을 가득 채울" 때까지(대하 5:14) "한 소리"로(대하 5:13) 하나님을 찬양했던 사람들이 120명의 제사장들이었던 사실을 발견했을 것이다. "하나님께서 숨을 불어넣으시고 축자적으로 영감을 받은 원본"을 믿는다고 큰소리치는 사람이 어떻게 『**이들 모두가... 하나가 되어... 전념하더라.**』는 사도행전 1:14의 참조 구절을 놓쳤단 말인가?

이런 위대한 영적 비교를 완전히 간과한 채 우리의 "경건한" 보수주의 학자들은 다음과 같이 말한다.

1. "간구"라는 말은 14절에 있어서는 안 된다[그리스바흐(Griesbach)와 필사본 A, B, C, D를 인용한 아담 클라크(Adam Clarke)의 말].

2. "제자들"(15절)은 "형제들"로 되어야 한다(극도로 변개된 대문자 필사본 알렙과 B를 인용하는 〈복음주의 주석〉).

3. ASV는 "사람의 수"(the number of names)를 "회합"(gathering)으로 대체시켰다.

4. RSV는 "수"라는 말이 120명의 사람들을 묘사하는 데 어울리지 않는 단어라고 여기고 그것을 "무리"(company)로 바꿨다.

5. 래드(Ladd) 박사(〈위클리프 주석〉)는 그럴듯하게 "제자들"(15절)이라는 단어는 "열등한 필사본"에서 나온 것이라고 말한다.

6. 렌돌(Rendall), 하우슨(Howson), 스펜스(Spence), 바틀렛(J.B. Bartlett)은 몇 가지 대안들을 더 제시하는데, 성경대로 믿는 사람들은 그들의 제안을 흑인 회교도들의 "흑인 성명서" 정도로 받아들이면 된다.

7. A.T. 로버트슨 박사는(평소처럼 미끄러져 빠져 나가면서) 그의 헬라어 학생들에게 "120이라는 수에는 특별한 중요성이 없다"고 말한다(*Ibid.*,

p.15). 클라크(Clarke)와 〈복음주의 주석〉은 그 수에 다소의 중요성이 있음을 발견해 냈다. 그러나 그들은 참조 구절을 제시하기는커녕 엉뚱하게도 유대인의 시 공의회 정족수가 120인이었다고 말한다. 그러나 해석을 위해 성경을 일단 제쳐 두고 이런 "위대한 과학적 해명"에 의존하자면, 작은 산헤드린을 열 수 있는 최소의 수는 100명이다.

성경은 사사로운 해석을 금하고 있는데도 그들은 성경을 설명한다면서 고작 이런 것들을 언급하고 있다. 그러나 최고의 해석자이며 최고의 주석가는 성경이다. "산헤드린 1:6"(캐드베리와 레이크가 인용한)이 사도행전 1:15에 관해 말하는 바는 A.T. 로버트슨 박사가 그것에 관해 말한 것만큼이나 중요하지 않다.

어떤 학위를 받았건, 어떤 믿음을 고백하건 간에 정통 기독교계에 있는 단 한 사람의 헬라어 교수도 역대기하 5:12-14을 조명해 주지 못할 것이다. 그 문맥은 너무나 적절하고 잘 맞아서 눈먼 사람만이 그것을 놓칠 수 있음에도 불구하고 말이다. 역대기하 5:12에는 주께서 "성전을 채우시기" 전에 하나님을 찬양했던 사람들의 수가 언급되었을 뿐만 아니라, 10절은 호렙에서 온 언약궤가 십계명과 함께 거기에 있었음을 말해 주고 있다. 십계명을 줄 때 살해된 사람과 같은 수의 사람이 사도행전 2장에서 구원받았다는 것을 어떻게 학자들은 놓칠 수 있단 말인가!(출 32장) 최초의 원본을 포함해서 어떠한 헬라어 성경도 이 본문에 조명을 주지 못한다. 설사 최초의 원본을 가지고 있다 하더라도 여러분 대부분은 도움을 얻지 못할 것이다.

성경을 "믿음과 실행의 모든 문제에 대한 유일한 권위"로 믿는다고 말하지만 실제적으로는 성경을 거부하는 자들의 예가 아직 끝나지 않았다. "제자들"(15절)을 "형제들"로 바꿈으로써 어떤 혼란이 야기되는지 보라. 14절의 "형제들"은 마리아를 통한 예수 그리스도의 친척들이다. 그 단어를 똑같이 "형제들"로 번역하면 15절의 의미는 완전히 바뀌는 것이다. [여기서 "일관된 번역이 필요하다"고 말하는 사람들은 누군가에게서 들은 것을 그대로 말하는 것이며, 그 말을 한 사람이 자기에게 정직하게 말했다고 믿은 것이다. 1880년 이후로 나온 영어 번역본들을 대강만 공부해 보아도 그것들 중 어느 것도 완전히 "일관"되지는 않음을 알 수 있다. 그것들이 일관되게 번역된 것인 양 말하는 사람들은 게으른 자거나 위선자거나 둘 중 하나다(잠 20-25장과 출 24-30장 주석 참조).]

『**형제 여러분... 이 성경이 이루어진 것은 당연하도다**』(16절). 주석가들은 이 부분이 시편 69편을 인용한 것이라고 설명하고 있다. 그러나 사도행전 1:20은 시편 109:6-8이 성취된 것이다. 시편 109편은 14구절에 걸쳐 "한 사람"에 대해 자세히 묘사하고 있는 반면, 시편 69:27은 한 사람 이상에 대한 언급으로서 유다가 아닌 이스라엘에 직접적으로 적용되는(22절) 문맥이다(롬 11:9,10 참조).

『**유다에 관하여 성령께서... 말씀하신...**』(16절) 여기서 "성령께서 말씀하셨다."라는 것을 보아 성령님이 인격체라는 것이 분명하다.

『**예수를 붙잡은 자들의 길잡이가 된 유다에 관하여**』(16절). 하나님의 말씀에 대해 『**나에게 말씀하신 그대로 되리라.**』(행 27:25)는 태도를 가지고 "사실 그대로 하나님의 말씀으로 받아들인"(살전 2:13) 20세기 그리스도인들은 유다 이스카리옷이 누구이며 어떤 존재인지를 안다(요 6:70,71). 요한복음 17:12, 데살로니가후서 2:2-6, 요한계시록 9:11의 모든 세부사항을 다룰 만한 시간도 지면도 없다. 더 깊은 조명을 받기 위해 〈짐승의 표, *Mark of Beast*〉를 읽어 볼 것을 추천하는 바이다. 주요 주석가들은 유다에 대해 전혀 조명을 주지 못한다. 클라렌스 라킨(Clarence Larkin)의 책(50여 년 전에 기록된)이 그때 이후로 주요 주석가들이 펴낸 그 어떤 주석서보다도 더 독자들에게 성경적 지식을 제공해 줄 것이다.

유다에 관한 그들의 지나친 농담으로 인해 〈복음주의 주석〉에 상을 수여해야 할 지경이다(찰스 카터-마리온 대학, 랄프 얼-나사렛 신학교). 〈복음주의 주석〉은 유다가 "신적 성품을 받은 사람"(!)이며 "진정으로 거듭난, 그리스도의 몸의 한 지체"였다고 말한다(p.19).

1. 십자가 사건 이후까지 그리스도의 몸은 없었다(에베소서 1-3장의 주석 참조).

2. 창세기 5:1-3과 사도행전 1장 사이에서는 아무도 거듭나지 않았다.

3. 유다가 거듭났다면, 그는 영적 수술을 받고 거듭난 처음이자 마지막 마귀인 셈이다(요 6장). 왜냐하면 거듭나는 것은 영적 수술이기 때문이다(골 2:11).

A.V.(1611)가 그 안에 "유감스러운 본문"을 담고 있으며, "더 열등한 필사본"에서 번역되었다고 계속해서 말하는 사람들이 있다. 이들은 세대를 거듭해서 ASV(모든 판)를 지지하는 사람들이다. 또한 이들은 F.F. 브루스(Bruce), 더멜로우(Dummelow), A.T. 로버트슨(Robertson), 하르낙(Harnack), 호바트(Hobart), 오리겐(Origen), 윈디스크(Windisch), 모펫(Moffatt), 잔(Zahn), 렌돌(Rendall), 유세비우스(Eusebius), 낙스(Knox), 라이트(Wright), 맨슨(Manson), 커솝(Kirsopp), 레이크(Lake), 웨스트코트(Westcott), 홀트(Hort), 알브라잇(Albright)에게 계속해서 입맞춤하는 "경건한 보수주의자들"이다.

그러므로 다시 한 번 성도에게 이렇게 묻는 것이 적절한 일이다. "당신은 이 미혹당한 어리석은 학자들을 따라가다가 성경의 막다른 곳에 봉착하겠는가, 아니면 하나님께서 당신에게 말씀하신 대로 성경을 믿기 시작하겠는가?"

『**그가... 이 사역의 한 부분을 담당하였느니라**』(17절). 구원받았다거나 거듭났다거나 "신적 성품에 참예했다" 등에 관한 말은 한마디도 없으며, 그리스도인이 구원을 잃을 수 있다는 것을 증명하기 위해 우리의 나사렛 친구(랄프 얼 박사)가 희미한 구절 속에서 끌어낸 것을 뒷받침할 어떤 것도 없다. 그리스도께서는 죄인들과 같이 헤아리심을 받았다. 그렇다고 그가 죄인이 되는가? 더구나 주 예수께서는 (유다를 사역에 동참시키신 후 - 마 10장) 『**내가 너희 열둘을 택하지 아니하였느냐? 그러나 너희 중에 하나는 마귀니라.**』(요 6:70)고 말씀하셨다.

유다는 사탄(요 13:27)의 "제5부대원"(비밀 요원, 밀고자, 첩자, 수색병 등)이었다. 그는 결코 "거듭나지" 않았다.

『**그런데 이 자가... 밭을 샀는데**』(18절). 이 부분은 "대리 자격"으로 한 구매를 언급하고 있다. 성경은 헬라어 사전을 가지고 법석을 떠는 몇몇 학자들의 도움 없이도 그런 매매를 매우 분명하게 해석해 준다(창 24:22, 23 참조). 벌링거의 설명(Fig. "*metonymy,*" p.1577)조차도 필요치 않다. 뭔가를 설명하기 위해 심판을 부르기 전에 성경 자체가 규칙을 세워 놓고 있기 때문이다.

『**곤두박이로 떨어져서 몸의 중간이 터져...**』(18절) 다시 한 번 성경은 아무도 찾아내지 못한 "최초의 원본"을 포함해서 어떤 헬라어 원문의 도움 없이 이 문제에 대해 성경 자체의 의견을 제시한다.(*The Sword of the Lord*, 1970년 9월 17일자, p.17 참조) 지진이 일어났을 때 유다는 "나무"에 목매달았으며(마 27:5), 바위를 쪼갤 만큼 강한 지진이라면(마

27:51) 성읍의 쓰레기장인 게헨나 위에 있던 나무를 쓰러뜨리는 것쯤은 문제도 아니었을 것이다. 그리스도께서는 사랑하시는 손길에 의해 그의 나무에서 내려졌지만 유다(고전 11:1의 NASV 본문을 따랐던 자)는 하나님의 심판으로 자신의 지위에서 떨어져 나갔다. 본문은 그것이 말하는 바 그대로를 의미한다.

〈복음주의 주석〉은 밧줄이 끊어진 것에 대해 지나가는 말로 말하기는 한다. 그러나 무엇이 밧줄을 끊었는지는 말해 주지 않는다. 쥐들인가? 쥐들은 줄을 - 이 문제에 있어서는 성경을 - 갉아먹는 것으로 알려져 왔다. 노울링(R.J. Knowling, *Ibid*, p.65)은 두 페이지에 달하는 난센스로 여러분의 시간을 낭비한다. 여기서 해킷(Hackett), 플러머(Plummer), 해스팅즈(Hastings), 심콕스(Simcox), 젤러(Zeller), 웬트(Wendt), 오버백(Overbeck), 펠튼(Felton), 럼비(Lumby), 제이콥슨(Jacobson), 작클러(Zockler), 라잇풋(Lightfoot), 하우슨(Howson) 등이 기여한다. 그 밖의 학자 연맹 회원들은 "우리에게는 두 개의 부분적인 구절로밖에 알려지지 않은 일련의 사실들"이라는 변명으로 절뚝거리며 뒤로 물러서고 있다.

헬라어 학자들이 가진 것이라고는 그런 것밖에 없다. 하지만 우리에게는 성경이 있다.

A.T. 로버트슨 박사에게는 성경이 없다. 그는 밧줄이 끊어진 것에 관해서 해킷이 "좋은 생각"을 가지고 있다고 말함으로써 불가지론자들과 함께 선수 대기실로 슬그머니 사라져 버린다. 이런 엄청나고도 터무니없는 사사로운 해석에 이르기 위해 클라크는 〈성경적 관점, *Biblical Viewpoint*〉의 저자들이 정기적으로 하는 것과 똑같은 일을 했다(클라크, Ibid, pp. 688,689).

1. 그는 "목매어 죽으니"가 "질식했다"는 의미라고 주장한다(마 27:5).
2. 『**그의 모든 창자가 쏟아져 나왔느니라.**』(18절)는 말은 "상황을 설명

하는 정교한 표현방식"이라고 주장했다. 마지막 말이 얼(Earle)과 카터(Carter)의 특이한 관조와 어떻게 조화를 이루는지 주의해 보라(*Ibid*, p.19). 그들은 말하기를 유다의 "처소"에 대해 "성 베드로"가 "자비롭게 삼가해서 말하고 있었다"(speaking with merciful reserve)고 했다[베드로가 "자비롭게 삼가해서" 말하고 있는 것을 상상할 수 있는가! 그 시몬 베드로는 카톨릭 신화에 나오는 인물임에 틀림없다. 행 5:30; 10:14, 요 13:8, 마 16:22를 보라!]

래드 박사는 "곤두박이로 떨어져서"가 "부풀어 올라"로 되어야 한다고 말한다(*Ibid*., p.1126). 여기에 한술 더 떠서 로버트슨 박사는 "곤두박이로"가 "병으로 누워서"로 되어야 한다고 말한다(*Ibid*., p.16). 마태복음 27장의 지진이 없이도 쥐들이 밧줄을 갉아먹어서 끊어 놓았고, 쥐들 중 몇은 설사로 얼굴을 땅에 박고 쓰러졌으니, 쥐들을 쫓아가서 피리부는 사나이가 과연 누구인지 보기로 하자.

피리 부는 사나이는 여기서도 아우렐리우스 어거스틴(354-430)이었다!

어거스틴은 말하기를 유다가 밧줄을 그의 목에 매었다가 얼굴을 땅에 박고 떨어져서 몸이 두 동강났다고 한다. 그 밧줄은 어디에 쓰는 것인가? 밧줄로 목이 매여 있는 것보다는 그냥 서 있다가 쓰러지는 것이 더 잘 얼굴을 땅에 박을 수 있게 해주지 않겠는가? 수직으로 서 있는 상태에서 쓰러졌을 때 사람의 창자가 쏟아져 나오는 것을 본 적이 있는가?(행 1:18) 떨어질 때 너무 경직된 나머지 "얼굴이" 그의 몸에 부딪쳐서 그렇게 된 것인가?

"대다수의 경건한 보수주의자들"이 성경으로 성경을 푸는 해석 방법에서 벗어나기 위해 그들의 흔적을 덮어 버릴 계략들을 마련한다. 이 시점에서 고안된 진지한 계략은 이 부분을 베드로가 말하지 않은 것처럼 설명하는 것이다. 그러나 누가는 그 부분을 베드로의 연설에 집어넣었다. A.T.

로버트슨은 그 문제에 관해 말하는 것을 삼가하고는 18,19절은 시몬 베드로가 말한 것이 아니라고 단언한다. 클라크는 그 같은 것은 "있음직하다"라고만 말한다(클라크, *Ibid.*, p.686). 그러나 F.F. 브루스와 래드는 로버트슨 박사를 위해 횃불을 쥐고서, 오리겐(184-254)으로부터 로크만 재단(1955-1970)에 이르기까지 이어져 온 쓰레기 트럭을 다음 세대가 다시 소유할 수 있게 해준다. F.F. 브루스는 19절이 베드로의 말의 일부일 리가 없으며, 18절은 누가가 삽입한 것이라고까지 말한다. 더멜로우(p.819)는 "물론 그 말들은 성 누가가 한 말이다. 그것들은 성 베드로의 말의 일부가 아니다"라고 주장한다.

대다수의 "보수주의자들"이 말을 했으니, "그것들을 살펴보기로 하자"(잠 18:17; 28:11).

"대다수의 보수주의자들"이 성경을 혼잡스럽게 할 때마다 그들은 항상 누군가가 그들에게 가르쳤던 것을 마음에 담고 그 일을 한다. 보수주의 및 자유주의 학자들은 몬타나와 요밍에서는 충분한 근거를 찾을 수가 없었다. 그들을 제대로 파헤치기 위해서는 스트리터(Streeter), *발라암*, 롭스(Ropes), 하르낙(Harnack), *카야파*, 산데이(Sanday), 엘리코트(Ellicott), 라잇풋(Lightfoot), 그라프(Graf), *파라오*, 쿠에넨(Kuenen), 벨하우젠(Wellhausen), 드웨트(DeWette), 아스트룩(Astruc), *아합*, 오리겐, 유세비우스, 파피아스, 어거스틴, *예후디*, 제롬, 팜필루스, *데마*, 테오도티언, 그리고 *사탄*에게서 그 "배경"을 살펴봐야 한다.

파피아스(A.D. 140)는 오리겐과 유세비우스에게 아람어로 된 마태복음이 있었으며, 거기에서 헬라어로 다시 번역되었다고 확신시켰다. 그리하여 대다수의 보수주의 지식인들(17,18,19,20세기)은 그리스도 당시에 아람어가 팔레스틴 전역에서 쓰이는 언어였으며, 성경 히브리어는 "잊혀졌다"는 고대의 가르침을 따랐다. 이로 인해 아람어를 쓰는 유대인들에게 성경 히브리어는 외국어였기 때문에 헬라어로 된 구약을 사용해야만 했었다는 특이한 이단 교리의 길이 마련되었다. 베드로는 "그들의 말로"라고 한 뒤 아람어("아켈다마")를 말했는데, 그렇다면 그는 베드로가 아니거나, 그렇지 않으면 그는 "우리의 언어"로라고 했어야 한다. 따라서 이 부분은 "이방인"인 누가가 삽입한 것이라는 말이 나오게 되는 것이다! [누가가 이방인이라는 가정은 산타클로스가 굴뚝으로 내려오며, 그리스도가 산딸기나무에 처형되었다는 것만큼이나 근거가 없다. A.T. 로버트슨이 누가에 관해 쓴 기록을 4페이지 정도는 발견할 수 있을 것이다.]

로버트슨, 브루스, 래드, 얼, 카터, 그리고 학자 연맹 전체보다 더 많은 경외심과 기대와 믿음과 상식과 유머를 가지고 성경에 접근해 보자.

1. 왜 누가의 삽입이 17절부터 시작되지 않는 것인가? 16절부터 20절까지는 끊어지지 않고 연결되는 내용이다.

2. 17절이 삽입에 포함된다면 시몬 베드로가 전체 연설을 하지 않은 것인데 그러면 17절의 "우리"는 누구인가?

3. 왜 갈릴리 지방어가 유대어와 같다고 생각하는가? [마 26:73과 행 2:7 참조] 성령께서 "유대에" 있는 사람들과 (행 2:9) "갈릴리" 사람들(행 2:7)을 나누고 있지 않은가?

4. "그들의 말로"는 오직 예루살렘에 거하는 유대의 유대인들만을 언급한다(행 1:19을 다시 보라).

5. 모든 보수주의 헬라어 학자들이 그 구절을 만났을 때 "헬라어 원본"은 어떻게 됐는가? 그들은 본문에 있는 "디알렉토"(헬라어)라는 단어를 보지 못했는가? 고린도전서 11:1에서 "그리스도를 따르는 자들"을 "모방자"(imitator, 헬라어 "미믹")로 거의 음역을 했던 그들이 어째서 여기서 본문의 "방언"(dialect)은 인정하지 않는가? 그들은 빈센트(Vincent)의 〈단어 연구, *Word Studies*〉를 읽어 보았는가?(*Ibid*, p.450)

어째서 모든 보수주의 헬라어 학자들이 이 구절에 와서는 "헬라어 원본"을 언급하지 않는 것인가? 누가가 19절을 쓴 것이라면 어떻게 해서 20절은 그가 한 말이 아니라고 하는가? 사도행전 1:20은 『**이는... 기록되기를**』로 시작되며 이는 19절이 말씀의 성취라는 의미로 주어진 표현이다. 한편 새 예루살렘에서 노울링(Knowling)과 블래스(Blass) 등은 "피의 밭"에 대한 마태복음과(마 27:6-8) 사도행전의 서로 다른 설명에 대해 "두 가지 이유가 있지 말라는 법이 어디 있는가?"라고 말하면서 슬그머니 넘어가고 있다(〈복음주의 주석〉 p.21 참조). 이것이야말로 이 파괴적인 비평가들이 본문의 문제되는 구절들을 다루어온 기본적인 방법이다.

"피의 밭"에 대한 마태복음과 사도행전의 설명이 서로 다른 이유는, 시몬 베드로는 지역 거주민들이 그 밭을 그 이름으로 칭하는 이유를 제시하고 있는 한편, 마태는 "대제사장들"(마 27:8)이 그 이름으로 그 밭을 칭하는 이유를 제시하고 있기 때문이다. 예루살렘에 있던 열한 제자 중의 하나가 아니었기 때문에 누가는 베드로가 현장에서 얻은 정보를 제시하기가 어려웠던 것이다. 이런 상식적인 진리(본문과 문맥의 모든 요구를 충족시키는)를 거부함으로써 노울링은 거의 한 페이지에 달하는 허튼소리를 해야만 한다. 즉 "...전체 표현이 수사학적으로 사용된 것이 아니라면... 그것이 이 단어들을 포함하고 있는 것처럼 보이고... 파생... 가능하다... 대중어로 쉽게 변화될 수 있을지도 모른다... 그 이름은 여전히 효력을 발생할 수도 있다... 이런 식으로 주장될 수도 있다... 대중의 환상과 전통이 자라감에 따라..." 대개 이런 식이다.

『**이는 시편에 기록되기를...**』(20절) 이는 베드로의 생각을 16절과 연결시켜 주며, 이는 다시 19절의 시편 인용에 대한 이유를 제시해 주고, 21절의 『**그러므로 주 예수께서...**』와 함께 모든 것이 연결된다. (누가가 무엇인가를 삽입한 것이라면, 그는 잘못된 위치에 삽입한 셈이다. 삽입이 있었다면 그것은 16절 이후여야만 하고 17절은 20절 뒤에 왔어야 하기 때문이다. 분명히 성령께서는 학자 연맹보다 성경 "배치"에 관해서 더 많이 알고 계셨다!)

"감독의 직분"(bishoprick)은 "office"에 대한 고어로, 감독에게 책임으로 주어지는 임무를 뜻하는 말이다(딤후 4:1-8). 그것은 현재 감독 교회(Episcopalian)나 카톨릭 주교(감독)의 관할 하에 있는 구역을 뜻하는 물질적인 용어가 아니다. 시편 109:8은 이 "사도"에 대해 대단히 자세히 다루고 있으며, 독자는 시편 69:8,21,25에 있는 메시아에 관한 참조 구절을 잘 살펴보아야 한다. 유다의 진짜 모습을 아는 성경대로 믿는 사람이라면 그러한 묘사를 그리스도와 적그리스도가 분명하게 나타나는 에스겔 21:25-27에 있는 위대한 구절들과 비교하는 것을 놓쳐서는 안 된다.

1:21 그러므로 주 예수께서 우리 가운데 출입하신 모든 기간 동안
22 즉 요한의 침례로부터 시작하여 우리를 떠나 들려 올라가신 날까지
줄곧 우리와 더불어 지냈던 이 사람들 중에서 한 명을 뽑아 우리와
함께 주의 부활의 증인이 되게 해야 하리라."고 하더라.
23 그리하여 그들이 두 사람을 세우니 한 사람은 바사바라고도 하고
유스토라고도 부르는 요셉이요, 또 한 사람은 맛디아더라.
24 그들이 기도하며 말하기를 "주여, 모든 사람의 마음을 아시는 주께
서 이 둘 중에 주께서 선택하신 사람을 보여 주시어
25 이 사역과 사도의 직분의 한 부분을 담당케 하소서. 유다는 범죄함
으로 이로부터 떨어져 그 자신의 거처로 갔나이다."라고 한 후에
26 그들이 제비를 뽑으니 맛디아에게 떨어진지라, 그가 열한 사도와 함

께 계수되더라.

21,22절은 유다를 대신할 사람이 갖추어야 할 자격 요건을 제시해 준다. 그는 마태복음 3장(눅 3장)에서부터 사도행전 1:10까지 사도들을 따르던 사람이어야 한다. 고린도전서 15:5-12에 따르면 부활하신 예수님(22절)을 직접 본 사람이어야 한다. 두 사람 즉 바사바("안식일의 아들")와 맛디아("여호와의 선물")가 선정된다(23절). G. 캠벨 모건과 얼과 카터는 (〈복음주의 주석〉 p.22) 제비를 뽑은 것은 실수였으며, 사도들이 실수를 했다고 주장한다. 바울이 선정될 때까지 기다렸어야만 했다는 것이다. 그러나 이것은 대부분의 주석가들이 범하는 일반적인 오류이다. 『**이 사역과 사도의 직분**』(25절)은 바울이 자격 미달임을 명백하게 보여 준다. 바울은 침례인 요한에게 침례도 받지 않았으며, 사도행전 1:10 이후로 수년이 지날 때까지 다른 열한 사도들과 지내지도 않았다.

바나바도 사도로 불리지만(행 14:14) 분명히 "열둘" 중의 하나는 아니었다. 사실 그는 쿠프로 출신의 레위인이었으며(행 4:36), 그리스도의 부활과 승천 이후로 사도의 사역을 함께하지도 않았다.

그러나 가장 큰 증거는 야고보가 죽었을 때(행 12:1-3), 야고보를 대신할 사람을 세우지 않았다는 데 있다(행 12:1-3). 그러므로 유다가 변절한 후에도, 고정된 열둘이라는 수는(마 19:28) 대체되거나 교환되는 일 없이 고정된 수여야만 한다. 바울이 열두 번째 사도라면 야고보가 참수형당했을 때 왜 다른 사람을 선출하지 않았는가? 바울은 사도행전 12장 훨씬 이전부터 활동하고 있었다(행 9:22,30). 그렇다면 야고보가 죽었을 때 그의 자리를 다른 사람이 대신했어야만 했다는 것이 타당하다. 그러나 심지어 바나바도 사도로 부르심을 받았고 사도행전 12장 훨씬 이전부터 활동하고 있었다. 그렇다면 하나님께서 바울을 구원하시고 설교하도록 그를 부르시기 전에 13명의 사도가 있었다는 말이 된다. 왜냐하면 바나바는 사도행전 4:36에서도 사역을 하고 있었기 때문이다. 벌링거(Bullinger)가 열둘 외에도 몇 사람이 더 사도로 부르심 받았다고 지적했을 때, 그는 어느 정도의 진리를 본 셈이다. 이들 중에는 안드로니코(롬 16:7), 유니아(*Ibid.*), 아폴로(고전 4:6,9), 소스데네(고전 1:1), 실라(실루아노, 살전 1:1), 디모데(*Ibid.*) 등이 있다. 그러나 벌링거는 소스데네와 디모데 둘 다 물 속에서 침례를 받았음에도 이들에게는 물침례를 허용하려 하지 않는다. 또한 사도행전 16장까지 지역 교회의 모든 구성원이 침례를 받고 있었음에도 그는 실라에게도 물침례를 허용하지 않으려 한다. 세대주의에서 가장 두드러진 사실 중 하나는 - 그것을 베이커(Baker), 오헤어(O'Haire), 벌링거(Bullinger), 스탬(Stam), 무어(Moore)가 가르쳤든, 발링거(Ballinger)가 가르쳤든 간에 - 위에 열거한 모든(“열둘”이건 “여덟”이건 간에) 사람은 사도행전에 발견되는 모든 증거에 따르면 물로 침례를 받았다는 점이다. 사도행전 18장과 19장에서 바울이 개종자들에게 침례를 줌으로써 오류를 범한 것이었다면 그가 골로새서와 에베소서를 기록했을 때 확실한 표현으로 그것을 후회했어야만 했으며, 분명하게 “이 세대”에서 물침례는 죄라고 말했어야만 한다. 성경은 “모든 불의(unrighteousness, 옳지 않음)가 죄”(요일 5:17)라고 말하기 때문이다.

『**그 자신의 거처로 갔나이다**』(25절). 여기서 우리는 “성경의 절대 권위”를 믿는다 하면서도 성경을 고치는 사람들을 위해 설치된 덫을 다시 만나게 된다. 이번에도 “자신의 거처”라는 말의 성경적 해석을 찾기 위해 독자들이 모든 주석서들을 샅샅이 찾아봐도 헛수고가 될 것이다. 다음의 어리석은 설명들은 단순한 무지에서부터 망상에 이르기까지 다양하다.

1. 클라크(Clarke)는 다섯 가지 설명을 하고서는 『**그 자신의 거처**』를 맛디아에게 적용시킨다(*Ibid.*, p.688).

2. 빈센트(〈단어 연구〉, 제1권, p.447)는 그것이 게헨나라고 말한다(노울링도 마찬가지이다).

3. A.T. 로버트슨은 기술된 것이 무엇인지에 대해서는 언급도 하지 않고 "직접적이고 회화적인 묘사"라고만 말하고 있다.

4. 그것은 "아마"도 지옥을 의미할지도 모른다(더멜로우, *Ibid.*, p.819). 그러나 베드로는 "자비롭게 삼가해서" 말하고 있다.

5. 제미에슨(Jamieson), 포셋(Fausset), 브라운(Brown)은 그것이 "완곡하고 부드러운 표현으로서..."라고 말하고 있다. 그러나 그들은 그것이 무엇인지는 결코 말해 주지 않는다(저자의 주석서 〈출애굽기〉 7:1-8 참조. 지옥을 부드럽게 표현하면서 설교와 글에서 자유주의자가 되어 가는 현대의 보수주의자들에 대해 논의되어 있음. 사도행전 2:27 주석 참조).

6. 래드 박사(*Ibid.*, p.1126)도 유다가 간 곳을 언급하지 않는다.

7. F.F. 브루스는 사도들이 유다에 대해 희망을 거의 갖지 않았기 때문에 유다의 운명에 대해 분명하게 말하는 것을 두려워했다는 것이다! 이것이 바로 "그가 간 그의 처소가 정확하게 어디인지"를 이들이 말하지 못하는 이유이다(브루스, *Ibid.*, p.51). 브루스와 래드, J.F., 브라운, 아담 클라크 등은 우리에게 만족할 만한 답을 주지 못한다. 이들 기독교 불가지론자들(1:1 주석 참조)이 써 놓은 40,000페이지에 달하는 주석을 통해 우리가 보는 것은 이치에 맞지 않는 어리석음뿐이다. 그러면 신선한 공기를 위해 창문을 좀 열어 볼까?

1. 『**그 자신의 거처**』는 라반과 압살롬에게 사용된 표현이다(창 31:55, 삼하 18:18). 압살롬은 신구약 전체에서 적그리스도의 가장 두드러진 유형 중 하나이며, 라반에게서 되돌아오는 야곱은 A.D. 1948-1978년의 상황의 유형이다.

2. 유다는 마귀였으며(요 6:70,71) 그의 이름은 "멸망의 아들"(요 17:12) 이다. "멸망의 아들"은 멸망으로 간다(계 17:8). 왜냐하면 그것이 『**그 자신의 거처**』이기 때문이다(계 9:11).

3. 『**그 자신의 거처**』에서 『**그 자신의**』라는 말은 단순히 "그에게 적합한" 또는 "알맞은"의 의미가 아니다. 유다는 그 장소를 소유했다. 그는 그 곳의 왕이었다(계 9:11). 베드로가 『**그 자신의 거처**』(his OWN place)라고 말할 때 그는 마태복음 16:22나 요한복음 13:8에서 했던 것만큼이나 강하고 직설적으로 말하고 있다.

"경건하고 헌신된" 근본주의자들이 A.V. 본문을 바꾸거나, 적절한 해석을 얻기 위해 세상적인 권위에 의존하도록 여러분을 인도할 때, 여러분은 이브가 빛의 천사를 다루었어야만 했던 방식대로 그들을 처리해야 한다(창 3:1-5).

사도행전 1:25은 "완곡한 표현"(euphemism)이 아니다. 학자 연맹이 어려운 말들을 함으로써 여러분이 그들의 졸업장에 눈을 돌리도록 했을 뿐이다. 그들은 자신들이 무슨 말을 하는지조차 모른다. 유다는 지금 "구렁"에 있다(계 9:11). 사탄이 성경에서 두 번째로 가장 중요한 인물, 즉 멸망의 아들의 몸으로 들어갈 때, 그의 영은 그 구렁으로부터 올라올 것이다(계 17:8).

구원받지 않은 사람을 향한 설교에서 본문을 영적으로 적용하는 것은 별개의 문제이다. 천국은 특정한 사람들(벧전 1:4)을 위해 마련된 장소(요 14:3)라고 말할 수 있으며, 지옥도 특정한 사람들(롬 2:5,8)을 위해 마련된 장소(마 25:41)라고 말할 수 있다. 그러나 『**그 자신의 거처**』는 "끝없이 깊은 구렁"을 언급하는 것이다.

사람들은 확실히 『**그 자신의**』 거처로 간다. 그러나 『**그 자신의 거처**』는 (구원받지 않은 사람일 경우) 원래 "마귀와 그의 천사들"을(마 25:41)

위해 마련된 곳이지 사람들을 위해 마련된 곳이 아니다. 그곳에 간 사람은 영원히 거기 있게 될 것이며, 그 무엇으로도 그 불을 식히지는 못할 것이다.

『**그가 열한 사도와 함께 계수되더라**』(26절). 열한 사도라는 말은 특히 사도행전 2:14의 "열한"과 연결될 때 눈여겨보아야 한다. "11"이란 수는 위에 언급된 120이라는 수만큼이나 중요하다. 그러나 A.V.(1611)를 사서 창세기 32:22와 창세기 37:9를 읽어 보지 않는다면 그 연결고리를 찾는데 많은 돈과 시간을 낭비하게 될 것이다.

"11"이라는 수는 이스라엘의 열두 지파를 완성하는 "내 슬픔의 아들"(창 35:18)이 모자라는 상태이다. "베냐민"이 없다면 이스라엘 지파는 불완전하다. 그런데 바울이 나타나서 베냐민 지파를 대신하는 것이다!(빌 3:5) 바울은 "달을 채우지 못하고 태어났는데"(born out of due time, 고전 15:8), 이것이 그가 사도행전 1장에서 열두 번째 사도가 될 수 없는 이유이다. 그는 교회 시대 끝에 태어나는(계 12:4,5) "사내아이"(사 66:7-9)의 유형이다. 그러므로 "열둘"에서 "열하나"(행 1:26)로 줄어든 것은 열두 지파가 교회 시대가 끝날 때까지는(히 8:8,9) 메시아께로 회복되지 못하리라는 것을 암시적으로 예언한다. 그때에는 "많은 사람들이 동과 서에서 와서" "아브라함과 이삭과 야곱과 함께 천국에" 앉을 것인데(마 8:11), 이는 그들이 바울의 사역에서 제외되었고, 바울은 베냐민 지파(12번째 지파!)에 속했기 때문이다.

사도행전 2장

2:1 그후 오순절 날이 되자 그들이 다 하나가 되어 한 장소에 모였는데
2 갑자기 하늘에서 거친 강풍 같은 소리가 나더니 그들이 앉아 있는
온 집안을 가득 채우더라.
3 거기에 불 같은 모양으로 갈라진 혀들이 나타나 그들 각 사람 위에
머물더니
4 그들 모두가 성령으로 충만하여 성령께서 그들에게 발설하게 하신
대로 다른 방언들로 말하기 시작하더라.
5 당시 예루살렘에는 신앙심이 깊은 유대인들이 천하 각국으로부터
와서 머물고 있었는데
6 그때 이 소문이 퍼지자 무리가 함께 모여 혼란이 생겼으니 이는 각
사람이 자기 나라 말로 그들이 말하는 것을 들었기 때문이라.
7 그러자 그들이 모두 놀라고 이상히 여겨 서로 말하기를 "보라, 말하
고 있는 이 사람들은 모두 갈릴리 사람이 아니냐?

8 그런데 어떻게 해서 우리 각 사람이 우리가 태어난 곳의 고유 언어로 말하는 것을 듣게 된단 말인가?

9 파대인과 메데인과 엘람인과, 메소포타미아, 유대와 갑파도키아, 폰토와 아시아,

10 프루기아와 팜필리아, 이집트와 쿠레네에 가까운 리비아의 여러 지방에 사는 사람들과, 로마에서 온 타국인들, 즉 유대인과 유대교로 개종한 자들과

11 크레테인과 아라비아인들인 우리가 그들이 우리의 언어로 하나님의 위대한 일들을 말하는 것을 듣고 있도다." 하니

12 그들이 모두 놀라고 의아해 하며 서로 말하기를 "이것이 어떻게 된 일인가?" 하더라.

13 그러나 어떤 사람들은 조롱하며 말하기를 "이 사람들이 새 포도주에 취하였다."고 하더라.

사도행전 2장은 오늘날의 기독교계에 존재하는 가장 큰 논쟁 중 두 개의 배경이 되는 장이다. 사도행전 2:38은 "그리스도의 교회"의 창시자인 알렉산더 캠벨(Alexander Campbell, 1786-1866)이 나타나기 약 13세기 전부터 로마카톨릭 교회에서 가르쳐 온 교리인 침례에 의한 중생의 근거 구절로 내세우는 구절이다. 한편 위의 본문(1-13절)은 에이미 셈플 맥퍼슨(Amiee Semple McPherson, 1890-1944)이 처음으로 조직한 단체인 순복음 친교회(Full Gospel Fellowship) 및 로스 엔젤레스의 아주사 거리 미션(1904)에서 시작된 "글로살라야"(Glossalaia) 즉 "은사주의"(Charismatic) 운동에서 자신들의 교리를 뒷받침하기 위해 사용한 구절이다. 이 은사주의 운동은 후에 캔자스 주 토페카에서 널리 퍼져 나갔으며(1910-1930) 현재는 "체험의 나눔"을 통해 근본주의 진영을 로마로 연합시키려는 로마카톨릭의 의도와 연계되어 있다.

본문에서 생겨난 두 가지 이단 교리는 다음과 같다.

1. “성령 세례”를 받지 않으면 구원받지(또는 “성화”되지) 않은 것이다.

2. “성령 세례”를 받은 첫 번째 증거는 “다른”(또는 “알지 못하는”) 말로 말하는 것이다.

본문을 주석하기에 앞서 성령께서 친히 기록하셨으며, 성경대로 믿는 사람이라면 이 진리에 대해 어떤 실수도 할 수 없도록 기록하신 분명한 진리에 대해 살펴보도록 하자. (성경에 있는 모든 단어 하나하나에 주의를 기울이려는 우리를 사람들은 “성경을 갈기갈기 찢어 놓는다”고 비난하는데, 이는 우리가 “그리스도 안에 있는” 그리스도인들에게 모든 구절과 단어를 적용시키지 않기 때문이다. 마치 그럴듯한 비난처럼 들릴지도 모른다. 그러나 만일 욥기 12:6, 말라키 2:7, 레위기 11장을 자신의 삶에 직접 적용시켜 보면, 성경의 모든 구절을 그리스도인에게 적용시키는 것, 적어도 교리적으로 적용시키는 것은 미친 짓임을 알게 될 것이다. 그리고 우리가 여기서 논하는 것은 “교리”임을 잊지 말기 바란다.)

1. 이스라엘을 향한 베드로의 메시지 이전이나 이후에는 그리스도인이 하나도 없다. “그리스도인”이라는 용어 자체가 사도행전 11:26 이전에는 나오지 않는다.

이 점을 잘 생각해 보기 바란다. 언제나 “주님께서 나를 인도해 주십니다,” “성령께서 나에게 말씀하셨습니다,” “주님께서 나에게 이런 부담을 주셨습니다,” “이런이런 일을 하도록 인도함을 받는 것 같습니다,” “주님께서 나를 위해 예비하신 모든 것을 그대로 받기 원합니다.”라고 말하는 사람들에게 나는 이렇게 질문하는 바이다. 당신은 성령께서 기록하신 것을 믿으려는가, 그렇지 않은가? 당신의 대답이 “예”라면 사도행전 2장에 있는 모든 남자, 여자, 어린아이가 유대인이거나 유대교로 개종한 사람들이라는 사실을 숙지해야 할 것이다(1,5,8,9,10,11,14,22,36절 참조).

2. 오순절이나 베드로가 메시지를 전한 이전과 이후에 그 누구도 방언의 은사, 또는 성령 세례를 받기 위해 기도하지 않았다. 열두 사도(1절)들은 앉아 있었지(2절) - 무릎을 꿇거나 기다리고 있지(눅 24:49) 않고 - 기도하고 있지 않았다. 또한 그들의 메시지를 듣고 회심한 사람들 중 아무도 방언으로 말하지 않았다(41절). 오늘날 은사주의자들이 행하는 방언이나 소위 "성령 세례" 등은 전혀 성경적인 "오순절의 경험"이 아니다. 왜냐하면 심지어 방언을 다루고 있는 고린도전서 14장 전체에서도 성령 세례라는 말은 나오지 않을 뿐더러, 오순절 사건 때 회심한 사람들 중 누구도 그 "체험"을 갖지 못했기 때문이다.

3. 사도행전 2장 어디에도 "알지 못하는 방언"으로 말하는 사람은 없다. 그들이 무슨 언어로 말했는지가 본문에 나열되어 있으며, 그 자리에 있던 사람들은 그들의 말을 이해했다(8-11절).

4. 2장 어디에도 우리들의 죄들을 위해 그리스도께서 돌아가셨다는 언급이 없으며(고전 15:1-5 참조), 아무도 그런 의미에서 어떻게 구원받는지에 대해 묻지 않고 있다. 17절은 그 문제를 논의조차도 하지 않으며 여기서 말하는 "구원"은 "세대"(40절)로부터 받는 것이지, 지옥이나 불못으로부터 받는 것이 아니다.

5. 누구도 "성령과 불"로 침례를 받지 않았다(사도행전 1:1-3과 주석 참조). 갈라진 혀들(3절)은 "불 같은 모양"이지 불이 아니었다.

6. 120명의 제자들 중에서(1:15) "열둘"만이 외국어의 은사를 받았으며(7절), 사도행전 4:4; 17:34 및 다른 허다한 구절에서 구원받은 사람들에 대한 "첫 번째 증거" 같은 것은 없다.

이러한 사실들을 살펴보고서도 왜 문맥에서 떼어낸 40구절 정도를 짜맞추어 자신의 이단 교리를 뒷받침하는 자들의 주장에 귀를 기울이는 것인가? 그들은 사람들로 하여금 그들의 교리가 “성경이 말씀한 바”라고 생각하도록 할 뿐이다. 성경은 “춤출 때”가 있고 “죽일 때”가 있다고도 말한다. 독주를 마시고(신 14:26), 하나님을 시험하는 것도 괜찮다고(말 3:15) 말한다(?!)

우리는 성경 전체를 믿는다. 하지만 성경의 모든 부분을 기록된 그대로 행해야 하는가?

문맥에서 떼어내거나 적당히 속임수를 쓴다면 그 어떤 주장이라도 성경으로 뒷받침되지 못할 것이 없다. “Hang all the Law and the Prophets” [“율법과 선지자들을 목매달아라.”(마 22:40)] 또 “Top not come down” [“정상에 오르고 내려오지 말아라.”(마 24:17)]이라는 명령은 어떤가? 그런 것은 고린도전서 14:2을 사도행전 2:4에 맞추고, 사도행전 2:7-11을 떼어내서 사도행전 2:18을 요엘 2:23에 맞추는 것에 비하면 아무것도 아니다. 후자는 팔레스타인에 비를 내려 주시는 내용인 반면 전자는 환란 시대에 이스라엘과 연관된 성령의 사역을 말하고 있다. 이런 것을 바로 이해할 수 없으면서 “알지 못하는 방언”으로 말할 때 입에서 나오는 것이 무엇인지 어떻게 알겠는가?

사도행전 2:38과 에베소서 2:8-10의 차이나, 이스라엘 집을 향한 메시지(행 2:36)와 이방의 한 죄인을 향한 메시지(행 16:30,31) 사이의 차이나, 유대인의 표적(고전 14:22)과 바벨(창 11:1-6) 사이의 차이점을 이해할 수 없으면서, 성령의 이름으로 뜻모를 말을 하면서 그것을 “성령 세례”의 증거라고 주장할 만큼 자신이 영적이라고 생각하는 이유가 무엇인가? 최소한의 것도 할 수 없으면서 최대한의 것을 할 수 있단 말인가?

사도행전 2:17에는 소위 “늦은 비”가 없는 이유를 아는가? 동일한 사람들이(야고보를 제외하고) 같은 명절인 오순절에 같은 장소에 있는데도 말이다.

오순절은 매년 정해진 때에 오는 한편, 성령께서는 어떤 해, 어떤 정한 때(1절) 주 예수 그리스도께서 사람들을 유기체인 하나의 몸 안으로 침례 주시는(고전 12:13) 세대를 열고 계심을 알려 주시기 위해 강림하셨다. 이 "한 침례"(엡 4장)에는 방언들이 수반되기도 했고(여기서처럼) 수반되지 않기도 했으며(41절에서처럼) 일부 그리스도인들은 방언들을 말했다(고전 12:30). 때로 이 "한 침례"는 안수가 수반되면서도(행 8:17) 방언들이 없을 때도 있었고(행 8:17) 때로는 안수와 방언이 다 있을 때도 있었다(행 19:1-6). 때로 "한 침례"는 물침례와 동시에 일어나기도 했고(여기서처럼) 때로는 그렇지 않기도 했다(행 10:47).

"성령 세례"를 받으면 방언을 한다고 주장하는 은사주의자들이 이와 같은 혼란을 어떻게 처리하고 교리적으로 바로잡을 수 있겠는가? 상황을 바로잡는 유일한 방법은 "성경 전체"를 믿는 것이며, 그들이 끊임없이 외치는 성령님을 참으로 의지하는 것이다. 왜냐하면 그분이 바로 사도행전의 저자시기 때문이다.

그러면 이제 본문의 한 구절 한 구절을 그 문맥 속에서 살펴보겠다.

『**그들이 다 하나가 되어 한 장소에 모였는데**』(1절). 여기서의 "그들"이 1장의 120명일 수도 있다. 그러나 모임에서 여자들은 방언이 금지되어 있기 때문에(고전 14:34), 마리아가 방언을 하고 있었을 가능성은 희박하다(행 1:14 주석 참조). 더구나 1-4절 본문은 알 수 있는 방언(외국어를 말함 - 역자 주)의 은사를 받은 사람이 그 구절에서 열둘임을 암시하고 있다.

오순절은 유월절로부터 50일 후에 온다[Pentecost(오순절)에서 "pente"는 "다섯"을 뜻하며 헬라어로는 십진법 접미사인 "에콘타"이다]. 레위기 23:15,16은 이 유대인의 명절에 대해 기록하고 있는데, 이는 호렙 산에서 율법을 받은 것을 기념하는 것으로서(행 1:5 참조) 유대인들은 이 날을

"shimchath"라 부른다. "Fully Come"이라는 표현은 성경을 처음 공부하는 사람에게는 중요하고 기본적이다. 왜냐하면 유대인의 하루는 오후 6시에 시작하여 저녁이 먼저 오기 때문에 오전 9시(행 2:15)면 날이 "완전히 왔다"(fully come)고 말할 수 있기 때문이다. 그러나 블래스(Blass), 해킷(Hackett), 바이스(Weiss), 프레드릭(Friedrich), 힐겐펠트(Hilgenfeld), 슈미트(Schmidt), 달만(Dalman), 그리고 학자 연맹은 자신들의 무지의 책임을 엉뚱하게 A.V.의 어휘에 돌리고 있다.

1. 빈센트 : 그것은 "[날이] 차고 있었다"(was being fulfilled)로 바뀌어야 한다.

2. 로버트슨 : "차고 있는 중에"(in the being fulfilled)로 바뀌어야 한다.

3. 브래스 : 그날이 아직 오지 않았다.

4. 해킷 : 그것은 50일의 기간에 관한 말이다.

"...그때 당시에" F.F. 브루스의 말에 따르면 이것은 "서방원문"의 본문이다. 계속해서 우리는 (시리아인이 삭제시킨) 바로 그 본문이 사도행전에 너무나 많은 첨가를 해서, 그 책을 "사도들 및 로마카톨릭 바티칸 서기관들의 행적"이라고 불러야 할 정도이다.

"바티칸"이란 표현은 좀 지나쳤다고 생각하는가?

그렇다면 "오순절 날들이 끝나가고 있었다." 이 본문은 어떤가? 이것은 1941년 로마카톨릭 성경에서 나온 것으로, 이는 "오순절 날들이 되었을 때..."라고 되어 있는, 1582년에 나온 예수회의 공식 성경인 〈림즈 듀웨이〉에 근거를 두고 있다. 로크만 재단(NASV)은 카톨릭이 첨가시킨 부분을 그들의 성서의 본문에는 넣지 않았지만 각주에 그것을 달았다. RSV(1952)와 ASV(1901)도 마찬가지로 각주에 그것을 달았다. 그들은 결국 동류면서 하는 말만 다를 뿐이다.

펜사콜라 신학대학을 비롯해 많은 주간 신학대학들이 지지하는 NASV는 이 구절에서 어느 정도 예수회 본문을 따르고 있다. 왜냐하면 예수회 사제들은 사도행전 2:1에서 "하나가 되어"를 삭제시켰으며, 모든 카톨릭 성서들도 이 부분을 삭제했기 때문이다. 린치버그, 미드웨스턴, 사우스 이스턴, 하일스 앤더슨, 트리니티, 클리어워터, 달라스, 휘튼, 무디, 풀러 등이 지지하는 NASV에도 그 단어들은 없다. 〈복음주의 주석〉은 각 역본들에 차이가 있는 이유는 웨스트코트와 홀트가 "헬라어 필사본들을 27년간 연구한" 끝에 그 말을 삭제시켰기 때문이라고 말하고 있다. 카터와 얼은 말하기를 웨스트코트와 홀트는 "그들이 만든 헬라어 본문"이 "가장 뛰어난 증거"에 의해 지지되는 것을 확인한 후에야 비로소 그들의 성경을 출판했다고 한다(*Ibid.,* p.24).

웨스트코트와 홀트에 대한 이런 "칭찬"은 존더반, 어드만즈, 베이커 출판사에서 펴낸 교과서로 배우는 학생들에게는 익숙한 일이다. 이런 교과서들을 읽은 젊은 사역자는 웨스트코트와 홀트가 "경건할"(그들이 늘 쓰는 진부한 표현이다) 뿐만 아니라, 지금까지의 모든 학자들 중에 가장 두드러지고 똑똑하고 근면하고 성실한 학자들이라고 생각하게 될 것이다. 그러나 그들이 구원받았다는 증거는 어디에도 없다. 그들이 행한 "연구"를 그들의 최대의 적(딘 버간)이 연구한 것과 비교해 보면, 그들의 연구는 고려할 하등의 가치도 없다고 말할 수밖에 없다.

웨스트코트와 홀트는 "우세한" 필사본 증거를 바탕으로 한 게 아니라, 필사본 증거가 부족한 가운데 자신들의 본문을 만들었다. 그들은 1,000번 이상이나 성경에 있는 그대로의 구절들과 단어들을 거부한 자들이며, 그들이 만든 헬라어 신약의 유명한 서문은 그라프(Graf), 벨하우젠(Wellhausen), 아스트룩(Astruc), 스트라우스(Strauss)의 사상과 너무도 흡사하다.

『**갑자기 하늘에서 거친 강풍 같은 소리가 나더니...**』(2절) 이런 일은 성령 세례를 부르짖는 자들이 모이는 곳에서 결코 일어난 적이 없으며 "그들이 영 안에서 기도"할 때에도 일어나지 않는다. 즉 사도행전 2장이 고린도전서 14장과 연결된다는 주장은 전혀 성경과 맞지 않는 것이다.

"바람"(wind)은 요한복음 3:8에서 예수께서 하신 말씀과 연결되며, 에스겔 37:9-14과 짝을 이룬다. 이것은 또한 주님께서 열왕기상 19:11,12에서 "미세한 음성"으로 엘리야를 찾아오신 것과도 비교될 수 있다.

ASV는 "a rushing mighty wind"(거친 강풍)에서 "a"를 "the"로 바꾸었다가 NASV에서는 그것을 다시 "a"로 바꾸었다. 필립스(Phillips)는 "mighty"를 "violent"(폭력적인)으로(NASV도 마찬가지임) 바꾸었고, NEB는 "rushing mighty"(거친 강풍)을 "strong driving"(강한 추진)으로 해 놓았다. 이렇게 변개된 것 중 어느 것도 본문에 더 많은 조명을 주지 못하며 이 변개자들 중 누구도 에스겔 37장과 열왕기상 19장에 대한 주석을 향상시킬 수 없다.

『**불 같은 모양으로 갈라진 혀들[cloven tongues]이...**』(3절)는 "성령과 '불' 침례"에 관한 모든 거짓 교리를 일소시키고 있으며, 시몬 베드로 또한 사도행전 11:16("너희는 성령으로 침례를 받으리라")에서 이와 같은 오류를 바로잡아 준다. 〈킹제임스성경〉에 "갈라진 혀들"로 번역되어 있는 것은 의미를 제대로 전달하지 못한 번역이라고 사람들은 말하지만, 이런 비방을 들은 후에 "축자적으로 영감받은 최초의 원본..." 등을 운운하는 렌스키(Lenski)를 소개받는다. 그는 "그 부분을...라고 바꿀 수 있을 것..."이라 말한다. 그러나 그런 말은 이쯤으로 충분하다.

헬라어 "디아메리조메나이"는 "몇 개 부분으로 나누는 것"을 의미한다. 학자들은 토의 끝에 "동사의 뜻을 철저히 고수하기"로 결정하고(노울링,

Ibid., p.72) 이 단어를 "distribute"(분배하다), "spreading"(퍼진), "separated off"(분리된), "parted"(나누어진) 등으로 번역한다.

예수회 신부들은 1582년판에 이것을 집어넣었고, 그 본문이 1941년의 〈챌로너 역본〉에도 그대로 남아 있다. 이것을 또한 ASV, NASV, 〈현대인을 위한 기쁜 소식〉, 필립스, 모펫, 굳스피드, 〈리빙 레터스, *Living Letters*〉, NEB, RSV, 〈공동성서〉(1973) 등이 그대로 따랐다. 결론적으로 하나님의 말씀을 변개시키는 일이라면 "모든 길은 로마로 통한다."

어떤 문맥에서는 "디아메리조"를 "나누어진"(parted)으로 번역할 수 있지만(마 27:35, 행 2:45) 어느 경우에나 그렇게 번역할 수 없다는 것은 어떤 번역자라도 알고 있는 사실이다. 1880-1980년 사이의 어떤 번역자도 그렇게 하는 것이 가능하다는 이유 하나만으로 같은 단어를 매번 같은 식으로 번역하지 않았다. 그들은 자신들은 마치 어떤 한 단어를 한 가지 뜻으로만 일관되게 번역한 척하지만, 그들도 그렇게 하지 않았다는 사실을 알고 속지 말아야 한다. "디아메리조"는 다음과 같은 뜻으로 해석될 수 있다.

1. 여러 조각으로 나누는 것
2. 구획, 부분, 구역 등으로 나누는 것
3. 대체되는 것
4. 나누어 부분을 이루는 것

"동사의 뜻을 철저히 고수할 것"을 주장하는 비평가들의 열심은 NASV의 요한복음 1:18과, 카톨릭 성서들의 누가복음 2:33과, RSV의 디모데전서 3:16과, 〈현대인을 위한 기쁜 소식〉의 요한복음 9:35과, NASV의 사도행전 1:10,11을 읽어 본 사람에게는 우스꽝스러운 일이다. "단어의 뜻을 철저히 고수한다"는 것은 또 다른 거짓말로, "좋은 사람들"인 것처럼 보이려고 고안한 말에 지나지 않는다.

1. "뱀의 혀"(욥 20:16)를 생각해 보자. 내가 동물학에 대해 제대로 기억하고 있다면, 어떤 뱀들은 "갈라진" 혀를 가지고 있다.

2. "double tongue"(이중 혀, "일구이언" - 딤전 3:8)은 뱀의 혀를 닮았다.

3. 주께서는 시편 55:9에서 "혀들"을 가르신 것처럼, 시편 29:7에서 불의 "화염을 가르셨다."

4. 주의 음성이 "미세한 음성"(왕상 19:12)인데 마귀의 음성도 주의 음성과 유사하다면(사 29:4), 주께서는 큰 음성(눅 1:42)으로 사람들에게 말씀하시는데 마귀들의 음성도 이와 같다면(막 5:7), 주의 혀들이 진짜이고 뱀의 갈라진 혀는 모방(고후 11:11-14)이 아니겠는가? 그렇지 않다면 그것을 증명할 수 있는가? 성경에서 그것을 증명할 수 있는가?

성경은 성경에 나오는 용어를 스스로 정의하고, 그 선례들을 정해 놓고, 그 상징들을 해석하고, 그 뜻을 말했는데, 왜 어떤 사람들은 "비둘기 똥 사분의 일 캅"(왕하 6:25)의 가치밖에 없는 "철저한 고수"에 매달리고 있는가?

개정자가 "능숙한 작가의 펜"(시 45:1) 대신 "독사들의 혀"를 가진 것이 아니라면 A.V.를 변개시키는 목적이 무엇인가? 있는 그대로 내버려 두라.

『**그들 모두가 성령으로 충만하여... 다른 방언들로 말하기 시작하더라**』(4절). 이 부분은 매우 중요한 부분이다. 본문은 "충만하여"라고 말하고 있으며, 이것은 또한 "침례"(행 1:1-5)임이 분명하다. 자신들이 "카리스마"(은사)를 가진 것을 증명하려고 서두르는 바람에 은사주의 형제들은 "충만"은 빼버리고 "침례"만 남겨 두었다. 그들이 이렇게 하는 이유는 간단하다. 여기서 세 장도 채 못가서 동일한 제자들이 다시 "성령으로 충만"(4:31)했는데 이번에는 방언들을 말하지 않았기 때문이다! [우리는 종종 성령과 거룩한 생활에 대해 말하는 해석가들에게서 이런 표리부동을 보게 된다]. 더욱이 "성령 충만"은 모든 그리스도인들에게 주신 명령인 반면(엡 5:18) 방언의 은사는 그렇지 않다. 또한 모든 그리스도인들은 성령으로 침례를 받았으며(고전 12:13) 어떤 이들은 방언들보다 훨씬 더 나은 은사들을 받았다(고전 12:31). 방언은 성경에서 가장 작은 은사로 묘사되고 있다.

윌리엄과 벌링거는(스탬, 베이커와 더불어) 이때가 그리스도의 몸의 생일이 아니라고 말한다. 오순절 사건은 '히브리' 교회의 "거듭남"(rebirth)이라는 것이다. 벌링거는 여기서 더 나아가 거듭남은 이스라엘에게만 적용되는 것으로 말했고(요 3:3-5 참조) 따라서 거듭남은 "이 세대만"을 위한 것은 아니라고 가르쳤다. 그러나 스탬과 베이커는 그렇게까지 성경을 난도질하지는 못했다. 왜냐하면 바울은 분명히 거듭났기 때문이다(고전 15:8). 그렇게 해서 현대의 벌링거 추종자들은 어쩔 수 없이 그리스도의 몸이 바울과 함께 시작됐다고 말한다. 윌리엄(William)은 바울 서신으로 계시된 교회는 "하나님 안에 감추어져" 있었기 때문에 오순절에는 교회가 있을 수 없었다고 말함으로써 진리를 거부한다. 그러나 이런 말들은 창세기 3장에서 이브가 했던 것과 다를 바가 없다. 윌리엄은(주석, p.822) 에베소서 3:9에서 "신비"라는 단어를 빼버리고는 어떤 것에 대한 "계시"와 그것의 "기원"(시작)은 동시적이라고 생각하게끔 한다. 이것은 성경에 대한 지극히 전형적인 현대적 접근 방법, 즉 거짓말을 해서 곤경에서 빠져나가는 것이다.

앞서 말한 바와 같이 스탬 추종자들의 걸림돌은, 어떤 일이 계시되기 전에는 존재할 수 없다는 것이다. 물론 스탬 추종자들은 이 규칙을 수없이 범하고 있다(행 1:3-8 주석 참조). 그러나 "한 몸 된 교회"의 문제에 있어서 그들의 한결같은 주장은 어떤 것이 누군가에게 계시되기(행 9-15장의 바울처럼) 이전에 존재하는 것은(행 2장에처럼) 결코 있을 수 없다는 것이다.

그리스도의 유기체적 몸이 사도행전 2장에서 시작되었다는 근거는 많이 찾아볼 수 있다. 사도행전 2장에서 지역 교회(이미 세워졌다)의 모든 구성원은 "제자들"이었다.

1. 그리스도께서는 대제사장으로서 하신 기도(요 17장)에서 베드로와 야고보와 요한이 그분 안에서 동일한 지위를 갖게 해 달라고 기도하셨는데, 바울은 골로새인들에게 보내는 서신에서 이 지위를 점유하고 있었다(1:27; 2:10 참조). 베드로와 야고보와 요한이 "그분의 몸 된 교회" 안에 있지 않았다면, 그리스도의 기도는 응답되지 않은 것이다.

2. 그리스도의 몸이 "눈깜짝하는 순간"에 이 세상을 떠날 것이라고 말하는 서신서는 동시에 성도가 "한 침례"로 그 몸 안으로 들어간다고 말하고 있다(고전 12:13과 15:49-55 비교).

3. 그리스도의 몸이 수백만 명과 더불어 갑자기 사라질 것인데 어째서 그것이 한 사람으로부터 "점진적으로" 형성되었다고 생각하는가?

4. 오순절이 유대인의 명절이라는 것과 본문에서 말하고 있는 사람들이 유대인 청중에게 하던 말 외에는 자신들이 하던 즉각적인 메시지에 대한 지식이 없었다고 인정한다 하더라도, 오순절 제사에서 흔드는 빵이 "두 덩어리"(레 23:17)인 것은 어떻게 설명할 것인가? 그리스도의 부활을 유형적으로 보여 주는 레위기 23:11에서는 한 단만이 나온다. 율법 하에 있던 히브리인 구약 성도가 "첫열매들인 그리스도"(고전 15:23과 마 27:50-54 비교)와 함께 올라갔고 이들이 "한" 단을 나타낸다면, 오순절 때 드리는 "두" 덩어리의 의미는 무엇인가?

5. 이방인 개종자들이 있었는데도(행 2:10), 단지 "그때" 하나님께서 시몬 베드로에게 그것에 대해 계시하지 않으셨기 때문에 그리스도 안에서 "유대인과 이방인"이 하나된 것(갈 3:28)이 될 수 없다고 말하는 사람은

어떤 사람인가?

유대인과 이방인 사이에 있던 “중간 벽”은 사도행전 2장에서 성령께서 강림하시기 50일 전에 깨졌다(엡 2:13-16 주석 참조). 참석한 사람 중 누구도 이런 일을 “알지” 못했다는 것은 세대적으로 전혀 문제가 되지 않는다. 왜냐하면 사도행전 3:19에서 시몬 베드로도 개인의 구원을 위한 피의 속죄가 완성되었음을 몰랐기 때문이다. 베드로가 몰랐다고 해서 그것이 완성된 사실이(히 10:8-10) 아니라고 말하는 것은 세대주의적 난센스이다.

사도행전 2:1-4는 한 시대의 시작으로, 이 시대는 휴거 때 끝나게 될 것이다.

벌링거와 스탬(베이커, 발링거와 더불어)은 ‘계시’와 ‘기원’을 혼합시키고, 어떤 것에 대한 지식과 그것 자체를 혼합시켰다. 그들은 사도행전 2장의 상황에서 유대인의 측면에 너무 매달린 나머지 사도들이 어떤 일을 알지 못하는 상태에서도 어떤 일이 일어날 수 있다는 것을 인정하지 않는다. 이 세대는 율법을 받았을 때와 마찬가지로 표적과 기사로 시작되는 것이 분명하다. 또 이 부분의 문맥은 이스라엘의 마지막 날들(20절)과 관련되어 있으며, 거기에 있던 사람들 중 누구도 유기체적인 몸의 형성을 알지 못했음이 분명하다. 그러나 이것으로 극단적 세대주의자들은 잘못된 추론을 하게 된다. 즉 그리스도의 몸인 교회(골 1:18)가 구약 예언에서 선지자들에게 계시되지 않았으며(벧전 1:10-12), 계시될 때까지는 교회가 시작될 수 없다는 것이다. 이것은 더욱 심한 세대주의적 난센스이다. 돼지고기와 바닷게를 먹는 것이 합법적이라는 사실이 구약 선지자들에게는 계시되지 않았다. 그러나 베드로가 사도행전 10장에서 그것을 알아내고 나서야 골로새서 2:14의 효력이 생겼다고 생각하는 바보가 어디 있겠는가?

[내 주머니에 동전이 얼마나 있는가? 얼마나 있는지를 내가 꺼내 보이지 않는다고 해서 동전이 하나도 없다는 말이 되는가? 동전 일곱 개가 있

음을 꺼내서 보여 주면, 그것들을 꺼내기 전에는 동전이 없었다는 말이 되는가? 아무도 그것에 대해 알지 못했기 때문에 사도행전 2장에서 그리스도의 몸이 시작되는 것이 불가능하다고 말하는 것은 논리적으로도 말이 되지 않는다.]

"방언들"이 수반되지 않고도 "성령충만"했던 예가 사도행전에서 여러 번 있었음을 주목하라(4:8; 4:31; 6:3,5; 7:55; 9:17; 13:52).

코넬리우스 스탬(*Ibid.*, p.68)은 오순절이 이 세대의 교회인 그리스도의 몸이 역사적으로 시작된 때라고 보는 것이 잘못된 가정일 수밖에 없는 아홉 가지 이유를 제시했는데, 성경을 공부하는 학생이 이들을 조심스럽게 검토해 보면 그것들 중에 하나도 합리적 주장이 아님을 알게 될 것이다. 그가 제시한 첫 번째 이유가 "오순절에 대한 기록은 그리스도의 몸에 대해 아무런 언급도 하지 않고 있다."라는 사실은 오히려 재미있기까지 하다.

사도행전 9-23장 사이의 어떤 부분도 그리스도 몸에 대해서 아무것도 말해 주지 않는다. 그럼에도 불구하고 스탬은 사도행전 23장 이전에 그리스도의 몸이 시작되었다고 한다. 사도행전 2장의 "기록"은 "그리스도 안에" 있는 성도들이나 성도들 안에 있는 그리스도에 대해서는 언급하지 않는다. 사도행전 9-20장에서도 마찬가지다. 요한복음 17장의 기도 이후로 그리스도께서 시몬 베드로 안에 계시지 않았다고 생각해야 하는가?

하나님께서 바울에게 보여 주시기 전까지는 아무도 알지 못했던 어떤 것(엡 3:1-5)에 대해 오순절의 기록이 무엇인가를 말해야만 한다고 믿는 이유는 무엇인가? 오순절의 기록이 조개를 먹어도 된다고 그들에게 말했는가? 골로새서 2:16에 따르면 그들은 요한복음 21장에서 그리스도와 함께 물고기를 먹었던 날 아침에라도 조개를 먹을 수 있었다.

스탬은 그 일이 일어났을 때 그것에 대한 기록이 없었기 때문에 그것이 일어날 수가 없었다고 생각한다. 그들이 하나님의 말씀에 충실하다고 고백하는 것과는 상관없이 이것이 모든 극단적 세대주의자들 사이에서 발견되는 기본적인 오류이다.

스탬이 제시한 나머지 여덟 가지 이유들도 단순히 기록되지 않은 것은 존재할 수 없다는 것을 증명하기 위해 제시된 것에 지나지 않는다. 스탬은 레위기 23:17의 두 "덩어리"를 이스라엘과 유다로 보고 고린도전서 10:17의 "빵"이라는 단어가 "한 덩어리"를 의미한다고 주장한다. 그러나 그렇지 않다. 레위기 23:17의 두 덩어리는 고린도전서 10:17이 그것을 언급한 것과 마찬가지로 "그 빵"으로 불린다. 고린도전서 10장의 "빵"을 "한 덩어리"로 보는 것은 오류이다. 레위기의 빵은 두 덩어리이다.

극단적 세대주의자들이 이 구절을 가지고 하는 일이란 간단하다. 열두 사도들이 알지 못했던 것을 본문에서 배제시키고, 구약에서 이스라엘을 위해서 예언된 것만을 본문에 적용시키는 것이다. 그러한 설명은 그럴듯하게 들리기는 하지만 앞에서 언급한 바와 같이 '계시'의 때와 '기원'의 때를 혼란케 만드는 것이다. 안식일의 기원은 B.C. 4000년경이지만 B.C. 1500년 전까지 누가 그것에 대해 알았는가?(겔 20:12,20, 느 9:14 참조)

"베뢰아파"와 "벌링거 추종자들"의 교리는 오류에 기반하고 있으며, 성경의 기본 법칙들 중 하나인 '점진적 계시'를 무시하는 비이성적 전제에 바탕을 두고 있다. 예를 들어 죄인 개개인이 지은 죄들에 대한 피의 속죄의 중요성을 이해한 것은 사도행전 8:30-37이 지난 후였다. 그러나 그 일 자체는 그것이 "계시"되기 5년도 더 전에 일어났다. 스탬은 (칼빈처럼) 하나님의 활동을 하나님께서 일어나리라고 계시한 것에만 국한시키는 버릇이 있다. 그러나 주께서는 이미 일어난 일이 일어나지 않았다면 어떤 일이 일어날 것인지도 아셨다(행 1:5-10 주석 참조).

5절은 특별한 설명을 요하지 않는다. "천하 각국"(every nation)에서의

"every"는 "구별 없는 모두"를 뜻하며(롬 1:8, 엡 6:21 참조) "예외 없는 모두"를 의미하지 않는다. 열두 사도가 14,15개 언어로 말하고 있다. 정확한 수를 말할 수 없는 것은 "메데인과 엘람인"(9절)과 "유대인"(Jews)(10절)과 "유대"(Judea)(9절)의 언어의 차이에 대해 논란이 있기 때문이다.

1. 제롬(Jerome)은 "유대"(Judea)가 "시리아"로 되었어야 한다고 말한다. 터툴리안(Tertulian)은 그것이 "아르메니아"로 되었어야 한다고 말하고, 다른 사람들은 그것이 "비시니아"나 "인디아"일 수도 있다고 생각한다.

2. 블래스(F. Blass)는 "유대"(Judea)는 "확실히 잘못된 것"이라고 말한다.

3. 렌돌(Rendall), 노울링(Knowling), 웬트(Wendt), 바틀렛(Bartlett)은 이 책에 나열할 가치도 없는 많은 가정을 한다.

본문에는 극동에서부터 시작해서 "파대인, 메데인, 엘람인..." 등이 나오는데, 이들은 포로기 때부터 그 지역에 퍼져 그곳에 살던 유대인들이다(왕하 17장). 이 지역은 카스피 해와 페르시아 만, 그리고 티그리스 강 너머 현재의 페르시아로 추측된다. "메소포타미아"(9절)도 티그리스와 유프라테스 사이에 있던 유대인들이 거주하던 지역으로 포함될 수 있다.

『**이집트와 쿠레네... 리비아...**』(10절)에서 온 사람들은 남서쪽으로 퍼져 아프리카 지역에 정착해 살던 유대인들일 것이다. 필로(Philo)와, 알렉산드리아에 있던 "그리스화 된 사람들"이 이 집단에 속하는데, 그들은 외경과 "아리스테아스의 서신"을 기록한 자들이며, 신약이 완성된 후 소위 "칠십인역"을 쓴 오리겐의 등장을 예비시킨 세력이다.

『**갑파도키아, 폰토와 아시아, 프루기아와 팜필리아**』(9,10절)에서 온 사람들은 북쪽으로 퍼져 소아시아에 정착했던 유대인들일 것이다.

로마에서 온 『**유대인과 유대교로 개종한 자들**』(10절)은 서방 집단이고 『**크레테인과 아라비아인들**』(11절)은 섬 지역 사람들과 남동쪽 집단을 말한다.

참으로 이상하게도 "유대"라는 단어는 문맥에서 절대적으로 필요한 것인데도(14절- "너희 유대 사람들") 비드(Bede, A.D. 672-735) 시대 이후로 계속해서 공격을 당해왔다. 브루스는 유대인들이 이 명절에 참석했다는 점은 "별 의미가 없다"고 말하지만, 14절과 사도행전 1:8의 명령에 비추어 볼 때 그의 말이 맞지 않음을 알 수 있다.

한편 성경을 가지고 최대의 혼란을 야기시키는 사람들은 근본주의 헬라어 학자다. 특히 그가 노울링, 브루스, 데임, 라이스, 로버트슨, 커스터, 닐과 같은 보수주의자일 때는 더욱더 그렇다. 브루스는 "유대"라는 단어가 팔레스타인 전체, 또는 더 나아가서 처음에 아브라함에게 주어진 땅 전체를 뜻한다고 말한다. 에더쉐임(Edersheim)은 "유대"에 시리아를 포함시키고, 페이지(Page)는 '소아시아 전체'를 포함시킨다. 성경대로 믿는 사람이 그들의 우스꽝스러운 주석에 뒤지지 않으려면 "아사아"라는 단어가 아일랜드와 텍사스를 의미한다고 말하면 된다. A.V. 본문에 열거된 목록은 정확하며, "최초의 원본"을 누군가가 발견한다 하더라도 그것과 다른 점이 전혀 없이 완벽하다. 본문에 주어진 지역들은 유대를 중심으로 해서 지중해 주변에 하나의 완전한 원을 형성한다. 대다수의 보수주의자들은 주께서 시리아를 포함시키는 것을 잊으셨기 때문에 더 훌륭한 지식인들의 도움이 필요하다는 환상을 가지고 본문에 시리아를 집어넣고자 하는 것이다.

『**그때 이 소문이 퍼지자[noised abroad]...**』(6절) 빈센트와 로버트슨은 이 표현이 맞지 않다고 말하며, 캠벨 모건도 이에 동조한다(〈사도행전〉,

p.36). 브루스와 더멜로우는 이 부분이 "이 소리(sound)가 들렸을 때"로 바꾼다. 그들이 이렇게 한 이유나 그 결과는 불을 보듯 뻔하다.

ASV, NASV, RSV, 〈현대인을 위한 기쁜 소식〉, 〈새 영어 성경〉, 필립스, 케네스 웨스트의 번역본, 〈확대역본〉 등은 하나같이 손에 손을 잡고 1611년에 끊어진 원을 잇고 있다. 그들이 "noised abroad" 대신 "sound"로 번역한 것은 1941년 로마카톨릭 성서의 본문을 따른 것이며, 1582년 예수회 성경은 그 단어를 "목소리"(voice)로 번역했다. 1880-1980년 사이에 "훌륭한 사람들"의 "방대한 노력"의 궁극적 목적이 암흑시대의 변개된 본문을 회복시키는 것이었으므로, 우리는 계속해서 알게 될 사실들에 놀라서는 안 된다. 로버트슨은 본문의 단어가 "목소리"(voice)로 되어야 한다고 하며 이는 방언들을 뜻하는 것으로 해석한다. 그는 "목소리"는 단수이며 "다른 방언들"은 복수(서문 참조)라는 사실은 언급도 하지 않는다. 한편 빈센트는 그것을 "소리"(sound)로 번역한다.

틴데일 성경(1525), 그레이트 성경(1539), 제네바성경(1560), 비숍 성경(1568)은 모두 A.V.와 마찬가지로 "noised abroad"로 번역했다. 예수회가 나중에 그들의 성서를 출판했을 때(사실상 1882년의 웨스트코트와 홀트의 본문과 동일한), 그들은 그 단어를 "목소리"로 변개시켰다. 그러나 본문을 통해서 볼 때(2절), "소리"(noise)가 없었는가? "거친 강풍 같은"을 "폭력적인 바람"이나 "폭풍 같은" 또는 "회오리바람 같은" 등으로 바꾸고서는, 갑자기 단순히 어떤 "소리"(sound)가 들렸고 이 소리는 "열두 사도"가 방언들로 말하는 소리였다는 것인가?

그것을 "목소리"로 한다면 바람은 어떻게 되는가? 그것을 "소리"(sound)로만 한다면 목소리들은 어떻게 된 건가? 목소리들은 "소리"일 뿐만 아니라(고전 14:8,9 참조) 언어들이다.

이것이 영어를 사용하는 사람들을 위한 종교개혁 성경들이 단어를 현명하게 선택했다고 말할 수 있는 이유이다. 종교개혁 성경들의 번역자들은 빈센트(Vincent)나 다이어(Thayer), 트렌치(Trench), 커스터(Custer), 웨스트(Wuest)보다 더 현명했으며 그들은 본문과 문맥을 훨씬 더 잘 이해했다. 그들은 지성과 예지에 있어서 모울튼(Moulton), 하우슨(Houson), 렌돌(Rendall), 로버트슨(Robertson), 메이첸(Machen), 데이비스(Davis), 네슬(Nestle)보다 훨씬 더 우수한 지성과 통찰력을 소유했기 때문에 "헬라어 원문"으로 돌아서기보다 하나님께서 말씀하신 것(1-4절)에 주의를 기울였다.

『**그때 이 소문이 퍼지자...**』(6절)에서 "이"(this)는 2,3,4절 전체를 언급한 것이다. 바람 소리가 들렸고 소리를 들은 사람들은 그 소식을 들불처럼 퍼뜨렸다(행 2:22).

『**이것이 어떻게 된 일인가?... 이 사람들이 새 포도주에 취하였다**』(12, 13절). 첫 번째 질문은 참으로 다양한 의견들로 답변되었기 때문에 그것들을 논하려면 많은 지면이 필요할 것이다. G. 캠벨 모건은(다른 대부분의 근본주의자들과 마찬가지로) 해답은 16절 "이것은 선지자 요엘로 말씀하신 바니"에 있다고 생각한다. 그러나 요엘이 말했던 것은 2-4절에 묘사된 현상과 일치하지 않는다. 또 베드로도 여기서는 "이 성경이 이루어진 것은 당연하도다."(행 1:16)라고 말하지 않는다. 1장에서 성취된 예언에 관해 말할 때는 그렇게 말했었다.

『**새 포도주에 취하였다**』(13절, 엡 5:18과 그 주석 참조). "새 포도주"는 포도나무에 달려 있는(창 40:10) 포도의 즙(사 65:8)을 말한다. 그것은 짜서(창 40:11) 발효가 일어나기 전에 잔에(마 26:29) 담긴다. 그것은 "오래된 술"(눅 5:39)이 아니다. 그러므로 비난은 비꼬는 것이다. 그러므로 성령께서는 『**어떤 사람들은 조롱하며 말하기를...**』(13절)이라고 하신 것이다.

2:14 그때 베드로가 열한 사도와 함께 일어서서 목소리를 높여 그들에게 말하기를 "너희 유대 사람들과 예루살렘에 거하는 모든 사람아, 이 일을 너희에게 알게 하겠으니 내 말에 경청하라.

15 지금은 겨우 낮 제삼시니 너희가 짐작하는 것같이 이 사람들이 취한 것이 아니니라.

16 이것은 선지자 요엘로 말씀하신 바니

17 '하나님께서 말씀하시기를, 마지막 날들에 내가 내 영을 모든 육체 위에 부으리라. 그러면 너희 아들들과 딸들이 예언할 것이요, 또 너희 젊은이들은 환상을 볼 것이며 너희 노인들은 꿈을 꾸리라.

18 또 그 날들에는 내가 내 남종들과 여종들 위에도 내 영을 부어 주리니 그들이 예언하리라.

19 내가 위로 하늘에서는 이적들과 아래로 땅에서는 표적들을 보이리니 피와 불과 연기라.

20 그 위대하고 찬란한 주의 날이 오기 전에 해가 흑암으로, 달이 피로 변하리라.

21 그러나 누구든지 주의 이름을 부르는 자는 구원을 받으리라.'고 하였느니라.

사도행전 2:1-13의 진리를 지나치자마자 이제 우리는 또 한 번 중요하고도 난해한 구절을 만나게 된다. 이것은 18세기 동안 해마다 300개 이상의 신학적 오류들을 탄생시킨 구절이며, 극단적 세대주의자들은 이 구절을 통해 그들의 교리를 뒷받침하지만, 그러기 위해서는 요한복음 17장, 사도행전 5:14; 9장, 로마서 16:7의 진리를 부인해야만 한다.

거의 모든 주석가, 성경 개정자, 교사들이 요엘 2:28-32이 사도행전 2장에서 성취되었기 때문에 19,20,30절의 현상은 영적으로 해석되어야 한다고 믿는다. 이런 해석에서 약간 변형된 것이 19,20절이 이 시대의 끝에 해당되고 16-18절은 오순절에 성취되었다는 것이다. 베이커, 스탬, 오헤어(O'Hare)는 요엘 2장의 어떤 것도 사도행전 2장에서 성취되지 않았다고 말한다. 그 말은 옳다. 그러나 이런 지식도 그들의 신학을 구해 주지는 못한다. 왜냐하면 그들은 여전히 아무도 그리스도의 몸에 대해 알지 못했기 때문에 그리스도의 몸이 그때 시작되지 않았다고 주장하기 때문이다(4절 주석 참조).

한편 왕국이 현재 여기 있고 또 확장되고 있다(그리고 하나님께서 정치적 이스라엘과는 "최종적으로 그리고 영원히" 관계를 끝내셨다는 것 - 〈확대역본〉 살전 2:16을 볼 것)고 주장하는 것이 강력한 보수주의 노선이다. 오스트레일리아의 L.R. 토마스는 수많은 "경건한" 신학자들을 인용하며 이 지상에 있게 될 유일한 왕국은 사도행전 2장에서 요엘 2장의 성취와 더불어 시작되는 "영적 왕국"임을 증명하고자 하는데, 여기 그 학자들의 목록이 있다.

R.G. 맥나이트(McKnight), 존 칼빈(John Calvin), 스테판 옥스퍼드(Stephen Oxford) 목사, 엘리코트(Ellicott), B. 박스(Vox) 박사, 라잇풋(Lightfoot), 벤슨 바넷(Benson Barnett) 목사, 딘 파라(Farrar), 데이비드 스미스(David Smith) 교수, 알포드(Alford), A.T. 로버트슨(Robertson), G.A. 바니스터(Bannister) 목사, 유세비우스(Eusebius), 어거스틴(Augustine), 아타나시우스(Athanasius), F.F. 브루스(Bruce), 필립 샤프(Phillip Schaff), 아담 클라크(Adam Clarke), 매튜 헨리(Matthew Henry), 판즈(Ponds) 박

사, 러브(Love) 목사, 벌콥(Berkhof) 교수, 세실 로리(Cecil Lowry) 박사, 찰스 핫지(Charles Hodge) 박사, 저스틴 마터(Justin Martyr), 하워드 핸크(Howard Hanke) 박사, 댑니(Dabney), 밀튼 아놀드(Milton Arnold) 목사, 케빈 토마스(Kevin Thomas), 요한 웨슬리(John Wesley), 로버트 딕 윌슨(Robert Dick Wilson), J.A. 벤젤(Bengel), 월터 맥캐롤(Walter Mc-Carol) 목사, 몬태그 굿맨(Montague Goodman), 러셀 존스(Russell B. Jones) 박사, F.F. 페퍼(Peffer), 조지 트루엣(George W. Truett), B.H. 캐롤(Caroll), O.T. 엘리스(Allis), 리 스카보로(Lee Scarborough), 필립 머로(Phillip Mauro), 피터 엘더스벨드(Peter Eldersveld) 목사, 그리고 지난 15세기 동안의 모든 로마카톨릭 사제와 감독들.

이와 같이 "경건하고 헌신되고, 성별된 보수주의 학자들"의 강력한 노선에 합세하려면 우리 또한 하나님의 말씀을 변질시켜야 하며, 성경이 뜻하는 그대로를 말하고, 말하는 그대로를 뜻한다는 것을 믿지 말아야 한다.

먼저 우리의 육신으로 그런 군대에 대항하는 어리석음을 범하지는 말아야겠다. 1611년의 옛 사자를 풀어 주어 스스로를 방어하게 하자. 책들의 황제는 우리 안에 내버려 둔 채 그 책을 옹호하거나 그 책의 더 나은 점들을 설명하기보다는 그 책을 그의 적들을 향해 풀어 주어 그가 스스로 "말하게" 하자.

『**너희 유대 사람들과 예루살렘에 거하는 모든 사람아...**』(14절) 앞서 말한 바와 같이 베드로가 말하는 대상은 유대인이며, 거기에 그리스도인은 없다. "거하는"이라는 단어가 이 경우에는 흩어져 있는 유대인들이 명절 때 올라와 머무는 것을 말한다. 이것은 5절("당시 예루살렘에는 신앙심이 깊은 유대인들이 천하 각국으로부터 와서 머물고 있었는데")로 볼 때 명백하다. 『**지금은 겨우 낮 제삼시니... 이 사람들이 취한 것이 아니니라**』(15

절). 상습적인 술꾼들은 이 구절을 사용해서 13절의 "새 포도주"는 발효된 술이 분명하며 그렇지 않았으면 베드로가 그렇게 대답하지 않았을 것이라고 주장한다. 그러나 그것은 "성경을 모르는 데서"(마 22:29) 기인한 무지의 소산이다. 마태복음 25:26에서 이와 동일한 식의 답변이 주어지기 때문이다. 고소자의 말을 일단 액면 그대로 받아들인 뒤에, 그것을 근거로 그들에게 대답하는 것이다.

『**이것은 선지자 요엘로 말씀하신 바니**』(16절). "이것"이 1-5절의 "방언들"을 의미하는 것이라고 주석가들은 말한다. 여기서 우리는 오류가 만들어지는 방법을 발견할 수 있다. 즉 그럴듯하게 들리는 것이다. G.C. 모건(Morgan)은 6절의 "이," 12절의 "이것," 16절의 "이것," 33절의 "이것"을 연결시켜 해석하고 있다. 이것은 모건 형제가 사도행전 1:3,10; 2:1,6을 갈기갈기 찢어 놓는 하이에나보다 영어 본문에 더 많은 관심을 기울였음을 보여 준다. 그러나 모건은 (존 R. 라이스처럼) 진리를 발견하려면 성경을 수평적으로 통독해야 함을 잊었다. 그는 "사사로운 해석"에 대한 경고를 받아들였어야만 한다. 사사로운 해석이 금해졌던 원래 이유는 "예언"(벧후 1:21)과 연관되어서였는데, 여기서 "선지자" 요엘이 "예언"을 하고 있기 때문이다.

파괴적인 "복음주의 개혁주의자들이" 구약의 3분의 2를 제거하기 위해 근본주의라는 캄캄한 심연으로 빠져들기 전에, "이것은... 말씀하신 바니"가 요엘 2장의 성취라고 가정해 보자. 하나님의 말씀을 대적하는 자들을 위해 요엘 2:28-32이 글자 그대로, 빠짐없이(적어도 행 2:17,18에서는) 성취되었다고 가정해 보자.

1. 성령은 사도행전 2장 어디에서도 모든 육체 위에 부어지지 않았다. 성령께서는 열두 사도(또는 120명의 제자)만을 충만케 하였을 뿐, 3,000

명의 개종자에게도 "부어지지" 않았으며, 사도행전 17:34의 개종자들에게도 부어지지 않았다. 그들은 성령을 선물로 받았지만(행 2:38,39) "부어지는 일"은 일어나지 않았다.

2. 오순절 전후로 신약 어디에서도 성령께서 "모든 육체" 위에 부어지신 적은 없었다. 하나님의 거듭난 자녀는 영으로 거듭났으며 "육신 안에 있지" 않기 때문이다(롬 8:9). 성령께서는 거듭날 때 성도의 육신을 만지시지도 않는다(골 2:11-14). 왜냐하면 그것은 몸 안에서 행해진 영적 할례이기 때문이다(롬 7:4,5).

3. 사도행전 2장에서 아무도 꿈을 꾸지 않았으며(17,18절 참조) "그들이 예언하리라"는 말씀은 요엘 2:29에 없다.

4. 이것으로 충분하지 않다면 다음의 사항들을 더 살펴볼 수 있다.

a. 사도행전 2,3,4,5,6,7,8,9장 등에는 연기 기둥들이 없다.

b. 사도행전 어디에도 해가 어두워지거나 달이 피로 변한다는 예언이 성취된 곳은 없다.

c. 요엘은 성전이 있는 "시온 산"과(욜 2:32), 영적으로 "소돔과 이집트"(계 11:8)라 불리는 "예루살렘 안에서"(욜 2:32) 있을 구해냄에 대해 말하고 있다.

사도행전 2장은 말할 것도 없고, 성경을 가르치려면 그 전에 먼저 "성경 전체"를 읽어야 한다. 어떤 사람들은 "'이것'이 의미하는 것"이 무엇인지 알고 있다는 것을 증명하는 데 너무나 열심인 나머지 타당한 이유도 없이 "이것"(행 2:16)을 사도행전 2:1-5과 연결시킨다. 그러나 방언들로 말하는 것에 대해 요엘이 언급한 적이 있는가? 요엘은 요엘서 어디에서도 거친 강풍과 갈라진 혀들과 "다른 언어들"에 대해 예언하지 않았다.

태어나서부터(두 번째 탄생)의 우리의 습관은 우리의 신학 체계를 성경 본문에 맞추는 것이었다. 그러나 교수들, 이단들, 분리주의자들, 알미니안주의자들, 칼빈주의자들, 세대주의자들, 근본주의자들, 목사들, 순복음 사람들, 지옥이 없다는 사람들, 신유주의자들, 신학생들, 카톨릭 사제들, 신학자들, 크리스천 유명인사들, 그리고 학자 연맹을 28년 동안 대해 온 경험으로 알게 된 것은 이들 대부분이 자신이 가르치는 신학을 성경 구절과 일치시키기 위해 그 구절의 의미를 자기 마음대로 바꾸고 있다는 사실이다. 그것은 주로 "헬라어 원문"에 호소함으로써 이루어지며, 그 정도로 그럴듯하게 들리지 않으면 한두 단어를 첨가시키거나 빼낸다. 이렇게 해도 말씀이 인간이 세워 놓은 신학 체계로 바뀌지 않으면, 애매한 구절을 들어서 성경에서 분명한 구절들을 판단하는 기준으로 사용한다. 학자 연맹은 이런 작업을 하루에도 500번은 계속한다.

스펄전은 "하나님의 말씀을 변개시키는 것은 저주받을 일이다. 그러나 그것이 오늘날 일어나고 있는 죄악이다."라고 말했다.

찰스 헤이든 스펄전(A.D. 1834-1892)이 옳았다면 〈어느 성경이 하나님의 말씀인가, *Which Translation?*〉와 〈성경적 관점, *The Biblical Viewpoint*〉 같은 출판물들 뒤에 있는 세력은 사탄이다. (편집자들과 로크만 재단을 보라. 스펄전이 말하는 문맥은 1611년 킹제임스 권위역본이었다. 그는 "축자적으로 영감받은 원본들"에 대해 말하고 있지 않았다.)

훌륭한 신학자들 대부분이 말하는 바와는 달리, 우리는 지금 요엘의 예언이 성취되지 "않은" 지점에 와 있다. 뿐만 아니라 베드로도 그것이 성취되었다고 말하지 않고(반면 1:16에서는 예언이 "이루어진 것"이라고 말했었다) 『**이것은 선지자 요엘로 말씀하신 바니**』(16절)라고 말한다. 마태복음 16:18에서 "이것"이라는 단어는 그것이 베드로를 "반석"으로 지칭한 것인지, 베드로의 신앙고백을 "반석"으로 지칭한 것인지(교회 교부들 대부분이 믿듯이) 혼동을 일으킬 만하게 되어 있다 그러나 성경은 이 "반석"이 누구인지 명백하게 말해 준다(고전 10:2-4, 벧전 2:3-6).

그러므로 베드로가 "이것"(행 2:16)이라고 말한 것은 1-6절의 내용이 아님이 명백하다. 그것은 뒤따르는 17-20절의 인용을 말하는 것이다. 즉 베드로는 "요엘이 말한 바를 내가 여러분에게 말하겠습니다. 요엘이 말한 바는 '이것'입니다."라고 말한 것이다(『**이것은 선지자 요엘로 말씀하신 바니**』). 베드로가 요엘의 예언을 인용한 것은 사도행전 2:1-6의 사건이 일어나도록 예언되었음을 말하기 위한 것이 아니라, 요엘이 예언한 "다른 일들"이 "마지막 날들"(17절)에 일어날 것임을 말하고 있는 것이다(창세기 49:1-20 주석 참조). 이러한 진리를 발견한 스탬과 벌링거는, 요엘은 이스라엘 국가를 대상으로 해서 마지막 날들에 관해 썼기 때문에 사도행전 2장은 "그리스도의 몸의 시작"이 될 수가 없다고 선언해 버린다. 그러나 앞에서 말한 바와 같이, 이런 논리는 사도행전 1:7이 다윗의 왕국의 회복을 부인하는 것이라고 생각하는 사람들의 논리만큼이나 그릇된 것이다.

사도행전 2:1-6은 마지막 날들을 위한 준비이며, 그에 뒤따르는 상황은 구약의 수십 구절에서 언급되고 있다. 대환란과 "주의 날"은 구약의 약 3분의 2에 해당하는 주제이다. 베드로는 "이것들은 요엘이 말한 것의 성취니"라고 말하지 않았다. 그가 갈라진 혀들, 거친 강풍 같은 소리, 언어들을 요엘서 2장의 내용이 성취된 것이라고 말하는 것이라면 그는 "이것들은 요엘이 말한 것의 성취니"라고 말했을 것이다. 사실 "다른 언어들"은 요엘서가 아니라 이사야 28:11,12의 성취다. 그리고 이스라엘은 그들을 용서해 주시라는 그리스도의 기도(눅 23:34)의 응답으로 여기서 "두 번째 기회"를 부여받고 있는 것이다(행 3:17 주석 참조). "왕국"은 여기서 다시 한 번 제시되고 있으며 스탬과 벌링거는 이 문제를 바르게 다루고 있다. 왜냐하면 사도행전 7장까지는 이 문제가 정지 상태에 있기 때문이다. 만약 산헤드린이 공식적으로 회개하고 그리스도를 받아들였다면, 그들은 게헨나로 나갔을 것이며 그럼으로써 신명기 21:1-9가 성취되었을 것이다. 그런 후에 신비의 몸에 대한 계시 없이 다니엘의 70째 주가 시작되었을 것이며, 솔로몬의 노래 2:10-13, 이사야 26:19-21, 시편 50:1-10의 휴거가 그에 선행되었을 것이다. (저자의 주석서 〈마태복음〉 3,4,5,6장 참조)

그러나 스탬과 벌링거는 아무도 그리스도의 몸에 대해 알지 못했다는 사실을 근거로 그리스도의 몸이 존재하지 않았다고 주장한다. 그러나 합리적인 사람이라면 누가 알건 모르건 간에 어떤 것이 존재할 수 있음을 안다. 실제로 사도행전 2:1-6은 요엘 2:28-32보다는 에스겔 39:29의 성취에 더 가깝다. 왜냐하면 여기서는 "이스라엘 집"만이 언급되고 베드로는 그의 메시지를 "그러므로 이스라엘 온 집이 분명히 알 것은"(36절)이라는 말로 결론짓고 있기 때문이다. "새로운 경영"에 관한 모건의 주석은(*Ibid.*, p.55) 젖은 도화선이다. 그는 오순절이 성령께서 "모든 육체에 부어진" 날이라고 말한다. 그러나 성령께서 "모든 육체"에 부어진 사례는 사도행전 어디에도 없다.

요엘서로 돌아가서 『**위대하고 찬란한 주의 날이 오기 전에**』(20절) 일어날 일에 대해서 요엘이 말한 바를 살펴보자.

1. 구해냄은 골고다(갈보리 산)가 아니라 시온 산에 있는 도시 안(히 13:13)에서 있게 될 것이다.

2. 이때의 구원은(행 2:21) "구해냄"(욜 2:32)의 형태로 있게 된다.

3. 구원받을 사람들은 "남은 자들"이 될 것이다. 이것은 요한계시록 12:17, 스가랴 8:6,12, 스파냐 3:13, 아모스 5:15 등에 나오는 "남은 자들"과 일치한다.

4. 요엘 2:23에서 "이른 비와 늦은 비"는 사도행전 2장과 연결될 수 없다. 요엘서에 따르면 "이른 비와 늦은 비"는 "첫째 달"에 내리는 반면, 오순절은 둘째 달 둘째 주가 지나서 있기 때문이다. 그러므로 "이른 비"는 성령께서 처음 나타나셨을 때를 말하며 "늦은 비"는 20세기에 일어날 "오

순절의 회복"을 말한다는 주장은 성령 자신의 말씀을 거슬르는 고의적인 거짓말이다.

요엘 2:23의 "비"는 "시온의 자녀들"(23절)에게 내리며 좋은 수확을 얻게 하기 위해(22,26절) 밀밭과 포도원에(24절) 내린다. 그 구절 어디에도 "이른 비와 늦은 비"(23절)가 오순절날 성령의 "부으심"과 연관된다는 말은 없다. 그것이 성령의 부으심과 연관된다고 믿는다면 그 사람은 스스로를 속이는 바보이다.

하나님께서 성령을 "모든 육체에 부어 주시는 때"는 "그후"(욜 2:28)가 될 것이다. 야고보가 천년왕국 때 이방인들의 회심에 대해 말하고 있는 사도행전 15:16,17에서 이것이 어떻게 언급되고 있는지 주의해 보라. "그후"는 그 주제(히 8:10 등)에 관한 모든 문맥을 볼 때 대환란 이후를 말하는 것이며, 피와 불과 연기 기둥들(욜 2:30)은 문자 그대로의 것들이 될 것이다. 요엘은 "그 날들에"(욜 3:1,2) 이스라엘이 구속을 받고 회복되리라고(눅 1:68-79 참조) 말한다. 이 대환란의 마지막 날들에 수반되는 현상은 요엘 3:9-21에 자세하게 묘사되어 있다.

모든 "경건한" 보수주의 학자들이 부인한다 할지라도 요엘이 하나님의 영으로(벧후 1:19-21) 말한 것이 분명하듯 그것들은 분명히 문자 그대로 이루어질 것이다. 사람을 따르고 사람을 기쁘게 하고자 한다면 말 잘하는 무천년주의, 후천년주의 학자들의 무리를 따르라. 이들은 요엘 2,3장이 미래에 문자 그대로 성취될 것을 부인한다. 그러나 바울(갈 1:10)이나 예수 그리스도(시 69:6)를 따르고자 한다면 성경을 따라야 한다.

『**누구든지 주의 이름을 부르는 자는 구원을 받으리라**』(21절). 사람들은 이 구절은 로마서 10:13과 연결시키면서 베드로가 여기서 "구원 계획"을 설교하고 있었다고 말한다. 그러나 그것은 사실이 아니다. 논쟁은 또다시

"극단적 세대주의자들"에게 유리한 쪽으로 전개된다. 죄인에게 복음을 전하는 경우라면 사도행전 4:12과 로마서 10:13을 사도행전 2:21과 연결시키고 골로새서 2:12을 사도행전 2:38과 연결시킬 수 있다. 그러나 본문에서 "건전한 교리"를 얻으려면, 사도행전 2:21은 "요엘서"에서 인용한 것이며, 이 시점에서 요엘도 시몬 베드로도 죄인들을 위한 피의 속죄나 그것이 영적 할례(골 2:11,12)를 통해 혼에 전달되는 것 등에 대해 알지 못했음을 인지해야 한다. "회개함과 죄사함"(눅 23:47)은 오직 요한의 침례(막 1:4, 행 2:38 참조)의 배경에서만 그들에게 알려졌을 뿐이다. 베드로가 코넬료의 집에 있었을 때 그는 "죄사함"이 오직 믿음으로만 획득될 수 있음(행 10:45)을 알고 매우 놀랐던 사실이 이를 입증해 준다. 이것은 무엇인가가 알려지지 않은 상태에서도 존재할 수 있음을 또 한 번 보여 주며, 진리가 계시되는 때는 그 진리의 기원(시작)과 거의 상관이 없음을 말해 준다. (극단적 세대주의자들은 바로 이 점을 배우지 못했으며 앞으로도 결코 배우지 못할 것이다. 왜냐하면 이 교훈은 그들의 가장 핵심적인 특징을 제거시키는 것이며, 그렇게 되면 그들은 그들만의 새로운 교리로 주의를 끌 수 없게 되기 때문이다.)

성경 본문에서 한 단어도 변개시키지 않고 각 절의 문맥 속에서 구절과 구절을 비교함으로써 진리를 찾아내었으니, 이제 〈킹제임스성경, 1611〉은 잠시 접어 두고 달라스, 풀러, 무디, 휘튼, 밥존스대학, 하일즈 앤더슨, 프래리 성경 신학원, 베일러, 콜롬비아 성경 대학 등의 교수진들을 가르친 사람들에게 가 보자.

첫 번째는 루이즈빌 신학교의 A.T. 로버트슨 박사다.

a. 사도행전 2:7의 "놀라고"(marvelled)에 해당하는 헬라어 "에타우마존"은 부정과거시제(영어의 과거시제)로 번역되었으나 로버트슨은 그것이 미완료시제 능동(imperfect active)으로 되어야 한다고 말한다.

그렇다면 사도행전 22:22에서 미완료시제 능동은 "계속해서 듣고 있었다"(kept on listening)로 번역되었어야 하며, 사도행전 12:21에서 미완료시제 능동은 "그가 계속했다"(he kept it up)로 번역되었어야 하며, 사도행전 12:22에서 미완료시제 능동은 "계속해서 소리질렀더라"(kept on shouting)로 번역되었어야 하며, 사도행전 11:6에서 미완료시제 능동은 "내가 깊이 숙고하고 있었다"(I was pondering)로 번역되었어야 한다.

이것은 로버트슨이 〈신약 단어그림집〉(Word Pictures in the N.T.) 제3권에서 나열한 "미완료시제"(imperfect)의 예 중 20분의 1도 안 된다. 그러나 그는 사도행전 2:7; 21:37(『**당신이 헬라어를 할 줄 아는가?**』 Canst thou SPEAK Greek); 28:25(『**자리를 뜰 때**』, they departed); 12:15(『**네가 미쳤다**』, Thou art mad, 『**그녀가 사실이라고 강하게 주장하니**』, she constantly affirmed) 등에서 시제를 완전히 잊어버렸다.

두 얼굴을 가진 근본주의자들은 〈킹제임스성경〉이 미완료시제와 "현재"와 "부정과거"를 제대로 구분해서 번역하지 못했다고 주장하지만, 사실은 권위역본의 권위를 그들 자신의 헬라어 문법으로 대체시키고자 하는 것일 뿐이다. 로버트슨은 사도행전 20:4에서 "수네포마이"의 미완료시제를 제대로 번역하지 못했으며, 그가 동일한 문제로 비평한 사람들 중 누구도 그렇게 하지 못했다. NASV(로크만 재단)는 로버트슨과 마찬가지로 그 단어를 부정과거로 해석한다.

b. 그러나 A.T. 로버트슨의 주석을 읽어 보면 그의 신학이 얼마나 일관성이 없는지를 잘 알 수 있다. 왜냐하면 그는 요엘의 메시아적 예언이 "바로 그들의 눈앞에서" 성취되고 있었다고 말하기 때문이다.

c. A.T. 로버트슨은 거기서 만족하지 않고 사도행전 2:20의 주석에서

말하기를, 베드로는 비문자적인 언어로 되어 있는 요엘의 "상징적 예언"을 '해석했다'(*Ibid.*, p.28)고 말한다.

[베드로가 요엘에서 인용한 것을 하나라도 '해석한' 것을 발견한 사람에게는 남녀노소를 막론하고 50,000달러를 주겠다. 베드로(PTR-이집트어로 "해석자")를 바티칸의 "점쟁이"(Augur)를 위한 헤르메스(Hermes)로 만든 것은 로마 교회였다. 사도행전 10장과 갈라디아서 2장에서 베드로가 했던 유일한 '해석'은 틀린 것이었다.]

두 번째는 아담 클라크이다.

a. 요엘 2장이 성취되었다(클락, *Ibid.*, p.645).

b. 예언(17절)은 "예언"이 아니라 복음에 대한 "진실을 말하는 것"이다(창세기 20:7 주석 참조).

c. 해와 달 등(20절)은 "월(일)식"에 대한 "비유적 표현"이다(NCCC성경에서 마 27:45의 RSV 본문 참조).

세 번째는 더멜로우이다.

a. "마지막 날들"은 '그리스도인의' 세대를 말한다.

b. "하늘에서는 이적을"(19절)이라는 말은 "형이상학적 표현"이다.

c. "그 위대하고 찬란한... 날"(20절)은 A.D. 70년의 예루살렘 멸망으로 볼 수 있다.

d. 방언을 말하는 것은 "선지자 요엘에 의해 예언되었다"(더멜로우, *Ibid.*, p.821).

다음은 풀러 신학 대학의 래드 박사이다.

a. "마지막 날들"은 그리스도의 초림과 더불어 시작하며, 이 시대는 무

슨무슨 복이 실현되는 "한 단계"이다.

[성령께서 어떻게 그들을 혼미케 하셨는지 알겠는가? 창세기 49장의 "마지막 날들"을 히브리서 1:2과 사도행전 2:17의 "마지막 날들"과 일치시킴으로써, 성령께서는 그들에게 하나님께서 이스라엘과 관계를 끝내 버리셨다는 생각에 대한 알리바이를 그들에게 주신 것이다.]

b. "모든 육체"(17절)는 "모든 육체"를 뜻하는 것이 아니다. 그것은 교회 시대의 모든 하나님의 사람들을 의미한다.

c. "예언"(prophesy, 18절)은 "예견"(foretelling)이 아니다. 그것은 "말해 내는 것"(forth telling)을 의미한다(창세기 20:7 주석 참조).

아담과 그레이의 주석이나 매튜 헨리(그 외 수십 명의 다른 사람들)의 주석이 있다면 파괴적인 성경 비평이라고 하는 알렉산드리아의 전통이 지난 18세기 동안 끝없이 반복되어 이어져 내려온 것을 알게 된다. 그들이 말하려고 하는 것을 한마디로 요약하면, 성경이 성경의 '인간' 저자들 즉 '유대인들'을 다루는 부분에서는 성경을 있는 그대로, 문자 그대로 믿지 않는다는 것이다. 우리에게 영적 교훈을 주는 문맥 속에서 아무리 많은 신실한 "영적 해석"을 한다 할지라도, 근본주의자들이 권위역본 본문에 대해 가지고 있는 이 뿌리 깊은 증오를 숨길 수는 없다. 오리겐에서 존 R. 라이스에 이르기까지, 그들은 같은 뿔을 가지고 있으며, 〈확대역본〉(살전 2:16)에서 로크만 재단이 이스라엘 위에 내린 영원한 저주는 A.V.에 대한 그들의 태도가 어떠한지를 명백히 보여 준다.

"마지막 날들"이 여기서 일어나기 시작하지만 사도행전 7장의 거부 이후 교회 시대 끝으로 옮겨졌다는 사실을 깨닫지 못하면 본문을 제대로 이해할 수 없다. 이 사실을 받아들이지 않는 사람이 할 일은 다음 한 가지밖에 없다. 성경을 덮고 꽁꽁 묶어서 자기 자신의 신학 체계에 완전히 구겨 넣은 다음, 여기저기서 성경이 삐죽삐죽 튀어 나오거든 헬라어 사전과 플라토, 필로, 오리겐, 어거스틴을 가지고 다시 구겨 넣는 것이다.

무천년주의나 후천년주의 주석가들에게 복통을 일으키는 "연기설"은 하나의 '이론'이 아니다. 오히려 그 반대로 이스라엘을 위한 왕국이 연기되지 않았다고 하는 것이 하나의 '이론'이며, 이 이론을 받아들이게 되면 결과적으로 구약의 3분의 2를 간접적으로 부인하고 500구절을 직접적으로 부인하게 된다(롬 11:25).

F.F. 브루스는 "마지막 날들"이 그리스도의 초림과 더불어 시작되었고 그분의 재림과 함께 "끝날" 것이라고 말하지만, 이것은 진리의 주위를 정찰만 하는 격이다. "마지막 날들"은 사도행전 1-7장 사이에서 이스라엘의 역사를 종식시킬 수도 있었으나 그렇게 되지 않았으므로 하나님께서는 그 날들을 시간적 제한이 없는 한 시대의 끝으로 옮기신 것이 분명하다. 이사야 11:1-11, 누가복음 1:30-33, 마태복음 19:28, 요한계시록 20:1-6, 요엘 3장, 이사야 65,66장, 에스겔 40-48장, 창세기 49:11-20, 신명기 32장, 시편 110편, 시편 2편, 이사야 2장 등이 이를 뒷받침해 주고 있다.

2:22 너희 이스라엘 사람들아, 이 말씀들을 들으라. 너희 자신도 아는 바와 같이, 나사렛 예수는, 하나님께서 그를 통하여 너희 가운데서 행하신 기적들과 이적들과 표적들로 너희 중에서 하나님께 확증되신 분이니라.

23 하나님의 정하신 뜻과 미리 아심을 따라 내어주신 그를 너희가 붙잡아 무법자들의 손을 통해 십자가에 못박아 죽였으나,

24 하나님께서 그를 사망의 고통에서 풀어 살리셨으니 이는 그가 사망에 매여 있을 수 없었기 때문이라.

25 이는 다윗이 그에 관하여 말하기를 '내가 주를 항상 내 앞에서 미리 뵈었으니 이는 그분께서 내 오른편에 계시어 나로 요동치 못하게 하심이라.
26 그러므로 내 마음이 즐거워하였고 내 혀가 기뻐하였으며 또한 나의 육체도 소망 속에 안식하리니
27 이는 주께서 내 혼을 지옥에 내버려 두지 아니하시며 또 주의 거룩하신 분으로 썩어짐을 보지 않게 하실 것임이니이다.
28 주께서 나에게 생명의 길들을 알게 해주셨으니 주께서 나를 주의 임재하심 속에서 기쁨으로 충만케 하시리로다.'라고 하였음이라.

이스라엘을 향한 베드로의 공식 연설을 정직하게 살펴본다면 사도행전 2:38의 성격에 대한 어떤 의심도 생길 수가 없다. 이 메시지는 이방인들을 위한 메시지가 아니다. 그것은 "영적 유대인들"을 위한 메시지가 아니다. 그것은 "하나님의 이스라엘"을 위한 메시지가 아니다. 그것은 "그리스도인들"을 위한 메시지가 아니다. 그것은 "너희 이스라엘 사람들"(22절), "너희 유대 사람들," "이스라엘의 온 집"을 위한 메시지였다. 그 어떠한 것으로도 베드로가 설교 중에 세 번에 걸쳐 확언한 이 진리를 왜곡시킬 수 없다. 따라서 사도행전 2장은 결코 로마서 10장이나 에베소서 2장, 갈라디아서 1장과 교리적으로 연결시킬 수 없다.

『**나사렛 예수...**』(22절) 이분은 이스라엘에 보냄을 받은 '지상의' 선지자이신 예수님께 붙여진 유대식 명칭이다. 이 용어는 많은 것들을 설명해 주는데, 먼저 이것은 바울이 그의 서신서에서 그리스도를 "인자"(The Son of Man)로 언급하지 않는 이유이다. 마태복음, 마가복음, 누가복음에서는 이 용어가 수십 차례 사용된 반면 요한은 그 용어의 사용을 절제하는데, 그 이유는 요한복음 20:31에서 밝히고 있다. 요한복음은 그리스도의 신성을 부각시키고 있기 때문이다. 요한복음은 "시작"이 없는, 예수 그리스도의 "진짜 계보"와 함께 시작되고 있으며(요 1:1-6) 요한복음 1-3장에는 인간의 계보가 주어져 있지 않다. 둘째로, 로크만 재단(ASV, RSV 등)이 요한복음 9:35에 "인자"(Son of Man)를 삽입시킨 것은 시대착오적인 오류이며 신학적, 교리적, 영적으로 부적절한 것이다. 셋째로, 그 용어는 왜 신유주의자들이 "나사렛 예수"라는 말을 그렇게 자주 사용하는지를 설명해 준다. 천 번 중에 단 한 번도 이 돌팔이 의사들은 바울이 그랬던 것처럼 "주 예수 그리스도"에 대해 말하는 것을 찾아볼 수 없다. 대신 그들은 하나님의 값없는 은혜로 인한 구원이 계시되기 전에 베드로가 사용했던 용어를 사용한다(행 3:6 참조). 우리의 오순절 친구들은(하나님의 교회, 하나님의 성회와 더불어) 여기서 유대인 사도들이 유대인의 국가를 대상으로 펼쳤던 "나사렛인"의 지상 사역에만 집착하고 있다. 그러나 당시에 그곳에 있었던 모든 사람은 수염을 기르고 안식일을 지키며 돼지고기를 금하고 성전에서 예배드리는(행 2:46 참조) 할례받은 유대인들이었다.

"예수"라는 이름에는 문제될 것이 없다. 그것은 하나님께서 "모든 이름 위에 높이신" 이름이다. 그것은 "하늘 아래서 우리가 구원을 받을 수 있는"(행 4:12) 유일한 이름이다. 더구나 주 예수 그리스도의 인성에는 죄된 것이 하나도 없다. 그분은 죄 있는 사람들을 구원하시기 위해서 온전히 사람이 되셔야만 했다(히 2:9-12). 그러나 인간 치유자를 내세우며 "나사렛 예수는 어제도, 오늘도, 영원토록 동일하심"을 외치는 순복음파 사람들은 진리를 왜곡시키고 있다. 그들은 에베소서 2,3장, 골로새서 2,3장, 갈라디아서 3,4,5장, 로마서 8,9,10,11장을 제대로 알고 있지 못한다. 라디오를 틀면 "어제나 오늘이나 영원히" 병자에게 안수하는 "나사렛 예수"만이 쉴새없이 나온다. 그리하여 마인에서 캘리포니아에 이르는 모든 "복음 방송"은 어제나 오늘이나 영원히 바울 이전의 계시만을 방송해 주는 것처럼 느껴질 정도이다.

『**기적들과 이적들과 표적들**』(22절). 이것은 사도들의 사역이 어떠한 성격인가를 정확하게 말해 주는데, 이 단어들은 사도행전에서 반복해서 나온다(2:19,22,43; 4:30; 5:12; 7:36; 8:13; 14:3). 이 구절들을 주의 깊게 살펴보면 주님께로부터 성경의 가장 위대한 진리들 중 하나를 깨달을 수 있는 실마리를 받을 수 있을 것이다. 그것은 바로 "사도직의 계승"이 이스라엘 국가 내에서만 존재한다는 사실이다. 모세에게 주어진 이적과 표적(출 2-5장 주석 참조)이 예수 그리스도께 주어졌으며(신 18:15-20) 그분은 그것을 다시 유대인 제자들에게 넘겨주셨다(막 16장, 고후 12:12). 그러나 마지막 사도의 죽음과 동시에 누군가에게 안수를 할 사도가 다 없어졌으며, "이적과 표적"은 그들의 사역과 더불어 끝난다. 왜냐하면 "표적"(고전 1:22)은 이스라엘을 위한(출 4:30) 것이기 때문이다. 사도들의 안수를 통해(막 16:17-19) 직접적으로 받는 경우를 제외하고는 아무에게도 이러한 "표적들"이 주어졌다는 기록은 없으며, 디도나 실라, 디모데 등(행 14:14 참조)이 누군가에게 이것을 전해 주었다는 기록 또한 없다.

로마카톨릭 교회가 가르치는 "사도직의 계승"은 성경적 기독교에 속하는 것이 결코 아니다.

이제껏 존재했던 어떤 교황도 사도행전에 기록된 단 하나의 이적이나 표적이나 기적을 행할 수 없었다. 베드로와 바울이 죽은 사람들을 일으킬 수 있었다는 사실은(행 9,20장) 그들이 추기경들이나 바티칸의 성직자들과는 전적으로 다른 출처를 통해 부여받은 "사도적 권위"를 가지고 있었음을 보여 준다. 우리는 이 사도들을 시험해서 그들이 "복된 시몬 베드로의 계승자들"이 아니라 "그들이 거짓말쟁이들임을 알아내었다"(계 2:2).

『하나님의 정하신 뜻과 미리 아심...』(23절) 서문에서 언급한 바와 같이, 사도행전은(엡 1:4와 롬 9:16과 더불어) '절대적인 예정,' '제한된 속죄,' '무조건적 선택'이라는 칼빈의 이단 교리들과 그 밖의 다른 수많은 비성경적 교리들을 뒷받침하는 것으로 오용되는 책 중의 하나이다[그 밖의 구절들은 행 13:48; 10:42; 2:47이다. 이 구절들은 그때 가서 자세히 설명하겠다. 칼빈의 교리에 대해 더 자세한 설명을 원한다면 저자의 주석서 〈에베소서〉 1:4 주석과 〈출애굽기〉 9:16 주석을 참조할 것]. 필립 샤프에 의하면 칼빈은 종교개혁의 "복음적 교리들"을 통해 카톨릭으로부터 개심했다고 한다. 그러나 존 칼빈이 주 예수 그리스도를 영접하여 중생했다는 증거는 찾아볼 수가 없다. 칼빈은 죽는 날까지 유아세례와 "선택되지 않은 아기들"의 교리를 가르쳤으며, 물침례에 관한 그의 설명은 그가 물침례가 새로운 탄생과 연관된다고 믿고 있었음을 분명하게 보여 준다.

칼빈주의자들이 사도행전 2:23을 그렇게도 좋아하는 이유는 이 구절이 "결정"을 미리 아심보다 앞에 두고 있기 때문이다. 이것은 어떤 생각이나 행동이 선행되는 것에 상관없이 개인이나 민족의 연한과 운명이 절대적으로 고정되어 있다고 가르치는 것을 가능케 해준다. 이것이 카이퍼(Kuyper), 댑니(Dabney), 핫지(Hodge), 마우로(Mauro), 벌콥(Berkoff) 등의 조직신학에서 언급되는 "영원한 판결"이다.

칼빈주의는 결국 하나님께서 다른 어떤 것도 고려하시지 않고 오직 그분의 "선하신 뜻"(엡 1:4 주석 참조)에 따라 역사와 개개인의 운명을 고정하신다는 가르침이다. 칼빈주의 체계에서는 앞으로 일어날 일을 하나님께서 정하신 후에야 "미리 아심"이 있을 수 있다. 그러나 그럼으로써 "미리 아심"의 "미리"(fore)라는 단어는 사실상 아무런 효력을 발휘하지 못하게 된다. 이 설명에 의심을 품는 독자들이 있다면 케네스 웨스트(Kenneth Wuest)가 해 놓은 일련의 헬라어 연구를 살펴볼 것을 권하는 바이다. 그러면 그가 "미리 아심"이란 단어를 "미리 정하심"의 뜻으로 바꾸어 놓았음을 발견하게 될 것이다.

이와 같은 이단 교리들은 애매한 구절을 기반으로 체계를 세우고 성경 전체를 그 체계 안으로 억지로 밀어 넣은 결과물이다(캠벨 추종자 : 행 2:38, 극단적 세대주의 : 엡 3:1-6, 카톨릭 : 마 16:16-18, 은사주의 : 행 2:13 등).

이방인 성도들을 대상으로 구원에 대해 기록된 책(사도들이 이방인들에게 쓴)에서 구원의 순서(ordo Saludis)가 분명하게 제시되었는데, 여기 "미리 아심"이 "미리 정하심"에 앞선다는 명백한 구절이 있다. 이것이 너무나 명백하기 때문에 칼빈주의자들은 구원에 관한 분명한 구절들을 버리고 사도행전 2:23을 출발점으로 선택한다. 그러나 로마서 8장에서 말하는 구원의 순서는 하나님께서는 어떤 것을 "정하시기" 전에 누가 그의 아들을 "영접할" 것인가 영접하지 않을 것인가를 아심을 보여 준다. 뿐만 아니라 본문 중간에 "자유 의지"가 나온다. 『**너희가 붙잡아 무법자들의 손을 통해...**』(23절) 베드로는 사도행전 3:15에서 이것을 "killing"(살인)이라고 부른다. 십자가형이 오직 하나님의 "미리 아심에 의한 자의적, 자유 의지적, 미리 정하신, 예정된, 영원한...[판결]"에 의한 것이었다면, 베드로가 살인에 대해 대제사장을 비난한 것은(행 4:10) 큰 실수인 것이다.

누가복음 17:1은 이러한 문제들과 그와 유사한 문제들(예를 들면 파라오가 하나님께 저항하는 것, 느부캇넷살의 예루살렘 공격, 그리스도를 배반하는 유다, 직권을 남용하는 빌라도, 베들레헴에서 아기들을 살해하는 헤롯 등)을 완전히 매듭지어 준다. 하나님의 아들의 입에서 직접 나온 이 "판결"이 칼빈이 성경에서 조합해 낸 그 어떤 것보다도 더 무게가 있다. 구원받지 않은 사람이 예수 그리스도를 거부할 때 그는 살인(고후 5:21)과 신을 죽이는 일(요 1:1,2), 절도(고전 6:20), 반역(롬 1-2장)에 참여하는 셈이다. 그는 살인적인 악의와 "미리 계획된 악의"를 가지고 그러한 범죄를 직접 고안하고, 계획하고, 구상하고, 수행한 것과 마찬가지로 그에 대한 책임을 지게 된다. "허물과 죄들로 죽었던"(엡 2:1-4) 사실은 어떤 죄인도 도덕적 책임이나 도덕적 의무에서 해방시켜 주지 않는다. 존 칼빈은 순진하게도 모세로부터 니코데모에 이르기까지 누구도 "살아 있지" 않았음을 알지 못했다. 그들은 모두 "허물과 죄들"로 죽어 있었다. 왜냐하면 그리스도께서 "사망의 고통에서 살아나시고"(24절) "지금 너희가 보고 듣는 이것을 부어 주시기"(33절) 전까지 새로운 탄생이란 없기 때문이다.

우리는 사도행전 2:23에서 하나님의 주권과 인간의 자유 의지를 동시에 발견한다. 사람들은 그를 십자가에 처형했지만 하나님께서는 그를 구해내셨다. 알미니우스는 앞의 반만을 취했고 칼빈은 뒤의 반만을 취했다. 그래서 그들은 모두 성경적 가르침에서 멀어져 버렸다.

『**사망의 고통에서 풀어...**』(24절) 엘리자베스 영어의 참을 수 없는 "고풍스런" 말투에 대해 보수주의자들은 분노를 표시한다.

A. 로버트슨(*Ibid*., p.30)은 칠십인역(LXX)과 코덱스 베자를 인용하면서 "고통"보다는 "올무"(snares)가 더 낫다고 제안한다. 그러나 헬라어 "오디나스"는 "산고"를 의미한다.

B. 클라크는 "죽음"(하데스)이라는 단어에 대해 베자, 시리아, 콥틱 역본의 본문을 인용하며 그리스도께서 지옥에 내려가셨다고 믿는 것은 "참된 종교"가 아니며, "건전한 지성에 불명예"를 주는 것이라고 말한다(27절, 31절에서 클라크에 대해 다시 살펴볼 것이다).

C. 빈센트는 A.V.(1611)의 표현이 "일반적으로 죽음을 상징한다."고 말한다. 또한 그는 "어떤 이들은 베드로가 칠십인역의 번역을 따랐다고 주장한다"(*Ibid*., p.453)고 말한다. 그러나 칠십인역의 저자는 〈킹제임스성경〉

과 동일한 본문을 앞에 놓고(헬라어 "고통") 그것을 다시 시편 116:3에 베껴 넣었다. 이런 형태의 속임수에 대해서는 앞에서 언급한 바 있으며(저자의 주석서 〈창세기〉 47:31 참조), 그와 같은 본문들을 정당화하기 위해 제시된 헬라어 필사본 증거들을 고찰해 본 학생들은 그 문제를 완벽하게 이해할 수 있을 것이다. 기독교의 신화인 가짜 "칠십인역"은 그리스도께서 죽으신 후 여러 해가 지나서 기록되었으며, 히브리어 구약을 변개시키려는 사기꾼들은 결코 "하나님의 인도"를 받지 못한 것이다.

D. 노울링은(*Ibid.*, p.83,84) 벤젤, 그로티우스, 올하우젠, 오리겐을 비롯한 학자 연맹을 들면서 "고통"이 아니라 "올무"(snares)로 되어야 한다고 주장하는 한편 크리소스톰은 살짝 피해간다. 이것은 참으로 중요하다. 왜냐하면 크리소스톰(A.D. 347-407)은 1611년 〈킹제임스성경〉과 동일한 본문을 지지했기 때문이다.

E. 바틀렛(Bartlett)은 "속박"(cords)으로 되어야 한다고 말한다.

F. F.F. 브루스는(*Ibid.*, p.71) "죽음의 띠"(bonds)로 되어야 한다고 말한다.

G. 더멜로우는 베드로가 히브리어 성경 본문을 읽는 데 실수를 했으며 "올무"(snares)라고 말했어야만 한다고 말한다. (2세기 동안 히브리어 성경이 없었다고 말한 후에 베드로가 히브리어 성경을 가지고 있었다고 앞뒤 가리지 않고 말하는 학자 연맹이 참으로 놀랍지 않은가?) (행 1:19 주석 참조)

H. 제미에슨, 포셋, 브라운(*Ibid.*, p.1083)은 "고통"은 죽음의 "부패"라고 말한다.

I. 래드 박사는(*Ibid.*, p.1128) "고통"이 "능력"으로 되어야 한다고 말한다.

그러나 "사망의 고통"(A.V. 1611)은 올무, 속박, 띠, 능력, 아픔, 죽음의 두려움, 죽음의 공포, 죽음, 슬픔, 그리고 죽어가는 고통을 다 망라하는 말이다.

무적의 A.V. 본문이 위의 모든 가능성들을 망라하면서 "고통"이란 단어의 뜻을 어떻게 정의하는지 살펴보자.

1. 마음이 괴로울 때 마음은 고통을 당할 수 있다(시 55:4).

2. 죽음이 가깝거나(욥 16:5-18) 아이를 낳을 때(사 66:7) 고통을 당할 수 있다.

3. 고통(pain)은 두려움과 고뇌를 포함한다(시 48:6, 렘 6:24).

4. 그 단어의 의미에는 그것의 원래 의미도 포함된다. 즉 상처나 멍으로 인한 아픔을 느끼는 것이다(렘 15:18, 계 16:10).

사람들은 "죽음의 공포"에 "매여" 있는데(히 2:15), 왜 보수주의 학자들은 하나님께서 높이신 본문을 바꿀 필요를 느끼는 것인가?

"사망의 고통"은 죽음에 수반되는 것들을 말하며, 죄인은 그러한 것들에 매여(bound) 있다. 구약에서 그것들은 영원한 속박(bindings)이었다. 왜냐하면 구원받은 이들조차도 하늘에 들어가지 못했기 때문이다. 그들은 대신 "아브라함의 품"으로 갔다(저자의 주석서 〈출애굽기〉 34:7 참조). 에녹, 엘리야, 모세는 예외였다.

십자가에서 예수께서 언급하신 유일한 육체적 "고통"은 목마름이었으며, 그것은 "성경을 이루기 위해서였음"(요 19:28)은 흥미로운 일이다.

"사망의 고통"에 대한 확실한 참조 구절은 의심할 바 없이 히브리서 2:15이다. 히브리서 2:15은 사람들이 "죽음을 두려워하므로 평생을 노예로 속박되어 있다."고 말한다. 이 "고통"에서 사람들을 놓아준 것이 그리스도의 부활이었으며, 시몬 베드로(벧전 1:3)와 바울도 그렇게 말하고 있다(행 26:18).

『**이는 그가 사망에 매여 있을 수 없었기 때문이라**』(24절).

"헛되이 지키네, 예수 내 구주.
헛되이 봉하네, 예수 내 주.
원수를 다 이기고(골 2:15) 무덤에서 살아나셨네.
어두움을 이기시고 나와서 성도 함께 길이 다스리시네.
사셨네, 사셨네, 예수 다시 사셨네."

『**다윗이 그에 관하여 말하기를...**』(25절) 베드로가 인용한 부분은 시편 16:8-11이며, 문맥상 모든 것이 명백하다(잠언 8:8 주석 참조). 예수 그리스도에 관해 다윗이 한 말은 그가 성령의 영감을 통해(막 12:36) 말한 것으로, "사망의 고통"을 겪으실 때 아버지에 대한 그리스도의 태도를 그리고 있다. 요약하자면 하나님 아버지께서는 고난의 때에 그리스도의 힘이시며 그의 "오른손"이시라고 시편 16편은 말한다. 그러므로 주 예수 그리스도께서는 하나님의 뜻을 수행하시기 위해(요 4:34) 자신의 얼굴을 부싯돌같이(사 50:7) 하실 수 있었으며 십자가의 죽음을 기쁨으로 여기실 수 있었다(히 12:1-3). 그분께서는 평생 이 목적에서 벗어나지 않으셨다(마 16:21-24). 더욱이 그가 이 뜻을 기뻐하셨다는 사실(히 10:1-6)은 『**그러므로 내 마음이 즐거워하였고 내 혀가 기뻐하였으며 또한 나의 육체도 소망 속에 안식하리니**』(26절)라는 구절로 분명해진다.

그리스도의 영은 아버지께 되돌아갔고(전 3:21, 눅 23:46), 그분의 몸은 아리마대 요셉의 무덤에 안치되었으며(눅 23:51-53), 그분의 혼은 지옥으로 내려갔고, 지옥의 맞은편, 곧 음부의 다른 곳(낙원)으로 가셔서 "사로잡힌 자들을 사로잡아" 하늘 위로 올라가셨다(저자의 주석서 〈에베소서〉 4:8-10 참조).

"몸"은 부패를 보지 않았다(27절).

"혼"은 지옥에 버려지지 않았다(27절).

"하데스"를 번역하는 대신 음역했던 엉터리 개정자들은 그리스도인들로 하여금 예수 그리스도께서 지옥을 통과하시지 않았다고 믿게끔 했다. 그들은 그 가르침을 잘못된 "사도신경"이나 로마의 미신으로 치부해 버렸다. 그러나 예수께서 지옥을 통과하지 않으셨다고 믿는 사람이 미신적인 사람이다(에베소서 4:9 주석 참조).

『**이는 주께서 내 혼을 지옥에 내버려 두지 아니하시며...**』(27절) 인간의 본성을 아는 학생이라면 이와 같은 성경 구절에 인간이 어떻게 반응할지를 금방 알 수 있을 것이다. 1945년 이후로 미국의 보수주의자들은 그들이 믿는다고 고백하는 "믿음의 근본 사항들"을 버리지 않고서 점진적이고도 확실하게 자유주의적인 견해와 접근 방법을 택해 왔었다. 그와 같은 과정은 역사에서 여러 차례 발생했다. 첫 번째는 A.D. 313-500년 사이에 로마와 소아시아에서 일어났고, 두 번째는 A.D. 1700-1800년 사이에 독일에서 일어났으며, 세 번째는 영국과 미국에서 1900-1952년 사이에 일어났다.

본문에는 치명적인 "지옥"이라는 단어가 들어가 있다. 자유주의, 불가지론, 무신론이 성경에 가하는 주요한 공격은 이사야 64:6과 요한계시록 20:15이다. 그들은 "세상에 있는 어떤 책도 '자신의 신념에 따라' 할 수 있는 최선을 다한 사람이 '영원히' 불못에서 의식이 있는 상태로 고통 가운데 있게 될 것이라고 말할 권리(또 누구도 그렇게 가르칠 권리)는 없다."고 말한다.

그러나 성경은 여러 곳에서 그것을 암시하고 있으며 수십 곳에서 그것을 분명하게 말해 주고 있기 때문에 - "자신의 신념을 따르는 것"이 어떤 것인지를 성경은 분명히 말씀하고 있다(롬 2:14,15 참조) - 성경은 위험한 책이고, 신뢰할 가치가 없는 책이며, 화를 일으키는 책이고, 논란을 일으키는 책이며, 따라서 "온 세상에 평화"가 오기 전에 파괴되고 폐기되어야만 하는 책인 것이다.

성경을 파괴하는 것은 무신론과 공산주의가 하는 일이며, 성경을 폐기하는 일은 로마카톨릭과 "뛰어난 근본주의 학자들"이 하는 일이다.

배교가 시작되는 곳에서는 언제나 표준원문의 "말씀"(words, 단어들)에 대한 공격이 선행된다. 존 R. 라이스가 그의 신문에서 요한계시록 22:14을 공격했던 것처럼 말이다. 헬라어로 된 말씀은 니케아 공회(A.D. 325) 이전에 교회 교부들에게 공격을 받았으며, 독일어로 된 말씀은 독일에 합리주의가 생겨나기(1700-1850) 이전에 독일 학자들에게 공격을 받았다. 영어로 된 말씀은 성경적 기독교에서의 최종적 이탈(1945-1972) 이전에 A.T. 로버트슨, J.G. 메이첸, R.A. 토레이, 필립 샤프, 존 R. 샘페이, C.I. 스코필드, 벌링거, 그 밖의 수많은 보수주의자들에게 공격을 받았다.

"지옥"이란 단어는 세련된 지성인들의 귀에는 불쾌한 단어이다. 누군가가 "현대의 보수주의가 하는 일이란 듣기에 부드럽고 편안하게 하기 위해 본문을 변개시켜서 저주를 가려 버리는 것"이라고 말한 것은 참으로 적절한 말이다. "혼들을 구원한다." "사람들을 그리스도께 이겨온다." "그리스도를 자신의 삶에 들어오게 한다." "속박에 매여 있는 사람에게 안수한다." "그리스도께 전적으로 헌신" "복음 전파의 명령에 전적으로 순종" "역동적인 복음의 확산" 등의 말들은 참으로 넘쳐나고 있다. 그러나 용광로(마 13:42), 수치와 영원한 모욕(단 12:2), 고통스런 연기(계 14:11), 우는 것, 이를 가는 것(마 25:30), 어두움(마 22:13) "꺼지지 않는 불"(막 9:43) 등에 관한 분명하고 직접적인 설교는 들어볼 수가 없다. 현대의 보수주의 지도자는 "하나님께 영광돌리기 위한 간증"을 세우는 데 너무나 열중한 나머지 '부정적인' 성경 구절에는 많은 시간을 쓰지 않는다. "지옥"을 다루는 구절들을 설교하면 그 설교자나 교사는 "광신도적인 기미"가 있는 것으로 여겨진다. 적어도 모든 구원받지 않은 교사, 설교자, 목사, 복음전도자, 교육자, 과학자, 의사, 변호사의 눈에는 그렇게 보인다.

지옥에 관해 분명하고 강력한 메시지를 전하는 사람은 그가 살고 있는 지역 사회에서 "간증을 지킬" 수가 없다고 그들은 말한다. 그러나 하나님의 "모든 계획"을 선포하지 않는다면 그런 "간증"은 불못으로 떨어질 유황만큼의 가치도 없다. 그리스도께서도 (그들의 표현을 빌면) 자신의 간증을 잃으셨으며, 바울도 베드로도 그랬다. 성경과 사회 공동체에 동시에 성실할 수 있다고 생각한다면 그는 배교한 어리석은 자인 것이다.

그러나 그들에게 있어 "간증을 지키는" 것은 근본주의와 보수주의 학자들이 책을 팔고, 학자 연맹에 머물러 있기 위해 해야만 하는 것이다.

1. "지옥"이란 단어는 사실은 "죽음"을 말한다(해켓).

2. 여기서 지옥은 형벌의 장소가 아니다(A.T. 로버트슨).

3. 죽음과 하데스는 "병행되는" 용어이다. 그러므로 사람이 죽으면 하데스에 있게 된다(페이지).

4. 카터와 얼은 24절에서는 "사망"을 "지옥"으로 번역하는 것이 틀렸다고 말해 놓고(코덱스 베자, 시리아, 콥틱, 벌게이트에는 그렇게 되어 있다) 27절에 와서는 이 용어들이 상호 교환적으로 사용될 수 있다고 말한다. 그들은(*Ibid.*, p.37) "하데스"라는 단어가 "지옥"으로 번역되어서는 안 된다고 말한다. 그러면 그것을 어떻게 번역해야 할까? 그들의 결론은 번역을 하지 말자는 것이다. 카터와 얼은 그 단어가 "지옥"으로 번역되어서는 안 된다고 말한 후에 번역하지 않은 채 내버려 두었다.

5. 번역할 수 없다. - NASB(1963).

6. 번역할 수 없다. - F.F. 브루스(*Ibid.*, p.71).

7. 번역할 수 없다. - 래드 박사(〈위클리프 주석〉, p.1128).

8. 번역할 수 없다. - G. 캠벨 모건(*Ibid.*, p.69).

9. 번역할 수 없다. - 필립스, 현대인을 위한 기쁜 소식, ASV.

10. 번역할 수 없다. - RSV(1952).

11. 번역할 수 없다. - NEB, 웨이마우스, 모펫.

12. 번역할 수 없다. - 굳스피드, 펜튼, 리버사이드, 뉴 월드.

13. 번역할 수 없다. - 〈윌리엄스 주석서〉(p.822 그는 그 단어를 구약성경에 나오는 음역으로 대체시켰다).

14. 우리 역시 번역할 수 없다 - 몽고메리, 리빙 레터스, 버클리.

이렇게 해서 대다수의 유수한 학자들은 의견 일치를 보았다. 신약에서 열 번 나오는 네 글자로 된 헬라어를 아무도 "번역"할 수 없다면 어떻게 해서 자신들이 "번역자들"이라는 망상에 빠져 있는가?

그 단어는 "체면 유지"를 위해 "음역"된 것이다. 그 단어가 틴데일, 제네바성경, 그레이트 성경에 번역된 대로 번역되었다면 그것으로 번역가는 "구식"으로 분류되었을 것이다.

새로운 역본들은 마치 어떤 사람이 정글에 길을 잘못 들었다가 죽은 지 두 주가 지난 시체를 보고 피해 가듯이 "지옥"이란 단어를 피해 갔다. 이런 것의 배후에는 헬라어 "게헨나"(마 5:22,29; 10:28; 18:9; 23:15 등)를 "지옥"으로 해석해도 괜찮다는 생각이 있다. 왜냐하면 그것은 도시의 쓰레기장을 비유적으로 말한 것일 수 있다는 것이다. 그들은 "하데스"를 지옥으로 해석하는 것이 다음의 이유들로 인해 틀렸다고 말한다.

1. 하데스와 죽음은 같다. (그러나 그것들은 같지 않다. 계 20:14 참조)

2. 하데스는 스올에 상응하는 단어이며, 스올은 대부분의 새로운 성경들에서 번역되지 않았다.

성경을 공부하기 전에는 그러한 말들이 그럴듯하게 들린다. 그러나 성경을 제대로 공부하고 나면 이 부분에서 "지옥"이라는 번역(A.V. 1611)만이 올바른 번역이며, 그 단어를 번역하지 않고 "지옥" 대신 "스올"로 했다면 그것은 잘못된 번역이다. "원본"에 영감을 불어넣으셨고, 마지막 때의 세계 언어로 (오류 없이) 그 말씀을 보존하신 성령께서는 학자들의 헬라어와 히브리어 문법을 바로잡아 놓으신다.

예수 그리스도께서 "고통의 장소"(눅 16:28 참조)로서 지옥으로 내려가시지 않으셨다면 여러분의 죄들은 어디에 있는가?

양의 가죽을 쓴 약탈하는 이리들은 "그들의 간증"을 지키기 위해 A.V.(1611) 본문을 수정하고는 그들 자신의 죄들은 잊어버린다. 성도의 죄들은 지금 어디에 있는가? 바로 지금 이 순간에 그것들이 어디에 있는가? 히브리서 9:28을 보라. 예수 그리스도께서 "보이지 않는 세계"(미국의 모든 주석가들이 하데스와 스올에 대해 내리는 정의)에 가신 것이라면 그분은 어느 부분으로 가셨는가? 그곳에는 두 개의 구획이 있다(눅 16:23 참조).

대부분의 학자들은 그것을 번역할 수 없고, 어떤 이들은 그것을 단지 "보이지 않는 세계"라고 말한다. 그러나 요나는 그곳에 갔다가 돌아왔다. 그리스도께서도 그곳에 갔다가 돌아오셨다. 사울은 그곳에서 올라온 사람을 맞이했다. 그곳의 거주자들이 환란 때 위로 올라올 것이다. 그들 중 일부는 마태복음 27장에서 위로 올라갔다. 누가복음 16장에서 부자가 그들 중 하나에게 말했다. 에베소서 4:8-10에서 바울은 그것에 대해 직접적으로 말하고 있다.

사도행전 2:31은 『**주의 혼이 지옥에 버려지지 아니하였으며**』라고 말하고 있는데도 "혼"이 "보이지 않는 세계"에 있었다고 말할 수 있는가? 라이스 박사는 속죄(atonement)에 대한 정통적 견해를 변호하는 데만 집착하고 있다. 그러나 성경은 다음과 같이 말씀하고 있다.

1. 예수 그리스도께서는 부활하시기 전에 땅의 "더 낮은 부분들"에 가셨

다(엡 4:8-10 주석 참조). 이 "낮은 부분들"에는 "화염 속에서 고통받는" 장소(눅 16장)인 지옥이 포함된다.

2. 예수 그리스도께서 아브라함의 품("낙원"-눅 23:43 참조)에만 가셔서 사로잡힌 자들을 데리고 나오셨다면 (엡 4:8 주석 참조), "자신의 몸에 지셨던"(벧전 2:24) 죄들은 어떻게 하셨는가?

3. 문맥상 죄들을 지고 있다면 성경은 왜 그분이 두 번째는 "죄 없이" 나타나신다고 말씀하는가? [그들은 사사로운 해석으로 그 구절이 "죄를 짓지 않는 것"을 뜻한다고 말한 뒤(밥존스대학이 추천하는 〈새미국표준역본〉의 히 9:28을 볼 것) 여백에다 헬라어 단어를 적어 넣는다. 그러나 본문의 헬라어 단어는 〈킹제임스성경〉과 같은 뜻이다.]

4. 예수 그리스도께서 자신의 몸으로 여러분의 죄들을 지시고 스스로 저주가 되셔서(갈 3:13) 여러분을 위해 죄가 되셨다면(고후 5:21), 그분은 여러분의 죄들을 어떻게 하셨는가?

a. 죄들이 여전히 그의 위에 있는가?

b. 그 죄들은 어디서 버려졌는가?

c. 누가 그것들을 벗겨 냈는가?

d. 그분 자신이 그것들을 벗겨 내셨는가?

e. 그 죄들은 어디에 두었는가?

f. 성경으로 그것을 증명할 수 있는가?

학자들은 이것이 "비핵심적인" 문제라고 말한다. 그러나 이것은 신약에서 가장 위대한 교리들 중 하나이며 죄인의 구원과 연관된 주제, 즉 죄들을 인한 속죄의 완성을 다루는 문제이다.

우리의 죄들은 어디에 있는가? 죄들이 마땅히 있어야 할 곳에 있다. 그곳은 바로 지옥이다. 그리고 죄들은 결국에는 불못에 있게 될 것이다(계 20장). 우리는 지금 속죄가 일어난 시기에 대해 말하고 있는 것이 아니라,

속죄에 뒤따르는 일들에 대해 말하고 있는 것이다. 레위기 16장의 속죄염소는 "죄들을 지고" 가는 모형이다. 그러나 예수 그리스도께서는 단순히 죄들을 지신 것이 아니다. 그분은 죄들을 '어딘가'로 옮기셨다.

사도행전 2:27,31에 나오는 "지옥"이라는 단어를 구 ASV, 새 NASV 모두 변개시켰다.

노울링, 얼, 카터, 해켓 등은 베드로가 〈칠십인역〉을 인용하고 있다고 말한다. 그러나 베드로가 〈칠십인역〉을 인용하고 있음을 보여 주기 위해 만들어진 필사본 증거는 변개된 대문자 필사본들에서만 발견되며, 그것들은 그리스도의 부활이 있은 지 200년 후에 기록된 것들이다. 그러므로 이 변개된 필사본들을 기록한 자들은 그들의 가짜 성경에 맞추기 위해 시편 16:10의 히브리어 단어를 바꾸었을 때 〈킹제임스성경〉과 동일한 본문을 담고 있는 표준원문 계열의 헬라어 신약성경을 갖고 있었음이 분명하다. 베드로는 결코 헬라어로 된 구약성경을 인용하지 않았으며, 그의 인용에 맞추어진 모든 필사본은 베드로가 죽은 지 100년 이상이 지난 후에 필사된 것들이다.

『**주께서 나를 주의 임재하심 속에서 기쁨으로 충만케 하시리로다**』(28절). 우리가 구원받았다면 우리 마음속에 기쁨이 있어야 한다. 왜냐하면 우리 마음속에서 그분의 얼굴이 영적으로 빛나고 있기 때문이다(고후 4:6). 이것은 성령의 두 번째 열매(갈 5:22)가 항상, 특히 진리를 다룰 때 더욱 나타나야 함을 뜻한다(고전 13:6). 그러나 실행은 설교보다 어려운 법, 오늘날 미국에서 일반적인 그리스도인의 기쁨을 "죽이는" 데는 많은 것이 필요치 않다(저자의 주석서 〈잠언〉 18:19 주석 참조). 비판, 가십, 오해, 냉대 등은 많은 "십자가의 군병들"에게서 "기쁨을 앗아갔다." 깨어 있는 목사들과 복음전도자들은 위대한 현대의 "새 기독교"는 기본적으로

"여성적"이라는 결론에 도달했다. 적어도 미국에서는 그렇다. 뉴스나 모으러 다니는 민감한 무리들(행 17:21)은 자기들의 마음에 들지 않는 모든 것 때문에 그들의 "기쁨"은 지옥으로(아니, "하데스"로!) 날려 보내는 것이다. 이것은 유치한 기독교이며, 이 기독교가 하는 일이란 하나님의 말씀을 펴내고 전파하는 대신 부유한 친구들을 지켜 주는 것이다.

2:29 형제 여러분, 내가 족장 다윗에 관하여 너희에게 자유로이 말할 수 있는 것은, 그가 죽어 장사되어서 그의 묘가 오늘까지 우리 가운데 있음이라.

30 그러므로 그가 선지자가 되어 육신을 따라 그의 후손 중에서 그리스도를 일으키시어 그의 보좌에 앉게 하신다는 맹세를 하나님께서 자기에게 하신 것을 알고

31 그가 미리 앞을 내다봄으로 그리스도의 부활에 관하여 말한 것은, 주의 혼이 지옥에 버려지지 아니하였으며, 또 주의 육신도 썩어짐을 보지 아니하였다는 것이라.

32 이 예수를 하나님께서 살리셨으니 우리 모두가 그 일에 관한 증인이라.

33 그러므로 그가 하나님의 오른손으로 높임을 받고, 또 아버지로부터 성령의 약속을 받아서, 지금 너희가 보고 듣는 이것을 부어 주셨느니라.

34 다윗은 하늘들로 올라가지 못하였으나 스스로 말하기를 '주께서 내 주께 말씀하시기를,

35 내가 네 원수들을 네 발판으로 삼을 때까지 너는 내 오른편에 앉아 있으라 하셨도다.' 하였으니

36 그러므로 이스라엘의 온 집이 분명히 알 것은, 너희가 십자가에 못 박은 이 예수를 하나님께서 주와 그리스도가 되게 하신 것이라."고 하더라.

40절을 볼 때 이 부분은 설교의 끝이 아니다. 오히려 이 부분은 메시지의 중심 부분이다. 유대인의 오순절 메시지의 핵심은 주의 자리로 높여진 부활한 유대인 메시아이다.

『**족장[patriarch] 다윗... 죽어 장사되어**』(29절). "patriarch"(족장)는 *patros*, "pater," *vater*, "patriotic," *patria*와 동류 단어이다. 이는 한 나라를 세우거나 시작한 사람을 가리키는 말이다. 아브라함, 이삭, 야곱도 같은 단어로 칭할 수 있으며(히 7:4) 야곱의 열두 아들들도 마찬가지이다(행 7:9).

벌링거는 "죽어 장사되어"라는 말을 27절과 연결시켜서 "하데스"를 "스올"뿐만 아니라 "무덤"과도 동일시했다(〈컴패니언 바이블〉 부록 131번, II, p.163). 그의 제자인 탐 발링거(Tom Ballinger) 역시 그의 논문 안에 벌링거의 이 가르침을 담고 있다. 하데스, 스올, 무덤, 이 세 단어는 신약에서도 각각 다른 의미로 쓰였으며, 구약에서도 그 중 두 단어는 각각 다른 의미로 쓰였다. 구약에서 "스올"은 구원받았건 안받았건 어떤 사람의 죽은 후의 상태를 지칭하는 말이다. "하데스"는 스올의 뜻과 같거나 혹은 스올에서 "지옥"이라고 불리는 부분을 지칭하기도 한다. 히브리어로 "무덤"은 '스올'이 아니라 '케벨'이며, 헬라어로 "무덤"은 '므네메이온'이다[우리는 여기서 15가지 이상의 방법으로 번역될 수 있는 "en" 같은 헬라어 단어들을 다루고 있는 것이 아니다. 죽은 후의 상태를 말하는 고유 명사들을 다루고 있다].

시몬 베드로는 사실을 말하고 있었으며, 다윗의 몸이 여전히 무덤 속에 있다는 것은 모든 사람이 당연하게 생각한다. 『**그의 묘가 오늘까지 우리 가운데 있음이라**』(29절). 그러나 마태복음 27:50-54은 놀라운 사실을 말해 준다. 즉 어떤 구약 성도들의 몸은 무덤 속에 있지 않으며, 그들의 "무덤들"이 "오늘까지 우리와 함께" 있기는 하지만, 그들의 몸은 사라진 것이다(엡 4:8-10 참조). 베드로는 『**다윗은 하늘들로 올라가지 못하였으나**』(34절)라고 말했지만, 그의 말로 다윗이 들림받았다는 가능성을 배제시킬 수는 없다. 그 이유는 다음과 같다.

1. 예수 그리스도를 제외하고는 『**아무도 하늘에 올라간 자가**』(요 3:13) 없기 때문이다.

2. 그것을 시도했던 유일한 인물은(사 14:12-14) 지옥으로 내려가게 될 것이다.

3. 그러나 엘리야, 에녹, 모세는 어떤 방법으로든 모두 위로 올라갔다.

모세의 몸은 그가 죽은 뒤 들려 올라갔고(유 1:9), 엘리야는 회오리바람 속에서 들려 올라갔고(왕하 2장), 에녹은 옮겨졌다(히 11:5).

그들 중 누구도 요한복음 20:17에 나오는 단어의 의미로써 "올라가지는" 않았다. 왜냐하면 사전에서 그 단어(ascend)는 "자신의 힘으로 올라가는 것"을 뜻하기 때문이다.

아, 고풍스런 영어의 풍요함이여! 얼마나 우수한가! 그것의 계시는 "헬라어 원본"에서 발견되는 것보다 뛰어나다.

다윗은 마태복음 27:52의 "성도들"과 함께 위로 올라가지 않았다. 왜냐하면 그 당시에 다윗이 나타났다면(마 27:50-54) 그렇게 놀라운 사건을 베드로가 언급하지 않았을 리가 없기 때문이다. 마태복음 27:50-54의 "성도들"이 누구인지 우리는 모른다. 그들이 부활한 후에 그들에게 무슨 일이 일어났는가 (최소한 그들의 몸들에) 하는 것은 성경을 공부하는 학생들이 계속해서 연구해 볼 문제이다. 하여튼 그때는 이미 속죄가 완성되었기 때문에 그리스도의 부활에 뒤이어 구약 성도들의 혼이 하늘의 지성소로 직접 올라갈 수 있었다(히 9:15).

30절에서 우리는 사도행전 1:6에서 있었던 것과 동일한 큰 소동을 만난다. 왜냐하면 학자들은 예수께 하나님의 보좌가 아닌 다윗의 보좌가 약속되었다는 사실에 당혹스러워하기 때문이다.

본문은 다윗이 "선지자"였다고 말하고 있다. 이것은 시편을 보아도 명백하다. 하나님께서는 다윗에게 예루살렘에 있을 문자적이며 눈에 보이는 보좌를 주실 것을 맹세하셨다(삼하 7:12-16, 시 132:11). 그리고 메시아 왕의 계보가 다윗에게로 거슬러 올라갈 것이라는 약속도 하셨다. 『**육신을 따라 그의 후손 중에서**』(30절). (롬 1:1,2에서 "하나님의 아들"에 대한 바울의 증거와 비교할 것.)

『**그리스도를 일으키시어 그의 보좌에 앉게 하신다는**』(30절). 지난 100년 간 최고의 두뇌들은 전능하신 하나님의 권위를 뒤엎고자 노력해 왔다.

1. "아전인수격 주석"이 본문에 스며들어 왔다 - Schoettgen(1973년 2월 28일자 〈주의 칼〉에서 행 8:37의 대한 라이스의 파괴적인 비평을 참조할 것).

2. "육신을 따라"가 삭제되어야 한다 - 비숍 퍼스(Bishop Pearce).

3. 심히 변개된 대문자 필사본 A, C, D에는 그 구 전체가 없다.

4. 그리스바흐(Gresbach)와 화이트(White)는 아홉 개의 단어가 예후디의 칼로 삭제되어야 한다고 말한다.

5. (밥 존스 3세가 추천하는) NASV는 말씀을 망가뜨려 놓는다.

『**육신을 따라... 그리스도를 일으키시어**』는 종교재판을 실시했던 예수회 사제들이 1582년에 출판한 로마카톨릭 공식 성경에도 없다. 유유상종이라고, 그 단어들은 1901년의 ASV, NASV, RSV(1973)에서도 삭제되었다.

6. 노울링(Knowling)은 "그의 보좌"에 대한 헬라어를 설명하거나 주석 달기를 전적으로 거부한다.

7. 아담 클라크(Adam Clarke)는 부록에서 6쪽이나 할애해서 연대표를 나열했으면서도 "그의 보좌"에 대한 언급조차 하지 않았다.

8. 제미에슨(Jamieson), 포셋(Fausset), 브라운(Brown)은 그 부분을 인용하지 않았으며, 순진한 독자들에게 사도행전 2장은 시편 132:11의 성취이기 때문에 본문에 언급된 "보좌"는 하나님의 보좌(34절 참조) 우편에 계신 그리스도를 말하고 '다윗의' 보좌와는 전혀 상관이 없다고 말한다.

9. G. 캠벨 모건(Campbell Morgan)은 "그의 보좌"에 대해 언급하지 않았다. 그는 보좌에 관련된 모든 것은 영적으로 해석되어야 하며, "구원의 핵심인 희생 제사가... 보좌 위에 앉아 있다"고 말한다(*Ibid.*, p.83).

10. F.F. 브루스(Bruce)는 1952년의 로마카톨릭 성경 본문에 일치해서 그 구절을 인용하면서, 그가 인용한 "주의 보좌"라는 단어에 대한 주석을 (간접적으로든 직접적으로든) 완전히 생략했다.

11. 더멜로우(Dummelow)는 유대인의 정치적 왕국의 도래를 너무나 혐오한 나머지 그의 주석서에서 그 구절 전체를 그냥 지나쳐 버린다.

12. 래드(Ladd) 박사는 그리스도께서 "다윗의 보좌"에 앉게 될 것이라고 담대하게 말한다. 그러나 그 진술이 학자 연맹 회원으로서 결격 사유가 됨을 깨닫고 재빨리 이 말의 뜻은 "부활"이라고 말한다(*Ibid.*, p.1128).

더 무슨 말을 하겠는가? "위대한 헬라어 학자" 빈센트(Vincent)는 "그의 보좌"에 대해 언급도 하지 않는다. A.T. 로버트슨은 (더멜로우와 마찬가지로) 미래에 정치적인 보좌를 가진 지상 왕국이 있을 것을 말씀해 주는 구절에 격분한 나머지 그의 〈단어 그림집, *Word Pictures*〉에서 그 주제와 관련된 전체 "그림"을 생략해 버리고(제3권 p.32) 그 구절에 대해 침묵을 지킨다. 29절에서 "죽어"는 "부정과거"로 되어야 한다고 열심히 주장한 후에 이런 일을 한 것이다.

〈현대인을 위한 기쁜 소식〉은 보수주의 학자들의 견해를 가장 잘 총괄해 주는 것일 것이다. 왜냐하면 그것은 현존하는 모든 헬라어 본문을 무시한 채 다윗의 후손들 중 하나가 약속을 통해 다윗과 같은 "왕"이 되리라는 사실을 가려 버린다.

캠벨추종자들은 다윗의 보좌는 '영적으로' 해석해야 하며 30절의 내용은 3,4절에서 성취되었다고 말한다. 그러나 그들보다 더욱 영적인 성경독자들은 30절의 "일으키시어"만이 "부활"(31,32,34절)과 관련되며, 30절의 "그의 보좌"는 가브리엘이 말한 것처럼(눅 1:30-33) 다윗의 보좌임을 안다. 게다가 이 보좌는 신약에서 언급될 때마다(마 25:31) "주의 영광의 보좌"(렘 14:21)로 불린다. 그것은 예루살렘에 세워질(마 19:28) 지상 왕국이며 "높은 곳에 계신 위엄있는 분"의 "오른편"(히 1:3)과 혼동해서는 결코 안 된다.

5,000명의 학자, 설교자, 목사, 교사, 주석가들이 이런 분명하고 명확하고 권위적인 진리를 거부하고 "그의 보좌"에 대한 언급을 회피하는 것은 이스라엘 및 하나님의 약속에 대한 그들의 태도를 보여 주는 것이다(행 1:6 참조).

주께서는 그의 원수들이 그의 발판이 될 때까지 아버지의 오른편에 앉아 계신다(34,35절). 『**땅... 그곳이 그분의 발판임이요**』(마 5:35). 이 문제에 대해 여전히 의심스럽다면 사도행전 3:19,20과 스카랴 14:9을 읽어 보라.

사도행전 2:1-5이 요엘 2:28-32의 성취가 아닌 것과 마찬가지로, 34절도 시편 132:11의 성취가 아니다. 보수주의의 허구와는 달리, 시편 132:11은 "부활"에 대해서는 한마디도 하지 않고 있다. 베드로는 그리스도께서 시편 132편의 "소생"(fruit)이심을 알고 있었기 때문에 자유롭게 인용한 것이다. 그리스도께서는 다윗의 보좌로 오르기 위해서는 살아나셔야만 하는데, 그들은 그분을 죽였다. 그러므로 "일으키시어"(행 2:30)라는 말은 시편 132:11이 성취될 것이라는 증거로서 주어진 것이다. "그의 보좌"(시 132:11-"네 보좌")가 그때 당시에 성취되었다는 말은 전혀 없다.

"일으키시어"라는 단어가 시편 132편에 들어 있는 히브리어 필사본은 세상에 하나도 없다. 그 구절은 어떤 시기에 메시아 왕이 예루살렘에서 다윗의 보좌에 앉으리라는 사실만을 다루고 있다.

사도행전 2:30의 "그의 보좌"는 (시 132:11의 "네 보좌"와 마찬가지로) 다윗과 솔로몬이 예루살렘에서 앉았던 보좌를 말한다. 아담 클라크, 매튜 헨리, 렌돌, 알포드, 노울링, 해켓, 더멜로우, G. 캠벨 모건이 그 단어에 쩔쩔매는 이유는 그들 중 아무도 그 말을 믿지 않기 때문이다.

『**그가 미리 앞을 내다봄으로 그리스도의 부활에 관하여 말한 것은, 주의 혼이 지옥에 버려지지 아니하였으며, 또 주의 육신도 썩어짐을 보지 아니하였다는 것이라**』(31절). 본문에 나오는 구약 인용은 다윗의 보좌에 앉으신 예수 그리스도와 관련된 내용이며, 인용된 부분은 시편 16:8-11이다. 여기서 시편 132편("네 보좌에")이 그리스도의 부활과 연관되어 인용되었다는 증거는 찾아볼 수가 없다. 다윗은 시편 16편에서 그리스도께서 "그의 보좌"에 앉으시리라는 것을 미리 내다보고 그리스도의 부활에 관해 말한 것이다. 그리스도의 부활은 시편 16편에 있으며, 시편 132:11의 성취와는 아무런 상관이 없다. 영어를 읽을 수 없으면서 히브리어를 시도하지 말라.

32절은 설명이 필요하지 않다.

『**그러므로 그가 하나님의 오른손으로 높임을 받고...**』(33절) 이는 '물리적인' 우주 안에서의 '문자적인' 어떤 위치를 말해 주고 있다(엡 3:18 주석 참조). 이 표현은 요한계시록 5:1,7, 로마서 8:34, 에베소서 1:20, 골로새서 3:1, 히브리서 1:3,13; 8:1; 10:12; 12:2에서도 '물리적'이고 '문자적인' 의미로 사용되었다. 『**그러므로**』는 32절의 "살리셨으니"에 연결된다. 그것은 그리스도께서 '다윗의 보좌'에 앉으시리라는 말씀의 성취가 결코 아니다.

이제까지 베드로는 부활과 재림 사이에서 일어나고 있는 일에 대해 말했다. 시편 132편과 16편에 관해 그들에게 15분간 설교한 후에 그는 이제 『**이것이 어떻게 된 일인가?**』(12절)라는 그들의 질문에 답해 준다. 그 대답은 여기 33절에 있다.

『**아버지로부터 성령의 약속을 받아서, 지금 너희가 보고 듣는 이것을 부어 주셨느니라**』(33절). 사도행전 2:1-5에 대한 설명은 바로 여기서 나온다. 요엘은 이 구절에서 아무것도 설명해 주지 않는다. 요엘서를 인용한 것은 메시아가 다윗의 보좌에 앉아 통치하기 위해 오시기 전에 일어날 일을 유대인들에게 보여 주기 위해서였으며, 다윗의 보좌는 유대인들이 죽인 사람과 연결되어 있었다(23절). 이 사람이 다윗의 보좌에 앉도록 정해진 분이라는 증거는 그의 부활(시 16편)을 다루는 구절을 인용함으로써 제시된다. 그리고 이제 베드로는 『**이것이 어떻게 된 일인가?**』(12절)에 대답할 준비를 갖추게 된다.

『**주께서 내 주께 말씀하시기를**』(34절). 그 구절의 처음 절반은 이미 설명했다.

34절의 인용은 시편 110편이며, 이는 신약에서 여러 차례 인용되는 부분으로(마 22:44, 막 12:36, 눅 20:42, 히 1:13 등) 신약의 결정적인 과도기에 인용되는 이사야 6:10보다 더 중요하다(행 28:26, 요 12:40, 롬 11:8 참조).

처음 『**주**』는 아버지이고 두 번째 『**주**』는 아들이다. 이것으로 오리겐은 그리스도가 "영원히 태어났거나" 혹은 "영원히 태어나고 있다"고 가르쳤는데, 이는 아리안주의의 교리이다. 그리스도의 신성에 대해 니케아 공회에서 논란을 부추겼던 사람은(〈사탄의 걸작품 NASV〉에서 요한복음 1:18에 대한 설명 참조) 아타나시우스가 아니라 오리겐이었다. 러더포드 판사와 러셀 목사(워치타워 협회)는 요한복음 1:18에서 로크만 재단의 입장을 그대로 취했으며 태어난 하나님과 태어나지 않은 하나님, 즉 하나님이 둘이라고 주장했다. 그러면 "태어난 하나님은 언제 태어났는가?"라는 질문이 생긴다. 칼빈, 댑니, 스트롱, 쿠퍼, 핫지가 제시하는 신비로운 대답은 "그는 영원히 태어났다"는 것이다. 이 교리의 증거 구절로 그들은 시편 2:7을 드는데, 거기에는 『**오늘**』(this day)이라는 단어가 정강이뼈에 있는 복합골절처럼 본문에서 두드러져 나와 있다. 영원은 시간이 없기 때문에 "오늘" 태어났다는 것은 앞뒤가 맞지 않는다.

여호와의 증인들은 여호와가 그리스도보다 더 우월한 하나님임을 나타내기 위해 오랫동안 그리스도는 『**주**』(Lord)라 부르고 여호와는 『**주**』(LORD)라 불러 왔다. 그러나 요한계시록 19:16과 스가랴 12:10에서 그들의 신학 체계 전체가 무너져 버린다. A.V.(1611)의 요한계시록 19:16에서 『**주**』(LORD)가 예수 그리스도께 사용되었다. 헬라어 원문에서는 그것이 구분되지 않는다고 말하려면, 여기 또 다른 예가 있다. 스가랴 12:10에서는 십자가에서 손에 상처를 입은 분께 『**주**』(LORD)라는 단어를 사용하고 있는 것이다. 그런데 〈공동성서, *NRSV*〉는 "나를"을 "그를"로 바꾸었다 [〈킹제임스성경〉에 있는 단어 하나하나를 주의 깊게 살피는 것을 싫어하는 "근본주의자"는 조만간에 자유주의로 넘어가게 된다. 스가랴 12:10에서

"나를"을 "그를"로 바꾼 것이 정통 기독교계와 이단 워치타워 협회와의 차이점이다].

『**주께서 내 주께 말씀하시기를**』(34절). 이 구절로 주 예수 그리스도께서는 그의 대적자들의 입을 막으셨다(시 110:1,2). 시편을 믿는 학생이라면 누구나 그것이 재림 때 지상에서 왕이 돌아와서 실제 전쟁을 하는 것임을 알 것이다. 시편 110:2,5,6을 읽어 보고 그 내용을 믿으라. 그 본문은 "구원의 날"(고후 6:2)이 아니라 그의 "분노의 날"에 대한 것이다. 요한계시록 2:27의 "철장"이 시편 110:2에서 발견되는데, 이는 갈보리 산이 아니라 시온 산과 연결된다. 베드로는 그리스도께서 시편 110편 말씀대로 돌아오셔서 이스라엘의 원수들을 쓸어버리시고 다윗의 보좌에 앉으시기 전까지 현재 하늘에서의 그분의 위치에 대해 정확히 말해 주고 있다.

『**그러므로 이스라엘의 온 집이 분명히 알 것은...**』(36절) 벌링거, 베이커, 스탬은 이 부분을 제대로 이해했다. 극단적 세대주의자들은 최소한 지상에서의 다윗의 보좌와 하늘에서의 다윗의 보좌를 혼동하지는 않는다. 여기서 베드로의 메시지는 이스라엘을 향한 것이며 사도행전 1:11에서도 발견되는 『**이 예수**』(same Jesus, 36절)라는 말은 앞으로 오실 통치자가 사람이신 예수, 즉 다윗에게서 나신, 나사렛 출신의 팔레스타인 사람인 유대인으로 오실 것을 분명히 말해 준다. 그분은 세상(올리브 산)에 다시 오실 때 예루살렘으로 가셔서(슥 14:1-10) 『**야곱의 집안을 영원히 통치할**』(눅 1:30-33) 것이다. 그는 주이며(완전한 권세와 권위-마 25:31) 그리스도(이스라엘에게 약속된 기름부음 받은 메시아)이다. 참조 구절들은 다니엘 9:7, 역대기상 16:14, 누가복음 24:49, 스가랴 10:9, 예레미야 23:5이다.

메시지의 내용은 분명하며 해석도 확실하다. 성경을 거부하는 자유주의자들, 카톨릭, 근본주의자들, 보수주의자들의 오염된 해석만이 물을 더럽힌다. 고린도전서 15:1-7의 바울의 복음은 오순절 때 전한 베드로의 메시지에는 없다. 화해, 의롭게 됨, 양자 됨, 구속, 성결케 됨, 값없는 은혜의 위대한 교리가 그 메시지에는 들어 있지 않다.

베드로는 여기서 그가 사도행전 3:19-26에서 설교한 것을 설교하고 있다. 그는 다니엘, 요엘, 이사야, 시편, 스카랴를 근거로 설교하고 있다. 그가 "하나님의 나라"에 대해 아는 것이라고는(행 1:3 주석 참조) 메시아가 돌아오실 때 세상에 있게 될 "도덕적 의"에 관한 것뿐이다. 그는 계시되어진 한도 내에서만 진리를 설교하고 있다. 그가 로마서 8-10장이나 에베소서 2,3장이나 갈라디아서 1-3장에 모순되는 것을 말하고 있다면, 그것은 그 계시들은 보다 나중에 주어진 향상된 계시이기 때문이다.

베드로가 설교할 때 지역 교회가 존재하고 있었으며, 지역 교회는 마태복음 10:1-3에서 시작된 이후로 계속 있어 왔다. 이 지역 교회가 이제 성령님의 인격 안에서 생명을 주고 활동적인 능력을 통해 유기체가 된 것이며, 그 전체 구성원이 중생하게 된 것이다. 41절 이전까지 지역 교회의 모든 구성원들은 율법 아래서(눅 16:16) 『**죄들을 사함받은 것으로 인하여**』(38절) 침례인 요한에게 침례를 받았다. 그 집단에 속하는 어떤 사람도 이방인들 안에 거하시는 그리스도(골 1:27)나, 고린도전서 12:13의 "한 성령"이나, 유대인과 이방인으로 구성된 한 몸에 대해 알 수 없었다. 이것이 바로 사도행전 2장에 이런 문제에 관한 "기록"(스탬의 말을 인용하자면)이 없는 이유이다. 어떤 문제들에 관한 기록이 없다는 것은 절대적으로 아무 의미도 없다. 왜냐하면 하나님께서는 분명히 한 세대를 시작하셨기 때문이다. 그리고 그 세대는 성령께서 지상에서 떠나실 때까지는 끝나지 않을 것이다(고전 15장, 살전 4장, 빌 3:21, 딛 2:13).

2:37 그들이 이 말을 듣고 마음에 찔림을 받아 베드로와 다른 사도들에
게 말하기를 "형제 여러분, 우리가 어찌하여야 하리이까?" 라고 하
니
38 베드로가 그들에게 답변하기를 "회개하라. 그리고 죄들을 사함받은
것으로 인하여 너희 각자는 예수 그리스도의 이름으로 침례를 받으
라. 그리하면 너희가 성령의 선물을 받으리라.
39 이 약속은 너희와 너희 자녀에게 한 것이며, 또한 먼 곳에 있는 모
든 사람, 즉 주 우리 하나님께서 부르실 모든 사람에게 하신 것이
라."고 하더라.
40 또 여러 가지 다른 말로 증거하고 권고하여 말하기를 "너희는 이
사악한 세대로부터 구원을 받으라."고 하더라.
41 그러자 그의 말을 기꺼이 받아들인 사람들은 침례를 받더라. 그리
하여 그 날에 약 삼천 명의 사람이 더 늘었더라.
42 그들이 사도들이 가르친 교리와 교제, 빵을 떼는 것과 기도하는 데
전념하더라.
43 모든 사람에게 두려움이 임하였으며 사도들을 통하여 많은 이적들
과 표적들이 행해지더라.
44 믿는 사람들이 다 함께 있으면서 모든 물건을 공동으로 쓰며
45 또 자기 재산과 소유물을 팔아서 각 사람의 필요를 따라 모든 사람
에게 나누어 주더라.
46 그리고 그들은 날마다 하나가 되어 꾸준히 성전에 모이며, 또 집집
마다 돌아가며 빵을 떼고 즐거움과 순전한 마음으로 음식을 먹으
며
47 하나님을 찬양하고 또 모든 사람에게 칭찬을 받더라. 주께서 구원
받는 사람들을 그 교회에 날마다 더해 주시더라.

후천년주의(30,34절), 무천년주의(16-20절), 오순절파(1-12절)라는 기독교계의 가장 커다란 이단들을 다루고서도 우리는 여전히 또 다른 이단과 충돌하지 않고는 이 무시무시한 장을 빠져 나갈 수 없다. 그것은 침례에 의한 중생이다. [행 2장은 갈 3장처럼, 자기 의를 내세우는 죄인과 정서적으로 불안한 그리스도인, 모든 성경을 은유적으로 푸는 철학자, 성경을 부인하는 인본주의, 지적으로 왜곡된 신학자, 그리고 미혹당한 학자들의 보금자리이다.]

『**그들이... 마음에 찔림을 받아...**』(37절) 이 단어는 칼이나 창으로 찔려서 생긴 상처를 묘사하는 것으로, 히브리서 4:12과 짝을 이룬다. 사도행전 9:5에서 이 구절과 연결되는 단어가 A.T. 로버트슨 박사와 밥존스대학이 추천하는 성경(NASV)에는 삭제되어 있기 때문에 독자는 훌륭한 참조 구절을 잃어버리게 된다. "찌르다"는 말은 두 구절 모두에서 무엇인가에 찔린 양심을 말하고 있다. 이 경우에는 좋은 땅에서 말씀을 받는(눅 8:15) 3,000명의 죄인들이다. "그들의 머리"가 아니라 『**그들이... 마음에**』(37절)라는 사실에 유의해야 한다.

『**형제 여러분, 우리가 어찌하여야 하리이까?**』(37절) 앞에서 말한 바와 같이 누구도 "구원을 받기 위해" 무엇을 해야 하느냐고 묻지 않았으며, 누구도 개인적인 문제에 대해 묻고 있지 않다. 묻는 사람들은 『**그들**』(37절)이며 『**그들이... 베드로와 다른 사도들에게 말하기를...**』(37절)이라고 되어 있다. 질문하는 사람들은 한 민족 안의 사람들이며, 그들은 그들의 통치자에 관한 민족적인 메시지를 전해들은 것이다. 로마서에서 빌레몬서까지의 서신서들을 이 구절에 억지로 끼워 넣을 수는 있겠지만 이 구절은 하늘나라에 갈 수 있는 길을 찾는 죄인을 언급하는 구절이 결코 아니다. 사도행전 2장에는 "구원의 계획"이 나오지 않으며, 적어도 사도행전 8-28장에서 계시되고 설교되는 것과 같은 구원의 계획은 없다.

사도행전에는 다음의 세 가지 질문이 나온다.

1. 이스라엘 - 『**우리가 어찌하여야 하리이까?**』(행 2:37)

2. 회심한 죄인 - 『**주여, 내가 어떻게 하기를 원하시나이까?**』(행 9:6)

3. 구원받지 않은 이방인 - 『**내가 구원을 받으려면 어떻게 해야 하나이까?**』(행 16:30)

이 세 가지 질문을 뒤죽박죽 섞게 되면, 조심하지 않으면 지옥으로 가게 된다. 왜냐하면 그들 중 두 질문에 대한 답은 '물침례'이고, 그 두 질문은 지옥으로부터의 구원과 아무런 상관이 없기 때문이다. [행 2:38을 행 16:30 뒤에 두거나, 행 2:38 앞에 행 16:30을 두느니 차라리 미친 개 엉덩이를 차는 편이 더 나을 것이다. 하나님께서는 완전하게 자신의 책의 구절들을 배치하셨다. 천둥 치는 날 금속으로 된 옷을 입고 비맞은 커다란 나무에 올라가라. 그것이 행 2:38을 이스라엘 집이 아닌 다른 사람에게 적용하는 것보다 상처를 덜 받을 것이다.]

『**회개하라. 그리고 죄들을 사함받은 것으로 인하여 너희 각자는 예수 그리스도의 이름으로 침례를 받으라**』(38절). 여기서 다시 장로교인, 감리교인, 카톨릭, 캠벨추종자, 오순절파, 루터파, 감독교회, 그리고 잡다한 분파들과 이단들은 완전히 마비된다. 이 구절은 침례교도들을 제외한 기독교 내의 모든 주요 교파의 신조와 강령에 중생과 연결되어 들어 있는 구절이다. 많은 형제들이 그 구절에 감추어진 시한폭탄을 보지 못하고, 물침례가 개심 후에 뒤따라야 한다(41절)는 것을 증명하기 위해 그 구절을 인용해 왔다. 『**그리하면 너희가 성령의 선물을 받으리라**』(38절). 이 부분에서도 스탬과 벌링거 추종자들은 에베소서 4:5, 갈라디아서 3:27, 로마서

6:1-3과 그 구절을 혼동하지 않고 가장 올바르게 주석을 달았다.

지난 18세기 동안 사도행전 2:38은 중생의 수단으로서 물침례, 은혜의 매개체로서의 물침례, 구원의 필수 요건으로서의 물침례, "죄들의 용서"에 필수 요건으로서의 물침례를 정당화시키기 위해 사용되어 왔으며, 여기에서 말하는 침례는 마태복음 28:19,20에서처럼 삼위의 이름으로 행해지는 것이 아니다.

이 구절은 이레내우스(Irenaeus)와 저스틴 마터(Justin Martyr)(2,3세기)에서부터 스펠맨(Spellman)과 쉰(Sheen)(20세기)에 이르기까지 이교도에게 세례를 주고, 세례가 요한복음 3:5의 성취라고 생각하게 하는 데 사용되어 왔다.

이 구절은 1900-1910년의 '아주사 스트리트 미션' 이후로 모든 오순절주의자들이 설교해 왔던 구절이다. 이 구절은 1800년 이후로 알렉산더 캠벨과 그의 추종자들이 붙들어 온 교리적 "태양"으로서, 그들의 성경적 태양계는 그것을 중심으로 공전해 왔다. 그들의 주장대로 하자면 로마서, 에베소서, 갈라디아서, 골로새서, 데살로니가서, 고린도서는 사도행전 2:38 둘레에 궤도를 그리며 돌아야 한다. 캠벨추종자 "목사들"이 로마서 16:16에서 『**교회들**』이란 단어를 삭제하고 마음대로 그 구절을 해석하면 그렇게 될 수밖에 없다. 아마도 마태복음 7:1,12를 제외하고, 성경에서 다른 어떤 구절보다도 사도행전 2:38을 근거로 해서 지옥에 가는 사람이 더 많을 것이다.

사도행전 2:38은 하나님께서 선정하신 통치자를 살해한 유대인들에게 그들이 무엇을 해야 할지를 말해 주고 있다. 그들은 율법 아래 있으며, 조개나 돼지고기나 메기나 게를 먹지 않는 유대인들이다. X-레이 기계로 살펴보아도 거기에 할례받지 않은 사람은 한 사람도 없다.

사도행전 2:38은 규례들을 지킴으로써 구원을 얻고자 하는, 자기 의를 내세우는 죄인들의 출발점이 된다. (이런 의식주의적인 체계를 정당화시키기 위해 캠벨추종자 "목사들"이 어떻게 로마서 8:2을 왜곡시키는지 살펴보자. 캠벨추종자들에게 있어서 구원받은 방법은 다음의 것들을 포함한다.

1. 회개
2. 믿음
3. 고백
4. 침례

그러나 "영적 도면"(성경)을 자세히 살펴보면 흥미로운 사실들을 발견할 수 있다.

a. 마귀도 회개하고 믿고 고백하고 침례받을 수 있다(마 10:1; 27:3, 요 6:70,71). 그런데도 그는 하늘나라 대신 끝없는 구렁으로 갔다.
b. 파라오와 발라암도 회개했지만 바깥 어둠으로 갔다(벧후 2:15-17, 유 1:11,13절, 롬 9:18).
c. 마술사 시몬은 "믿고" 침례를 받았지만 성령의 선물을 받지 못했으며 신약적 의미의 구원도 받지 못했다. (그런데 여기서 캠벨추종자들은 침례받은 성도들도 구원을 잃어버릴 수 있다는 로마카톨릭과 동일한 입장을 취한다. 즉 "시몬이 구원을 잃어버렸다"는 것이다. 로마서 8장, 요한복음 5:24, 요한복음 10:27-30, 고린도전서 1:7,8, 데살로니가전서 5:23과 정면으로 대립되는 그러한 입장을 취하게 되면 믿고 침례받은, 구원받지 못한 그리스도인이 "다시" 침례받지 않고서 어떻게 "다시" 구원받을 수 있는지를 설명하는 데 300페이지에 달하는 종이가 필요하게 되는데, 캠벨추종자들의 책방은 이런 독특한 작용을 논하는 "논쟁"들로 가득 차게 된다. 거듭난 후에 다시 거듭나고, 그리고 다시 거듭나고, 그런데 물침례는 처음에만 필수적이고, 이렇게 복잡

하게 설명하고자 하는 사람은 누구인가? "물개"인가?

d. 코넬료(행 10:47에서 이름에 대한 주석 참조)와 그의 집안 사람들은 침례받기 전에 "성령의 선물"을 받았다(행 11:7-15 참조).

e. 파라오와 유다는 '고백'했지만 둘 다 자신들의 혼을 잃었다.

그러나 가장 결정적인 사실은, 사도행전 2장에서 어떤 사도도 사도행전 2:38에 따라 침례를 받음으로써 성령을 받은 것이 아니라는 점이다.

열두 사도는 모두 누가복음 3:4-16에 따라 침례를 받았으며, 그들 모두는 사도행전 2:1-5에서 자동적으로 "성령의 선물"을 받았다. 그 일이 있은 지 3년 안에 물은 나타나지 않는다.

다시 한 번 스탬과 벌링거는 바른 해석을 제시한다. 〈세대적으로 고찰한 사도행전〉에서 112,115쪽의 설명을 제외하고, 스탬은 사도행전 2:37, 38을 바로 보았다(*Ibid.*, p.105-115). 극단주의자들에게는 불행하게도, 112쪽에서 스탬은 "지금 계시된"(엡 3:1-8)이라는 말을 통해 어떤 것이 계시되기 훨씬 전에 그 일이 발생할 수 있음을 보여 준다. 앞에서 이미 두 차례나 언급한 대로, 이 하나의 진리가 사도행전 2장에서 "그리스도의 몸의 신비"에 대한 "기록"이 없기 때문에 그리스도의 몸이 존재할 수 없다는 극단적 세대주의 교리 체제를 완전히 폐기시킨다.

본문을 가지고 무슨 말을 어떻게 하든지 간에, 38절은 분명히 물로 침례를 받지 않으면 "성령의 선물"을 얻을 수 없다고 가르친다. 사도행전 8:15,16과 사도행전 10:44-47은 2:38이 그때까지 계시된 진리에 맞는 "일시적 해결책"이었음을 결정적으로 보여 준다. 이러한 과도기적인 성경 구절이 교회 역사 19세기 동안 "구원의 계획"이나 "복음에 순종"(롬 6:17; 16:26; 10:16 참조)하는 것으로 구원받지 않은 죄인들에게 적용되었다는 것은 신학적 재난이 아닐 수 없다.

1. 『**침례**』는 죄사함에 대한 "눈에 보이는 인침"이다 - 제미에슨, 포셋,

브라운 ["인침"이라는 단어는 할례(인침, 롬 4:11)를 물침례와 연결시키는 홀랜드, 미시건의 언약신학을 강화시키기 위해 채택된 단어이다.]

2. 『**죄들의 사함**』은 "성령침례로 인해 얻는 혜택들" 중 하나이다(더멜로우, *Ibid.*, p.822). 더멜로우에 따르면 안수하지 않으면 여기서 성령이 주어지지 않는다.

3. 『**...로 인하여**』(for)는 "을 받기 위해"(unto)로 되어야 한다(F.F. 브루스). 기독교의 침례는 하나의 "율례"가 아니라 "종말론적인 의식"(*Ibid.*, p.76)이다. 뿐만 아니라 침례는 베드로전서 3:21에서 베드로가 말한 것처럼 하나의 "모형"이 아니라 "표적"이며(*Ibid.*, p.77), "성령은 회개를 통해 받을 수 있다." 브루스는 고린도전서 15:1-15의 "복음의 메시지"는 사도행전 2장에서 베드로가 설교한 메시지라고 말함으로써 이런 주장을 편다. 그는 또 사도행전 2장의 유대인들이 "복음의 메시지"를 받아들였다는 증거로 고린도전서 12:13을 제시한다.

래드 박사는 〈위클리프 주석〉에서 거의 글자 하나 빼지 않고 브루스의 글을 인용하는데, 그 구절에 담긴 진리를 더욱 망가뜨리려는지 그는 "침례 받는 것과 성령을 받는 것"은 개심자들이 즉시 침례를 받기 때문에 "실제적으로는 동시에" 일어난다고 말한다.

사도행전 2:38에서 "실제적으로 동시에" 일어나는 것은 없다. 그 구절은 이스라엘은 물침례 없이 성령의 선물을 받지 못하리라는 것을 명백히 보여 줄 뿐이다. 이런 뜻이 아니라면 사도행전 10장에서 물침례를 받기 '전에' 성령을 받는 것을 보고 왜 베드로가 놀랐겠는가?

4. 『**사함받은 것으로 인하여**』(for the remission)는 "사함받기 위하여"(unto the remission)로 되어야 한다(트렌스). [이런 성경 변개가 예수 그리스도께서 완성하신 속죄와 관련된 위대한 진리를 성경에서 제거하는 것임을 잠시 후에 살펴볼 것이다.]

5. 그런데 아담 클라크의 주석이야말로 그 어떤 근본주의 주석가의 주석보다 더 살인적이다. '침례에 의한 중생'과 '침례에 대한 칼빈 – 쯔빙글리식 접근방식' 사이에서 중간적 입장을 취하는 클라크는 이렇게 주장한다.

a. 침례받는 것은 공개적인 고백이다.

b. 침례는 성령의 "성결케 하시는 영향력"을 가리킨다.

c. 침례는 양심을 정화시키는 "은혜"를 가리킨다.

d. "표적"을 신실하게 받으면 "성령을 받게" 된다(!)

e. 그러므로 본문은 "죄들을 제거하는 것에 관해서 침례를 받으라. 그리하면 성령을 받으리라"로 되어야 한다.

6. G. 캠벨 모건은 회개와 믿음이 침례로써 상징된다고 말한다.

7. 로크만 재단(〈확대신약〉 p.296)은 본문에 "너희 죄들로부터 해방되기 위하여..."를 첨가시킴으로써 물침례가 죄로부터 사람을 자유롭게 해줄 수 있음을 암시한다.

8. 〈네슬의 행간번역서〉는 "죄들을 용서받기 위하여"를 첨가했고, J.B. 필립스는 "그럼으로써 너희가 너희 죄들을 용서받기 위하여"라고 말함으로 공식적인 로마카톨릭 교리와 같은 입장을 취한다. 이것이 남침례 교단에서 추천하고 배포하는 〈현대인을 위한 기쁜 소식〉에 나타나는 공식적인 로마카톨릭 본문이다.

로버트슨은 『**죄들을 사함받은 것으로 인하여**』가 "그들이 이미 받은" 죄들의 용서함을 의미한다고 해석했음에도 불구하고(조금 후에 살펴보겠지만 이것이 성경적 해석이다), 그는 "인하여"(for)라는 단어를 그대로 내버려 두지 않았다. 그러나 "인하여"라는 단어야말로 본문의 의미를 결정지어주는 단어이며, 이는 로마서 3:25과도 연결되는 것이다. 로버트슨은 "인하여"(for)를 "위하여"(unto)로 바꿈으로써 상호 참조되는 구절을 없애 버린 후에 그 자신의 의견은 죄들이 "이미 용서된" 것이라고 주장했다.

어둠의 권세의 통치자가 A.T. 로버트슨 박사의 마음에 어떻게 사탄적인 조작을 가했는지 살펴보자. 첫째, A.T. 로버트슨 박사는 본문을 변개시켜서 영어 본문을 믿는 사람이 참조 구절을 찾을 수 없도록 만들었다. 둘째, A.T. 로버트슨이 수정한 단어를 들은 사람은 그의 "학자적 지위"를 근거로 그것을 받아들이게 된다. 셋째, 로버트슨은 성경 해석을 "자신의 견해"라는 이름으로 제시하며, 그의 해석에 동의하는 사람은 A.T. 로버트슨 박사의 견해에 의존하게 되는 것이다. 존 R. 라이스는 요한계시록 22:14에서 이와 정확히 똑같은 일을 했다.

[이것이 우리가 앞서 낸 여섯 권의 주석서에서 극복하고자 노력해 왔던 것이다. 보수주의 학자들의 평생 동안 해 온 일은 성경을 해석하는 데 있어서 "기독교 교육"을 가장 우월한 권위로 받아들이도록 만드는 것이다.]

있는 그대로의 본문을 취해서 성령 하나님께서 그것을 어떻게 해석하시는지 보자.

1. 『**죄들을 사함받은 것으로 인하여**』 - 마가복음 1:4
2. 『**죄들을 사하심으로 인하여**』 - 마태복음 26:28
3. 『**죄들을 사하심으로 인하여**』 - 로마서 3:25
4. 『**죄들을 사함받은 것으로 인하여**』 - 사도행전 2:38

"인하여"(for)가 "때문에"(because of)라는 의미 말고 다른 뜻으로 쓰인 것이 있는지 보라. 없다.

창세기 4:1-4부터 요한복음 1:29 사이의 기간에는 죄들이 "사해졌으며"(remitted), 죄들은 황소와 염소의 피를 근거로 용서되었다(히 10:4). 하나님께서는 모세에게 율법을 주실 때 그렇게 말씀하셨다(출 34:7). 헬라어 학자들은 "사함"(remission)을 "구속"(redemption)으로 오해했으며(히 9:15을 볼 것), 히브리서 9:22을 너무나 오랫동안 그리스도의 피로 적용시키는 바람에 히브리서 9:22의 피는 율법에 따른 것임을 잊어버렸다. 신약 어디에도『**죄들을 사함받은 것으로 인하여**』가 하나님께서 죄들을 이미 용서하셨다는 것 외에 다른 의미로 쓰인 적은 없다. 그러므로 그러한 관점에서 죄인은 무엇인가를 해야만 했다.

1.『**죄들을 사함받은 것으로 인하여**』- 마가복음 1:4

하나님께서는 이미 이스라엘을 용서하셨다. 이스라엘의 집행유예 기간은 끝났고 메시아가 오고 있었다. 그러한 관점에서 이스라엘은 그들이 회개하고 있음을 증명해야 하고 물 아래로 가야 하는 것이다.

2.『**죄들을 사하심으로 인하여**』- 마태복음 26:28

4천 년 동안 하나님께서는 "죄들과 불의"를 용서해 오셨다. 그러나『**범법자가 결코 깨끗게 되지는 아니하리니...**』(출 34:7) 이전에 지었던 죄들은 단지 "사함받는" 것이 아니라 깨끗하게 되고 구속되어야(히 9:15) 했다. 그래서 그리스도께서는 그러한 사실과 연관해서 자신의 피가 흘려질 것이라고 말씀하셨다. 하나님께서는 죄를 용서할 수 있는 근거를 가지셔야 했다. 황소와 염소의 피는 불완전한 근거였다. 왜냐하면 그것은 "죄들을 제거하는 것이" 불가능하기(히 10:4) 때문이었다. 그리하여『**세상 죄를 제거하는 하나님의** 어린양』이 오신 것이다!!(요 1:29 참조)

3.『**죄들을 사하심으로 인하여**』- 로마서 3:25

이 구의 의미는 문맥 안에서 너무나도 완전히 설명되고 있기 때문에 의문의 여지가 없다. A.V.(1611)는 고의적으로 그 구절을 다른 구절들과 연결시켰다. 여기서 만일 헬라어 단어의 뜻만을 지나치게 고수한다면(행 2:2을 볼 것) '진리의 계시'를 놓칠 것이다. 죄인이 공정한 대가를 받았던 구약에서 죄들을 사하신 것은 하나님의 "오래 참으심" 때문이었다. 이해가 안간다면 사무엘하를 읽어 보라. 다윗은 용서는 받았어도(시 32:1-5; 130:4; 103:3) 죄에 대한 대가는 치렀다.

4.『**죄들을 사함받은 것으로 인하여**』- 사도행전 2:38

이제 진리를 진정으로 찾는 그리스도인만이 성경대로 믿는 사람이라고 말할 수 있다는 데에는 논란의 여지가 없어진다. 이 문제에 관해 다른 해답은 전혀 없다. 성경 스스로가 독자를 진리에 가둬 놓는다. 하늘 아래서 진리로부터 벗어날 수 있는 유일한 방법은 헬라어로 가서 단어들의 뜻을 바꿔서 "너희 죄들이 용서되기 위하여"라고 주장하는 것이다. 모든 참조 구절들을 볼 때 "for"는 "그것들이 이미 용서되었기 때문에"로 정의된다.

이 구절에 대한 알렉산더 캠벨(A.D. 1786-1866)의 해석은 완전히 빗나갔다. 이 구절에 대한 그의 "해석"을 따를 만큼 어리석은 사람은 백보좌 심판에서 용서받지 못한 죄들을 가리기 위해 더러운 옷을 입고 있는 자신을 발견하더라도 놀라서는 안 된다. 성경 어디에서도 "죄들을 사함받기 위해 침례받는 것"을 말하고 있는 구절은 없다. 심지어 아나니아도 그런 식으로는 말하지 않는다(행 22:16 주석 참조). 죄들이 용서함받기 위해 물침례에 의존한다면 (어떤 사람들은 또 침례를 세례로 바꿈으로써 혼란을 가중시킨다) 골로새서 1:14(A.V.)로 가서 로마서 5:4의 의미를 알 때까지 거기 숨어 있는 편이 나을 것이다

["헬라어 '에시스'의 의미는..."라고 말하지 말라. 영어로 된 네 구절(막 1:4, 마 26:28, 롬 3:25, 행 2:38)도 해결하지 못하면서 헬라어를 운운하는 사람은 누구인가? 웨스트코트와 홀트는 45년간 "원본"을 연구하고서도 그 구절들 중 어떤 것도 제대로 다룰 수 없었고, 렌돌은 로버트슨보다 더 큰 혼란을 야기시켰는데(저자의 주석서 〈골로새서〉 2:8 참조, 말씀보존학회 간, 1996) "에시스"를 가지고 무엇을 할 참인가?]

어떤 손도 골로새서 2:12에서 말하는 구원시켜 주는 침례를 수행하지 못한다. 예수 그리스도께서 죽은 자들로부터 살아나셨을 때 구원받지 않은 어떤 사람도 그분을 만지지 못했다. 믿음을 통하여 예수 그리스도 안으로 넣어 주는 장사(골 2:11,12)를 경험하지 못한 사람은 성경을 변개시

키는 사탄의 수렁에 장사된 것이다. 그런 사람이 하나님의 아들의 얼굴을 호의적으로 대면할 가능성은 엠파이어 스테이트 빌딩을 도는 개똥벌레가 30분 만에 목성에 갈 가능성밖에 안 된다.

『**이 약속은 너희와 너희 자녀에게 한 것이며, 또한 먼 곳에 있는 모든 사람, 즉 주 우리 하나님께서 부르실 모든 사람에게 하신 것이라**』(39절). 우리는 아직 중요하고도 위험한 부분에서 벗어나지 않았다. R.A. 토레이(Torrey)와 J.R. 라이스(Rice)는 이 구절을 가지고 모든 그리스도인들이 구원받은 후에 “능력의 기름부음”을 받을 수 있음을 주장했다. 이 구절에 대한 일반적인 해석은 이렇다. 즉 39절의 말씀이 사도행전 2:38과 침례에 의한 중생 등 앞의 모든 내용들이 “회개”하고자 하는 모든 구원받지 않은 죄인들을 위한 신약 교리로서 확증해 준다는 것이다.

1. 아담 클라크는 『**우리 하나님**』이라는 표현은 에베소서 2:8-10에 의해 구원받고 물침례를 받기 전에 성령을 받은 “그리스도인들”의 하나님을 말한다고 주장한다(행 10:44-48 주석 참조). 이것은 (주의 기도에서 “우리 아버지”와 마찬가지로) 『**우리 하나님**』은 아브라함과 이삭과 야곱의 하나님에 대한 유대인의 명명법임을 완전히 무시한 것이다. 빌리 그래함도 아담 클라크가 사용한 식으로 그 용어를 사용한다. 현재 하나님은 “우리” 그리스도인들의 하나님이라는 의미에서 그것을 부인할 수는 없지만(골 1:2를 볼 것), 베드로가 『**이스라엘의 온 집**』(36절)을 향해 막 연설을 마친 후에 [그리고 『**그들이**』(37절) 그의 말에 반응했다] 『**우리 하나님**』은 분명히 유대인에게 해당되는 명칭이다.

느헤미야 4:4,9,20에서 신약과 조화를 이루고 그리스도인에게 적용되는 것을 얻을 수 있는지 보라. 시편 94:23을 시도해 보라. 그것을 로마서부터 빌레몬서까지의 서신서들과 조화시킬 수 있는가? 시편 115:3과 시편

116:5은 어떤가? 다니엘 3:17은 어떤가? 스가랴 9:7은? 그 구절들에서 영적 해석은 얼마든지 할 수 있지만, "우리 하나님"은 유다와 이스라엘의 하나님을 지칭하는 성경 용어이다.

이 설명에 대해 의심이 간다면 더멜로우, 래드, 얼, 브루스, 카터, 로버트슨, 빈센트, NASV, 제미에슨, 포셋, 브라운, 랜지, 클라크, 매튜 헨리, 엘리코트와 〈주석 헬라어 성경〉(Expositor's Greek Testment, Vol. II)이 모두 『**멀리 떨어져 있던**』(엡 2:17)에 대한 참조 구절을 찾지 못한 사실에 주목해야 할 것이다. 그들 모두는 에베소서 2:17로 갔다가(베드로가 설교했을 때 아직 구원받지도 않았던 바울을 인용하기 위해) 이사야 57:13로 간다. 블래스, 힐젠펠트, 페인, 바이스, 홀츠만, 오에쿠메니우스, 디오필랙트, 라일, 여기에 존 칼빈, 웬트, 노울링, 해켓, 드와이트, 알포드, 조클러, 심지어 벌링거까지 아무도 다니엘 9:7의 참조 구절이 된다는 사실은 찾지 못했다.

다니엘 9:7의 단어들이 오순절 메시지의 상황과 이름, 장소, 사람들, 배경과 일치한다면 그것을 어떻게 설명하겠는가?

1. 『**유다 사람들**』
2. 『**예루살렘의 거민들**』
3. 『**이스라엘 모두**』
4. 『**멀리 있는**』
5. 『**모든 나라**』

어떻게 해서 30명의 헬라어 학자들과 근본주의 주석가들은 "이방인들"에 관해 말하기 전에 성경과 성경을 비교하는 데 실패하는가? 코넬리우스 스탬은 "신비의 몸"에 대한 극도로 비성경적인 견해에도 불구하고 그 구절을 찾아냈다. 그는 사도행전 2장이나 다니엘 9장에서 단 한 단어도 바꾸지 않고 그것을 찾아냈다.

위의 예들을 통해서 볼 때 분명히 "헬라어 원본에 대한 지식"은 성경을 배우는 데 방해가 된다.

이 구절의 열쇠는 다니엘 9장에서 발견된다. 베드로는 다니엘 9장을 읽었으며 모든 유대인들은 그 구절에 대해 알고 있었다. 반면 대다수의 보수주의 주석가들은 열쇠를 찾기 위해 에베소서 2:17로 달려간다. 그러나 에베소서 2:17은 사도행전 28장이 끝날 때까지는 그 누구에게도 효력이 없었다.

교훈 : 성경의 "저자"나 "저작 연대"에 관한 지식은 교만과 시기만 마음에 가득 차게 할 뿐, 정작 저자의 글에 대해서는 올바로 말할 수 있는 자격을 부여하지는 않는다.

뿐만 아니라 갈라디아서 3:18은 "약속"(38절)이 이방인들과는 아무 관계도 없음을 보여 준다. 왜냐하면 이방인들은 "믿음으로 말미암아 성령의 약속"을 받기 때문이다(갈 3:14).

그런데 어떻게 39절을 "먼 곳에 있는" 구원받지 않은 이방인들에게 적용할 수 있단 말인가? 그들이 만일 "먼 곳에" 있다면 이방인들은 "그 약속"을 받기 위해 물로 침례를 받을 필요가 없다. 왜냐하면 그 약속은 행위가 아니라 "믿음"으로 받기 때문이다.

A.V.(1611)를 전복시키는 데 너무 서두른 나머지 대부분의 학자들은(근본주의 또는 자유주의 학자들, A.V.를 증오하는 데는 모두 한 무리이다) 39절에 언급된 **"이 약속"**이 무엇인지를 망각해 버렸다. 그것은 "성령의 선물"로 여기서는 물침례를 받음으로 받게 된다. 이것은 갈라디아서 1장과 고린도전서 15장의 "복음"이 아니다. "먼 곳에 있는" 이방인들은 사도행전 2:38로 "성령의 선물"을 받을 수는 없다. "먼 곳에 있는" 사람들과 그들의 "자녀"는 흩어져 있던 유대인들을 말하는 것이며, 그들은 오순절에 사도행전 2:6-11에 나열된 지역들로부터 온 사람들이다.

『또 여러 가지 다른 말로 증거하고 권고하여 말하기를 "너희는 이 사악한 세대로부터 구원을 받으라』(40절). 이 세대가 무엇을 가리키는지는 마태복음 23:35,36에 나와 있다. "다른 말"은 그리스도의 오심과 천년왕국과 연관된 하나님의 나라에 관한 내용을 포함하는 것일 것이다(행 1:3 주석 참조).

사도행전 2장의 믿는 유대인 남은 자들은 요엘 2장에서 구원받게 될 유대인 남은 자들의 예표이다. 그들은 그리스도의 죽음에 책임이 있는, 그리스도를 거부한 세대로부터 자신들을 분리시켜야 한다(자세한 것은 신 21:1-9을 볼 것).

오순절 메시지가 끝나고 초청이 있자 3,000명의 믿는 유대인들은(41절) **『죄들을 사함받은 것으로 인하여... 예수 그리스도의 이름으로』**(38절) 침례를 받는다.

시몬 베드로는 그가 이스라엘을 향해 한 메시지를 가지고 은사주의자, 로마카톨릭 교회, 그리스도의 교회가 무슨 일을 할 것인가를 알았더라면, 그는 그리스도를 배반하던 밤에 했던 어부의 언어로 다시 돌아갔을지도 모른다. 진리를 제외하고는 어느 것이나 믿으려는 광신자들이 심판석에서 "그리스도의 대리자"나 "동정녀 마리아" 같은 말들에 관해 해야 할 말이 무척이나 많을 것이다. 앞에서 했던 말을 다시 반복하자면,

1. 사도행전 2장에는 그리스도인은 없다.
2. 거기서는 구원의 계획이 분명하게 제시되지 않는다.
3. 사도들 중 어느 누구도 사도행전 2:38에 따라 침례받지 않았다.
4. 골로새서 2:11,12 없이 그런 식으로 침례를 받는다면, 그런 사람은 성령 없이 지옥으로 갈 것이다.
5. 아무도 "구원을 받으려면 어떻게 해야 합니까?"라고 묻지 않았다.
6. 사도행전 2장에서 구원받은 사람 중 누구도 "불침례"를 받지 않았다.

7. 사도행전 2:1-5은 요엘 2:28-32의 성취가 아니다.

8. 요엘 2:23의 "늦은 비"는 20세기에 일어나는 오순절의 경험이 아니다.

신약에서 교리적으로 엄청난 오류에 빠질 수 있는 곳들은 마태복음, 사도행전, 히브리서이다. 사도행전 2장은 교리적 함정에 빠질 수 있는 곳이다.

『**...말을... 받아들인 사람들은 침례를 받더라... 교제... 기도... 함께... 날마다... 꾸준히... 즐거움과 순전한 마음으로... 하나님을 찬양하고...**』(41-47절) 이 일곱 구절에 담긴 영적 진리를 살펴보기에 앞서, 문맥상의 '교리적' 취지가 주석과 완전히 일치하는 것은 아님을 밝혀 둔다. 사도행전 2장의 배경은 유대인과 연관되어 있으며, 오늘날의 "신약 교회"는 재산과 소유물을 공유하지 않는다는 명백한 사실에도 불구하고(44,45절 참조, 만일 현재에도 재산과 소유물을 공유하는 교회가 있다면 그들은 그리스도인으로서의 개인적 경험으로 나아가는 것이 아니라 유대인의 민족적 경험으로 되돌아가고 있는 것이다), 우리는 여기서 지역 교회를 위한 참으로 아름다운 "영적 적용"을 찾아볼 수 있다. 하나님의 사람들은 말씀을 기쁘게 받아들여야 하며(41절), 진리를 받아들인 "후에" 침례를 받아야 하고(41절), 계속해서 서로 교제해야 하며(42절), 함께 기도하는 데 시간을 들여야 한다(42절). 여기서 더 나아가 "함께 만나야" 하고(44절), 함께 나누어야 하며(44절), 단지 일요일만이 아니라 "매일" 증거해야 한다(46절). 꾸준히 하나님을 찬양하고(47절) 기뻐하며 물질적 축복에 대해 감사해야 한다(46절).

여기서 신약의 기독교가 태동한다. 그것은 아직 바울에게 계시되지 않았고, 그 뿌리는 여전히 유대의 민족적, 종교적 생활 속에 깊이 내재해 있지만, 본문의 "초대" 교회는 부활 이후의 "지역 교회"이다. 지역 교회는 오순절 "전에" 시작되어 1978년 이후로도 계속되고 있다. 사도행전 2장의 지역 교회 역시 중생한 죄인들로 구성되었으며, 오늘날 구원받은 죄인들이 물로 침례를 받는 것과 마찬가지로 그들도 물로 침례를 받았다. 아직까지는 의롭게 됨이나 구속의 위대한 진리가 분명하게 제시되지 않았음에도 성경적 기독교의 원리들과 태도들을 여기서 찾아볼 수 있다. 그리스도의 몸은 그 첫 번째 구성원들을 받아들였다(죽어가던 도둑이 첫 번째 구성원이 아니라면). 십자가 사건 전에 있었던 지역 교회는 승천 이후에 유기체가 되었다. 성전 경배가 여전히 존재하지만(46절), 그것은 머지않아 달라지게 된다(행 8:1-4). 사도행전 15장에서 구원받은 유대인들이 성전 경배의 외적 형태를 가지고 있었다 하더라도 그것은 단지 증거를 위해서였으며(고전 10:29), 이방인들을 위한 사도 역시 같은 식으로 말했다. 그리스도와 모세의 사도적 표적들이 존재하며(43절), 사도들의 "교리"(강령이 아니라)는 사도행전 1:3에서 발견되는 40일간의 개인 지도까지 포함해서 창세기부터 말라키까지가 된다.

『**그리고 그들은 날마다 하나가 되어 꾸준히 성전에 모이며**』(46절). 이때도 종교적 형태의 경배가 여전히 계속되었으며, 누구도 사도행전 8:32,33에서 빌립과 내시처럼 이사야 53:1-6에 대한 계시를 받지 못했음을 보여 준다.

『**집집마다 돌아가며 빵을 떼고**』(46절). 이 구절은 "영성체"나 "주의 만찬"에 대한 언급이 아니다. [설사 그렇다 할지라도 어떤 카톨릭이나 캠벨 추종자도 그들의 규례(혹은 "성사")에 대한 성경적 권위를 갖지 못한다. 그것은 웨스트코트와 홀트가 막 1:2을 변개시키는 데 성경적 권위를 갖지 못한 것과 같다. 카톨릭이나 캠벨 추종자 중 누구도 성전에 매일 모이며 “집집마다 돌아가며 빵을 떼지는” 않기 때문이다(46절).] 이 구절이 지난 1,000년간 유럽과 미국에서 행해진 성사에 대한 구절이라고 생각하는 사람은 완전히 잘못 생각한 것이다. 이것은 “집집마다” 돌아가며 저녁 식탁에 둘러앉아 교제하는 그리스도인을 말하는 것이다. 교회 건물이나 성당 같은 것과는 전혀 상관이 없다.

『**모든 사람에게 칭찬을 받더라...**』(47절) 이 표현은 사람들이 침례인 요한을 환영한 것과 일치한다(막 1:5, 마 3:4). 왜냐하면 여기까지는 아직 아무도 성전을 공격하지 않았기 때문이다(행 7:48). 문제가 시작되는 때는 벽돌, 돌, 회반죽에 공격의 초점이 맞춰졌을 때였다(행 6:13,14, 요 2:19-21). 천년왕국을 “영적” 관점에서 받아들이고 유대인의 문자적 왕국을 거부하는 종교 지도자들은 그들이 어느 시대에 살았는지와 관계없이 “건물”에 대한 견해에 있어서 바리새인들과 일치된다(마 23:16-18 참조). 무천년주의자들은 그리스도를 현재 왕으로 군림하시는 것으로 만들었으며, 그리하여 그들은 (그들의 잘못된 생각 속에서) 자신들을 현재 그와 함께 통치하는 통치자들로 기름붓게 되었다(바울이 고전 4:8에서 이런 영적 거인들에게 한 냉소적인 말을 참조할 것). 그러나 십자가가 없으면 면류관도 없다.

『**주께서 구원받는 사람들을 그 교회에 날마다 더해 주시더라**』(47절). 이것을 『**믿는 사람들이 더 많이 주께 더해졌고...**』(행 5:14)와 비교해 보면 누가가 그리스도의 몸에 대한 지식을 알고 있었음이 분명하다. 왜냐하면 사도행전 2장에서 지역 교회에 대해 쓰고 있으면서도 사도행전 5:14에서는 “교회”를 주님과 동일시하고 있기 때문이다.

스탬과 베이커는 『**주께 더해졌고**』(added to the Lord, 행 5:14; 11:24)

라는 표현을 반박하면서 그것은 "많은 사람들이 주님의 편으로 합류했음"(joined to the Lord's side)을 의미한다고 말한다. 그러나 그들의 주장은 전혀 맞지 않다. 왜냐하면 바울은 사도행전 9장에서 구원을 받았기 때문이다. 그들의 말대로 사도행전 5:14의 표현이 부적절하다 할지라도 사도행전 11:24에서는 그렇지 않다. 뿐만 아니라 누가는(서문에서 언급한 바와 같이) 그리스도의 몸의 "신비"를 계시받은 이방인의 사도와 거의 10년간을 함께 지낸 후에 사도행전 5:14이나 사도행전 11:24을 기록했다. 누가가 『**주께 더해졌고**』라고 말했을 때, 그는 고린도전서 12:13을 가지고 있었다. 이것은 그리스도의 몸이 사도행전 9장 이후나 사도행전 13장 이후, 또는 사도행전 18장 이후나 사도행전 28장 이후에 시작된다고 하는 모든 이론들을 완전히 뒤엎어 놓는다. 누가는 사도행전을 기록했을 때 갈라디아서 2,3장과 고린도전서 12장을 이미 읽었음은 물론, "교회"를 "주"와 동일시하고 있다. "계시"는 A.V.(1611) 본문을 변개시키는 사람들에게는 계시되지 않는다.

벌링거 추종자들은 또 사도행전 28장에서 사도행전 18장, 사도행전 13장, 사도행전 9장으로 미끄러져 들어간다. 그리고 로마서 16:7과 사도행전 5:14과 상충될 때면 그들은 사도행전 9장에 대해 확신하지 못한다.

사도행전에서 두 장을 살펴보는 데 100페이지 이상이 들었다. 그러나 사도행전에서 다른 장들에서는 그렇게 많은 지면을 할애하지는 않을 것이다. 성경에서 극소수의 장들만이 많은 페이지를 할애할 필요가 있다. 사도행전 2장은 "위험스러운 곳"이다. 사도행전 2:38은 침례교도들이 출판한 것들을 제외한 기독교계의 모든 주요 강령에 등장하는 구절이며, 그것도 중생과 새로운 탄생을 다루는 부분에서 그 구절을 인용하고 있다. 지옥은 사도행전 2:38과 마태복음 24:13을 믿는 사람들로 가득 차서 "앉을 자리조차 없을 정도"까지 될 것이다(빌리 선데이 인용).

사도행전 3장

3:1 그때 베드로와 요한이 제구시 기도 시간에 함께 성전으로 올라가니,
2 모태에서부터 앉은뱅이가 된 한 사람이 실려 왔는데 이는 그가 성전
으로 들어가는 사람들에게 구걸하려는 것이더라. 사람들이 그를 날
마다 아름다운 문이라 하는 성전 문에 내려놓더라.
3 그가 베드로와 요한이 성전으로 들어가려는 것을 보고 구걸하더라.
4 베드로가 요한과 더불어 그를 주목하여 말하기를 "우리를 쳐다보라."
하니
5 그가 그들에게서 무엇을 얻을까 하여 바라보더라.
6 베드로가 말하기를 "은과 금은 나에게 없으나 내가 가진 것을 네게
주노니 나사렛 예수 그리스도의 이름으로 일어나 걸으라." 하고
7 그의 오른손을 잡아 일으키니 그가 즉시 발과 발목에 힘을 얻어서
8 뛰어 일어서서 걸으며 그들과 함께 성전으로 들어가 걷기도 하고 뛰
기도 하며 하나님을 찬양하더라.
9 그러므로 모든 사람이 그가 걸으며 하나님을 찬양하는 것을 보고

10 그가 성전의 아름다운 문에 앉아 구걸하던 그 사람인 것을 알고 그에게 일어난 일로 인하여 경이와 놀라움으로 가득 차더라.

11 고침을 받은 그 앉은뱅이가 베드로와 요한을 붙잡고 있을 때에 모든 사람이 크게 놀라서 솔로몬의 행각이라고 불리는 행각 안에 있는 그들에게 함께 달려가니라.

3장의 처음 구절들은 2:46의 연장이다. 사도들은 아직도 성전에 다니며, 오후 3시에 시편 5:7과 28:2에서 언급한 저녁 기도를 하러 성전으로 올라가고 있다. [다니엘이 기도한 시간은 오전 9시, 정오, 오후 3시였다(단 6:10).] 1절에 "함께"(together)라는 단어는 매우 중요한데, 왜냐하면 조금 뒤에 베드로가 『**우리를 쳐다보라.**』(4절)고 말하기 때문이다. "나를 보라"고 말하는 데 더 익숙한 시몬 베드로에게 이것은 매우 특이한 일이다(행 1:15 주석 참조). 그러나 여기 『**하나가 되어**』(one accord, 2:1,46)라는 말이 나온다. 잠재적인 그리스도인들이 함께 묶여져 있는 것이다.

시기, 분쟁, 야망, 사소한 논쟁, 성격의 마찰, 거짓 정보 등으로 이 교제의 띠는 너무도 자주 방해를 받지만, 교제의 띠란 성경적인 것이다(엡 4:1-3). 그리스도인이 지역 모임(행 20:7)을 통해 다른 그리스도인들과 합류하지 않는다는 것은 생각할 수도 없는 일이다. 하나님의 말씀을 믿고 설교하는 지역 모임에 속해 있지 않은 그리스도인은 학교에 가지 않는 학생과 같으며, 부대에 합류하지 않은 군인이나, 오케스트라가 없는 연주자나, 경기를 할 팀이 없는 축구선수와 같다.

2절은 설명을 요하지 않는다. 모리아 산에 있는 성전이 "더 아래에 있는 도시"보다 더 높이 있기 때문에 베드로와 요한은 "성전으로 올라갔다." "아름다운 문"에 대한 유일한 정보는, 그것이 헤롯 성전에 있는 아홉 개의 문들 중 하나이며 "고린도의 놋쇠"로 만들어졌다는 것이다(요세푸스, 〈고

물(古物)〉 XV. 11,3). 동쪽을 향해 있던 그 문은 성전 바깥에 있다. 더멜로우(및 다른 사람들)는 그 문이 "니카노의 문"으로 불렸으며 높이는 50큐빗이었다고 말한다. 그러나 본문을 통해 얻을 수 있는 "단단한 음식"은 F.F. 브루스, 제미에슨, 포셋, 클라크, 레인지, 엘리코트, 윌리엄이 제시하는 기술적 묘사에는 들어 있지 않다. 그들의 정보는 한마디로 말해서 전적으로 세속적이다. 성경에 따르면 성전의 "문들"은 아홉이 아니라 열두 개로 만들어졌다는 것을 모르는 사람은 없을 것이다.

본문의 "음식"은 윌리엄을 비롯한 주석가들이 냉장고에 남겨 두었다. 윌리엄은 메시지(13절)로 가고 싶은 마음이 너무 강한 나머지 1-12절을 훌쩍 뛰어넘어 버린다. 래드 박사(*Ibid.*, p.1130)도 마찬가지다. 위대한 성경의 진리들을 완전히 무시하지는 못하고 더멜로우는 3,4,5,7,8,9,10,11절에서 대충 넘어간다[이들이 행 1:6과 2:16에서는 "영적인 일들," "왕국에 대한 더 깊은 영적 진리들," "전천년 주의자들의 육신적 주장," 실제적 왕국에 대한 "잘못된 개념" 운운했던 자들이다].

노울링(Knowling)은 사도행전 2:30에서 왕국을 완전히 영적으로 해석한 뒤에 "그것은 세상의 지면을 새롭게 하기 위한 사회적 변혁이었다."고 말한다. (어디를 말하는 것인가? 러시아? 중국?)

그리스도께서는 "미래 왕국의 전조로... 사회 운동의 기초를 놓으셨다." (노울링이 말하는 "미래 왕국"은 계 20장의 그리스도의 지상 통치 이후에 계 21장에 나오는 왕국을 말하는 것이다!)

그는 또한 사도행전 2:44에서 그들이 소유를 나누었던 이유는 그들이 그리스도의 임박한 재림을 고대하고 있지 않았기 때문이라고 말한다. 게다가 그는 사도행전 3:20에서 그리스도께서는 재판관으로서 오시지 않을 것이라고 말한다. 대신 그의 오심이라는 것은 "그분의 음성인 복음 전파" 일 뿐이라는 것이다!(*Ibid.*, p.115)

성경에서 그리스도의 복음을 묘사하는 가장 위대한 영적 진리들에 직면했을 때 노울링(렌돌, 브루스, A.T. 로버트슨, 래드와 마찬가지로)은 잠잠해진다. "영적 왕국"만을 다루며, 요한계시록 20:1-5을 문자 그대로 해석하는 것을 경멸하는 이 "영적인" 주석가들은 성경에서 영적인 진리들을 찾는 데는 너무나 "영적"이지 않다.

1. 죄인은 소망 없이 태어난다(시 51:5, 행 3:2).
2. 그 죄인의 어머니가 이것과 관계된다(욥 25:4, 행 3:2).
3. 죄인은 하나님께서 거하시는 곳 밖에 있다(계 22:15, 행 3:2).
4. 그는 영적 거지이다(막 10:46, 행 3:3).
5. 그는 그리스도인들에게 무엇인가를 기대한다(행 3:5).
6. 그는 자신의 진짜 필요를 알지 못한다(행 3:5).
7. 구원이 돈보다 낫다(행 3:6).
8. 거듭난 하나님의 자녀는 누구라도 입으로 말함으로써 구원을 다른 사람들에게 전달해 줄 수 있다(행 3:6).
9. 구원은 즉각적이다(행 3:7).
10. 새로 믿은 사람은 걸을 수 있기 전에 설 수 있어야 한다(행 3:8).
11. 뛰게 된 후에는 하나님을 더 잘 찬양할 수 있다(행 3:8).
12. 간증은 공개적이어야 한다(행 3:9)
13. 그의 말로 다른 사람들을 개심할 수 있게 해야 한다(요 4:29, 행 3:10 비교).

"영적 메시지"를 구해 오던 "영적인" 주석가들과 "경건한" 주석가들이 어떻게 해서 이 모든 것을 놓쳤는가? 실제적이고 물질적이며 가시적이고 정치적인 다윗의 왕국이 예루살렘에 임하리라는 것을 믿는 우리들이, 그리스도인이 등장하기 전에 모세와 그리스도께 주어진 치유의 표적(행 4:30 비교)을 다루다가 이와 같은 영적 진리를 발견할 수 있다는 것이 이상하지 않은가? 렌돌, 노울링, 래드, 브루스처럼 본문을 접하자마자 무시해 버리는 것보다, 본문의 내용을 문자 그대로 믿음으로써 더 많은 영적 지식을 발견할 수가 있는 것이다.

더 많은 영적 지식을 채굴해 내기에 앞서, 학자 연맹이 한 일을 살펴보자.

1. A.T. 로버트슨은 "미완료시제"를 자세히 살핀다(헬라어 동사의 시제에 "엄격하게 일치해서"). 그는 "실려 왔는데," "날마다... 내려놓더라," "뛰어" 등의 동사를 억지로 고쳐 놓는다. 그리고는 3절의 "구걸하더라" (asked)에 이르러서는 "계속해서 구걸하다"는 뜻이 아니라(그것 역시 미완료시제인데도) "구걸을 시작했다"는 뜻이라고 말한다.

로버트슨 박사의 추론은 여기서 갑자기 미완료시제는 진짜 미완료시제가 아니라 "기동 미완료시제"라는 것이다. 그러면 『**실려 왔는데**』(2절)는 "어쩌구 미완료시제"일 것이다. 『**날마다... 내려놓더라.**』(2절)는 "저쩌구 미완료시제"일 수도 있다. 또 8절의 『**뛰어**』는 "아무렇게나 미완료시제"일 수도 있다.

[일이 어떻게 진행되는지 알겠는가? 학자들은 A.V.가 싫으면 그것을 "더 분명하게" 만든다고 한다. 더 분명하게 할 수 없으면 "더 정확하게" 한다고 한다. 둘 다 할 수 없으면 헬라어 문법으로 속이는 것이다. 그것이 효과가 없으면 자기가 고친 것에 맞도록 뜻을 고안해 내는 것이다.]

2. 노울링은 처음 다섯 구절에서 여섯 군데를 고치고는, 『**일어나**』(6절)라는 단어에 와서는 그가 55페이지에 걸쳐 〈킹제임스성경〉을 고치는 데 사용한 필사본 본문을 던져 버린다. (노울링은 A, C, E 본문을 택하고 바티칸 사본, 시내 사본, D의 본문을 거부했다.) 『**일어나**』라는 말은 밥존스대학에서 추천하는 NASV에는 없다. 그것은 NCCC의 공산주의 성경, 즉 공동성서(NRSV)에도 없다. 그 단어들을 거부한 헬라어 본문은 웨스트코트,

홀트, 네슬, 메츠거, 알란드의 텍스트이다(커스터 박사는 1963 NASV 신약을 추천하면서 알란드의 헬라어 성경 본문을 칭할 때 정관사 "the"를 붙였다).

〈킹제임스성경〉의 본문은 바티칸 사본과 시내 사본이 기록되기 200여 년 전에 기록된 글에서 인용된 것이 발견된다. 노울링이 어쩔 수 없이 그것을 사용했다 할지라도 그것은 그의 학자적 위치와는 상관이 없다. ASV, RSV, NASV가 고린도전서 13:3에서 〈킹제임스성경〉 본문을 어쩔 수 없이 받아들였던 것과 마찬가지로, 그는 어쩔 수 없이 그렇게 한 것이다. 거기서 벗어날 수 있었다면 그들 중에 아무도 그것을 받아들이지 않았을 것이다.

3. 빈센트는 『**뛰어**』(8절)가 "반복해서 뛴다"는 뜻이 아니라 갑자기 튀어오르는 것이라고 말함으로써 로버트슨 형제를 혼란스럽게 만든다(로버트슨, *Ibid.*, p.42). 하지만 A.V.를 믿는 사람이라면 그것이 본문에 있는 그대로를 뜻한다는 사실을 누가 모르겠는가?

4. 케네스 웨스트(Kenneth Wuest, 무디 성경 신학원)는 『**일어서서**』라는 말을 삭제했을 뿐만 아니라 "걷기 시작하며 계속해서 걷더라"는 자신의 이상한 생각을 첨가시킴으로써 6절에서 NASV보다 한 걸음 더 나아가고 있다. ("뛰기 시작하며 계속 뛰어라"는 어떤가? 아니면 "일어서서 걸으며 뛰며 하나님을 찬양하기 시작하고 계속해서 서서 걷고 뛰며 하나님을 찬양하더라."가 더 낫지 않은가?)

5. 『**행각**』(porch, 11절)은 "열주"(colonnade)로 되었어야 한다(〈복음주의 주석〉 p.52).

6. 『**모태에서부터**』(2절)가 〈현대인을 위한 기쁜 소식〉에는 삭제되어 있다. 〈확대역본〉에서도 마찬가지이다.

7. 『**실려 왔는데**』(was carried, 2절)는 "따라서 실려 왔는데"(was carried

along)로 되어야 한다(헤켓).

8. 아니다! 그것은 "실려 오고 있는 중이었는데"로 되어야 한다(노울링).

9. 아니다! 그것은 "그리로 실려 왔는데"로 되어야 한다(랜돌).

10. 아니다! 그것은 "실려 오고 있는 행동 중에"로 되어야 한다(바틀렛).

11. 『**...이라 하는**』(which is called, 2절)은 "소위"로 되어야 한다(웬트).

12. 『**...의 이름으로**』(6절)가 아니다! "이름"이라는 말을 너무 많이 하지 말라(행 4:7)! 차라리 "-의 권능으로"라고 하자(알포드, 카이퍼, 대피 덕, 드웨트, 발라암, 노울링, 요기 베어, 유다, 메이어, 매덜린, 머레이, 데니, 사울, 글로그 등). 그렇지 않으면 최소한 "-의 권위로"라고 말하라(해켓, 나발, 툴리, 노울링, 바틀렛, 데마스, 히틀러, 안나스, 징기스칸, 포키 피그, 구리세공자 알렉산더).

이런 사람들을 권위로 신뢰하며 그들로 하여금 자신들의 "권위" 역본을 고치게 하는 사람들은 그 책에 대해서가 아니라 자신들에 대해서 부끄러운 줄 알아야 한다.

노울링(Knowling), 래드(Ladd), 해켓(Hackett), 닐(Neal), 브루스(Bruce), 로버트슨(Robertson), 커스터(Custer), 빈센트(Vincent), 데이어(Thayer), 스펜스(Spence), 데이비스(Davis), 트렌치(Trench), 렘세이(Ramsey), 티엠(Thieme), 하우슨(Howson), 메이어(Meyer), 알포드(Alford), 그리고 로크만 재단은 결코 하나님의 말씀에 대한 최종권위가 될 수 없다. 그들은 성경에 대한 최악의 비평가들을 모아 성경을 고침으로써 그들의 생계를 유지할 뿐이다. (그들 중 한 명이라도 종교개혁 영어 성경 본문을 고수했다면 그들은 자동차 할부금을 낼 수 있는 만큼의 학생도 모집할 수 없었을 것이다.)

이런 거만한 "근본주의자들"을 제쳐 두고, 본문에서 우리가 배워야 할 것은 다음과 같다.

1. 하나님께서는 작은 것에 신실한 것을 축복하신다. 시편 55:17에 언급된 세 시간의 기도는, 재미로 말하자면, 오늘날 주 중에 갖는 수요일 저녁 기도 모임과 똑같을 것이다. 수요일 밤에 20-100명의 사람들이 서로 다른 방에서 무릎을 꿇고 기도하는 것보다 재미없는 일은 없다. 사실 이 기도 모임이 너무나 재미없기 때문에 그 단조로움에서 벗어나기 위해 수요일의 모임은 설교 예배나 복음전파 형식의 예배로 변화되어 왔다. 일반적으로 교회에서 "기도 모임"은 주일 저녁 예배의 축소판이 되었다. 베드로와 요한은 "가장 작은 일"에 신실했고, 200명이 개심했다.

2. 구원받지 않은 사람들은 그리스도인에게 무엇인가를 기대할 권리가 있다. 만일 우리의 말대로 우리가 지옥으로부터 구원받고 하나님에 의해 의롭게 되었다면, 그리고 우리의 말대로 우리가 성령의 인격으로 내주하시는 그리스도를 우리 안에 모시고 있다면, 그리고 우리의 말대로 우리가 하나님께서 지으신 죄 없고 영원한 도성에 가게 될 것이라면, 자선금과 비교할 수 없는 것을 세상에 제공해 줄 수 있지 않겠는가?

3. 이 시대의 구원은 즉각적이다. "기도로 번뇌"할 필요도 없으며(바울은 구원받은 후에 그렇게 했다. 행 9:9,11), "좁은 문으로 들어가기 위해 분투할" 필요도 없으며, "끝까지 견딜 것"을 희망하며 "주의 손에 붙어 있을" 필요도 없다. 이 남자는 즉각적으로 힘을 얻어서 즉석에서 뛰었다. "그리스도 안으로 점점 자라나는 것" 같은 것은 없다. "교회 안에서 성장"하는 것은 있을 수 있다. 그러나 당신이 만일 구원을 받았다면 당신은 (죽어가던 강도처럼) 눈깜짝하는 순간에 구원받은 것이다. 어느 순간엔가 죽음에서 생명으로, 어둠에서 빛으로, 사탄에게서 하나님에게로 옮겨진 때가 있었을 것이다. 그런 때가 없었다면 그 사람은 개심하지 않은 것이다. 그런 사람의 기독교는 마태복음 23장과 누가복음 18:22의 기독교이다.

4. 걷기(9절) 전에 뛸 수 있는 사람은 없으며, 서기 전에는(7절) 아무도

걷지 못한다. 『**우리가 아직 연약하였을 때**』(롬 5:6, 행 3:7) 『**그리스도께서 때가 되어 경건치 아니한 자들을 위하여 죽으셨느니라.**』

주요 주석가들 중에서 아이언사이드, G. 캠벨 모건, 매튜 헨리는 독자들에게 영적으로 씹을 만한 것을 조금 준다. 그러나 가련한 코넬리우스 스탬은(행 2장에서 그리스도의 몸을 엉망으로 만들어 버리고는) 바울이 나타날 때까지 이스라엘에만 초점을 맞추느라 너무 애쓴 나머지 전체 구절(1-11절)을 이스라엘에게 적용시키고는 구원받지 않은 사람에게는 단 하나의 실제적 적용도 하지 않는다. "한 거지와 한 국가"(A Beggar and a Nation)라는 제목하에서 스탬은 개인적인 적용은 전혀 하지 않고 전체 구절을 교리적으로만 적용한다.

"자기의 걸음을 살피는" 조심스런 독자라면(잠 14:15) 그 거지는 이스라엘의 유형과는 거리가 멀다는 것을 알게 된다. 이스라엘은 『**모태에서부터 앉은뱅이**』가 아니었다. 구절의 의미로 볼 때 이스라엘은 이스라엘 사람들에 의해 옮겨져서 어딘가에 놓이지 않았다. 이스라엘은 성전 밖이 아니라 성전 안에 있었다(행 3:10,11). 이스라엘은 베드로와 요한에게 아무것도 구걸하지 않았다. 이스라엘은 사도들을 "바라보라"는 말을 들은 적이 없었다. 하나님께서는 이스라엘에게 그의 아들의 말을 들으라고 하셨다(마 17:5). 『**너희를 영접하는 사람은 곧 나를 영접하는 것이며**』(마 10:40) 등의 구절들은 목적에 맞지 않는다. 왜냐하면 그때는 사도들이 집으로 들어가려고 하는 순회 복음전도자들이었으며, 아무도 그들로부터 무엇인가를 구하지 않았기 때문이다. 천국복음이 환란 때 이스라엘에게 전파될 때 이스라엘은 즉시로 "뛰지" 않는다. 지상 지옥(대환란)이 3년 반 동안 펼쳐진 후 재림 때까지 이스라엘은 "일어나지" 않는다. 그때는 아무도 설교할 수 없는 때이다(슥 13:1-4).

그는 그리스도의 몸이 시작된 곳을 올바로 찾아내지 못했을 뿐만 아니라 이스라엘을 다루는 비유도 엉뚱한 곳에 적용한다. [성경은 절반, 아니 3분의 1, 3분의 2, 10분의 9만 공부하고서는 이해할 수 없는 책이다. 성경은 "하나의" 책이기 때문이다. 성경을 부분적으로 공부해서 특정한 세대를 교리적으로 다루는 몇몇 구절들을 이해할 수 있을지는 모른다. 그러나 "성경을 이해하는 것"은 전혀 다른 문제이다.

『솔로몬의 행각이라고 불리는 행각...』(11절, 요 10:23 참조) 아마도 이것은 이방인들의 뜰의 동쪽 편에 있었을 것이다(요세푸스, 〈고물(古物)〉 XX. 9,7). 그 행각은 아마도 열왕기상 5-7장에서 솔로몬이 건축한 것이 폐허가 된 후 그것을 다시 건축한 것일 것이다.

3:12 그것을 보던 베드로가 그 백성에게 대답하기를 "너희 이스라엘 사람들아, 어찌하여 이 일을 이상히 여기느냐? 마치 우리 자신의 능력이나 경건으로 이 사람을 걷게 한 것처럼 어찌하여 우리를 주시하느냐?

13 아브라함과 이삭과 야곱의 하나님, **즉 우리 조상의** 하나님께서 **그의** 아들 예수를 **영화롭게 하셨느니라. 너희가 그를 넘겨주었고 빌라도가 놓아주기로 결심하였는데 너희가 빌라도의 면전에서 그를 부인하였으니**

14 너희가 거룩하신 **분이며** 의로우신 **분을 부인하고 도리어 살인자를 놓아주기를 구하였도다.**

15 너희가 생명의 통치자를 **죽였으나** 하나님께서는 **그를 죽은 자들로부터 살리셨으니 우리가 이 일에 증인들이라.**

16 그의 이름을 믿음으로 인하여 그 이름이 너희가 보고 아는 이 사람

을 강건케 하였느니라. 정녕, 그를 통하여 나온 믿음이 이 사람을
너희 모든 사람 앞에서 온전하게 치유한 것이라.
17 **이제 형제들아, 너희가 너희 관원들이 그리한 것과 마찬가지로 무**
지하여 그렇게 행한 줄을 내가 아노라.
18 **그러나** 하나님께서는 **그의 모든 선지자들의 입을 통하여** 그리스도
가 고난을 받아야 하리라고 미리 선포하신 것들을 이와 같이 이루
셨느니라.

12절의 내용은 많은 설명을 요하지 않는다. 베드로는 자기 중심이 아니라 그리스도 중심이 되었다. 그는 나이 40이 넘은 불구자를 치유해 준 공을 차지하기를 분명하게 거부한다. 한편 이 부분의 문맥은 2:22과 마찬가지로 유대인과 관련되어 있다는 사실에 주목해야 한다. 『**너희 이스라엘 사람들아…**』(12절) 그러고 나서 베드로는 하나의 민족으로서의 유대 민족을 향해 또 한 번 연설을 한다. 여기서부터 3장 끝까지 죄인 개개인의 죄들에 대한 피의 속죄는 전혀 언급되지 않는다.

『**아브라함과 이삭과 야곱의** 하나님, **즉 우리 조상의** 하나님께서…』(13절, 행 2:39의 『**우리** 하나님』과 비교) 『**그의** 아들 예수를 **영화롭게 하셨느니라**』(13절). 이것은 요한복음 7:39과 계시록 5:12에서 언급된 영광이며, 누가복음 24:26에서 다시 한 번 언급되었다. 이것을 『**그의 영광의 보좌**』와(마 25:31) 혼동해서는 안 된다. 그 보좌는 그리스도께서 『**자기** 아버지**의 영광으로 올 때**』(막 8:38), 그리고 자기 자신의 영광(마 25:31)으로 오실 때 앉으실 보좌이다. 시몬 베드로가 말하고 있는 『**지극히 큰 영광**』(벧후 1:17)은 한 장소로, 골로새서 3:4에서도 동일한 의미로 쓰인다. 이 장소는 그 표현이 다른 뜻으로 사용되는 것과 혼동되어서는 안 된다. "하나

님의 영광"은 하나의 장소이거나 하나의 사건이거나 하나의 상태일 뿐만 아니라 하나의 "일"을 말하기도 한다(요 12:27,28 참조). 로마서 9:4과 마태복음 4:8에서는 또 다른 뜻으로 쓰였다. 이렇게 다양한 뜻을 가진 말을 가지고서 후천년주의와 무천년주의를 신봉하는 성경 거부자들은 하늘의 보좌(행 2:35)와 다윗의 보좌(행 2:30)을 혼합해 버린 것이다.

그리스도의 현재 위치는 "큰 영광으로 오시는 것"도, "그의 영광의 보좌에" 계신 것도 아니다. 그분의 현재 위치는 요한계시록 1:14-17과 마태복음 17:2에서처럼 "영화롭게" 된 상태이다.

『**빌라도가 놓아주기로 결심하였는데...**』(13절) 예수님을 놓아주기로 했던 빌라도의 결심은 그가 그리스도께서 박해받으시는 이유를 알았다는 사실(막 15:10)과, 그리스도께서 무죄하심을 세 번이나 선언한(요 18:38; 19:4,6) 것으로 설명될 수 있다. 그러나 그의 결심은 그의 인격적 결함으로 실행되지 못하고 만다(막 6:26에서 헤롯이 겪는 딜레마를 참조할 것). 세상과의 우정을 유지하고자 애쓰면서(요 9:12) 그는 그리스도를 그들의 뜻에 넘겨준 것이다. 빌라도는 이중인격자이다. 가시적인 기사와 표적을 증거해 주는 양심의 소리는 헤롯이나 파라오와 마찬가지로 너무나 심하게 화인맞은 탓에 진리가 그 덴 자리를 대체할 수가 없었다. 빌라도, 헤롯, 사울, 펠릭스, 아합, 아그립파 등은 모두 진리를 직면했고, 진리로 찔림을 받았고, 진리로 동요하기까지 했음에도 진리에 복종하지 않은 대표적인 예들이다.

『**거룩하신 분이며 의로우신 분을...**』(14절) 『**생명의 통치자**』(15절). 여기서 시몬 베드로는 통쾌한 설교를 한다. 『**너희가 그를 넘겨주었고**』(13절), 『**너희가... 그를 부인하였으니**』(13절), 『**너희가 거룩하신 분...을 부인하고**』

(14절), 『**너희가... 살인자를 놓아주기를 구하였도다**』(14절), 『**너희가 생명의 통치자를 죽였으나...**』(15절) 사람들이 놓아주기를 원했던 살인자는 바라바였다. 그들은 생명을 앗아간 자를 정당화시키고 오히려 생명을 주시는 분을 정죄했다(잠 29:27!).

『**그의 이름을 믿음으로 인하여 그 이름이...**』(16절) 사도행전 3:6의 주석을 다시 한 번 보면 수많은 학자들이 "이름으로"(6절)를 설명하면서 앉은뱅이를 즉석에서 일으킨 그 이름을 제거하려 한 것을 볼 수 있다. 『**믿음으로 인하여 그 이름이**』(16절).

『**정녕, 그를 통하여 나온 믿음이 이 사람을... 온전하게 치유한 것이라**』(16절). 그 사람이 그 이름(16절)을 믿었던 믿음은 그가 믿은 분에 의해서 그에게 주어진 것이다. 이 구절은 갈라디아서 2:20과 에베소서 2:8,9과 완전한 조화를 이룬다. 이 세 구절 모두가 영어 본문에서 명백하게 일치하는데도, 보수주의 학자들은 그 구절들을 가지고 온갖 오류를 만들어낸다.

『**너희가... 무지하여 그렇게 행한 줄을 내가 아노라**』(17절). 누가복음 23:48과 고린도전서 2:8에 따르면 이것은 사실이다. 이 말은 그리스도께서 십자가에서 하신 기도(눅 23:34)가 응답되었으며, 침례인 요한과 예수 그리스도께서 마가복음 1장과 마태복음 4:17에서 이스라엘에게 제시했던 것과 동일한 것이 이스라엘에게 제시되고 있음을 뜻한다. 사도행전 13:27에서 바울은 이 "무지"가 성경을 모르는 데서 기인한 것이라고 말한다. 그것은 주 예수 그리스도께서 그 당시 종교 지도자들에게 계속해서 하신 말씀이다(마 12:3,5; 21:16,42 등). 성경에 대한 무지는 바로 그리스도께 대한 무지이다. 하나님의 말씀(the word of God)을 모르는 것은 하나님의 말씀(the Word of God, 즉 말씀이신 예수 그리스도-역자 주)을 모르는 것과 같다. 양자 모두 두 가지 속성을 갖고 있으며, 둘 다 사랑받고 증오받는다. 둘 다 영원히 살며 둘 다 죄인에게 새로운 탄생을 줄 수 있다. 이스라엘은 정치적 왕국을 고대하다가 예수 그리스도의 초림을 놓쳐 버렸다. 이방인들은 영적 왕국을 고대하다가 그의 재림을 놓칠 것이다(롬 11:20-34). 신약은 그리스도를 거부하는 유대인들을 혼란스럽게 하기 위해 기록되었다. 그러나 구약은 성경을 거부하는 이방인들을 혼란스럽게 하기 위해 기록되었음을 잊어서는 안 된다.

『**그리스도가 고난을 받아야 하리라... 이와 같이 이루셨느니라**』(18절). 시몬 베드로는 구약 구절들의 성취를 예수 그리스도의 죽음, 장사, 부활, 영화롭게 되심에 제한시킨다. 그는 여기서 다니엘의 칠십째 주, 다니엘의 "작은 뿔," 재림, 팔레스타인 땅의 중생, 이스라엘 국가의 재건, 휴거(시 50편, 솔 2장, 사 26장 등) 등을 다루는 구절들이 성취되었다는 것은 조금도 비추지 않는다. 마태복음 24:35은 창세기부터 신명기까지의 일점 일획이 없어지기 전에 하늘과 땅이 없어지리라고 말씀한다. 그 예언은 사도행전이 기록된 때에 성취되지 않았으며, 그 증거를 일일이 나열하자면 100페이지는 필요할 것이다. 시몬이 여기서 말하고 있는 것은 사도행전 3:13의 의미로 볼 때 『**그리스도의 고난과 다가올 영광**』(벧전 1:11)이다. 이같은 설명에 조금이라도 거리낌이 있다면 베드로의 메시지가 어떻게 전개되는지를 살펴보라. 그는 아직 성취되지 않은 약속들을 언급하며 그것들이 『**만물이 회복될 때**』(21절) 성취될 것이라고 말한다.

그 구절을 살펴보기 전에 (먼저 간단히 기도한 후에) 근본주의 학계의 오류들을 살펴보기로 하겠다.

밥존스대학에서 추천하는 변개되고 배교한 번역본(즉 NASV, 여기서는

NEB와 〈기쁜 소식〉과도 일치한다)은 여기서 구 ASV(1901)와 NCCC의 RSV(1952) 본문을 근거로 그리스도의 신성을 공격했다. 헬라어 '파이다' 라는 단어가 "아들" 대신 "종"으로 번역되었다. [틴데일, 제네바, 비숍 성경에도 〈킹제임스성경〉과 마찬가지로 "아들"로 되어 있다. 그 단어는 1881-1884년에(RV) 필립 샤프, 엘리콧, 라잇풋, 샌데이, 웨스트코트, 홀트에 의해 바뀐 것이다.]

'파이다'는 사도행전 4:27과 4:30에서 또다시 잘못 번역되었다. 그리스도의 신성이 공격당한 것이다(로크만 재단에서 출판한 NASV). 성경 본문을 살펴보기 전에 이 "근본주의" 타락자들의 왜곡된 논리를 살펴볼 필요가 있다.

그들의 첫 번째 변명은 '파이다'라는 단어가 권위역본에서 열 번이나 "종"으로 번역되었으므로 여기서도 "종"으로 해야 한다는 것이다. 두 번째 변명은 칠십인역이 이사야 42:1과 52:13에서 "종"의 의미로 '파이다'라는 단어를 썼기 때문에 여기서도 "종"으로 되어야 한다는 것이다. 세 번째 변명은 이사야가 메시아를 칭할 때 항상 "종"이라고 했기 때문에 "종"으로 해야 한다는 것이다.

이것이 미국의 모든 신학교에서 가르치는 바이다. 유니온 신학교, 콜게이트 로체스터 신학교, 시카고 대학, 하버드, 예일에서 받아들이고 있으며, 휘튼, 달라스, 무디, 린치버그, 미드웨스턴, 사우스이스턴, 하일스-앤더슨, 풀러, 그리고 ASV(1901)를 지지하는 모든 신학교에서 위의 변명들을 수용하고 있다.

그러나 바울이 믿었던 것을 믿는 사람들은(행 27:25) ASV(1901) 개정위원회 위원들, 필립 샤프, A.T. 로버트슨, 모울튼, 알포드, 바틀레트, 그레고리, 사우더, C.H. 돗, 라잇풋, 메쯔거, 홀트, 네슬, 알란드, 파라, 렌돌, 선데이, 알브라이트, 노울링, F.F. 브루스처럼 성경을 혼잡스럽게 하는 이들의 말에 귀기울일 필요가 없다. 앞에서 말한 바와 같이, 카톨릭 암흑시대에서 찢기고 피에 적신 채 포효하au 부상한 사자는 현대의 헬라어 학자계나 고고학적인 발견물들, 〈주의 칼〉, 히브리어 학자들, 대다수의 보수주의 "성경 변개 위원회" 앞에서 달아나야 할 필요가 없다.

1. '파이스'라는 단어가 예수 그리스도와 연관되어 사용되었을 때는 열 번 중 단 한 번도 "종"으로 번역된 적이 없다. 그 단어가 "종"으로 된 열 번의 경우는 모두 "이스라엘"이나, "다니엘"이나 "고용된 종"을 언급하는 것이다(마 8:6,8,13; 12:18, 눅 1:54,69; 7:2; 15:26, 행 4:25). (그들은 사람들이 참조 구절들을 찾아보지 않으리라고 생각하고 또다시 사람들을 속인 것이다. "경건한 학자들"의 전형이다.)

2. 오리겐, 필로, 심마쿠스, 아퀼라, 데오도티언 등이 이사야에서 "종"을 번역할 때 올바른 헬라어 단어를 택한 것인지 어떻게 아는가? 그들은 〈칠십인역〉을 만들 때 책상에 〈킹제임스성경〉의 헬라어 본문을 가지고 있었다(행 4:27; 4:30). A.D. 100년 이전에 헬라어로 기록된 "이사야서 두루마리" 같은 것은 존재하지 않는다. 그들은 사도행전 4:27; 3:13에서 '파이스'를 읽은 후에 이사야 42장과 52장에 '파이스'를 썼던 것이다. 미혹된 서기관이 베드로가 "종"을 의미한 것처럼 구약을 날조한 것뿐이다.

[사 42장과 52장의 "종"이 행 3:13이나 행 4:27에 대한 직접적인 언급임을 밝힐 수 있는 사람에게는 10,000달러의 상금을 주겠다. 시몬 베드로는 이사야에서 한 구절도 인용하고 있지 않다.]

3. 어째서 '휘오스'만이 "아들"로 번역될 수 있다고 말하는가? 로크만 재단은 마태복음 21:28에서 '테크논'("아이"를 뜻하는 헬라어)을 "아들"로 번역하지 않았는가? 그리고는 누가복음 2:48에서는 "아들"로 번역하지 않았다. 〈리빙 레터즈〉, 〈기쁜 소식〉, NEB, RV, ASV, RSV도 마찬가지다. 그렇다면 이 모든 것이 무엇을 의미하는가?

자신이 만든 규칙을 자신도 지킬 수 없는데 누가 그 규칙들로 경기를 하겠는가? 성령 하나님께서 그렇게 하시겠는가?

4. 이사야는 같은 책에서 『**아들**』(사 7:14)과 『**아이**』(사 9:6)라는 말을 사용했는데 어째서 베드로가 메시아를 칭할 때 "종"이라고 해야 했겠는가? 만약 베드로가 이사야를 인용한 것이라면(그는 이사야를 인용하고 있지 않았다) 그가 이사야 9:6의 『**아들**』과 『**아이**』에 대해 말하고 있지 않았다고 어떻게 아는가?

유다 지파의 사자가 보수주의 들쥐들을 상대하는 것은 아직 끝나지 않았다. 로마서 1:3,4를 보라!

사도행전 3:13의 문맥은 그리스도의 부활이다. 15절을 보라. 그리스도께서는 이 부활로써 『**하나님의 아들**』("하나님의 종"이 아니라)로 선포되셨다. 그러므로 브루스, 래드, 로버트슨, 노울링, 렌돌, 빈센트, 극단적 세대주의자들, 윌리엄, 벌링거가 제시한 대체물은 비합리적이고 일관성이 없을 뿐만 아니라 "비성경적"이다. 여러분은 지금 현재 일어나고 있는 일이 어떤 것인지를 분명하게 알아야 한다. 신학자들과 성경 해석의 한계는 벌써 1881-1884년에 그어졌으며, 학자 연맹이 한 일은 각 세대의 그리스도인 일꾼들에게 죽은 정통주의 법령을 전해 준 것뿐이었다. 라잇풋(1888)에서 존 R. 라이스(1998)에 이르기까지 단 한 사람도 A.D. 190-230년 이후로 성경에 대한 깊은 조명을 받지 못했다. 그들은 단지 서로를 흉내 낼 뿐이다. 그것이 그들이 생계를 유지하는 방법이다. "웨스트코트와 홀트는 학자들이다." "ASV는 최고의 번역본이다." "A.T. 로버트슨은 권위 있는 학자다." "〈킹제임스성경〉 본문을 고쳐야 한다." 이것이 그들이 늘 하는 말이다.

사도행전 3:13에서는 『**아들**』이 올바른 번역이다.

3:19 그러므로 너희는 회개하고 돌이키라. 그러면 주의 임재하심으로부
터 새롭게 되는 때가 올 때 너희 죄들이 지워지리라.
20 또 하나님께서 전에 너희에게 전파된 예수 그리스도를 보내시리라.
21 하늘은 만물이 회복될 때까지 그분을 마땅히 받아들여야 하나니 이
는 하나님께서 세상이 시작된 이래로 이 일에 관하여 그의 모든 거
룩한 선지자들의 입을 통하여 말씀하신 바니라.
22 모세도 실로 조상들에게 말하기를 '주 너희 하나님께서 너희 형제
가운데서 나와 같은 한 선지자를 너희에게 일으키시리니 너희는
그가 너희에게 무엇을 말하든지 그에게서 모든 말을 들으라.
23 누구든지 그 선지자의 말을 듣지 않는 사람은 그 백성 가운데서 멸
망되리라.'고 했느니라.
24 뿐만 아니라 사무엘로부터 그 뒤를 이어 말한 모든 선지자들도 한
결같이 이 날들을 미리 말하였느니라.
25 너희는 그 선지자들의 자손이며, 또 하나님께서 우리 조상들과 세우
신 언약의 자손이라. 아브라함에게 말씀하시기를 '네 씨 안에서 땅
의 모든 족속이 복을 받으리라.'고 하셨느니라.
26 하나님께서 그의 아들 예수를 일으키사 너희를 복 주시려고 먼저 너
희에게 보내어 너희 각자가 자기의 악한 행실로부터 돌아서게 하셨
느니라."고 하더라.

이 구절은 다시 한 번 학자들을 당황케 한다. 왜냐하면 이 구절은 영적인 약속들(26절)뿐만 아니라 이스라엘에게 하신 정치적 약속들과 재림을 다루고 있기 때문이다.

19절에서 우리는 하나님의 놀라우신 손길이 〈킹제임스성경〉 번역자들을 통해 역사하신 위대한 증거를 보게 된다. 다음 구절에서 우리는 1611

년 영어 성경 본문이 현존하는 어떤 헬라어 필사본보다 더 신뢰할 만하다는 사실을 분명하게 볼 수 있다. 뿐만 아니라 여기서 우리는 1880년 이후의 모든 주요 주석가들과 성경 개정자들과 학자들의 저술을 통해 작용하고 있는 어둠의 통치자인 사탄의 세력을 볼 수 있다.

『**때**』(when, 19절)라는 단어는 99%의 성경에서 변개되었다. 그 이유는 무엇인가? 본문을 주의 깊게 살펴보자. 그 구절은 이스라엘의 죄들이 지워질 것이라고 말한다. 『**주의 임재하심으로부터 새롭게 되는 때가 올 때... 하나님께서... 예수 그리스도를 보내시리라**』(19,20절).

베드로는 무슨 말을 했는가? 그는 예레미야(렘 50:20), 이사야(사 40:2), 아모스(암 9:14,15)가 했던 말을 그대로 했다. 그리스도께서 돌아오실 "때" 이스라엘의 죄들은 지워질 것이다. 그것이 로마서 11:26-28과 히브리서 8:10의 내용이다. 그런데 어떻게 해서 99%의 주석가들은(1800-1990) 올바른 해석을 하지 못하고 그 구절을 그리스도의 초림과 혼동하는가?(행 1:6,7 참조) 베드로는 골로새서 2:9-17에 대해서는 아무것도 모르는 상태이며, 죄들이 갈보리에서 "지워졌다"고 기록한 사람은 베드로가 사도행전 3:19-21에서 말하고 있을 때 아직 구원받지도 않은 상태였다. 그러나 이사야는 죄들이 "지워지는 것"에 관해 말했다. 이사야가 "지워지리라"고 말한 문맥(사 43:25; 44:22)은 무엇인가?

a. 지워지는 것은 민족의 죄들이다(사 43:28).

b. 『**종**』은 이스라엘이지 예수 그리스도가 아니다(사 44:21,22).

『**아들**』(행 3:13)을 『**종**』(사 44:21)으로 바꾸어 버린 결과, 대다수의 보수주의 주석가들은 재림의 약속들을 초림에 적용시킨다. 그들은 또 히브리서 8:10에서도 같은 오류를 범한다.

1. 빈센트에 따르면 『**때**』(when)는 틀렸으며 "－ 하기 위하여"(in order that)로 되어야 한다. 『**때**』(times)도 틀렸으며 "시기"(seasons)로 되어야 한

다. 『**새롭게 되는**』은 "서늘한"(cooling)으로 되어야 한다. 왜 세 개의 장애물만을 쓰러뜨리는가? 『**돌이키라.**』를 "탈선하다"로, 『**죄들**』은 "적응하는데 실패"로, 『**지워지리라.**』는 "흡수되리라"로, 『**주**』는 "바알"로 되어야 한다고는 왜 말하지 않는가.

2. A.T. 로버트슨 박사에 따르면 『**때**』(when)는 틀렸다. "- 하기 위하여"(that so)로 되어야 한다. 그는 "회개가 새롭게 되는 때를 가져온다"고 말한다. 무천년주의, 죽은 정통주의 보수주의자는 20절(또는 21절)의 한 단어도 기록된 그대로 믿지 않는다. 그는 『**새롭게 되는 때**』(19절)를 "영적 부흥"으로 보고 있다. 그러나 그것은 문맥상 『**만물이 회복될 때**』(21절)인 재림을 말하는 것이다. [A.T. 로버트슨 박사는 신학생들을 가르칠 만큼의 성경적 지각을 갖고 있지 못하다. 왜냐하면 그의 전문은 (존 R.라이스와 마찬가지로) 지상에서 가장 위대한 책을 수정하는 것이기 때문이다.]

3. 아담 클라크와 라잇풋에 따르면 『**때**』는 틀렸으며 "that"으로 되어야 한다. 이 두 사람은 하나님의 말씀을 파괴하는 비평가들 중에서 가장 파괴적인 두 사람이다(클라크, *Ibid.*, p.707). 그들은 재림에 대한 구절들이 "은혜의 왕국의 통치"로 불려야 한다고 말한다!!

4. 로크만 재단과 밥존스대학(NASV)에 따르면 『**때**』는 틀렸으며 "-하기 위하여"(in order that)로 되어야 한다. 이에 일치하는 번역본은 NEB, RSV, 〈공동 성서〉(1973), 그리고 NCCC가 지원하는 다른 번역본들이다.

5. 『**때**』**(when)**는 틀렸고 "that"으로 되어야 한다(래드 박사). 『**새롭게 되는 때**』는 이미 여기에 있으며 그것은 "현재의 축복"이다. 그는 그리스도께서 여기에 계시지 않은데도 그렇게 말하는 것이다!(고후 5:1-10)

6. 『**때**』(when)는 틀렸다. 노울링에 따르면 "올 수 있도록"(that so there may come)으로 되어야 한다(*Ibid.*, p.115). "새롭게 되는 때"는 예수 그리스도께서 이스라엘에 보내지신 것과는 아무런 상관도 없으며(20절

참조) 그것은 "위로를 구하는 자에게 임하는 자애로우신 하나님의 임재"를 말한다.

7. 『**때**』는 틀렸다. 더멜로우, RV(1881-1884), ASV(1901).

8. 제미에슨, 포셋, 브라운에 따르면 『**때**』는 틀렸다. 한마디로, 성경만 틀렸고 그 어떤 것이라도 다 맞다는 것이 그들의 말이다.

이런 모든 허튼소리로 무엇을 배우겠는가? 어리석은 자의 등에 백 대의 채찍을 때린다 해도 그의 어리석음은 그에게서 떠나지 않을 것이다(잠 17:10).

성경이 가르치는 참된 진리를 배우려다가 1880-1990년의 주요 주석가들에게 시간만 낭비한 것이다. 그리스도의 재림 때 이스라엘의 죄들이 "지워진다"는 사실을 알았던 윌리엄(극단적 세대주의자)조차도, 1881년 영어 성경개정위원회에서 시작되어 현대의 "기독"대학 교과과정에까지 퍼진 심각한 질병에 감염되어 있었다. 이 질병은 독일의 고등비평(1700-1880)에서 발원했으며, 현대의 대학 교과과정은 (적어도 대학 수준의 성경 교육에 있어서는) 그 암적 질병 자체로 이루어져 있다. 벌링거와 마찬가지로 윌리엄도 『**때**』가 문맥적으로 맞다는 것을 알았음에도 본문을 변개시켰다.

학자들은 하나같이 A.V.(1611) 본문의 『**때**』(when)라는 단어를 잘못된 번역, 우연의 일치, 무지 등으로 매도한다. 그러나 한 가지 변하지 않는 사실은, [이스라엘의 죄들이] "지워지는" 시기는 『**새롭게 되는 때가 올 때**』(19절)라는 것이다. 그 때는 사도행전이나 현재 교회 시대에는 나타나지 않는다. 그 구절에서 "때"로 해석될 수 없는 "헬라어"는 종교개혁 영어 성경(1611)보다 열등한 것이다. 모든 보수주의자, 근본주의자들이 이 의견에 동의하지 않는다면 그들 모두의 견해는 진지하게 고려해 볼 하등의 가치도 없다. [1941년에 출간된 로마카톨릭의 〈첼로너 성경〉이 NASV, NEB 등의 본문과 일치하는 것은 당연한 일이다]. 이스라엘의 죄들은 『**주**

의 임재하심으로부터 새롭게 되는 때가 올 때』(19절)까지는 지워지지 않는다. 구약 어디에도 회개와 회심만으로(본문의 『**회개하고 돌이키라.**』(19절)는 말을 주목할 것) 이스라엘의 죄들이 지워진다고 말하는 곳은 없다. 이스라엘의 죄들은 "새 언약"(히 8:10)이 효력을 발생할 때 없어질 것이다. 예수 그리스도께서 지상에 재림하시기 전에 하나님께서 이스라엘에게 호의를 베푸신다 할지라도 그것은 "죄들이 지워지는 것"과는 별개의 이야기다.

오리겐에서부터 티엠(Thieme)에 이르는 모든 성경 주석가들은 "죄들이 지워지는 것"을 골로새서 2:14에 있는 개인의 구원으로 잘못 이해했다. 그들 모두는 그것이 "회개"와 "회심"의 결과라고 생각했던 것이다. 그리스도를 영접한 20세기의 죄인은 골로새서 2:14을 사도행전 4:12에 비추어 이해할 수는 있다. 그러나 시몬 베드로와 그의 청중은 그들이 디모데전서 4:1-5에 대해 몰랐던 것처럼 골로새서 2장에 대해서도 알지 못한 상태였다.

권위역본 본문에 있는 대로 『**때**』(when)가 맞다.

빈센트의 〈단어연구〉는 아무런 도움도 주지 못한다. 누가복음 23:42의 『**왕국**』이란 단어는 "왕으로서의 그리스도의 영광"을 말한다는 사람이 어떤 주석을 할 수 있겠는가? 그 헬라어는 신약에서 매번 "왕국"으로 번역된다.

『**전에 너희에게 전파된 예수 그리스도...**』(20절) 베드로는 바로 전 장에서 예수 그리스도에 대해 설교했다. "전에"라는 부사는, 그가 의도하지는 않았겠지만, 예언적이다. 왜냐하면 그것은 교회 시대의 끝에 전파될 메시지인 『**전에 너희에게 전파된 예수 그리스도**』와 연결되기 때문이다(히 8:10의 『**그 날들 이후에**』와 행 15:16의 『**이 일 후에**』를 주목할 것). 아, 엘리자베스 시대 영어의 측량할 수 없는 깊이여!

『**너희에게...**』에서 "너희"는 일차적으로 이스라엘을 가리키며, 이것은 『**하나님께서... 너희를 복 주시려고... 너희에게 보내어**』(26절)와 연결된다. 그리고 이것을 누가복음 1:68,69과 비교해 보라. 이것은 또한 로마서 1:16과도 맞아 떨어진다. A.V.(1611) 본문은 언제나 (지상의 메시아가 통치하는 "정치적" 왕국으로서) 이스라엘의 천년왕국 회복에 대한 절대적인 진리를 확증해 준다. 이제 우리는 사도행전 1장과 천년왕국 사이의 빈 간격이 유대인과 이방인으로 구성된 그리스도의 몸으로 채워졌음을 알게 되었다. 그러나 창세기에서 말라키에 걸쳐 이스라엘에게 언급된 것 중 바뀐 것은 단 하나도 없다(갈 3:29 및 주석 참조). 아브라함과 그의 씨에게 준 땅 즉 팔레스타인, 시리아, 시내 산은 "조건 없이" 주어진 것이다.

21절을 충분히 설명하자면 적어도 3주는 걸릴 것이다. 예수 그리스도께서는 지금 하늘에 계신다(골 3:1-3, 히 12:1,2). 『**회복될 때**』는 구약에서 너무나 많이 언급되어 있기 때문에(창 15,22,49장, 신 29,32장, 유 1:5, 삼하 22장, 사 2,11,65,66장, 겔 27,40-48장 등) 배교한 정통주의자들이 『**때**』(when)를 "위하여"(so that)로 바꿀 수 있는 유일한 방법은 이스라엘에게서 이 약속들을 훔쳐내어 그것들을 "교회"에 적용시키는 것뿐이다. 이사야 34:6, 미카 4:3, 예레미야 23:5, 스카랴 14:9, 이사야 35:1-10을 보라. 이 구절들은 죄인이 회개하고 "위로"받는 것 이상의 것들을 말하고 있다.

『**때**』(when)를 다른 것으로 바꾸는 대부분의 주석가들의 무분별은 21절의 『**만물**』(all things)이 영적인 것만을 언급한다고 믿는 데 기인한 것이다(골 2,3장을 이 구절에 비춰서 읽음으로써 덫에 걸리게 되는 것이다).

어떤 근본주의자가 일단 사도행전 1:6에서 주춤하게 되면 사도행전 2:30에서는 휘청거리게 되며, 사도행전 2:30에서 휘청거린 다음에는 여지없이 사도행전 3:19에서 물 속으로 가라앉게 된다. 예수 그리스도께서 올리브 산에 맨발로 내려오실 때까지 "새롭게" 되거나 "만물이 회복되는" 것은 없다(행 1:11, 슥 14:1-12 참조). 예수 그리스도께서는 아직 올리브 산에 내려오지 않으셨다. 그러므로 "회복"(21절)과 "새롭게 됨"(19절)이 지금 진행되고 있다고 주장하는 주석가들은 반쯤 미쳤거나 다윈의 진화론을 성경 예언에 적용시키는 국제적인 사회주의자이다.

펨버(Pember), 라킨(Larkin), 맥클레인(McClain), 켐프(Kemp), 펜터코스트(Pentecost), 스코필드(Scofield), 뉴얼(Newell), 반하우스(Barnhouse), 무디(Moody), 다비(Darby), 아이언사이즈(Ironsides), 사우어(Sauer), 노엘 스미스(Noel Smith), 존 R. 라이스(John R. Rice), 박스터(Boxter), 티엠(Theime), 웨스트(Wuest), 밥 존스 3세(Bob Jones III), 디한(Dehaan), 풀러(Fuller), 윌버 스미스(Wilbur Smith)는 천년왕국을 교회 시대로 오해하지는 않았을 것이다. 그러나 그들 중 어떤 이들이 ASV(1901)나 〈성경적 관점, *Biblical Viewpoint*〉 같은 책들을 인용했을 때, 그들은 세대를 전혀 구별할 줄 모르는 사람들의 저작과 학위를 눈감아 주었던 것이다.

『**모든 거룩한 선지자들...**』(21절)에는 세상과 시대의 시작을 기록했던 모세가 포함되며, 그가 기록한 야곱, 이삭, 아브라함, 노아, 에녹, 아벨 등도 포함된다. 유다서 1:14에서 에녹이 인용되고 있는 것으로 보아 예언은 거기까지 거슬러 올라감을 알 수 있다. 에녹은 침례인 요한이 태어나기 약 3,500년 전에 재림을 전파하고 있었다.

『**나와 같은 한 선지자...**』(22절) 이 유명한 구절은 신명기 18:15-18에서 발견된다. 이것은 요한복음 1:24-28에서 요단 강에서 왜 그와 같은 의문이 제기되었는지를 설명해 준다. 구약의 유대인들(1881,1902,1952,1963년의 성경개정위원회보다 훨씬 더 진지하게 성경공부를 했던 사람들)은 예레미야(마 16:14)와 엘리야(요 1:21) 둘 다 모세와 같은 선지자였음을 알고 있었다. 그런데 이 "선지자"는 예수 그리스도였다(요 1:21). 모세가 신명기 18:15-18에서 "네게"(thee)라고 말했을 때 그는 이스라엘 민족 전체를 대상으로 말하고 있는 것이며, 여기서 그 모세의 말을 다시 인용하고 있다(『**주 너희 하나님께서... 너희에게 일으키시리니 너희는 그가 너희에게 무엇을 말하든지 그에게서 모든 말을 들으라**』(22절). 그는 그리스도 안에 있는 이방인 성도의 거듭남에 대해 말하고 있는 것이 아니다.

『**사무엘로부터 그 뒤를 이어 말한 모든 선지자들도 한결같이 이 날들을 미리 말하였느니라**』(24절). 『**그 뒤를 이어**』 예언한 사람들은 다윗부터 말라키까지다. 이 구절은 사도행전 2:17의 『**마지막 날들**』과 정확하게 일치한다. 모든 것이 재림(마 1장과 행 7장 사이에 성취될 약속들)을 위해 준비되었다는 사실을 이해하지 않고서는 이 "왕국"을 제대로 이해할 수 없다. 구약의 선지자들은 초림과 재림을 함께 두었다(벧전 1:11). 이것은 누가복음 4:18에서 그리스도께서 이사야 61:1,2을 다루시는 것으로 볼 때 명백해진다. "이스라엘을 위한 연기된 왕국"은 하나의 "학설"이 아니다. 그것은 "학설"이었던 적이 결코 없으며, 또 "학설"이 되지도 않을 것이다. 그것은 그것을 "학설"이라고 가르쳤던 모든 사람들의 눈 앞에서 신문의 제1면에 실릴 "예언된 진리"이다. 베드로가 『**이 날들**』이라고 말했을 때 그는 예수 그리스도의 재림에 선행되는 날들에 대해 이야기하고 있는 것이다. 그 날들은 여기서 일어나고, 대환란 때(계 2:22) 다시 일어난다. 히브리서 1:2의 『**마지막 날들**』이 사도행전 1-7장이나 요한계시록 4-19장에 위치할 수 있는 것처럼, 사도행전 3:23,24의 『**이 날들**』은 교회 시대의 시작이나 그 "끝"에 자리할 수 있다.

23절의 "사람"이 지난 1,000년간 있었던 이방인들을 말한다고 할 수는 없다. "사람"은 모세와 베드로의 메시지를 들은 사람들이다. 『**너희는 그 선지자들의 자손이며**』(25절)라는 표현이 그것을 증명해 준다. 샤프, 로버트슨, 그 밖의 배교한 정통주의자들이 얼마나 자주 갈라디아서 3:29을 이 본문에 비추어 이해하는지와 상관없이, 베드로가 설교하고 있던 사람들은 선지자들의 물리적인 자손이다. 갈라디아서 3:26-29은 결코 물리적인 것이 아니다. 그러나 미혹당한 주석가들은 그 문맥에서 28절을 읽은 후에, 갈라디아서 3:29을 물리적인 것으로 설명한다.

이제 진리를 추구하는 그리스도인의 마음에서 모든 의심을 제거하기 위해, 말로만 전천년주의를 믿는다고 하는 번역가들을 제쳐 두고, 〈킹제임스성경〉(1611)이 제시하는 진리를 살펴보기로 하자.

거의 모든 관주 성경들은 갈라디아서 3:8의 관주에 창세기 12:3을 제시했다. 그러나 그 구절은 창세기 12:3과 연결되지 않는다. 창세기 12:3에는 『**족속들**』(families)이라고 되어 있다. 갈라디아서 3:8의 참조 구절은 『**민족들**』로 되어 있는 창세기 22:18이다. 갈라디아서 3:8은 영적인 것을 언급하고 있으며, "그리스도"가 (이삭으로서) 발견되는 창세기 22:18과 연결되어야 한다. 창세기 12:1-3은 "땅"과 관계가 있다. 베드로는 여기서 『**민족들**』이 아니라 『**족속**』(kindreds)에 대해 말하고 있다(25절). 그럼으로써 베드로는 그의 메시지를 물리적 히브리인들에게 주어진 땅(창 12:1-3)과 연결시키는 것이다. 따라서 모든 관주 성경이 본문에서 제시하는 참조 구절은 창세기 22:18이지만, 그것은 전적으로 잘못된 것이다.

A.V.(1611) 번역자들은 믿음으로 기도하면서 지금까지 살았던 가장 위대한 근본주의자들보다도 더 정확한 번역을 할 수 있었다. "정확성"이란 말을 "하나님께서 의도하신 대로 계시된 진리 전체에 충실한 번역"으로 정의한다면 말이다. [베드로가 언급한 유일한 영적인 것은, 하나님께서는 왕국이 오기 전에 『**먼저**』(26절) 이스라엘을 위해 영적으로 어떤 일을 해

야 하셨다는 것이다. (이에 관한 세부적인 설명은 저자의 주석서 〈마태복음〉 2-6장 참조)]

가장 훌륭한 보수주의자들이 "최상의 필사본은 26절에 "예수"가 삭제되어 있다"고 말한다(빈센트, NASV, 로크만 재단, 네슬, 알란드, 블래스, 더 멜로우, 노울링, 렌돌, 웬트, 웨스트, 〈리빙 레터즈〉, NEB, TEV, 〈현대인을 위한 기쁜 소식〉, 필립스, RV, ASV, RSV, 〈복음주의 주석〉, 래드, 브루스, 그리스바흐, 티쉔돌프, 라흐만, 그레고리 등). 위에서 말한 "최상의 필사본"은 당연하게도 로마카톨릭 교회의 예수회 성경(1582)과 일치한다. "예수"란 단어는 밥 존스, 스프링필드, 미주리 대학에서 그것을 삭제하기 300년 전에 이미 그 라틴어 성경에서 삭제되었다.

25절에서는 인칭대명사의 철자변이에 대해 40개 이상의 필사본을 인용했음에도 불구하고 1966년판 알란드 텍스트(미국 성경협회)에는 "예수"가 삭제된 필사본 증거가 하나도 제시되어 있지 않다. 극도로 변개된 인쇄체 대문자 필사본들과 알렙, B, D에 의해 "예수"가 성경에서 빠졌다. 위에 나열한 "근본주의자들"은 그분을 본문 밖으로 내쫓았을 뿐만 아니라, 그의 아들의 지위를 "종"으로 변개시켰다(13절 주석 참조). 그들은 성경 본문을 태워 버리는 것을 제외하고는 그것에 할 수 있는 온갖 짓을 다 했다.

죽은 자들로부터 그리스도께서 일으켜지신 것은(26절, 『**그의 아들 예수를 일으키사**』) 그리스도의 "아들 되심"과 연관된다. 그가 종인 것과 관계된 것이 아니다. "종"이란 단어는 13절이나 26절에 맞지 않다.

사도행전 4장

4:1 사도들이 백성에게 말하고 있을 때 제사장들과 성전 책임자들과 사두개인들이 그들에게 와서
2 그들이 백성을 가르치며 죽은 자들로부터의 부활을 예수를 통하여 전파하는 데 격분하여서
3 그들을 체포하여 그 다음 날까지 가두었으니 이는 그때가 이미 저녁이었기 때문이라.
4 그러나 그 말씀을 들은 많은 사람이 믿으니 남자의 수가 약 오천 명이나 되더라.

7,8,9,10,14,15,17,20장에서의 몇 가지 점들을 제외하고 여기서부터 서술 속도가 비교적 급진전된다. 2,3장을 분투하며 지나오느라고 우리는 많은 시간을 썼다. 왜냐하면 그것들은 사도행전 10,15장을 제외하고는 사도행전에서 가장 중요한 장들이기 때문이다. [사도들의 행적은 일차적으로는 역사서이기 때문에 바울 서신서들보다는 훨씬 쉽게 읽을 수 있다.]

『**성전 책임자들과 사두개인들이...**』(1절) 라잇풋과 요세푸스는 "성전 책임자들"이 레위인들 중에서 뽑혔으며, 한 시간씩 돌아가며 섬기는 그룹들의 책임자들이었다고 말한다. 사두개인들은 마태복음 22:23과 사도행전 23:6에 등장하는 신사들로, 오늘날 전국 공회나 에큐메니칼 공회의 "자유주의파"에 필적한다. 사두개인들은 유물론자들로(행 23:8) "영적인 이상"(ideals)이나 "영적인 목표"는 믿었지만, 영의 세계 즉 그룹, 천사, 스랍, 천사장, 마귀 등은 믿지 않았다. 그들은 로마의 "권력가들"과 잘 지내는 상류층 제사장들이었다. 그들이 권력가들과 잘 지낼 수 있었던 이유는 그들의 입장이 덜 성경적이었기 때문이다. [B사본은 "제사장들"을 "대제사장들"로 대체시켰으며, 서방원문(특히 D)은 "그들이 말하고 있을 때"에 "이 일들을"이라는 말을 첨가시켰다.]

『**그들이 백성을 가르치며 죽은 자들로부터의 부활을 예수를 통하여 전파하는 데 격분하여서**』(2절). 디도서 1:12의 『**악한 짐승들이며, 게으른 탐식가들**』, 사도행전 20:29의 『**이리들**』이 그와 같은 반응을 보인 것은 당연한 일이다. 로마카톨릭 교회는 15세기 동안 바티칸에 경의를 표하지 말도록 가르치는 성경대로 믿는 그리스도인들을 "이단"으로 정죄해 왔다. "이단"들이 무엇을 가르치는가가 중요하다. 벌링거 추종자들은 침례교회에서 교인들을 빼내 오기 위해 "물침례는 없다."고 가르친다. 캠벨 추종자들은 "침례에 의한 거듭남"을 가르침으로써 그리스도인들이 행위로 인한 구원을 신뢰케 한다. 여호와의 증인들은 "지옥이 없다"고 가르침으로써 구원의 확신이 없는 교회의 감리교인들과 침례교인들을 얻는다. 순복음 교단은 감독교인들과 카톨릭 교인들에게 "방언과 치유"를 가르침으로써 그들을 성경의 권위 대신 경험을 기초로 한 에큐메니칼 운동에 끌어들인다. 사람들에게 무엇을 가르치는가가 중요하다. 사도들은 "죽은 자들로부터의

(from) 부활을 예수를 통하여 전파했다"(2절).

문제는 바로 그 전치사에 있다. 사두개인들이 어떤 형태의 부활도, 심지어 죽은 자들의 부활(행 23:8)까지도 강하게 반대한 것은 당연한 일이었다. 그러나 『**이스라엘 자손의 모든 원로**』(행 5:21)가 사도들의 가르침에 "격분"했던 것이다. 여기에는 바리새인들도 포함되었다. 바리새인들은 모든 무천년주의 해석가들(메이첸, 워필드, 칼빈, 앨리스, 마우로, 로버트슨 등)과 마찬가지로, 그리고 마르다와 마찬가지로(요 11:24) 마지막 때의 전체적인 부활과 심판을 믿었다. 그러나 그들이 증오했던 것은 마지막 심판(계 20:1-6) 이전에 죽은 자들"로부터"(from) 어떤 이들이 살아나리라는 예수 그리스도의 전천년적 가르침이었다.

전천년주의는 하나의 성경 해석 체계가 아니다. 그것은 19세기 동안 증오되고 무시되어 온(막 9:9,10을 보라) 진리이다. 그것을 마지막 심판 전에 두는 사람이 있다면 그는 틀림없이 그 심판대에 모습을 드러내야만 하는 사람들보다 더 의로운 사람일 것이다. 그래서 자기 의를 주장하는 사람은 누구도 이 교리를 그냥 내버려 두지 않는다. 그런 사람에게는 총체적인 죄들이 총체적으로 심판받는 총체적인 부활이 있을 뿐이다. 왜냐하면 그런 심판에서 그는 다른 사람들과 동등하게 보일 수가 있기 때문이다. 그러나 하나님의 의가 나타났다(롬 3:25,26; 10:1-4). 죽은 자들"로부터"의 부활(행 17:31)은 그 의가 심판 때에 있을 어떤 죄인의 의보다 우월하다는 사실을 입증해 준다. 따라서 예수 그리스도를 소유한 사람들은 마지막 심판보다 먼저 부활할 것이다(롬 10:9,10을 보라).

이것이 바로 사도들과 제자들이 붙잡혀서(3절) 감옥에 갇히게 된 이유이다. 관찰력 있는 독자라면 베드로가 2시간 동안 설교했다는 사실을 알 수 있을 것이다(3:1과 4:3 비교). 그는 청중의 죄와 무책임, 무지, 살인(행 3:13-16)을 강력히 지적하면서 메시지를 시작했다.

4절은 설명을 요하지 않는다. 믿는 자들의 수는 이제 5,000명으로 늘어났다. 이것은 2시간의 메시지 후에 약 2,000명이 개심했음을 나타낸다(물론 처음부터 있던 120명은 제외하고서). 여기서는 개심한 사람 중 아무도 방언을 했다거나 즉석에서 침례를 받았다는 기록이 없다는 사실에 주목하기 바란다.

4:5 그 이튿날 예루살렘에는 그들의 관원들과 장로들과 서기관들이 함께 모였는데
6 대제사장 안나스와 카야파와 요한과 알렉산더와 또 대제사장의 친족이 모두 참석하여,
7 두 사도를 가운데 세워 놓고 그들이 묻기를 "너희가 무슨 권세와 누구의 이름으로 이 일을 하였느냐?"고 하더라.
8 그때 베드로가 성령으로 충만하여 그들에게 말하기를 "백성의 관원들과 이스라엘의 장로들이여,
9 오늘 우리가 불구자에게 선한 일을 행한 것에 관해서 그가 어떻게 낫게 되었느냐고 심문을 받는다면
10 너희 모두와 이스라엘 모든 백성은 알지니 너희가 십자가에 못박았고, 하나님께서 죽은 자들로부터 살리신 나사렛 사람 예수 그리스도의 이름으로, 곧 그분으로 인하여 이 사람이 온전하여져서 여기 너희 앞에 서게 되었느니라.
11 이분은 너희 건축자들이 쓸데없다고 제쳐 놓은 돌이었지만 모퉁이의 머릿돌이 되었느니라.
12 그러므로 다른 이에게는 구원이 없나니 이는 하늘 아래서 우리가 구원을 받을 수 있는 다른 이름을 인간에게 주신 적이 없음이라."

고 하더라.

반대하는 자들도 증가하고 있다. 제사장들과 사두개인들과 성전 책임자들에서 시작되었던 것이 이제는 『**관원들과 장로들과 서기관들**』(5절)까지 포함되었다. 대부분의 주석가들은 그것을 15절의 헬라어 '수네드리우'에서 나온 산헤드린을 말하는 것으로 본다. 학자들은 그들이 "교회들"(행 19:37)보다 "성전"을, "과학"(딤전 6:20)보다 "지식"을 선호하는 것과 동일한 이유로 "공회"(행 6:15)보다는 "산헤드린"이란 단어를 더 선호한다. 그것은 그들이 선호하는 단어가 그들의 죄를 조금이라도 더 덮어주기 때문이다. "대 산헤드린," "71인의 산헤드린" 등을 말하는 사람들은 신약에서 『**공회**』라는 단어가 단 한 번의 예외를 제외하고는 항상 성경 반대편에 서서 반대하는 집단을 의미한다는 사실을 가리려는 것이다(마 10:17; 26:59, 막 13:9; 14:55, 눅 22:66, 행 4:15; 5:21,27,34; 6:12; 22:30; 23:1 등). 어찌됐건 사도들이 곤란에 처하게 되었다.

『**또 대제사장의 친족이 모두 참석하여**』(6절). 피는 물보다 진하다. 이제 안나스, 카야파, 요한, 알렉산더 대 베드로, 야고보, 요한, 안드레이다. 누가복음 3:2은 이 구절에 있는 무리 중 두 명을 언급하고 있다. 카야파는 "목적이 수단을 정당화시킨다."고 믿었던 요한복음 11:49의 선지자이다. [이 같은 믿음은 공민권법(1964)과 정확하게 일치한다.] 그러나 『**악인은 손에 손을 잡을지라도 벌을 면치 못할 것이나...**』(잠 11:21)라고 했다. 사도 시대의 에큐메니칼 공회가 의지했던 "숫자 상의 안전성"은 결코 불못에서 그들을 보호해 주지 못한다.

『**너희가 무슨 권세와 누구의 이름으로 이 일을 하였느냐?**』(7절) 사도행전 3:6에서 그리스도를 거부하는 유대인이 알포드나 메이어, 데이빗슨, 드웻, 노울링보다도 훨씬 더 정확하다. 산헤드린은 위의 두 표현이 같은 것이 아님을 너무도 잘 알고 있었다. 이 위선자들이 나타날 때마다(마 21:23, 막 11:28, 눅 20:8, 요 5:27) 그들은 항상 권세에만 관심이 있었다. 그들은 예수 그리스도의 사역의 결과에는 관심을 보이지 않는다. 수천 명을 먹이고(마 14:21), 수십 명이 치유되고(마 8:16) 죽은 자들이 살아났음에도(요 11:20-50), 그들이 알고자 하는 것은 오직 『**무슨 권세로... 이런 일을 행하느뇨?**』(마 21:23)이다. 학위를 어디서 얻었지? 서명을 좀 보자구! 어떤 교단에 속하지? 어디서 위임을 받았지? 출판사는 유명한가? 누가 임명했지? 무슨 학교를 나왔지? 누가 파송했지? 목사는 누구지? 밥존스대학의 입장에 동의는 하는가? 사역은 얼마 동안 했는가? 인가받은 신학교겠지? 협회에는 소속이 돼 있나? 주교가 추천을 할까? 헬라어 원본에 대해서는 알고 있는가? UN의 회원인가? 공산당? 나치당? 『**너희가 무슨 권세...로 이 일을 하였느냐?**』

카야파와 안나스, 요한, 알렉산더는 이번에는 사슴 대신 회색 곰을 잡았다. 성령으로 충만하지 않을 때의 베드로는 너무나 우둔했다(요 13:8, 마 16:22). 그러나 "성령으로 충만한"(8절) 그의 대답은 질서정연하다.

『**백성의 관원들과**』(8절). 이번에는 머뭇거리거나 불평하는 것도 없으며(마 26:70) 분노에서 터져 나온 저주도 없다(마 26:74). 베드로는 정연하고도 공식적인 입장에서 반대파를 정면으로 겨냥하여 그들의 영적 눈멂과 직무 태만, 그리고 성경에 대한 무지와 살인(10절)을 큰소리로 비난하고 있다. 베드로의 대답은 "우리는 예수 그리스도의 이름으로 그 일을 했다."에서 끝나지 않는다. 그는 시편 118:22을 인용한 것이다. 그 구절은 산헤드린이 자신들이 죽였던 사람의 입에서 들었던 바로 그 구절이다. 마태복음 21:42-45을 보라.

직업 어부인 베드로가 그들을 사정없이 해치웠으며, 그들이 "숨겨진 손길"이 그와 함께함을 즉시 인지했다는 사실은 13절을 통해 알 수 있다. 예수 그리스도 외에는 누구도 시편 118:22을 인용해서 그들을 살인자로 고소한 사람이 없었다. 예수 그리스도와 그의 옛 친구 시몬 베드로를 제외하고는 아무도 없었다.

10절은 설명을 요하지 않는다.

11절은 저자의 주석서 〈마태복음〉에(마 21:42-44) 설명되어 있다. 이 머릿돌은 피라미드의 맨 꼭대기에 놓이는 돌을 말한다. 그것이 피라미드 꼭대기에 놓여 있지 않다는 사실은, 그 돌이 와서 놓여지는 때와(마 21:42) 와서 피라미드를 세우는 자들을 부서뜨리는 때(마 21:44) 사이에 하나의 중간 시대가 있음을 보여 준다. 이스라엘에게 왕국이 연기되었다는 것은 하나의 학설이 아니다. 그것은 과학적 자료를 통해 입증될 수 있는 역사적 사실이다. 하나님께서는 그리스도를 『**모퉁이의 머릿돌**』이 되게 하셨다(11절). 그러나 그 '돌'은 다니엘 2장 이후에야 다시 내려올 것이다. 그때 그 '돌'은 유럽에 세워지고 있는 열 개의 실제적이고 눈에 보이며 정치적인 로마카톨릭 왕국들을 칠 것이다.

『**그러므로 다른 이에게는 구원이 없나니 이는 하늘 아래서 우리가 구원을 받을 수 있는 다른 이름을 인간에게 주신 적이 없음이라**』(12절). 여기서도 바울 서신에서 "구원받는다"에 대해 쓴 말(엡 2:8-10)이 이 구절에 비추어서 어떻게 읽혀지는지 주의해 보라. 그러나 바울 자신은 "구원받는다"(딤전 4:16; 2:15)는 말을 죄인이 지옥으로부터 받는 구원과는 다른 의미로 사용하고 있다. 12절에서 『**우리**』는 직접적으로는 이스라엘 민족을 말하는 것이지만 여기에 『**하늘 아래서... 다른 이름을... 주신 적이 없음이라.**』는 말씀이 덧붙여진 것은 로마서 10:14-16의 전조가 된다. 이것은 마태복음에서 중간 중간에 삽입되는 내용과도 유사하다. 이러한 삽입구들은 유대인들을 향한 감추어진 경고이다.

4:13 그때 그들이 베드로와 요한이 담대하게 말하는 것을 보자 배우지 못한 무식한 사람들로 알았다가 놀라며 그들이 예수와 함께 있었다는 사실을 깨닫더라.

14 또 치유를 받은 그 사람이 사도들과 함께 서 있는 것을 보고 그 일에 대하여 반박할 말이 없는지라,

15 그들에게 공회 밖으로 나가라고 명령한 후 서로 의논하여

16 말하기를 "우리가 이 사람들에게 어떻게 해야 할까? 실로 그들을 통해서 행해진 뚜렷한 기적이 예루살렘에 사는 모든 사람에게 알려졌으니 우리도 부인할 수 없는 일이라.

17 그러나 더 이상 백성 가운데 확산되지 못하게 그들을 엄히 위협하여 이후로는 아무에게도 이 이름으로 말하지 못하게 하자." 하고

18 그들을 불러서 명령하기를 "절대로 예수의 이름으로 말하지도 말고 가르치지도 말라."고 하더라.

19 그러나 베드로와 요한이 그들에게 대답하여 말하기를 "하나님 앞에서 너희에게 경청하는 것이 하나님께 경청하는 것보다 더 옳은 일인지 판단하라.

20 우리는 보고 들은 일들을 말하지 아니할 수 없노라."고 하더라.

21 그러나 그들은 백성 때문에 사도들을 처벌할 방도를 찾지 못하여 한 번 더 위협한 후에 그들을 놓아주었으니 이는 모든 사람들이 그 일어난 일로 인하여 하나님께 영광을 돌리기 때문이라.

22 이 기적으로 치유된 그 사람은 사십 세가 넘었더라.

『**배우지 못한 무식한 사람들**』(unlearned and ignorant, 13절)이라는 〈킹제임스성경〉의 번역이 부적절하다고 처음으로 이의를 제기한 사람은 아담 클라크(Adam Clark)이다. 빈센트(Vincent)와 로버트슨(Robertson)도 그 말을 몹시 싫어했고, 브루스(Bruce), 얼(Earle), 카터(Carter), 웨스트(Wuest), 래드(Ladd), 모울튼(Moulton), 밀리건(Milligan)도 이 단어들이 적절치 않으며 NASV처럼 "교육받지 못하고 훈련되지 못한"(uneducated and untrained)으로 돼야 한다고 말한다. 더멜로우(Dummelow)는 A.V.의 표현이 "우리에게 그릇된 인상"을 준다고 말한다.

[나는 박사학위 논문에 필요한 자료를 얻기 위해 미국에서 가장 유능한 목사들과 교사들과 복음 전도자들 30명에게 네 가지 질문을 하는 편지를 보낸 적이 있다. 그 질문들 중의 하나가 "교육받은 계층이 당신의 사역에 일반적으로 어떻게 반응하는가?"였다. 내가 성경을 바로 읽은 것이라면, 교육과 학위는 지상에서 영적 명철을 얻는 데 가장 커다란 방해요소이다.] 교육받았으나 "무식한" 사람이었던 바울(딤전 1:13)은 그의 동료들이 요한복음 7:41-52에서 그랬던 것과 마찬가지로 메시아를 아는 데 있어 오류를 범했었다.

3장에서 "무지"가 정통을 고수하는 종교 지도자들의 특징 중 하나임을 우리는 이미 살펴보지 않았는가? (3:17을 볼 것)

당신은 이사야 28:9을 읽었는가? 고린도전서 1,2장을 읽었는가? 누가복음 10:21을 읽었는가? 24년간의 정규 교육을 받은 교육받은 헬라어 학자들보다 누가 더 "무식하고"(행 4:13) "미신적일"(행 17:22) 수 있겠는가? 그들이 거리에서 설교하는 사람들을 『**배우지 못한 무식한 사람들**』로 간주하지 않은 적이 있었던가? 그들이 가장 지혜로운 분에 대해 생각했던 바와 똑같지 않은가?(요 7:15) 미국이나 유럽의 교육 체계가 이런 사람들의 행동을 변화시킬 수 있다고 생각하는가?

산헤드린의 눈에는 베드로와 요한이 『**배우지 못한 무식한 사람들**』이었다. 교육받은 사람들은 직업 어부들은 배우지 못하고 무식하기 때문에 누구에게 성경을 가르치거나 설교할 수 없다고 생각했다. 오늘날 많은 보수주의자들이 생각하는 바는 하나님께서는 기독교 대학에서 교육받은 산뜻하고 교양 있는 젊은이들만을 사역에 부르시며, 고등학교 졸업장을 가지고 대학 입학을 보장받는 사람들만을 부르신다는 것이다. 하나님께서 아모스나 요한, 예레미야, 베드로, 느헤미야, 미카 같은 사람들은 더 이상 부르시지 않는 것처럼 보인다. 바울만이 자격을 갖추었다. 왜냐하면 그는 랍비 학교에서 교육을 받았기 때문이다[불행히도 바울의 언변은 "하찮고" "약했다"(고후 10:10). 더구나 구원받은 후 그는 학교를 그만두었고 다시 복학하지 않았다]. 현대 기독교계에 팽배한 생각은 "모든 사람에게 모든 것"이 돼야 하기 때문에 가능한 한 많은 교육을 받는 것이 좋다는 것이다. 그러나 이상하게도 이런 생각을 지지하는 대부분의 사람들은 교육 전문가들이다. 이들 중 누구도 "모든 사람들에게 모든 것"을 믿으며 머리를 기르고 바지를 찢고 수염을 기르고 다니는 히피, 이피, 지피 그리스도인들은 전혀 수용하려 들지 않는다. 교육으로 더 많은 소득을 얻는 사람들의 생각에는 더 많은 "교육"이 좋은 것이다.

내가 이제까지 보았던 가장 위대한 설교자 중의 한 사람은 목회를 시작한 지 6년 후에 고등학교 명예 학위를 얻었다고 했다. 또 다른 내 친구는 교양교육부(Liberal Arts)에 갔었는데, 그는 자유주의자(Liberal)도 아니었으며 헛간 페인트칠 하나도 하지 못했다고(Arts) 말했다. 우리 학교에서(1965-1968) 가장 위대한 구령자 중 한 사람은 2학년에 낙제했으며 8학년을 끝마칠 수가 없어서 해군에 입대한 소년이었다. 그러나 그는 네슬의 비평 장치와, 웨스트코트와 홀트의 학설을 정확하게 볼 줄 알았다. 한 번은 어떤 헬라어 학자가 레스터 롤로프(Lester Roloff)에게 냉소적으로 물었다. "당신은 정규교육을 받았소?" 이에 롤로프는 웃으면서 대답했다. "예, 조금받았습니다만, 그것을 극복해 낼 수 있었습니다."

베드로와 요한은 이사야 29:21을 문자 그대로 실행하고 있던 그들의 고소자들의 눈에는 『**배우지 못한 무식한 사람들**』이었다. 그들은 "이 촌뜨기들한테 생각이 있다면 공개적으로 설교하지는 않을 텐데, 그들은 무식한 사람들이야."라고 생각했다. 물론 베드로의 갈릴리 사투리(마 26:73)는 그가 촌뜨기임을 보여 주는 것이었다. 그러므로 그는 『**배우지 못한**』 자였다. 그는 "procuratiorship"(고대로마의 행정 장관직)을 제대로 발음할 줄도 몰랐다. 그는 그 단어의 액센트가 첫 음절에 있는지 둘째 음절에 있는지도 몰랐다. 그는 연설 중에 호흡을 가다듬을 줄도 몰랐고, 글을 쓸 때면 알아보기 힘들게 썼다. 그는 "분노한 사람"이었다. 그의 말은 오싹할 정도였다. 그는 속어를 썼다(롬 16:18을 볼 것!!). 그는 사람들에게 모욕을 주었다. 분명히 그는 『**배우지 못한**』 자였다. 그것뿐만 아니다. 그는 성령으로 충만했다. 죽은 정통주의의 상투어구는 "하나님은 무지를 존중하지 않으신다"이다. 그러나 그와 동시에 "하나님은 교육을 높이는 분도 아니시다." 하나님께서는 자신이 어떤 일을 시키기를 원하실 때 교육을 받고자 하는 사람을 결코 축복하지 않으셨다.

윌리엄 부스(William Booth), 조지 뮬러(George Muller), 빌리 브래이(Billy Bray), D.L. 무디(Dwight L. Moody)가 "교육을 받는 데" 시간을 썼다면 주께서는 그들을 사용하지 않으셨을 것이다. 『**네 마음을 다하여 주를 신뢰하고, 네 자신의 명철을 의지하지 말라**』(잠 3:5).

블레이클락(E.M. Blaiklock, 〈틴데일 신약주석〉, 사도행전 p.54) 같은 미혹된 학자들은 직업 어부들을 『**배우지 못한 무식한 사람들**』이라고 생각했다. 블레이클락은 사도행전의 독자들에게 성경을 지나치게 문자 그대로 믿지 말라고 경고한다. 그는 "우리는 아리스토텔레스의 후예들"(골

2:8)이며 "수세기 동안 축적된 논리적 분석학의 상속자들"이기 때문에 그렇게 해서는 안 된다는 것이다.

그러나 우리는 플라토나 아리스토텔레스의 저술에서, 또 어거스틴부터 칼빈 사이의 그 누구에게서도 "논리적 분석"을 찾아보지 못했다. 다윈이나 팔리(Paley)의 저술에서도 마찬가지이며 리엘(Lyell)이나 헉슬리(Huxley)에게서도 그런 것을 본 기억이 없다. 소크라테스, 레닌, 엥겔스, 아리스토텔레스는 U.N. 정도밖에 합리적이지 못했다. 이들 중 누가(또는 이들 모두를 합쳐도) 인류의 주요 문제를 하나라도 해결한 적이 있는가?

『**그때 그들이 베드로와 요한이 담대하게 말하는 것을 보자**』(13절). 서로에 대한 사랑도 아니고, 그들의 재치나 상냥함도 아니며, 깨끗한 옷이나 좋은 매너도 아니고, 주일학교 출석, 은행 예금 때문도 아니며, 원어에 대한 지식도, 그들의 훌륭한 인격도, 주일 아침 헌금도 아니다. 『**그들이... 담대하게 말하는 것을 보자... 놀라며...**』

예수 그리스도는 나비 수집가가 아니셨다. 그분은 사자를 길들이는 분이셨다(딤전 1:13). 그분은 남을 저주하는 시몬 베드로, 살인자 모세, 간음자 다윗, 신성모독자 바울, 개심한 갱 두목(킬러 벅 Burke), 개심한 마약 우두머리(프레디 게지 Freddie Gage), 구원받은 창녀(라합), 설교하는 노예 밀수업자(존 뉴턴 John Newton), 포효하는 엘리야, 야만적인 입다, 잔인한 아모스, 말다툼하는 느헤미야, 개심한 레슬링 선수(스트랭글러 루이스 Strangler Lewis), 복음전파자 야구선수(빌리 선데이 Billy Sunday), 그 밖에 피를 보고 살았던 다른 많은 사람들(낙스, 사이클론 맥, 휫필드, 먼스터, 테넌트 등), 즉 눈 하나 깜짝 하지 않고 방울뱀에게 침을 뱉을 수 있는 사람들을 "길들이셔서" 그들을 사용하신 것이다.

예수님과 함께하는 사람의 가장 큰 특징은 "담대함"이다. 바울은 에베소서 6:19,20에서 이 위대한 신약의 진리를 잘 말해 주고 있다.

전에 한 유명한 헬라어 교수가 내게 이렇게 말한 적이 있다. "럭크만 형제, 나는 54세인데 이제까지 한 사람도 그리스도께 인도해 본 적이 없습니다. 몇 년 전 루이즈빌 신학교에 갔을 때 나는 위대한 헬라어 학자인 A.T. 로버트슨 박사의 강의에 매료되었죠. 8년 동안 그의 설교를 듣고 나자 성경에서 헬라어 구문론밖에는 볼 수가 없게 되었습니다." 그리고 나서 그는 잠깐 말을 멈추고서 "세상에서 가장 특이한 대학"의 캠퍼스에서, 창문 밖을 내다보았다. 그는 자신에게 말하듯 계속했다. "럭크만 형제, 나는 사람들을 그리스도께로 인도하려고 노력해 왔습니다. 정말로 그랬습니다. 그러나 한 번도 그렇게 하지 못했습니다. 요 전날 한 농부와 그의 혼에 대해 거의 한 시간 동안 이야기했습니다. 그는 지옥을 믿지 않는 사람이었죠. 나는 네슬판 헬라어 신약성경을 꺼내서 성경에 실제 지옥이 있음을 그에게 보여 주었습니다. 그런데 이야기를 끝마쳤을 때 그가 뭐라고 했는지 아십니까? 그는 '당신은 당신이 갖고 있는 문제가 뭔지 압니까? 너무 많이 알고 있는 게 탈이란 말이요!'라고 했답니다."

고등교육에는 그것이 세속적인 것이든 기독교 교육이든(근본주의든 자유주의든) 참된 영성을 죽여 버리는 뭔가가 있다. 베드로와 요한은 『**배우지 못한 무식한 사람들**』이었으나 거리에서 하나님의 말씀을 전하고 종교 지도자들을 책망하며, 4,000명 이상을 그리스도께로 인도하고, 예수 그리스도를 증거한 것 때문에 감옥에 갇히거나 추방당하고, 심지어 예수 그리스도를 위해 그들의 생명을 내어놓을 만한 믿음을 가지고 있었다. 그것은 상업화된 교과과정, 새로운 "현장 학교," 상아홀, 에어콘이 설치된 대학 사무실, 공인된 협회, 성경적 관점 등과는 거리가 먼 것이었다.

14절은 설명을 요하지 않는다.

갈라디아서 1:6-10과 고린도전서 15:1-5의 복음은 사도행전 10장 이후

어느 죄인에게나 유효하다. 사도행전 2:38은 죄인을 하나님의 자녀로 만들 수 없다.

인간은 항상 회심을 거부하는 말만 해 왔다. 그러한 인간의 책들 중에 현대의 정신과 의사들을 위한 고전으로 꼽히는 윌리엄즈 제임스(Williams James)의 〈다양한 종교적 경험, *The Varieties of Religious Experiences*〉이 있다. 이 책에서 그는 "회심"이라는 단어가 진짜 개심뿐만 아니라 정신적 쇼크, 자기파괴적 경향, 망상, 간질병적 발작, 자기 최면 등을 모두 포함하는 것처럼 쓰고 있다. 듀이(Dewey), 버쿠닌(Bakunin), 러셀(Russell), 매스로우(Maslow), 페스탈로찌(Pestalozzi), 로저즈(Rogers), 프롬(Fromm), 머피(Murphy)와 마찬가지로 제임스는 "양심의 찔림"(요 16:8)을 "죄 콤플렉스"로 보았다. 즉 "죄 콤플렉스"는 인간을 불안하게 만들고 그로 하여금 엉뚱하고 이상한 행동을 하도록 만든다는 것이다. 그러므로 구령자나 설교자들은 "질병 보유자"로 간주되며 공동체에 "정신적 해"를 끼치는 사람들로 간주된다. "오랜 동안 우리는 죄의 찔림이라는 멍에에 매여 있었다. 우리의 부모들, 주일학교 교사들, 그 밖의 많은 사람들은 우리를 통제하려는 의도를 가지고 우리에게 온갖 독소적인 죄의 가책을 주입시켜 왔다. 인류를 선과 악이라고 하는 짐에서 해방시키려면, 그 일에 책임을 져야 할 사람들은 바로 정신과 의사들이다"(1972년 6월 11일자 〈주간 크리스천 크루세이드〉紙 p.2, 찰스 시크리스트가 U.N. 세계보건기구 의장인 고 G.B. 치스홀름 박사의 말을 인용한 것).

치스홀름(Chisholm) 박사가 삼킨 "독"은 창세기 3:3-6에서 삼켜진 것이며 "선과 악"이라는 짐은 "선과 악의 지식"에서 왔다. 선과 악의 지식에서 자신을 자유케 할 수 있는 유일한 방법은 악을 "선하다" 하고(사 5:20) 선을 "악하다"(사 5:20) 하는 것뿐이다.

진정한 개심은 성령께서 하시는 영적인 일(골 2:9-14)이다. "가짜들"은 어딘가에 진짜가 있음을 증명해 줄 뿐이다(마 12:27).

15절에 나오는 회의는 "분리를 일으키는 일들"(잠 18:1,2)로서, 요한복음 11:47과 마가복음 3:6에서 진행되었던 비밀스런 일과 연관된다. 그들은 항상 그런 식으로 일한다. 진리와 의의 가시적 증거는(요 11:20-46 참조) 고의적으로 거부하고(16절) "편의주의"(17절)를 표방하는 것이다. 그것이 "모두의 유익을 위하여"라는 실용주의 철학이며, 그것이 바로 예루살렘의 멸망(A.D. 70)을 가져온 원인이었다. 15절에서는 『**공회**』가 다시 나타나는데(행 23:1,6,15,28 참조), 공회의 역할은 마귀가 맡긴 일을 수행하는 것, 즉 성경의 진리가 전파되는 것을 반대하는 것이다.

따라서 에큐메니칼 공회라고 하는 것은 그 공회에서 실제적으로 비밀리에 논의되는 문제들과는 전혀 상관도 없는 내용들을 표면적으로는 믿는다고 공표하는, 그런 것이다.

성경에 언급된 "비밀스런 회합들"로부터 우리는 다음과 같은 사실들을 알아낼 수 있다.

1. 예레미야에서 - 여기 나오는 회합은 "성경 개역 위원회"로서, 구절과 단어들을 삭제함으로써 성경을 변개시키는 알렉산드리아 학파의 방법을 따르는 위원회이다.

2. 예레미야 36장에서 - 성경대로 믿는 거리의 설교자들을 제거하려 하는 사람들은 기존의 설교자들과 교사들이다. 예레미야는 (존 R. 라이스의 말을 인용하자면) "지옥을 불러일으키는 자"(hell-raiser)이다.

3. 마태복음에는 어떤 사람이 자신들은 얻지 못하는 결과들을 얻을 수 있다는 이유만으로 그 사람을 죽이고자 하는 살인자들의 무리를 볼 수 있다.

4. 사도행전 6,16장에는 그들의 소득과 명성을 딴 데로 돌리게 하기 때문에 그 사람을 죽이고자 하는 더 많은 살인자들이 있다.

5. 여기에(행 4:15) 성경을 거부하는 이단들의 무리가 있다. 이들은

a. 사도들의 사역에 주께서 함께하심을 인정한다.

b. 이것이 『**예루살렘에 사는 모든 사람에게**』(16절) 명백하다는 것을 인정한다.

c. 성경대로 믿는 사람의 입을 다물게 하려고 그를 위협한다.

d. 사람들에게 천국의 문을 닫아서 자신들도 들어가지 못할 뿐 아니라 들어가려고 하는 사람들도 막는다(17절 참조).

데살로니가전서 2:14-16에서 바울이 한 말은 사도행전 4:18에서 우리가 읽은 것이 나중에 어떻게 발전되었는가를 보여 준다. 그들이 걱정했던 것은 바로 그 『**이름**』이었음을 다시 한 번 더 주의해야 한다(17,18절, 5:42). "모든 이름 위에 있는" 이 이름이 우리의 기도를 응답받게 해주는 서명이다(요 14:14). 그 이름은 유대인 사회주의자들과 산헤드린에 의해 공격당했을 뿐만 아니라, "하나님께서 호흡을 불어넣으신 최초의 원본"을 믿는 전천년주의 "근본주의자들"에 의해서도 공격받고 있다. 케네스 웨스트(Kenneth Wuest)와 로크만 재단은 어떤 사두개인이나 바리새인 못지않게 "그 이름"에 손상을 입힌다[〈확대 번역〉(An Expanded Translation), 웨스트, 빌립보서 2:9,10 참조].

『**그러나 베드로와 요한이... 대답하여 말하기를... 우리는 보고 들은 일들을 말하지 아니할 수 없노라**』(19,20절). 이것은 돈으로 매수될 수 없는(요 21:21,24) 나무랄 데 없는 증인들의 증언이다. 그들은 자신들의 눈으로 직접 목격한 사실을 증거하고 있다(고전 15:1-10). 사법부의 법에 의하면, 목격자의 (맹세에 의한) 증언이 그 당시에 부인되지 않고 또 그후에 기록으로 남겨지면, 그 증언을 뒤엎을 만한 "결정적 증거"가 나타나지 않는 한 그것은 무시될 수도, 폐기될 수도 없다. 부활에 대한 증거들(10절)

은 NASV가 그 문제에 관해 무슨 말을 하든지 간에 『**무오한**』 증거이다(행 1:3). 세미에르(Semier), 벨하우젠(Wellhausen), 드웻(DeWette), 산데이(Sanday), 아스트룩(Astruc), 볼테르(Voltaire), 룻소(Rousseau), 탐페인(Tom Paine), 밥 잉거솔(Bob Ingersol), 알티저(Altizer), 니체(Nietzche), 아인슈타인(Einstein), 전미교육협회 등이 내놓은 증거는 전혀 "결정적"이지 않다.

산헤드린은 진리가 폭로되지 않게 하기 위해 거짓말을 하고 위협을 할 뿐만 아니라 바리새인들이 그랬던 것과 마찬가지로(마 21:26) 사람들을 두려워했고 하나님께서 자신의 일을 통해 영광을 취하시는 것에 분개했다(21절). A.D. 33-35년에 있었던 "공회"는 "영적"이지도 않을 뿐더러 "신뢰할" 수도 없다.

22절은 설명을 요하지 않는다.

사도행전 4장에서 벌어지는 일은 오늘날과 똑같다. 거듭남을 전하며 그리스도께서 천년왕국 이전에 오실 것을 전하는 거리의 설교자들이라면 이런 모든 일에 익숙하리라. 첫 번째 반대는 항상 종교인들로부터 온다[그리스도의 사역(마 9-16장)과 바울의 사역(행 13-19장)을 보라]. 정부는 "제사장들"(행 14:13, 막 15:10)이 압력을 가하기까지는 좀처럼 성경적 복음주의자에게 문제가 되지 않는다. 중국과 러시아가 공산화된 이유 중 하나는 황제정부 때(1600-1918) 그리스 정교회가 한 일과 "마르코 폴로를 따른" 예수회 사제들(1400-1900)이 해 놓은 일 때문이다.

불가지론자든 이교도든, 통치자는 일반적으로 그가 정직한 사람이기만 하다면 자신의 관할 이외의 일에는 간섭하지 않는다. 영국에서 피의 메리나 미국의 잭 케네디 때의 상황처럼 되는 것은, 마법사나 "사제"가 보좌에 끼어들어 통치자의 귀에 속삭이기 시작할 때이다. 공산주의는 종교적 정치인들이 대중을 억압하고자 한 시도의 당연한 귀결이다. 그러므로 세계에서 공산주의가 될 가장 큰 잠재력을 가진 나라는 스페인, 이탈리아, 멕시코, 중남미이다. 캐나다는 6위 정도일 것이다.

『**하나님 앞에서 너희에게 경청하는 것이 하나님께 경청하는 것보다 더 옳은 일인지 판단하라**』(19절, 5:29과 비교). 이 경우는 출애굽기 1:17과 일치한다. 이 문제는 마태복음 22:17 주석에서 논의한 바 있다. 『**사람을 두려워하면 덫에 걸리나**』(저자의 주석서 〈잠언〉 29:25 참조). 하나님의 뜻과 사람의 뜻이 충돌하는 곳에서(요 12:43) 우리는 성경을 따라야 한다. 그러므로 성경이 "무엇"을 말씀하며 그것이 "언제" "누구에게" 적용되는가를 아는 것이(마 4:1-9 주석 참조) 반드시 필요하다. 로마서 13:1-4을 어기면서 사도행전 4:19을 인용할 수는 없으며, 마태복음 5:5,9과 5:39-44을 구실로 미국을 국제적 사회주의자들에게 넘겨줄 수는 없다. 사도행전 2:38의 뜻을 모른다면 물 밖으로 나와서 콜레라를 피하듯이 캠벨주의 교회를 피하는 편이 나으리라. 하데스, 지옥, 스올, 무덤이 정말로 혼란스럽게 여겨진다면 로마서 10:9,10에 순종하는 편이 나을 것이다. 그렇지 않으면 누군가가 당신으로 하여금 러더포드 판사나 러셀 목사를 따르는 것을 "하나님께 순종"하는 것으로 착각하게 만들 것이다. 회중에서 여자에게 방언을 허락하는 것은 "하나님께 순종"하는 것이 아니다(고전 14:34). 하나님의 말씀을 판단하는 자리에 있는 "그리스도인들"과 교제하는 것은 "하나님께 순종"하는 것이 아니다. 개인적인 재산이나 경제적 압력, 정서적인 느낌, 뉴스 미디어를 통해 얻는 정보로 삶을 영위하는 것은 "하나님께 순종"하는 것이 아니다. 자신이 좋아하지 않는 사람들에게 원한이나 시기를 품는 것은 "하나님께 순종"하는 것이 아니다.

우리는 "하나님께 들어야" 한다(19절, 삼상 15:22 참조). 그러나 하나님께서 무엇을 말씀하셨으며 말씀하신 것이 무슨 뜻인지를 모른다면 "하나님께 듣는 것"은 아무런 유익도 되지 못한다. 영어를 알지 못하는 사람과 의사소통을 하려면 중간에서 통역해 줄 사람이 필요하다. 그러나 양쪽이 모두 영어를 알고 있을 때에는 통역자가 필요하지 않다. 여러분이 영어를 말하고 여러분의 성경이 영어로 되어 있는데, 하나님께서 여러분에게 말씀하신 바를 알기 위해 헬라어 통역관이 필요한가? "통역관"은 필요하지 않다.

4:23 사도들이 풀려난 후에 동료들에게 가서 선임 제사장들과 장로들이 그들에게 말한 바를 모두 이야기하니

24 그들이 그 말을 듣고 다 같이 하나님께 음성을 높여 아뢰기를 "주여, 주께서는 하늘과 땅과 바다와 또 그 가운데 있는 모든 것을 지으신 하나님이시니이다.

25 주의 종 다윗의 입을 통하여 말씀하셨으니 '어찌하여 이방이 분노하며 백성들이 헛된 일들을 꾀하는가?

26 땅의 왕들이 일어서고 또 치리자들이 함께 모여 주와 그의 그리스도를 대적하였도다.'라고 하셨나이다.

27 과연 주께서 기름부으신 주의 거룩하신 아들 예수를 대적하여 헤롯과 폰티오 빌라도가 이방인들과 이스라엘 백성들과 함께 모였으니

28 이는 주의 손과 주의 계획대로 이루기로 예정된 온갖 일을 행하려 함이니이다.

29 이제 주여, 그들의 위협함을 살피시어 주의 종들로 담대하게 주의 말씀을 선포하게 하시고

30 주의 손을 펴시어 병을 낫게 하시며, 또 표적들과 이적들이 주의 거룩하신 아들 예수의 이름으로 일어나게 하소서." 하더라.

이 구절을 통해 성경대로 믿는 사람들은 또 한 번 "선두적이며 능력 있는 인텔리들"과 곤경에 빠질 것이라는 경고를 받는다. 기도, 찬양, 능력에 대한 것이 그 구절에 너무 많다. [하일스 앤더슨, 휘튼, 풀러, 미드웨스턴, 달라스, 밥존스대학이 이 구절을 A.V.(1611)에 있는 그대로 받아들인다면 그들은 결코 단잠을 잘 수 없을 것이다.]

23절은 설명을 요하지 않는다.

24절도 설명을 요하지 않는다. 이것은 큰소리로 하는 기도 모임이었다. 『**주의 종 다윗의 입을 통하여 말씀하셨으니**』(25절). 시편 2:1,4의 인용으로 초림과 재림이 분명하게 드러난다. 『**거룩한 산**』(시 2:6)에 계신 왕은 갈보리 산에 있던 "그 선지자"가 아니다. 『**땅의 재판관들**』(시 2:10)이 "그 발의 먼지를 핥는다."고 되어 있기 때문이다(시 72:9). 그때에 그 왕은 자신의 도성에서(마 5:35) 그의 영광의 보좌에 앉을 것이다(마 25:30,31). 문맥은 분명히 누가복음 1:59,66,76,80, 사도행전 2:21,27,34,40이다. 그리고 우리는 사도행전 1:6에서 직면한 것과 같은 문제에 처하게 된다.

베드로와 요한과 야고보(그 밖의 다른 사도들)는 이스라엘을 위한 구약 예언의 문자적 성취와 더불어 환란을 향하고 있다(다니엘의 칠십째 주). 마태복음 1장부터 여기까지 모든 교통은 그 방향을 향해 일방통행으로 나아가고 있다. 이런 약속들을 초림에 적용하는 것은 옳지만, 그것 하나하나에는 재림이 포함되어 있음을 잊어서는 안 된다. 대다수의 보수주의자들은 예수 그리스도께서 '다윗의' 보좌에 앉으시고 천 년 동안 유대인의 왕국이 이 세계의 수도가 되는 일은 없다고 가르친다. 그들이 그렇게 할 수 있는 유일한 방법은, 하나는 문자적으로 해석하고(초림: 사 53장, 시편 22,16편 등) 다른 하나는 비유적으로 해석하는 것이다(재림: 사 2,11,65장, 슥 14장 등).

헨델(Handel)은 이 구절과 계시록 11:15을 크리스마스 때인 누가복음

2:11에 맞추었다. 따라서 오늘날까지 대다수의 "보수주의 복음주의자들"은 『**그분이 영원무궁토록 통치**』하는(계 11:15) 것이 사도행전 1장에서 시작하여 요한계시록 20장까지 그런 식으로 계속되리라고 생각한다.

26절의 『**땅의 왕들... 치리자들**』은 요한계시록 17,18장의 열 왕들이며, 요한계시록 13장에 따르면 그들은 적그리스도 치하에 있게 될 것이다. 헤롯과 빌라도가 이 통치자들의 모형은 될 수 있으나 그것이 그들에 관한 성경이 이미 이루어졌다는 뜻은 아니다. (마 17:10-12에서도 같은 현상이 일어나고 있다.) 그러나 그것은 1980-2000년의 "왕들과 다스리는 자들"은 러시아가 아니라 로마일 것이라는 것을 독자에게 분명히 경고하고 있다.

["대다수(majority)의 보수주의 학자들"은 27절을 조심스럽게 읽어야 한다. 왜냐하면 여기서 "주의 거룩하신 아들 예수를 대적하는" 이들도 "다수"(majority)이기 때문이다. 그리스도의 편에 섰던 사람은 누구였는가? 마지막에는 그의 어머니와 한 제자와(요 19:27), 정죄받은 도둑(눅 23:40) 뿐이었다. 바울의 경우에는 한 명의 의사뿐이었다(딤후 4:11).] 바울은 그의 글에서 "양심"을 중시한다(행 23:1, 딛 1:15, 딤전 4:2).

오래전 한 청교도는 사람들이 그에게 양심을 내버리라고 말할 때 이렇게 대답했다. "미안합니다만 그것은 내 것이 아닙니다. 그것은 하나님 것입니다." 루터는 그의 양심은 하나님의 말씀에 의해 묶여 있다고 말했다. 이 끈은 "자유의 법"(갈 5:13)과 함께하는 노예상태이다.

대부분의 지역 교회 안에서 "다수"는 '성경적인' 문제 대신 '개인적인' 문제 때문에 함께 모인다. 그 문제는 대개 소수로 시작해서(요 11:47) 다수에게 영향을 끼치다가(눅 23:23) 결국에는 다수가 그 문제가 "개인적"인 것이 아니라 성경적인 것이라고 생각하기에 이른다. 즉 그들이 소수의 입장을 취하지 않으면 그들은 "미혹된" 것이라는 말이다. 나는 주일 저녁 예배에 "비즈니스 미팅"을 갖기 위한 사람들로 가득 찬 교회들을 많이 보아

왔다. 헤롯과 빌라도는 그들이 예수 그리스도에 대한 공동의 '두려움'이 있기 전까지는 "함께 모일"(27절) 수 없었다. 많은 "교제"가 대개는 세상이라고 하는 어마어마한 "독재자"의 학대를 받은 후에 서로 위로하기 위해 쫓기는 토끼들이 함께 구멍을 파는 것과 같다. 교제의 근거가 간접적으로라도 설교나 진리와는 전혀 상관이 없는 지역 교회들이 미국에는 많이 있다. 그들이 함께하는 동기는 많은 경우에 어떤 문제에 관해 자신들이 옳다는 것을 증명하거나, 선전을 하거나, 자신들이 (그들의 적들의 눈에) 영적임을 증명하거나, "명성을 얻거나," 다른 교회에 되갚음을 하거나, 다른 교제권의 능력과 권위를 시기해서 그들과 떨어져 있기 위한 데 있다.

『**그의 그리스도를 대적하였도다.**』(26절)라는 말씀은 여러 그리스도들이 있음을 암시한다(눅 2:26 참조). 마귀는 『**기름부음**』을 받았으며(겔 28:14), 신약에서 그 단어는 헬라어로 '크리스토스,' 즉 "그리스도"에 사용되는 단어이다. 사도행전 4:26이 기록된 뒤 여러 해가 지나서 기록된 〈칠십인역〉이 마귀에게 가해질 이런 위협을 미리 보고서, 히브리 구약성경 에스겔 28:14에서 "기름부은"이란 단어를 번역하지 않음으로써 사탄의 발자국을 조심스럽게 감추었다는 것은 참으로 흥미 있는 일이다. 사탄도 "한 그리스도"라고 생각지 못하게 하고자 한 것이다. 그러나 그는 그리스도다(살후 2:1-6 참조).

다음은 KJV 본문을 거부하는 달라스, 시카고, 무디, 풀러, 미드웨스턴, 휘튼, 콜롬비아, 사우스이스턴, 린치버그, 포트 워스, 시카고 대학 교수진들이 가르치는 내용이다.

a. 25절은 "원저자의 실수"를 담고 있다(웨스트코트와 홀트).

b. 그 구절은 "〈칠십인역〉을 그대로 인용"한 것으로 여겨진다(노울링, *Ibid.*). 노울링이 어떻게 이것을 아는지는 45척의 배들이 "마귀의 삼각지

대"에서 사라진 것(1700-1950)보다 더 큰 신비이다. 노울링은 칠십인역을 본 적이 없으며, 오늘날 어떤 신학자도 그것을 본 적이 없기 때문이다. 노울링이 사용하고 있는 복사본은 사도 요한이 요한계시록을 끝마친 지 200년도 더 뒤에 기록되었다. 웨스트코트와 홀트는 헬라어 '스토마토스' 앞에 '디아'가, 다시 말하면 "입" 앞에 "by"(-를 통하여)가 빠졌다며 "원저자의 실수" 운운했다. 그러나 이것은 참으로 의심스럽다. 왜냐하면 A.T. 로버트슨 박사가 이 부분을 인용할 때 그는 "헬라어 필사본들"에는 여기에 '디아'가 없다고 말하기 때문이다.

이것은 또 다른 모양으로 오는 "최초의 원본" 제일주의이다(〈사탄의 걸작품 NASV〉 참조). A.T. 로버트슨 박사는 거짓말을 했으며 그것도 고의적이며 의도적으로 그렇게 한 것이다. 그의 저술에서도 500번 이상 그렇게 했다. 우리가 여기서 다루고 있는 것은 "과장"이나 "잘못된 사실을 부지불식간에 인용한 것"이나 "모순되는 생각들"이 아니다. 우리는 여기서 고의적인 거짓말을 다루고 있다.

"헬라어 필사본들"에는 『**다윗의 입**』(25절) 앞에 "디아"('통하여'에 해당하는 헬라어)가 있다.

A.T. 로버트슨이 "헬라어 필사본"이라고 말했을 때 그가 의미한 것은 닐과 커스터(밥존스대학)가 "헬라어 본문에는 이렇게 돼 있다."고 할 때 의미한 것과 같다.

그가 의미하는 것은, 그는 여러분이 가지고 있는 것과는 다른 성경을 가지고 있다는 것이다.

헬라어 필사본에 "디아"가 있다. 헬라어 대문자 필사본 P에도 그것이 있다. 6세기 헬라어 대문자 필사본 D에도 있다. 6세기 소문자 필사본들 104, 18, 181, 436, 614, 1241, 2127, 2412, 2492, 1739, 629, 049, 056, 0142, 326, 330, 451, 1505에도 "디아"가 있다. 아타나시우스와 크리소스톰도 4세기와 5세기 초에 그렇게 읽었고, A.D. 202에 이레내우스도 〈킹 제임스성경〉에 있는 그대로 읽었다.

"헬라어 필사본들에는 그것이 없다!" (이것은 스코필드 편집이사회가 로마서 8:1의 반을 삽입된 것이라고 하면서 삭제시킬 때 한 말과 똑같은 말로 들린다.)

c. 복음주의 주석(얼과 카터)은 25절이 "번역하기가 매우 어렵다"(p.64)고 말하면서 그것을 증명하기 위해 본문에 네 단어를 첨가시켰다. 이 네 단어가 NASV에도 그대로 첨가되어 있다. 그것은 밥 존스 3세가 추천하는 것이며 현대주의자들의 NEB(New English Bible, 1901)에도 그렇게 되어 있다. 이 단어들은 어디서 나온 것인가?

그 단어들은 1582년 예수회 신부들이 출판한 공식 로마카톨릭 성경으로부터 왔다. 이런 첨가가 "성령께서" 하신 일로 여겨진 것이다. 그것은 알렙, 바티칸 사본, 시내 사본 및 현대 기독교 학교들이 성경을 고치는 데 사용한 누룩 섞인 부패본들에서 발견된다.

마태복음 6:13, 마가복음 9:44, 누가복음 24:52 같은 구절들을 살펴본 학생들이라면 그런 구절들이 다른 곳에서부터 첨가되었다는 소리에 익숙하리라(행 9:5의 주석 참조). 사도행전 1:16이 칠십인역을 경유해서 알렉산드리아 부패본에 기어들어간 사실에 대해 로버트슨과 멀리건, 모울톤 등은 뭐라고 설명하는가? 아무 말도 하지 않는다. 그들은 이번에는 그 현상을 인정한다. 왜냐하면 그것이 A.V.와 반대로 되어 있기 때문이다.

『**주의 거룩하신 아들 예수를 대적하여**』(27절). 예수의 아버지가 하나님임을 나타내는 것은 어느 구절이라도 없애 버려야 했다. 그래서 (바로 다윗을 종으로 언급하는 문맥에서) "아들"(child)이란 단어를 "종"으로 변개시켰다(ASV, NASV, RV, COD, LSMFT, NRSV 등). 그리고는 25절의 "종"

이란 단어를 "아버지"로 바꾸었다. 이 본문(알렙, E, A, B에서 발견되는)에서 서기관은 '파이다'(27절)를 "종"으로 번역했다. 왜냐하면 "아들"(child, A.V. 1611)로 번역하면 틀린 아버지, 즉 다윗을 의미할 수 있기 때문이라는 것이다! 메시아로서 그리스도는 "**다윗의 아들**"(마 1:1 참조)일 수 있으며, 마태복음 1:20; 9:27; 15:22; 21:9에서는 그렇게 여겨졌다. 그러나 여기서의 기도는 하늘과 땅을 만드신 주 하나님께 하는 것이다(24절). 그리고 여기서 『**주께서**』(Thou, 27절)와 『**주의**』(Thy, 28절)는 다윗을 일컫는 말이 아니다. NASV, RV, RSV, PDQ, NRA, NRSV, RFD 등은 다윗을 "우리 아버지"라고 했기 때문에, 혼동을 피하기 위해 『**아들**』을 "종"으로 변개시켜야만 했다. 이것이 〈칠십인역〉을 기록하고 "정통학자"라는 거짓 고백하에 ASV(1901)를 지지했던 학자들 배후에 있는 생각이다.

그러나 아처 웨니거, 글리슨, 윌버 스미스, 케네스 웨스트, A.T. 로버트슨, 그리스바흐, J.G. 메이첸, 더멜로우, F.F. 브루스, 래드, 노울링(그밖의 "유명한 권위자들")의 변개된 본문을 성령께서 반대하신다는 가장 큰 증거는, 성경 어디에도 다윗이 "우리 아버지"로 언급되지 않는다는 점이다. 다윗은

1. 족장(행 2:29)
2. 하나님의 종(시 132:10)
3. 『**내 아버지**』(대하 2:3 - 솔로몬이 한 말)
4. 『**그의 조상 다윗**』[대하 28:1 - 아하스의 조상(father, 아버지)으로 불린다.]

그러나 『**우리 조상**』(father, 아버지)이라는 표현이 있는 곳에서(행 7:2, 38) 다윗은 그 표현에서 분리된다. 이스라엘이 "우리 아버지"라 부른 인간은 다윗이 아니라 아브라함이었다(요 8:56; 8:33, 마 3:9, 눅 3:8; 16:24, 행 7:2,32, 롬 4:1,2,3,9, 갈 3:6-9 등 참조).

그러므로 NASV는 카톨릭 성경인 예수회의 〈림즈듀웨이〉(1582)와 함께 무시해야 할 것이다. "우리 아버지"라는 단어가 이 변개된 성경에서는 삭제되었다. 이 단어는 지난 100년간의 모든 번역본과 모든 주석, 모든 헬라어 본문에서 발견된다. 〈킹제임스성경〉이 옳다.

뿐만 아니라 모든 "근본주의자들"은 1880년 이후로 베드로가 방금 인용한 구절의 문맥을 거부했다. 시편 2편을 읽어 보라. 그 문맥이 여호와의 고통받는 종에 대해 말하고 있는가, 아니면 하나님께서 낳으신 누군가에 대해 말하고 있는가?(시 2:1-12)

아직도 사도행전 4:27이 『**아들**』이 아니라 "종"에 대해 말하고 있다고 생각하는가? 문맥을 벗어난 본문은 그럴싸한 핑계에 지나지 않는다. 『**거룩하신 아들 예수**』(행 4:27)는 문맥상 시편 2편과 연결된다. 거기서 하늘과 땅의 주 하나님(행 4:24)께서는 『**너는 내 아들이라. 오늘 내가 너를 낳았노라.**』(시 2:7)고 말씀하신다. 그의 『**거룩한 산**』에 있는 하나님의 왕, 통치자들이 멸망하지 않기 위해 입맞추어야 하는 그분이 "종"이란 말인가?

『**이는 주의 손과 주의 계획대로 이루기로 예정된 온갖 일을 행하려 함이니이다**』(28절). 이 구절은 26절에서 인용하고 있는 시편 2편의 『**내가 칙령을 선포하리라.**』는 말과 연결된다. 이 구절로 인해 댑니, 쿠퍼, 마우로, 앨리스, 핫지, 질, 스트롱, 벌콥, 칼빈 등이 시편 2:7은 '영원한' 칙령이며, 그러므로 아들의 탄생을 창세기 1:1 '이전'에 두어야 한다고 생각하게 되었다(행 2:34 주석 참조). 이러한 죽은 정통주의 보수주의자들이 사용하는 상투어구는 "하나님의 모든 칙령은 영원하다"는 것이다. (그들이 말하는 칙령들 중 하나는 "버림받음(reprobation)에 대한 칙령"이다. 이것은 '지옥에 가기로 정해진' 사람에 대해서는 그리스도께서 그의 죄들을 위해 아무것도 지불하지 않으셨다는 것이다.)

사도행전 2:23; 3:18; 15:18은 모두 아담이 타락하기 전에 하나님께서 그의 『**거룩하신 아들**』(27절)의 탄생과 죽음과 장사를 계획하셨음을 증거해 준다. 그러나 균형을 잃지 않기 위해서는 누가복음 17:1을 살펴봐야 한다. 우리는 거기서 또 한 번 개인의 책임과 개인의 선택이 예정과 연관되어 있는 것을 보기 때문이다. 『**헤롯과 폰티오 빌라도가 이방인들과 이스라엘 백성들**』(27절)은 『**주의 손과 주의 계획대로 이루기로 예정된 온갖 일을**』(28절) 수행했다. 의족 없이 한 발로 달릴 수는 없다. 극단적 칼빈주의자들은 어디로도 달리지 못했다. 발을 절 뿐이다.

『**주의 종들로 담대하게 주의 말씀을 선포하게 하시고**』(29절)[13절 주석 참조]. 『**아들**』을 『**종**』으로 바꾸어 버렸기 때문에 다음에 나오는 "종"은 설 자리가 없어졌다. 왜냐하면 그 단어는 인간 죄인들을 언급하는 것이기 때문이다. 그래서 ASV에서 반 세기가 넘도록 "종들"로 되어 있음에도 불구하고 NASV에서는 "노예"(bondservant; 급료가 없는 고용인)로 바꾸어야만 했다. [그러나 F.F. 브루스는 본문을 있는 그대로 내버려 두고서 예수 그리스도를 베드로와 야고보와 요한과 동등한 위치에 놓이게 한다. 1941년에 나온 로마카톨릭 역본(챌로너-라임즈)도 똑같이 해 놓았다.]

'파이다'를 "종"으로, '둘로스'를 "bondservant"(노예)로 "일관되게 번역"한 로크만 편집위원회는 마태복음 10:24; 18:23; 21:34; 24:45; 25:26; 26:51에서는 '둘로스'를 "slave"(노예)로 번역했다.

30절은 우리가 이제까지 강조해 온 가르침을 다시 한 번 확증시켜 준다. 즉 이 지점까지 사도들은 (이스라엘 민족의 최고 지도자인) 모세에게 주어진 표적과 이적들을 사용하고 있다는 것이다. 그것들은 "두 번째 모세"인 주 예수께로 전해졌고, 그분에게서 다시 열한 제자에게로 전해졌다.

이단적인 NASV 본문을 완전히 끝장내려는 듯 『**아들 예수**』가 다시 등장한다. 누가는 그의 첫 번째 저술(눅 2:27)에서 『**주의 그리스도**』(눅 2:26)를 언급하는 문맥 속에서 똑같은 표현을 썼다. 그것이 누가가 말한(눅 2:34,40,43) 『**아이**』(child)이며 마지막 참조 구절인 누가복음 2:43은 사도행전 4:27의 『**아들 예수**』(child Jesus)와 일치한다. 그러므로 1611년 〈킹제임스성경〉 본문은

1. 누가복음과 사도행전에 나타난 누가의 문체와 일치한다.
2. "고난받는 종"이 아니라 왕이라는 문맥과 일치한다.
3. 다른 단어로 대체되었다면 그리스도의 신성이 손상을 입을 것이다.

4:31 그들이 기도를 마치자 그들이 함께 모여 있는 곳이 진동하더니 그들이 모두 성령으로 충만하여 담대하게 하나님의 말씀을 선포하더라.

32 그러므로 믿는 사람들의 무리가 한마음과 한 혼이 되어 아무도 자기 소유를 자기 것이라고 주장하는 자가 없고 모든 것을 공동으로 쓰니라.

33 그리하여 사도들이 큰 능력으로 주 예수의 부활을 증거하니 큰 은혜가 그들 모두에게 있더라.

34 그들 가운데 아무도 부족한 사람이 없었으니 이는 토지와 가옥을 가진 많은 사람이 재산을 팔아서 그 대금을

35 사도들의 발 앞에 가져다 놓으면 각자에게 필요한 대로 나눠 주었기 때문이라.

36 쿠프로 태생의 레위인 요세라는 사람이 있었는데 사도들은 그를 바나바라고 부르니 (이를 해석하면 '위로의 아들'이라.)

37 그에게는 토지가 있어 그것을 팔아 그 대금을 사도들의 발 앞에 가

져다 놓더라.

타당한 동기를 가진 타당한 기도는 대개 응답된다. 그들이 모여 있던 장소는 경미한 지진으로 흔들렸고, 『**그들이 모두 성령으로 충만**』했다(31절). 섭리적으로, 이 성령으로 충만한 담대한 성도들 중 아무도 방언을 말하지 않았다. 왜냐하면 방언은 "믿는 자들"을 위한 표적이 아니기 때문이다(고전 14:22). 그들이 『**성령으로 충만**』할 때 그들의 개심자들은 『**기쁨**』(행 8장)으로 가득찼고 『**사두개파**』는 『**분노**』로 가득 찼다(행 5:17).

방언으로 말하는 것은 분명히 성령으로 충만한 것보다 더 쉽다. 왜냐하면 『**자신**』을 세우고(고전 14:4,5) 방언으로 하나님께 기도했던 고린도 교인들은 『**술 취함**』(고전 11:21)과 『**음행**』(고전 5:11; 6:18; 5:1,2)과 『**시기와 다툼**』(고전 3:3), 지식으로 인한 『**교만**』(고전 8:1)으로 책망받았기 때문이다.

32절에서는 기독교적 공산주의가 행해지고 있는데, 그것은 국제 사회주의와는 현격하게 다르다. 찰스 다윈은 요한복음 8:32을 이용했고 칼 막스는 사도행전 4:32을 이용했다. 초대 교회의 공동생활과 UN이 추천하는 사회주의는 완전히 다르다. 초대 교회 성도들은 모두 거듭난 사람들이며, 그들이 아직 알지 못하는 가운데 형성된 한 몸에 속해 있는 사람들이다. 그들 모두는 구약의 약속들을 문자 그대로 믿었으며 그것을 그리스도의 재림에 적용시키고 있다. 그들의 지도자들은 사유재산제도를 믿는(행 5:4 참조) 성령충만한 사람들이다. 물건을 함께 쓰는 것은 전적으로 자원해서 이루어지는 일이며, 분배를 지시하는 정부 요원도 없고 분배를 감시하는 경찰세력도 없다. 더구나 초대 교회 성도들은 예수 그리스도의 재림을 기다리고 있다. 그들은 예수께서 여러 날이 지나지 않아 재림하실 것을 고대하고 있다(행 1:6; 3:19,20). 그러다가 그들은 마침내 큰 능력과 큰 은혜

(33절)를 얻게 된다.

그들의 설교의 주제는 죽은 자들로부터(from) 부활하신(행 2:30,31) 메시아이다(33절). 그들의 적들은 시체가 사라진 동안 예수 그리스도께서 하신 일들이 어떻게 계속되고 있는가를 설명해야 했다. 새로운 "교회"는 초자연적인 능력으로 움직이고 있다. 교회는 꿀이 교제를 더 달콤하게 할 수는 있지만 가스탱크를 꿀로 채울 수는 없다는 사실을 배운다. 당밀은 끈끈하게 해 주며 후추는 더 맵게 해주지만, 교제를 부드럽게 해주고 성도들을 『**한마음과 한 혼이**』(32절) 되게 하는 것은 하늘로부터 온 "기름부음"이다(엡 5:18).

그들은 기도하기 위해 함께 모였다(31절). 교회를 분열시키거나 초신자들을 목사에게 반대하는 편으로 끌어들이기 위해서가 아니었다. 그들의 기도가 응답되었음은 그들의 "사교적인 친절함"이 아니라 영적 담대함으로 증명되었다. 그들 사회의 첫 번째 회원 자격은 "하찮음"이었다. 그들은 크리스마스나 부활절에만 나타나는 사람들이 아니었다. "초대 교회"(죽은 정통주의가 쓰는 상투어구)는 진정한 교제를 가졌으며, 그것은 그들이 한마음이었기에 가능했다(암 3:3을 볼 것).

아낌없이 드렸던 초대 교회 성도들의 모습(33-35절)은 J.C. 페니(Penny)와 R.G. 르토르노(LeTourneau)를 부끄럽게 만들 정도이다. 그들은 하나님께 90%를 드리지 않았다. 그들은 하나님께 전부를 드렸다.

용기 있는 드림은 삶을 행복하게 만든다. 용기 있는 드림은 순종의 증거요 사역에 대한 관심의 표명이며 더 고상한 동기로 나아가게 하는 도전이다. 그것은 우주의 자연적, 물리적, 도덕적, 영적 법칙을 이해했음을 보여 주는 행동이다. 무신론자는 하나님께서 지으신 집(세상)에 살고 있으면서 자신이 그 집을 소유하고 있다고 생각한다. 범신론자는 하나님께서 지으신 집에 살고 있으면서 그 집이 곧 하나님이라고 생각한다. 이신론자는 하나님께서 지으신 집에 살고 있으면서 그 집에는 주인이 없다고 생각한다. 불가지론자는 부동산 권리증서 같은 것이 없이 그 건물이 비어 있다고 생각한다. 요한복음 12장에서 우리는 마리아와 유다가 이루는 대조를 볼 수 있다. 마리아는 "주는 자"였고 유다는 "얻는 자"였다. 그리스도인이 그가 할 수 있는 것을 하면 하나님께서는 그가 할 수 없는 것을 그를 위해 해주신다. 초기 그리스도인들은 "주는 자들"이었다.

주는 자들에 대한 가장 위대한 예 중의 하나는 데이비드 리빙스턴(David Livingston)이다. 데이비드에게는 한 형제가 있었지만 오늘날 그 형제의 이름을 아는 그리스도인은 거의 없다. 데이비드의 형제는 자신과 가족의 이름을 내려고 일을 시작한 반면, 데이비드는 의료 선교사로 중앙아프리카에 갔다. 두 형제가 모두 대영제국의 인명사전에 이름이 올라 있다. 데이비드의 형제의 이름을 아는 그리스도인을 런던 밖에서 열 명도 찾아볼 수 없을 것이지만, 데이비드는 주는 자였기 때문에 하나님께서 그를 높이셨다(빌 2:8-11 및 주석 참조).

사도행전 4장의 성도들처럼 기쁨으로 드리는 자들은(고후 9:7) 그들 자신의 영적 생활을 더욱 풍성하게 만드는 것이다. 그런 사람들에게는 다른 책임들을 수행하는 것도 수월해지며, 주는 데서 큰 기쁨을 얻는다. 또한 십일조 이상을 드리는 것도 쉬워진다(저자의 주석서 〈창세기〉 14:20에 관한 주석 참조).

『레위인 요세... 바나바... '위로의 아들'』(36절). 사도행전 11:23은 바나바가 **『위로의 아들』**이라고 불리는 이유를 설명해 준다. 심하게 변개된 대문자 필사본 알렙, A, B, D, E에는 **『요세』** 대신 "요셉"으로 되어 있으며, 밥존스대학에서는 그것을 추천하고 있다. 1982년에 나온 예수회 성경, 즉 로마카톨릭에서 펴낸 성경에도 그렇게 되어 있다.

"요세"와 "요셉"에 대한 모든 논의는 진짜 문제를 가리려는 변장에 지나지 않는다. 진짜 문제는 래드 박사, 블레이크락, F.F. 브루스, 클라크, 닐, 카터, 로버트슨, 빈센트, 더멜로우 등이 본문에서 다이아몬드를 캐낼 수 없다는 것이다.

여기서 우리는 간과할 수 없는 중요한 사실을 발견한다. 레위 지파는 이스라엘의 제사장 지파인데, 본문에서는 한 레위인이 어떤 제사장적인 지위나 호의를 요구하지 않고 다른 족속들과 같이 자신의 재산을 내어놓고 있는 것이다.

여기 제사장(priest) 지파 출신의 진짜 제자가 있다. 그는 "미사"를 집전하지도 않고 죽은 자들을 위해 기도하지도 않는다. 그가 바울을 따랐을 때에는 옳았으나(행 15:2) 베드로를 따랐을 때에는 잘못을 범했다!(갈 2:13) 그는 묵주를 가지고 다니지도 않았으며, 묵주의 기도를 반복하지도, 물을 뿌리지도, 초에 불을 붙이지도 않았으며, 9일 기도를 하지도 않았고, 오가는 길에 마리아에게 인사하지도 않았다!

이 구절은 성령의 영감 하에서 누가가 삽입한 것으로, 과도기가 계속해서 진행되고 있음을 보여 준다. 사도 요한은 요한계시록 7:7에서 레위 지파를 열 두 지파에 포함시킴으로써 과도기를 완전히 마무리 짓는다. 회심한 레위인은 "대제사장"이 누구인지를 잘 안다(행 23:5 주석 참조). 회심한 레위인은 그분께 희생제를 드릴 때 인간 제사장을 신뢰하지 않는다. 이스라엘에서 레위인에게는 "유업"이 주어지지 않았음에도 그들은 개인적으로 자신의 부동산을 살 수 있었다(신 18:8 참조).

쿠프로는 중요한 곳인데, 왜냐하면 사도 바울과 함께 바나바가 사도행전 13장에서 이 섬으로 돌아가기 때문이다.

『**사도들의 발 앞에 가져다 놓더라**』(37절). 사도행전 4장은 회중을 부양하고 사역자들을 지원하기 위해 헌금을 지역 교회로 가져오는 것으로 끝을 맺는다(고전 9:6-10, 롬 15:26, 행 11:29 참조).

사도행전 5장

5:1 한편 아나니아라고 하는 어떤 사람은 자기 아내 삽피라와 함께 자
기 소유를 팔아
2 그 대금의 일부를 감추니 그의 아내도 그 일을 알더라. 그런데 얼
마를 가져와 사도들의 발 앞에 놓더라.
3 그러자 베드로가 말하기를 "아나니아야, 어찌하여 사탄이 너의 마
음을 가득 채워 성령께 거짓말하게 하며, 또 토지 대금 일부를 감
추느냐?
4 땅이 그대로 있을 때도 네 것이 아니었느냐? 또 팔린 뒤에도 네 권
한대로 할 수 없더냐? 어찌하여 이 일을 하려고 마음을 먹었느냐?
네가 사람에게 거짓말을 한 것이 아니라 하나님께 하였느니라."고
하니
5 아나니아가 이 말을 듣고 쓰러져 숨을 거두더라. 그러므로 큰 두려
움이 이 사실을 들은 모든 사람 위에 임하더라.
6 그러자 젊은 사람들이 일어나 그를 싸서 밖으로 메고 나가 장사하

니라.

7 약 세 시간쯤 지난 후 그의 아내가 무슨 일이 있었는지 모르고 들
어오니
8 베드로가 그녀에게 대답하기를 "너희가 판 토지 대금이 이것뿐인지
말하라." 하니 그녀가 말하기를 "예, 그것뿐이니이다."라고 하더라.
9 그러자 베드로가 그녀에게 말하기를 "어찌하여 너희가 주의 영을
시험하려고 공모하였느냐? 보라, 네 남편을 장사한 자들의 발이 문
앞에 이르렀으니 이제 그들이 너를 메고 나가리라." 하자
10 그녀가 즉시 그의 발 앞에 쓰러져 숨을 거두니 젊은 사람들이 들어
와서 그녀가 죽은 것을 알고 밖에 내어다가 그녀의 남편 곁에 장
사하더라.
11 큰 두려움이 온 교회와 이 사실을 들은 모든 사람에게 임하니라.

『**큰 두려움이 온 교회...에게 임하니라**』(11절). 그러나 아무도 "이상적인 상태에서 벗어난 것"(래크햄)에 대해 걱정하지 않았다. 그들은 트랙에서 죽어 넘어진다는 생각에 땀에 젖었다. F.F. 브루스는 이런 문제들에 대해 순진한 무지를 드러내 보이며 아나니아의 죽음은 시몬 베드로에게 "충격"으로 다가왔을 수 있다고 말한다. 110볼트보다 더 약한 것으로는 시몬 베드로에게 "충격"을 줄 수 없다. 그로부터 네 시간이 채 못돼서 또 다른 사람을 죽음에 이르게 했던 베드로다. 그는 그 남자의 아내에게 남편과 함께 장사될 것이라고 말했다.

디모데전서 5:20은 위의 본문에 적합한 구절이다. 그러나 래드, 더멜로우, 클라크, 제미에슨, 포셋, 브라운은 그것을 놓쳤다.

『**아나니아**』는 "여호와는 은혜로우시다"는 뜻이며 『**삽피라**』는 "아름답다"는 뜻이다. 성경에 나오는 인물들의 이름이 의미 있는 것이라면, "많이 준 자에게는 많이 요구한다"는 원칙에 의해 그들은 무서운 심판을 받은 것이다. 그 부부는 바나바처럼 자신들의 소유를 팔아서(행 4:37) 바나바가 했던 것처럼 (행 4:37) 『**얼마를 가져와 사도들의 발 앞에**』(2절) 가져다 놓았다.

그러나 이번에는 과정이 약간 다르다. 바나바는 『**그 대금을**』(4:37) 가져왔다. 이것은 그가 판 돈 모두를 가져왔음을 나타낸다. 가져온 양과는 상관없이 아나니아와 삽피라는 그 대금의 일부를 감추었다(2절). 아나니아와 삽피라가 드린 주일 아침 예배 헌금에서 몇 가지 분명한 사실을 알 수 있다.

1. 아나니아는 그가 원하는 만큼을 가져올 완전한 권리를 가지고 있었다.

2. 그는 원했다면 아무것도 가져오지 않을 수도 있었다.

3. 그의 땅은 그가 그것을 팔기 전에도 그의 것이었으며 그것을 판 후에 그 돈도 그의 것이었다(4절).

4. 누구도 그에게 어떤 것을 주라고 강요하지 않았다(고후 6-11장).

5. 누구도 얼마를 가져오라도 요구받지 않았다.

6. 그는 소량만을 줄 수도 있었다. 그렇게 했어도 그것은 받아들여졌을 것이다. 그러나 여기서 문제는 더욱 깊어진다.

성령(Holy Ghost)께서 활동하고 계셨으며(행 4:8,31; 2:4을 볼 것) 3절과 4절을 비교해 볼 때 성령(Holy Ghost)은 하나님이시다. 『**성령[Holy Ghost]께 거짓말하게 하며... 거짓말을... 하나님께 하였느니라**』(3,4절). [고후 3:17에서는 성령(Holy Spirit)이 『**주**』로 불리고 있다.] 은사주의자들이 "Holy Spirit"과 "Holy Ghost"를 구별 짓는 것은 터무니없는 일이다. 성령은 삼위일체의 세 번째 위격(位格)이시다(마 28:19,20 참조). 그는 요한복음 15:26에서처럼 위로자이실 뿐만 아니라 요한복음 14:17에서처럼 진리의 영이시다. 아나니아와 삽피라는 "성령으로 충만"했었고(행 4:31) 이 충만함을 사탄으로 충만한 것과 바꾸었다. 『**어찌하여 사탄이 너의 마음을 가득 채워**』(3절). 한편 은사주의자들은 위의 본문을 들어 구원을 잃어버리는 것에 대해 걱정한다. 구원을 잃어버리는 것에 대해 가장 많이 걱정하는 사람들은 요한일서 3:9을 인용하며 그리스도인은 죄가 하나도 없이 완전해야 한다고 믿는 사람들이다. 그들 중 누구도 위의 본문이나 고린도전서 5:1-8에서처럼 사탄이 믿는 자를 조종할 수 있다는 사실을 알지 못한다. 그럼에도 고린도전서는 모든 은사주의자들이 "그들의 경험을 나누기 위해" 사용하는 책이다.

아나니아와 삽피라는 영적 위선자들이다. 그들이 구원을 받지 않은 사람들이라든지 구원을 잃어버리게 되었다는 것을 나타내 줄 만한 것은 없다. 단지 주님 대신 마귀가 자신들을 다스리게 한 많은 그리스도인들이 죽은 것과 같이(고전 11:30, 요일 5:17) 그들도 죽은 것이다(롬 8:13). 구원받지 않은 유대인이 지역 교회에 돈을 낸다고 해서 믿는 사람인 양 행세할 만한 가능성은 전혀 없다(13절을 볼 것). 아나니아와 삽피라는 오늘날 근본주의 교회 구성원들의 약 20%를 대표한다. 그들은 "교회의 경영자들"로 영적인 성도들이 자신들을 "세속적이지" 않고 "하늘의 마음"을 가진 자로 여겨 주기를 바라는 자들이다. 그들은 주일 아침에 엄청난 금액을 헌금으로 드리는 수천 명의 구원받은 기독 실업인들이다. 그럼으로써 그들은 "위대한 그리스도인" 행세를 하는 것이다. 그러나 그들의 십일조는 저울에 달았을 때 과부의 동전 두 개보다 더 무겁지 않다. 불구자가 그리스도께 드리는 적은 돈이 건강한 의학박사가 연보함에 넣는 큰돈보다 더 귀한 것이다(막 12:42,44).

아나니아와 삽피라는 '믿는 자들'이었지만 '십자가를 짊어진 자들'이라는 명성을 얻기 원했다(막 8:34). 그들은 회중이 그들이 자신들의 모든 것을 다 드렸다고 여기기를 원했다.

아나니아와 삽피라 같은 사람들도 영적인 사람들과 함께 계수되었으며 "그들 사역의 일부"를 담당했다는 사실은 놀라운 일이 못된다. '마귀'도 그렇게 할 수 있는데(행 1:17) 성도가 왜 못하겠는가?

『**사탄**』(3절). 얼과 카터는 "사탄"이 "천사의 이름"(*Ibid.*, p.70)이라고 말한다. 그러나 물론 성경대로 믿는 사람들은 사탄이 『**빛의 천사**』(고후 11:10-14)로서 나타날 뿐이지 "천사"는 아니라는 것을 안다.

죄는 "마음"(4절)에서 구상된다(저자의 주석서 〈잠언〉 4:23 참조). 사도 야고보는 야고보서 4:1-4에서 죄를 짓는 과정의 아우트라인을 잡아 준다. 죄는 명백한 행동이 범해지기 오래전에 나타난다. 아나니아는 그가 돈을 교회에 가져오기 오래전에 하나님께 거짓말을 한다. 심지어는 부동산을 팔기 전에 하나님께 거짓말을 했을지도 모른다. 그와 그의 아내는 『**주의 영을 시험하려고 공모**』했다(9절). 그래서 그 일이 일어나기 전에 세부 계획이 세워졌다. 그들의 죄는 다음의 것들을 포함하는 것이었다.

1. 하나님께 거짓말하는 것(4절)
2. 성령께 거짓말하는 것(3절)
3. 주의 영을 시험하는 것(9절)
4. 사람들에게 거짓말하는 것(8절)

로마카톨릭 사제들과 주교들, 교황들, 수녀들, 교황 대사들, 추기경들, 수도승들, 대주교들과 평신도들은 "죽을"(mortal) 죄에 대해서 많이 알지 못한다. 아나니아와 삽피라는 간음이나 살인, 도둑질, 교회를 떠나는 일, 이혼, 자살 등을 하지 않고서도 "죽을 죄"를 저질렀다. 만약 하나님께서 영적으로 위선을 부리며 연극을 하고 있는 그리스도인들을 오늘 모두 치신다면 여러분들은 장례식에 참석하느라고 성경을 가르칠 시간조차 없을 것이다. 어떤 그리스도인들은 관 속에서 쭉 펴지기 전까지는 결코 바로잡혀지지 않는다.

『그녀가... 숨을 거두니』(10절). 이 말(yielded up the ghost)은 그녀가 죽었다는 뜻이다. 아담 클라크는 약 100년 전에 그 표현을 "breathed her last"로 바꾸었으며, NASV(1963)는 그의 표현을 그대로 따르고 있다. 그들은 이것이 고어적 표현을 현대화한 것이라고 말하지만, 어린아이에게 "breathed her last"라고 말하면 "그녀의 마지막 어떤 것을 내쉬었다는 말이에요?"라고 되물을 것이다. 한편 "성령"(Holy Ghost)의 "영"(Ghost)은 "Spirit"(요 3:5-8)으로 정의되며 에스겔은 이것을 『**숨**』(Breath)이라고 부르고 있다.

5:12 또 사도들의 손을 통해 많은 표적과 이적이 백성 가운데서 일어나니 (그들이 모두 하나가 되어 솔로몬의 행각에 모이더라.
13 그 나머지 사람들 중에는 아무도 감히 그들에게 동참하지 아니하였으나 백성은 그들을 칭찬하더라.
14 그때에 믿는 사람들이 더 많이 주께 더해졌고 남자들과 여자들의 수가 허다하더라.)
15 더욱이 병든 자들을 길거리로 메고 나가서 침상과 자리 위에 뉘어 놓으니 이는 베드로가 지나갈 때 그 그림자라도 그들 가운데 어떤 사람에게 덮이기를 바람이더라.
16 무리가 예루살렘 근처 성읍들에서 병든 자들과 더러운 영들에게 괴로움당하는 사람들을 데리고 왔는데 모두 치유되더라.

이 구절은 사도적 권위로서 주어진 표적과 이적을 완벽하게 요약해 주고 있으며, 은사주의자들은 다음과 같은 사실에 대해 완전히 무지하다.

1. 예수께서 요한복음 4:50이나 마태복음 8:13에서 어떤 "접촉점"도 필요로 하지 않으셨던 것과 마찬가지로 여기서도 "접촉점"이 필요치 않다.

2. 사람들은 자신들의 죄들로 인해 죽임을 당하는 것을 두려워하였기 때문에 참된 사도적 지역 교회에 속하는 것을 두려워했다. "천사들의 방언"과 "알지 못하는 방언"으로 말하는 것과는 전혀 상관이 없다.

3. 사도들의 치유에는 "불발"이 없다. 예수 그리스도께서 치유하실 때와 마찬가지로 모든 병자가 치유되었다. 텐트나 교회로 사람들을 데려오지도 않았고, 그들에게서 헌금을 걷지도 않았다. 회중을 수동적인 상태로 만들기 위한 오르간 연주도 없으며 그들 중 누구에게도 "믿기만 하라!"는 노래를 부르며 "나을 만한 믿음"을 가져야 한다는 말을 하지 않는다. 그런 사람들은 아이크 목사, 오랄 로버츠, 렉스 훔버드, 캐더린 쿨만, 애이미 셈플 맥퍼슨 등과 마찬가지로 병자를 치유할 힘이 없다. [행 1:14; 2:1; 2:46; 4:24에서처럼 다시 『**하나가 되어**』라는 말이 나온다. 초대 교회는 알지 못하는 방언을 하는 은사주의 고린도 교회 같지는 않았다. 왜냐하면 그들이 예배드리기 위해 만날 때마다 항상 "불일치" 했기 때문이다(고전 14:23을 볼 것).]

아담 클라크는 A.V.(1611)의 구절의 배열을 싫어해서 11,13,14,12,15절 순으로 문장을 조절해야 한다고 주장한다. 얼과 카터는 『**교회**』란 말이 11절에서 사도행전에서 처음으로 나오기 때문에 그 전에(행 2:47에서) 있었던 교회는 "진짜가 아니다."라고 말한다(*Ibid.*, p.73). 그러나 14절을 보면 이 주장이 맞지 않음을 알 수 있다. 왜냐하면 여기서 누가는 『**주**』와 『**교회**』를 동일시하고 있기 때문이다. 따라서 알렉산드리아 성경 개정자들은 "교회"라는 단어를 사도행전 2:47에서 삭제해 버렸다. 그들은 북아프리카의 구라틴 역본뿐만 아니라 카이사랴와 안티옥의 시리아 사본까지 혼란시켰다. 『**주께 더해졌고**』(14절)라는 표현은 "극단주의자들"에게는 소화하기 힘든 표현이다. 왜냐하면 그 표현은 단순히 더 많은 성도들이 "주의 편으로 드는 것" 이상을 말하기 때문이다. 알다시피 이스라엘은 이미 주의 편에 있었다(엡 2장). 그리고 이스라엘 사람들은 그에게 영적으로 합류할 때만(고전 12:13) 주께 "더해질" 수 있었다. 이러한 명백한 어려움에 직면한 스탬은 그 구절에 주석을 다는 일을 정중하게 거절한다.

렘세이와 캐드베리, 브루스는 "〈칠십인역〉이 에클레시아(ecclesia)라는 단어에 그 가치와 위엄과 하나님과의 친밀한 교제의 연합이라는 의미를 부여했다"는 극단주의적 가르침을 유포시켰다. 그러나 신약에서 에클레시아란 단어에 그런 뜻을 주시는 분은 성령님이셨으며, 어떤 알렉산드리아 철학자가 구약에서 이스라엘에게 그 단어를 사용한 것은 신약 전체가 이미 완성된 후였다.

본문은 베드로의 그림자라도 덮이는 사람은 모두 나음을 받았다고 말하고 있지 않다. 누가는 사람들이 그렇게 생각했다고 말하고 있다. 『**모두 치유되더라.**』(16절)는 말씀은 베드로의 그림자가 아니라 그의 『**손**』(12절과 막 16:18 참조)에 초점이 맞추어져 있다. 그러나 사도행전 14:10은 "접촉점"이 항상 필수적이지는 않음을 보여 준다.

서방원문(로마)은 15절에 14단어를 첨가시켰으며 파피루스 45는 『**백성은 그들을 칭찬하더라.**』(13절)는 부분을 삭제시켰다. 진짜 영적인 것(막 12:37)이 무엇인지에 대해 주교, 대주교, 제사장, 대제사장, 유대의 제사장들보다 더 나은 분별력을 가진 보통 사람들(대중)은 항상 있어 왔다. 28절은 이스라엘의 공회가 "**사람들**"에 대한 사도적 사역이 효과를 거두고 있었음을 잘 알고 있었던 사실을 보여 준다.

5:17 그러자 대제사장과 그와 함께한 모든 자 (곧 사두개파)가 분노로
가득 차서 일어나
18 사도들을 잡아다가 감옥에 넣더라.
19 그러나 주의 천사가 밤중에 감옥문들을 열고 그들을 내어주며 말
하기를
20 "너희는 가서 성전에 서서 이 모든 생명의 말씀을 백성에게 고하
라."고 하니라.
21 그들이 그 말을 듣고 이른 아침에 성전으로 들어가서 가르치더라.
그때 대제사장과 그와 함께 있던 사람들이 와서 공회와 이스라엘
자손의 모든 원로를 소집하고 사람을 감옥에 보내어 사도들을 데
려오라 하더라.
22 그러나 관원들이 거기에 갔으나 감옥 안에 그들이 없는지라, 돌아
와서 보고하여
23 말하기를 "우리가 보니 감옥은 참으로 안전하게 잠겨 있고 간수들
은 밖에서 문 앞을 지키고 서 있는데 우리가 문을 열었더니 그 안
에는 아무도 없었나이다."라고 하더라.
24 이제 대제사장과 성전 책임자와 선임 제사장들이 이 일들을 듣고,
그것들에 관해 의심스러워하며 이 일이 장차 어찌 될까 하더라.
25 그때 어떤 사람이 와서 그들에게 보고하여 말하기를 "보소서, 당신
들이 감옥에 넣은 사람들이 성전에 서서 백성을 가르치고 있나이
다."라고 하더라.
26 그리하여 성전 책임자가 관원들과 함께 가서 그들을 데려올 때
강제로 하지 아니하였으니 이는 사람들이 돌로 칠까 두려워함이
더라.
27 그들을 데리고 와서 공회 앞에 세워 놓고 대제사장이 물어

28 말하기를 "이 이름으로 가르치지 말라고 너희에게 엄하게 명령하지 아니하였느냐? 그런데, 보라, 너희가 예루살렘을 너희의 교리로 가득 채워서 이 사람의 피를 우리에게 돌리려 하는도다."라고 하더라.

부흥 뒤에는 반대가 필연적으로 뒤따르는 법이다(마 14:1-15, 행 13:45). 제자들은 "성령으로 충만했고" 사두개인들은 『**분노로 가득**』 찼다(17절). 『**파**』(sect, 17절)는 하나님의 말씀에 반대되는 입장을 취하는 사람들로 이루어진 분파이다(행 24:5 주석 참조). 불신자(infidel)와는 달리, 이단(heretic)은 성경을 믿는다고 고백은 하지만 그들이 그렇게 하는 이유는 성경을 참으로 믿는 사람들을 꼬이기 위한 것이다. 그런 뒤에 이단은 성경을 사사로이 해석해서 잘못 적용한다. 오늘날의 "이단들"이 위 본문의 "파"에 해당되는 한편, "교단"(denomination)은 원래 정통 기독교로 구성되어 있었다. 그러나 1900년 이후로 상황은 조금씩 악화되었다. 오늘날의 "교단들"은 니케아 강령의 근본주의 사항에서 너무나 많이 이탈한 나머지 "이단들"로 분류되는 것이 적당할 지경에 이르렀다. 반면 이단들(몰몬교, 그리스도의 교회, 안식일 교회, 크리스천 사이언스, 여호와의 증인 등)은 "교회 건물"들을 차지하고서 "기독교 단체"로서 세금을 면제받아 왔다. 사람들은 심지어 "말일 성도교"를 기독교의 일파로 생각한다. 그러나 조 스미스(Joe Smith)나 모로니(Moroni)는 성경적인 기독교와는 전혀 관계가 없었다.

18,19절은 설명을 요하지 않는다.

『**이 모든 생명의 말씀을**』(20절). 이것은 오늘날 많은 목사들과 교사들에게는 이상한 위임 사항일 것이다. 왜냐하면 그들은 『**말씀**』을 가질 수 없다고, 적어도 말씀 전부를 가질 수는 없다고 주장하기 때문이다. 하나님께서는 그의 모든 말씀을 보존하셨음에도 불구하고 그들은 그것을 믿으려 하지 않는다. 예를 들어 존 R. 라이스는 요한계시록 22:14이 "생명의 말씀"인 것을 믿지 않는다[1973년 2월 28일자 〈주의 칼〉 참조]. 『**주의 천사**』(19절)에 대해서는 출애굽기 32:34, 갈라디아서 4:14을 주석서에 있는 설명과 함께 참조하기 바란다.

『**이 모든 생명의 말씀**』은 부활하신 구세주의 부활한 생명을 말하는 것으로 여겨지며, 이는 마지막 심판과 마지막 부활 이전에 몸의 부활이 있음을 확증해 주는 것이다(행 4:2 주석 참조).

『**이스라엘 자손의 모든 원로[senate]**』(21절). 이것은 산헤드린(행 22:5)보다 훨씬 큰 종교 거물들의 단체를 언급하는 것이므로 A.V.(1611)가 옳다. 로버트슨은 "원로"를 산헤드린의 한 부분인 것으로 설명한다. 그러나 그 단어의 헬라어는 노인들, 즉 장로들의 모임을 의미한다.

22,23절의 내용은 설명을 요하지 않는다. "죄수들"이 감옥을 빠져 나갔다. 그들은 잠겨진 문을 통과해서 나갔거나 『**밖에서 문 앞을 지키고 서**』(23절) 있던 경비병들을 동요시키지 않고 벽을 통해서 나간 것이 분명하다. 주의 천사는 사도행전 12장에서 베드로에게 했던 것과 동일하게 일했다. 그러나 이번에는 죄수들이 도망간 후에 경비병들을 깨워서 자신들이 잠을 자고 있었다고 생각하지 않게 했다. 당황한 경비병들은 감옥 안을 조사하지 않았다. 24절은 설명을 요하지 않는다. 이 구절에 대한 A.T. 로버트슨 박사의 주석은 참으로 딱하다. 그는 마태복음 13:32의 "큰 나무"가 신약의 사도적인 기독교라고 설명한다. 그러나 마태복음 13:31,32의 나무는 로마카톨릭의 마귀들이 거하는 곳이며, 그것은 신비의 바빌론에서 정

점을 이룬다(계 18:1-9).

25,26절의 내용은 본문이 말하는 그대로이다. 군인들은 이제 헤롯(막 6:20)과 바리새인들(마 21:26)이 있는 곳에 있다. 27절에 다시 눈에 익은 단어 『**공회**』(행 4:15)가 등장한다. 『**엄하게**』(straitly, 28절)는 빌립보서 1:23 등에도 나오는 옛 단어로 오늘날의 "제한"(restriction)에 해당된다.

입을 다물라는 심한 압력이 제자들에게 가해진다(행 4:18,21). 그들은 단순히 『**이 모든 생명의 말씀**』 때문에 제자들을 박해했던 것이 아니었다. 대제사장의 말은 너무나 위선적이어서 웃음이 나올 지경이다. 그와 그의 군중은 그 민족이 마태복음 27:25을 외치도록 했던 자들이다. 그랬던 그가 이제 "피값"에 대해 걱정을 하고 있는 것이다. 그리스도의 피는 이미 그들 "위에"(28절) 있었으며 그것은 누가 무슨 교리를 설교하고 있는가의 문제가 아니었다. 대제사장은 구약의 진리를 『**너희의 교리**』(행 5:28)라고 부른다. 우리는 여기서 예레미야 시대에 있었던 에큐메니칼 공회가 성경을 바룩의 교리(렘 43:3)라고 불렀으며 유대인들은 그것을 바울의 교리(행 24:5)라고 부른 것과 마찬가지로, 성경의 무오성을 경멸하는 그들의 모습을 볼 수 있다. 어떤 교리가 어디로부터 온 것인지를 알아내는 데(요 7:17) 어려움을 겪는 사람들에게 예수께서는 무엇을 해야 할지를 말씀해 주셨다. 정직한 사람치고 어떤 교리가 성경적 교리인지 성경에서 벗어난 교리인지를 24시간 이내에 발견할 수 없는 사람은 하나도 없다.

5:29 그때 베드로와 사도들이 대답하여 말하기를 "사람보다 하나님께 **순**
종하는 것이 마땅하도다.
30 너희가 나무에 매달아 죽인 예수를 **우리 조상의** 하나님께서 **살리셨**

느니라.

31 이분을 하나님께서 오른손으로 높이셔서 통치자와 구주가 되게 하셨
으니 이는 이스라엘에 회개와 죄사함을 주시기 위함이라.

32 우리는 이런 일에 대한 그의 증인들이요, 또 하나님께서 그분께 순
종하는 사람들에게 주신 성령도 그러하니라."고 하더라.

십자가형 전에는 주님께서 베드로의 입을 다물게 하실 수 없으셨는데, 이제는 마귀가 그의 입을 다물게 할 수 없게 되었다. 시몬 베드로의 옛 성품인 시몬은 이렇게 말했을지도 모른다 "조심해! 입을 다무는 게 더 낫다구. 그렇지 않으면 침례인 요한처럼 목이 잘릴 거야!" 그러나 새 사람인 베드로는 말했다. "그들에게 해야 할 말을 모두 다 말해야만 해!"

『**사람보다 하나님께 순종하는 것이 마땅하도다**』(29절, 출 1:22, 마 22:17 주석 참조). 하나님의 명령에 순종하지 않는 사람은 하늘로부터의 능력을 입을 수 없다. 예수께서는 사도행전 1:8에서 제자들에게 한 명령을 주셨으며, 하늘과 땅의 모든 권세로 그것을 수행할 수 있는 힘을 주셨다(마 28:18-20). 그렇기 때문에 산헤드린과 원로가 대적하더라도 그들은 그 명령을 수행할 수 있는 것이다. [한편 이 구절은 병역 반대자들에 의해 오용되어 왔다. 저자의 주석서 〈출애굽기〉 15-22장 참조.]

『**우리 조상의 하나님께서 살리셨느니라**』(30절). 사도행전 5:17을 보라. 시몬 베드로는 서두도 없이 말씀의 칼로 그들을 베고 찌르고 있다.

검사가 범죄자에게 말한다. "지난달에 송달된 법원 명령을 받았는가?" 피고가 대답한다. "읽어 보고 싶은 마음이 전혀 없었다. 이 더러운 죄인들아, 이제 내 말을 들으라."

『**너희가 나무에 매달아 죽인**』(30절). 베드로는 그들을 1급 살인죄로 고소한다(행 4:10). 그리고 그는 성령께 이끌림을 받아서 다니엘이 말했던 "통치자"(Prince 단 9:26)라는 말을 예수 그리스도께 적용시킨다. 그리고 침례인 요한의 메시지였던 회개와 죄들의 사함을 반복한다(행 2:38 주석 참조).

『**우리는... 그의 증인들이요**』(32절, 행 1:8 주석 참조). 이것은 오직 진리만을 말하기를 맹세한 피고의 말이다. 뿐만 아니라 『**성령도 그러하니라**』(32절)는 말로써 진리를 확증하는 데 필요한 두 번째 증인(신 19:15)도 제시된다(히 2:4 참조). 『**하나님께서 그분께 순종하는 사람들에게 주신**』(32절, whom God hath given to them that obey him)에서도 알 수 있듯이 성령은 한 인격(person)이시다. 베드로가 가했던 최후의 일격에는 그 사실이 암시되어 있다. 그들은 성령께 순종하지 않았던 것이다.

사도행전 2:38에서의 "순종"은 물침례였다. 그 이유 때문에 (오늘날까지) 구원받지 못한 캠벨파 "목사들"은 그 장을 떠나지 못한다. 율법 아래 있던 이스라엘 사람들에게 주어진 명령에 순종함으로써 그들은 성령을 받고자 한다. 그러나 성령은 오직 믿음(행 10:44)으로 받는 것이다. 하나님께서 말씀하신 것을(롬 1:5; 16:26) 신뢰함으로써 오직 믿음만으로(롬 4:5) 받는 것이다. 그러나 "한 번 물개는 영원한 물개다." 어리석은 자를 그 어리석음에서 분리시킬 수 없는 것처럼(잠 27:22) 캠벨 추종자를 그 마술 물웅덩이에서 분리시킬 수 없다.

이어지는 내용으로 볼 때 시몬 베드로는 기름에 불을 붙인 것이 분명하다.

(계속하기 전에 정통주의 배교자들이 이 본문을 어떻게 설명하는지 살펴보자.)

1. A, D, 알렙, P74는 32절에서 『**그의**』를 삭제했다. 따라서 밥존스대학에서 추천하는 NASV에서도 그 단어가 없다. NASV가 〈킹제임스성경〉을 고친다면 우리는 어디를 보아야 할지를 안다. 바로 로마카톨릭이다. "**그의**"는 1528년에 나온 예수회 성경(림즈 듀웨이)에도 없으며, 따라서 알란드, 메츠거, 네슬, 웨스트, 티엠의 헬라어 본문에도 빠져 있다.

2. 서방원문은 18절에 8단어를, 21절에 8단어를 첨가시켰다. 그런 후에 29절에 "우리 조상의 하나님"을 삽입시켰다.

3. 래드 박사는 "통치자"(Prince)가 "지도자"(leader)로 되어야 한다고 말한다(31절).

4. 해켓은 29절에서 "다른 사도들"로 되어야 한다고 말한다.

5. 웬트, 렌돌, 린드세이는 30절 본문을 혼란스럽게 만들어 누가 누구를 살해했으며 그 일이 언제 일어났는지도 알 수 없게 만든다. 그들의 말은 헬라어 단어의 "일차 부정과거 중간태 직설법"과 "일차 부정과거 능동태 분사"를 통해 그리스도께서 매달린 뒤에 살해가 일어났음을 알 수 있다는 것이다. 그러나 이런 설명은 혼란만 줄 뿐 본문에서 아무런 사실도 조명해 주지 못한다. 본문에서 『**너희**』는 그리스도를 처형할 때 사용된 못이나 창, 밧줄, 십자가, 망치 등은 만지지도 않았던 사람들을 가리키고 있다. 그들은 십자가 처형 이전이든 이후든 그리스도를 직접적으로 "살해하지" 않았다. 베드로의 말은 이스라엘 장로들이 예수를 빌라도에게 넘겨주었을 때 그들의 의도를 말하는 것이다. 일차 부정과거와 중간태 분사 등은 본문을 해설하는 데 전혀 상관이 없다.

5:33 그들이 이 말을 듣고 마음이 상하여 사도들을 죽이려고 의논하니라.
34 그때 가말리엘이라고 하는 한 바리새인이 공회 중에서 일어서니 그

는 율법 박사로 모든 사람의 존경을 받는 자라. 사도들을 잠시 밖
에 나가 있게 명하고 나서
35 사람들에게 말하기를 "너희 이스라엘 사람들아, 너희가 이 사람들
에 관하여 행하려고 하는 일을 스스로 조심하라.
36 이전에 드다가 일어나서 자기가 무엇이나 된 듯이 스스로 자랑하므
로 약 사백 명이나 되는 사람이 그에게 가담하더니 그가 살해되자
그를 추종하던 자들이 다 흩어져서 남아 있는 자가 없었느니라.
37 이 사람 다음에도 조세등록하던 때에 갈릴리 사람 유다가 일어나서
많은 사람을 꾀어 자기를 따르게 했으나 그도 죽으니 그를 추종하
던 자들이 다 흩어졌느니라.
38 그러므로 이제 내가 너희에게 말하노니 이 사람들을 상관 말고 내
버려 두라. 만일 이 이론이나 행동이 사람에게서 비롯된 것이면 곧
무너져 버릴 것이요
39 그것이 하나님에게서 비롯된 것이면 너희가 그것을 무너뜨리지 못
할 것이니 도리어 너희가 하나님을 대적하는 것으로 알려지지 않도
록 하라."고 하더라.
40 그러자 그들이 가말리엘에게 설득되어 사도들을 불러서 때리고 예
수의 이름으로 말하지 못하도록 명령한 후에 놓아주니라.
41 사도들은 그분의 이름을 위해 모욕을 받기에 합당한 자로 여겨짐을
기뻐하며 공회 앞을 떠나니라.
42 그들이 성전에서나 각 집안에서 날마다 예수 그리스도를 가르치고
전파하는 것을 쉬지 않더라.

여기 존경받는 "율법 박사"가 등장한다. 〈미쉬나〉(Mishna)는 라반 가말리엘이 죽었을 때 순결과 절제와 율법에 대한 경외심도 함께 죽었다고 말하고 있다. 더멜로우는 그가 할렐의 손자이며 "라반"(랍 또는 랍비보다 더 우위인)이란 칭호를 받은 일곱 교사 중 첫째인 랍비 시므온의 아들이라고 말한다. 반면 누가복음 5:17은 그를 구원받지 못한 랍비로 제시하고 있다. 그의 위대한 지혜의 "설교"는 필로와 공자 중간쯤에 있다. 여기서 그가 했던 충고는 "정의가 승리한다," "계속 두고 보자," "앞으로 될 일이 말해 줄 것이다."라는 정도의 깊이밖에 없다. "모든 사람들 사이에 퍼진 가말리엘의 명성"은 테드 케네디, 앨버트 슈바이처, 조 나마스, 마하트마 간디, 비틀즈 등이 얻었던 명성과 같은 것이었을 것이다. 그것은 현혹시키는 행위에 근거한 과장된 칭찬인 것이다.

『**그들이... 마음이 상하여[cut to the heart]**』(33절). 양날 가진 칼(히 4:12)은 그들이 "살아 계신 말씀"을 찌르고자 했던 것과 똑같이 그들을 찔렀다. (그리고 상황은 조금도 변하지 않았다.) A.V.(1611)는 어떤 주석가들, 학자들, 설교자들, 성경 개정자들, 필사본 연구가들, 고고학자들, 성사주의자들의 반대에도 아랑곳하지 않고 스스로를 지킬 것이다. 칼싸움에서는 칼을 옹호하거나 분석하지 않는다. 다만 사용할 뿐이다.

원로와 산헤드린은 사람 죽이는 것을 아무렇지도 않게 허용하는 것처럼 보인다. 성경대로 믿는 사람들을 죽이려는 음모가 반복해서 등장하기 때문이다(마 21:46, 행 7:58). 종교적 살인자들은 종교재판 때 스페인이나 1950년대 콜롬비아에서처럼 오늘날도 북 아일랜드에서 잔혹하게 인명을 살상하고 있다. 히틀러, 히믈러, 카스트로, 무솔리니, 괴벨스, 호에스 등은 모두 같은 교회에 속했다.

34,35절은 설명을 요하지 않는다.

『**드다가 일어나서**』(36절), 『**갈릴리 사람 유다가 일어나서**』(37절). 죽은 정통주의 보수주의자가 사도행전에서 "빛을 발할 수" 있는 곳은 이런 구절(또는 행 27:14)이다. 왜냐하면 본문의 내용이 구원받지 못한 랍비가 제시한 세속 역사와 일치하기 때문이다. 어떤 지각 있는 사람이 사도행전 5:12-16을 목격한 후에 가말리엘 정도의 말밖에 못하겠는가? "그는 그것을 보지 못했을지도 모른다."고 말하겠는가? 그렇다면 그는 무엇을 하고 있었는가? 사무실에 앉아서 히브리 어형변화를 베끼면서 오리겐이 엉망으로 만들어 놓은 맛소라 원문을 다듬으려고 애쓰고 있었는가? "율법 박사"이면서도 율법의 창시자께서 모세에게 "표적과 기적"을 주셨다는 것도 몰랐단 말인가? 카톨릭 교회, 랍비 학교, 주립대학의 "박사들"과 마찬가지로 가말리엘에게는 상식과 영적 분별력이 없었다.

『**드다**』는 어떤 인물이었는가? 그는 "마술사"였으며(요세푸스) 사도행전 5장(A.D. 44)까지는 등장하지 않는다. F.F. 브루스는 그에 대해 18줄에 걸쳐 짤막하게 쓰고 나서 『**드다**』는 "다크 호스"라고 결론짓는다. A.T. 로버트슨 박사는 중립적 위치를 취하면서 누가나 요세푸스 중 한 명이 틀린 것이라고 말한다. 그러나 이 선한 박사는 둘 중 누가 틀렸다고 믿는지 우리에게 말해 주지 않는다. (참으로 신복음주의다운 태도이다.) 누가는 초기 "드다에 대해 말하고 있는데 우리는 그에 대해 아는 바가 없다"(더멜로우). "이는 심각한 문제이다"(〈복음주의 주석〉 p.83).

그러나 성경대로 믿는 사람은 연합통신에서 나온 뉴스거리를 상기시키는 구원받지 않은 그 유대인들에게 아무런 "심각한 문제"도 발견하지 않는다. 드다와 유다가 누군지 알 수 없다고 하자. 그래서 어쨌단 말인가? 『**울바노... 스타쿠... 아펠레... 트루포사**』(롬 16:9-12)에 대해서도 그렇게 어렵게 살펴보는가? 『**실로암에서 망루가 무너져 죽은 열여덟 명**』(눅 13:4)은 어떤가? "요세푸스"가 그들의 이름은 제시했는가?

『**드다**』와 『**유다**』가 누군지 우리는 안다. 그들은 사람들을 선동해서 문제를 일으켰던 두 명의 반역자이다. 그들의 이름은 이스라엘 자손의 원로에게 알려졌었다. 요세푸스가 우연히도 그들 중 한 사람에 대해(갈릴리인 유다, A.D. 6) 바르게 생각한다면 그것은 그가 운이 좋아서다. 우리는 결코 성경적인 어떤 것으로 인도받기 위해 요세푸스나 가말리엘을 인용하지는 않을 것이다.

36,37절은 설명을 요하지 않는다. 선동자들은 정부를 전복시키고자 했으나 그들의 쿠데타는 실패했고 그들과 그들을 따르던 사람들은 처형되었다. ["조세등록"이란 단어가 새로운 역본들에서는 "인구조사"로 변개되었다. 그러나 그것은 아무런 의미도 없는 말이다. 인구조사는 세금 징수를 위해 실시되었다(눅 2:3 참조).]

38,39절은 설명을 요하지 않는다. 가말리엘의 "현명한 충고" 속에 있는 거짓은 논리학을 공부하는 학생이라면 1학년도 알 수 있을 만큼 명백하다. "상황을 내버려 두는 것"은 "그것이 진정되리라"는 것을 보장해 주지 않는다. 나치의 제3제국을 내버려 둔 것(1937-1939)은 아무것도 보장해 주지 않았다. 더구나 사람이 때로는 하나님의 일을 뒤엎을 수 있다는 사실은(1940-1980) 중국의 모든 성경대로 믿는 지역 교회와 러시아의 90%의 교회가 완전히 사라진 데서, 또 미국에서는 대부흥의 기간 동안 그리스도인들이 세운 12개 대학이 완전히 배교한 데서 명백해진다. 어떤 일이 『**사람에게서 비롯**』(38절)되었다 하더라도 예수 그리스도의 재림 때까지는 완전히 무너져 버리지 않는다.

『**그러자 그들이... 설득되어**』(40절). 가말리엘의 충고는 웨드메이어(Wedemeyer) 장군이 트루먼(1945-1950)에게 한 충고만큼이나 효과적이었다. 가말리엘은 『**이 사람들을 상관 말고 내버려 두라.**』(38절)고 말했다. 즉 이 율법 박사는 그런 제안을 하는 데 대한 논리적 이유도 없이 적절한 제안을 한 것이다. 그리고 그의 동료들은 그것을 믿지 않을 어떤 정당한 이유도 없이 그 충고를 무시해 버렸다.

"공회"는 참으로 대단한 역사를 가지고 있다. 세계교회협의회(World "Council" of Churches, 1948)는 여러 해 동안 브롬리 옥스남(Bromely Oxnam), 비써 후프트(Visser Hooft) 박사, 벨(Bell) 주교의 통제하에 있었다. 옥스남은 9개의 하부 연결조직을 가진 공산주의자로 22년간 일선에서 활동한 기록을 갖고 있는 인물이다. 전미교회협의회(NCCC)의 넬스 페레(Nels Ferre)는 마르크스주의를 "그리스도인의 완성으로 가는 하나님의 방법"이라고 불렀으며, NCCC의 후원으로 외국에 파송되는 모든 선교사는 "공산주의 내에 있는 기독교적 가치"라는 과정을 공부해야만 한다. 이반 리 홀트 주교, J.B. 셰린 목사, 개롤 코툴라 주교, 조세프 흐로마드카 교수, T.C. 차오 박사, E. 스탠리 존스, 마크 뵈그너 박사, 피셔 대주교, 달버그, 반 듀센, 삭크만, 니에브홀, 코핀, 블레이크, 레이퍼 등은 모두 WCC와 일하면서 모든 프로테스탄트와 카톨릭 신자들을 요한계시록 17:1-10의 우주적인 창녀 교회 안으로 통합하려 한다.

배교한 기독교의 마지막 형태는 유대교, 힌두교, 불교, 제칠일안식일예수재림교, 강신술, 몰몬교, 크리스천 사이언스를 포함할 것이다(1955년 9월 NCCC의 공식 기관지 '전국 공회 조망').

"공회"는 참으로 대단한 역사를 가지고 있다.

『그분의 이름을 위해 모욕을 받기에 합당한 자로 여겨짐을 기뻐하며』(41절). 이것은 누가복음 6:23의 지시 사항에 대한 실제적인 적용이다. 이것은 전쟁에 임한 순교자들의 함성이며, 수세기에 걸쳐 만군의 주의 병사들이 모여들었던 기준점이다. 하나님께서는 우리가 우리 자신의 어리석음, 시기, 이기심, 신뢰의 부족, 기질, 수다스러운 입 때문에 고난을 당한다는 사실(벧전 2:20)을 아신다. 그렇다면 가치 있는 어떤 것을 위해 고난받을 기회를 영광스럽게 생각하지 않을 이유가 없지 않은가? 어떻게든 우리가 고난을 받게 되어 있다면(요 16:33) 옳은 것을 위해 고난받아야 하지 않겠는가?(벧전 2:19-21)

5장 마지막에는 가가호호 방문해서 가르치고 설교하면서 "그들 아버지의 일"(눅 2:49)을 하는 사도들의 모습이 묘사되어 있다. 당시에 그와 같은 모습은 성전 경배와 공존하고 있음을 알 수 있다. 가가호호 다니면서 예수 그리스도를 가르치며 전파하는 것은 역사가 입증하는 훌륭한 구령 방법으로, 이보다 더 나은 방법은 지금까지 없었으며 앞으로도 없을 것이다.

사도행전 6장

6:1 그 당시에 제자들의 수가 늘어나고 그리스인들이 히브리인들에 대
하여 불평이 일어나니 이는 그들의 과부가 매일의 구제에서 소외됨
이라.
2 그러자 열두 *사도*가 제자들의 무리를 불러서 말하기를 "우리가 하나님
의 말씀을 버려 두고 식단을 돌보는 것이 옳지 아니하도다.
3 그러므로 형제들아, 너희 가운데서 성령과 지혜로 충만하여 훌륭한
평판을 듣는 일곱 사람을 찾아서 택하여 이 일을 맡기고
4 우리는 계속해서 기도하는 일과 말씀의 사역에 전념하리라."고 하더
라.

위의 본문은 지역 교회 내의 한 문제를 다루고 있다. 차들의 행렬에는 일산화탄소가 뒤따르는 것처럼, 부흥 뒤에는 문제가 따르게 되어 있다. 사도행전 5:42은 어떤 문제가 일어날 전조가 되는데, 이런 형태는 사도행전 6:7,8과 8:40에서 다시 반복된다. 이런 현상에 대해서는 저자의 주석서

〈출애굽기〉 14:11; 15:24에 자세히 설명해 두었다.

사도행전 6장에서, 지역 교회 안에 생긴 문제에 대한 해결책은 매 770명당 한 사람 꼴로 일꾼들을 선정해서 "식탁을 차리게" 하는 것이었다. "집사들"이란 단어(헬라어 '디아코논')는 "식탁을 돌보기 위해 맨땅 위를 두루 다니는 사람"을 뜻한다(헬라어 어원학자들이 해 놓은 확대된 설명에 의하면 그렇다). "집사"라는 단어가 여기에는 없다 하더라도 "일곱 명"(행 21:8)이 집사라는 것은 명백하다. 디모데전서 3장에서 다시 나오는 집사의 세 가지 자격(3절)을 살펴보자.

1. 지혜
2. 좋은 평판
3. 성령 충만

"식탁을 차리는 사람들"이 여기서는 "사역"에 부름받은 영적인 사람들이다. 그들의 "사역"은 "교회를 운영"하는 것이 아니라 회중을 섬기는 일이다(저자의 주석서 〈빌립보서〉 1:1 참조). 성경에서 "집사"는 재정위원회를 통제하거나 운영하지 않는다. 목사나 이사진에게 명령을 하지도 않는다. 설교자들을 고용하거나 해고하지도 않는다. 실업가 모임을 이끌지도 않는다. 선교회 사람들과 함께 하루 종일 앉아서 커피를 마시며 재떨이 사방에 담배재를 뿌려 놓지도 않는다.

집사들은 "영적인 사역자들"로서(딤전 3장) "회중을 섬김으로써" 그들에게 봉사한다(롬 12:7). 그들은 목사와 함께 교회의 영적 뼈대를 형성하는 사람들이다. 그들은 기도와 심방을 돕고, 가난한 이들을 섬기고, 건물과 교회 물건을 깨끗이 유지하고, 교회가 투표에 붙여 나누어 주기로 결정한 선물들과 기부금을 분배하고, 분열과 다툼과 박해 시에 목사와 의논하는 일을 한다.

이런 일들을 하지 않는 집사는 "집사"일 수 없다. 그런 집사는 가르치지 않는 교사, 감독할 줄 모르는 감독, 설교할 수 없는 설교자, 아무도 신뢰하지 않는 관재인과 같다.

이 최초의 교회의 열두 목사들(2절)은 세상과 그들을 연류시킬 수 있는(딤전 2:4) 모든 거추장스러운 것과 방해물에서 해방되어 『**말씀과 교리**』(딤전 5:17)에 전념하며 그들의 가르침과 설교를 기도로 기름붓는다. 목사는 영적인 권세와 권위를 가진, 영적 지도자이다. 성령께서는 신약에서 어떤 다른 지배도 인정하지 않으신다(벧전 5:1-6, 눅 24:49). 그의 형제들을 "다스리는"(딤전 5:17) 사람은 기도와 말씀으로 그 일을 하며, 그의 권위는 거기에서 시작해서 거기서 끝난다. 비밀 경찰, 바티칸 경비대, 교황 대사, 수도원, 수녀원, 의회에서의 평신도 로비 활동, 세금 징수에 대한 정치적 압력, 예수회 종교 재판관들, 국가의 통치권을 얻기 위한 근친 결혼 등은 사탄이 넘겨받은 것과 똑같은 권위이다(눅 4:1-12). 스카랴 11:16,17의 "우상 목자"를 제외하고는 지상의 어떤 목자도 이런 종류의 "권세와 권위"를 사용하지 않는다. 열한 사도에게 부여된 권위(마 28:18-20)는 영적 권위이며, 교황이 마태복음 16:16-18을 괴상하게 왜곡시켜서 하나의 열쇠는 정치적이고 하나는 영적이라고 해석한 것은 발효된 포도주가 바알 숭배자의 주문으로 예수 그리스도의 죄 없는 피로 바뀐다는 가르침과 똑같은 것이다.

『**말씀의 사역**』(4절)은 바울이 그의 전 생애를 통해 정진했던 사역이며, 스탬, 베이커, 무어가 바울의 사역과 사도행전 2-6장의 사역을 분리시키려 하지만 그것은 맞지 않다. 바울은 고린도전서 12장에서 『**한 몸**』에 대해 쓴 후에도 회중에게 구약을 설명하기 때문이다. 그리고 그 구약 구절들은 그와 같은 문맥에서 제시되었다(롬 12:4,5). 『**한 몸**』에 속한 그리스도인들은 그 구절들을 읽어야 하며(고전 10:1-6) 그것들로부터 위로를 얻는다(롬

15:4). 우리는 "모든 성경"(딤후 3:16)을 공부한다. 신약의 일부나 절반만 공부하지 않는다(행 1:8 주석 참조).

『**말씀의 사역**』(4절)은 듣는 자에게 생명을 주고(약 1:21) 새 생명을 지탱해 주는(눅 4:4) 살아 있는 유기체의 사역(히 4:12)이다. 대부분의 기독 대학의 교수들과 학자들은 자신들이 말씀의 사역에 부르심을 받았다고 스스로를 속이지만 정작 말씀이 무엇인지조차도 모른다.

『**말씀의 사역**』이란 자신이 최초의 "원본"을 가지고 있는 체하면서 성경을 고치고 "일관성이 결여된 번역"이나 "어색한 표현"에 대해 불평하는 것과는 전혀 상관이 없다. 그렇게 말하는 사람들은 "사역"이 아니라 그들 자신의 상상력에만 전념해 온 것이다. 말씀의 사역을 할 때는 말씀이 자신을 붙들게 될 때까지 말씀에 달라붙어야 한다(삼하 23:10!!). 그리고는 피가 날 때까지(판 3:21) 말씀을 적용시킨다(렘 48:10). 그 결과는 말씀에 대항하는 자가 죽든지(히 4:12), 아니면 썩어가는 지체가 절단되든지(시 119:67) 둘 중 하나다. 『**말씀의 사역**』을 하는 것은 마음의 상처에 말씀을 붓고 심란해하는 혼에게 기름이나 포도주처럼 말씀을 쏟아붓는 것을 말한다(눅 10:34). 진리를 찾는 굶주린 죄인에게 『**말씀의 사역**』은 오랜 기갈 끝에 마시는 깨끗하고 신선하고 차갑고 맑은 샘물과 같고(잠 25:25) 한 모금의 꿀과 같다(시 119:103).

이 땅에는 "위대한 말씀의 사역자들"이 있어 왔다. 그러나 1881년 이후로는 1881-1884년 사이에 영국을 휩쓴 비평 바이러스에 거의 모두가 감염되고 말았다. 아이언사이드, 모건, 라킨, 펨버, 라이스, 토레이, 니, 콜드웰, 무어하우스, 사우어, 디한, 풀러의 저술에서 A.V. 본문에 대한 파괴적인 비평만 제거한다면 그들은 여기서 말하는, 성경적 의미에서의 "말씀의 사역자들"이라 불릴 수 있을 것이다. 그러나 샤프, 그린, 노울링, 홀트, 하우슨, 렌돌, 웨스트코트, 웬트, 블래스, 래드, 웨스트, 티엠, 브루스, 클라크, 더멜로우, 램세이, 알포드, 드웻, 빈센트 등은 결코 『**말씀의 사역**』을 했다고 말할 수 없다. 그들의 사역은 자아가 만들어낸 권위의 사역으로, 성경 대신 자신의 두뇌를 최종권위로 정하는 것이다. 학자 연맹이 100년간(1880-1980) 사역한 것보다 6학년까지의 교육만 받고서 30분 안에 말씀의 사역을 더 잘할 수 있는 거리 설교자들이 많이 있다.

6:5 그 말이 온 무리를 기쁘게 하니라. 그리하여 그들이 믿음과 성령으로 충만한 사람 스테판과 빌립, 프로코로, 니카놀, 티몬, 파메나와 유대교로 개종한 안티옥 사람 니콜라오를 뽑아서
6 사도들 앞에 세우니 그들이 기도한 후에 그들에게 안수하더라.
7 하나님의 말씀이 널리 전파되니 예루살렘에 있는 제자들의 수가 크게 늘었으며 제사장의 큰 무리도 이 믿음에 순종하더라.
8 스테판이 믿음과 능력이 충만하여 백성 가운데서 큰 이적들과 기적들을 행하더라.

돈 문제와 관련해서 지역 교회 안에서 행해진 첫 번째 업무 처리는 『**온 무리**』(5절)의 뜻에 따라 이루어졌다. 그럼으로써 지역 교회의 선례를 세우고, 목사와 집사들은 영적 권위를 행사하지만 제반 문제들을 결정하고 집사들을 "선출"하는 것은 회중이라는 사실을 보여 주고 있다. 『**그들이... 뽑아서 사도들 앞에 세우니**』(5,6절).

침례교회 운영에 익숙한 사람이라면 "운영 회의"에서 무엇이 교회 "투표"에 부쳐지는지를 너무나 잘 알 것이다. 이런 이유 때문에 대부분의 미국의 큰 교회들에서는 한 사람이 고용하고 해고하며, 교사들을 뽑고 집사들을 선정하며, 사고 팔고 가르치고 설교하며, 어떤 것에 대해 회중에게 자문을 구하지 않고서 거의 모든 문제를 결정한다. 종교에서도 (정치에서처럼) 가장 효율적으로 일하는 방법은 중앙통제에 의한 것임이 오래전에 이미 밝혀졌다. 아돌프는 5년 동안에(1933-1938) 그의 선임자들이 했던 것보다 훨씬 더 독일을 경제적으로 부유하게 만들었다. 도덕성이나 정치적 지략에 관한 문제는 제쳐 두고서, 민주주의가 30년간 할 수 있는 것보다 더 많은 일을 한 명의 독재자가 할 수 있는 것이 사실이다. [마귀는 이 사실을 잘 알고 있으며, 주님께서도 이것을 아신다. 그렇기 때문에 하늘에서 첫 번째 정치 형태는 신정국가였으며, 마지막에도 신정국가가 될 것이다. 그리고 마지막 날에 선행하는 정치 형태(계 13,17장)는 민주주의가 될 것이다.]

사도행전 6장의 지역 교회는 모든 일에 질서가 있으며 순조롭게 운영되어 가고 있다. 온 무리는 "기뻐했고"(5절), 기도했으며(6절), 하나님의 말씀이 전파되고(7절), 더 많은 무리가 교회로 모여들고 있다(7절). 이것이야말로 "위대한 교회"다.

이러한 부흥과 복음의 확산 중에도 학자들은 어떻게든지 성령의 역사를 막고자 애쓰고 있다. 지역 교회 내의 최초의 붕괴는 학자 연맹으로부터 온다(1582-1990). 그들은 『**그리스인들**』(1절)이 실제로 『**그리스인들**』을 뜻하지 않는다고 주장한다. 즉 "헬라 유대인"이라는 것이다.

1. 『**그리스인들**』은 헬라파 유대인들(hellenistic Jews)이다. 이는 브루스, 벌링거, 로버트슨, 빈센트, 데이어, 제미에슨, 래드, 포셋, 브라운, 클라크, 웨스트, 디엠, 그리고 1880년 이후로 나온 모든 번역본들, 즉 RV, ASV, RSV, 굳 뉴스, 리빙 레터, 예루살렘 성경, 웨이마우스, NEB, 공동 성서 등이 주장하는 바이다.

2. 극단적 세대주의자(벌링거 같은)인 윌리엄은 헬라화된 사람들(Hellenists)이라고 말한다. 죽은 정통주의 후천년주의자(로버트슨 같은)도 마찬

가지이다.

3. 죽은 정통주의자(래드 박사, 램, 얼 같은)인 아담 클라크는 웬트, 블래스, 드웻, 노울링과 마찬가지로 그것은 그리스화 된 사람들, 즉 그리스어를 말하는 유대인이라고 한다.

"그리스인들"에 해당하는 헬라어 단어는 '헬레니스톤'이다. 그들은 "히브리어 원문이나 칼데아어로 된 번역본" 대신 〈칠십인역〉을 사용했던, 헬라어를 쓰는 흩어진 유대인들을 나타내는 것으로 여겨진다(빈센트, *Ibid.*, p.473). 이에 대한 증거로 그가 제시하는 것은, "헬라인"이나 "유대인"이라는 단어(롬 1:14)는 여기서처럼 "Hellenist"나 "Hebrew"와는 다르다는 것이다. 모든 "경건한" 학자들이 "그리스인" 대신 "헬라어를 말하는 유대인들"이라고 했다고 치자. 그것은 무엇을 의미하는가? 그것은 단순히 모든 보수주의 학자들이 여느 때처럼 틀렸음을 의미한다.

1. "Hellenistes"라는 말은 "헬라어를 말하는 것"을 의미하는 단어에서 파생되었으며, "히브리인들"뿐만 아니라 "헬라어를 말하는 헬라인들"에게도 사용되었다(Cadbury, *The Hellenists*, Bauer, *Griechisch-Deutsches Worter Buch zum New Testment*, 1952).

2. 아시아에서 온 "헬라어를 말하는 유대인들"이 "Hellenists"가 아니라 "유대인들"로 불린 사도행전 21:27은 어떻게 된 것인가?

3. 사도행전 11:20에서 알렙, A, D, 유세비우스는 "Hellenists"를 "Hellenas"로 바꾸었다. NASV(로크만 재단)를 포함해서 학자 연맹은 왜 갑자기 바티칸 사본(B)을 제쳐 놓는가? 이 사본은 그들이 그리스도의 신성을 공격하기 위해 사용했던 사본이다(눅 2:33, 딤전 3:16, 요 1:18). 왜냐하면 이번에는 그 사본의 본문이 킹제임스 비잔틴 본문과 같기 때문이다.

4. 도대체 바울은 아시아에서 온 "헬라어를 말하는 유대인들"(행 21:27; 22:2)에게 '히브리어'로, 헬라어 "칠십인역"을 사용하면서 무엇을 하고 있

었단 말인가? 그들은 그것을 이해하지도 못하는데 말이다.

5. 라잇풋 박사(RV 개정위원회, 1881)는 아시아에 있는 "Hellenists"에 의해 성경이 '히브리어'로(행 13:14) 읽혀지고 있다고 말했다.

6. 사도행전 18:17은 또 어떤가? 로크만 재단은 (NCCC 및 세계 공회와 함께) 성경을 변개시켜서 1582년의 예수회 성서와 일치시켰다. [라이스, 웨니거, 언저, 아처, 밥 존스 3세는 그 '중세의 유물'을 "헬라어 원문"(THE Greek text)이라 부르고 있다.] 그 원문은 "Hellenes"라는 단어를 삭제시켰는데, 소스데네를 혼내 주었던 사람들은 "그리스인들"이 아니라 "유대인들"이었다는 근거에서 그렇게 한 것이다(본문 참조). 그러나 본문을 사사롭게 해석하여 1582년의 예수회 성서와 일치되게 만든 아담 클라크는 "Hellenes"가 만일 본문에 있다면(D, E, P, 프시, 시리아 사본, 콥트어 사본, 아르메니아어 사본, 그리고 대다수의 필사본에는 그 단어가 있다) 그것은 "Hellenists" 즉 헬라어를 말하는 유대인들을 뜻하는 것이 분명하다고 말한다. 그러나 "Hellenists"건 "Hellenas"건 간에, 살아 계신 하나님의 말씀을 고치고자 하는 사람이 자기 마음대로 그 단어를 바꾸고 그 의미를 정하는 것이다.

결론 : 구령하고, 전천년주의를 믿으며, 근본주의자인, "경건한" 헬라어 학자들이 권위역본(A.V.)을 변개시키는 곳에서는 그들을 개조시켜야 한다.

또 어떤 이들은 사도행전 6:5에서 선출된 집사들이 모두 헬라어 이름을 가지고 있다는 이유를 들어 1절의 『**그리스인들**』은 "Hellenists"라고 주장한다. 그러므로 그들은 "헬라어를 말하는 유대인들"이라는 것이다. A.T. 로버트슨 박사는 이것을 너무나 확신한 나머지 그들은 "의심할 여지없이" "Hellenists"였다고 말한다.

그러나 문제는 본문에서 오직 한 사람의 개종자만을 언급하고 있다는 점이다("니콜라오"-5절). 그리고 나머지는 모두 "본토 유대인들"이라고 클라크는 말한다. 이것이 "그리스인들"과 "히브리인들"이라는 말과 완벽하게 맞아떨어진다. 돌봐야 할 사람이 5,000명이나 되는 상황에서 책임을 맡고 있는 일곱 명 모두가 한 집단에만 편재되어 있다는 것은 설득력이 없는 이야기다. A.T. 로버트슨이 (과부들을 돌보는 데 "완전한 지혜를 보인") 일곱 명 모두가 그리스어를 사용하는 유대인(Hellenists)이라고 말했을 때 그는 마치 한 번도 교회를 시무해 보지 않은 사람처럼 말을 한다. 5,000명의 사람들 중 90%가 팔레스타인의 히브리어를 말하는 유대인일 때, 그들을 관리하기 위해 6명의 그리스어를 말하는 유대인을 뽑았겠는가?

그렇다면 그들 모두가 헬라어 이름을 갖고 있는 것은 어떻게 설명이 되는가? 빌립, 디디무스, 안드레는 팔레스타인의 유대인들인데도 모두 "헬라어" 이름을 가지고 있었다. 그들뿐 아니라 많은 유대인들이 팔레스타인에서 태어나고 자랐음에도 헬라어 이름을 택했었다.

한편 RSV에는 4절에 "설교를 그만두었다."는 말이 있는데, 그것은 현존하는 어떠한 필사본에도 없는 내용이다. 또 서방원문은 여기에 일곱 단어를 첨가시켰다.

『**기도한 후에**』(6절, 행 1:24; 8:15; 12:12, 살전 5:17, 딤전 2:8, 유 1:20 및 마 26:36,39 주석 참조). 『**그들에게 안수하더라**』(6절, 딤후 1:6, 딤전 4:14 참조). 사도행전 8:15과 13:3로 볼 때 여전히 안수함으로 무엇인가가 전이된다는 것이 분명하다(레 1:4). 희생제물에 안수함으로써 죄들이 "옮겨지는 것"과 똑같이 유대 민족은 사도들에게 "안수"(laid hands on)했고 (행 4:3) 『**무법자들의 손**』(행 2:23)으로 그리스도를 살해했다. "안수"는 치유하는 능력과 안수의 권위를 가지고 있는 것이 분명한데(히 6:2, 딤전 5:22, 행 8:19; 14:3; 9:17; 28:8), 사도들이 수행했을 때에(고후 12:12) 그랬다. 이런 이유로 요한계시록 2:2의 로마의 거짓말쟁이들은 "복된 베드로"에게서 "사도적 권위"를 강탈했다. 자신들이 "사도적 계승" (Apostolic succession, 사이프리언, 파피아스, 이그나티우스, 이레내우스의 글들을 참조할 것)을 가졌다는 로마의 주장은 기독교계에 대한 로마의 지배를 위해서는 절대적으로 필요한 것이다. 그러나 이탈리아의 교황들은 사도들에게 주어졌던 "사도의 표적들"을 가진 적이 결코 없었다(고후 12:12). 그럼에도 교황은 "사도적 권위"를 행사하기 원한다(계 2:2). 어떤 교황도 지금까지 "영적" 권위를 가진 적은 없었다. 로마에 맡겨진 모든 권한은 정치적, 군사적, 종속적, 정신의학적, 신비적 권위였다(〈로마카톨릭식 성경해석, 말씀보존학회 간, 1996〉을 참조).

"빌립"이 사도였는가에 대해서는 다소의 논란이 있다. 그는 분명히 사도행전 21:8의 집사들 중 한 사람이다. 사도행전 8장의 빌립이 이 "집사"일 것으로 여겨진다. 왜냐하면 스테판(행 7장)은 확실히 본문의 스테판이기 때문이다. 한편 페타우의 빅토리누스(A.D. 300)는 5절의 니콜라오를 이단 "니콜라파"(계 2:15)와 연결 짓는다.

본문의 "고기"는 1973년까지 출판된 주석서에서는 어디서도 발견되지 않는다. "고기"는 『**안티옥**』(5절)과 『**알렉산드리아인**』(9절)이라는 말이 여기서 처음으로 나온다는 사실에 있다. 『**안티옥**』은 사도적 권위를 가지고 성령 충만한 집사들과 관련되어 언급되는 반면, 『**알렉산드리아인들**』(9절)은 성령을 거부하고 하나님의 선지자들을 박해하는 데 전문인 살인적인 산헤드린과 관련되어 있다.

제자들이 알렉산드리아가 아니라 안티옥에서(행 11:26) 처음으로 『**그리스도인**』이라 불렸다는 사실에는 중요한 의미가 있다. 〈킹제임스성경〉의 비잔틴 원문은 알렉산드리아가 아니라 안티옥에서부터 왔다. 이방인들에게 최초의 선교여행을 떠난 진정한 구령자들은 알렉산드리아가 아니라 안티옥에서 출발했다. 그러나 학자들은 정작 A.D. 40-90년의 안티옥 원문은 학생들에게 제시해 주지 않고, 대신 예수회 성경(1582)의 저본이 되었던 알렉산드리아 원문을 복구하는 데 평생을 바친 것이다.

성경이 로마가 예수 그리스도를 십자가형에 처했으며 바울을 감옥에 가두었다고 말씀한다면, 우리는 로마에서 성경적 기독교를 찾아보는 것을 결코 기대할 수 없다. 성경이 이집트를 세상의 한 유형으로 정의할 때, 성경은 여러분이 그 정보를 근거로 행동하기를 기대하는 것이며, 성경 필사본들을 얻기 위해 스핑크스나 피라미드에는 가지 않기를 기대하는 것이다. 알렉산드리아에서 우리는 성경을 더욱 정확하게 설명해 주어야 했던(행 18:26) 한 구원받지 않은 연설가를 본다(행 18:24). 또 알렉산드리아에서 우리는 성령과 성경과 진리의 전파와 사도의 권세에 심하게 분개했던 리버티노와 쿠레네인을 본다. 우리는 그 정보를 근거로 행동해야 하는 것이다.

6:9 그때에 리버티노의 회당이라고 불리는 회당에 속한 어떤 사람들과 쿠레네인들과 알렉산드리아인들과, 킬리키아와 아시아에서 온 사람들 가운데 어떤 사람들이 일어나서 스테판과 더불어 변론하더라.
10 그러나 그들은 지혜와 영으로 말하는 그를 당해 내지 못하더라.
11 그러자 그들이 은밀히 사람들을 매수하여 "우리는 그가 모세와 하나님을 모독하여 말하는 것을 들었노라."고 말하게 하더라.
12 그리하여 그들은 백성과 장로들과 서기관들을 선동하고 그에게 달려들어 그를 붙잡아 공회로 데리고 와서
13 거짓 증인들을 세우니 그들이 말하기를 "이 사람이 이 거룩한 곳과 율법을 거슬러 모독하는 말을 끊임없이 하였으니

14 우리는 그가 '이 나사렛 예수가 이곳을 헐 것이며, 또 모세가 우리
에게 준 관례를 변경시킬 것이라.'고 하는 것을 들었도다."라고 하
더라.
15 공회에 앉은 모든 사람이 그를 주시하여 보니 그의 얼굴이 천사의
얼굴과 같더라.

부흥이 있은(행 5:16,42 참조) 후에는 반드시 반대가 일어난다. 뒤이어 벌어지는 상황은 예수 그리스도께서 잡히시고 재판받는 것과 너무나 흡사하기 때문에 그가 죽는 순간에 주 예수께서 나타나심을 보게 된 것에 대해 아무도 놀라지 않으리라(행 7:56).

1. 그리스도의 경우와 마찬가지로 그의 적들은 그의 주장에 답변할 수 없었다(행 6:10, 마 22:46).

2. 그리스도의 경우와 마찬가지로 그들은 거짓 증인들을 고용해서 그를 죽였다(행 6:11, 마 26:60).

3. 그리스도의 경우와 마찬가지로 그들은 그를 하나님을 모욕한다고 고소했다(행 6:11, 마 26:65).

4. 그리스도의 경우와 마찬가지로 그들은 사람들을 선동해서 그를 대적하게 했다(행 6:12, 마 27:20).

5. 그리스도의 경우와 마찬가지로 그들은 그가 율법을 존중하지 않는다고 고소했다(행 6:13, 마 12:2).

6. 그리스도의 경우와 마찬가지로 그들은 그가 성전이 멸망할 것을 예견했다고 고소했다(행 6:14, 마 26:61).

7. 두 경우 모두 카이파(Caiphas)가 제사장이었다.

사도행전 21-26장의 바울의 사역에도 이와 동일한 일들이 뒤따른다. 이것은 어느 시대에나 종교적 박해를 가하는 전형적인 절차이다. 왈덴시안,

알비젠스, 바우도이, 폴리시안, 롤라즈, 후스파, 형제파, 보고마일 등을 살해하는 데는 언제나 거짓 고소, 물질 체제의 파괴에 대한 두려움, 진리에 대한 분개, 군중의 혼란, 신성모독에 대한 고소, 그리고 "공회"(12절)가 동반된다.

공회는 참으로 대단한 역사를 가지고 있다.

성경은 우리가 성경이 제시하는 정보에 따라 행동하기를 기대한다. 신약에서 우리에게 주어진 정보는 "공회"(Council)란 말이 십중팔구는 성경을 거부하는 종교 지도자들의 집단이며, 그들의 일이란 성령의 역사를 막는 것임을 보여 주고 있다. 역사상 그러한 규칙에 예외가 존재했다 하더라도 (예를 들면 국제 기독 교회 "공회") 그들과 교제하는 것은 조심하는 것이 좋다. 성경은 실수하지 않기 때문이다.

『**리버티노[Libertines]의 회당**』(9절). "자유"(Liberty)나 "자유주의"(Liberal)라는 단어는 현재 파시스트 정부형태나 국제 사회주의자들과 연계되어 있기 때문에 좋지 않은 인상을 준다. "liberate"('해방시키다')라는 단어는 모든 침략자들이 사람들을 자신의 지배 하에 두기 전에 사용하는 단어이다. 프랑스 혁명(1789-1794)의 "자유, 평등, 박애"는 "자유"를 의미하지 않는다.

본문에서 언급하는 회당은 하나인 것이 분명하다. 이 회당은 예루살렘에 있는 것으로 쿠레네, 알렉산드리아, 아시아, 킬리키아에서 온 "자유인들"이 모이는 곳이다. 이 노예 출신들은 당연히 유대인들이었던 것으로 받아들여지고 있지만, 성경 본문에서 확인할 길은 없다. 왜냐하면 사도행전 2:10에는 지중해 연안의 모든 지역에서 온 개종자들이 포함되기 때문이다. 캐드베리, 레이크, 노울링, 플럼터, 웬트, 산데이는 그것이 두 개의 회당을 언급하는 것이라고 말하는 반면, 로버트슨은 다섯 개라고 말한다. 탈무드에는 예루살렘에 이런 리버티노 회당이 480개가 있었다고 말하지만,

그 중 479개는 존재하지 않았다. “리버티노”는 분명히 “사회적” 계급이나 지위를 말하는 것이며, 다른 이름들(『**쿠레네인들과 알렉산드리아인들과, 킬리키아와 아시아에서 온 사람들**』 9절)은 지리적 위치와 인종을 말하는 것이다. 『**어떤 사람들이 일어나서**』(9절). 이들은 네 지역에서 온 사람들이며, “리버티노 회당”(the synagogue of the Libertines)에 속해 있었다. 헬라어 원문이 없이도 그 같은 사실을 알 수 있다.

『**킬리키아**』는 바울의 고향이다(9절). 한편 알렉산드리아는 알렉산더 대왕(적그리스도의 모형, 단 8:21)이 성경 변개를 위해 세운 마귀적이고 배교한 도시이다.

알렉산드리아는 학자들이 “기독교 교육의 중심지”라 칭하는 곳인데, 그 학자들은 P66과 P75(힐즈, Believing Bible, Study, p.165를 볼 것)를 통해 바티칸 사본(“B”)의 원형을 따라갔던 자들이다. 그들은 셀수스, 포피리, 발렌티누스, 말시온, 로마 황제들의 저술을 다 합한 것보다도 더 많이 필사본들을 변개시켰고 하나님의 말씀에 손상을 입혔다. 성경을 거부하는 “근본주의 학계”와 연관된 이름에는 필로, 클레멘트, 오리겐, 판태누스, 유세비우스, 팜필루스, 콘스탄틴, 어거스틴, 제롬, 웨스트코트, 홀트 등이 있다. 네슬, 알란드, 메츠거, 웨이스, 티쉔돌프, 그리스바흐, 웨스트코트, 홀트, 라흐만, 티엠, 웨스트, 로버트슨 등이 추천하는 헬라어 필사본들은 이신플라토주의라고 하는 거대한 구정물에서 그 기원을 찾을 수 있다. 로마가 오늘날 서방 세계의 모든 주요 종교 단체의 모체인 것처럼, 아테네와 알렉산드리아는 오늘날 서방 세계의 모든 주요 교육 기관의 모체가 된다.

반면 안티옥은 알렉산드리아 철학자의 눈에는 시대에 뒤진 것으로 보일 뿐이다. 그들은 자신이 하나님께 성경을 기록하고 보존하는 법을 가르칠 수 있을 만큼 똑똑하다고 생각하는 자들이다.

『**모세와 하나님을 모독하여**』(11절). 단어의 순서를 눈여겨보기 바란다. 하나님은 뒷전이다(마 23:16-22를 볼 것). 자기 의를 내세우는 의식(儀式) 주의자들은 하나님의 법보다 인간의 법을(요 8:5; 9:29 참조) 더 염려한다. 13절에도 똑같은 현상이 나타난다. 『**이 거룩한 곳과 율법을**』 즉 물질적인 건물이 먼저 오고 하늘에서 온 율법(히 12:25)은 그 다음에 온다. [칼 마르크스 같지 않은가? 그는 항상 하나님에 앞서 "이웃"을 먼저 두었다(마 22:38,39).] 그뿐이 아니다. 『**모세가 우리에게 준 관례를 변경**』(14절). 하나님께서 주신 계명들은 어떻단 말인가?(신 5:22) 그들은 하나님께 복종하는 것에는 전혀 관심이 없었다(행 7:43).

뿐만 아니라 그들이 『**모세**』를 들고 나오는 것도 하나의 핑계에 지나지 않는다. 그들은 요한복음 8:39에서는 자신들의 마귀적 성품에 "아브라함"을 끌어들이고 있다.

그들은 모세를 믿지도(요 7:19) 모세에게 복종하지도 않았다(행 7:39). 반대로 그들은 바리새인들이 선지자들을 이용한 것처럼(마 23:29), 그리고 북아일랜드의 정치적 살인자들이 오늘날까지 "마리아"를 이용하는 것처럼, "모세"와 "아브라함"을 이용할 뿐이었다. 자신의 죄를 무마하기 위해 어떤 "성인"을 끌어들이려 한다면, 그 성인은 죽었음을 명심해야 할 것이다. 모세와 아브라함이 살아 있었다 하더라도(요 8:29; 5:45) 그들은 "리버티노"를 지지하지 않았을 것이다.

『**그를 주시하여 보니 그의 얼굴이 천사의 얼굴과 같더라**』(15절). 출애굽기 32-35장을 공부한 성경대로 믿는 사람이라면 이 장면을 깨달을 것이다. 그들이 『**주시하여**』 그를 보고 있는(15절) 동안, 그는 그의 믿음의 『**창시자요 완성자이신**』(히 12:1-3) 예수를 "주시하여"(7:55) 보고 있다.

성령충만한 증인의 빛나는 얼굴은 복음을 대적하는 자들에게 저주를 쏟아붓지 않는다(빌 1:28 주석 참조). 그것이 살인을 더욱 고무시킨다. 진정한 거룩함에 대한 거듭나지 않은 종교인의 반응은 '분노'이다. 바울과 야고보와 베드로는 후스, 사보나롤라, 크래머, 라티머, 리들리, 그리고 러시아에서 만 명의 그리스도인이 사형당했던 것처럼 그렇게 처형되었다. 스테판은 재정위원회 위원으로서 가만히 앉아 교회나 운영하고 있는 것을 거부했기 때문에 살해되었다. 대신 그는 계속해서 전파했다(딤전 3:2). 그리고 그는 피터 카트라이트나 제임스 맥그레디(1800-1870)만큼이나 조리있게 말하기 시작한다.

스테판의 설교를 듣기에 앞서 다음 사항을 살펴보자.

1. 7절에서 "제사장" 대신 "유대인들"이 삽입되었다(알렙-시내 사본).

2. 서방원문은 10절에 32단어, 15절에 4단어, 8절에 8단어를 첨가시켰다.

3. A.T. 로버트슨은 배교한 〈복음주의 주석〉에서, 10절의 "영"은 성령이기 때문에 "by which"(10절) 대신 "by whom"으로 되어야 한다고 말한다. 이 박사의 사사로운 해석 이론에 맞추어, 로크만 재단은 "영"을 대문자로 처리해서 그것이 성령을 뜻하도록 해 놓았다.

A.T. 로버트슨은 다시 한 번 독자들을 혼란에 빠지게 한다. 그는 그의 〈단어 그림집〉(Word Pictures, p.350)에서 "영"(행 20:22)이란 단어는 성령을 뜻하지 않는다고 말한다. 그리고 자신의 주장을 사도행전 6:10과 맞추기 위해 사도행전 20:22은 "처격"인 반면 6:10은 "여격"이라고 말한다.

10절의 "영"은 누가복음 10:21, 이사야 57:15, 고린도후서 4:13, 고린도전서 14:32 외에도 수십 개의 구절들에서 같은 방법으로 사용된 단어이다. 문맥을 살펴볼 때 성령을 지칭할 때 사용되는 단어는 "거룩한 영"(Holy Ghost, 6:3 및 7:55 참조)이지 "영"(Spirit)이 아니다. 〈복음주의 주석〉(카터와 얼)은 A.V.(1611) 본문이 "이상하다"면서 5절은 "성령"이라고 말한다. 그러나 헬라어든 영어든 어떤 본문에서도 5절은 10절처럼 해석되지 않는다.

사도행전 7장

7:1 그때 대제사장이 말하기를 "이런 일들이 정녕 그런가?" 하니,
2 스테판이 말하기를 "부형 여러분, 경청하라. 우리 조상 아브라함이
하란에 거하기 전 메소포타미아에 있을 때 영광의 하나님께서 그에
게 나타나셔서
3 말씀하시기를 '너는 네 고향과 네 친족을 떠나서 내가 네게 보여 줄
땅으로 가라.' 하시니
4 그가 칼대아인의 땅에서 나와 하란에서 살았고 그의 부친이 죽은 후
에는 하나님께서 그를 그곳에서 여러분이 현재 살고 있는 이 땅으로
옮겨 주셨느니라.
5 그러나 하나님께서는 이곳에서 그에게 발 붙일 만한 유업도 주지 않
으시고 다만 아직 자식이 없었던 때에 그와 그의 후손에게 이곳을
유업으로 주시겠다고 약속하셨느니라.
6 하나님께서 이같이 말씀하셨으니 '그의 씨가 타국 땅에서 기거하게
될 것이며, 또 그 나라 사람들이 그들을 노예로 삼아 사백 년 동안

학대하리라.' 하시고

7 또 하나님께서 말씀하시기를 '그들을 노예로 부리는 그 민족을 내가 심판하리니 그후에야 그들이 나와서 이곳에서 나를 섬기리라.' 하셨느니라.

하나님의 말씀에는 때로 폭탄이 나타난다. 창세기 3,4,9,12,22,24,50장, 출애굽기 12,32,34장, 이사야 2,11,7,14,9,66장, 에스겔 28장, 예레미야 23장, 욥기 41장, 잠언 14,18장, 마태복음 23,24장, 요한복음 3,6,10,17장 등이 그것이며, 사도행전 7장도 그중 하나다.

"공회"와 대제사장과 맞선 스테판은 메시지를 시작한다. 청중은 4,7,8,10,34절에서는 박수갈채를 보내다가 9,25,35절에서는 침울해한다. 그러다가 스테판이 "결론"(48-50절)에 도달할 즈음에 그들은 너무나 분노해서 산채로 그의 가죽을 벗길 기세였다. 메시지 끝의 "초청" 시간에는(51-53절) 너무나 많은 이들이 "제단으로 나왔기 때문에" 그들은 서로를 짓밟을 지경에까지 오게 된다. 메시지를 전한 스테판에게 남은 것은 돌무더기 속의 이름 없는 무덤 하나, 그리고 생명의 면류관이었다.

그에게 돌아온 가시적인 결과는 분노와 격분과 증오와 분개뿐이었다. 그러나 그는 한 바리새인으로 하여금 양심의 가책을 갖게 했으며(행 7:58), 후에 그 바리새인은 신약의 거의 절반을 썼다.

좌석은 청중으로 가득 찼다. 스테판의 대적들은 제일 앞자리에 앉아 숨을 죽이고 지켜 보면서, 그들이 바라던 대로 스테판이 말하기를 기다린다(렘 14:13,20). 설교가 시작된다.

『**부형 여러분, 경청하라. 우리 조상 아브라함이**』(2절) 스테판, 바로 그거야! 그런 걸 설교해야 하는 거야! 아브라함 만세! 하나님께 영광을! (지금까지 공회는 스테판 편이다.)

『**아브라함이 하란에 거하기 전**』(2절). 이것은 창세기 12:1의 "말씀하셨더라"(had said)의 시제와 일치한다. 주께서는 아브라함이 하란으로 올라가기 전에 칼데아 우르에서 그에게 나타나셨다. 이 "나타나심"은 주의 천사가 분명하다(저자의 주석서 〈출애굽기〉 33:22, 32:34 참조). 『**그가 칼대아인의 땅에서 나와 하란에서 살았고**』(4절). 4,5절은 설명을 요하지 않으며, 히브리서 11:8-10과 창세기 12-15장에 설명되어 있다. 6절은 창세기 15:13,14의 참조 구절이다. 창세기 내용을 공부한 독자에게는 본문 내용이 익숙할 것이다.

이 본문에 서방원문은 35단어를 첨가시켰다. 로마 사본("D")은 하나님의 말씀에 첨가시킨 사본이며, 아프리카 사본(시내 사본과 바티칸 사본)은 하나님의 말씀을 삭제시킨 사본임을 독자들은 다시 한 번 상기해야 할 것이다.

6,14절에서 학자연맹은 스테판이 "규칙적으로" 칠십인역(LXX)을 인용하고 있다고 말한다. [이 문제는 〈필사본 증거〉에서 자세히 설명한 바 있다(제4장 "칠십인역의 신화" 참조).] 보수주의 학자들은 카야파(Caiaphas, 유대인 대제사장)를 우두머리로 한 예루살렘의 산헤드린에게 연설을 하고 있는 스테판이 "이집트" 알렉산드리아에서 번역된 "헬라어" 성경으로 그들에게 설교하고 있었다고 믿는 것이다!

그러나 그들의 주장에는 증거가 없다. 스테판이 인용했다고 그들이 주장하는 '그리스도 이전'에 있었던 칠십인역 필사본은 단 한 개도 이 세상에 존재한 적이 없다. 사도행전 7장의 인용이 오리겐 이전에 기록된 것으로 확인될 길은 전혀 없다(F.F. Bruce, *Ibid.*, p.145 각주 3번 참조). 사도행전 7:14과 창세기 46:27을 일치시키려고 했던 사람은 필로인데, 브루스,

로버트슨, 노울링, 렌돌 등은 그것을 오히려 필로가 칠십인역을 갖고 있었다는 증거로 삼는다.

그가 칠십인역을 갖고 있었고 칠십인역 본문에 이미 그렇게 되어 있었다면, 그가 왜 그것을 "일치시키려고" 했겠는가? [저자의 주석서 〈창세기〉 46:26 참조]

사도행전 7:6,14과 창세기의 그 구절들을 일치시키기 위해 인용된 칠십인역 필사본은 모두 바울 이후에 기록된 것이다.

스테판의 연설과 연관시켜 "칠십인역"(LXX)을 언급하는 모든 주석가, 저자, 설교자, 교사, 성경 개정자, 학자, 언어학자, 어원연구학자와 신학교의 주장은 일축시킬 수 있다. 스테판이 산헤드린에 연설하기 위해 알렉산드리아 "모조품"을 이용하지 않았다는 것은 명백하기 때문이다.

6,7절은 저자의 주석서 〈창세기〉와 〈출애굽기〉에 자세히 설명되어 있다.

7:8 그후에 하나님께서 그에게 할례의 언약을 주시니 아브라함이 이삭을 낳아 팔 일 만에 그에게 할례를 행하고, 또 이삭은 야곱을, 야곱은 열두 족장을 낳았느니라.

9 그런데 그 족장들이 요셉을 시기하여 그를 이집트에 팔았으나 하나님께서는 그와 함께하셔서

10 그를 모든 재난에서 구해 내시고 이집트 왕 파라오 앞에서 은총과 지혜를 주시니 파라오가 그를 이집트와 자기의 온 집을 다스리는 치리자로 세웠느니라.

11 이때 이집트와 카나안 온 땅에 기근이 들어 큰 재난이 있었는데 우리 조상들은 양식을 구할 수 없는지라,

12 야곱은 이집트에 곡식이 있다는 말을 듣고 먼저 우리 조상들을 보
냈고
13 또 두 번째 보냈을 때에는 요셉이 그의 형제들에게 알려졌으며 요
셉의 친족도 파라오에게 알려지게 되었느니라.
14 그후에 요셉이 보내어 그의 부친 야곱과 온 친족을 초청하였으니
일흔다섯 사람이라.
15 그리하여 야곱이 이집트로 내려가 그와 우리 조상들이 죽으니
16 세켐으로 옮겨져 아브라함이 세켐의 아비 함몰의 아들들로부터 돈
을 주고 산 무덤에 장사되니라.
17 하나님께서 아브라함에게 맹세하신 약속의 때가 가까우니 백성이
이집트에서 번성하여 그 수가 많아졌더라.

아직까지 스테판은 청중에게 반감을 사지 않고 있다. 지금까지 그는 족장 아브라함을 칭송하고 그의 백성에 대한 하나님의 보호를 자랑하며 이스라엘의 원수에 대한 하나님의 심판을 말했다.

『**그후에 하나님께서 그에게 할례의 언약을 주시니... 야곱은 열두 족장을 낳았느니라**』(8절). 하나님께 찬양을! 우리는 선택받은 백성이다! 우리는 약속의 백성이다! 영광을, 주께 찬양을! 우리에게는 말씀이 있다! 우리에게는 "조상들"이 있다! 우리 만세!

『**그런데 그 족장들이... 시기하여**』(9절). 어! 스테판, 잘 나가다가 찬물 끼얹지 말라고. "시기"는 강단에서 설교하기에는 적절한 주제가 아니야. 술취함? 그건 괜찮지. 간음? 좋아. 노출? 그것도 괜찮아. 미니 스커트? 좋아. 도둑질? 헤어 스타일? 좋아. 하지만 "시기"라고? 글쎄...(저자의 주석서

〈잠언〉 27:4 참조)

즐거운 "아멘!" 소리가 갑자기 "아, 저런"으로 바뀌고 "영적 부흥 예배"로 시작한 것이 종교적인 재난이 될 위험에 처해 있다.

『**요셉**』(9절)이 '은'(마 27:5 참조)에 팔렸고 『**요셉**』이 이집트로 내려갔다(마 2:15 참조). 스테판은 비의도적으로 성경 전체에서 가장 강력한 예수 그리스도의 모형인 요셉을 언급하고 있었다.

10-13절은 설명이 필요치 않으며, 저자의 주석서 〈창세기〉 37-47장에 잘 설명되어 있다.

사도행전 7:14에 보이는 분명한 모순은 창세기 46:7 주석에서 설명한 바 있다. 15절은 창세기 49,50장에서 설명했다. 학자들은 사도행전 7:16과 창세기 23:3,10,17과 창세기 33:19 사이의 분명한 차이(수 24:32를 보라)를 "실수"라는 편리한 말로 처리한다. "여기서 '아브라함'이라는 말을 쓴 것은 명백한 실수이다..."(*Ibid.*, p.730). 존 R. 라이스(John R. Rice)도 그런 식으로 요한계시록 22:14을 처리했다.

[주님, 우리가 주님의 책을 수정하는 것을 양해해 주십시오. 만약 당신께서 우리만큼의 지성을 갖고 계셨다면 그런 실수는 하지 않으셨을 겁니다!!]

위대한 학자 A.T. 로버트슨은 홀트가 신약에서 60개의 "초기에 발생한 실수들"을 발견해 냈으며, "이것 또한 그 하나일 가능성이 있다"고 말한다.

얼(Earle)과 카터(Carter)는 "스테판이 진술의 정확성을 변호"하지 않는다고 말한다.

노울링(Knowling) 박사는 "스테판은 필로가 한 것과 같은 실수에 빠진다."고 말한다. 그러나 사도의 표적(행 6:8)과 천사의 얼굴과 같은 얼굴을 가진(6:15) 성령으로 충만한 사람이, 어떻게 구원받지 못한 신플라토주의 철학자가 알렉산드리아에서 했던 것과 같은 실수를 저지를 수 있단 말인가?

로크만 재단의 변개된 성경은 아브라함이 "세켐에서" 함몰의 아들들에게 돈을 주고 무덤을 샀다고 되어 있다.

그러면 이제 성경을 공부해 보기로 하자.

1. 세켐의 아버지는 함몰(하몰)이었다(창 33:19을 볼 것). 이것은 사도행전 7:16에 언급된 것과 정확히 일치한다. 그 구절을 "세켐에서"로 변개시킨(NASV) 것은 밥존스대학이 추천하는 "믿을 만한 번역본들"에서 발견할 수 있는 전형적인 변개다.

2. 한 제단이 세워졌는데, 그것은 『**아브라함이... 돈을 주고 산 무덤**』(행 7:16)이 아니라 창세기 33:19,20의 『**들**』에 세워졌다.

3. 세켐(수 24:32)에 묻힌 것은 야곱이 아니라 요셉의 뼈였다.

4. 아브라함이 『**들과 함께**』 샀던 『**막펠라 들의 굴**』(창 50:13)에 묻힌 것은 (요셉이 아니라) 야곱의 뼈였다. 이 들에는 "굴과 모든 나무들"도 포함되었다(창 23:17).

5. 『**무덤**』(the sepulchre, 행 7:16)이라는 말을 통해 우리는 아브라함이 야곱이 거래했던 사람들과 동일한 사람들로부터 샀다는 것을 알 수 있다. "경건한" 보수주의 헬라어 학자들은 아브라함은 야곱이 태어난 후 15년 이상을 더 살았으며, 세켐의 아비 함몰의 아들들은 이 두 사람과 동시대 인물들임을 잊어버렸다. 아브라함은 15년이 걸려서 사도행전 7:16에 언급된 무덤을 당시 30,40대였던 남자들에게서 구입했으며, 야곱이 성인이 되었을 때 『**함몰의 아들들**』은 50세가 넘은 5-20명의 남자들도 포함했을 것이다(저자의 주석서 〈창세기〉 34:2 참조).

문제는 (항상 그렇듯이) A.V.의 권위에 대한 질투와 지적 교만에서 발생한다. 근본주의 학자들은 본문을 자세히 연구하기 전에 사도행전 7:14에서 뒤로 물러나 버렸다. 진짜 문제는 여기서 발생한다. 왜냐하면 거기서 그들은 창세기 11:26,32; 12:4까지도 잘못되었다고 하기 때문이다. 이것이 스테판이 저질렀다고 노울링이 말했던 "실수"이다.

아브라함은 두 번 구매를 했으며, 그 중 한 번은 야곱이 창세기 33:19에서 거래했던 동일한 사람들과 이루어진 것이었다.

A.T. 로버트슨 박사는 (『**세켐의**』라고 하는 대신에 NASV처럼 "세켐에서"라고 되어 있는) 알렙과 바티칸 사본이 "참된 본문"이라고 말한다. 알렙과 바티칸 사본(A.D. 330-350)은 스테판의 설교에서 〈칠십인역〉의 본문이 인용된 필사본들이기 때문에 변개된 "칠십인역"이 『**세켐의**』를 "세켐에서"라고 변개시킨 것은 의미심장한 일이다. 알렙과 바티칸 사본(A.D. 330-350)을 만든 사람들은 밥존스대학과 테네시템플, 하일스-앤더슨, 달라스, 포트워스, 휘튼, 비올라, 콜럼비아, 무디성경신학원(1890-1980)이 가지고 있었던 것과 똑같은 문제를 가지고 있었던 것이 분명하다.

이상한 우연의 일치가 아닌가?

사람들은 15세기 동안 축적된 "과학적 진보"를 통해 "기독교 학자"들은 옛날보다 더욱 많은 것을 알게 되었다고 생각한다. 그러나 사실은 결코 그렇지 않다. 왜냐하면 A.V.(1611)가 출판되기 14세기 전 필로와 오리겐이 했던 것과 똑같은 실수가 그로부터 17세기 후에 "근본주의자들"에 의해서 여전히 유행되고 또 추진되고 있기 때문이다.

본문에 관한 모든 것은 명백하며, 저자의 주석서 〈창세기〉 37-50장에 설명되어 있다.

『**하나님께서 아브라함에게 맹세하신**』(17절). 이것은 창세기 15:13에서 있었던 일로, 이 "맹세"는 히브리서 6:13-17에서 "맹세에 의한 맹세"(swearing by an oath)로 불린다.

이와 같은 성경적 진리는 신구약에서 증명되는데도 불구하고 NASV는

"확증된"(assured)으로, RSV는 "허락하신"(granted), NEB는 "아브라함에게 하신"(made to Abraham)으로 바꾸었다. 이것은 "아브라함에게 약속하신"으로 되어 있는 1582년 예수회 성경 본문과 절충하기 위한 것이다. 얼과 카터는 "하사하다"(vouchsafed)로 해야 한다고 말한다. 얼핏 보아도 대다수의 보수주의 배교자들이 바티칸 사본, 시내 사본, 알렉산드리아 사본에서 나온 로마카톨릭 본문(헬라어 'homologesen')을 따르고 있음을 알 수 있다. 여기서 표준원문의 우월성(헬라어 'omosen')은 너무나 명백해서 사실 어떠한 말도 필요치 않다.

7:18 그후에 요셉을 모르는 다른 왕이 왕위에 오르니
19 그가 우리 족속을 교활하게 취급하고 우리 조상들을 학대하여 그들의 갓난아이들을 내다 버려 결국 살지 못하게 하였느니라.
20 그때 모세가 태어났는데 심히 아름다운지라, 그의 부친 집에서 석 달 동안 양육을 받다가
21 버려진 후에 파라오의 딸이 그를 데려다 그녀의 아들로 기르니라.
22 그리하여 모세는 이집트인들의 모든 지혜를 배워 말과 행위에 능하더라.
23 그가 사십 세 되었을 때 이스라엘 자손인 그의 형제들을 돌아보고 싶은 마음이 생긴지라,
24 마침 어떤 사람이 부당하게 취급받는 것을 보고서 그를 보호하고 압제하는 이집트인에게 보복하여 그를 쳐 죽였더라.
25 그는 그의 형제들이 하나님께서 자기의 손으로 그들을 구원하고자 한 것을 이해하리라고 생각했으나 그들은 이해하지 못하였더라.
26 그 다음 날 그가 싸우고 있는 사람들에게 나타나서 화해하라고 권

유하며 말하기를 '보라, 너희는 형제들이라. 어찌하여 서로 해치려 고 하느냐?'고 하니,

27 자기 이웃을 해치던 자가 모세를 밀치며 말하기를 '누가 너를 우리 위에 치리자와 재판관으로 세웠느냐?

28 네가 어제 이집트인을 죽인 것처럼 나도 죽이려 하느냐?'고 하니

29 모세가 이 말로 인하여 도피하여 미디안 땅에서 타국인이 되어 그 곳에서 두 아들을 낳으니라.

이 부분은 저자의 주석서 〈출애굽기〉 1-5장에서 이미 자세히 설명한 바 있다.

7:30 사십 년이 다 되자 주의 천사가 시내 산 광야에서 가시덤불의 불길 가운데 그에게 나타나시니라.

31 모세가 그것을 보고, 그 광경이 놀라워 알아보려고 가까이 다가가 니 주의 음성이 그에게 임하여,

32 말씀하시기를 '나는 네 조상들의 하나님이요, 아브라함의 하나님이 며, 이삭의 하나님이요, 야곱의 하나님이라.'고 하시니 모세가 떨며 감히 주목하지 못하더라.

33 또 주께서 그에게 말씀하시기를 '네 발에서 신을 벗으라. 네가 서 있는 곳은 거룩한 땅이니라.

34 나는 내 백성이 이집트에서 학대받는 것을 보고 또 보았으며, 또 그 들의 신음하는 소리를 듣고 그들을 구원하고자 내려왔으니 이제 가 라, 내가 너를 이집트로 보내리라.'고 하시니라.

35 그들이 '누가 너를 치리자와 재판관으로 세웠느냐?'고 말하며 거절

한 이 모세를 하나님께서는 가시덤불 속에서 그에게 나타난 천사의 손을 통해 치리자와 구원자로 보내셨느니라.

36 이 사람이 그들을 이끌고 나왔으며 이집트 땅과 홍해와 광야에서 사십 년 동안 이적들과 표적들을 행하였느니라.

이 부분 또한 저자의 주석서 〈출애굽기〉에 자세하게 설명되어 있다. 여기서 『**천사**』(30,38절)가 일차적으로 "현현"(顯現, appearance)이라는 사실에 한 번 더 주의하기 바란다. 모세가 들었던 『**주의 음성**』(31절)은 『**주의 천사**』의 음성(31절)이었다. 왜냐하면 스테판은 『**자기에게 말해 주던 그 천사**』(38절)라고 반복해서 말하고 있기 때문이다. 뿐만 아니라 출애굽기 6:3에서 주님께서 모세에게 자신(여호와)이 "아브라함과 이삭과 야곱에게 나타났다"고 말씀하실 때 창세기 32:24,30의 하나님의 출현을 언급하신 것이다.

7:37 '주 너희 하나님께서 너희 형제 가운데서 나와 같은 한 선지자를 너희에게 일으키시리니 너희는 그의 말을 들으라.'고 이스라엘 자손에게 말한 그가 이 모세라.

38 시내 산에서 자기에게 말해 주던 그 천사와 또 우리 조상과 더불어 광야의 교회 안에 있으면서 살아 있는 말씀을 받아서 우리에게 전해 주던 그가 이 사람이라.

39 우리 조상은 그에게 복종하기를 원치 않아서 그를 거부하고 오히려 그들의 마음이 이집트로 다시 돌아서서

40 아론에게 말하기를 '우리 앞에 갈 신들을 만들라. 우리를 이집트에서 데리고 나온 모세에게는 무슨 일이 생겼는지 모르겠노라.'하고

41 그 즈음에 그들이 송아지상을 만들어 그 우상에게 제물을 바치며 그들 자신의 손으로 만든 것을 놓고 기뻐하였느니라.

42 그래서 하나님께서는 돌아서서 그들로 하늘의 군상을 섬기도록 내버려 두셨으니 이는 선지자들의 책에 기록된 바와 같으니 '오 너희 이스라엘 집아, 너희가 광야에서 사십 년 동안 짐승을 잡아서 내게 희생제물로 바친 일이 있느냐?

43 참으로 너희가 몰록의 장막과 너희의 신 렘판의 별을 택하여 경배하고자 모형들을 만들었으니 내가 너희를 바빌론 너머로 옮겨 버리리라.'고 하였느니라.

38절에 『**교회**』라고 한 것은 절대적으로 옳은 번역이며, 신약에서 "교회"가 어떤 의미에서 사용되었는지를 이해하게 해준다. 여기서 (그리고 사도행전 14:27에서) "교회"라는 단어를 사용함으로써 그 단어 자체가 단순히 "불러냄을 받은 집단"을 의미한다는 사실을 알 수 있다. 따라서 그 어떤 집단, 심지어 프리메이슨 단원의 집단이나 요트 클럽, "그리스도의 교회," 맥주 폭음 협회, "몰몬교도 교회," "로마카톨릭"도 교회가 될 수 있다. 또한 UN '모임'(Assembly)은 완벽한 예이다. 거기서 "정책"은 "교리"로 불리며, 대사들이 "사역자들"(ministers)(롬 13:1-4)로 불리기 때문이다.

그러나 "그리스도의 몸"(엡 1:22,23)인 "교회"는 살아 있는 유기체이다. 그 구성원이 지역적인 모임(행 9:31; 11:22; 15:3,4,22 등)에 속해 있다 할지라도 그것은 단순한 "조직" 이상의 의미를 갖는다. 교회는 "유기체"(organism)(엡 4:13-16)인 것이다. 38절에서 언급된 구약의 "교회"는 불러냄을 받은 구약 성도의 모임이지만 그 가운데는 구원받은 사람과 구원받지 못한 사람이 함께 속해 있다(히 3:16-19). 이것은 오늘날의 지역 교회 회중에서도 마찬가지다. "그리스도의 몸"은 모두가 거듭난 구성원들이며,

피의 속죄가 없이는 셋째 하늘에 갈 수 없는 것과 마찬가지로 거듭나지 않고서는 그 몸에 합류할 수 없는 것이다.

"교회"라는 단어는 독일어 'kirche'(스코트어 kirk)에서 유래되었으며, 그 본래 의미는 "황폐해졌거나 타 버린 장소"였다. 적어도 A.D. 680년경까지는 그런 의미였다. 그 의미가 변한 이유는 A.D. 325-500년의 교회사를 돌이켜 보면 분명해진다. 그 기간 동안에 그 단어는 가르침과 설교를 위해 모인 사람들의 모임과 관련된 뜻을 잃어버리고, 바실리카풍의 건물에 박힌 금과 은, 보석이 박힌 왕관들과 홀과 연관되게 되었다. [훈족과 고트족이 오히려 바른 생각을 가지고 있었는지도 모르겠다.]

『**살아 있는 말씀**』(38절)은 로마서 3:1-3에서 언급된 것과 같은 말씀이다. 그것들은 하나님께서 하신 말씀이며, 따라서 하나님의 입(왕상 13:17, 26을 볼 것)과 연결되어 있다. 영어 단어 "oral"(입)은 "oracle"과 같은 어원이다. 『**산 돌들**』(벧전 2:5)과 같은 "살아 있는 말씀"은 "살아 있는 말씀"이다(히 4:12). 유대인들은 이 살아 있는 말씀을 거부하고 그들의 마음을 돌이켰다(39절). 이와 똑같이 수많은 보수주의 신학교들(1900-1990)은 살아 있는 말씀인 A.V.(1611)를 거부하고 "그들의 마음을 돌이켜" 네슬, 알란드, 바이스, 웨스트코트, 라잇풋, 엘리콧, 산데이, 홀트, 샤프, 등 19세기의 죽은 정통주의로 변절했다. 1901년(ASV)과 1963년(NASV)의 변개된 출판물들을 살펴본다면 이것을 증명하는 것은 어렵지 않을 것이다. 왜냐하면 그 성서들은 위의 본문에서 "back"(돌아서서)이라는 단어를 삭제했기 때문이다.

『**그래서 하나님께서는 돌아서서... 내버려 두셨으니**』(42절). 이 구절은 로마서 9:19-26과 짝을 이룬다. 하나님께서 사람을 버리시기 이전에 사람이 하나님을 버리는 것이다. 하나님께서 어떤 개인이나 교회, 대학, 국가, 조직, 사회, 민족, 나라를 포기하시면 그들은 자기들 마음대로 행하다가(렘 6:19) 자연의 행로 가운데 무풍지대에 자신이 고립된 것을 알게 된다. "자연의 행로"는 "지옥의 불에서 태우는 것"(약 3:6)이다. 외부로부터의 힘이 그들을 새롭게 하고 부흥시키지 않는다면 고립된 그들은 부패하고 가루가 될 뿐이다. 현대의 사탄 숭배나 점성술의 부활(1950-1970)에 대해 연구한 사람이라면 그 구절의 뜻을 오해할 수 없을 것이다. 오늘날 "하늘의 군상들"을 숭배하는 사람들은 브루터스가 시저를 칼로 찔러 죽이기 1,000년 전에 사람들이 하던 것과 똑같은 일은 하는 것이다(왕하 17:16을 보라).

42절은 물음표로 끝나며, 스테판은 그의 회중에게 대답할 시간을 많이 주지 않는다. 엘리야도 당시의 에큐메니칼 공회에게 그렇게 했었다(왕상 18:21).

『**몰록의 장막과 너희의 신 렘판의 별을**』(43절). 학자들은 여기서 히스테리를 일으킨다. 1611-1980년까지의 모든 주석가는 본문에 명백히 『**별**』이라고 되어 있음에도 불구하고, 이 별이 지난 600년 동안 4,000,000명 이상의 유대인들 위에 그려졌음에도 불구하고, 단 한 명의 주석가도 그 별에 대해 제대로 설명하지 못했다.

따라서 흥분한 보수주의자들은 한 시간 동안 "기도하는 마음으로 본문을 연구했음에도" 하나님께서 그들에게 아무것도 보여 주시지 않았다는 사실을 감추기 위해 또다시 〈칠십인역〉으로 달려간다. 스테판이 프톨레미 필라델푸스(Ptolemy Philadelphus, B.C. 250)의 고대 사본을 사용했음을 입증하기 위해 인용되는 필사본들은 스테판이 돌에 맞아 죽은 지 100년도 더 지나서 기록된 것이다. 그들의 전형적인 작업 절차를 따라 〈칠십인역〉을 쓴 배교자들은 사도행전 7:43에 맞추기 위해 아모스 5:26을 고쳐 썼다. 그래서 인용문은 단어 하나하나가 정확히 똑같아야 한다고 생각하는 사람들 앞에서 주님께서는 "체면을 지키실 수 있게" 된 것이다. 이런 문제는 앞에서도 여러 번 다룬 바 있으며, 성령께서 원하시는 대로 아모스 5:25,26을 인용하실 수 있음을 아는 우리는 본문에 충실하기로 한다(마 8:17 주석 참조).

NEB와 RSV(1952)의 필립스는 『**렘판**』이 아니라 "레판"으로 되어야 한다고 말하며 예수회 성경(및 챌로너 성경)은 "렘팜"으로, NASV(알렙에 따라)는 "롬판"으로 되어 있다. 학자들은 한 명의 예외도 없이 본문과 아모스 5:26,27의 차이는 칠십인역 번역자들이 '시쿠드'는 "성막"으로, '몰록'은 "너희의 왕"으로 번역했기 때문이라고 말한다. 그러나 앞에서 이미 수없이 말했던 것처럼 (그리고 또 한 번 말하지만) 〈칠십인역〉를 만들어낸 배교한 서기관들은 그들이 아모스 5장을 사도행전에 맞출 때 책상에 사도행전 7:43을 펼쳐 놓고 있었다. 그 증거는 이렇다. '렘팜,' '롬판,' '롬파,' '레판,' '로이판' 등은 신약이 완성된 지 100년 뒤에 기록된 헬라어 필사본들에 사용된 단어들이다. 스테판이 산헤드린 앞에서 설교하기 전에(단 5년 전이라도) 위와 같이 되어 있는 아모스 5:25,26의 헬라어 필사본을 찾는 사람에게는 100달러를 줄 용의가 있다.

대다수의 보수주의 신학자들의 견해는 제쳐 두고 이제 성경의 진리를 공부해 보자.

1. 광야에는 두 개의 성막이 있었다. 하나가 아니다(민 16:24,27, 출 33:7,10,11). 출애굽기 35-39장의 성막이 "산에서 보여 준 모형에 따라" 만들어지기 전에 한 성막이 세워져 있었다. 좋은 것이 왜곡되면 나쁜 것이 될 수 있듯이(왕하 18:4의 놋뱀처럼) 이 첫 번째 성막은 열왕기상 11:7의 "신"의 상징이 되었다. 이 "신"(고전 8:5)은 지금까지 살았던 가장 현명한

사람에 의해 계속해서 숭배되었다(왕상 11:7). 이 "신"은 카나안의 신(Bruce, *Ibid.*, p.155)이었다는 것과, 보수주의 번역자들이 "성막"(히브리어 '시쿠드')을 번역하지 않음으로써 "너희 왕 시쿠드"가 되게 만들었다는 사실은 보수주의자들이 무신론자들과 자유주의자들에 합세했음을 의미할 뿐이다. 이스라엘이 광야에서 방황할 때 왜 바빌론 신(카나안인들이 숭배하던)에게 돌이키지 않았겠는가? 열왕기상 11:1-7에 열거된 모든 거짓 신들은 함족에게서 나왔다. 왜냐하면 바빌론의 초기 통치자들이었던 아카드, 아술, 시날은 이집트인들이나 카나안인들과 마찬가지로 함족이었기 때문이다(창 10:1-30 주석 참조).

2. 『**별**』은 우상(노울링)이나 모형(카터와 얼)이나 상징(더멜로우)이 아니다. 그 『**별**』은 소위 다윗의 별이며, 성령께서 (국가적인 상징으로서) 인정하시지 않은 상징이다. 이스라엘은 불타는 가시덤불(출애굽기), 무화과나무(예레미야)와 올리브 나무(로마서)를 제외하고는 국가를 상징하는 어떤 형상도 받지 않았다. 브루스, 샤프, 엘리콧, 랜지, 클라크, 더멜로우, 헨리 등의 주석가들이 액면 그대로 받아들인 "다윗의 별"은 부당하며 비성경적이다. 다윗에게는 별이 없었으며 지금까지 다윗과 관련되어 나타난 유일한 별은 그의 "아들"이 태어나던 날 밤(마 1:1, 눅 2:9) 그가 태어난 마을(베들레헴)에서 빛나던 별이었다. 야곱의 "별"(민 24:17)은 주 예수 그리스도이지 이스라엘 국가의 상징이 결코 아니다. 성경에서 "별들"은 "천사들"(계 1:20; 6:13)을 말하거나 문자 그대로 빛을 발하는 별들이다(행 27:20). 하나님께서는 신구약 어디에서도 어떤 나라에게 무엇인가를 상징하기 위해 국기에 별을 넣으라고 말씀하시지 않으셨다. 이스라엘을 대표하는 천사는 "별"이지만 '그의' 이름은 '미카엘'이다! 그러나 이스라엘은 여전히 팔레스타인과 UN과 해외에서 『**렘판의 별**』(행 7:43)을 그들의 공식적인 상징으로 사용하고 있다.

이 문제에 있어서 주석가들은 우리가 서문에서 했던 말을 다시 한 번 강조해 준다. 즉 학자들은 사도행전의 교리적 문제 대부분을 현시대에는 어느 누구에게도 적용되지 않는 "과거의" 역사로 분류하는 것이다.

렘판의 신(神)은 어떤 학자들의 주장처럼 '사투르누스'(Saturn)가 아니다. 배교한 이스라엘과 로마카톨릭 교회를 지배하는 신은 분명 쥬피터(Jupiter)이다(행 14:12; 19:35 참조). 그 뒤에는 『**내가 너희를 바빌론 너머로 옮겨 버리리라.**』(43절)는 말씀이 뒤따른다. 바빌론에서 운명이나 행운의 신은 사투르누스가 아닌 쥬피터였다. 그리고 재림 때(계 17-18장) 그 쇼를 주관할 것은(단 1-3장) "다마스커스"가 아니라 바빌론이다.

A.T. 로버트슨 박사는 히브리어나 헬라어 어느 것도 『**바빌론 너머로**』로 되어 있지 않으며, "다마스커스 너머로"로 되어야 한다고 말한다. 이것은 본문의 교리적인 내용을 파괴시킴으로써 본문의 진리를 1970-1990년에 적용시킬 수 없도록 하기 위한 것이다. 그러나 이것은 다시 한 번 비밀을 폭로시킬 뿐이다. 왜냐하면 로버트슨 박사가 한 모든 말은, 스테판의 말이 본문과 모순되는 것을 피하기 위해 칠십인역의 아모스 5:25,26을 베꼈다는 것뿐이기 때문이다.

그러나 이번에는 알렉산드리아 대학에서 사도행전 7장을 아모스 5장에 억지로 맞추려고 한 시도가 너무나 분명하게 드러나기 때문에 모두가 민망하게 되었다. 따라서 알란드, 메츠거, 네슬, NASV, RV, RSV, ASV는 〈칠십인역〉 본문을 언급하기를 회피한다.

그리하여 예언과 마귀 숭배와 이스라엘의 국가적인 상징을 다루는 구절에서 보수주의 학자들 대부분은 그들이 오리겐 이후로 짜온 그물에 걸려들고 말았다. 그들은 자신들이 복잡하고 미묘하게 전개한 원문비평학적 문제들에 스스로 손발이 묶여서 17세기 동안 하나님의 말씀을 수정하기 위해 사용해 온 "헬라어 성경"을 언급조차 못하게 된 것이다. 그리하여 그

절의 앞부분은 스테판이 〈칠십인역〉을 인용했다고 하면서도 그 구절의 나머지 절반에 대해서는 그렇게 주장하지 못하는 것이다! 로버트슨을 비롯해서 칠십인역을 언급하는 파괴적인 근본주의자들은 “다마스커스 너머로”를 주장한다. 학자들은 입을 모아 스테판이 칠십인역을 인용하고 있었다고 말하다가 『**바빌론 너머**』에 와서는 이제 완전히 반대 입장을 취하여 스테판이 칠십인역을 인용하고 있지 않다고 결정한 것이다! 알란드와 메츠거는 38절의 한 단어에 대해서는 40개의 참조 구절을 말했으면서도, 43절의 『**바빌론 너머로**』에 와서는 칠십인역이나 칠십인역 필사본에서 단 하나의 참조 구절도 제시하지 않은 것이다!!

1800-1900년의 “경건한” 학자들은 A.V.(1611)의 권위를 제거하기 위해서라면 어떤 방법도 가리지 않았다. 1-7장에서는 신화적인 칠십인역의 필사본들을 들어 수십 차례에 걸쳐 사도행전을 수정한 후에, 이제 그들은 그만큼의 참조 구절이나 난외주도 없이 그것들을 버린 것이다.

7:44 광야에서 우리 조상에게는 증거의 성막이 있었으니 이는 모세에게 말씀하신 분의 명령에 따라 그가 본 모형대로 만든 것이며,

45 우리 조상이 또한 그것을 물려받아 하나님께서 **우리 조상의 면전에서 쫓아내신 이방인들의 땅으로** 예수와 **함께 가지고 와서 다윗 때까지 이르니라.**

46 하나님 **앞에 은혜를 입은 다윗이 야곱의** 하나님을 **위한 성막을 마련하려고 간구했으나**

47 솔로몬이 하나님을 위하여 집을 지었느니라.

48 그러나 지극히 높으신 분은 *사람의* **손으로 만든 성전들에는 거하지 아니하시나니 선지자가 말한 바**

49 '주가 말하노라. 하늘은 나의 보좌요, 땅은 나의 발판이라. 너희가 나를 위하여 어떤 집을 짓겠으며, 또 나의 안식할 곳이 무엇이겠느냐?

50 이 모든 것들을 나의 손으로 만들지 아니하였느냐?'고 함과 같으니라.

51 너희 목이 곧고 마음과 귀에 할례를 받지 못한 사람들아, 너희 조상이 한 것과 같이 너희도 늘 성령을 거역하는도다.

52 선지자들 가운데서 너희 조상이 박해하지 아니한 사람이 어디 있었느냐? 또 그들은 의로우신 분의 오심에 관하여 미리 말한 그들을 죽였고 이제 너희는 그 의로우신 분을 배반한 자요 살인한 자가 되었으니

53 너희가 천사들을 통해 지시하신 율법을 받고서도 지키지 아니하였도다." 하니

44절은 설명을 요하지 않는다.

A.V.(1611) 본문에 있는 『**예수**』라는 단어는 평생 하는 일이 종교개혁 성경 본문을 제거하는 것인 근본주의자들을 경악하게 만든다.

그들은 『**예수**』를 "여호수아"로 바꾸었다. 그리고 NCC(RSV, 1952), 밥존스대학(NASV, 1963), NEB, 리빙바이블, 필립스, 모펫, 웨이마우스, 공동성서 등은 이에 찬성했다.

그 이유는(히 4:8처럼) 『**예수**』라는 단어가 A.V.(1611) 번역자들의 비의도적인 실수였다는 것이다. RV 위원회(1881)와 ASV 위원회(1901)와 RSV 위원회(1952)의 대다수의 번역자들은 무천년주의자들이었기 때문에 어느 누구도 "여호수아" 대신 『**예수**』라는 단어를 써야 할 필요성을 느끼지 않은 것이다. 그 단어는 (헬라어와 영어 성경 본문에서 성령께서 넣으신 단어로서) 여호수아서가 예수 그리스도의 재림의 모형임을 보여 주고 있다. 그뿐 아니라 현존하는 모든 헬라어 필사본에는 "여호수아"가 아니라 『**예수**』로 되어 있다. 1881년 이후로 시중에 나온 어떤 번역본도 헬라어 사본에서 사도행전 7:45를 번역하지 않았다.

모든 헬라어 원문에는 'Iesou'(헬라어로 "예수")로 되어 있다. "여호수아"로 되어 있는 성경은 헬라어 원문에 대해 전혀 개의치 않는, 일관성 없는 비평가들이 만들어낸 열등한 번역본이다. 성령 하나님께서는 여기서 『**예수**』라고 쓰심으로써 예수께서 다시 오실 때, 7년의 기간이 지난 후에(수 6:15) 저주받은 도시를 공격하면서(계 17,18장) 여호수아가 들어왔던 것과 같은 행로로 카나안으로 들어오실 것을 우리에게 알려 주신다. 그분의 통치는 여호수아의 통치가 그랬던 것처럼 군사 독재가 될 것이며(시 110편, 계 20장), 여호수아 10:12에서 일어났던 하늘의 현상이 그분의 재림 때 일어날 것이다(마 24:29, 눅 21:25). 또 유대인들은 그 땅을 분할해서 다시 소유하게 될 것이다.

학자들이 〈킹제임스성경〉 본문에서 "실수들"을 발견하는 곳에서 성령께서는 배교한 학자들을 혼돈케 할 목적으로 오히려 향상된 계시를 보여 주시는 경우가 많다.

동일한 예가 여기 또 있다. 1881년 이후로 시중에 나온 모든 "성서들"(bibles)은 『**이방인들**』(45절)을 "나라들"로 번역했는데, 그럼으로써 그 구절의 역사적 성취를 과거 여호수아의 때로 제한시키게 되는 것이다. 그러나 KJV는 『**이방인들**』로 번역함으로써 그 땅에 살게 될 미래의 거주자들이 카나안인이나 힛인이나 아모리인, 히위인, 여부스인들만은 아닐 것임을 분명히 알려 준다. 그 땅에는 이탈리아인, 러시아인, 그리스인, 이집트인들이 살 것이다! A.V.(1611)는 실수하지 않는다. A.V. 본문이 현학적인 체하는 것처럼 보일 때에는 [예를 들어 헬라어 "baptizo"를 "immersion"(잠기다) 대신 "baptize"로 음역함으로써] 현대의 학식을 심판하고 있을 뿐이다. A.V.(1611)는 로버트슨이나 그레고리가 쓴 헬라어 문법에 관한 어떠한 책이라도 비평할 수 있다.

46,47절은 설명을 요하지 않는다. 다윗은 성전을 짓고자 했으나(삼하 7:1-3) 그는 『**전쟁의 사람**』이었기 때문에(대상 28:3) 주께서는 그 일을 솔로몬에게 넘기셨다(대상 28장). 솔로몬이 성전을 지은 일은 열왕기상 3-10장에 기술되어 있다.

『**그러나 지극히 높으신 분은 *사람의* 손으로 만든 성전들에는 거하지 아니하시나니**』(48절). 스테판! 그런 말은 하지 말았어야 해!

이 세상의 모든 이방 종교는 "새겨 만든 신," "집안에 둔 우상," "가둬 둔 신," "부리는 영"을 그 핵심으로 하고 있다. "하나님을 상자 안에" 넣을 수 있다면 그는 인간의 정치와 사업과 향락에 간섭할 수도 없을 것이다! 인간은 자신이 조정할 수 있는 신을 원한다. 국제 공산주의자에게 이 "신"은 진화이다. "조정된 진화"는 현대 유물론적 과학의 목표이다. 로마카톨릭 신자에게 이 "신"은 집어서 가져와 먹고 소화된 과자 부스러기다. 성경을 거부하는 근본주의자에게 이 "신"은 기독교 학문이다. 한마디로 인간은 스스로 신이 되기를 원한다. 인간은 그의 "신"을 자신의 엄지손가락 아래 두고서 손 밖으로 나오지 못하게 하고 싶어 한다. "신"이 지성소에 갇혀 있는 한(출 34-39장) 그는 여러분이 무슨 TV 프로그램을 보는지 알 수 없다(겔 8:5-13). 하나님이 성전 안에서만 사신다면(왕상 9:3) 당신이 어떤 죄를 짓는지 알지 못하는 것이다.

"하나님을 위한 집을 짓는 것"이라는 주제는 성경 전체에서 발견된다. 하나님의 자녀는 여기에 주의를 기울여야 한다.

1. 그 집의 건축자가 그 집보다 더 중요하다(히 3:3-6).

2. 모든 것을 지으신 이는 하나님이시다(골 1:15-19, 롬 11:36).

3. 그러므로 하나님은 그분을 위하여 지어진 어떤 집보다도 더 중요하다.

4. 야곱은 20년간의 징계가 있기 전에는 그가 있는 곳을 "벧엘"(히브리어로 "하나님의 집")이라고 불렀지만 징계를 받은 후에는 "엘-벧엘"이라고 이름을 고쳤다(히브리어로 "하나님의 집의 하나님").

5. "하나님의 집"은 구원받지 않은 정치가의 사회활동 본부가 될 수 있다(암 7:13).

6. 그것은 착복자들과 사기꾼들이 모이는 장소도 될 수 있다(렘 7:11).

7. 그와 같은 일들이 일어나는 경우에 하나님께서는 그 집의 돌들을 던져 버리시고(마 24:2) 태우시고(렘 19:12-15) 그 아래 땅을 갈아엎으실 것이다!(렘 26:18)

8. "건축 프로그램"을 진행시키는 동안 정작 하나님을 잊어버릴 수 있다(호 8:14).

9. 세 개의 "장막"은 모든 것을 지으신 분의 계명들 중 하나만큼의 가치도 되지 않는다(마 7:1-4).

10. 스테판(행 7장)과 바울(행 21:28)과 예수 그리스도(눅 19:45)는 모두 예루살렘에 있는 보이는 성전에 대해 한 말 때문에 공격을 받았다(저자의 주석서 〈마태복음〉 23:18-21 참조).

11. 이 시대에 "성전"은 믿는 자의 몸이다(고전 3:17). 그리고 우리가 마땅히 순종해야 할 하나님께서는 그것을 멸하실 것이다(고전 6:19).

12. 그 성전 안에는 우리가 저항하고(행 7:51), 소멸시키고(살전 5:19) 슬퍼하게(엡 4:30) 할 분이 아니라 순종해야 할 성령께서(행 7:51) 계신다.

스테판 자신이 "성전"이다. 55절이 그 사실을 말해 준다! 사람들은 성전인 그리스도의 몸(요 2:21)에 행한 대로 "이 성전을 헐려고" 한다(요 2:19). 지극히 높으신 분이 "성전"인 스테판을 만드셨다. 그러므로 그것은 "손으로 만든 것"이 아니다(단 2:34, 행 7:48을 볼 것). 오늘날까지 자기 의로 가득 차고 성사를 주장하는 종교적인 의식주의자가 진정한 성경의 증인을 제거할 수 있는 유일한 방법은 그를 죽이는 것이다. 교황이 북아일랜드의 통제권을 얻을 수 있는 유일한 방법은 성경대로 믿는 프로테스탄트들을 살해하는 것이다. 세상의 빛이 스페인과 이탈리아, 콜롬비아, 베네수엘라, 쿠바, 브라질, 멕시코, 라틴 아메리카에서 사라질 수 있는 유일한 방법이 바로 그것이다.

『**이 모든 것들을 나의 손으로 만들지 아니하였느냐?**』(50절) 그렇다. 해, 달, 별들(시 19:1-6; 119:73; 143:5; 8:3). 하나님께서 창조하신 것들을 사용하지 않고서는 개집이나 돼지우리나 병아리 울타리도 만들 수 없다. 우리가 하나님께 드리는 모든 것은 하나님께서 먼저 우리에게 주신 것이다(롬 11:36). 하나님께서는 희생제를 요구하시기 전에(렘 7:22) 순종을 요구하셨다(삼상 15:22). 이스라엘이 변덕스런 생각과 반역하는 마음과 목이 곧은 태도로(51절) "짐승을 잡아서 희생제물로 바치는 것"(42절)은 결코 하나님을 기쁘게 해 드리지 못했다. 그러한 태도로 바친 수소나 숫양(사 1:11-16)은 『**일천 산 위의 가축들**』(시 50:10)처럼 하나님께는 아무 의미가 없는 것이다.

이제 스테판은 "초청"을 하려 한다. 2층에 앉아 있던 그의 친구들은 비상구로 조용히 그러나 재빨리 빠져 나간다. 산헤드린의 화난 얼굴들이 설교자를 쏘아본다. 그리고 추수감사절 오후의 칠면조 농장 같은 침묵이 장내를 엄습한다.

『너희 목이 곧고 마음과 귀에 할례를 받지 못한 사람들아... 너희도 늘 성령을 거역하는도다』(51절). 주 예수 그리스도(마 23:33)께서 스테판의 뒤에 서서 그를 격려하면서 이렇게 말씀하시는 것이 들릴 것만 같다. “그렇게 하는 거야. 스테판, 맹렬하게 퍼부으라구! 있는 그대로 그들에게 말해!”

『박해하지... 죽였고... 배반한 자요 살인한 자... 율법... 지키지 아니하였도다』(52,53절). 스테판은 A.D. 34년의 산헤드린을 B.C. 800-100년의 서기관들과 연결시켰으며(마 23:23-36을 볼 것) 그 시대의 종교지도자들을 불순종하고 율법을 어기는 살인자들의 무리라고 비난했다. 하나님을 향한 그의 열심으로 그는 가장 “그리스도인답지 않은” 자가 되었으며, 종교적 위선자들에게 소리높여 고함을 지르고 부정적으로 말함으로써 “상냥한 그리스도의 영”을 완전히 상실했다. 자유주의자들이나 근본주의자들은 스테판을 성령충만한 그리스도인으로 생각할 수가 없을 것이다!

화가 난 산헤드린과 함께 들고 일어선 것은 로크만 재단, 밥존스대학의 닐 박사와 커스터 박사, NCC(공동성서, 1973), 루이스빌에 있는 남침례신학교의 A.T. 로버트슨 박사, 필립 샤프(ASV, 1901), 무디성경신학원의 케네스 웨스트, 클라크, 제미에슨, 포셋, 브라운, 노울링, 래드, F.F. 브루스, 렌돌, 웬트, 블래스, 빈센트 및 대다수의 보수주의 바리새인들이다. 분노한 원문비평가들(알란드, 홀트, 메츠거, 소우터, 밀리건, 몰튼, 데이비스, 메이첸, 그레고리, 라흐만, 바이스, 그리스바흐, 트레겔레스, 웨스트코트)에 의해 사기가 진작된 이 자격 있는 권위자들은 이렇게 소리지른다.

1. 『**하나님**』은 46절에 있어야 할 필요가 없다. 이는 이집트 알렉산드리아 필사본들에서 그 단어가 삭제됐기 때문이다. 그리고 알란과 네슬의 헬라어 신약에서도 삭제됐다. 한편 F.F. 브루스와 캐드베리는 이 변개를 정당화시킨다.

2. 『**천사들을 통해 지시[disposition]하신**』(53절)은 "천사들의 명령(injunction)으로"가 되어야 한다(알포드, 올하우젠, 드웻).

3. "천사들의 준비(arrangement)로"가 맞다(데이빗슨).

4. "천사들의 명령(commands)으로서"가 맞다(벵겔, 보우맨, 위너).

5. "천사들의 준비(arrangement)를 바라보면서"로 되어야 한다(메이어).

6. 헬라어 사본에는 "천사들의 섬김"(ministration)으로 되어 있다(해켓, 쿡, 하우슨, 스펜스).

7. 최초의 헬라어 사본은 "천사들의 율례"(ordinances)로 되어 있다(렌돌, 래크햄, 글로그).

8. "스테판은 여기서 필로와 요세푸스와 칠십인역을 통해 현재의 전통을 말한 것 같다"(〈해설자의 헬라어 신약〉 p.200).

『**천사들을 통해 지시하신**』(53절)은 "천사들을 통해 지시하신"을 뜻한다. 이것은 히브리서 2:2; 13:2, 출애굽기 14:19; 24:9-12; 23:20; 32:34, 재판관기 2:1,4 사도행전 7:30,35,53에 너무나도 분명히 기술되어 있기 때문에 어떤 독자도 그 말의 의미를 놓칠 수 없다. 천사들이 그것을 (진료소에서 물건을 나누어 주는 것처럼) 전해 주었고 갈라디아서 3:19은 명확한 말로 그것을 확증하고 있다. "불확실성"은 항상 "축자적으로 영감을 받은 원본"을 믿는 근본주의 학자들에게서 발견되는데, 그들은 성경의 권위를 파괴시킴으로써 자신들의 사역을 증진시킨다.

스테판의 설교는 끝났다. 그는 말한다. "모두 고개 숙이시고, 눈을 감으시기 바랍니다." 그리고 "오늘 여기 저와 함께 기도하기 원하시는 분은 손을 들어 표해 주십시오..."라고 말하려는 순간, 장내는 평정을 잃게 된다.

7:54 그들이 이런 말을 듣고 마음이 상하여 그를 향해 이를 갈더라.
55 그러나 그는 성령으로 충만하여 하늘을 주시하여 우러러보니 하나
님의 영광과 예수께서 하나님의 오른편에 서신 것을 보고
56 말하기를 "보라, 하늘들이 열리고 인자가 하나님의 오른편에 서신
것을 보노라." 하니
57 그때 그들이 큰 소리를 지르며 자기들의 귀를 막고 일제히 그에게
달려들어
58 그를 성읍 밖으로 끌어내어 돌로 치고 증인들은 겉옷을 벗어 사울
이라고 하는 한 젊은이의 발 앞에 놓더라.
59 그들이 스테판을 돌로 치니 그가 하나님을 부르며 말하기를 "주 예
수여, 나의 영을 받아 주소서." 하고
60 무릎을 꿇고 큰소리로 부르짖기를 "주여, 이 죄를 그들에게 돌리지
마옵소서."라는 이 말을 하고 잠드니라.

첫 번째 순교자인 스테판의 이름은 "면류관"(헬라어 '스테파노스')을 의미하며, 그는 생명의 면류관(계 2:10)을 얻게 된다.

스테판이 주 예수 그리스도께서 『**서신 것**』(55절)을 보았다. 예수께서는 베드로가 오순절에 설교할 때는 앉아 계셨으며(행 2:35), 지금도 앉아 계신다(히 8:1).

무엇 때문에 스테판의 메시지가 끝났을 때 일어나셨을까? 그분은 흔히들 말하는 것처럼 스테판의 혼을 받으시기 위해 일어나신 것이 아니었다.

재림 때까지는 일어나지 않으실(마 26:64) 『**인자**』(56절)께서 왜 일어나셨는가? 초림 때 즉 마태복음 3:16에서 하늘들이 열렸고, 재림과 연관해서 요한계시록 4:1-3과 19:11에서 하늘들이 열리는데, 여기서 하늘들이 열린 이유는 무엇인가? 이 사건 후 즉시로 이방인들에게 복음이 전파되는 것은

(행 8:1) 어떻게 설명될 수 있는가? 사도들이 그들의 "사도들의 표적과 이적"을 여전히 가지고(행 5:12 참조) 예루살렘에 머물러 있었음에도 불구하고 이 장면 이후로 다시는 예루살렘에서 단 한 번의 기적도 일어나지 않았다는 사실은 어떻게 설명될 수 있는가?

우리는 이제 우리의 마음을 새롭게 해주는 샘물의 깊이를 재기 시작했을 뿐이다. (한편 학자 연맹은 해변에서 해파리를 관찰하느라고 바쁘다.) 사도행전 8:27-40(및 주석)을 보면 성령께서는 사도행전 7장 이후로는 한 번도 물침례를 통해 임하시지 않으심을 알 수 있다(행 8:16; 10:44을 볼 것).

하나님께서는 사도행전 7:60에서 한 선을 그으신다. 그리고 이 선은 그의 아들 주 예수 그리스도의 재림과 관련되어 있다(행 7:56). 스탬, 무어, 베이커, 벌링거, 오헤어는 이 선을 보면서 "바르게 나누는 것"(딤후 2:15)에 정신이 팔려서 "그리스도의 몸"은 이 시기 이후부터 시작되어야 한다고 주장한다(행 1:6-8, 2:38 주석 참조). 계시된 시기와 시작된 시기의 차이를 해결할 길이 없었던 극단적 세대주의자들은 하나님께서 계획을 변경하시면 그것을 변경하시기 이전에 어떤 것이 존재하고 있는 가능성마저도 무효화시킨다고 주장한다. 그러나 그것은 교리적인 오류이다.

여기서 우리는 재림이 예비되는 상황을 목격한다. 만일 이스라엘이 국가적으로 회개하고(행 3:19) 스테판의 설교를 받아들였다면 다니엘의 "70째 주"가 도래했을 것이다. 신명기 21:1-9이 일어났을 것이며 휴거가 일어나고(시 50:4, 솔 2:10, 사 26:19) 유다가 구렁에서 나오고(행 1:25과 그 주석 참조) 로마와 이스라엘 사이에 언약이 체결되었을 것이다(단 9:27; 11:27,30). 그렇게 되면 "그리스도의 몸"은 하나님께서 그것을 계시하시기를 원하시는가 그렇지 않은가에 따라 감추어진 신비로 남게 되었을 것이다. 그 몸은 유대인과 이방인으로 구성된 몸이라는 사실은 사도행전 2:10;

6:1를 통해 분명히 알 수 있다.

이것은 칼빈이 그의 "영원한 판결"의 개념에 있어서 크나큰 오류를 범했음을 의미한다. 왜냐하면 그들 중 일부는 유동적이며, 이전에 선포된 판결이나 이전에 행해진 맹세에 전혀 대치되지 않고서도 상황에 맞게 변화될 수 있기 때문이다. 이것은 또한 스탬과 벌링거가 실수했음을 뜻한다. 왜냐하면 여기서 휴거는 그리스도의 몸의 "신비의 계시"(엡 3:1-5 주석 참조)에 영향을 주지 않았을 것이며, 계시의 시기는 계시되는 것이 제정된 시기와 좀처럼 일치하지 않기 때문이다(창 2:1-3 주석 참조). 그러나 대부분의 주석가들과 성경 개정자들은 본문의 엄청난 세대적 변화를 발견하지 못한다. 종교개혁 성경을 변개시키는 데 몰두한 그들은 하나님께서 이스라엘의 지도자들을 다루시는 데 있어 발생한 놀랄 만한 변화는 오히려 간과해 버린 것이다. A.V.(1611) 비평가들이 떠올릴 수 있는 것은 아래와 같다.

1. 로마 정부는 스테판을 죽이는 데 협력했다. 왜냐하면 유대인들에게는 최고형을 시행할 권리가 허락되지 않았기 때문이다. 그렇지 않았다면 폰티오 빌라도는 부재중이었으며 요한복음 18:31의 법칙은 효력을 발생치 못했다(노울링, *Ibid*, p.202,203).

2. 예수께서는 스테판에게 "용기를 주시기" 위해 일어서 계셨다(로버트슨, *Ibid*., p.735).

4. 본문에서 『**하나님**』이란 단어는 없어져야 하기 때문에 비록 "주"라는 단어가 헬라어 필사본 어디에서도 발견되지 않는다 할지라도 『**하나님**』 대신 "주"로 바꿔야 한다. (RV와 NASV 본문에는 그렇게 되어 있다. 그러나 둘 중 어느 것에 대해서도 헬라어 필사본 증거가 없다면 왜 "주"는 옳고 『**하나님**』은 틀리는가? 사도행전 9:5,6을 볼 것.)

5. 그리스도는 『**서신 것**』이 아니라 보좌 위에 앉아 계신다(F.F. 브루스,

Ibid., p.166) 그분은 이 세대의 모든 나라들을 통치하기 시작함으로써 다니엘 7:13을 성취하고 계신다(*Ibid.*, p.167).

6. 그로티우스, 드웻, 메이어, 제미에슨, 포셋, 브라운은 59절에서 예수가 『**하나님**』으로 불리는 것을 견딜 수가 없다. 그래서 그들은 "부르며 말하기를"(calling upon)을 "invoking"("하나님의 이름을 부르다"는 뜻)로 변개시켰다.

7. 예수께서는 순교자를 도우시고 그의 혼을 받으시려고 일어서신다(더 멜로우, *Ibid.*, p.828).

8. 59절에서 예수를 『**하나님**』으로 칭하는 것은 죄지만, 사도행전 14:13에서 "성전"으로 하는 것은 아무 문제가 없다(〈복음주의 주석〉을 볼 것).

래드 박사는 그리스도께서 "하나님의 오른편에 서신 것"에 대해 설명하기를 거부한다.

윌리엄스(극단적 칼빈주의자)는 사도행전 7장이 성경에서 "가장 중요한 장 중 하나"라고 말함으로써 설명을 시작하지만, 그 구절(50-60절)을 제대로 다룰 수 있는 충분한 구약 지식은 갖고 있지 못하다. 윌리엄스(스탬, 벌링거 등과 마찬가지로)는 "교회는 계시의 주제이며 이스라엘은 예언의 주제다"라는 벌링거의 상투어구를 반복하면서 시편 50편, 이사야 26장, 솔로몬의 노래 2장, 욥기 37장은 연구하지 않았다. 따라서 그는 이스라엘이 여기서 그리스도를 받아들였다면 "오순절 교회가 계속되어서 전 세상을 채웠을 것"이라고 말한다! 그의 독자에게 세대주의적 경영방침을 너무나 서둘러서 알려 주려다가 윌리엄스는 휴거와 적그리스도의 통치가 다니엘의 칠십째 주의 일부임을 망각한 것이다. 오순절 교회는 아무것도 채우지 않았을 것이다. 그것은 빛의 속도보다도 더 빠르게 셋째 하늘로 곧장 올라갔을 것이다. 이 같은 사실을 알기 위해서는 신약뿐만 아니라 구약에도 시간을 할애해야 한다.

필립스는 신약 번역자들 중 59절에서 예수 그리스도를 하나님으로 그대로 남겨 둔 유일한 사람이다. 〈확대역본〉을 포함한 나머지 모든 성서는 1582년의 예수회 성경 본문을 그대로 따르고 있다.

스테판은 『**큰 바빌론**』을 취하게 만들 기나긴 순교자들의 피의 목록에서 첫 번째 자리를 차지했다(계 17:6). 곧 이어 야고보가 그의 뒤를 따르고(행 12장) 여러 해 지나지 않아 바울이 그 뒤를 따른다. A.D. 100-313년 사이에 일어났던 열 번의 박해 때 스테판과 같은 증인들은 원형경기장에서 도살당했고, 지하 감옥에서 굶어 죽었으며, 단두대에서 목이 잘리고, 빙원에서 얼어 죽었으며, 산 채로 불에 탔고, 고문대에 엎드려서 못과 갈고리에 박혔으며, 산 채로 가죽이 벗겨지고, 야수들의 밥이 되었다(포부쉬사 〈폭스의 순교사〉 참조). 쉽게 속는 의사들(칼 메니거같이)과 쉽게 속는 심리학자들(윌리엄 제임스같이)은 이러한 대학살을 "자기 파괴적인 성향"의 탓으로 돌린다. 증인들은 "진실되게 미혹당했으며" "망상" 때문에 죽었다는 것이다. 이것은 탈마지(Talmage, 1883-1902)의 다음과 같은 말과 똑같다. "만약 이것이 망상이라면 얼마나 영광스러운 망상인가! 나는 그 망상에 잠기리라. 나의 눈과 귀를 그것으로 채우리라. 나의 머리 아래 베개로 그것을 넣으리라. 내 머리 위에 덮개로 그것을 쓰리라. 이 얼마나 영광스러운 망상인가! 그것으로 나를 말아서 수천 길의 대양의 파도 속으로 떨궈 다오." 프란시스 하버걸(Frances Havergal)은 죽기 직전에 이사야 42:6을 읽어 달라고 했는데, 그녀 또한 "망상"에 사로잡혔음이 틀림없다. 이 구절을 들으면서 그녀는 미소 지으며 이렇게 말했다. "나는 이제 저 본향으로 갈 겁니다!" 그리고 그녀는 본향으로 갔다.

피의 메리의 통치 기간 동안(1554-1558) 화형당한 순교자들은 화형대 위에 입 맞추며 이렇게 소리쳤다. "너 그리스도의 십자가를 환영하노라! 영원한 생명을 환영하노라!" 그리고는 "이 영광스런 죽음으로 인해 내가 태어난 그 날을 하나님께 감사하노라!"고 외쳤다. 목 베임을 당하기 직전에 한 그리스도인이 사형집행인에게 그의 손을 자신의(그 그리스도인의) 가슴에 얹으라고 말했다. 그리고 웃으며 말했다. "나의 심장이 당신의 심장보다 더 빨리 뛴다면 당신은 나의 종교를 믿을 필요가 없소." 사형집행인의 심장은 세차게 뛰고 있었으며 그 그리스도인의 심장은 의자에서 잠자는 노인의 심장처럼 규칙적이었다.

파더 홀크스(A.D. 1556)는 맹렬한 불길 속에서 타 죽어가고 있었다. 그의 몸이 너무 많이 탔기 때문에 군중들은 그가 죽은 것으로 생각했는데 갑자기 그는 자기 머리 위로 손뼉을 세 번 쳤다. 존 버크, 스탬 부부, 프란시스 가디너, 후스, 사보나롤라, 틴데일, 그리고 수십 명의 순교자들은 스테판이 마셨던 그 잔을 마셨으며, 수많은 사람들이 죽음보다 더 심한 고통(히 11:37,38)을 겪고 살아남았다(선다 싱, 움브란트, 포포프 등).

『**이 말을 하고 잠드니라**』(60절). 성경은 그리스도인의 죽음을 『**잠**』이라고 말한다(요 11:13, 고전 15:20, 살전 4:14을 볼 것). 잠자는 것은 '몸'이다(창 35:18). 왜냐하면 그리스도의 영이 죽기 전에 그의 몸을 떠난 것처럼(요 19:30) 스테판의 영도 분명히 떠났기 때문이다(행 7:59). 러셀 목사와 러더포드 판사가 "혼이 잠잔다"고 말하는 것은 마태복음 25:41을 문자 그대로 믿고 싶어 하지 않는 사람들을 위한 진정제에 지나지 않는다.

성령충만했던 위대한 스테판조차도 마지막 순간에 "하나님의 영광에 미치지" 못했다는 사실에 주목하기 바란다. 주님의 발자취를 따라(벧전 2:21) 스테판은 선으로 악을 극복하기는 한다. 『**주여, 이 죄를 그들에게 돌리지 마옵소서.**』 그러나 이 기도는 자기 보존의 기도인 『**주 예수여, 나의 영을 받아 주소서.**』 다음에 왔다. 하지만 주님은 원수들을 위해 먼저 기도하셨다. 『**아버지시여, 저들을 용서해 주옵소서. 그들은 자기들이 하는 것**

을 알지 못하나이다』(눅 23:34). 그 다음에 자신을 위해 기도하셨다. 『**아버지시여, 내 영을 아버지의 손에 의탁하나이다**』(눅 23:46).

4피트 높이의 돌무더기에 파묻혀 그는 사라져 간다. 15-20분 동안 뼈가 부러지고 살이 찢기는 일제사격을 참아 내면서. 이 "소일거리"에 사용된 돌들은 골프공만한 크기에서부터 배구공 크기에 이르기까지 다양하다(수 7:25). 그것이 얼마나 고통스러운 죽음인지는 설명이 필요 없을 것이다. 바울이나(행 14:19) 예수님을(요 8:59) 그런 식으로 죽일 수 있는 그들이었다면, 스테판을 그렇게 죽이는 것 역시 그들에게는 아무 문제도 아니었을 것이다.

사도행전 8장

8:1 사울은 그를 죽이는 것에 찬동하더라. 그 때에 예루살렘에 있는 교
회에 큰 박해가 가해졌으니 사도들을 제외한 모든 사람이 유대와
사마리아 전 지역으로 흩어지더라.
2 경건한 사람들이 스테판을 장사하고 그를 위하여 크게 슬퍼하니라.
3 그러나 사울은 교회를 파괴하고 집집마다 들어가서 남자들과 여자
들을 끌어내어 감옥에 넘겨주더라.
4 그러므로 널리 흩어진 사람들이 가는 곳마다 말씀을 전하더라.
5 그때 빌립이 사마리아의 성읍에 내려가 사람들에게 그리스도를 전파
하니
6 무리가 하나가 되어 빌립이 말한 것들을 경청하고 그가 행한 기적들
을 듣고 보더라.
7 더러운 영들이 그들에게 사로잡힌 많은 사람에게서 큰소리를 지르며
나오고, 또 많은 중풍병자와 불구자가 치유되니,
8 그 성읍에 큰 기쁨이 있더라.

여기서도 우리는 언제나처럼 부흥(1-8절) 뒤에 마귀가 나오는(18-24절) 것을 목격한다. 『**사울은 그를 죽이는 것에 찬동하더라**』(1절). 이것은 사도행전 22:20과 비교해야 한다. 사울은 "그의 발 앞에" 옷을 가지고 있었을 뿐만 아니라(행 7:58) 두 남자가 싸움이나 결투를 할 때 사용되는 표현과 같이 코트를 손에 들고 있었을 것이다. 사도행전 7:58은 "**사울**"이란 사람에 대해 잠깐 언급하는데, 이 사람은 사도행전 13-28장에서 중심 인물이 된다. 그는 사도행전 7:58-13:7에서 16번 "**사울**"로 불린다. 그는 베냐민 지파 출신의 유대인인 동시에(빌 3:5) 킬리키아 타소 출신의 로마 시민이었다(행 22:3; 16:37). 바리새인으로서(빌 3:5) 그는 가말리엘에게서 배웠지만(행 22:3) 나중에는 그의 스승의 충고를 전혀 따르지 않는다(행 5:38 주석 참조).

『**사울은 교회를 파괴하고... 남자들과 여자들을 끌어내어 감옥에 넘겨주더라**』(3절). 하지만 잡아서 체포하는 것 이상의 일이 진행되고 있었다. 자신이 당시에 어떤 일들을 했는지에 대한 바울 자신의 고백을 들어 보자. 『**내가... 감옥에 가두고... 매질한 것**』(행 22:19). 『**또한 종종... 그들에게 형벌을 가하였으며 또 강제로 모독하는 말을 하게 했고**』(행 26:11). 『**심지어는 외국 성읍들에서까지 그들을 박해하였나이다**』(행 26:11). 『**전에는 내가 하나님을 모독하는 자요, 박해하는 자요, 중상하는 자였으나**』(딤전 1:13)[갈라디아서 주석 1:13,14 참조]. 사울은 발렌스타인, 툴리, 또르께마다, 로욜라, 보너 주교를 하나로 합쳐 놓은 것 같은 인물이었다. 틸리크, 존 R. 라이스, 브루너, 바스, 빌리 그래함, 제롬, 어거스틴, 레슬리, 웨더헤드, 조지 트룻, 슈바이처, 카가와, 간디, 풀튼 쉰과 같은 팀에 바울을 포함시키는 것은 제네바성경, 틴데일성경, A.V.(1611)로 구성된 팀에 ASV, NASV, RSV, 공동번역성서를 포함시키는 것과 매우 흡사하다.

『**그 때에 예루살렘에 있는 교회에 큰 박해가 가해졌으니... 모든 사람이... 흩어지더라**』(1절). 흩어지는 순서는 사도행전 1:8의 순서이다. 예루살렘에서 시작해서 유대, 사마리아 그리고 점차로(행 8:27) 『**땅 끝까지**』 흩어질 것이다(행 1:8의 명령에 관한 주석 참조). 2절은 설명을 요하지 않는다. 3절에서 우리는 남자들뿐만 아니라 여자들도 박해의 대상이 되었음을 알 수 있다.

『**그러므로 널리 흩어진 사람들이 가는 곳마다 말씀을 전하더라**』(4절). 여기서 "흩어진 사람들"에는 여자들도 포함된다(3절 참조). 여자는 사역에서 어떠한 직분도 임명받지 못하지만(빌 1:1, 행 6:1-6) 모든 그리스도인이 증인이라는 의미에서 모든 여자들은 "말씀을 전파하도록" 부르심을 받았다(행 1:8, 고전 3:13). 주께 속죄함을 받은 사람은 "그렇게 말해야"(시 107:2) 한다. 메리 슬레서(Mary Slessor)나 프랜시스 하버갈(Francis Havergal) 같은 여인들은 복음이 전파되는 데 있어 데이비드 리빙스턴이나 윌리엄 캐리 못지않게 중요한 역할을 한 인물들이다. 그러나 여자 사도, 여자 감독, 여자 장로, 여자 집사는 성경에 없다. 고대에 로마카톨릭은 여자를 사역에 임명하기도 했는데, 이 같은 관행은 1582년 예수회 성경으로 뒷받침되고 있다. 그 성경은 "페베"가 "사역자"였다고 말하기 때문이다. 이러한 암흑시대의 이교도적 유산을 본받아 1954년 로크만 재단은 페베가 "여집사"였다고 말했다. 같은 단어가 NASV의 각주에서도 발견된다. 현재 밥존스대학은 종교개혁 성경인 A.V.를 버리고 이 NASV를 지지하고 있는 것이다.

오늘날(1960-1980) 교회들이 하나씩 하나씩 뭉쳐서 모인 사람들의 수를 자랑하지만 주님께서는 젊은 남성들이 말씀을 전파하도록 부르시는 것을 멈추실 것이다(〈필사본 증거, 1970〉 참조). 그리고 부족한 목사 수를 채우기 위해 교회 지도자들은 여자들을 목사에 임명하게 될 것이다. 지난 10년 동안(1960-1970) 미국에서는 100명 이상의 여자들이 여집사와 목사로 임명되었다. 다음 10년 내로 이 숫자는 2천 명 이상으로 증가할 것이고, 그들 대부분은 30세 이하의 여자들일 것이다. 이러한 현상은 동성연애자 해방운동과 여성해방 운동이 추진하고 있는 국제 사회주의의 가르침과 일치하는 것이다. 이것은 모든 종족과 성별과 연령이 "동등"하다는 현대적 망상에 근거한 것으로, 미국의 건강과 교육, 그리고 전 복지성에 만연해 있는 정신적 질병이다. 이에 대한 하나님의 비평은 이사야 3:12과 4:1에 있다(딤전 2:1-14, 잠 31:30을 보라).

『**집사**』는 디모데전서 3:12에 따르면 한 아내의 남편이어야 한다. 그러므로 (밥존스대학의 교수진 다수가 지지하는) 로크만 재단 성경의 "여집사들"은 이 직무를 맡기 위한 "자격"으로 여자 동성연애자가 되어야만 할 것이다! (사람들이 성경을 엉망으로 만들면 그들 자신도 엉망이 된다는 사실을 알아야 한다.) 하나님의 모든 자녀는 여자건 남자건 간에 증인이다(4절). 그러나 지역 교회 내의 모든 직분(office)은 남자가 맡는다.

하나님의 모든 자녀에게는 가게나 제분소나 정원이나 재봉실이나 식당 계산대나 주차장이나 어디든지 그의 강단이 된다. 구원받은 이상 그 사람은 "설교자"인 것이다(고후 5:20). "설교자"는 항상 임명된 사역자만을 뜻하지는 않는다. 왜냐하면 교회적 기관 없이도 임명되는 일은 있기 때문이다(요 15:16).

5,6절은 설명을 요하지 않는다. 『**사마리아의 성읍**』은 힐카누스에 의해 파괴되었다가 헤롯 대왕에 의해 다시 세워졌다. 헤롯은 황제를 기념하기 위해 이 성읍을 "세바스"("세바스트-어거스타")라고 불렀다. 사마리아인들

이 유대의 유대인들에게 적대적이었다는 사실은 요한복음 4:1-24에 기록된 대화로 볼 때 분명하다. 이러한 적대감의 원인은 민수기 13,14장과 여호수아 24장으로 거슬러 올라간다. 거기서 "에프라임"은 성막이 실로에 있을 때 영예의 자리를 얻는다. 이 적대감은 열왕기하 17:24-30의 추방 이후로 B.C. 705-100년 동안 사마리아에 생긴 혼혈인들에 의해 더 심하게 악화되었다.

빌립에게는 모세의 사도적 표적들이 따랐으며(출 4:1-9 주석 참조) 그로 인해 『**그 성읍에 큰 기쁨이**』 있었다. 한편 사도행전 8장에는 "말씀을 전파한다"는 말이 7번 나오며, 전파의 내용은 『**말씀**』(4절)과 『**그리스도**』(5절), 『**하나님의 나라...에 관한 일들**』(12절), 『**주의 말씀**』(25절), 『**복음**』(25절), 『**예수**』(35절)이다.

스탬과 베이커는 세대적으로는 사도행전 8:1-25을 바르게 해석하고 있다. 여기서 복음(25절)은 고린도전서 15:2-5의 복음이 아니다. 그러나 스탬은 "사도행전 기록의 이 시점에서 그리스도의 몸 된 교회는 볼 수 없다"고 말하는 오류를 범했다(〈세대적으로 고찰한 사도행전〉 p.258). [기록된 것은 무엇인가를 계시하는 것이며 그렇지 않을 목적이라면 그것이 거기 기록되지 않았을 것임에도 불구하고, 스탬은 계속해서 "기록"이라는 단어를 쓰고 있다. "볼 수 있다"(in view)라는 특이한 표현에도 주목할 필요가 있다. 하나님 외에 누구도 사도행전 1-9장에서 그리스도의 몸을 "볼 수 있다"고 말한 적은 없다. 누군가가 그것을 보든 보지 못하든 관계없이 그리스도의 몸은 존재했었다고 앞에서 이미 말한 바 있다. 그리스도의 몸이 지금은 유대인과 이방인으로 구성되어 있다는 이유만으로 그것이 유대인만으로는 구성될 수 없다는 절름발이 주석은 사도행전 2:1-4에서 설명한 것과 같은 합리적이지 못한 논리이다. 이 극단적 세대주의자들의 문제는

신학에 있는 것이 아니라 마음에 있다.]

8:9 거기에 시몬이라는 사람이 있었는데 전부터 그 성읍에서 마술을 행하여 사마리아 사람들을 매혹시켜 자신을 위대한 자라 칭하니

10 작은 자로부터 큰 자에 이르기까지 모두가 그에게 주목하여 말하기를 "이 사람은 하나님의 위대한 능력이라."고 하더라.

11 그들이 그에게 주의를 기울인 것은 오랫동안 그가 마술로 사람들을 매혹시켰기 때문이라.

12 그러나 사람들은 빌립이 하나님의 나라와 예수 그리스도의 이름에 관한 일들을 전파하는 것을 믿었을 때 남녀가 모두 침례를 받으니라.

13 그때 시몬 자신도 믿고 침례를 받은 후에 빌립과 꾸준히 함께 지내며 기적들과 표적들이 행해짐을 보고 놀라더라.

14 예루살렘에 있던 사도들이 사마리아가 하나님의 말씀을 받았다는 말을 듣고 그들이 베드로와 요한을 그 사람들에게 보내니라.

15 그들이 내려가서 사마리아인들이 성령을 받도록 기도하니

16 (이는 성령께서 아직 그들 가운데 아무에게도 내리신 적이 없고 다만 주 예수의 이름으로 침례만 받았음이라.)

17 그때 두 사도가 그들에게 안수하니 그들이 성령을 받으니라.

18 그러자 시몬이 사도들의 안수함으로 성령을 받는 것을 보고 그들에게 돈을 주며

19 말하기를 "나에게도 이 능력을 주어 누구에게든지 내가 안수하는 사람은 성령을 받을 수 있게 하소서." 하니

20 베드로가 그에게 말하기를 "너는 네 돈과 더불어 망하라. 이는 네가 하나님의 선물을 돈으로 살 수 있다고 생각하였기 때문이라.

21 이 일에 네가 참여하거나 맡을 것이 없으니 이는 네 마음이 하나님 보시기에 옳지 않음이라.
22 그러므로 너의 이러한 사악함을 회개하고 하나님께 간구하라. 혹시 네 마음의 생각이 용서받게 되리라.
23 내가 보니 너는 악독에 젖어 있고 불의에 묶여 있도다." 하니
24 시몬이 대답하여 말하기를 "나를 위하여 주께 간구하여서 당신들이 말한 이 일들 중 어떤 것도 내게 임하지 않게 하소서."라고 하더라.

여느 캠벨추종자와 마찬가지로 시몬도 침례를 받았고 또 믿기까지 했다(13절). 그러나 그의 고백과 그의 회개(22절)는 바튼 스톤(Barton Stone)과 알렉산더 캠벨(Alexander Campbell)과 마찬가지로 그에게 아무 일도 해주지 못했다. 그러나 그 사실은 캠벨이나 그의 추종자들에게 아무 의미도 없다. 왜냐하면 그들은 유다 이스카리옷이 구원을 잃어버렸다고 가르치기 때문이다(내 생각에는 그들이 원한다면 그들 자신의 구원도 잃을 수 있다고 여겨진다). 구원받지 못한 사람에게 그가 구원을 잃어버리지 않을 것이라고 확신시킬 수는 없다. 그는 구원받기 전에 이미 그것을 잃어버렸기 때문이다. "시냇물(십자가가 아니라)이 본향으로 인도해 줄 것"을 믿는 사람들은 십자가가 본향으로 인도해 주리라는 찬송과는 전혀 상관이 없다. 그들은 우리의 찬송을 다음과 같이 고쳐 불러야 한다. "이 기쁜 소식 듣네. 물이 구원하네! 물이 구원하네! 세상에 전하리. 물이 구원하네! 물이 구원하네! 온 땅에 물 웅덩이를 전파하고 침례의 물살을 헤엄치리. 나가세! 우리 주님의 명령 따라. 물이 구원하네! 물이 구원하네!" 그러나 그들은 그렇게 노래하지 않는다. 그들은 우리의 찬송을 훔쳐서 자신들이 전혀 알지 못하는 것에 대해 계속해서 노래하고 있을 뿐이다. 마술사 시몬처럼.

부흥 뒤에는 언제나 반대가 따른다. 부흥이 여러분의 교회에 오게 되면 다음과 같은 것이 뒤따르게 된다.

1. 기도의 부담
2. 마귀가 나타남
3. 서기관과 바리새인들로부터의 반대
4. 알곡과 쭉정이가 드러남
5. 많은 그리스도인들이 그들 삶에 대한 하나님의 뜻을 발견함

『**거기에... 사람이 있었는데**』(9절) "한 죄인이 많은 선을 파괴시킨다."고 솔로몬은 말한다. 언제나 일을 엉망으로 만드는 것은 "한 사람"이다. 저스틴 마터(A.D. 150)는 (그 역시 사마리아인이었다) 시몬이 사마리아 기토 태생으로, 〈위대한 계시〉라는 제목의 영지주의 서적을 썼다고 말했다. 전설에 따르면 그는 여신과 함께 여행하는 자로 스스로를 쥬피터라고 말한다고 한다(행 14:12,13 주석 참조). 어떤 교부는 마술사 시몬이 로마에서 베드로를 만났고 공중으로 떠오르는 것 등 여러 가지 묘기들을 부렸다고 하는데, 여기서 일일이 다 쓰기에는 너무 장황한 내용이다. 그는 "시몬 마구스"라 불리기도 했다. 이런 전설적인 이름에 보조를 맞춰서 변개된 알렉산드리아 필사본들은 『**위대한 능력**』(10절)을 "위대한 이라 불리는 하나님의 능력"으로 바꾸었다. NASV(1963)와 자유주의 성경 RSV 및 NEB는 킹제임스성경의 올바른 본문과 변개된 알렉산드리아 본문 사이 중간쯤에 있다. 이 세 개의 이교도적인 변개된 번역본들에는 『**위대한 능력**』(10절)이라는 말이 있지만 "소위"라는 말이 덧붙여져 있는 것이다.

여기서 우리는 고린도전서 13:3에서 볼 수 있는 현상을 다시 한 번 목격한다. 알란드, 메츠거, 노울링이 이번에는 알렉산드리아 본문을 무시하고 알렙, A, B, C, D, E, 오리겐, 이레내우스를 저버리고서 〈킹제임스성경〉의 본문을 따르고 있는 것이다! 그들은 로마서 8:1과 마가복음 16장을

바로잡는 데 "위대한 대문자 사본들"을 사용해 놓고 사도행전 8:10에서는 그것들을 무시하고 있다. 한편 로크만 재단과 밥존스대학은 계속해서 그것들을 사용하고 있다.

시몬 마구스라는 인물은 로마카톨릭이 만들어낸 허구에 불과하다. "마구스"는 8,10절(헬라어 '메갈레')에서 차용된 단어이다. "마술을 행하여"(9절)라는 말은 그가 최면술과 마술적인 행위로 군중을 유혹하는 마술사임을 나타낸다. 그는 "마기(magi)의 과학"을 행했다(마 2:21주석 참조). 그의 이름에서 나온 "simony"라는 단어는 교회 관직을 사고자 하는 사람을 뜻하게 되었다. "simony"는 약 8세기 동안 로마 교회에서 집중적으로 행해졌다. 사실 클로비스, 페핀, 찰스의 첫 번째 "헌물"에서부터 베트남과 북아일랜드(그리고 캐나다)를 팔아치우는 데 이르기까지 로마 교회는 "땅의 왕들"(계 17:18; 18:9,15)과 상거래하는 것이 전공이었다. 한편 오늘날에는 대부분의 남침례교회에서 집사들을 선출하는 것이 로마카톨릭의 "simony"에 필적하고 있다. 즉 그 사람의 소득과 영향력에 따라 선출되는 것이다.

래드, 얼, 카터, 웬트, 렌돌, 로버트슨, 드웻, 바이스, 블라스, 노울링, 네슬, 메이어, 데이빗슨, 더멜로우, 웨스트, 윌리엄즈, 빈센트, 브루스, 블레이클락 등이 저지른 엄청난 실수들을 살펴보기 전에 만군의 주께서 어떤 것으로 우리의 잔을 채우시는지 살펴보자.

사마리아인들은 마가복음 16:16에 따라 믿고 침례를 받았다(12절). 시몬도 개심자들에 포함된다(13절). 그러나 침례받은 사람들에게 임하는 사도행전 2:38의 "성령의 선물"은 여기서는 나타나지 않는다(15,16절). 따라서 사도행전 2장과 8장 사이에 어떤 변화가 있었음을 알 수 있다. 사도행전 7장의 사건이 전체 구조를 변화시켰으며, 13절에서 빌립이 행한 표적과 기적들은 예루살렘에서 영원히 그치게 된다. [『**예수 그리스도는 어제나**

오늘이나 영원토록 동일하시니라.』(히 13:8)는 말씀은 20세기의 신유주의자가 사용할 수 없는 구절이 분명하다. 그분은 사도행전 7장 이후로 예루살렘에서 표적과 기적 행하기를 분명히 그만두셨기 때문이다. 그분은 사도행전 7장 이후로는 사복음서에서 하신 그런 일들을 예루살렘에서 더 이상 행하시지 않는다.]

베드로와 요한은 성령을 받게 하는 도구로 사마리아에 보냄을 받는다(17절). 이것을 근거로 많은 사람들은 안수함으로써 성령을 받는다고 생각한다(서문 참조). 그러나 이것은 사도행전 2장과 사도행전 10장에서는 안수하지 않고서도 성령이 주어졌다는 사실을 간과하는 것이다. 또한 이것은 사도행전 8장 어디에서도 2장에서처럼 "성령 침례를 받은 최초의 증거들"이 나타나지 않는다는 사실을 간과하는 것이다. 왜냐하면 사도행전 8장에서는 침례를 받았건 받지 않았건 간에 어느 누구도 방언으로 말하지 않기 때문이다. 처음에 말한 바와 같이 사도행전은 "과도기적 책"임을 잊지 말아야 한다.

한편 "안수"는 어떻게 설명될 수 있는가? 예수 그리스도께서는 사도들이 성령을 받도록 그들에게 안수하지 않으셨다(요 20:22). 그렇다면 바울이 "성령으로 충만토록" 하기 위해 아나니아가 바울에게 안수한 것과(행 9:17) 사마리아인들이 성령을 "받도록" 하기 위해 베드로와 요한이 그들에게 안수한 것은(행 8:17) 어째서인가?

사도들은 임무(행 1:8)의 변화에 대해서는 아는 바가 전혀 없었다. 그들에게 계시된 것은 에스겔 37:15-19, 이사야 2,11장 등이 전부였다. 그들은 여전히 사도행전 1:8에 복종하고 있으며 "유대"에 이어 "사마리아"로 향하고 있었다. 사마리아인들은 그리심 산에(요 4:20) 성전을 세움으로써 예루살렘의 권위에 반역했던 혼혈 족속이다. 주님께서는 팔레스타인과 열 지파의 수도인 예루살렘의 옛 권위를 강화시키기 위해(신 14:23, 대상 22:1

참조) 예루살렘으로부터 온 사도들의 권위 아래 사마리아인들에게 성령을 주셨다. 이것으로 개심자들을 다루는 데 있어서 사도행전 19:1-6에서 바울이 보인 특이한 행동이 설명된다. 그 개심자들은 사도행전 10:45이나 15:11의 계시에 대해서는 알지 못한 채 마태복음 3장에서 사도행전 8장까지를 거쳐 왔던 것이다. 어떠한 오순절파 주석가도 이 구절들을 제대로 설명하려는 시도조차 할 수 없었다. [일단 행 2장에 집착하면 거기 그대로 머무르게 된다. 행 2장에 빠지면 성경대로 믿는 사람, 심지어는 성경을 공부하는 학생조차도 되지 못한다. 대신에 자신도 알지 못하는 것을 선전하는 기만적이고 미혹된 선동가가 되어 버리는 것이다.] 『**성령을 받는 것을 보고**』(18절). 안수함으로 사마리아인들에게 성령이 주어진다. 그러나 그것은 사도행전 2:38의 『**선물**』도 아니며 사도행전 10장의 부으심도 아니며, 고린도전서 12장의 침례도 아니다. 이 구절들이 서로 연결된다고 생각하는 사람은 성경을 거부하는 배교자에 지나지 않는다.

사도행전 2:38에 따라 『**예수 그리스도의 이름으로**』 물로 침례를 받고서도(16절) 여전히 성령을 받지 못할 수 있다(이 부분에서는 오순절주의자들이 캠벨 추종자들보다 우세하다. 그러나 양쪽 다 그 이상 나아가지는 못한다). 물개는 방언도 받지 않고 성령도 없이 사도행전 2:38을 지나쳐 가며, 오순절주의자는 성령도 없이 사도행전 2:1-3을 지나쳐 간다. 그들은 성령을 받았다 하더라도 열흘도 못가서 그것을 확신하지 못하게 된다. 성령을 받고 나서 성령을 잃어버릴 수 있다고 가르치기 때문이다. 침례에 의한 중생이나 성령을 받으면 "최초의 증거들"이 있다고 가르치는 것은 성경을 왜곡시켜 죄인들을 멸망으로 인도하는 것이다. 성령께서는 사도행전 2장 이후로는 누구에게도 임하시지 않다가 사도행전 10:44에서 다시 임하신다. 사도행전 10장에서는 구원받기 위해 침례나 안수받을 필요가 없었는데, 그 이유는 사도행전 10장에는 혼혈 족속인 사마리아인들이 아니라 완전한 이방인들이었기 때문이다.

사도적 권위를 갖게 해 달라는 시몬의 요청(19절)은 거부당한다. 시몬과 "첫 번째 교황" 사이의 유일한 차이점은, 교황들은 권위가 자신들에게 주어지지 않았는데도 그것을 도둑질해서 그들이 가지고 있지 않은 것을 가진 체한다는 것이다. 시몬은 그때 사마리아인이 구원받은 의미에서는 (18절) "구원받았다." 그러나 그는 이 문제에 "참여하거나 맡을 것"을 갖지 못했다. 그의 마음은 "하나님 보시기에 옳지" 않았다. 왜냐하면 그는 사악하고(22절), 악독에 젖어 있고(23절), 불의했기 때문이다(23절). 그는 망하기 직전이었다(20절). 만일 성령께서 시몬 안에 내주하고 계셨다면 (그는 아마도 그의 동족들처럼 사도들을 통해 성령을 받았을 것이다) 그는 로마서 8:13이나 고린도전서 5:5의 상태에 있는 그리스도인과 같았다고 할 수 있다. 만일 그가 성령을 받지 않았다면(14,16절) 그는 활짝 열린 지옥으로 가기 직전 상태였다. 어느 쪽이든 그는 캠벨 추종자는 아니었다. 캠벨 추종자는 회개하고, 고백하고, 믿고, 침례받고 나서는 그것을 잃어버린다. [구원을 "잃어버리고" 싶다면 방언으로 말하거나 행 2:38에 따라 침례를 받으면 된다. 롬 10:9,10로 구원받고 마 28:19,20에 따라 침례받은 사람들은 물이나 방언에 대해 걱정할 필요가 전혀 없다. 우리는 성령을 소유하고 있다. 그는 우리 안에 계시며 우리는 그분 안에 있다. 그분은 예수 그리스도시다. 우리는 그분 안에서 완전하다.]

여로보암이 그랬던 것처럼(왕상 13:6) 시몬은 기도를 부탁한다. 그 구절의 전체적인 교리적 부분을 잃어버리고서 학자 연맹은 다음과 같은 것으로 여백을 메꾸어 오고 있다.

1. 『**사람들을 매혹시켜**(bewitched)』(9,10절). "너무 강하다," "놀랍다"로 돼야 한다(RV, F.F. 브루스, 빈센트, 〈복음주의 주석〉, RSV).

2. "fascinated"(황홀케 하다)로 돼야 한다(필립스).

3. "carried away"(열중케 하다)로 돼야 한다(NEB).

4. "astonished"(깜짝 놀라게 하다)로 돼야 한다(NASV).

5. "astounding"(깜짝 놀라게 하다)으로 돼야 한다(〈첼로너 역본〉).

6. "beside themselves"(이성을 잃다)로 돼야 한다(웨스트).

블레이클락은 14-17절 내용을 설명조차 하지 않으며, 그는 더멜로우와 마찬가지로 안수가 왜 필요했는지도 설명하지 않는다. 한편 더멜로우는 그것이 "ordinance"(안수례)였으며, 그것이 "confirmation"(견진례)라 칭한 주교들의 손에 의해 행해졌다고 말한다. 더멜로우 형제는 이런 엉뚱한 말을 어디서 얻어냈는가? 간단하다. 사마리아인들이 물침례로 성령을 받았으며, "'견진례'(confirmation) 때 받은 성령으로 충만하지 않고"라고 되어 있는 로마카톨릭 성경의 각주(첼로너-라임즈, 1941)에서 얻은 것이다. 사도행전에서 걸려 넘어지는 그룹들은 오순절주의자들과 캠벨 추종자들만이 아닌 것 같다. "견진례"라는 말은 신약 어디에도 나오지 않는다.]

7. 호튼(Horton)은 『**전부터**』(9절)가 삭제되어야 한다고 말한다.

8. 알포드(Alford)는 "매혹시키다"(bewitching)를 "놀라게 하다"(startled)(11절)로 바꿔야 한다고 말한다.

9. 랙헴(Rackham)은 『**마술**』(sorderies)을 "magical doing"으로 바꿔야 한다고 말한다.

10. 웬트(Wendt)는 "위대한 자"를 "저명인사"로 바꿔야 한다고 말한다.

11. NASV는 『**마술**』(11절)을 "magical arts"로 바꿔야 한다고 말한다.

12. 『**망하다**』(perish)(20절)는 "destruction"으로 돼야 한다(〈카톨릭 역본〉, 1941).

13. 『**아무에게도**』(16절)는 "단 한 사람도"로 돼야 한다(웬트).

14. 『**받으니라**』(17절)는 "받기 시작하다"로 돼야 한다(바틀렛).

16절의 모든 단어들을 공격하면서 자신들이 비평을 할 자격을 갖추었다고 생각하는 미혹당한 "권위자들"은 전체 구절에서 단 한 번도 교리적으로 지적인 설명을 할 수 없다. "경건한 삶"과 연구에 수십 년을 보냈다는 이유로 중대한 부분은 지나치고 사소한 내용은 꼬치꼬치 따지며 성경을 왜곡시키는 이 죄인들은 실제로는 여러분이 그들의 "학자적 지위"를 알아주고 신뢰해 주기를 기대하고 있는 것이다. 시몬은 "마술"을 행하고 있었으며 사람들을 "매혹시키고" 있었다.

8:25 그리하여 그들이 증거하고 또 주의 말씀을 전파한 후에 예루살렘으로 돌아갔는데 그들이 사마리아인들의 여러 마을들에 복음을 전하였더라.

26 그때 주의 천사가 빌립에게 말하기를 "일어나서 남쪽을 향해 예루살렘에서 가자에 이르는 길까지 가라. 그 길은 사막이라." 하니

27 그가 일어나서 떠나더라. 그런데, 보라, 에디오피아 사람, 곧 에디오피아 여왕 칸다케 휘하에서 모든 재정을 담당하는 큰 권세를 지닌 내시가 예루살렘에 경배드리러 왔다가

28 돌아가는데 마차에 앉아서 선지자 이사야의 글을 읽고 있더라.

29 그때 성령께서 빌립에게 말씀하시기를 "가까이 가서 이 마차에 함께 타라." 하시더라.

30 그러므로 빌립이 거기로 달려가니 그가 선지자 이사야의 글을 읽고 있는 것을 듣고 말하기를 "당신이 읽고 있는 것을 이해하느뇨?" 하니

31 그가 말하기를 "나를 지도하는 이가 아무도 없으니 어찌 깨달을 수 있으리요?" 하며 빌립을 청하여 마차에 올라 자기와 함께 앉게 하더라.

이제 우리는 사도행전 7장만큼이나 중요한 부분에 이르렀다. 이번에는 극단적 세대주의자들이 이 본문의 중요성을 완전히 놓쳐 버린다. 바울 서신 이전에는 예수 그리스도의 몸이 존재하지 않았다는 강박관념을 갖고 있는 그들은 그 내시가 "이방인"이 되지 못하게 한다. 그리고는 이사야 53장을 이스라엘 국가에만 한정시킨다(32,33절 주석 참조).

베드로와 요한은 사도행전 1:8을 성취시킨다. 『**그들이 사마리아인들의 여러 마을들에 복음을 전하였더라**』(25절). 예수 그리스도께서 승천하신 후 "복음"이란 단어가 처음으로 나온다. 처음에 언급한 구절들이 바로 이사야 53:1-6(죄인들을 위한 피의 대속)이라는 사실은 주목할 만하다.

"표적과 기사"를 동반한 "옛날식의 성령 부흥"이 일어나던 중에 "전국적으로 알려진 복음주의자"가 갑자기 강단에서 설교하는 것을 중지하고 뒷골목을 통해 도시를 빠져 나간다. 빌립이 성령으로 충만하지 않았다면 그는 분명히 이 예배가 이런 식으로 방해되는 것에 대해 몇 가지 의문을 가졌을 것이다. 일이 잘 되어가고 있는 바로 그 순간에 왜 부흥을 멈추어야 하는가?

우선, 그 일은 빌립이 떠난 후에도 계속되었다(행 9:31). 두 번째로 한 사람의 혼은 어떠한 대가도 치를 만한 가치가 있다(마 16:26). 세 번째로 이 사람은 참으로 가치 있는 사람이었다. 왜냐하면 그가 본국에 돌아가서 말씀을 전파한 사람들은 1970년까지 성경대로 믿는 통치자를 가질 수 있게 되었기 때문이다. 하일레 셀라시에(Haile Selassie)는 그가 통치하는 동안 선교사들을 위해 에디오피아의 문을 활짝 열어 놓았었다. 로마카톨릭의 무솔리니가 바티칸과 협정을 맺고 그의 나라를 공격해서 그의 백성을 수없이 살해했음에도 그 황제는 그리스도인 신사로서 행동했다. 그리스의 콥트 주교들이 황제에게 불평하기를 "거칠고 광신적인 무리들이 사람들을 구원시키고, 침례를 주며 성경을 가르친다."고 했을 때 하일레 셀라시에는 조용히 "너희도 가서 그렇게 하라."고 말했다. 빌립을 통해 개심한 그 아프리카인은 시몬과 같은 캠벨 추종자들이 한 것보다 더 많은 열매를 맺은 것이다.

빌립은 남서쪽의 비아마리스를 향해 가고 있다. 그 아래로 가면 이집트가 나온다. 그는 대로를 가고 있다. 그때 한 유대교 개종자가 탄 마차가 오고 있다. 그는 성전에 경배하러 올라왔었다(27절). 이 남자는 이사야 56:4의 고자에 해당되는 내시이다. 그는(이집트, 에디오피아, 아라비아, 페르시아, 그리스, 로마, 스페인, 리비아, 러시아, 인도, 그리고 발칸 반도의 수천의 사람들처럼) 구약성경이 하나님의 말씀이고, 유대인들은 하나님의 선민이며, 예루살렘의 성전은 세계의 수도로 지정되었다는 것을 알았던 사람이다(겔 40-48장 참조).

옛날 아프리카 출신의 한 "흑인"이 외교 관계 협회(1960-1980)가 바로 이 순간에 알고 있는 것보다 더 많은 것을 알고 있었다. 지혜가 항상 "높은 자리"에서만 발견되는 것은 아니다(롬 12:16, 전 9:15).

『**그때 주의 천사가 빌립에게 말하기를... 그가 일어나서 떠나더라**』(26, 27절). 빌립의 즉각적인 복종은 열왕기상 17:9을 연상케 한다. 거기서 또 다른 "복음 전도자"는 거의 말이 안 되는 어떤 일을 하라는 명령을 받는다. 그러나 성령으로 충만한 종은 지시받은 곳으로 가서(27절) 명령받은 것은 행하고(29절) 그가 해야 할 말을 하며(35절) 기쁨으로 단을 가지고 돌아온다(35절).

그러나 메시지를 받을 때까지는 "뛰지" 말아야 할 것이다(삼하 18:29 참조!).

그 내시는 에디오피아인이며(히브리어로 '쿠스인') 에디오피아 여왕의 궁전에서 큰 권세(27절)를 가지고 있었다. 의심할 여지없이 그는 여러 해

전에 시바의 여왕이 그랬던 것과 똑같이(왕상 10장) 주께 헌물을 드리기 위해 "보물"을 가지고 왔다(요 12:3 참조). 그는 "이사야 두루마리"처럼 두루마리로 된 이사야서를 읽고 있다. [신약 헬라어 본문과 구약 히브리어 본문 사이의 차이들은 마태복음 8:17과 사도행전 28:27의 인용문에서 볼 수 있는 차이들과 같다. 이러한 차이들에 문제의식을 느낀 알렉산드리아의 타락한 "권위자들"은 신약의 구절들을 다시 써서 구약에 맞추었다. 그렇게 함으로써 그들은 18세기 동안 죽은 정통주의 철학자들로 하여금 사도들이나 빌립이 사용한 권위있는 "헬라어" 구약성경이 있었다고 생각하도록 속인 것이다.] 모든 보수주의자들은 하나같이 32절이 〈칠십인역〉에서 인용된 것이라고 말한다. 그러나 33절에서는 또 다른 문제가 발생한다(7:43 주석 참조). 33절의 히브리어 본문은 〈칠십인역〉과 전혀 비슷하지 않은 것이다. 33절에 해당하는 구약 히브리어 본문은 『**그가 감옥과 재판에서 끌려갔으니**』(사 53:8)라고 되어 있다. 반면 이사야 53:8의 칠십인역 본문은 필로, 오리겐, 심마쿠스, 데오도티안, 아퀼라(A.D. 100-260)에 의해 변개되어서 사도행전 8:33과 정확하게 같게 되어 있다. 그러므로 이제 여러분은 선택해야 한다. "살아 있는 말씀"(롬 2:1-3)을 받은 유대인들에 의해 기록된 구약을 선택하든지, 성경을 변개시켜 그리스도의 몸을 속이고자 하는 장사치들이 펴낸 알렉산드리아의 부패본을 받아들이든지 둘 중 하나다. [자, 선택하라! 성경대로 믿는 사람은 이미 선택했다.]

주님의 명령(29절)에 빌립은 "가능성 있는 사람"을 얻기 위해 달려간다(30절). 『**당신이 읽고 있는 것을 이해하느뇨?**』(30절) 성령께서 명철의 눈을 열어 주시지 않으면(눅 24:45) "성경의 예언"(벧후 1:20)을 이해할 방법이 없다. 성경 교사는 독자를 "지도"(31절)할 수는 있다. 그러나 모든 것을 가르치시고 모든 『**진리**』(요 16:13)로 인도하시는 분은 성령님이시다. [최종권위이며 해석자로서의 성령의 위치를 빼앗는 사람에게서 성경을 배우는 일이란 있을 수 없다. 라킨, 펨버, 스코필드, 페틴질, 가벨라인, 벌링거, 사우어, 존 R. 라이스, A.W. 핑크가 지금까지 배웠던 모든 성경은, 그들이 권위역본을 믿음으로써 배운 것이다.]

빌립은 운전수 뒷좌석으로 올라가서 앉는다. 그리고 내시가 읽고 있던 본문의 소재를 잠깐 살펴본다. 그는 내시가 이사야를 소리 내서 읽는 것을 들었다(30절). 그리고 이제 그는 장과 절의 정확한 위치를 알아낸다.

8:32 그가 읽고 있는 성경 구절은 이것이니 즉 "그는 도살할 양처럼 끌려갔고, 또 털 깎는 자 앞에 잠잠한 어린양 같이 그의 입을 열지 아니하더라.

33 그가 굴욕 중에 부당한 재판을 받았으니 누가 그의 세대를 선포하리요? 이는 그의 생명이 이 땅에서 끊어졌음이로다." 이었더라.

34 그 내시가 빌립에게 대답하여 말하기를 "당신께 부탁하노니 선지자의 이 말은 누구에 관한 것이뇨? 자신이뇨, 아니면 다른 사람이뇨?" 하니

35 빌립이 입을 열어 이 성경에서 시작하여 그에게 예수를 전하니라.

36 그리하여 그들이 길을 따라가다가 물이 있는 곳에 이르자 그 내시가 말하기를 "보라, 여기 물이 있도다. 내가 침례를 받는 데 무슨 거침이 있느뇨?"라고 하니

37 빌립이 말하기를 "만일 당신이 마음을 다하여 믿으면 합당하니라." 고 하니 그가 대답하여 말하기를 "나는 예수 그리스도가 하나님의 아들이신 것을 믿나이다."라고 하더라.

38 그리고 나서 그가 마차를 세우라고 명한 다음 빌립과 내시가 둘 다 물로 내려가서 빌립이 그에게 침례를 주니라.

39 그들이 물 속에서 올라오자 주의 영이 빌립을 데려가시니 그 내시
가 그를 다시 보지 못하더라. 그러나 그는 기뻐하며 자기 길을 가
더라.
40 그후 빌립이 아소토에 나타나 카이사랴에 이를 때까지 지나가면서
모든 성읍들에 전파하니라.

본문은 죄인들을 위한 하나님의 종의 피의 대속을 말하고 있다(사 53:2-6,10-12 참조). 이 피의 대속은 희생양을 도살하는 것으로 예표된다. 『**우리가**』, 『**우리의**』, 『**우리는**』이라는 말이(3,4,5,6,절) 너무 많이 나오는 바람에 코넬리우스 스탬은 그 장을 히브리 민족의 대속에만 국한시키고자 한다. 그러나 그는 자신이 너무 지나쳤음을 깨닫고 급히 그리스도께서는 우리를 위해서도 죽으셨지만 "그 사실이 그 때까지는 아직 알려지지 않았다."고 말한다.

그것이 스탬, 무어, 베이커, 벌링거, 그레이터렉스, 밸린저, 오헤어를 늘 따라다니는 문제점인데, 스탬은 어떤 일이 알려지기 전에 일어날 수 있다는 것을 공개적으로 인정한 것이다. [극단적 세대주의는 순전한 속임수다. 왜냐하면 그들은 그리스도의 몸이 바울에게 계시되었기 때문에 바울과 함께 시작된다고 주장하기 때문이다.]

스탬이 이사야 53장을 회피한 목적은 침례교도들에 대한 극단적 세대주의자들의 태도를 아는 사람에게는 분명히 드러난다. 스탬이 원한 것은 물침례가 피의 대속을 믿은 후 따라오는 것을 없애는 것이다. 그가 자신의 주석서 284-287 (*Ibid.*)쪽에서 한 말의 동기가 바로 그것이다. 그리고 "바울 이후에야" 하나님께서 "그리스도께서 흘리신 피를 믿음으로 인한 구원"을 베푸셨다고 말함으로써 그는 혼란의 정점에 달한다.

그러나 그는 또 한 번 오류를 범했다. 바울은 다마스커스에서 은혜로 받는 구원을 제대로 알기도 전에 이미 구원받았으며 또 성령으로 충만했다. 뿐만 아니라 바울은 굉장한 개심의 경험을 했지만, 사도행전 9-19장까지의 성경 "기록"(스탬의 표현을 빌자면)에는 "그리스도의 피를 믿는 믿음"에 대해 단 한마디의 언급도 없다.

스탬과 베이커는 극단적 세대주의라는 이단을 구축하는 데 급급한 나머지 진리를 놓치기 시작했다. 이 책을 읽는 어떤 사람도 바울처럼 구원받은 사람은 없다. 여러분 중 단 한 사람도 하늘로부터 비치는 빛에 3일간 눈이 멀었다가 사도의 표적과 기적을 받은 사람은 없다. 여러분이 구원받은 것과 똑같이 구원받은 신약의 첫 번째 인물은 "종들의 종"이다(에디오피아인들은 함의 후예들이다, 창 10장)! 이것은 엄연한 진리이다.

본문의 에디오피아 내시는 이방인이며(여러분 대부분처럼) 은혜로 구원받았고(여러분처럼) 말씀을 믿었으며(여러분처럼) 그 말씀에 의해 예수 그리스도의 피의 대속을 믿었다(여러분처럼). 그는 회심한 이후에 "방언"을 받지도 않았으며(여러분 대부분처럼) 안수를 받을 필요도 없었다(여러분처럼). 그리고 그의 믿음은 머리가 아니라 마음에서 우러나온 것이었다(여러분처럼). 죽어가던 도둑은 그가 구원받았을 때 영적으로 할례받지 않았다. 그러나 여러분은 영적할례를 받은 상태이다. 오순절의 유대인들은 성령을 받기 위해 침례를 받았어야만 했다. 그러나 여러분은 그럴 필요가 없다. 또 앞에서 언급한 바와 같이 사마리아인들은 안수를 받아야만 했었다. 그러나 여러분은 그럴 필요가 없다. "올바로 나누는 자들"이 존경하는 바울은 이사야 53장이나 시편 22편, 출애굽기 12장에 대해서 전혀 계시받지 못한 한 유대인에게 침례를 받았으며 안수를 받았다. 사도행전 15:11 이후에 구원받은 사람들과 완전히 똑같은 방법으로 구원받는 첫 번째 인물은 흑인이었다(그러나 사도행전 19:6은 예외이다). 솔로몬의 "신부"는 『**내가 검어도, 오 너희 예루살렘의 딸들아... 나는 아름다우니라.**』(솔 1:5)는 구절에서 보듯이 흑인이었다(마 1:5). 이것은 요셉의 신부가 이집트인이었던 것과도 일치한다.

아, 권위역본의 헤아릴 수 없는 풍부함이여! 그것은 "위대한 대문자 필사본들"과 "헬라어 원본을 더 잘 이해한다."고 말하는 사람들보다 얼마나 더 우월한가!

한편 전능하신 주 하나님께서는 32절에서 "세상에서 가장 희한한 대학"의 교수진들의 또 다른 더러운 속임수를 폭로하신다. 칠십인역의 번역자들(A.D. 100-350)은 이사야 53:7에서 "양"의 성(性)을 깜박 잊어버리고는 "her"(사 53:7)를 "his"로 잘못 번역함으로써 히브리어 구약성경의 본문이 틀린 것처럼 보이게 만들었다. 현존하는 모든 히브리어 필사본은 이사야 53:7에서 "her"로 되어 있으며 이것은 "새끼 암양"을 말하는 것이다(어떤 판이든 상관없이 맛소라 본문을 참조할 것). 히브리어 '라헬'은 새끼 암양을 뜻한다. 1611년의 권위역본이 신구약과 칠십인역을 동시에 바로잡아 주는 것을 보자.

1. 이사야 53장에는 도살장에 있는 어린 숫양(male lamb)과 털을 깎이는 암양(female sheep)이 나온다.

2. 사도행전 8:32절에서는 도살장에 양(sheep)이 있고 어린 숫양(male lamb)이 털 깎는 데 있다.

모순처럼 보이는가? 대다수의 보수주의 학자들의 생각에는 모순이 된다. 이번에는 스스로 우쭐대는 학자들에게 자문을 구하지 않고 양치는 사람의 자문을 구해 보자. 그들의 말에 따르면 털 깎는 데서 어린 숫양(male lamb)과 숫양(male sheep)은 침묵을 잘 지킨다고 한다. 암양(female sheep)도 마찬가지다. 그러나 어린 암양(female lamb)은 그렇지 않다. 그렇다면 1611년 A.V.에 나오는 네 가지 양의 모습은 맞는 것이다. 이사야 53:7의 히브리어 본문을 고쳐서 구약의 "양"(sheep)을 "어린양"(칠십인역)으로 바꿔야 할 이유는 전혀 없다. 왜냐하면 그 양은 암양이기 때문이다.

빌립이 설명한 이사야서 본문은 예수 그리스도께서 감옥에 갇히신 것과 사형당하기 전에 재판을 받으신 것을 말한다(사 53:8). 이것은 예언이었다. 빌립이 설명한 그 구절을 통해 성령께서는 예수 그리스도께서 감옥에서 나오신 후 받으신 재판이 거짓 재판이었으며 잘못된 것이었음을 말씀해 주신다. 그에게는 정당한 재판이 허용되지 않은 것이다(벧전 2:23).

욥은 이 문제를 더할 나위 없이 명확하게 설명해 주고 있다(『**나의 심판을 취해 가신 하나님과 나의 혼을 괴롭게 하시는 전능하신 분께서 살아 계시니**』 - 욥 27:2). 한편 A.D. 100-350의 죽은 정통주의 배교자들은 또다시 본문을 엉망으로 만들었다. 이사야 53:8의 끝부분은 "그의 생명이 땅에서 끊어졌다(taken away)"고 되어 있지 않고 『**그가 산 자들의 땅에서 끊어졌음이요**(cut off)』라고 되어 있다. 그러나 필로, 오리겐, 심마쿠스, 데오도티안, 아퀼라는 (유세비우스, 팜필루스, 헤시키우스의 도움으로) 사도행전 8:33과 일치하도록 이사야서를 고쳐 놓고 "히브리 원문"은 창밖으로 던져 버린 것이다. 이사야 본문은 본질적으로는 사도행전 8:33이 말하는 바를 말하고 있다. 그러나 이사야서는 그것을 구약적 방법으로 표현한 것이고(욥 28:13, 시 27:13; 52:5; 116:9; 143:2,5 등 참조) 사도행전 8:33은 그것을 신약적 방법으로 표현한 것이다(마 24:40, 계 19:20, 눅 17:34,35). 왜냐하면 "땅에서 끊어진다"(taking away)는 표현은 마태복음 9:15과 마가복음 2:20에서 그리스도의 죽음뿐만 아니라 그의 승천까지 동시에 언급하면서 사용되었기 때문이다.

빌립과 바울은 처음으로 『**그의 세대를 선포**』(사 53:8)한다. 왜냐하면 그분의 "세대"는 그분의 『**씨**』와 연관되어 있기 때문이다(사 53:10과 시편 22:30,31을 볼 것). 이것이 니코데모가 간과했던 문제이다. 그가 요한복음

3:3-7에서 그리스도께서 하신 말씀을 헤아리지 못한 이유가 바로 이것이다. 그리고 니코데모의 발자취를 따르던 모든 학자들은 그 참조 구절들을 놓쳐 버렸다. 그들은 신화적인 70인역(LXX)에 너무나 몰두한 나머지 하나님께서는 그런 허튼소리를 믿는 사람의 눈을 멀게 하신다는 것을 망각하고 있었던 것이다.

빈센트(〈단어 연구집〉)는 『**누가 그의 세대를 선포하리요?**』가 "누가 그들의 사악함을 선포하리요?"란 뜻이라고 말한다. 사실 A.D. 325-1950년 동안 카톨릭 교회는 그것을 선포해 왔던 것이다. 성경대로 믿는 목사치고 마태복음 27:25과 요한복음 19:7을 설명할 수 없는 사람은 없을 것이다. 그러나 "그의 세대"를 선포하는 것(본문 참조)은 또 다른 문제이다!

『**선지자의 이 말은 누구에 관한 것이뇨?**』(34절) 이사야가 이사야 자신에 관해 말하고 있는 것인가 아니면 다른 사람에 관해 말하고 있는 것인가? 시편 22:1,16,17,18에서 다윗은 다윗 자신에 관해 말하고 있는 것인가 아니면 다른 사람에 관해 말하고 있는 것인가?

『**빌립이... 그에게 예수를 전하니라**』(35절). 바로 여기서 그때까지 사도들이 깨닫지 못했던 어떤 것에 빌립의 눈이 열렸다. 만일 그들이 그것을 깨달았더라면 베드로는 사도행전 3:19과 같은 말은 결코 하지 않았을 것이다(주석 참조). 빌립은 (하나님의 계획에 의해) "전가된 의"로 "의롭게 됨"을 알게 된 것이다. 이사야 53:11,12을 보자. 코넬리우스 스탬은 그 부분에서 주석을 회피했다. 스탬은 11,12절에 못 미쳐서 멈춰야 했다. 왜냐하면 그것들은 사도행전 13:39,40과 로마서 5:6-10의 바울의 메시지와 일치하기 때문이다. [바울은 그의 서신 어디에서도 "대신해서 갚아 주는 대속의 신비"가 자신에게 계시되었다고 말한 적이 없다. 그것은 아프리카의 노예에게 계시되었다. 그러므로 바울은 그의 평생에 걸쳐 자신을 에디오피아 내시로 분류한다. 왜냐하면 그가 즐겨 쓰는 "종"(servant, 빌 1:1, 딛 1:1, 딤후 2:24, 갈 1:10 등)은 헬라어로 "노예"(slave)에 해당하는 단어이기 때문이다.]

『**보라, 여기 물이 있도다. 내가 침례를 받는 데 무슨 거침이 있느뇨?**』(36절) 알렉산더 캠벨 같았으면 "거침이 있다"고 답했을 것이다. 왜냐하면 그는 침례받는 데 믿음(37절) 이상의 것을 요구했기 때문이다. 오순절파들도 그랬을 것이다. 왜냐하면 이 흑인 내시는 방언을 받지 못했기 때문이다. 벌링거와 스탬은 비록 베드로, 야고보, 요한, 바울, 디모데, 바나바, 마가 요한, 주 예수 그리스도께서 침례를 받으셨음에도 불구하고 그들은 "다른 세대"에 속했었다고 말하며 "거침이 있다"고 말할 것이다. 이런 무리에 (이들의 일은 사람들로 하여금 진리에 순종하지 못하게 하는 것이다.) 로마카톨릭 교회, 감독 교회, 장로 교회, 루터 교회 등이 합류하고 있다. 이들은 세례를 베풀고는 "침례"를 베푼 체한다. 한편 구령하며 전천년주의를 믿는 (라이스를 선두로 한) 근본주의자들은 다음 구절이 성경에 있어서는 안 된다고 말한다.

『**빌립이 말하기를 "만일 당신이 마음을 다하여 믿으면 합당하니라."고 하니 그가 대답하여 말하기를 "나는 예수 그리스도가 하나님의 아들이신 것을 믿나이다."라고 하더라**』(37절). 37절 전체가 RV(1881), ASV(1901), RSV(1952), NEB, 〈공동성서〉, 웨스트코트와 홀트, 그리스바흐, 네슬, 알란드, 메츠거, F.F. 브루스의 저서, 빈센트, 로버트슨, 웬트, 블래스, 바이스, 렌돌, 노울링, 더멜로우, 스티브 캐넌, 홀츠만, 래드, 얼 등에서 삭제되었다.

본문에 대한 적대감은 너무나도 보편적인데, 성경대로 믿는 사람은 그 이유를 추측해 볼 필요도 없다. 이유는 "마음의 문제"이기 때문이다(저자의 주석서 〈잠언〉 23:26 참조). 그리스도를 머리로 믿는 것은 "헛된" 것이며(고전 15:2), 로마서 6:17; 10:9,10에 따르면 하나님께서 받으시는 유일한 것은 마음으로 믿는 것이다. 성경 비평가들의 "마음"은 마술사 시몬처럼 "하나님 보시기에 옳지" 않다(행 8:21). 이들 모두는 시내 사본과 바티칸 사본이 기록되기 100년 전보다도 더 전에 교부들이 그것을 인용했음에도 불구하고 이 구절에 대해 전적으로 분개하고 거부한다. 그 구절은 A, B, C, H, L, P, 파피루스 45와 74, 그리고 A.D. 250-350년 사이에 오리겐과 유세비우스가 만지작거렸던(카이사랴) 일부 비잔틴 필사본에서 떨어져 나갔다. 그러나 우리는 알렙, A, B, C 등이 고린도전서 13:3과 사도행전 7:43에서 완전히 패배한 것을 이미 보았기 때문에 그 구절을 삭제한 필사본들의 목록이 우리에게 아무런 영향도 주지 못한다. 그리고 우리에게는 〈킹제임스성경〉의 본문을 지지하는 A.D. 255년(시프리안), A.D. 190년(이레내우스), A.D. 370년(파시안)의 증거들을 가지고 있다.

A.T. 로버트슨은 37절은 사도행전 본문에 포함되지 않는다고 말함으로써 이 문제를 일축해 버린다(*Ibid.*, p.111). 얼과 카터, 존 R. 라이스는 가장 오래되고 가장 훌륭한 헬라어 필사본에는 그 구절이 빠져 있다고(*Ibid.*, p.121) 말한다. 또 라이스는 "그것은 성경 본문에 포함되지 않은 것으로 여겨진다."고 말한다.

그러나 그들이 아무리 "경건하고," 성경대로 믿는 사람의 권위를 전복시키기 위해 아무리 많은 시간과 노력을 쓴다 할지라도 전능하신 주 하나님의 성경은 항상 "우수한 권위자들"보다 약 2세기는 앞서 달려간다.

이번에도 존 R. 라이스와 학자 연맹은 그들의 "필사본 증거"를 위해 성경으로 가야 한다는 것을 잊어버렸다. 그리하여 그들은 빌립이 읽은 부분

처음에(사 53:1) “믿었다”는 단어가 의도적으로 들어간 것을 전혀 깨닫지 못했다. 빌립이 이것을 알게 되었을 때 그는 내시에게 실행 가능한 명령만을 제시한다. 그런데 그들은 사도행전 7:43에서 그들이 거부한 필사본을 여기서는 “가장 오래되고 가장 좋은 것”이기 때문에 수용해야 한다고 말한다. 한 번은 썼다가 다음에는 버리라는 말인가?

어쨌든 모든 보수주의 신학교는 (그들 대부분의 교수진들과 함께) 이 구절에서 공산주의 성경(RSV), 불신자 역본(NEB)과 의견을 같이한다. 밥 존스 교수진과 무디 성경 협회는 여러분에게 다수의 학자들의 권위에 그 문제를 맡기라고 권한다.

『**당신이 마음을 다하여**』(37절) 이는 침례받기 원하는 사람에게 타당한 요구이다. 죄인이 마음으로부터 주 예수 그리스도를 “하나님의 아들”로 믿지 않으면 침례주는 것은 타당치 못하다. 빌립은 이미 그리스도의 부활과(행 2:36; 5:31) 그리스도의 주 되심을 잘 알고 있었다. 내시는 “성경대로 우리의 죄들로 인하여 죽으시고 장사되셨다가 성경대로 셋째 날에 죽은 자들로부터 살아나시고”(고전 15:1-6) 부활하신 구세주를 믿어야 했다. 그리고 그는 믿은 후에 침례를 받았다. 그가 한 대로 따르는 사람은 아무 실수도 하지 않을 것이다. 빌립보 간수도 믿은 후에 침례를 받았다(행 16:31-35 주석 참조).

『**빌립과 내시가 둘 다 물로 내려가서... 그들이 물 속에서 올라오자**』(38,39절). 코넬리우스 스탬(*Ibid.*, p.291)이나 카톨릭 신자, 감독교인, 또는 장로교인들은 빌립이 그를 데려가서 갈대를 물에 적셔 그의 머리 위에 뿌렸다고 생각한다. 내시는 사도행전 2:38의 의미에서 “죄들이 사함받은 것으로 인하여” 침례를 받은 것이 아니다. 구원받기 위해 그에게 침례를 강요하는 것은 아무것도 없다. 그는 단지 의식으로서 침례받기를 원하고 있다(36절). 마가복음 16:16이 그로 하여금 침례받도록 강요한다는 스탬의 주장은 틀렸다. 왜냐하면 사도들 중 누구도 마가복음 16:16에 따라 침례받지 않았는데도 그들 열한 명은 모두 구원받았기 때문이다. 마가복음 16:16은 사도들이 요한에게 침례를 받은 2,3년 후에 주어진 것이며 침례를 받았던 이들 중의 하나는 끝없는 구렁으로 갔다.

『**주의 영이 빌립을 데려가시니**』(39절). 이 구절은 에스겔 11:1과 왕하 2:16에서 일어난 일과 정확하게 일치한다. 이 초자연적인 현상을 주석가들이 믿지 않는 것은 그들의 불신앙에 대한 증거가 하나 더 추가된 것일 뿐이다. [한편 "아소토"는 욥파와 가자 사이에 있다. 그러므로 빌립은 자신의 고향인 카이사랴로 가는 길에 룻다와 욥파에서 말씀을 전한다.] 8장에서 함을 구원하신 후, 성령께서는 10장에서 야펫을 구원하시기 전에 9장에서 셈을 구원하시기 위해 준비하신다. 하나님께서는 사도행전 7장에서 예루살렘과는 이미 끝내셨다. 하나님은 사도행전 8장에서 신약의 "구원 계획"을 나타내셨으며, 9장에서는 "이방인들의 사도"를 부르셨고, 10장에서는 이방인들에게 믿음의 문을 열어 주셨다. 그리고 사도행전 13장 이후로는 마음으로 믿는 것을 통해(행 13:39) 행위 없이 의롭게 되는 것을(행 13:34) 계속해서 볼 수 있다. 그러므로 계시는 "점진적"이며, 그리스도의 몸이 아직 계시되지 않았다는 이유로 그것이 역사적으로 일어나지 않았다고 하는 스탬, 베이커, 벌링거의 비합리적인 시도는 근거 없는 추론에 지나지 않는다.

우리는 이제 마지막 15구절 때문에 A.V.(1611)의 통렬한 비난을 받고서 몸부림치는 "경건한" 보수주의자들을 간단히 살펴보기로 하자.

1. 28절의 『**마차**』는 아마 "황소가 끄는 사륜차"였을 것이다(얼, 래드,

카터).

2. 『**칸다케**』는 고유 명사가 아니라 직분을 칭하는 말이다(래드, *Ibid.*, p.1138). 우리는 여기서 플리니의 말을 살펴보아야 한다. 플리니는 A.T. 로버트슨, 더멜로우, 얼, 카터, F.F. 브루스, 윌리엄을 세뇌시키고 있는데 아담 클라크는 플리니를 그렇게까지 신뢰하지는 않는다. 스토라보와 시쿠루스의 저서에서 우리는 이름이 칸다케인 여왕이 아트바라 지역에 있는 것을 발견하게 된다(어떤 저술에서는 "메오에" 지역). 그것은 "왕가의 호칭"이 아니라 그녀의 이름이었다.

3. F.F. 브루스는 『**주의 천사**』를 성령과 혼합시킴으로써 그를 제거해 버렸다. 그리고는 "그것은 아마도 하나님의 인도를 뜻하는 생생한 표현인 것 같다"고 함으로써 살그머니 빠져 나간다.

4. 『**가자**』는 도시가 아니라 사막이었다(더멜로우, *Ibid.*, p.829).

5. A.T. 로버트슨은(래드와 마찬가지로) 내시가 〈칠십인역〉을 읽고 있었다고 말한다(*Ibid.*, p.110). 박사님, 왜 콥트어는 아닙니까? 내 눈이 나를 속이는 건가 아니면 내가 바티칸 사본과 시내 사본에서 콥트어의 시그마를 읽지 못하는 것인가? 콥트어는 헬라어 대문자 S 대신에 시그마에 C를 쓰고 있다. 그가 에디오피아에서 왔고, 에디오피아와 시바의 함족들이 레위기 23장(빌라도가 태어나기 1000년도 더 전에 기록되었음)의 유대 명절들에 대해 안다면 그가 콥트어로 된 이사야 번역본을 가지고 있었다고 생각되지 않는가?

6. 〈디다케〉, 〈사도들의 가르침〉(〈그리스도인 전기사전〉, 스미스와 웨이스, iv., p.807), 그 밖에 비드, 하욱 등 유아세례를 주장하는 자들(노울링, *Ibid.*, p.226)의 저서를 권위로 둔다면 우리는 침례의 올바른 방법으로 물에 잠기는 것을 거부해야 한다.

이제 성령께서는 사도행전 8:1으로 돌아가셔서 "주의 이름으로" 마귀를 위해 일하던 최고 지방검사에게 초점을 맞추신다. 알비겐스나 왈덴스를 고문한 종교재판관만큼이나 "열심인" 옛 사울이 "그의 아비의 일"(요 8:44!!)을 하느라 한창 바쁘다. 그러나 그는 가는 길에 엎드러져 역사상 가장 위대한 주님의 사역으로 막 부르심을 받을 찰나에 있다.

사도행전 9장

9:1 한편 사울은 여전히 주의 제자들에 대하여 위협과 살기를 내뿜으며
대제사장에게 가서
2 다마스커스의 여러 회당에 보낼 서신을 청하니 이는 그가 이 도에
속한 자를 보면 남자든지 여자든지 잡아서 예루살렘으로 데려오려
함이더라.
3 그가 길을 떠나 다마스커스에 가까이 왔을 때 갑자기 하늘로부터 한
줄기 빛이 그를 둘러 비추는지라,
4 그가 땅에 엎드려 그에게 말하는 음성을 들으니 "사울아, 사울아, 네
가 왜 나를 박해하느냐?"고 하시더라.
5 그러자 그가 말하기를 "주여, 당신은 누구시니이까?"라고 하니 주께
서 말씀하시기를 "나는 네가 박해하는 예수라. 가시채를 걷어차는 것
이 네게 고통이라."고 하시더라.
6 그가 떨며 놀라서 말하기를 "주여, 내가 어떻게 하기를 원하시나이
까?"라고 하니 주께서 그에게 말씀하시기를 "일어나서 성읍으로 들

어가라. 그러면 네가 행해야 할 일을 네게 일러 주리라."고 하시더 라.

7 한편, 그와 동행하던 사람들은 음성은 들으나 아무도 보지 못한 채 말없이 서 있더라.

8 사울이 땅에서 일어나 눈은 떴으나 아무도 보지 못하는지라, 동행자 들이 그의 손을 이끌고 다마스커스로 데려갔더라.

9 그가 사흘 동안을 보지 못하고 또 먹지도 마시지도 아니하더라.

모든 것은 본문이 분명히 말해 준다. 급속도로 진행되는 사건에 많은 주를 달 필요는 없다. 사울은 제자들을 채찍질하고, 죽이고, 감옥에 넣으려고 힘쓰면서 나라를 휘젓고 다니고 있다. 그는 먹이를 찾아 팔레스타인 밖으로 가고 있다. 왜냐하면 많은 제자들이 흩어졌기 때문이다(행 8:1). 그는 대제사장에게 가서 다마스커스의 성도들을 송환할 허가장을 얻는다.

이 사건은 바울의 생애에서 너무나 중대한 사건이었기 때문에 그후 바울은 거의 매번 입을 열 때마다 이 장면을 회상한다(행 22,26장, 고전 15:8, 갈 1:16). 주님께서 마침내 사울을 궁지에 몰아넣으시자 그는 여러 달 동안 양심의 가책을 받았다. 언제나 깨끗한 양심을 소유하려 해 오던 그는 양심의 가책으로 거의 죽을 지경이 되었다(행 23:1; 24:16). 그러나 스테판이 죽어가던 모습을 본 그는 깨끗한 양심을 소유할 수가 없었다. 세상에서 가장 위대한 설교자인 "양심"은 사도행전 7:55의 상황에서 그 자리에 있던 누구에게라도 이렇게 말했을 것이다. 저걸 봐! 저 사람은 네가 가지지 않은 뭔가를 가지고 있어! 그가 어떻게 하는지 보라구! 네가 저 지경이 되었을 때 너는 저 사람과 같이 잘 견뎌낼 수 없을 거야! 저 얼굴을 보라구! 저 설교자가 승리한 거야! 바로 지금 저 벽돌 더미 아래 있는 저 사람은 네가 겉옷 더미 아래서 가지고 있는 것보다 더 많은 기쁨을 가지고 있어!! 스테판은 『**죽었으나... 아직 말하고**』(히 11:4) 있다. 그의 설교가 죽음으로 잠시 방해를 받았으나 그것은 같은 부분을 계속해서 반복하는 깨진 레코드처럼 사울의 뇌리에 계속 남아 있다. 성령께서 바울을 다루고 계신다. 만일 그가 자신의 양심을 따른다면(롬 9:1) 양심은 그를 성문 밖으로 데려갈 것이다(히 13:12). 하나님께서는 "이생"을 위한 바울을 파하시고(갈 6:14) 그가 "다가올 생"을 위해 준비되도록 역사하고 계신다(골 3:1-3). 생업에 종사하고 있던 모세를 부르신 것처럼(출 2-4장), 마태(마 9:9)와 베드로(눅 5:11)도 마찬가지 상황에서 부르신 것처럼, 하나님께서 이제는 민수기 22:31에서 발라암에게 하신 것처럼 바울을 향해 정면으로 다가가신다. 앞을 못 보게 된 바울이 땅 위에서 일어날 때(8절), 그는 누가 그 일을 행하셨는지를 알게 된다.

하늘에서 온 빛(3절)은 코발트탄과 같다. 그것은 해보다 더 밝은 빛이다(행 26:13). 사울은 말씀을 정확하게 듣고 누가 말씀하시는지를 알았던 반면(4절), 그와 함께한 사람들은(행 22:9) 소리만을 들었고(행 9:7) 누가 말씀하시는지 몰랐으며 또 그 말씀도 알지 못했다. 이와 똑같은 일이 요한복음 12:28,29에서도 일어났다.

사울과 함께한 사람들은 말없이 서 있었다(7절). 그러나 그들은 땅에서 일어난 후 단지 서 있기만 했다(행 26:14). 두 번의 설명(행 9장과 26장)이 상황을 더 잘 이해하게 해준다. 왜냐하면 사도행전 9:6은 사도행전 26:16-18의 전체 상황을 다 기록하고 있지 않기 때문이다(주석 참조). 한편 대다수의 보수주의 학자들은 사도행전 9:4-6에서 24-31개의 단어들을 삭제시켰다. 밥존스대학은 RSV가 〈공동성서〉(1973)에서 한 것과 똑같은 일을 해서 하나님의 말씀을 망쳐놓고는 그것을 추천한다.

『**가루**』(마 13:33)에 일단 바리새인의 누룩이 들어가면 그것은 전체 덩어리에 퍼져 필립스, 모펫, 웨이마우스, 〈리빙 레터스〉, 〈새영어성경〉(NEB),

〈현대인을 위한 기쁜 소식〉, NASV, RV, 〈예루살렘 성경〉이 나오고, 그리고 로마카톨릭 교회의 공식 성서와 동일한 본문을 가지고 있는 주석가들이 나오는 것이다.

그 본문은 에라스무스가 왈덴스, 알비겐스, 바우도이스의 〈구라틴역본〉에서 가져온 것이다. 그것을 오리겐과 유세비우스와 클레멘트 등등이 변개시키고 개정시킨 것뿐이다.

[어떤 뛰어난 죄인이 회심할 때면 학자들 사이에서는 그들이 자유주의자건 보수주의자건 상관없이 소동이 일어난다. 신약에서 은혜로 인한 구원을 다루는 중요한 지점에 이를 때마다 갑자기 "본문상의 문제"가 제기된다는 사실이 이상하지 않은가? "교리적 내용을 담고 있는 구절들은 의심스럽다"면(웨스트코트와 홀트가 즐겨 쓰는 말임), 누가 그렇게 교리적으로 편협되어서 죄인을 다루시는 하나님의 은혜를 드러내는 구절을 만날 때마다 어찌 줄 몰라 하는지 알고 싶다. 죽어가는 행악자가 구원받는 장면인 누가복음 23:42은 어떻게 되었는가? NASV는 그의 입에서 "주"라는 고백이 나오자마자 "예수"로 변개시켜 그리스도의 주 되심(Lordship)을 제거하고 그의 구원을 없애 버린다. 또 에디오피아 내시가 구원받는 곳인 사도행전 8:37은 어떻게 되었는가? ASV(1901)와 NASV(1963)는 마음으로부터 믿는 이 믿음의 고백을 삭제해 버렸다. 또 신약에서 그리스도를 따르는 가장 위대한 사람이 구원받는 장면에서 밥존스대학의 교수진은 이 개종자가 『**주여, 내가 어떻게 하기를 원하시나이까?**』라고 묻는 본문을 가만 두지 않는다. 주께서 누군가를 구원하시는 본문마다 가만 두지 않는 이유는 도대체 무엇인가? 『**주여, 내가 어떻게 하기를 원하시나이까?**』를 삭제함으로써 사도행전에서 발견할 수 있는 세 개의 중요한 교리적 질문이 서로 이어질 수 없게 되었다. 그것들은 사도행전 2:37; 9:6, 그리고 16:30의 질문으로서, 그 질문들을 통해 우리는 교리적 변화를 알 수 있다.

〈구라틴역본〉을 보존했던 이들(왈덴스, 바우도이스, 알비겐스, 헨리시안, 폴리시안)이 누구였든지 간에 그들은 알렙이나 A, B, C을 기록한 서기관들보다 개심의 경험에 대해 더 잘 이해하고 있었던 것이 분명하다. 카터(Ibid., p.127)는 〈킹제임스성경〉이 제롬의 벌게이트에서 유래했다는 이단적 입장을 여전히 지지하고 있다. 왜냐하면 그들은 본문(5,6절)이 "소위 〈표준원문〉을 경유해서 벌게이트"를 통해 유래했다고 말하기 때문이다(p.127). 그러나 〈킹제임스성경〉의 본문은 제롬이 그것을 변개시키기 전에 만들어진 〈구라틴역본〉에서 유래한 것이다. 뿐만 아니라 제롬이 신약을 번역하기 이전에 에프라임(378), 암브로스(397), 카글리아리의 루시퍼(371)가 인용한 본문 역시 A.V.(1611)와 동일한 본문이라는 점으로 위의 사실은 더욱 분명하게 증명된다. 그러나 매시대마다 그와 같은 이단적 입장을 지지하는 근본주의 거짓말쟁이들은 있게 마련이다.

우리는 본문을 있는 그대로 고수해야 한다. 만일 본문의 일부를 삭제한다면 전혀 뜻이 통하지 않게 될 것이다. "나는 네가 박해하는 예수다. 일어나 성으로 들어가라. 그러면 네가 행할 일을..." 내용이 전혀 연결이 되지 않는다. 바울이 어떤 상황에 처했는가에 대해서는 전혀 언급이 없다. 자신의 생애에서 가장 위대한 계시를 받았던 바울의 입장에 대해서는 전혀 궁금하지 않단 말인가? "주여, 내가 어떻게 하기를 원하시나이까?"가 본문에 없다면 무엇을 해야 할지를 물은 것은 누구인가? [혹자는 행 22:10에서 그 부분을 따와 본문에 첨가한 것이라고 말한다. 다른 곳에서 따온 것에 대해 그렇게 잘 안다면 행 26:16의 "But rise"를 알렙, A, B, C의 서기관들이 행 9:6에 첨가한 것은 알아채지 못했는가?]

사도행전 9:4-7과 관련된 모든 혼돈들을 통해 우리가 기억해야 할 것은 수세기 동안 믿음 없는 자들(섬러, 아이크혼, 드웻, 드라이버, 데이빗슨 등)이 바울은 단지 자신이 "주의 음성을 들었다고 상상했다."고 가르쳐 왔다는 사실이다. 그들 중 많은 이들은 그가 일사병이나 간질성 발작을 일으킨 것이라고 말한다. 1940년 남침례교 교수(조지아 주 머서 대학)는 바울이 일사병으로 인해 간질을 일으켰다고 말했다. 수업중에 그 말을 들은 한 가난한 시골사람이 큰소리로 "오, 하나님, 우리에게 더 많은 간질병 환자를 주소서."라고 외쳤다.

『**나는 네가 박해하는 예수라**』(5절). 이 말씀은 "하나님의 교회"(갈 1:13)가 곧 그리스도의 몸이며, 사울은 그 몸의 "지체들"을 고통스럽게 했음(고전 12:26)을 분명히 보여 준다. 그는 "그리스도의 표"를 지니기 시작했을 때(갈 6:17) 고린도후서 11:23,24에서 이것을 기억했다. 사울은 분개해서 가시채를 걷어차고 있었다. 농부가 막대기로 황소를 찌를 때처럼(판 3:31) 그것이 그를 찌르고 있었던 것이다. 바울의 질문은 이 문맥에서 빠질 수 없다. 양심을 따르기를 열망하는 그는(행 23:1) 빛을 구하고, 그것을 얻는다. 뿐만 아니라 그 질문은 여기서는 발견되지 않는 60개 이상의 단어들로 응답되는데(행 26:16-18을 볼 것) 만일 사울이 사도행전 22:10과 여기에 기록된 질문을 하지 않았다면 이 60개의 단어들은 무엇에 대한 대답인가를 말해 줄 수 있는 것이 전혀 없게 된다. 5,6절이 다른 부분에서 따온 것이라면 그 부주의한 "도둑"은 어떻게 해서 사도행전 26:16,17,18에 있는 단어들을 첨가하는 것은 잊었단 말인가? 본문의 일부만을 옮기다니, 어리석은 일이 아닌가?

사울은 눈이 먼 채로 땅에서 일어난다(8절). 그리고 삼 일을 금식하며 그런 상태로 있게 된다(9절). 삼 일간의 그의 눈먼 상태는 솔로몬으로부터 예수 그리스도의 재림까지 3,000년의 기간을(벧후 3:8) 생각나게 하지 않을 수 없다. 그 기간 동안 이스라엘은 배교하여 포로로 잡혀갔고, 메시아가 나타났을 때는 그를 거부했으며, 그 후에는 "그 빛"이 "민족들의 갈릴리"(마 5:15 주석 참조)에 비칠 때까지 이방인들 가운데 믿음 없는 상태에서 흩어지게 된다. 요술사 엘루마(행 13:8)도 또한 이사야가 말한(사 6:10) 이런 눈먼 상태를 상징적으로 나타내는 인물이다.

9:10 다마스커스에 아나니아라고 하는 한 제자가 있었는데 주께서 그 사람에게 환상 가운데 말씀하시기를 "아나니아야" 하시니 그가 말하기를 "주여, 보소서. 내가 여기 있나이다." 하니

11 그때 주께서 그에게 말씀하시기를 "일어나 곧은 길이라고 하는 거리로 가서 유다 집에서 사울이라 하는 타소 사람을 찾으라. 보라, 그가 기도하고 있느니라.

12 그가 환상 속에서 아나니아라 하는 사람이 와서 자기에게 안수하여 다시 보게 하는 것을 보았느니라." 하시니

13 아나니아가 대답하기를 "주여, 내가 이 사람에 대하여 여러 사람으로부터 듣기로는 그가 예루살렘에서 주의 성도들에게 갖은 악한 짓을 행하였으며

14 여기에서도 그가 선임 제사장들로부터 주의 이름을 부르는 모든 사람을 잡으라는 권한을 받았다 하더이다."라고 하더라.

15 그러나 주께서 그에게 말씀하시기를 "네 길을 가라, 이는 그가 이방인들과 왕들과 또 이스라엘 자손들 앞에서 내 이름을 증거하기 위하여 내가 선택한 그릇임이라.

16 그가 나의 이름을 위하여 얼마나 큰 일들로 고통을 받을 것인가를 내가 그에게 보여 주겠노라."고 하시니

당시 다마스커스는 큰 도시였으며 여전히 지금도 근동의 고대 도시들 중에서 가장 오래된 도시 중 하나이다. 시리아에서부터 메소포타미아에 이르는 대상들의 길에 위치하는 이 도시는 레바논 베이루트에서 동쪽으로 약 70마일 되는 거리에 있다. 고대인들은 그것을 "다마스크"(혹은 "달마스크")라고 불렀으며 거기에는 두 개의 수로(아바나와 파르팔 – 왕하 5:12를 볼 것)가 있는 이점이 있다. 아브라함 당대에 이 도시는 번성하는 도시였으며(B.C. 1900) 구약에서 30번 이상 언급되고 있다.

『**아나니아**』는 유대교로 개종한 이방인이며 사도행전 22:12로 볼 때 이 사실이 더욱 명백해진다. 그는 사도행전 10:22의 코넬료처럼 『**좋은 평판**』을 얻고 있었다. 그들은 모두 유대교로 개종한 사람들이다. 이것은 침례를 "죄들을 정결케 하는 것"과 연결시키는 아나니아의 태도를 설명해 준다(행 22:16 주석 참조). 『**아나니아**』라는 말은 사도행전 5:1,2에 정의되어 있다.

『**곧은 길이라고 하는 거리**』. 오늘날에도 다마스커스에 가면 이 거리를 찾아볼 수 있다. 여행자들의 말에 따르면 수십 개의 꼬불꼬불한 골목들과 도시 전체를 덮고 있는 굽어진 "소의 길"이 이 거리와 대조를 이룬다고 한다. 『**타소 사람**』인 사울(11절). 타소는 킬리키아의 수도였으며, 그리스도 이전 시대에 "예술과 과학"에 있어서 알렉산드리아나 아테네와 견줄 만한 곳이었다. 타소는 지중해 동쪽 연안 시드누스 강변에 위치한다.

『**보라, 그가 기도하고 있느니라**』(11절). 새로 태어난 아이에게는 음식을 얻기 위해 소리치라고 말할 필요가 없다. 그 아이는 배가 고프면 자연적으로 울기 때문이다. 사울의 정규교육은 끝났다. 그는 개심한 이후에 결코 학교로 되돌아 가지 않았다. 오히려 그는 성경의 저자께로 가서 명령을 내려 주시기를 구했다. 그것을 현대어로 표현하자면 그는 아마도 공항 근처로 접근하는 비행기에게 관제탑에서 묻는 것과 같은 질문들을 주 예수께 했을 것이다.

1. 일련 번호가 무엇인가?(히 1:6)
2. 위치는?(엡 1:20,21)
3. 고도는?(고후 12:1-4)
4. 의도는 무엇인가?(엡 3:16-20)

일주일도 되기 전에 바울은 네 가지 질문에 대한 답을 얻었다. 그는 칠십인역을 보거나 "자격 있는 권위자"에게 한 가지도 물을 필요가 없었다(갈 2:1-4 주석 참조).

하나님께서는 사울에게 아나니아의 환상을 보여 주셨고 아나니아는 바울의 환상을 보았다(10,12절). 대부분의 그리스도인들이 "은혜 안에서 성장"하는 것처럼(행 10:14,20 및 주석 참조) 아나니아는 사울처럼 사악한 악당의 "회심 경험"을 대단히 의심하고 있다. 『**내가... 듣기로는**』(13절)은 간접적으로 정보를 얻은 사람들이 일반적으로 쓰는 말이다. 이 경우에 그가 가진 정보는 옳았다. 『**그가 예루살렘에서 주의 성도들에게 갖은 악한 짓을 행하였으며**』(13절). "성도"라는 단어가 "제자들"인 유대인 믿는 자들에게 사용되고 있다(10절). 구약적인 의미에서, 그 단어는 같은 방법으로 다니엘 7,9,11,12장의 환란 성도들에게도 적용된다.

『**그러나 주께서 그에게 말씀하시기를**』(15절, 행 10:20과 비교하고 그 주석을 참조할 것. 두 경우 모두 주님께서는 죄인을 이미 다루신 후에야 선교사를 준비시키신다).

『**그가 이방인들과 왕들과 또 이스라엘 자손들 앞에서 내 이름을 증거하기 위하여 내가 선택한 그릇임이라**』(15절). "이스라엘 자손들"이라는 말로써 스탬, 벌링거, 오헤어, 무어, 베이커 등이 하나님의 말씀을 잘못 나누어서 바울의 사역이 이방인들에게만 제한된다고 한 것은 완전히 잘못된 것임이 드러난다(갈 2:7,8 주석 참조). 바울의 사역 대상에서 제외된 것은 예루살렘에 있는 유대인들뿐이었으며(행 21:12 주석 참조) 예루살렘에서조차도 주께서는 바울에게 그가 주를 증거했다고 말씀하셨다(행 23:11). 베드로가 유대인에게만 복음을 위탁받았다는 극단적 세대주의의 가르침은 사도행전 15:7,8과 모순되며, 바울이 이방인만을 대상으로 전파했다고 한정하는 것은 사도행전 13,18,28장과 모순된다.

『**그가... 얼마나 큰 일들로 고통을 받을 것인가를 내가 그에게 보여 주겠노라**』(16절). 그리하여 바울은 그리스도의 고난을 채우기 위해(골 1:24) 그리스도의 사역자가 되었으며(롬 15:16), 이 시대의 그리스도인들이 따를 한 본을 남겨 주었다(딤전 1:16). 그가 당한 고통은 고린도후서 11:23-29에 요약되어 있다. 바울이 당한 고난을 읽는 그리스도인이라면 그 구절들과 연결되는 구절들이 암시하는 바를 회피할 수 없을 것이다(갈 6:12, 딤후 3:12, 고후 1:5-7, 빌 3:10, 벧전 4:13, 행 5:41). 영광으로 가는 길은 쉬운 길이 아니다. 바울의 본을 따르든(딤전 1:16) 그리스도의 본을 따르든(벧전 2:21) 진정한 "영광의 길"은 피로 얼룩져 있고, 가시나무와 독 있는 덩굴로 뒤덮여 있으며, 깨진 유리조각과 망가진 차량이 길을 가로막고, 낮에는 열기와 밤에는 서리가 내리는, 하루 24시간 내내 대포와 기관총 소리가 끊이지 않는 그런 길이다. 『**선택한 그릇**』은 그 빛을 드러내기 전에(고후 4:1-7) 기드온의 『**항아리**』처럼 깨어져야만 했다(판 7:19). 『**왕들**』 앞에 세워질 것으로 정해진 이 사람은(15절, 잠언 22:29와 그 주석 참조) 돌로 맞고 채찍에 맞아서 거의 죽게 되어서야 왕들 앞에 섰던 것이다. 바울이 월요일 아침 목회자 조찬 모임에 나타난다면 그는 참으로 이상하게 보일 것이다. 깨끗이 빗은 머리, 잘 다려진 옷, 번쩍이는 넥타이, 풀먹인 칼라를 보자마자 그는 아마도 이렇게 소리쳤을 것이다. "도대체 당신들은 어제 어디서 설교했소?!!"

[철학적인 학자인 블래스는 로크만 재단이 5절과 6절의 하반절을 제거한 것과 똑같이 본문에서 12절 전부를 깔끔하게 빼버렸다. 학자 연맹은 (〈참조 성경〉 참조, 1959) 그 구절에서 몇 가지 변개를 제안한다.]

9:17 아나니아가 길을 떠나서 그 집에 들어가 그에게 안수하며 말하기를
"형제 사울아, 주, 곧 네가 오던 길에서 네게 나타나신 예수께서 나
를 보내셨으니 이는 너로 보게 하시며 성령으로 충만케 하려 하심
이라."고 하니
18 즉시 그의 눈에서 비늘 같은 것이 떨어지면서 곧 보게 된지라, 그
가 일어나서 침례를 받더라.
19 그리고 음식을 먹고 기운을 얻은 후 사울은 며칠 동안 다마스커스
에 있는 제자들과 함께 있더니
20 그가 곧바로 회당에서 그리스도를 전파하여 그분이 하나님의 아들이
라고 하더라.
21 그때 그 말을 듣는 모든 사람이 놀라며 말하기를 "이 사람은 예루
살렘에서 이 이름을 부르는 자들을 죽이던 자가 아니냐, 또 여기에
온 것도 사람들을 잡아 선임 제사장들에게로 데려가려는 그 목적
때문이 아니냐?"고 하더라.
22 그러나 사울은 더욱 힘을 얻어 이분이 바로 그리스도이심을 증명함
으로써 다마스커스에 사는 유대인들을 당황케 하니라.

학자들이 여러분의 성경을 엉망으로 만들지만 않는다면 모든 것이 명백하다. 사마리아인들이 안수를 받은 것과 똑같이 바울도 안수를 받았다(17절). 그러나 이번에는 성령 충만을 위해서였다. 『**형제 사울아**』라는 아나니아의 인사는 사울의 개심 시기에 대한 문제를 한 번에 그리고 영원히 해결해 준다. 이러한 분명한 진리에도 불구하고, 그리스도의 교회의 "목사들"은 여전히 가르치기를(그리고 1820년 이후로 지금까지) 사도행전 22:16의 물침례가 사울의 "거듭남"에 필수적이었다고 한다. 이것은 최악의 종교적 사기이다. 바울은 그가 얻은 개심자들이 "복음을 전파함"을 통해서 거듭났다고 말했다(고전 4:15). 그 "복음"을 그는 고린도전서 15:1-4에서 정의내리고 있는데, 물침례에 대한 언급은 거기에 없다. 그리고 그는 분명하게 그의 영적 탄생은 그가 그리스도를 보았을 때였다고 말했다(고전 15:8). 그로부터 "3일 후" 물침례를 받았을 때가 아니었다. 사울은 아나니아가 그에게 침례주기 위해 왔을 때 이미 아나니아의 『**형제**』였다. 아무리 많은 "성서들"로 어리석은 짓을 한다 할지라도 그 사실을 바꾸지는 못한다. 안수와 성령 충만으로(17절) 그리스도께서는 바울 "안에" 계시되신다(갈 1:15 참조). 그의 앞을 비추는 "빛" 안에서 계시되신 것이 아니다(행 9:3,4,5 참조). 사울은 구원받았을 때 소위 "성령을 받은 최초의 증거"로서 방언으로 말하지 않았다. 성령 충만한 주님의 『**그릇**』은 뜻 모를 말을 하는 데 단 5분도 낭비하지 않았다. 대신 그는 예수 그리스도께서 메시아시며 하나님의 아들(20,22절)이라는 구약의 진리를 거침없이 외쳤다. 바울이 최초로 성령으로 충만케 되자 그의 눈에서 『**비늘**』 같은 것이 떨어지고 그는 시력을 되찾는다. 한편 『**다마스커스에 있는 제자들**』은 사도행전 2:10; 14:23의 제자들과 마찬가지로 유대인 및 이방인인 그리스도인들이다.

19절 중간에서 약 40일 정도가 경과한다. 그 기간 동안 바울은 아라비아에 있는 시내 산에 있었다(갈 4:25 주석 참조). 거기서 그는 하나님께로부터 신비들을 계시받고, 후에 골로새인들과(골 1:27) 에베소인들(엡 3:1-5 및 주석 참조)에게 보내는 서신에서 그 신비들을 상세하게 설명해 준다. 한편 이 여행에 관해 제대로 언급하는 주석가들은 거의 없다. A.T. 로버트슨과 학자 연맹과 함께 F.F. 브루스는 "아라비아"(갈 4:25)를 "나바타이 왕국"으로 바꾼다. 그러나 그 왕국의 북서쪽 경계는 다마스커스에 "근접"해 있다. (바울 선생님, 주석가들이 틀리지 않게 하려면 긴 여행은 하지 마셔야겠습니다!) 다른 주석가들은 아라비아 방문을 22절과 23절 사이에 삽입한다. 그러나 그것은 전혀 맞지 않는다. 왜냐하면 23절의 "여러 날"은 갈라디아서 1:18의 "3년"과 일치하기 때문이다. 클라크, 빈센트, 윌리엄스는 아예 바울의 아라비아 방문을 언급하지 않았으며, 조지 래드와 노울링은 "아라비아"란 단어를 언급하고서 그것이 어디 있는지는 말하지 않는다. 그러나 성경을 진지하게 공부하는 독자라면 엘리야나(왕상 19:8) 모세(출 34:28), 그리고 우리 주께서 각각 40일(눅 4:2)을 아라비아에 있는 산(왕상 19장, 출 34장, 마 4장)에서 지내셨음을 간과할 수 없을 것이다. 바울은 율법이 주어졌던 곳으로 갔다. 다마스커스로 가는 길에서 땅에 엎드러지는 그 날까지 그는 생명의 법으로서 그 율법을 지켜 왔기 때문이다. 그는 그때까지 회심했던 그 어떤 유대인보다도 "규칙들과 규례들"에 관해 물어볼 질문들을 많이 가지고 있었을 것이다. 『**광야의 귀편**』(출 3:1 참조)에서 보낸 40일 동안 그는 예수께서 『**바로 그리스도이심**』(행 9:22)을 증명해 줄 충분한 실탄을 구약으로부터 얻었다. 뿐만 아니라 갈라디아서 4:22-28의 논의는 그 기간 동안 바울이 어디에 있었는지를 말해 준다. 이브와 아스낫과 리브카가 무엇의 유형인지를 그가 계시받은 곳도 시내 산이었다.

두 달간의 성경 공부를 마치고 돌아왔을 때 바울은 『**이분이 바로 그리스도이심을 증명함으로써 다마스커스에 사는 유대인들을 당황케**』 했다(22

절). 그가 『**며칠 동안 다마스커스에 있는 제자들과 함께**』(19절) 있었던 때가 이 때이다. 왜냐하면 성령께서는 그가 돌아오자마자 『**그가 곧바로 회당에서 그리스도를 전파하여**』(20절)라고 말씀하시기 때문이다. 이 부분을 제대로 이해하기 위해서는 20세기의 상황으로 전환해 볼 필요가 있다. 여러분이 사는 곳의 영향력 있는 한 자유주의 랍비(그는 에큐메니칼 운동을 위한 모든 활동을 위해 선정된 인물인데)가 갑자기 토요일 연설을 다음과 같이 시작한다. "예수 그리스도께서는 여호와 하나님께서 이스라엘을 그 죄들에서 대속하시기 위해 이스라엘에 보내신 분이며, 동정녀에게서 태어나신 메시아였습니다! 그를 믿는 모든 사람은 모세의 율법으로는 의롭게 될 수 없었던 모든 것에서 의롭게 됩니다...!"(행 13:39,40 및 주석 참조). [제롬은 로마카톨릭 벌게이트에서 『**그리스도**』를 "예수"로 대체시켰다. NASV는 (ASV와 마찬가지로) 1582년 예수회 성경의 본문을 따른다. 그것은 시내 사본과 바티칸 사본(330-350)에서 유래한 것이다. 오리겐은 22절의 『**이분**』은 『**그리스도**』가 아닌 다른 사람을 말하는 것이라고 주장했다. 그 이유는 같은 구절에 "그리스도"라는 단어가 나오기 때문이라는 것이다. 이것이 NASV와 유사한 변개된 번역본들에 파고든 매우 전형적인 "학자적 견해"이다. 더 정확한 학자는 22절의 『**이**』(this)라는 말이 그 앞 구절의 『**이 이름**』(this name)이라는 말과 연결됨을 지적해 줄 것이다. 27절을 보라.]

9:23 그후 여러 날이 지나서 유대인들이 그를 죽이기로 모의하였으나
24 그들의 음모가 사울에게 알려지니라. 그들이 그를 죽이려고 밤낮 성문을 지키거늘
25 제자들이 밤에 그를 데려다가 광주리에 담아 성벽으로 달아내리니

라.

26 그후 사울이 예루살렘으로 와서 제자들에게 합류하려 하나 모두
다 그를 두려워하여 그의 제자 됨을 믿지 않더니
27 바나바가 그를 데리고 사도들에게 와서 그가 어떻게 길에서 주를
보았는가와 주께서 그에게 말씀하신 것과 또 다마스커스에서 그가
얼마나 담대하게 예수의 이름으로 전파했는가를 설명하니라.
28 그리하여 그가 그들과 함께 있으면서 예루살렘을 출입하며
29 주 예수의 이름으로 담대하게 말하며 또 그리스인들에게 논박하니
그들이 그를 죽이려고 하더라.
30 그때 형제들이 이 사실을 알고서 그를 카이사랴로 데려왔다가 타소
로 보내니
31 온 유대와 갈릴리와 사마리아에 있는 교회들은 평안을 누리고 든든
히 세워져 갔으며 주를 두려워함과 성령의 위로 가운데서 행하니 그
수가 늘어 가더라.

위 본문의 내용은 전체가 평이하다. 사울의 설교를 참을 수가 없는 유대인들은 그를 죽이려고 시도한다. 그리고 이것은 수십 번의 시도들 중에서 첫 번째이다(행 13,14,17,19장, 고후 11:23-27). 사울은 항상 그들을 피하려고 애쓴다. 때로는 가까스로 모면하기도 한다(행 17:10). 고린도후서 11:33에는 광주리 사건이 언급된다. 클라크와 A.T. 로버트슨, 윌리엄스는 바울이 갈라디아서에서 언급된 "3년"을 아라비아에서 보낸 것으로 설명한다. 그러나 성령께서는 바울이 그 3년을 다마스커스에서 보냈다고 분명하게 말씀하셨다. 광주리는 커다란 세탁 바구니 같은 것이다. 사울은 성벽에 나 있는 창문으로 나와서(수 2:15) 손으로 작동되는 엘리베이터를 타고 아래로 내려졌다. 한편 사울이 교회를 예루살렘으로 옮기려 할 때(26절)

아무도 그를 교회 구성원으로 인정해 주지 않았다.

지역 교회는 "그의 제자 됨을 믿지 않았다"(26절). 이런 반응은 사도행전 8:1-4과 9:1,2을 겪은 그들로서는 당연한 것이었다. 이 상황을 제대로 이해하려면 또르께마다(1420-1498)나 로욜라(1491-1556)가 갑자기 왈덴스와 후구에노츠(1200-1500) 모임에 나타나서 자신이 성경대로 믿는 그리스도인이 되었다고 주장하는 모습을 상상해 봐야 할 것이다.

『**바나바가 그를 데리고 사도들에게 와서... 그리하여 그가 그들과 함께 있으면서 예루살렘을 출입하며**』(27,28절). 여기서 독자는 성령께서 노울링, 렌돌, 래드, 브루스, 피크, 해켓, 홀트, 그리고 대다수의 보수주의 학자계에 가하신 두 가지 수정을 살펴볼 필요가 있다. 먼저, 28절은 갈라디아서 1:18의 말씀을 변개시키고자 하는 시도를 바로잡아 준다. 둘째로 『**그가 얼마나 담대하게 예수의 이름으로 전파했는가**』(27절)라는 말은 사도행전 9:20이 『**그리스도**』라고 되어 있는 이유를 정확하게 제시해 준다. 바울이 전파한 분은(고전 1:17,23) 그리스도였으며, 이것은 그 메시지의 전체 문맥이 무엇인지를 말해 준다. "그 이름으로" 메시지가 전파된 것이 아니다. 바울은 『**예수의 이름으로**』(27,29절) 설교했다. 그런데 그가 설교했던 것은 『**그리스도**』였던 것이다.

『**또 그리스인들에게 논박하니**』(29절, 행 6:1의 주석 참조). 여기서 또다시 NASV를 비롯해 〈현대인을 위한 기쁜 소식〉이나 〈새영어성경〉(NEB) 등 변개된 성서들은 알렉산드리아의 변개된 필사본(알렙과 B) 본문을 선택했다. 클라크는 심지어 이들 "헬레니스트들"이 그리스의 여러 도시에 살면서 〈칠십인역〉을 사용했다고까지 말한다. 그러나 우리 본문의 위치는 "예루살렘"이다. A.T. 로버트슨이 스테판과 연관해서 언급한 소위 "헬레니스트들"은 (게다가 그는 그것에 대해 잘못된 참조 구절, 즉 사도행전 8:9을 제시한다) "헬레니스트"(헬라어 '헬레니스타스')라고 불리지 않는다. 그들은 "알렉산드리아" 출신으로 언급되며, 그들은 『**리버티노**』와 『**쿠레네인**』 등을 말하는 것이지 결코 "헬레니스타스"가 아니다. 사울이 개심하기 오래 전에 유대교로 개종한 헬라인들이 있었음이 매우 분명하기 때문에 우리는 본문의 『**그리스인들**』을 그대로 내버려두어야 한다. 그 예는 요한복음 12:20에서 찾아볼 수 있다.

『**그가... 담대하게... 전파했는가를... 그가... 담대하게 말하며**』(27-29절). 사울은 제대로 하고 있다. 그것은 베드로와 요한이 그보다 조금 앞서서 했던 것과 동일한 것이다(행 4:13). 사울은 죄를 지을 때 담대했던 것처럼 섬기는 데도 담대했다. 이것은 우리에게, 성인(adult)의 회심은 좀처럼 그 사람의 성격을 바꾸지 않는다는 위대한 진리를 제시해 준다. 회심은 그 성격을 성결케 하고 거기에 새로운 방향과 목표를 줄 수는 있다. 그러나 그 사람의 성격은 이미 형성되어 있기 때문에 하나님께서는 그의 있는 모습 그대로를 사용하신다.

『**그들이 그를 죽이려고 하더라**』(29절). 늘 있어온 이야기다. 타협하지 않고 담대하게 전파되는 복음은 항상 "피를 불러들인다." 성경이 분명하게 밝혀 주는 한 가지가 있다면 모세나 다윗, 예레미야, 에녹, 노아, 미카, 엘리야, 베드로, 요한, 예수님, 바울과 같이 설교하는 사람은 누구라도 생명의 위협을 면하지 못한다는 사실이다. 모르드캐 햄(1878-1959)은 권총으로 위협받았다. 샘 존스(1847-1906)는 누군가가 그의 헛간을 불태웠다. 빌리 선데이(1862-1935)는 소 채찍으로 맞았다. 밥 존스 1세(1883-1968)는 암살당할 음모를 겪었다. 마틴 루터(1483-1546)는 평생을 화형에 처할 위협 속에서 살았다. 사보나롤라(1452-1498)는 화형당했다. 존 후스도 화형당했다(1369-1415). 해리 아이언사이드(1876-1951)는 거리에서 설교하다가 돌에 맞았다. 존 번연(1628-1688)은 감옥에 갇혔다. 로저 윌리엄스(1603-1684)는 혹독한 겨울에 적국으로 쫓겨났다. 조지 폭스(1624-1691)는 열두 번 감옥에 갇혔다. 웨슬리(1703-1791)와 휫필드(1714-1770)는 돌에 맞았으며 폭도를 만났다. J. 프랭크 노리스(1877-1952)는 자신의 교회가 불타는 것을 보아야 했으며, 폭도들이 그를 죽이려고 모여들었다. 자기 시대의 사람들 중에서 아무도 적으로 만들지 않는다면(사람을 두려워하는 그리스도인들을 포함해서) 그런 사람은 자신이 하나님의 일을 하고 있다고 스스로를 속이고 있을 뿐이다. 당신의 일이 하나님의 일이라면 적어도 40명의 사람이 매일 해가 지기 전에 당신이 망하기를 기도해야 한다.

『**그를 카이사랴로 데려왔다가 타소로 보내니**』(30절). 이에 대한 참조 구절은 갈라디아서 1:2이다. 바울은 이때쯤이면 아마도 그의 "고향"에 있는 모든 친족들에게 증거했을 것이다(롬 16:7,11,21을 볼 것) 『**교회들**』(31절)이란 말이 변개된 알렉산드리아 필사본들과 그 본문을 채택한 모든 "성서들"(NASV, NEB, NRSV 등)에서는 "교회"로 변개되어 있다. 이러한 본문에 대해 A.T. 로버트슨 박사는 "진정한 본문"은 모든 "위대한 문서들"에서 발견된다고 말한다. 그러나 로버트슨이 위대한 문서들이라 말한 필사본들은 외경이 구약의 일부인 것처럼 포함되어 있으며, 신약의 일부로서 "허마의 목자"와 "바나바서신"이 포함되어 있다. 이것이 바로 여러분의 성경에 수정을 가하기 위한 "위대한 필사본들"의 "영감받은 정경"인 것이다.

『**교회들은 평안을 누리고**』(31절). 이 말은 바울이 성읍을 빠져 나갈 때까지는 평안이 없었음을 보여 준다. 사마리아와 갈릴리에 있는 지역 교회들도 언급이 되고 있지만 사울은 그 근접 지역에서는 설교를 하지 않았다. 팔레스타인 전역에 있는 지역 교회들이 사울이 가한 박해에서 화평을 누렸다고 보는 것이 가장 합리적인 추측일 것이다. 사자가 양으로 변했다. 그리스도인들은 밤에 자신들을 잡으러 오는 갑작스런 노크 소리를 들을까봐 걱정하지 않고서도 잠잘 수 있게 되었다. [『**주를 두려워함**』에 대해서는 잠 1:1-6 주석에 자세하게 정의되어 있다.] 이 시기는 A.D. 37-39년경이다. 당시에 지역 교회들은 증가했고(31절) 성령님은 그 구성원들을 위로하셨고(31절) 그들은 성경을 배우고 있었다(31절). 왜냐하면 "세워짐을 받는 것"은 말씀(행 20:32)으로부터만 나오기 때문이다. 사울은 아직까지 자신이 계시받은 것을 글로 적지는 않고 있다. 갈라디아서 2:1-4에서 발견할 수 있는 자료로 보건대 그가 그렇게 하지 않은 이유를 알 수 있다. 예수 그리스도께서 바울에게 주신 계시들은(행 26:16) 열두 사도들이 즉각적으로 받아들일 수 없는 것이었기 때문이다(요 16:12). 심지어 바울은 그의 첫 번째 선교여행 이후에도 베드로와 야고보와 요한에게 먼저 그것을 "점검받기" 전에는(갈 2:1-6 주석 참조) 그가 이방인들 가운데서 무엇을 전파하고 있는지 공개적으로 말하는 것을 꺼려했다.

9:32 베드로가 모든 지역을 경유하여 룻다에 사는 성도들에게로 내려갔을 때

33 거기에서 애네아라고 하는 어떤 사람을 만났는데 그가 중풍으로 병들어 팔 년 동안 침상에 누워 있더라.

34 베드로가 그에게 말하기를 "애네아야, 예수 그리스도께서 너를 고쳐주시니 일어나 네 침상을 걷으라."고 하니 즉시 그가 일어나더라.

35 그러자 룻다와 사론에 사는 모든 사람이 그를 보고 주께로 돌아오니라.

본문에 특별히 어려운 부분은 없다. 성령께서는 잠시 카메라를 사울에게서 베드로에게로 옮기셔서 두 번의 치유 기적을 기록하신다. 둘 다 이후 바울의 사역에서도 되풀이된다(행 14:9; 20:10).

룻다는 아소토와 욥파 근처 카이사랴(행 8:40) 사이에 있다. 그곳은 역대기상 8:12의 "롯"으로 여겨진다. 그곳은 에프라임의 영역 안에 있었으며 후에는 "디오스폴리스" 즉 "쥬피터의 도시"로 일컬어졌다. "애네아"는 "칭찬"(33절)이란 뜻이다. "사론"은 이 지역의 해변에 있는 평지이다.

9:36 그때 욥파에 타비다라고 하는 어떤 제자가 있었는데 번역하면 도르카라. 이 여인이 행한 선행과 구제가 심히 많더라.

37 그 즈음에 그녀가 병들어 죽으니 사람들이 그녀를 씻어 다락방에 뉘어 놓았더라.

38 룻다는 욥파에 가까우므로 제자들이 베드로가 그곳에 있다는 소문을 듣고 두 사람을 그에게 보내어 지체 말고 그들에게로 오라고 간청하니

39 베드로가 일어나 그들과 함께 가더라. 그가 도착하자 사람들이 그를 다락방으로 데려가니 모든 과부가 베드로 곁에 서서 울며 도르카가 그들과 함께 있을 때에 만든 겉옷과 속옷들을 보여 주니라.

40 베드로가 그들을 다 내보내고 무릎을 꿇고 기도한 후 시체를 향해 돌아서서 "타비다야, 일어나라."고 말하니 그녀가 눈을 떴으며 베드로를 보자 일어나 앉더라.

41 베드로가 손을 내밀어 그녀를 일으켜 세우고 성도들과 과부들을 불러 살아 있는 그녀를 보여 주니
42 이 일이 욥파 온 지역에 알려지고 많은 사람이 주를 믿으니라.
43 베드로가 욥파에서 여러 날을 피장이 시몬이라는 사람과 함께 지내더라.

욥파의 항구(욘 1:3)는 오늘날의 자파 항으로서, 텔아비브에 붙어 있다. 『**타비다**』는 헬라어 『**도르카**』의 아람어이다. 두 단어 모두 "가젤"(영양의 일종)을 뜻한다. 이 여인은 (교리적으로) 마가복음 5:41의 젊은 여인과 연결될 수 있다. 두 구절 모두에는 이스라엘의 미래의 회복에 대한 확실한 언급이 있다. 베드로는 해변 지역을 여행하고 있다(32절). 룻다에서 온 제자들은 도르카가 살아 있는 동안, 베드로가 애네아를 치유한 것처럼 그녀를 치유할 수 있기를(38절) 희망하면서 두 사람을 베드로에게 보낸다. 도르카는 요한 마가처럼 유대인(시리아어) 이름과 헬라어 이름을 가지고 있다. 그녀는 유대적 의미에서 믿는 여인이었으며 "그녀가 행한 선행과 구제가 심히 많았다"(36절). 과부들(39,41절)은 사도행전 6:1-4과 동일한 상황을 보여 준다. 도르카도 과부였을 가능성이 있다. 문맥에서 모든 것이 명백하다. 분명한 기적이 행해진 것이다. 그 기적으로 수십 명의 개종자들이 생기게 된다(42절). 본문에서 한 가지 희한한 점은 도르카 자신의 입장에서 본 그녀의 경험에 대해 모든 주석가들이 침묵을 지킨다는 것이다. 그녀가 죽었다면 (그녀는 분명히 죽었었다!) 그녀는 『**몸에서 떠나 주와 함께**』 있었는가?(고후 5:8, 빌 1:23) 그녀가 하늘나라에 갔었다면 그녀는 하늘나라에 관해 무언가를 기억하고 있었을 것이다. 바울은 기억하고 있었다(고후 12:1-5)! 또 나사로는 어떤가? 나사로는 그리스도께서 갈보리에서 완성하신 일이 있기 전에 죽었었다. 하지만 도르카가 죽었을 때는 이미 휘장

이 찢겨진 뒤였고(마 27:51) 무덤은(눅 24장) 비어 있는 상태였다.

그러한 질문들에 대한 답은 구약에서 찾아볼 수 있다. 이런 이유 때문에 모든 주석가들은 명료한 비평을 거부하는 것이다. 창세기 35:18을 보면 사람이 죽을 때 그의 혼이 몸을 떠난다. 열왕기상 17:21,22에 보면 구약에서 죽은 사람의 혼은 떠났다가 잠을 잔 것 외에는 아무 다른 느낌 없이 죽은 몸으로 되돌아왔음을 알 수 있다(삼상 28:15). 사무엘은 올라왔을 때 자기가 "어지럽힘을 당했다"(disquieted)고 말했으며, 거지 나사로(눅 16:23)는 부자의 기도에 한마디도 답하지 않았다. 구약 성도들은 잠을 잔 것이다. 그러나 러셀 목사와 러더포드 판사는 구약에서 구원받지 못한 사람도 그와 같은 상태에 있게 된다고 생각함으로써 비극적인 실수를 한 것이다. 열왕기하 4:33-37에서 죽은 아이의 몸에는 혼이 되돌아오지 않았다는 사실에 주의해야 한다. 아이의 혼은 그가 다시 숨을 쉴 때까지 그 안에 머물러 있었다. 도르카의 경우도 그와 같았다. 종종 의학사에서 사람이 죽은 것으로 판명되었다가 다시 살아나는 경우가 여기에 해당한다. 도르카의 혼은 베드로가 방문하기 전에 셋째 하늘에 있지 않았다. 하나님께서 그녀의 혼을 고향으로 데려가시면 그것은 가 버린다. 그래서 하나님께서 혼을 고향에 데려가실 때까지는 그냥 머물러 있는 것이다.

『베드로가... 여러 날을 피장이 시몬이라는 사람과 함께 지내더라』(43절). 유대 전통에 따르면 피장이는 매우 천한 직업으로 여겨졌다. 어쨌든 베드로는 해변가에 있다. 그러므로 여러분은 그가 이른 아침과 초저녁에 어디에 있을지를 알 것이다. 그는 숭어를 찾아서 투망을 가지고 방조제 주위를 다니고 있었을 것이다!

사도행전 10장

10:1 카이사랴에 코넬료라는 어떤 사람이 있었는데 이탈리아 부대라고
하는 부대의 백부장이더라.
2 그는 경건한 사람으로 온 집안과 더불어 하나님을 두려워하고 백성
을 많이 구제하며 하나님께 항상 기도하더라.
3 그가 그 날 제구시경에 환상 속에서 분명하게 보니 하나님의 천사
가 그에게 와서 말하기를 "코넬료야." 하더라.
4 그러나 그가 그 천사를 쳐다보고 두려워서 말하기를 "주여, 무슨 일
이니이까?" 하니 천사가 그에게 말하기를 "너의 기도와 구제가 하
나님 앞에 이르러 기억함이 되었노라.
5 그러므로 이제 사람들을 욥파에 보내어 베드로라고 하는 시몬을 청
하라.
6 그가 바닷가에 집이 있는 어떤 피장이 시몬과 함께 묵고 있으니 네
가 해야 될 일들을 그가 네게 말해 줄 것이라." 하더라.
7 코넬료에게 말한 천사가 떠나자 그는 자기 하인 두 사람과 항상 자

기를 수행하는 병사들 가운데 한 경건한 병사를 불러서
8 모든 일을 그들에게 일러주어 욥파로 보내더라.

우리는 다시 사도행전에서 중요한 부분에 이르렀다. 성령께서는 『**열쇠들**』(마 16:19)이 사용되는 두 번째 사건으로 이 일을 말씀하고 계신다. 이 열쇠들은 주 예수께서 시몬 베드로에게 주신 것이다. 이 『**열쇠들**』은 하늘이 아니라 『**천국**』을 여는 것이며, 그것들은 유대인(행 2장)과 이방인(행 10장)에게 믿음의 문을 여는 데(고전 16:9) 사용된다. 이런 이유로 두 구절 모두에서 "방언들"이 나타난다. 두 경우 모두 방언은 이스라엘을 향한 표적으로 주어진다. 첫 번째 경우는 팔레스타인의 유대인들(그리스도를 믿었던 사람들)이 하나님의 승인을 받았다는 것을 흩어져 있는 유대인에게 증명하기 위한 것이었으며, 두 번째 경우는 "그 선물"에 관한 한 하나님께서는 유대인과 이방인(행 11:17) 사이에 차별을 두시지 않는다는 것을 증명하기 위한 것이었다. 이방인을 다루시는 데 대한 하나님의 방법이 바뀐 것을 불신하는 그들의 태도를 바로잡기 위한 것이다.

은사주의자들이 그렇게도 많이 말하는 "성령 세례를 받은 처음 증거"는 반쪽만 진리이다. 왜냐하면 성령께서 주신 "처음 증거"는 유대인과 이방인을 그리스도의 몸으로 들어가게 하는 두 번의 성령 침례 사건이었기 때문이다. 이 문제에 있어서 은사주의자들뿐만 아니라 스탬과 베이커도 전혀 조명을 받지 못했다. 에베소서 4장은 『**한 침례**』라고 말했다. 둘이나 셋이 아니다.

『**카이사랴에 코넬료라는 어떤 사람이 있었는데**』(1절). 카이사랴는 헤롯이 세운 곳으로서 카이사의 이름을 따라 명명되었으며, 필사본 계열 중 하나는 이 도시의 이름을 따라 명명되었다. 이는 오리겐이 알렉산드리아를 떠난 후 카이사랴에 학교를 세운 사실에 기인한다(250-254). 악명 높은 배교자 유세비우스가 로마 황제 콘스탄틴을 위해 50권의 "NASV"(헬라어 원문) 복사본을 만든 것도 이 도시에서였다. 이런 "기독교" 교육가와 그가 배출한 졸업생들의 업적으로 인해 시리안 계열의 진짜 표준원문에도 때때로 변개된 번역본들이 끼게 된다. 오리겐이 구라틴 성경을 변개시켰고 그것으로 제롬이 가짜 성경을 만든 것과 같이, 유세비우스는 구시리아 역본을 변개시켰고 그것으로 라불라 주교(411-435)가 가짜 성경을 만들었다.

『**이탈리아 부대... 백부장**』(1절). "백부장"은 100인을 통솔하는 대장을 가리킨다("century"는 "100년"을 말한다). 대부분의 작가들에 따르면 하나의 "군단"(band)은 열 개의 "무리"(band)로 이루어져 있었다고 한다. 〈새미국표준역본〉에는 "band"가 "cohort"로 대체되었다. 이것은 헬라어 어원이 아니라 로마 역사에 근거해서 고친 것이다. 한편 성경에는 4명의 백부장이 나오는데, 그들 모두는 신실하고 평판이 좋은 것으로 나타난다(마 8:10, 행 27:43, 막 15:39). 당시 "band"나 "cohort"는 555명의 보병과 66명의 기병으로 구성되어 있으며, 물론 그 안에는 여러 계급들이 있었다. 1,105명의 보병과 132명의 기병으로 되어 있는 군단도 있었다.

이 장에서 우리는 놀라운 사실을 배울 수 있는데도 주석가들은 과거 역사와 이 지역에 주둔한 "이탈리아" 군대에 관해서만 언급한다. 그러나 다음의 사실이 주는 암시를 누가 피할 수 있으리요?

1. 많은 이탈리아인들 중에 한 로마 시민
2. 그는 기도하고 자선을 베푸는 사람이었으며
3. 경건하고 하나님을 두려워하는 사람이었고
4. "사도 중의 왕" 시몬 베드로 앞에서 엎드려 절했다!

이방인의 숫자(10)인 장에서, 코넬료의 집으로 “그리스도의 대리자”(교황의 칭호 중 하나-역자 주)와 함께 열 사람이 가는데(행 10:19; 11:12 참조) 주석가들은 어떻게 이 장의 실제적인 적용을 놓칠 수 있단 말인가?

『**그는 경건한 사람으로… 하나님을 두려워하고 백성을 많이 구제하며 하나님께 항상 기도하더라**』(2절). 코넬료는 오늘날 미국의 일반적인 그리스도인들보다 더 나은 사람이다. 누가복음 18장의 바리새인처럼, 그는 행함으로써 자신의 믿음을 보일 수 있는(약 2:18) 사람이었다. 그는 거의 구원받은 사람으로 보일 지경이다. 그러나 사도행전 11:14은 그가 구원받지 않은 사람이었음을 명백히 해준다. 그러므로 많은 경건한 유대인들이(롬 10:1-4) 이스라엘을 향해 가는 대신 지옥을 향해 가고 있으며, 많은 경건한 카톨릭 신자들이(행 10:1) “연옥” 대신 지옥을 향해 가고 있다는 결론을 내릴 수 있다. 코넬료는 자신의 집안과 더불어 하나님을 두려워하고(2절) 카이사랴 지역의 회당을 지원함으로써 22절의 “좋은 평판”을 얻는다. 그는 유대교로 개종한 사람이었으며 분명히 진리를 찾고 있는 사람이었다. 사람이 진리를 구하면(롬 2:7) 찾게 된다(마 19:16).

『**제구시경에**』(3절) 때는 오후 3시였다. 이것은 예루살렘에서 저녁 희생제를 드리는 시간이다(행 3:1). 『**주여, 무슨 일이니이까?**』(4절) 코넬료가 사도행전 9:5에서 사울이 물었던 것처럼 『**주여, 당신은 누구시니이까?**』라고 묻지 않은 것으로 보아 그는 전에도 『**하나님의 천사**』(3절)와 교제가 있었음을 알 수 있다. 『**너의 기도와 구제가… 이르러 기억함이 되었노라**』(4절). 이 구절은 복음을 들어 본 적이 없는 이방인을 하나님께서 어떻게 다루시는가를 설명해 준다(롬 1,2장 참조). 이방인이 그들의 양심을 따르면(롬 2:15), 율법이 유대인에게 가정교사가 되었던 것처럼(갈 3:24), 양심은 그들을 예수 그리스도께로 인도해 준다. 하나님께서는 마음을 아신다(롬 2:15). 어떤 사람의 마음이 하나님께로 돌아설 때, 하나님께서 그 사람에게 그리스도를 영접할 기회를 주신다는 의미에서 그 사람은 하나님께 받아들여진다(35절).

『**베드로라고 하는**』(5절, "whose surname is Peter"). "surname"이란 두 번째로 받는 이름을 말한다. 구약에도 이런 경우들이 종종 나오는데(판 7:1, 삼상 14:49), 이름이 두 개였다고 하는 편이 나을 것이다. 사람에게 성씨를 부여하는 관습은 그리스도의 초림 때까지는 정기적으로 나타나지 않는다. 이것은 중요하다. 왜냐하면 그것은 새로운 탄생의 필요성을 암시해 주기 때문이다! 신약에서 사울("바울"로 불림)과 시몬("베드로"로 불림)과 요한("마가"로 불림)이 있다. 바울은 "사울-바울"이라고 불리지 않았지만, 베드로는 "시몬 베드로"로 불렸고, 마가는 "마가 요한"으로 불렸다. 그리스도 이전 시대에는 (적어도 이스라엘 내에서는) 어떤 사람의 신원을 그의 아버지의 성을 부르는 것으로 알아내는 관습이 있었다. 다윗은 "이새의 아들," 사울은 "키스의 아들" 등. 이방인은 그 사람의 도시를 불렀다. "프란터즈의" 탄첼름, "사모사타의" 루시안, "밀레토의" 아낙시메네스, "사모스의" 피타고라스 등. 후에 이방인은 "-의 아들"이란 말 대신 접두어 "De" "Del," "Mac" "Mc," "Von" 혹은 "Van" 등을 사용하게 된다. 그러다가 로마 교회의 출현과 더불어 "세례 의식"을 통해 아이에게 "대부모"의 이름이 더해진다. 그렇게 해서 사람들은 세 개의 이름을 갖게 되기 시작했다(린든 바인스 존슨, 로버트 딕 윌슨, 프랭클린 델라노 루스벨트 등).

『**사람들을 욥파에 보내어... 바닷가에 집이 있는**』(5,6절). 베드로는 아마도 피장이 시몬의 집에 머무는 동안 낚시질을 했을 것이다. 6절의 절반이 NASV에서는 삭제되어 있다. 그리하여 RSV, NEB, 그리고 다른 배교한 번역본들과 일치를 이루고 있다. 알란드와 메츠거의 변개된 헬라어 원문에는 그 변개에 대한 필사본 증거를 제시하지 않았다. 그러나 노울링은 필사본 증거를 제시했다(*Ibid.*, p.252). 그들이 삭제시킨 부분은 구라틴역본과, 틴데일성경(1525), 그레이트 성경(1534)과 제네바성경(1560), 비숍 성경(1568)에 사용된 헬라어 원문에서도 발견된다. 그러나 그 부분은 RV, ASV, NASV, NRSV에도 없으며, 앞으로 등장해서 종교개혁 성경을 대신하는 "새 공인 역본"으로 불릴 "새 에큐메니칼" 역본에도 없을 것이다.

7,8절은 설명을 요하지 않는다. 이 구절의 "경건한 병사"가 마가일 것이라는 다 코스타(Da Costa)의 추측은(J.F와 브라운은 그를 인용했다, *Ibid.*, p.1096) 겟세마네에서 벌거벗은 채 도망한 사람(막 14:51,52)이 힛인 우리야라고 추측하는 것만큼이나 비논리적이다.

10:9 그 다음 날 그들이 계속 길을 가다가 그 성읍에 가까이 왔을 때 베드로가 제육시경에 기도하려고 지붕 위로 올라갔는데

10 몹시 시장하여 먹고자 하더니 집 사람들이 음식을 준비하는 동안 그가 무아지경에 빠져

11 하늘이 열리고 어떤 그릇이 그에게로 내려오는 것을 보니, 마치 네 귀를 맨 큰 보자기 같은 것이 땅 위에 내려오는데

12 그 안에는 땅에 있는 갖가지 네 발 짐승들과 들짐승들과 기어다니는 것들과 공중의 새들이 있더라.

13 그런데 한 음성이 그에게 들리기를 "베드로야, 일어나서 잡아먹으라." 하더라.

14 베드로가 말하기를 "주여, 그럴 수 없나이다. 나는 결코 속되거나

불결한 것을 먹은 적이 없나이다."라고 하니
15 음성이 다시 두 번째 그에게 이르기를 "하나님께서 깨끗게 하신 것
을 네가 속되다고 하지 말라." 하더라.
16 이런 일이 세 번 있은 후에 그 그릇이 다시 하늘로 올리어가더라.
17 그때 베드로가 자기가 본 이 환상이 무슨 뜻인지 의아해 하고 있
을 때, 보라, 코넬료가 보낸 사람들이 시몬의 집을 찾아와 문 앞에
서서
18 불러내어 베드로라고 하는 시몬이 여기에 묵고 있는가를 묻더라.

카이사랴에서 욥파까지의 거리는 28마일이다. 코넬료는 환상 직후 곧바로(1-5절) 베드로에게 메시지를 보냈기 때문에 사람들은 오후 4시 전에, 혹은 적어도 오후 5시 전에 출발한 것이다. 시간당 2마일이 채 못되는 속도로 19시간의 여행을 한 것이다. 말을 타고 여섯 시간을 간 거리라는 브루스의 짐작은 거의 가능성이 없다. 왜냐하면 베드로와 그의 친구들이 똑같은 거리를 되돌아가는데(23,24절) 이틀이 걸렸다고 분명하게 언급되어 있기 때문이다.

베드로는 정오 12시에 기도하고 있다(단 6:10 참조). 그는 『**지붕 위**』(9절)에 있다. 동양의 많은 집들은(잠 25:24, 마 24:17) 평평한 지붕으로 되어 있다. 그는 『**무아지경**』(10절, trance)에 빠진다. 이 단어는 자아가 일시적으로 몸 "밖"에 있는 최면상태를 의미하는 것으로 이해된다(행 22:17과 고후 12:1-4). 동양 종교에서 삼매 혹은 열반의 상태에 들어갔다는 말이 이 단어에 해당될 수 있다. 아래층에서는 시몬의 종들이 식사 준비를 하고 있다(『**음식을 준비하는 동안**』). 따라서 주님께서는 저녁 식사를 이용해서 베드로에게 교훈을 주기로 하신다.

『**마치 네 귀를 맨 큰 보자기 같은 것이**』(11절). 베드로가 여기서 본 것은 세마포로 만들어진, 마치 낙하산을 거꾸로 한 것과 같은 것이었다. 그러나 유명한 "보수주의" 신학자 F.F. 브루스는 여기서 베드로는 수평선에 떠 있는 돛단배나 지붕 위의 차양을 보면서 보자기를 보았을 수도 있다고 말함으로써 우리 마음에 불신의 씨앗을 심어 놓는다. 이런 추측은 현실성과도 거리가 멀다. 세마포 보자기는 탁자보이며 저녁 식사가 베풀어진 것이다. 이어지는 내용은(11-15절) 설명을 요하지 않는다. 베드로는 지금까지 돼지고기, 바닷가재, 게, 조개, 굴, 메기, 가리비 등을 결코 먹어 본 적이 없었다. 그래서 그는 그 짐승들을 잡아서 먹으려고 하지 않는다(12절, 『**갖가지 네 발 짐승들과 들짐승들**』). "손으로 쓴 법령"이 지워진 지가 5년이 넘었는데도(골 2장) 시몬 베드로는 아직까지 디모데전서 4:1-6의 계시를 알지 못했다("몸의 신비"도 마찬가지였다. 엡 2장 및 주석을 볼 것. "한 몸 된 교회"는 십자가 사건 후에 생겼다. 그러나 그 진리가 계시된 것은 오순절이 지나고 한참 후였다).

하나님께서는 그 선교사가 이방인에게로 가기 전에 먼저 그를 다루고 계신다. 『**베드로야, 일어나서 잡아먹으라**』(13절). 시몬 베드로같이 충직한 사람에게(마 17:25,26 주석을 볼 것) 불결한 짐승을 잡아먹으라니! 그는 주님께서 자신이 말씀에 충실한지를 알아보기 위해 시험하고 계신다고 생각한다(왕상 13:18 참조).

『**주여, 그럴 수 없나이다**』(14절). 참으로 형편없는 대답이다. 인간의 본성이 그대로 드러나는 장면이다. 『**주여, 그럴 수 없나이다.**』 불순종을 정당화시키기 위해서는 항상 끝에 "추신"이 붙는다. 이것은 옛 야곱이 『**주 아버지의**[thy] **하나님**[야곱 자신의 하나님이 아니라]**께서 내게 보내 주셨나이다.**』(창 27:20)라고 말한 것과 같다. 그리스도께서 주님이신데 "No"가 무슨 말인가? 그분의 명령에 싫다고 말할 수 있다면 그분이 "주"이신가? 아니면 자신이 "주"인가? 이 시점에서 시몬 베드로는 『**나로 먼저... 하옵소서**』(suffer ME FIRST)(눅 9:59)라고 변명을 대는 제자들의 무리에 합류한다. 베드로는 주께서 자신을 시험하는 것이라고 생각하고(약 1:13) 넘어가지 않겠다고 다짐한다. [한편, 믿을 수 없겠지만, 벨라민(Bellamine) 추기경은 13,14절을 사용해서 카톨릭이 아닌 모든 사람은 죽여야 한다고 말한다!(*Horn's Introduction*, ii, 632, 2nd Edition, p.280)]

『**하나님께서 깨끗게 하신 것을**』(15절). 이 "깨끗게 함"(딤전 4:1-4)은 갈보리에서 일어났으며, 이 같은 변화는 골로새서 2:14로 볼 때 분명하다. 왜냐하면 거기서 육신의 몸으로 돌아가는 것은 영적인 문제에 영향을 미칠 수 없다고 말하고 있기 때문이다(롬 14:6-17). 거듭난 사람의 영은 "살아났고" 그의 혼은 육신의 몸(고전 6:13)에서 떨어지게 되었다(롬 7:1-4). 한편 주님께서는 탁자보를 세 번 올렸다 내리신다. 이것은 그때 시몬의 집으로 오고 있던(17절) 이방인들 각각을 위한 것이다. [아담 클라크는 심지어 참조 구절도 찾지 못하고서("먹는 것" 대신 "희생"에 반 페이지를 낭비한 후에) 세 번 올렸다 내린 것은 "베드로의 마음에 더 깊은 인상을 주기 위해서"라고 말한다. A.T. 로버트슨 박사는 베드로의 완고함 때문에 세 차례에 걸쳐 그렇게 해야 했다고 주장한다. 윌리엄스는 "베드로가 배우는 게 느리다"며 엉뚱한 해석을 단다. 수십 번에 걸쳐 권위역본 본문을 판단하는 자리에 앉은 "경건한" 학자들 집단에서는 본문의 진리는 제쳐 놓고 이런 사사로운 해석을 하는 것이 지극히 일반적이다.] 브루스, 제미에슨, 포셋, 브라운, 노울링은 보자기의 더러운 동물들이 "이방인들"이라는 것을 아는 데 아무 어려움도 느끼지 않으면서도 "세 번"이 도대체 무엇을 언급하는지에 대해서는 전혀 설명하지 못한다. 그 환상은 "하나의 그릇 안에"

이방인과 유대인이 함께 있는 환상이 분명하다(엡 3:1-5와 그 주석 참조). 비록 베드로가 이것이 에베소서 3:1-7을 의미하는 것임을 해석해 내지는 못했을지라도 그 교리는 분명하게 제시되었다. 이것을 확증하기 위해 본문의 이방인들은(행 10:33) 믿음을 통한 은혜로 구원받았으며, 물로 침례를 받기 전에 성령을 받았다. 그렇다면 바울이 말한 "한 몸"은 그것이 계시되기 전에 성경에 두 번, 사도행전 2장과 10장에서 공식적으로 등장한다. "한 침례"(엡 4:5)가 유대인과 이방인을 이 몸 안으로 넣어 주는 것처럼, 고린도전서 12장의 성령침례는 사도행전 9장에서 바울을, 사도행전 10장에서 코넬료를, 사도행전 2장에서 야고보를, 그리고 사도행전 19-28장에서는 에베소인들을 그리스도 안으로 들어가게 해주었다. "한 침례"는 사도행전 2,10장, 고린도전서 12장, 에베소서 4장에 언급된 그 침례를 제외하고는 사람을 구원하는 다른 침례가 있다는 가르침을 배격한다. 에베소서 4:1-5은 "물침례"를 다루고 있는 것이 아니다(주석 참조).

베드로는 정통 유대인으로서(요 4:9) 분리되어 있다(28절). 그러나 베드로는 코넬료에게 가서 그와 교제하기 전에 인종적인 편견을 극복해야 했다. 선교사로서 다른 민족에게 복음을 전하도록 위탁받은 것은 인종 집단들에 압력을 가해 비극적이고도 폭력적인 관계를 야기시키는 법안을 통과시키라는 것이 결코 아니다.

1970년대의 지극히 거룩한 "그리스도인들"이 만들어낸 "이차적 분리"는 28절의 베드로의 상황과 그리 다르지 않다. 초교파 교육가들 중 일부(물침례, 전천년주의, 권위역본, 지역 교회에 관해 공식적으로 어떤 입장을 취하는 것을 두려워했던)는 자신들이 미국의 교사들과 목사들에게 압력을 가할 만큼 권력이 있다는 데 의견을 모았다. 왜냐하면 교사들과 목사들이 "기독교 학교" 운동에 필요한 교사들을 공급받기 위해서는 그들에게 의존해야 했기 때문이다. 이 미혹된 바리새인들은 실제로 자유주의자를 지지

하는 사람과 교제가 있는 사람은 주님과의 교제가 단절된 것이라고 말했다. 그러나 그들은 1582년 예수회 성경의 헬라어 원문을 지지한 자들이며, 성경은 그들이 지금까지 읽었던 어떤 책과 조금도 다르지 않다고 생각하는 두 명의 친카톨릭 학자들을 따라 〈킹제임스성경〉을 공격한 자들이다. "분리주의"는 때로 겉으로 보이는 것처럼 그렇게 "분리적"이지 않다. 젊은 사역자들이 지도자나 전문 선전가를 따르고 있을 때, 그 체제 자체는 불가지론, 비판, 불신, 시기, 증오, 완악함에 빠지고, 세상 제도와 전혀 분리하지 않은 사람들의 지도하에 있거나 아예 그들의 수중에 있는 경우가 종종 있는 것이다.

10:19 베드로가 그 환상에 관하여 생각하고 있는데 성령께서 그에게 말씀하시기를 "보라, 세 사람이 너를 찾으니

20 일어나서 내려가 아무것도 의심하지 말고 그들과 함께 가라. 내가 그들을 보냈음이니라." 하시니

21 베드로가 코넬료가 자기에게 보낸 사람들에게 내려가서 말하기를 "보라, 내가 당신들이 찾는 그 사람이라. 무슨 일로 당신들이 왔느뇨?"라고 하니

22 그들이 말하기를 "백부장 코넬료는 의인이요 하나님을 두려워하는 사람이며 또 온 유대 민족에게 좋은 평판이 나 있는 사람인데 하나님께로부터 거룩한 천사를 통하여 당신을 그의 집으로 청하여 말씀을 들으라는 지시를 받았나이다."라고 하더라.

23 그러므로 베드로가 그들을 불러들여 유숙하게 하고 그 다음 날 그들과 함께 떠나니 욥파에서 몇몇 형제가 동행하니라.

24 그리하여 그 다음 날, 그들이 카이사랴에 들어가니 코넬료가 자기

친척과 가까운 친구들을 불러 놓고 그들을 기다리고 있더라.
25 베드로가 들어서자 코넬료가 그를 맞아 그의 발 앞에 엎드려 경배
하더라.
26 그러자 베드로가 그를 일으키며 말하기를 "일어서라, 나도 사람이
라." 하고
27 그와 함께 이야기하며 안으로 들어가 많은 사람이 모여 있는 것을
보고
28 그가 그들에게 말하기를 "너희도 유대인인 자가 다른 민족 사람과
교제하거나 친근히 하는 것이 얼마나 부당한가를 아느니라. 그러
나 하나님께서 내게 보여 주시기를 어느 누구도 속되거나 불결하
다고 일컫지 말라고 하셨느니라.
29 그러므로 나를 부르자마자 거절하지 않고 왔노라. 무슨 연고로 나
를 오라고 사람을 보냈는지 묻고자 하노라."고 하니

앞에서 말한 바와 같이 사도행전의 내용은 빠르게 전개되어 가고 있으며 몇 가지 교리적, 예언적 걸림돌들을 제외하고는 사도행전에서 장황하게 설명할 것은 그리 많지 않다. 주석가들이 기록한 장황한 설명은 항상 과거의 죽은 역사에서 문법적, 역사적 문제들을 끄집어내서 다루는 것이다. 코넬료의 집에서 온 세 사람이 등장하고(19절) 베드로는 내려가서 그들과 이야기한다(20,21절). 그들은 말한다. "우리는 코넬료의 집에서 왔는데 그는 훌륭한 사람입니다(22절). 그는 교회에 출석하고 기도도 합니다. 그는 묵주도 돌리고 십자가도 가지고 있습니다. 온갖 것을 다 하지요, 어떻게 생각하십니까? 그가 행복하리라고 여기십니까? 아닙니다. 그는 거룩한 교황께서 그에게 시킨 것을 다 합니다. 그러나 그는 여전히 자신이 죽어서 어디로 가는지 모릅니다. 산타 마리아! 그가 뭘 해야 하죠? 그는 선한 이탈리아인입니다. 그러나 그는 자신이 죽어서 어디로 가는지 모릅니다!"

『**몇몇 형제**』(23절)가 베드로와 함께 간다. 그들은 여섯 명이다(행 11:12). 전체 무리는 열 명이 된다. 그들이 백부장의 집에 왔을 때, 그는 여느 선한 이탈리아인처럼 앞으로 달려나가서 최초의 "교황"의 발 앞 땅에 엎드려 그를 "거룩한 아버지"라 부르면서(25절) 그에게 경배한다. 베드로가 말한다. "일어나요. 나는 다니엘이 다니엘서 2:46에서 저지른 전철을 밟고 싶진 않아요. 왕이 자기에게 경배하도록 허락한 것 때문에 주께서 그를 어떻게 괴롭히셨는지 보았죠? 그는 사자굴에 들어갔다구요. 나는 사자가 나를 아침식사로 먹게 하고 싶지 않아요. 일어나시오!"

"그렇지만 난 당신이 '사도들 중의 왕'이라고 생각했는데요. 당신이 그리스도의 대리자라고들 하던데, 당신 말은 당신이 그저 보통 사람에 지나지 않는단 말입니까?"

베드로는 내려가서 그를 일으키며(26절) 말한다. "이봐요, 코넬료, 나는 죄인이요. 나는 세 번이나 나의 주님을 부인했소. 나를 '거룩한 아버지'라고 부르지 말아요. 이런 엉터리 소리가 다 뭐요?"

여러분 발 아래 엎드리는 사람(25절)은 어떤 사람이라도 경계해야 한다. 그는 갑자기 여러분 발 밑의 양탄자를 끌어당길지도 모른다. 주정뱅이 이탈리아인이 "거룩한 아버지"라고 생각한다면 그는 완전한 멍청이다. 양식 있고, 독립적이고, 분별이 있는 사람이라면 (자유국가에서) 누가 어떤 사람의 발 아래 엎드려 "거룩한 아버지"(요 17:11)라 부르며 "그를 경배"(25절)하겠는가? 사탄 숭배와 흑마술에 빠진 사람들이나 그런 일을 하는 것이다.

코넬료는 버스 사역을 이용해서 사람들을 "심방"했다(27절). 그래서 베드로는 잘 준비된 회중을 맞이하게 되었다. 이것은 설교하기에 완벽한 상황이다. 몇 명의 제자들이 마음이 준비된 청중에게 설교할 기회를 얻은 것이다. 모든 청중은 설교 듣기를 열망하고 있으며 열린 마음으로 듣고 있다. 베드로가 있는 그대로의 진리를 명백하게 말하기만 한다면 그는 결코 실패할 수가 없다.

한편 경건하고 일생을 원어의 "보다 나은 이해를 얻는 데" 헌신한 보수주의 학자들이 본문을 어떻게 비판하고 반대하는지 살펴보기로 한다.

1. 『**금식**』이란 단어가 30절에서 삭제되었다. (RV, RSV, ASV, NASV, NRSV, 예수회 성경(1582), NEB, 리빙바이블, 브루스, 래드, 노울링, 알란드, 메츠거, 알렙, B, C, 무디성경협회의 케네스 웨스트)

〈킹제임스성경〉 본문은 P50, E, D, 구라틴 역본과 일치한다. 그리하여 세 계열의 필사본들을 대표하게 된다. 그 단어를 삭제한 것은 알렉산드리아의 변개된 번역본들이며, 제롬은 알렉산드리아를 따른다.

2. ASV는 각주를 삽입시켜 25절의 "경배"가 "피조물"에게 표하는 경의라고 말한 뒤, 이런 경배 행위는 요한복음 9:38에서 주 예수 그리스도께 행해진 것이라고 말한다. ASV(1901)의 이런 신성모독적인 각주가(이것이 1901년 이후로 "경건한 보수주의자들"이 추천해 온 성서다) NASV(1963) 본문에 침투한 결과 요한복음 1:18에서 그리스도는 "독생하신 하나님"이 되어 버렸다.

3. 극심하게 변개된 B 사본(바티칸 사본)은 『**세 사람**』(19절)을 "두 사람"으로 바꾸어서 전체가 열 명이 아니라 아홉 명이 되게 만들었다. 성경을 진지하게 공부하는 학생이라면 이 경우에 "10"이란 숫자가 얼마나 중요한지를 잘 알 것이다. 바티칸 사본이 기록된 A.D. 350년에 그들은 그 차이를 알고 있었기 때문에 열이라는 수를 본문에서 없애 버린 것이다.

4. 베자 사본에는 25절에 약 23단어가 첨가되었다. 서방계열의 본문에

는 28-33절에 8,9단어가 첨가되었다.

5. 사도행전 10:1-29에서 웬트, 글로그, 홀트, 렌돌, 홀튼, 빈센트, 베크, 메이어, 알포드, 하우슨, 스펜스, 데이빗슨, 드윗트, 바이스, 바틀렛, 로버트슨, 래켐은 본문에서 약 60개 부분을 바꿔야 한다고 제안했다. 이 60개의 변개는 그것이 무엇이든지 간에 고려의 여지도 없이 일축되어야 한다. 열거한 보수주의자들 중 한 사람도 하나님의 말씀에 부복하지 않는다는(부복은커녕 오히려 말씀을 거슬러 스스로 심판자의 위치에 앉아 있다) 관점에서 볼 때, 진리는 그들의 "밥줄"이 아니었다.

10:30 코넬료가 말하기를 "나흘 전 이 시간까지 내가 금식하고 제구시에 내 집에서 기도하고 있었는데, 보소서, 어떤 사람이 광채나는 옷을 입고 내 앞에 서서

31 말하기를 '코넬료야, 하나님의 **목전에 네 기도가 들렸고 네 구제가 기억되었느니라.**

32 그러므로 욥파로 사람을 보내어 베드로라 하는 시몬을 불러오라. 그는 바닷가에 사는 피장이 시몬이라 하는 사람의 집에 유숙하고 있느니라. 그가 오면 너에게 말해 주리라.' 하시기에

33 내가 즉시 당신께 사람을 보냈는데 오셨으니 잘하셨나이다. 그런즉 이제 우리는 모두 하나님께서 **당신께 명령하신 것을 들으려고** 하나님 **앞에 모였나이다." 라고 하니라.**

많은 설명이 필요 없다. 코넬료는 2-8절의 사건을 상기하고 있다. 『**이 시간까지**』(30절)는 베드로와 그의 친구들이 그의 집에 도착한 그 시간을 말한다. 바티칸 사본과 시내 사본이 누가의 글에서 『**금식**』이란 단어를 빼

버린 이유는 개정자들은 코넬료가 4일간을 줄곧 금식하고 있었다(본문 참조)는 것을 믿을 수 없었기 때문이다. 그러나 베드로가 거기 도착하는 데 이틀(23,24절), 코넬료의 사자들이 하룻밤을 머문 것(23절), 그리고 그들이 베드로에게 가는 데 하루(17절), 모두 합하면 4일이 된다. 『**이 시간**』은 아침 6시부터 오후 3시까지의 어느 시간이나 가능하다.

저자의 주석서 시리즈(「피터 럭크만의 주석서」)에서 자주 언급했듯이, 천사들은 날개가 없는 남성이다(30절). 무성(無性)의 천사는 신구약 어디에도, 어느 세대에도 없다. 창세기 6장에 관한 〈스코필드 주석성경〉(모든 판에서) 각주는 존 R. 라이스가 요한계시록 22:14을 바꾼 것처럼 거짓된 것이다.

정직하고 간결하게 요점을 말한(31절) 코넬료는 공손하며(33절), 복종할 준비가 되어 있다(33절). 그는 한 중보자(43절)에 대해서, 그리고 따라야 할 한 모범에 대해서(27,47,48절) 말해 줄 한 선교사(19,20절)의 메시지(39,40절)를 들을 준비가 되어 있는 사람이다(1절).

10:34 그때 베드로가 입을 열어 말하기를 "참으로 내가 깨달은 것은 하나님께서는 사람을 외모로 취하지 않으시고

35 어느 민족에서나 자기를 두려워하고 의를 행하는 사람은 받아 주신다는 것이라.

36 하나님께서 이스라엘 자손에게 보내신 말씀은 예수 그리스도를 통한 화평을 전하는 것이라. (그는 모든 것의 주시라.)

37 내가 말하노니 너희도 알거니와 그 말씀은 요한이 전파한 침례 이후에 갈릴리에서 시작하여 온 유대에 두루 전파되었으며

38 하나님께서 나사렛 예수께 성령과 능력으로 기름부어 주셔서 그분

이 두루 다니시면서 선한 일을 행하시며 마귀에게 억압받는 모든
자를 치유하셨으니 이는 하나님께서 그분과 함께 계심이라.
39 우리는 그분이 유대인들의 땅과 예루살렘에서 행하신 모든 일의
증인이라. 그들이 그분을 죽여서 나무에 매달았으나
40 하나님께서 그분을 셋째 날에 살리셔서 드러나게 보여 주셨으니
41 모든 백성에게 하신 것이 아니요 하나님께서 미리 택하신 증인들
에게 하신 것이니 곧 그분께서 죽은 자들로부터 살아나신 후 그
분과 함께 먹고 마신 우리에게 하신 것이라.
42 그리하여 주께서 우리에게 명령하사 사람들에게 전파하게 하시고,
또 하나님께서 산 자와 죽은 자의 심판자로 지정하신 분이 바로 그
분임을 증거하게 하셨느니라.
43 그분에 대하여 모든 선지자도 증거하기를 "누구든지 그를 믿는 자
는 그의 이름으로 말미암아 죄들의 사함을 받으리라."고 하였느니
라.

설교는 십 분도 채 되지 않는다. 베드로는 훌륭하게 메시지를 시작한다. 서문(34절)에서 주제(36절), 논증(37-43절)으로 이어지는 설교 방법은 "설교 준비와 전달" 과목 교과서에서 볼 수 있는 것과 똑같다. 그러나 "결론"에 이르렀을 때 청중에게 혼란이 있게 된다(44절). 그리고 주께서는 누군가가 찬송가를 찾아서 노래하려고 일어서기 전에 초청을 하신다. 44절에서 메시지에 대한 크나큰 방해가 일어난다. 이것은 사도행전 2:1,2에 필적하는 것이다. 세대적으로 우리는 하나님께서 복음을 나누어 주시는 중요한 구절을 접하고 있다. 지구상의 어떤 카톨릭이나 캠벨 추종자도 사도행전 10:43,44을 좋아하지 않는다. 왜냐하면 그 구절은 그 때 이후로 사람들은 물침례를 받기 전에 구원받으며, 어떤 종류의 "성사"나 선행 없이 구원받는다는 것을 분명하게 보여 주고 있기 때문이다. 하나님께서는 설교된 말씀(34-43절)과 기도(2-4절)를 통해 은혜를 주신다.

『**그때 베드로가 입을 열어**』(34절). 그는 항상 그의 입을 연다(눅 22:33). 그리고는 실패한다(행 5:30). 하나님께서 오늘날 필요로 하시는 한 가지가 있다면, 무엇보다도 자신들의 입을 여는 사람들이다. 『**하나님께서는 사람을 외모로 취하지 않으시고**』(34절). [이 부분에 대해 자세히 알기 원하는 독자는 〈분리냐 통합이냐, *Segregation or Integration*〉를 보라.] 성경에서 이 말은 여기 말고 일곱 번 더 나온다(고후 10:7, 롬 2:11, 골 3:25, 약 2:1, 삼하 14:14, 벧전 1:17, 엡 6:9). 문맥으로 볼 때 이 말은 하나님께서는 어떤 개인의 힘이나 지성, 위신, 권세, 부를 고려하지 않으신다는 말이다. 성경에는 "인종 평등," "민권," "모든 사람은 평등하게 창조되었다" 등과 연관된 말은 하나도 없다. 적그리스도 통치하에서(계 13:1-18) 국제사회주의와 세계 단일 정부 수립과 연관되는 정치 용어는 있다. 하나님께서는 사람을 외모로 취하지 않으신다는 말은 문맥 속에서 항상 도덕적 문제와 하나님께 대한 각 개인의 책임을 다룬다.

『**어느 민족에서나 자기를 두려워하고... 받아 주신다**』(35절), 『**어느 민족에서나... 사람은[IN every nation HE that]**』(35절). 개인 각각을 말하고 있는 것이다. 하나님께서는 베드로에게 "이방인들"도 유대인이 받은 (그리고 앞으로 받게 될, 롬 3:1,2; 11:20-33) 것과 동일한 축복과 특권을 얻을 것이라고는 말씀하시지 않았다

"인종"에 대한 하나님의 배려는 성경에 너무도 명백하게 제시되어 있다(창 9:25-27 및 주석 참조). 따라서 UN이 수동적이고 혼혈로 이루어진 기계적 사회에 맞는 "훌륭한 문헌"으로 성경을 추천하기 위해서는 1년에 10번의 개정은 불가피할 것이다. 다윗 시대의 사람들, 특히 정통 유대인들은

하나님께서 외모를 취하시지 않는다는 것을 잘 알았다(삼하 14:14). 그러나 그들은 이스라엘 밖의 사람들이 할례받은 유대인이 되지 않고서도 하나님께로부터 은총을 얻을 수 있다는 사실은 알지 못했다. 베드로가 『**사람은 받아 주신다**』(35절)고 말하자 캠벨 추종자들은 즉각적으로 코넬료가 구원받았다고 생각한다. 그러나 그들은 11:14에 가서는 코넬료가 아직 침례를 받지 않았기 때문에 정말로는 구원받을 수 없었다고 말할 것이다. 그러나 그렇지 않다. 캠벨파 목사는 어느 누구도 죽기 전에는 구원받았는지 안 받았는지 알 수 없기 때문에 심지어 침례조차도 그 사람을 구원하지 못했다고 말할 것이다. 이렇게 사도행전 10:35을 잘못 이해함으로 전체 구조가 초점을 잃어버린다. 이것이 바로 "어린양의 피로" 씻기는 대신 "시냇물에서" 씻겨진 사람들의 특징인 것이다. 그들은 생계를 유지하고 토론을 진행시키기 위해서 (그렇게 함으로써 관심을 끌기 위해) 성경을 인용할 뿐이다. 한마디로 그들의 신학은 아무 짝에도 쓸모가 없다.

코넬료는 진리를 들을 기회를 부여받았다는 점에서 "받아들여진" 것이다(35절). 『**하나님께서 이스라엘 자손에게 보내신 말씀**』(36절)은 그리스도께서 지상사역 동안 하신 전체 메시지(37절 『**내가 말하노니... 그 말씀은**』)를 말한다. 그리고 이 시점까지 베드로가 알고 있었던 "복음"은 유대인 메시아(행 2:24-28 주석 참조)의 죽음과 장사와 부활이었음을 결코 잊어서는 안 된다. 침례인 요한의 메시지와 더불어 시작된(37절) 그 "말씀"은 "천국"을 예고해 주었는데, 그들이 만약 "회개"하고 예수님을 그들의 메시아로 믿는다면(요 1:10,11; 눅 1:73-78) 천국은 이스라엘에게 도래할 것이었다. 여기서(43절) 죄들의 『**사함**』은 용서를 의미한다. 왜냐하면 이 시점에서는 골로새서 1:14의 의미에서의 『**구속**』(redemption)이 언급되지 않기 때문이다. 『**구속**』(누가복음 2:38의 의미에서의 구속)은 미래에 있을 일이다(눅 1:71 참조). 『**거룩함과 의로움**』(눅 1:75)이 이 구속에 포함되어 있다 할지라도 (그것으로 사도행전 1:3과 마가복음 1:14에서 『**하나님의 나라**』라고 한 것이 설명될 수 있다) 이것은 천년왕국 때 이스라엘의 통치를 말하는 것이지 예수 그리스도의 몸 안에 있는 그리스도인의 삶을 말하는 것이 아니다. 이것은 38절에서 베드로가 둘째 모세이신(신 18:18,19) 예수께 주어진 가시적인 모세의 표적들을 언급한 데서 분명해진다. 『**예수 그리스도를 통한 화평을 전하는 것이라**』(36절). 이는 누가복음 2:14와 마태복음 10:13에 언급된 평화의 메시지이며, 로마서 5:1이 '부분적으로' 이루어진 것이다. "기름부음"(38절)에 대해서는 마태복음 3:16의 주석에 언급되어 있다. 38,39절은 본문 그대로이다.

『**그들이 그분을 죽여서 나무에 매달았으나**』(39절, 주석가들이 하나님께서 사용하신 문법을 "바로잡아" 보려 했던 행 2:23과 5:29의 주석을 참조할 것). 40,41절의 내용은 본문 그대로이며 누가복음 24장, 고린도전서 15장, 마태복음 28장, 마가복음 16장에 잘 설명되어 있다. 42절은 사도행전 17:3의 바울의 말과 조화된다.

『**그분에 대하여 모든 선지자도 증거하기를 "누구든지 그를 믿는 자는 그의 이름으로 말미암아 죄들의 사함을 받으리라."고 하였느니라**』(43절). 이 구절 때문에 존 R. 라이스를 비롯한 많은 사람들은 모든 선지자들이 "그리스도의 십자가 처형"을 통한 개개인의 죄들의 사함에 대해 말했다고 주장한다. 그러나, 이것은 전혀 말이 되지 않는다. 그 의미는 요한복음 8:56의 의미로 봤을 때 그런 것이다. 선지자들은 주 예수 그리스도를 믿는 사람이 죄들의 사함을 받으리라는 것을 어디에서도 기록하거나 말한 적이 없다. 이사야가 여기에 근접해 있기는 했다(사 53:10,11). 그러나 이사야는 "모든 선지자"가 아니다. 모든 선지자들이 말했던 것은 다음과 같다.

1. 하나님께서는 이스라엘을 회복시킬 메시아 통치자를 보내실 것이다.

2. 그때 하나님께서는 이스라엘의 죄들을 지우시고 이스라엘을 영원히 용서하실 것이다.

3. 메시아 통치자는 그의 영광으로 들어가기 전에 고난을 받을 것이다.

"선지자" 중의 많은 이들은 그들의 기록에서 "그의 이름"을 언급조차 하지 않았으며, 따라서 "그의 이름"(43절)을 통한 죄들의 사함을 전파하지 않은 것은 말할 것도 없다. 시몬 베드로는 8장에서 빌립에게 보여진 진리에 근접하고 있다. 그리고 그들의 죄들이 사함을 받았다고 말하기 전에, 그는 이제 사도행전 2:38에서 했던 말을 하거나 아니면 그들 중 누군가에게 안수하려(행 8:17) 했던 것이 분명하다. 시제의 변화에 주목하자. 『**죄들의 사함을 받으리라.**』 이것은 『**죄들을 사함받은 것으로 인하여**』라고 한 사도행전 2:38의 말과 다르다. 이스라엘은 메시아를 거부한 것에 대해서는 용서를 받았다(눅 23:34을 볼 것, 행 3:17 및 그 주석 참조). 그러나 아직까지 빌립을 제외하고는 아무도 이방인들이 어떻게 용서받는지를 알지 못했다. 그들의 죄들은 용서되지 않은 것으로 여겨지고 있다. 이것이 베드로가 『**누구든지 그를 믿는 자는... 죄들의 사함을 받으리라.**』(43절)고 말한 이유이다. 또 베드로는 욥파에 있는 동안(행 9:43) 빌립이 에디오피아 내시에게 복음을 전한 소식을 들은 것이 분명하다. 두 가지 사실이 이를 입증한다. 우선 빌립은 카이사랴에 갔는데, 베드로는 지금 그곳에 있다(행 8:40). 또한 베드로는 빌립이 바로 전에 있었던 지역(행 8:40)을 "경유하고" 있다(행 9:32). 베드로는 『**누구든지**』라고 말하면서 누가복음 24:47과 유대교로 개종한 에디오피아인이(행 8장) 이사야 53장을 통해 구원받았다는 사실을 마음에 생각하고 있었을 것이다. 그러므로 『**그분에 대하여 모든 선지자도 증거하기를**』(43절)이라고 말한 것이다.

한편 베드로가 그들을 데려다가 물침례를 주기 전에 주께서 직접 "침례"를 행하신다. 성령께서 임하신 것이다. 여기서 진리의 말씀을 계속 설명해 나가기 전에 파괴적인 성경 비평가들이 그 구절을 어떻게 다루고 있는지 보도록 하자.

1. 로버트슨은 마귀의 미끼를 덥석 물고서 『**외모로 취하지 않으시고**』(34절)라는 표현이 베드로가 설교하기 전에 이미 〈칠십인역〉에 있었다고 말한다. 그러나 그가 말하는 소위 〈칠십인역〉은 베드로가 죽은 후 250년 후에 기록된 것이다. 한편 NASV는 현존하는 어떠한 헬라어 필사본에도 없는 "partiality"(편견)라는 단어를 썼다. 그것이 "한 단어 한 단어 그대로 직역"했다는(밥존스대학의 커스터 박사의 말을 인용하자면) NASV의 본문이다. NCC의 RSV(1952)에도 "partiality"로 되어 있다. NEB에는 "no favorite"으로 되어 있다. 〈복음주의 주석〉(얼과 카터)은 "인종 편견"은 "혐오스러운 질병"이라고 말하면서 "race"(인종)란 단어 자체가 성경적이지도 과학적이지도 않은 용어라며 말도 안 되는 헛소리를 계속 반복한다. 그들이 늘 들고나오는 "학자적 권위"나 "최초의 필사본"이란 단어들도 마찬가지다. "races"는 창세기 10장에 나오는 말이다. "races"보다 "nations"(민족들)란 단어를 더 선호한다면 문제될 것은 없다. 그러나 분명히 하나님께서는 민족들을 구별하신다. 그러므로 용어를 바꾼다고 해서 달라질 것은 없다. 성경은 이스라엘 민족이 다른 어떤 민족도 갖지 못한 특권을 가졌다는 사실을 분명히 말하고 있다. 그러나 기독교 학자들은 막중한 사회적, 정치적 압력 때문에 인종통합주의자들을 달래기 위해 일시적으로 불신자가 되어야만 하는 것이다.

2. 36절은 비평가들을 당혹하게 만드는 구절이다. 아담 클라크, 웨스트코트, 홀트, A.T. 로버트슨, C.H. 돗, 더멜로우의 말을 빌리자면 그렇다는 얘기다. 학자 연맹은 36,37절이 "혼란스럽고, 당혹스럽고, 불규칙적인" 구

절들이라고 말한다. [극도의 혼란을 보려거든 〈단어 그림집〉(A.T. 로버트슨, 제3권 p.144)을 보면 된다. 그 책은 웨스트코트와 홀트가 "파격구문"을 피하기 위해 "ton logon apesteilen"(He sent the word)으로 했다고 말한다. 그리고 나서 또 37절은 "파격구문"을 만들어서 알렙, A, B, C, D의 본문과 일치시켜야 한다고 말한다. 한데 36절을 표준원문에 있는 그대로 "파격구문"을 유지시키면 안 되는 이유는 무엇인가? 그리고 37절에서는 표준원문에 있는 대로 "파격구문"을 없애고 대신 웨스트코트와 홀트를 빼 버리면 왜 안 되는가?]

필사본 증거의 관점에서 볼 때 두 구절은 매우 흥미롭다. 왜냐하면 37절에서 〈킹제임스성경〉의 본문을 제거하기 위해 인용된 필사본 중 알렙, C, D, E, P 45가 36절에서는 오히려 〈킹제임스성경〉의 본문을 뒷받침해 주고 있기 때문이다. 처음에는 알렉산드리아가 그것과 일치하지 않는다는 이유로 진리를 거부한 뒤에 돌아서서 알렉산드리아가 그것과 일치한다는 이유로 진리를 거부하는 것이다. 전형적인 "과학적 학자 정신"이다.

진짜 학자라면, 〈킹제임스성경〉의 본문을 고치고 싶어질 때마다, 헬라어에서 어떤 단어의 "주격"(헬라어 '아르사메노스,' 『**처음**』)은 문장 안의 어떤 것과 일치시킬 필요가 없음을 기억해야 할 것이다. 로버트슨 박사의 말에 따르면(*Ibid.*, p.144) 그렇다. [그런데 그는 주격을 일치시켜야 한다고 말하기도 했다. 우리는 그때 이 말을 다시 사용할 것이다.]

3. 빈센트, 데이어, 소우터, 밀리건, 멀리건, 데이비스, 그리고 메이첸은 43절에서 헬라어 부정사('라베인')에 대한 로크만 재단의 번역에 다소 당황한다. NASV(로크만 재단)는 그 단어를 "받으리라"(shall receive) 대신 "받았다"(has received)로 번역했다. 케네스 웨스트는 "받는다"(receives) 즉 현재시제로 번역한다. 그러나 1611년 〈킹제임스성경〉 본문은 이 문제의 교리적 진리를 보존하고 있다.

학자 연맹(글로그, 렌돌, 브루스, 노울링, 래드, 데이빗슨, 알포드, 메이어, 바이스, 웬트 등)은 그 구절에서 약 20군데를 바꿔야 한다고 말한다. 그러나 앞서 말한 바와 같이 그들이 본문에 가하는 수정 중에서 어떤 것도 누구를 세워 주거나 본문을 더 향상시키지도 않고, 교리적 문제에 조명을 주지도 않으며, 그것들 중 어떤 것도 성령께서 높이시지 않는다.

10:44 베드로가 아직 이런 말을 하고 있을 때 성령께서 그 말씀을 듣는 모든 사람에게 임하시더라.

45 그러므로 베드로와 함께 온 모든 할례받은 믿는 자들이 성령의 선물을 이방인들에게도 부어 주심을 보고 놀라니

46 이는 그들이 방언으로 말하며 하나님을 높이는 것을 들음이라. 그 때 베드로가 대답하기를

47 "이 사람들이 우리와 마찬가지로 성령을 받았으니 어느 누가 물로 침례받는 것을 금하리요?" 하며

48 주의 이름으로 침례를 받으라고 그들에게 명하더라. 그들은 베드로에게 며칠간 더 머물기를 간청하더라.

수많은 진리들이 여기에 분명하게 제시되어 있다.

1. 먼저, 본문의 성령침례는 사도행전 2:1,2의 침례와 일치한다. 바울은 이 침례를 『**한 침례**』라고 말한다. 뿐만 아니라 그는 우리가 『**한 몸**』 안으로 침례받는 것은 『**한 분 성령**』에 의해서라고 말한다. 신학자들이 그 어떤 교리들을 주장한다 하더라도 사도행전 2,9,10,28장에서 두 개(또는 세 개)의 침례를 만들어내지는 못한다. "선물"이라는 동일한 단어가 여기서도 (45절) 사용된다. 그것은 사도행전 2:38에서 시몬 베드로가 사용했던 단

어이다.

2. 방언들은 성경에서 두 곳, 즉 성령께서 이 시대에 그분의 사역을 시작하신 사도행전 2장과 10장에서 주어진 처음 증거(initial evidence)이다. 고린도 교회에 주어진 방언의 은사는 결코 "처음 증거"가 아니다. 이 사실은 고린도전서 12,13,14장에서 매우 분명해진다. 그 구절들은 모든 그리스도인들이 성령으로 침례를 받았지만 그들 모두가 방언으로 말하는 것은 아님을 알려 준다.

3. 여기서 구원받은 사람들은 물침례를 받지 않고서도 성령을 받는다(47절). 그들은 구원받았고 "거듭났으며," 카톨릭 사제나 캠벨파 목사가 그들에게 안수해 주지 않았는데도 그리스도 안에 있게 되었다. 아무리 많이 성경을 뒤틀어 놓아도 (막 16:16과 행 2:38을 코넬료의 상황으로 맞춰 보려는 시도도) 소용없다. 44절의 모든 사람은 믿음으로 말미암아 은혜로 구원받았다. 물침례도, 교리문답도, 안수나 견진성사도 없다.

4. 그들은 "예수 그리스도의 이름"이 아니라 『주』의 이름으로 침례를 받는다. 배교한 로크만 재단은 이 구절을 사도행전 2:38에 억지로 맞추려고 본문에 "주"를 빼고 "예수 그리스도"를 첨가시켰다. 그러나 우리가 잊지 말아야 할 것은 로크만 재단을 지지하는 사람들 중 일부는 침례에 의한 중생을 믿고 아기에게 물 뿌리는 "개혁가들"이란 사실이다. 오리겐도 침례에 의한 중생을 믿었으며, 유세비우스와 팜필루스가 콘스탄틴에게 보냈던 오리겐의 필사본들(알렙, A, B)에는 NASV의 본문이 포함되어 있다. "예수 그리스도"라는 말은 암흑기의 예수회 성경(1582년)에도 첨가되어 있다.

NEB, 〈공동성서〉(1973) 그리고 빌리 그래함이 추천하는 모든 번역본, R.A. 토레이와 존 R. 라이스가 크게 칭찬하는 ASV, 필립스, 굿 뉴스, 1881년 RV, 모펫, 웨이마우스, 굳스피드 등도 이 로마카톨릭 본문을 담고 있다.

한편 이 부분은 〈킹제임스성경〉(1611)이 신약 전체에서 가장 위대한 교리적 진리들 중 하나를 보존해 온 부분으로서 『주』(48절)가 삼위일체의 세 분 모두에게 일치되는 『**이름**』(the name)임을 보여 주고 있다. 결국 시몬 베드로는 삼위일체의 『**이름**』으로 이방인들에게 침례를 주도록 명령을 받은 것이다(마 28:18-20 및 주석 참조). 마태복음 28:19,20의 침례 공식을 사도행전 2:38과 혼합시키는 것은 하나님의 말씀을 왜곡시키고 침례에 의한 중생을 믿는 배교자가 이방인들에게 사도행전 2:38을 강요하고자 하는 것에 지나지 않는다. 그러므로 우리는 서둘러서 ASV, NASV, RV, NRV, RSV, NRSV 등을 버려야 한다.

A. 아들은 『주』라는 이름으로 불린다 - 빌립보서 2:11

B. 아버지는 『주』라는 이름으로 불린다 - 유다서 1:5

C. 성령은 『주』라는 이름으로 불린다 - 사도행전 21:11, 고린도후서 3:17

따라서 마태복음 28:19,20의 "이름"(the name, 단수)은 "예수"(빌 2:10, 11)가 아니다. 그 이름은 "민족들"이 침례받는 사도행전 10:48에 있듯이 "주의 이름"이 분명하다(마 28:19,20과 행 10:35 비교).

요한 웨슬리는 〈킹제임스성경〉의 본문을 따랐다(〈복음주의 주석〉, p.149). 그의 사역을 노울링, 로버트슨, 해켓, 웨스트코트, 홀트, 스코트겐, 케네디, 모벌리, 벵겔, 브루스, 블래스, 더멜로우의 사역과 비교해 보면 어떤 본문을 선택해야 할지가 분명해진다(웨슬리는 비록 세례를 받았으며, 구원을 잃어버릴 수 있다고 생각했을지라도 그들보다는 훨씬 나은 분별력을 가지고 있었다).

"베레언"(코넬리우스 스탬)의 책들로 공부하는 학생들은 베드로 역시 바울과 마찬가지로 자신의 사역이 사람들에게 침례를 주는 것이라고 생각하지 않았음을 분명히 알아야 한다. 베드로는 여기서 누구에게도 침례를 주지 않는다. 그는 그들에게 침례를 받으라고 명령할 뿐이다(48절). 그러나 자신이 직접 침례를 주지는 않는다. [고전 1:17이 바울이 위탁받은 사역에는 침례 주는 것이 배제되었음을 뜻한다는 이상한 논리는 엡 4:3-6에 관한 "베레언" 서적들을 읽을 때도 나타난다. 그러나 이 "베레언"파 사람들은 "문맥"을 제대로 고려하지 않는 것 같다. 예를 들면 고전 1:17에서 바울의 말은 그의 사역의 핵심이 무엇인가에 대해 말하는 것이다. 그가 개종자들에게 침례를 주었다는 것은 너무나 명백하며, 그것은 정확하게 문맥에 언급되어 있다(고전 1:13,14,16). 초극단적 세대주의자들은 정신적으로 문제가 있는 것 같다. 성령께서 말씀하신 목적을 잘못 분별하는 것을 보면 그렇게 생각할 수밖에 없다(또 다른 예로 엡 4:2-6의 주석을 참조할 것).]

NASV는 44절에서 헬라어 '로곤'(말씀)을 제대로 번역하지 않았음에도 불구하고, 코넬료와 그의 집안은 『**그 말씀**』(44절)을 들었다. 그들은 구원을 받았으며 성령의 몸 안으로 접붙여졌다. 그리고 그들이 동일한 "선물"을 받았다는 것을 이스라엘에게 보여 주는 증거(또는 "표적")로서(고전 14:22) 그들은 방언들을 말한다. 한편 베드로는 새 개종자들이 침례받는 것을 당연시한다(47절). 이것은 사도 바울이 침례를 당연하게 여겼으며(행 16:30-33), 에디오피아 내시가 그것을 당연하게 여겼던 것과 같다(행 8:36). 그것을 당연시하지 않는 유일한 사람들은 스템, 베이커, 벌링거에 의해 엉망이 된 구원받은 침례교도들뿐이다.

사도행전 10장에서는 시몬 베드로의 열쇠들(마 16:19)이 두 번째로 사용되었으며, 이후로는 그가(혹은 야고보나 요한이나) 성령을 받는 필수 조건으로 물침례를 전파하는 것을 결코 발견할 수 없다(행 15:11 및 주석 참조). 오직 캠벨파만이 이런 비성경적 행위를 계속하면서 감독 교회와 카톨릭의 성체배령 전통을 지속시키고 있는 것이다. 카톨릭은 하늘나라에 가기 위해 세례를 주며, 감독 교회는 하늘나라에 가기 위해 술을 마신다. 그러나 그들 중 누구도 하늘나라에 갈 확신은 갖지 못한다.

사도행전 11장

11 : 1 유대에 있는 사도들과 형제들이 이방인들도 하나님의 말씀을 받았
다는 것을 들으니라.
2 그후 베드로가 예루살렘에 올라가니 할례자들에 속한 자들이 그와
다투며
3 말하기를 "당신은 할례받지 않은 사람들에게 들어가서 그들과 함께
먹었도다." 하니
4 베드로가 그 문제를 처음부터 되풀이하고 그들에게 차례대로 설명
하여 말하기를
5 "내가 욥파 성읍에서 기도하고 있을 때 무아지경에 빠져서 한 환상
을 보았으니, 어떤 그릇이 내려오는데, 마치 네 귀를 맨 큰 보자기
같은 것이 하늘로부터 내려와 내게 가까이 왔느니라.
6 내가 이것을 주목하여 자세히 살펴보니 땅에 있는 네 발 달린 짐
승들과 들짐승들과, 기어다니는 것들과 공중의 새들이라.
7 또 한 음성이 내게 말하는 것을 들었는데 '베드로야, 일어나서 잡

아먹으라.' 하기에

8 내가 말하기를 '주여, 그럴 수 없나이다. 속되거나 불결한 것은 어
느 때라도 내 입에 들어간 적이 없나이다.'라고 하니

9 하늘에서 그 음성이 다시 내게 응답하기를 '하나님께서 깨끗하게
하신 것을 네가 속되다고 하지 말라.'고 하셨느니라.

10 이런 일이 세 번 있은 후에 모든 것이 다시 하늘로 들려 올라갔느
니라.

11 그런데, 보라, 바로 그때 세 사람이 내가 거처하는 집 앞에 왔는데
그들은 카이사랴에서 내게 보낸 사람들이라.

12 그때 성령께서 내게 말씀하시기를 '아무것도 의심하지 말고 그들
과 함께 가라.'고 하시기에 이들 여섯 형제도 나와 함께 갔고 우리
가 그 사람의 집에 들어가니라.

13 그러자 그가 우리에게 어떻게 자기 집에서 천사를 보았는가를 설
명하였으니 곧 그 천사가 서서 그에게 말하기를 '욥파에 사람을
보내어 베드로라고 하는 시몬을 청하라.

14 그가 네게 말씀을 전해 주리니 그 말씀으로 너와 너의 온 집안이
구원받으리라.' 하였다는 것이라.

15 그리하여 내가 말하기 시작하니 성령께서 처음에 우리에게 임하신
것과 똑같이 그들에게 임하더라.

16 그때에 내가 주의 말씀, 곧 '요한은 정녕 물로 침례를 주었으나 너
희는 성령으로 침례를 받으리라.'고 말씀하신 것을 기억했노라.

17 그러므로 하나님께서 주 예수 그리스도를 믿은 우리에게 주신 것과
똑같은 선물을 그들에게도 주셨다면 내가 누구이기에 하나님을 거
역할 수 있겠는가?"라고 하니

18 그들이 이런 말을 듣고 잠잠하더라. 그리고 하나님께 영광을 돌리

며 말하기를 "그러면 하나님께서 이방인들에게도 생명에 이르는 회개를 주셨도다." 라고 하니라.

위 본문은 시몬 베드로가 10장의 사건을 다시 반복해서 말하고 있기 때문에 긴 설명이 필요없다. 한편 3절의 비난은 베드로의 마음에 깊이 자리잡고 후에 베드로가 탈선하는 원인이 되며(갈 2:11-15) 그때 그는 바울에게 책망받는다. 베드로는 사도행전 10장을 사도행전 2장(15절)과 연결시키고 이것을 마태복음 3:11(16절)의 침례로 부른다. 이것이 매우 중요한 이유는 스탬과 벌링거는 수십 년 동안 전자는 주께서 침례를 베푸시는 분이며, 후자는 성령께서 침례를 베푸시는 경우라는 주장을 해 왔기 때문이다. 그러나 그것은 궤변에 지나지 않는다. 왜냐하면 골로새서 2:11,12에서는 주께서 침례를 베푸시는 분이며 그것은 에베소서 4:5과 일치하기 때문이다. 또 사도행전 2장과 사도행전 10장에서 성취된 마태복음 3:11의 침례를 베푸는 이도 주님이시다.

위의 본문에서 또 하나의 문제의 구절은 18절이다. 서문에서 말한 바와 같이, 사도행전은 3대 이단, 즉 극단적 세대주의, 신유 및 방언 운동, 극단적 칼빈주의가 둥지를 틀고 있는 곳이다. 질, 오웬즈, 핑크, 왓슨 등은 이 18절을 가지고 하나님께서 어떤 사람에게 "회개를 허락하시지" 않으면 그 사람은 만족스럽게 회개할 수 없다고 가르쳤다. 그들은 두 종류의 회개(고후 7:10)가 있는데, 하나는 하나님께서 어떤 사람 안에 주시는 회개이고(빌 2:13) 또 하나는 그 사람 자신이 하는 회개(마 27:3)라고 생각한다. 그러나 그러한 논리는 영적인 문제가 아니라 정신적 문제에 해당된다. 이 문제의 뿌리로 가 보면 칼빈, 핫지, 질, 댑니, 마우로, 카이퍼, 스트롱, 벌콥, 핑크, 질핀 등이 있는 것을 알 수 있다. 이들은 죄인은 죽었기 때문에(엡 2:1-4) 회개하라는 명령을 받았음에도 불구하고(마 11:21, 행 20:21)

회개할 수 없다고 가르친다. 그들에 의하면 하나님께서는 그 사람의 의지의 작용 없이 그를 중생시키셔야 할 뿐 아니라 (이것을 증명하기 위해 그들은 빌 2:13을 사용한다!!) "경건한 슬픔"을 일으키기 위해 그 사람을 회개시켜야만 하는 것이다. 이와 같은 그들의 가르침은 사실 아주 이상한 방식으로 전개되기 때문에 수십 년간 이 이단 교리를 개인적으로 접해 온 사람들은 실제로 "극단적 칼빈주의"가 항상 "극단적 알미니안주의"로 바뀌는 것을 보아 왔다. 그들의 논리 전개는 이렇다.

1. 죄인은 하나님께서 그를 위해 뭔가를 하시지 않으면 믿을 수도, 회개할 수도 없다.

2. 그러므로 만일 그가 회개하고 믿는다면 (칼빈의 순서는 중생, 그리고 회개, 그리고 믿음이다) 그가 그것을 자기 스스로 육체 안에서 한 것인지 아니면 하나님께서 그것을 하셨는지 분간할 수 없게 된다.

3. 눈에 보이는 증거, 즉 눈물을 흘리며 애통해 하고 슬퍼하며 모든 죄에서 돌아서는 것이 있다면 그것은 그 "회개"가 육신이 아니라 하나님에 의해 이루어진 것임을 증명한다. 그것을 그들은 "사도적 은혜"라 말하는데, 그들에게 받아들여지는 유일한 증거는, 회심한 증거로 나타난다는 알미니안주의식 거룩함이다. 그것은 절대적인 죄 없음의 상태이며 히스테리적인 감정의 노출이 수반되는 상태이다.

이런 "경건한 회개"는 대개 일정한 형식을 따른다. 가장 일반적인 것은 5-10년간 설교해 오던 사람이 갑자기 "회심하는 것"이다. 회심할 때까지 그는 성경대로 믿는 목사로서 거듭남을 설교한다. 그러다가 갑자기 그는 자신이 "정말로 회개한" 적이 결코 없다고 생각한다. 그리고 "진짜 회개"를 근거로 해서 그는 이제 자신이 중생한 죄인이라고 주장한다. 그리고는 아무 일도 일어나지 않은 것처럼 그의 사역을 계속한다. 이것이 정확하게 디모데전서 3장에 맞는다고 말하기는 다소 어렵다. 그러나 이보다 더 희한한 일들이 미국 기독교계에서 진행되어 왔다.

본문(『**하나님께서 이방인들에게도... 회개를 주셨도다.**』 - 18절)은 로마서 11:1-28에서도 볼 수 있듯이 하나님께서 이방인들에게 복음의 특권들과 약속들을 얻을 기회를 부여하셨음을 말하는 것이다. 그 말씀은 (롬 11장처럼) 민족적인 특권들에 관해 말하고 있는 것이다. 어떤 사람이 10년간 사역한 후에, 그의 의지에 상관없이 하나님께서 어떤 죄인을 돌이키시는 것을 말하는 게 아니다.

11:19 그때에 스테판에게 일어난 박해로 인하여 널리 흩어진 사람들이 멀리 페니케와 쿠프로와 안티옥까지 가서 오직 유대인들에게만 말씀을 전파하더라.

20 그 사람들 가운데는 쿠프로와 쿠레네 사람 몇 명이 있었는데 그들이 안티옥에 와서는 그리스인들에게 주 예수를 전파하니라.

21 주의 손이 그들과 함께하시니 많은 수가 믿고 주께로 돌아서니라.

22 그때 예루살렘에 있는 교회가 이런 일에 관한 소식을 듣고 바나바를 멀리 안티옥까지 가도록 보내니라.

23 그가 와서 하나님의 은혜를 보고 기뻐하며 또 그들 모두에게 권하기를, 굳센 마음으로 주께 붙어 있으라고 하더라.

24 이는 그가 선한 사람이요, 또 성령과 믿음으로 충만한 사람임이라. 그러므로 많은 무리가 주께 더해지더라.

25 그후에 바나바가 사울을 찾으러 타소에 가서

26 그를 만나 안티옥으로 데리고 오니라. 그리하여 그들이 일 년 내내 교회와 함께 있으면서 많은 무리를 가르치니 안티옥에서 제자

들이 처음으로 '그리스도인'이라고 불리더라.

이 부분은 사울의 공식적인 1차 선교여행 이전의 초대 교회의 선교활동에 대해 말해 주고 있다. 성경 비평과 필사본 증거를 공부하는 학생들은 언급된 모든 지역들에 주의 깊은 관심을 보여야 한다. 왜냐하면 이 지역들은 그 지역 언어로 된 최초의 신약 번역본들이 어디에서 유포될 것인지를 암시해 주기 때문이다. 본문에서 『**안티옥**』이란 단어가 규칙적으로 (19,20,22,26,27) 나타나고 있다. 이것은 믿음으로 말미암아 은혜로 받는 구원의 메시지의 근원지가 안티옥이었음을 보여 준다. 예루살렘이나 로마나 알렉산드리아가 아니다. 본문에 바울 서신적 표현들이 나옴을 주의하자. 『**주께 더해지더라.**』(24절), 『**하나님의 은혜를 보고**』(23절), 『**성령... 충만한**』(24절), 『**주 예수를 전파하니라.**』(20절) 등. 에베소서와 로마서의 교회가 아직 분명하게 정의되어 기록된 형태로 나타나지는 않았지만 성령께서는 교회를 그 방향으로 인도하고 계신다. 이 사실은 야고보의 죽음(12:2)과 베드로의 감금(12:3,4) 이후에 일어난 사건들로 볼 때 매우 명백하다.

『**페니케**』는 갈릴리와 시리아 사이의 지중해 연안을 따라 있는 페니키아일 것이다. 그 곳의 주요 도시는 투로와 시돈이다(창 10:15 및 주석 참조). 『**쿠프로**』는 시리아 해안에서 떨어져 있는 유명한 섬으로, 사도행전 13장의 여행에서 바울과 요한과 바나바가 배를 타고 향했던 곳이다. 『**안티옥**』은 초기 기독교의 중심 도시이다(26절 참조). 당시 인구가 팔십만 명이었던 이곳은 시리아와 킬리키아 지방의 로마 총사령부였다. 안티옥은 A.D. 1000-1200년의 십자군 전쟁 때 크게 부각되었으며, 예루살렘, 비잔틴, 다마스커스, 에이커와 더불어 주요 점령지의 하나로("동방의 여왕") 여겨졌다. 이곳은 바울의 선교활동의 근거지이다. 이곳에서 최초의 신약 번역본들이 시리아, 북아프리카, 이탈리아, 소아시아로 퍼졌다. 안티옥에서 나온 원문은 "앗시리아 계열 원문" 혹은 "비잔틴 원문"으로 불린다. 종교개혁 시기에 이것은 "표준원문"(Textus Receptus) 혹은 "최상의 원문"(Imperial Text)이라 불렸다. 권위역본의 원문이기도 한 이 원문은 바울의 친구들이 북아프리카로 가져갔던 구라틴 필사본들에서 찾아볼 수 있고(A.D. 100-300), 바울의 친구들이 동쪽 아르메니아와 페르시아(A.D. 200-500)로 가져갔던 시리아 필사본들(A.D. 100-300)에서도 발견된다. 이 사본들이 로마에서는 제롬(450), 북아프리카에서는 오리겐(240), 시리아에서는 라불라(435)에 의해 변개된다. 이것들이 또한 암흑시대 동안 왈덴스, 바우도이스, 폴리시안, 보고마일즈, 알비겐스 등에 의해 지켜져 왔다. 이러한 사본들은 진리에 대한 사탄의 모조품인 알렉산드리아 사본이나 시내 사본, 바티칸 사본이 그리스도의 몸에 의해 거부당하기 100년도 더 전에 기록된 것들로서 〈킹제임스성경〉을 지지한다. 콘스탄티노플(비잔티움)의 헬라어 표준원문과 더불어 그것들은 하나님께서 영감을 불어넣으시고 하나님께서 보존하시고 하나님께서 존중하시는 본문이다. NASV, NEB, 리빙바이블, NRSV는 그 필사본들 앞에서 악취 나는 치즈와 부패한 우유에 지나지 않는다.

『**쿠레네**』는 그리스도 이전 약 630년경에 아프리카 북쪽 해안에 세워진 도시이다. 쿠레네는 "키레나이카"라고도 불린다. 안티옥에서 온 선교사들이 처음에 이 지역 주민들을 위해 신약을 라틴어로 번역했다. 그러나 그것은 알렉산드리아의 "기독교" 대학에 의해 변개된다(필로, 판테누스, 오리겐, 클레멘트 등).

『**오직 유대인들에게만... 그리스인들에게**』(19,20절). 이는 『**첫째는 유대**

인에게요, 또한 헬라인에게로다.』(롬 1:16)라는 바울의 순서와 일치한다. 한편 A.T. 로버트슨 박사는 여기서 바티칸 사본, E, H, L, P의 본문을 거부한다. 모든 "헬라어를 말하는 보수주의자들"(행 6:1 및 주석 참조)은 갑자기 "헬라인들"(Hellenas)이 옳은 단어이며 "헬라어를 말하는 유대인들"(Hellenists)은 틀린 단어라고 결정내린다. 성경을 비방하는 자들의 일관성 없는 태도를 살펴보아 온 우리에게는 전혀 놀라운 일이 아니다. 그들이 가진 신분 카드에는 이렇게 써 있나 보다. "위의 사람은 전능하신 하나님을 자유로이 바로잡아 드릴 수 있다. 그는 헌신된 사람으로 원본에 대한 뛰어난 지식을 갖고 있기 때문이다." ASV, RSV, RV, NRV, NASV, NRSV 등의 번역자들은 옳은 단어에서 넘어지는 곳에서조차도 (헬라어 "헬레니스타스" 대신 "헬레나스") 권위역본에는 결코 고개숙이려 하지 않는다. "Greecians"(그리스인들, A.V. 1611)이라고 쓰는 대신에 "Greeks" 라고 쓰는 것이다. 그들은 하나님께서 말씀하신 것을 믿는 것을 제외하고는 어떤 것이라도 하는 것이다.

오순절 사건 때 크레테와 쿠레네에서 온 사람들이 그 자리에 있었다(행 2:10,11). 그들 중 많은 이들이 거기에 머물렀고, 그후 사도행전 8:1-4의 기간 동안에 예루살렘 밖으로 흩어졌다(20절-『**그 사람들 가운데는 쿠프로와 쿠레네 사람 몇 명이 있었는데**』). 여기서의 개심(21절)과 연관해서 본문에 물침례도, 방언도 언급되지 않았음에 주의해야 한다. 그들은 물론 의심할 여지없이 물침례를 받았을 것이다(행 10:47 및 주석 참조). 그러나 "방언들"은 없었다. 이방인들이 구원받았다는 것을 증명하기 위한 "표적"은 더 이상 필요치 않았기 때문이다. 이방인들이 구원받은 사실은 18절에서 이미 알려졌다.

『**교회가 이런 일에 관한 소식을 듣고**』(22절). 여기서 "교회"란 말은 "교회 건물"이 아님을 우리에게 보여 준다. 신약에서 "교회 건물"은 없다. 한편 바나바는 예루살렘에서 안티옥으로 간다. 거기서 그는 그의 옛 친구 사울을 데려오기 위해(행 9:27) 타소로 올라간다. 그리고 바울을 선교 본부로 데리고 온다. 바울은 거기서 다마스커스나 예루살렘에서보다 더 나은 환영을 받게 된다.

『**주의 손이 그들과 함께하시니**』(21절). 이 표현은 구약적인 표현이다(사 19:16; 11:11; 50:2, 렘 15:6, 욥 12:9, 스 7:6, 왕하 3:15 등). 이것은 교리적 과도기가 계속되고 있음을 보여 준다. 『**주께 붙어 있으라**』(23절)는 표현 역시 구약적 표현이며(왕하 18:6, 수 23:8 등) "그의 몸과 그의 살과 그의 뼈의 지체"(엡 5:30)로서 "그리스도 안에서"(롬 8:28-39) 영원한 보장을 받는 성도의 확신과는 거리가 먼 말이다[이 때문에 교리의 계시는 여전히 전환기를 통과하고 있다고 말하는 것이다]. 사울이 안티옥에 되돌아갔을 때는(26절) 4년간의 수습 기간을 마친 후였고, 이제 그는 설교뿐만 아니라 가르칠(『**많은 무리를 가르치니**』) 자격을 갖추게 된다.

『**안티옥에서 제자들이 처음으로 '그리스도인'이라고 불리더라**』(26절). "그리스도인"이라는 칭호에 대해 학자들은 그것이 "nickname"('별명' 블레이클락, *Ibid.*, p.102)이니, "누군가의 추종자들"(디스만, 로버트슨이 인용. *Ibid.*, p.160)을 뜻하는 말이니, "그들의 사역에 대한 인식"(하르넥, 〈복음주의 주석〉에서 인용, p.160)이라는 등의 설명을 하지만, 26절에서 가장 중요한 것은 그런 것들과는 전혀 관계가 없다. 그 구절에서 가장 중요한 것은 제자들이 최초로 "그리스도인들"이라 불린 것은 알렉산드리아나 로마에서가 아니라는 사실이다. 베드로가 로마에 있었다거나 마가가 알렉산드리아에 있었다는 등의 모든 쓰레기 같은 소리는 저 위대한 배교자이자

에큐메니칼 운동가요 아첨쟁이 정치가인 유세비우스(A.D. 260-340)의 글에서 나온 것이다. 그 글에 근거해서 밥존스 교수진들과 휘튼, 풀러, 달라스, 클리어워터, 무디, 사우스웨스턴, 미드웨스턴, 노스웨스턴 등은 〈킹제임스성경〉을 ASV와 NASV로 대체했다. 잘못된 사도들, 잘못된 도시, 잘못된 필사본들, 잘못된 역사가, 잘못된 성경.

제자들은 그리스도인들이라고 "불렸다." 즉 누군가가 그들에게 그 이름을 붙인 것이다. 이런 일은 어느 시대 어디서나 일어나는 아주 평범한 일이며, 그 일의 시작은 안티옥이었다. 사도행전 26:28에서 사용된 이 단어는 로버트슨이 (그리고 다른 사람들이) 추측한 것처럼 아그립파의 입에서 나온 "경멸적인 말"이 아니다. 베드로전서 4:16에서도 시몬 베드로는 그 용어를 경멸적으로 사용한 것이 아니다. 두 경우 모두 그 단어는 독자, 또는 듣는 자가 그 말이 내포하고 있는 뜻을 정확하게 이해하고 있는 것처럼 사용되었다. 비록 이교도들이 자기들끼리 이야기할 때 그 단어를 조소적으로 사용했을 수는 있지만, 많은 사람들은 그들 자신의 신들도 그만큼 좋다는 것을 증명하기 위해 그리스도인들의 기준을 모방하고자 했다. 같은 형태의 일이 오늘날에도 반복된다. 자신들의 대화 속에서 "그리스도인"이란 말을 경멸적으로 사용하는 많은 사람들이 막상 상황에 직면했을 때는 자신이 그리스도인이라고 고백한다.

바나바는 신약에서 나타난 첫 번째 『**선한 사람**』('크레스티안스'-선한 사람들)이다(마 19:17 및 주석 참조). 그러나 그의 선함은 로마서 3:10-23의 위대한 교리적 진술을 폐기시키지는 않는다. 왜냐하면 그의 선함은 분명히 "성령으로 충만함"(24절)과 관련된 것이기 때문이다. 그의 "선함"은 유일하게 선하신 분(마 19:17)이신 하나님께로부터 나온 열매인 것이다.

안티옥과 관련된 이름들은 알렉산드리아나 로마와 관련된 이름들과는 한눈에 봐도 다르다. "베드로"라는 이름을 로마에 두고 "요한 마가"라는 이름을 알렉산드리아에 두는 것은 "빌리 선데이"라는 이름을 트레블링카에 두고 "샘 존스"라는 이름을 베트남에 두는 것과 같다. 누군가가(A.D. 100-150) 베드로와 마가의 이름을 이 도시들과 연계시킴으로써 서방 "성서들"과 헤시키안 "성서들"을 정당화시키고자 한 것이다. 그러나 역사적 사실들은 그러한 시도를 무너뜨린다. 안티옥과 관련된 이름들은 다음과 같다.

1. 크리소스톰(A.D. 470) : 그의 "성경"은 그 시대의 A.V.(1611)와 98% 일치함

2. 이그나티우스(A.D. 110) : 지하 출구에서 사자들에게 먹힘

3. 테오도렛(A.D. 460) : 가장 진실된 의미에서의 보수주의 주석가

4. 디오도루스(A.D. 394) : 성경을 "풍유적 의미"로 풀지 않고 문자적 의미의 명백한 뜻으로 해석한 최초의 주석가

5. 바실(A.D. 379) : 구령하는 설교가

6. 두 명의 "그레고리"(A.D. 340) : 구령하는 설교자들이었으며 성경 주석가들이었음. 둘 다 〈킹제임스성경〉(1611)에서 발견되는 서방-시리아의 혼합 본문을 사용했다.

7. 네스토리우스(A.D. 451) : 마리아를 "하나님의 어머니"라고 부르는 것을 거부함. 네스토리우스는 종종 교회 역사에서 "이단"으로 분류된다. [그러나 "조직신학"뿐만 아니라 "실천신학"에서 많은 경험을 가진 사람들은 누군가가 어떤 식으로 "이단"으로 분류되는지를 잘 안다. 대다수의 보수주의 학자들과 동의하지 않는 사람이 바로 "이단"으로 분류되는 것이다.]

8. 루시안(A.D. 400) : 위대한 성경교사

9. 아리우스(A.D. 336) : 시편 2:7이 "영원에서" 일어난다는 오리겐의 말도 안 되는 소리에 대해 그에게 설명을 요구함. [엄밀하게 따지면 아리

우스는 이 부분에서 잘못된 생각을 갖고 있었지만, 카톨릭 교회가 "아리안주의자들"이라고 부르는 사람들(고트족, 반달족, 훈족 등)은 요한복음 1:18에서 〈킹제임스성경〉과 일치하는 고딕 성경(울필라스)을 가지고 있었다. 한편 요한복음 1:18의 "아리안주의적" 본문은 "니케아의 영웅" 아타나시우스의 알렉산드리아 필사본에서 발견되었으며, 이 필사본들은 NASV에 보존되어 있다.] "아리안주의자"와 "네스토리안주의자"란 단어들은 로마와 알렉산드리아의 죽은 정통주의 배교자들에 의해 종종 구령하는 선교사들과 복음전도자들에게 사용되었다. 그러나 교회사의 최초 3세기 동안 진짜 "아리안주의자"는 찾아보기 어렵다. 그리스도의 신성을 빵 한 조각으로 평가절하시킨 교회는 안티옥에 있는 교회가 아니었다. 그것은 북아프리카 알렉산드리아에서 발원한, 로마에 있는 교회였다. 그 교회가 A.D. 325년 니케아 공회 때 아타나시우스를 따랐다고 주장한 교회였다.

11:27 그 무렵 선지자들이 예루살렘에서 안티옥으로 내려왔는데

28 그들 가운데서 아가보라고 하는 한 사람이 일어나서 성령으로 알리기를, 온 세상에 큰 흉년이 있을 것이라 하더니 클라우디오 카이사 때에 그렇게 되니라.

29 그때에 제자들은 각자 능력에 따라 유대에 사는 형제들에게 구호금을 보내기로 결정하고

30 이를 실행하여 그들이 모은 것을 바나바와 사울의 손을 통해 장로들에게 보내더라.

로마의 작가들은 모두 클라우디오, 칼리굴라, 네로 통치 기간 동안에 있었던 이 기근에 관해 말한다. 로크만 재단은 "카이사"란 말을 성경에서

뺐다(28절). 그렇게 해서 암흑시대의 예수회 성경(라임즈, 1582)과 일치하게 만들었다. 이 카톨릭 본문은 또한 밥존스대학이 추천하는 "믿을 만한 번역본들"과 RSV, 공동성서, 리빙바이블, 그 밖의 로마카톨릭 역본들에서도 발견된다. F.F. 브루스, 노울링, 렌돌, 로버트슨, 더멜로우, 그리고 학자 연맹은 모두 그 단어가 삭제되어야 한다고 말한다. 주목할 것은 알란드와 메츠거는 표준원문에 어떠한 권위라도 부여하는 것을 두려워한 나머지 "중립적이고 과학적인 헬라어 판들"에 대해 한마디 말도 하지 않고 "카이사"란 단어를 빼버린 사실이다. 그러나 "카이사"란 단어는 네 개의 필사본 계열들과 대다수의 필사본들에서 발견된다.

요세푸스도 이 기근에 대해서 언급했는데, 그가 기록했던 시기는 A.D. 44-48년경이다(클라우디오는 A.D. 41-54년에 통치했다).

위의 내용은 본문이 말하는 그대로이다. 신약 교회에는 사도들뿐만 아니라 "선지자들"도 있다(엡 4:11 및 주석 참조). 한편 아가보는 사도행전에서 중심적인 인물이다(21:10,11 및 주석 참조). 안티옥에 있는 제자들은 구호금을 모아서 예루살렘에 있는 형제들에게 보내는데, 성령께서는 이에 관한 두 개의 훌륭한 주석을 로마서 15:25-27과 고린도후서 9:1,2에서 하고 계신다. "relief"(구제)라는 용어는 바로 이 구절에서 나왔다. 그러나 현재 이 말은 법률소송, 소수 집단에 대한 정부 보조, 일할 수 없는 사람들(혹은 너무 게을러서 일하지 않는 사람들)에게 주는 물질 등과 관련된 말이 되었다. 한편 이것은 성경에서 열두 번째로 언급되는 기근이다. 첫 번째 기근은 창세기 12장에서 발생했다. 열세 번째 기근은 미래에 있을 것이다(계 16장). 그것은 주의 말씀들을 듣지 못하는 기근(암 8:11)이다. 『**각자 능력에 따라**』(29절). 그것은 바울 서신에 기록된 방법이다(고후 9:6-9).

사도행전 12장

12:1 그 무렵에 헤롯왕이 교회에서 몇 사람을 해치려고 손을 뻗치더니,
2 요한의 형제 야고보를 칼로 죽이니라.
3 그 일이 유대인들을 기쁘게 한 것을 알고서 그가 베드로도 잡고자
하더라. (그 때는 무교절 기간이더라.)
4 그가 베드로를 잡아서 감옥에 가두고 네 명씩 네 조의 병사들을 붙
여 *교대로* 지키게 하니 이스터가 지나면 그를 백성들 앞에 끌어낼
의도였더라.
5 그리하여 베드로는 감옥에 갇혔으나 교회가 그를 위하여 하나님께
쉬지 않고 기도하더라.
6 헤롯이 그를 끌어내려고 한 그 날 밤, 베드로는 두 병사 사이에서
두 쇠사슬에 묶인 채 자고 있었고 또 간수들은 문 앞에서 감옥을
지키고 있었는데,

12장은 사도행전에서 시몬 베드로가 중심 인물로 나오는 마지막 장이다. 여기서부터 성령께서는 초점을 베드로에게서 바울로 옮기실 뿐만 아니라, 고의적으로 베드로를 무시하고 바울을 부각시키신다. 로마 교회에 편지를 쓴 사람은 베드로가 아니라 바울이다. 이방인들과 연계되어서도(롬 15:16-20) 사도들의 왕은 베드로가 아니라 바울이다.

한편 야고보는 2절에서 마지막으로 등장하는데, 이번에는 유다의 경우처럼(행 1장) 그 자리가 다른 사람으로 대체되지 않는다. 이것은 학자 연맹이 무시하기로 결의한, 매우 중요한 문제를 부각시킨다. 학자들은 야고보서가 세베대의 아들 야고보에 의해 기록되지 않았다고 가르침으로써 야고보서의 기록 연대를 A.D. 44,45년 이후로 잡는다. 그러나 클라크, 랜지, 더멜로우, 오리겐, 렌돌, 스코필드, 반하우스, 림머, 스미스, 뉴웰, 로버트슨, 페팅길 등이 세 명의 주요 사도들(베드로, 야고보, 요한) 중에서 한 이름을 이렇게 이동시켜 버린 것은 로마카톨릭 교리에 동조하기 위한 것이다. 즉 이것에 근거해서 사도행전 15장의 "야고보"가 주 예수 그리스도의 육신의 형제일 리가 없다고 생각하는 것이다(마 1:25 및 주석, 갈 1:19 참조). 대신에 이 야고보는 그리스도의 "사촌"이었으며, 야고보서의 날짜를 후대로 잡음으로써 먼 친척이 야고보서의 저자가 되게 만들어 버린 것이다. 그러나 이것은 분명히 거짓이다. 사복음서 전체를 통해 세 명의 주요 사도들은 베드로와 야고보와 요한이다(마 17:1; 26:37, 막 13:3). 상식적으로 생각해 보아도, 왜 야고보가 한 개의 서신서도 쓰지 않았겠는가? 모든 서신서들은 사도들이 기록한 것이 아닌가? 어떻게 해서 세베대의 아들 야고보가 그의 권리에서 빠졌단 말인가?

답은 간단하다. (로마와 잘 지내고 싶은) 모든 학자들은 신약의 모든 책들의 기록 시기를 후대로 잡고 싶어 한다. 그들이 말하는 마태복음, 야고보서, 유다서, 히브리서의 기록 시기를 보면 모두 뒤로 밀려났음을 알게 될 것이다. [J.F.와 브라운은 심지어 유다가 자신을 "예수의 형제"로 불렀다고 말하는 지경에까지 이르렀다. 그러나 유다서 어디에도 이런 말은 없다.] 이렇게 주장하는 이유는 유다가 자신을 『**야고보의 형제**』로 말했기 때문이다. 따라서 그들은 "주의 형제인 야고보"의 친척인 어떤 사람이 서신을 썼기 때문에 주의 형제인 그 야고보도 틀림없이 서신을 썼을 것이라고 생각한다. 그러나 사도행전 1장에는 "야고보의 형제, 유다"로 불리는 사도가 나온다. 이 사람은 사도이다. 신약의 모든 서신서는 사도에 의해 기록되었으며, 이것은 초기 기독교계에서 "정경"으로 인정될 수 있는 기준들 중 하나였다. "주의 형제인 야고보"는 고린도전서 15:7의 사도들과는 구분된 별도의 증인으로 제시된다.

유세비우스, 시프리언, 파피아스, 오리겐, 그리고 지난 2세기 동안 보수주의 학자들이 언급해 온 혼란스런 외경 대신 성경에 자신의 믿음의 근거를 둔 사람이 이르게 되는 유일한 결론은 야고보서는 세베대의 아들 야고보에 의해 기록되었다는 것이다. 그렇게 되면 야고보서의 기록 연대는 A.D. 44년 이전으로 당겨진다. 4,000명의 "자격 있는 권위자들"의 의견에도 불구하고 성령께서는 이 진리를 분명하게 증거해 주시며, 야고보서에서 발견되는 내용들은 처음부터 끝까지 바울 이전의 계시를 말하고 있는 것으로 사도행전 2-10장 사이의 세대에 있는 유대인들에게 기록된 것이다. 이 문제를 두고 누가 어떻게 주장하든 관계없이 성경의 내적인 증거는 지금까지 교황을 돕고자 애써 온 99%의 최고 두뇌들과는 반대 입장을 취한다. 세 명의 주요 사도는 "베드로, 알패오의 야고보(혹은 클레오파스), 요한"이 아니며, "베드로, (마리아와 요셉의) 야고보, 요한"도 아니다. 그것은 사도행전 12장까지 베드로, 야고보, 요한이다. 세베대의 아들 야고보가 야고보서를 기록하기 전에 참수형에 처해졌다는 가정은 불가능한 일이다. 야고보서의 연대는 A.D. 40년경으로 볼 수 있다. [히브리서는, 아마도 최소한 처음 열두 장은 A.D. 40-50년 사이에 기록되었을 것이다. 히브리서

는 바울 이전의 계시들의 특징들을 담고 있으며, 이는 대환란 동안에 다시 사용될 것이다.]

본문의 내용은 평이하다. 야고보는 참수형을 당했다(바울과 침례인 요한처럼). 베드로는 감옥에 갇혔고 16명의 무장한 군인들 "네 명씩 네 조"(4절)가 그를 감시한다. 베드로가 사형에 처해지기 전날 밤 그는 잠을 잔다(언제나처럼! 마 26:40). 그러나 이번에는 주를 배반하지 않는다.

본문의 "이스터"라는 단어는 로마와 로마의 이교적인 절기를 따르려는 보수주의 학자들(1901-1980)에게 큰 슬픔과 고통을 안겨 주었다. "경건하고 헌신된" 이들 학자들은 "이스터"는 "틀린 번역"이라고 말한다.

4절의 헬라어구는 분명히 '메타 토 파스카'이다. 이것은 정상적으로 하면 "유월절이 지나면"으로 번역될 것이다. "자격 있는 권위자들"의 말을 들어 주기 전에 우리는 기억을 더듬어 보아야겠다. 그들은 헬라어 '우라논'(하늘, heaven)이 "sky"(행 1:10)로 번역돼야 한다고 말했던 사람들이 아닌가? "의롭게 되다"(헬라어 '디카우타이')라는 단어가 "자유롭게 되다"(행 13:39)로 번역돼야 한다고 말하지 않았던가? 그들은 또한 예수 그리스도의 신성을 다룰 때(행 4:27) 헬라어 '파이다'를 "종"으로 번역하지 않았는가? 그렇다. 그들은 그렇게 했다. 그렇다면 '메타 토 파스카'를 NASV, ASV, RSV, NRSV가 했던 식으로 번역해야 한다고 주장하기 전에 좀 더 빈틈없이 행동해야 하지 않겠는가?

『**이스터가 지나면**』(4절). 성령께서는 1611년 A.V. 번역 위원회에 기름부어 주시며 말씀하셨다. "기록하라...!" 이스터는 로마의 휴일이었다. 이 절기는 그리스도께서 태어나시기 1,000년 전의 바빌론 사제라면 누구나 지켰던 것이며, 헤롯은 바빌론 사제들만큼이나 종교적으로 그것을 지켰다. 그런데 유월절 절기는 이 이교도의 절기와 몇 년마다 같은 시기에 돌아왔다. 헤롯은 로마인이었기 때문에 성령께서는 로마가 유월절과 바꿔 버린 카톨릭 절기의 이름을 사용하신 것이다. 이것은 A.D. 800년 이전에 서방 교회와 동방교회 사이에 논쟁의 핵심이 되었던 부분이었다. 이것은 "천사들"(알반, 콜럼바, 성 패트릭의 설교로 회심한 사람들)과 어거스틴(A.D. 601)의 설교로 영국을 침공했던 교황 사절들 사이에 있었던 논쟁의 핵심 부분이었다. 이 논쟁의 중심은 이스터의 날짜였다. 그리고 그때 이후로 "이스터"는 해마다 일요일에 지켜지게 되었다. 이렇게 요일을 정하는 것은 이교도들이 이슈타르, 아스타르테, 슈토렛을 기념하는 것과 동일한 것이다. 그러나 유월절을 지키는 요일은 해마다 바뀌게 되어 있다. 성령께서는 "최초의 원본"을 기록하신 후 죽지 않으셨다. 그분은 1881, 1901, 1946, 1952, 1963년 성경 개정위원회들보다 교회사에 대해 더 잘 알고 계신다. 학자들은 이스터와 '파스카'(pascha) 사이의 관계를 알지 못하기 때문에 4절의 '이스터'라는 단어에 분개하는 것이다. 아직도 이 색칠한 달걀을 먹는 날의 진짜 정체를 알지 못하는 이들에게 성령께서는 이 날이 로마와 연관되어 있음을 알려 주셨다. 그러나 본문에 "유월절"이란 단어를 삽입할 필요는 없다. 왜냐하면 "무교절 기간"이라는 말이 3절에 나오기 때문이다(출 12:2-8 및 주석 참조). 유대인들은 그 날을 그렇게 불렀다. 그리고 로마인들은 그 날을 "이스터"라 불렀다. 그리고 헤롯(6,1절)은 로마인이었다. 그러므로 그때 누구도 "이스터"에 대해 알지 못했다는 존 R. 라이스의 주석은 전적으로 잘못된 것이다.

『**교회가 그를 위하여 하나님께 쉬지 않고 기도하더라**』(5절). 본문을 조금만 눈여겨본다면 사도행전에서 누구도 마리아에게 기도하지 않았으며 직·간접적으로 그녀가 기도에서 언급되지 않는다는 것을 알아챌 것이다. 한편 그들은 여기서 베드로가 또다시 주를 부인하지 않게 해 달라고 기도

했을 것이다. 왜냐하면 베드로가 풀려났을 때(8-12절) 이 기도의 용사들은 자신들의 기도가 응답되어서 베드로가 그리스도를 부인하지 않고 참수형당했다고 생각했기 때문이다(10절 및 주석 참조). 베드로는 이 때 "주 안에서 쉬고 있었다"(시 127:2). 그리고 그는 자기를 지키도록 책임을 맡은 경비병들만큼도 죽는 것에 대해 걱정하지 않았다. 베드로로 하여금 주를 부인하게 만들 수 없었던 헤롯은 네 명씩 네 조의 병사들로 하여금 베드로를 철저히 감시하도록 했다. 그들 중 둘은 베드로와 함께 묶여 있었으며(6절) 더욱 안전을 기하기 위해 "간수들"을 "문 앞에" 세워 두었다. 그러나 구원은 주께 속한 것이다(잠 21:31). 하나님께서 베드로를 구하기 위해 하실 일은 베드로가 스테판의 면류관을 탈 기회를 잃어버리는 동안(적어도 이때는 그렇지만 후에 그는 그것을 탄다) 병사들을 잠에 빠뜨리는 것이다(삼상 26:12, 마 26:43). [교회사를 공부한 학생이라면 하나님께서 종종 들짐승들의 울부짖음 속에서 피 튀기는 도끼질에서, 소리나며 타오르는 불꽃의 순교사 속에서 그의 자녀들에게 면류관을 주신다는 사실을 알 것이다.] 1958년 이후로 콜롬비아에서는 200명 이상의 성인들과 50명 이상의 어린이들이 순교당했다. 1930년 이래로 이탈리아와 스페인의 감옥에서는 프로테스탄트 사역자들이 죽임을 당해 왔다. 미국 대사관에서 50마일도 떨어지지 않은 곳에서 말이다. 로마는 자신을 반대하는 것이라면 무엇이든지 모든 수단을 다 사용해서 분쇄시키는 것이다(블랜셔드나 아브로 맨하탄의 책을 참조하기 바람). 이제까지 카톨릭 교회의 목표는 언제나 세상의 모든 공화국과 나라와 동맹국을 완전히 통제하는 것이다.

12:7 보라, 주의 천사가 그에게 나타나니 감옥 안에 빛이 비치더라. 또 천사가 베드로의 옆구리를 쳐서 일으켜 말하기를 "급히 일어나

라."고 하니 쇠사슬들이 손에서 벗겨지더라.

8 그 천사가 그에게 말하기를 "띠를 두르고 네 신을 매라." 하기에
그가 그렇게 하고 또 그에게 말하기를 "네 겉옷을 걸치고 나를 따
르라." 하니

9 그가 나가서 그를 따라가면서도 천사가 하는 일이 현실인 것을 깨
닫지 못하고 환상을 보는 줄로 생각하더라.

10 그들이 첫 번째와 두 번째 경비병을 통과하여 성읍으로 통하는 철
문 앞에 당도하니 문이 저절로 열린지라, 그들이 나와서 한 거리
를 지나자, 곧 그 천사가 그에게서 떠나더라.

11 그러자 베드로가 정신이 나서 말하기를 "이제 내가 확실히 알았노
니 주께서 그의 천사를 보내시어 헤롯의 손과 유대 백성의 모든
기대에서 나를 구해 내셨도다."라고 하더라.

주의 천사가 나타난다(출 3:2 주석의 "an"과 "the"에 관한 설명을 참조할 것). 그가 나타날 때 수반되는 "빛"(마 4:16)도 나타난다. 그는 베드로를 깨우기 위해 갈비뼈를 친다(10년 동안 함께했던 동료 그리스도인의 처형을 목격했는데도 베드로는 자신의 처형 전날 밤 불면증조차 없었다). 그 천사는 베드로의 손과 발에 감긴 쇠사슬을 풀어 주고(7절), 그에게 옷을 입게 한 후(8절) 감옥을 통과해서 감옥 밖으로 그를 인도한 후 성읍 문까지 인도한다(10절). 그 문은 슈퍼마켓 앞 유리문처럼 부드럽게 열린다(10절). 베드로가 밖으로 나오자마자 천사는 사라진다(10절). 베드로는 정신이 나서 무슨 일이 일어났는지 깨닫는다. 그는 꿈을 꾸고 있지 않았다(9절, 『**환상을 보는 줄로 생각하더라.**』). 그는 16명의 목숨을 희생하고서 "자유롭게" 되었다(19절).

여기서 우리는 죄인의 구원에 대한 강력한 메시지를 얻을 수 있다.

A. 죄인은 마귀의 올무에 묶여 있어 마귀의 뜻대로 행한다(딤후 2:26). 그리고 베드로처럼 "감옥"에 있다(눅 4:18).

B. 그는 영적인 것들에 대해서는 잠이 들어 있는 상태이며(엡 5:14) 묶여 있다(잠 5:22).

C. 그는 죽기로 정해진 상태이다(히 2:15, 잠 24:11).

D. 그에게는 빛과 구원이 필요하다(사 42:6).

E. 구원은 즉각적이다(7절).

F. 그런 후에 그는 하나님의 갑옷을 입고 그리스도를 따라야 한다(7,8절).

G. 그는 탕자처럼(눅 15:18) "스스로 와야" 하고 하나님께서 그를 위해 하신 일을 알아야 한다(11절). 그런 후...!

H. 그는 그리스도의 몸에게로 가서 그것에 관해 말해야 한다(12절). 되도록이면 수요일 밤 기도모임에서!

한편 서방원문(D)은 10절에 여섯 단어를 첨가시켰다. 또 로크만 재단은 베드로가 깊이 잠들지 않았기 때문에 그 천사가 그를 "가볍게" 쳤다고 말한다!(〈확대역본〉) 〈확대역본〉에서 "쳐서"(smiting)를 "살짝"(gently)으로 바꾼 장본인은 로버트슨이다. 이 박사는 7절에서 주의 천사가 베드로를 살짝 쳤기 때문에 그와 함께 사슬로 연결된 두 군인을 깨우지 않았다고 생각했다. 그러나 본문의 상황은 16명의 군인들이 근무중이며, 세 개의 문에 경비병들과 시 파수꾼이 지켜 선 상황이다. 그 날 밤 경비중인 모든 사람들이 우연히 잠에 빠져든 것이라고 생각하는가? 베드로가 밖으로 나갈 때까지 우연히 잠든 상태로 있었다고 생각하는가? 주께로부터 온 "깊은 잠"(삼상 26:12)이 그들에게 임해서 그들이 죽은 사람처럼 된 것이라면(마 28:4) 주의 천사가 그들이 깰 것을 염려해서 베드로를 "살짝" 쳤겠는가?

12:12 그가 그 일을 생각하며 마가라고 하는 요한의 모친 마리아의 집에
오니 그곳에서 많은 사람이 모여 함께 기도하고 있더라.
13 베드로가 현관문을 두드리니 로데라고 이름하는 한 소녀가 들으
려고 나왔다가
14 베드로의 음성인 것을 알고 기뻐서 현관문을 열지 않은 채 뛰어들
어가 현관 앞에 베드로가 서 있다고 말하니
15 그들이 소녀에게 말하기를 "네가 미쳤다."고 하더라. 그래도 그녀
가 사실이라고 강하게 주장하니 그들이 말하기를 "그것은 그의 천
사라."고 하더라.
16 베드로가 계속 문을 두드리니 그들이 문을 열고 베드로를 보자 놀
라더라.
17 그러나 베드로가 그들에게 손짓으로 잠잠하게 하고 주께서 어떻게
자기를 감옥에서 이끌어 내셨는가를 그들에게 설명하고 또 말하
기를 "가서, 이 일을 야고보와 다른 형제들에게 말해 주라." 하고
는 그곳을 떠나 다른 곳으로 가니라.
18 날이 새자마자 병사들 가운데는 베드로가 어떻게 되었는가 하여
적지 않은 소동이 있더라.
19 그때 헤롯이 그를 찾았으나 찾지 못하자 간수들을 심문하고 그들
을 사형에 처하라고 명령하더라. 그후 그는 유대를 떠나 카이사랴
로 내려가서 그곳에서 머무르더라.

『**마가라고 하는 요한의 모친**』은 예수의 어머니 마리아, 막달라 마리아, 베다니의 마리아와, 크레오파의 아내 마리아, 야고보와 요세의 어머니 마리아와는 또 다른 마리아이다. 그것은 베드로의 믿음 없음을 걱정한 기도 모임이 있었다(눅 22:32 참조). 아무도 그가 감옥에서 나오게 해 달라고 기도하지 않는다. 그들은 베드로가 죽었으리라는 것을 당연하게 여긴다. 그들은 베드로가 마태복음 26:74에서처럼 행동하지 않기를 기도하고 있었던 것이다.

『**로데라고 이름하는 한 소녀가 들으려고 나왔다가**』(13절). 그 이름은 "장미"라는 뜻이다. [꽃이나 나무의 이름을 따서 여자 이름을 짓는 것은 어느 나라에서나 흔히 볼 수 있는 일이다. 예를 들면 수산나(백합), 데이지(들국화), 하닷사(도금양), 다말(야자나무), 바이올렛(제비꽃) 등] 『**베드로가 현관문을 두드리니**』(13절)라는 말로 미루어 보아 그 집에는 대문과 대문까지 이르는 길(14절)이 있었음을 알 수 있다. 그럼에도 불구하고 더멜로우는 "**문**"은 잘못된 번역이라고 말한다. 그러나 헬라어 '두라'는 사도행전에서 번번이 "**문**"으로 번역된다.

로데는 베드로를 보게 되어 기쁜 나머지 현관문을 열지 않고서 집으로 뛰어들어간다(『**뛰어들어가**』 14절). 그리고 그녀가 본 것을 제자들에게 말하지만, 제자들의 반응은 『**네가 미쳤다.**』(15절)이다(행 26:24 및 주석 참조). "미쳤다"는 말은 헬라어 '마이네이'의 올바른 번역이다. NASV는 이 부분에서 완전히 의역을 함으로써 (커스터 박사와 밥존스대학 교수진의 말을 빌면) "단어 하나하나의 일대일 번역"과는 전혀 거리가 멀어진다. 그 단어는 사도행전 26:24,25에 사용되며, 현대 미국 영어에 해당하는 말은 "You are NUTS!"("정신이 나갔구나!")이다. 노울링은 그 단어가 "미쳤다"는 뜻이 아니라고(*Ibid.*, p.277) 말해 놓고는 그것이 무슨 뜻인지는 말해 주지 않는다.

『**그것은 그의 천사라**』(15절). 성경에 나오는 모든 천사는 날개 없는 남성이다(골 2:18 주석 참조). 성경에 "무성(無性)의" 천사는 단 한 번도 나오지 않는다. 천사들은 『**영들**』이다(히 1:14). 이 영들은 죽은 사람과 연관되는 일이 흔하기 때문에 "유령"(ghost)이란 단어가 NASV와 NRSV(마 14:26)에서 "영"의 자리를 대신하고 있다. 그러나 RSV나 ASV(어느 판이든)는 『**성령**』(Holy Ghost)에 대해 말할 때는 "영"(spirit) 대신 "ghost"란 단어를 쓰는 것을 참을 수 없어한다. 이상하지 않은가? 예수 그리스도는 돌아가시기 전에 "유령"(Ghost)으로 여겨지셨는데, 죽은 자들로부터 살아나신 후에 그분의 영은 "Ghost"가 될 수 없다!? 그들이 주장하는 "일관성"은 어디로 간 건가?

기도의 용사들은 당연히 베드로가 사형에 처해졌으리라고 생각했다. 그들은 기도 응답으로 그가 풀려나리라고 기대하지 않았다. 만약 그들이 다른 것을 기대했다면 15절의 그들의 반응은 "주를 찬양하라! 우리의 기도가 응답되었다."라고 했을 것이기 때문이다. 반대로 그들은 "그럴 리가 없어! 우리는 그가 비겁자가 되지 않게 해 달라고 기도했는데, 그가 살아서 풀려 나왔다면 그는 또 그의 주를 부인한 게 틀림없어!"라고 말하고 있다.

한편 "천사"란 말이 "사자"(messenger)의 의미가 아니라, 우리가 갈라디아서, 창세기, 마태복음, 에베소서, 골로새서, 요한계시록 주석에서 언급한 바와 같이 "현현" (appearance)을 뜻한다. 누구도 "그것은 그의 사자"라고(15절) 말하지 않는다. 천사는 그가 메시지를 가지고 있든 그렇지 않든 "현현"을 뜻한다. 베드로가 죽은 후에 그의 "현현"은 그의 "유령"(ghost) 즉 그의 "천사"다.

『**베드로가 계속 문을 두드리니**』(16절)는 마태복음 7:7에 있는 교훈과 일치한다. 『**구하라, 그러면 너희에게 주실 것이요**』. 『**그들이... 놀라더라.**』(16절)는 말은 다시 한 번 아무도 그가 살아서 나오게 해 달라고 기도하고 있지 않았음을 보여 준다. 그들은 야고보가 죽는 것을 보았으며, 베드로도 같은 길을 가리라고 생각했다. 그들은 야고보가 위협당할 때 자신의 믿음을 철회하기를 거부하는 것을 보았다. 그래서 그들은 베드로도 그와 같이 하게 해 달라고 기도했던 것이다. 응답되기를 원했던 기도가 응답된 것을 보고서 왜 그들이 놀랐겠는가?

베드로는 자신의 탈출 이야기를 한다(17절). 그리고는 『**그곳을 떠나 다른 곳으로**』(17절) 갔다. 그런데 로마카톨릭 교회는 17절의 "다른 곳"이 로마였다고 주장해 왔다. 이것을 생각해 볼 때 너무 우스워서 말이 나오지 않을 지경이다. 로마는 사실과 전혀 관계 없는 어떤 것을 증명하기 위해서 성경의 어떤 부분을 움켜잡는 데 매우 능숙하다(〈로마카톨릭식 성경해석, 말씀보존학회 간, 1996〉을 참조). 성경을 엉망으로 만들어 버리는 이런 주해는 유세비우스와 클레멘트 서신들로부터 퍼져 나갔다. 그러나 거기에는 성경적 권위가 없다. 한편 헤롯은 간수들을 심문한 후 즉시(19절) 그들을 사형시키고는 유대를 떠나 카이사랴 해변으로 내려간다.

12:20 헤롯이 투로와 시돈 사람들을 대단히 노엽게 생각하였는데도 그들은 하나가 되어 그에게 와서 왕의 침소를 맡은 블라스토를 그들의 친구로 삼아 화친을 간청하니 이는 그들의 지방이 왕의 영토에서 나는 식량으로 살기 때문이라.

21 그리하여 어느 정한 날에 헤롯이 왕복을 입고 왕좌에 앉아서 그들에게 연설하는데

22 사람들이 외치기를 "저것은 신의 음성이지 사람의 음성이 아니다." 라고 하니

23 그때 즉시 주의 천사가 그를 치더라. 이는 그가 하나님께 영광을 돌리지 아니하였기 때문이라. 그리하여 벌레들이 그를 먹으니 그

가 숨을 거두더라.
24 한편 하나님의 말씀은 성장하고 번성하더라.
25 그때 바나바와 사울이 그들의 임무를 마치고 예루살렘에서 돌아
왔는데 마가라고 하는 요한도 데리고 왔더라.

이 헤롯은 헤롯 아그립파 1세로 아리스토불로스(헤롯 대왕의 아들)의 아들이다. A.D. 42-44년 동안 그는 팔레스타인을 통치했다. 그때 팔레스타인에는 유대와 갈릴리 땅이 포함되었다. 헤롯 왕조의 역사는 가족 문제, 비밀 조약들, 변덕스런 성격, 로마 정책들, 부도덕, 극악함으로 점철된 불경건하며 천박하고 복잡한 역사이다. 현대의 맞수를 찾으려면 케네디가(1940-1980)나 유럽의 합스부르크가(1285-1913)가 될 것이다. 성경이 『**헤롯**』(마 2장이나 눅 9장 참조)이라는 이름을 언급할 때마다 그 이름은 성경을 거부하며 유대인을 멸시하고 진리를 미워하는 로마 정치인을 말한다.

헤롯이 노여워했던 이유(20절)는 그의 정부에 대한 투로와 시돈 거주민들의 행동 때문이다. 그들은 누가복음 12:58을 실행에 옮긴다. 그리고 적과 함께 길에 있는 동안(마 5:25) 그와 화친을 맺는다. 그들은 "화친"을 간청했다고 되어 있는데(20절) 이는 그들이 바로 전쟁 직전의 상황에 있었음을 뜻한다. 신중하게 (그리고 서둘러) 행동하면서 그들은 왕과 가까운 사람(『**블라스토**』 20절)을 매수해서 기념식을 여는데, 거기서 헤롯은 투로와 시돈에서 온 사절들을 보게 된다. 이 기념식은 카이사의 아내를 기념하기 위해 열린 것으로 여겨진다(요세푸스 〈고물〉, Autiquities, Lib 19, 8장, 2부). 한편 요세푸스는 헤롯이 주의 천사가 "그를 친"(23절) 후 5일간 목숨을 부지한 것으로 추측한다. 벌레들에게 먹히는 데 5일이 걸렸다는 것은 가능한 일이다.

본문의 내용은 평이하다. 특정한 날이 정해진다(『**정한 날에**』, 21절). 헤롯은 죽기 전에(23절) 아주 멋지게 차려 입고(21절) 사도행전 24:1의 연설가처럼 "연설"(21절)을 한다. 『**사람들이 외치기를 "저것은 신[god]의 음성이지 사람의 음성이 아니다."라고 하니**』(22절). 학자들이 이 본문을 심각하게 다루지 않는 것은 당연한 일이다. 사람의 마음에 가득한 것을 그 입이 말한다. 그는 우쭐해져서 사람들이 던지는 찬사에 젖어드는 것을 즐겼다. 하나님께 영광을 돌리기를 거부함으로써 모세는 자기 생명의 대가를 치렀다(신 3:26). 만약 주께서 모세와 헤롯에게 하셨던 것처럼 미국과 유럽에 있는 20세기의 그리스도인들을 다루신다면 〈주의 칼〉은 부고란으로 가득 찰 것이다. 하나님으로부터 공로를 탈취해 가는 것이, 하나님께 공로를 돌린다고 고백하는 대부분의 크리스천 유명인사들 사이에서 행해지는 일반적인 관행이다. 그들이 입술로는 하나님께 일시적인 영광을 돌리는 것은 사실이다. (가령 "우리는 하나님께서 하신 일로 인해서 하나님께 모든 영광을 돌린다"고 말하는 것.) 그러나 실제적으로 그들은 가능한 한 많은 영광을 자신들이 취한다. 이것은 그들의 저술과 연설에서 분명히 드러난다. 왜냐하면 "사람의 마음에 가득한 것을 그 입이 말하기" 때문이다. 이 유명인사들은 여러분의 귀가 닳도록 그들의 경력과 "출석인원"에 대해 자랑한다. 그들은 자신들의 사역을 열심히 선전한다. 그럼으로써 사람들이 하나님께서 이 시대에 그들을 사용하시는 것말고는 아무 일도 하시지 않는다고 생각하게끔 만든다. 그들은 자신들의 일에 찬성하지 않거나 그들의 사역을 막는 모든 사람에 대해 비방과 거짓을 말한다. (혹은 그들의 실수를 지적해 내기 위해 성경을 이용한다.) 오늘날 대부분의 학교들과 교회에서 말하는 "헌신"이란 그 기관에 대한 충성을 뜻한다. 이들 종교 간부들 대부분에게 있어서 하나님의 말씀은 실제적인 문제가 되지 않는다. 대부분의 기독교 학교들은 성경을 최종권위로 두지 않는다. 만일 성경이 존재하지 않는다 할지라도 그들은 여전히 자신들의 "권위"를 유지할 수 있을 것이다. 왜냐하면 그들에게는 그들 자신의 권위가 있기 때문이다. [잭 케네디, 아이젠하워, 리처드 닉슨은 세상을 향한 연설에서 눅 2:14을 인용하면서 『**지극히 높은 곳에서는 하나님께 영광이요**』를 삭제했다. 이 세 거물들은 14절의 앞부분은 삭제한 채 산타클로스와 교황이 시작하는 바로 그 부분에서 시작한다. 『**땅 위에는 화평이요**』, 교황 요한 23세와 교황 바오로 6세의 크리스마스 연설에서도 그 구절의 처음 절반은 빠져 있었다.]

헤롯이 자신의 연설을 멈추고 그의 청중을 꾸짖었다면 그는 목숨을 구했을지도 모른다. 그러나 그는 그렇게 하지 않았다. 그는 우쭐해져서 사람들의 찬사를 즐기고 있었던 것이다. 누군가가 말한 바와 같이 "오늘날 사람들은 더욱더 사제들을 신들과 같이 생각한다. 반면 사제들은 교회를 신으로 생각하고, 교회는 에큐메니칼 공회를 신으로 생각하고, 에큐메니칼 공회는 교황을 신으로 생각한다. 그리고 교황은 이 세상의 신을 숭배한다." 신약에서 교회의 최고 직분은 "감독"(bishop, 딤전 3:1 - 카톨릭에서의 '주교')이며, 이것은 하나님께서 자신의 아들 예수 그리스도께 주신 호칭이다(벧전 2:25). 그렇다면 어떤 죄인을 "대주교"(archbishop)라고 부르는 것이 참으로 이상한 일이 아닌가? 우리 주 예수 그리스도께서 그처럼 높은 종교적 지위에 오른 적이 없다는 관점에서 볼 때 더욱 그렇다. 우리 주 예수 그리스도께서 바티칸의 "대"주교만큼도 거룩하지 못하다는 것은 참으로 애석한 일이 아닌가!

안티오쿠스 에피파네스와 헤롯 대왕은 그것이 무엇이었든지 간에 동일한 질병으로 죽었다고 말해진다. 의학 전문가들은 이 병이 무엇이었는지에 대해 "포충낭의 파열"에서부터 "내장의 염증"에 이르기까지 별의별 추측을 제시한다. 어쨌든 우리는 A.V.(1611) 본문을 통해 다음과 같이 생생한 장면을 얻는다.

"친구들이여, 모든 자유 세계가 평화를 갈망하는 이 위기의 시기에, 모든 곳에 있는 모든 사람에게 공정하고 지속적인 평화가 임하기를 바랍니다!(박수) 우리의 평화 회담에서 우리는 자유 진영과 평화롭게 대화하기 위한 평화로운 노력을 위해 평화의 도구가 되고자 노력하고 있습니다. 우리처럼 모든 사람이 평화롭게 살 수 있는 평화로운 세계를 바라는 사람들과도 대화하기를 원합니다!(박수) 그러나 그 평화조약은 인간의 비인간성에서 인간을 해방시켜서(박수) 인간이 '인간'이라는 이름에 어울리도록 해야만 평화는 이루어질 수 있습니다(우레와 같은 박수). 그러므로 우리의 확고한 결심은, 이 평화를 깨뜨리는 자는 누구라도 분쇄시키기 위해서 우리는 평화롭게 재무장을 하고 이 평화를 유지하기 위해 계속해서 전쟁을 할 것이라는 것입니다!!(박수) 그리고 결론적으로 제가 하고자 하는 말은...! 꽝!! [주의 천사가 그를 친다.]

『**한편 하나님의 말씀은 성장하고 번성하더라**』(24절). 이 구절은 "말씀"이 "성장"하고 "번성"하는 살아 있는 유기체임을 나타내고 있다. 하나님의 말씀은 성장한다. 그 말씀은 살아 있고, 강력하며 양날이 있는 칼보다도 더 날카롭기 때문에 번성한다. 말씀은 불이며 망치이며 막대기이다. 그것은 하늘들과 땅이 맹렬한 열로 녹아내릴 때까지 열매를 맺게 될 썩지 않는 씨다. 여기서 그 말씀을 받는 사람들은 "사실 그대로 하나님의 말씀"(살전 2:13)으로 그것을 받는다. 또한 스테판, 빌립, 바나바, 베드로, 바울은 한 번도 오늘날의 주석가들, 개정자들, "필사본 탐정들"과 헬라어 학자들의 용어를 사용하지 않는다. 하나님의 말씀은 "매이지" 않는다(딤후 2:9). 신문이나 10시 뉴스, 모든 시대의 소설들, 저속한(또는 고급) 잡지, 지상의 모든 인종들의 거리설교, 그리고 심지어 때로는 새로운 "성서들"에서조차도 말씀은 갑자기 튀어 나온다. 한편 그들이 설교하는 "말씀"은 구약(창세기-말라키)이며 아마도 야고보서, 유다서, 히브리서의 기록된 말씀일 수도 있다.

『**마가라고 하는 요한도 데리고 왔더라**』(25절). 바나바와 사울은 사도행전 11:30의 구제 임무에서 돌아왔으며 마가를 그들과 함께 안티옥으로 데려온다. 이것은 그의 이름이 밥존스대학의 알렉산드리아 원문이 아니라 〈킹제임스성경〉의 안티옥 원문과 연계되어 있음을 확증해 준다.

사도행전 13장

13:1 당시 안티옥에 있는 교회에는 몇 명의 선지자들과 교사들이 있었는
데 즉 바나바와 니겔이라고 하는 시므온과 쿠레네 사람 루키오와
영주 헤롯과 함께 자란 마나엔과 사울이라.
2 그들이 주를 섬기며 금식하고 있을 때 성령께서 말씀하시기를 "내
가 불러 시키는 일을 위하여 바나바와 사울을 내게 따로 구별해
놓으라." 하시니라.
3 그러므로 그들이 금식하고 기도한 후에 그들에게 안수하여 떠나 보
내니라.

이제 본격적인 행동이 개시된다. 지금까지는 새로운 경륜이라는 상황 속에서 어둠 속을 더듬으며 한 번에 한 걸음씩 나아가는 것이었다. 그러면서 (신학적으로 말했을 때) 어쩌면 잘하기도 하고 어쩌면 잘못하기도 했었다. 그리고 종종 헬라인들과(행 6:1; 11:20) 이탈리아인과(행 10:44) 에디오피아인(행 8:32-37)이 그 축복에 참여했었다. 그러나 이제 사울과 바나바가 부르심을 받은 "일"(2절)은 사도행전 9:15에서 주님께서 사울이 이방인들 앞에서 주의 이름을 증거할 것이라고 말씀하시는 곳으로 거슬러 올라간다. 사도행전 13:2부터 성령께서는 시몬 베드로와 유대인 복음전도자를 지나치시는 한편 그리스, 쿠프로, 소아시아, 로마 등에서 수행되는 위대한 사역에 초점을 맞추기 시작하신다.

『**몇 명의 선지자들과 교사들**』(1절). [창 20:7과 "선지자들"에 대한 주석 참조.] 새로운 부류의 교사들이 필요하게 되었다. 구약의 "익숙한 서기관들"(스 7:6)은 이제 "율법과 선지서들" 안에서 그리스도를 발견할 수 있고 "사십 일 동안"(행 1:3) 있었던 일들에 대해 다른 사람들에게 전해 줄 수 있는 그러한 사람으로 대체되어야 할 시점이다. 게다가 사도행전 2장 이후로 이전과 다른 경륜의 진리가 세워져 가고 있었으며, 갓 거듭난 그리스도인들은 이사야서 53장을 구원에 적용시키고 사람이 구원받는 것은 물침례와 상관없이 믿음으로 말미암아 은혜로 받는 것이라는 가르침을 배워야 했다. 한편 본문은 이 교사들이 "주를 섬기고"(2절) 있었다고 말씀하는데, 우리는 여기서 중요한 사실을 발견할 수 있다. 예수 그리스도께서는 섬김을 받으러 오신 것이 아니라고 말씀하셨다. 그러나 그분께서 승천하신 후에는 그것이 바뀐 것이다! 이 본문의 말씀이 중요한 것은 하나님의 자녀의 최우선적인 의무는 둘째 계명이 아닌, 첫째 계명(롬 13:8-10)을 지키는 것이기 때문이다. 그리고 우리가 주님을 섬길 때 주님께서는 우리로 하여금 다른 사람들을 섬길 수 있게 해주신다.

본문에서 바나바와 사울은 우리에게 친숙한 이름이고, 그들 외에 니겔, 루키오, 마나엔이라는 이름들은 좀 생소하다. 『**니겔**』은 "검다"라는 뜻의 라틴어이며 이 단어에서 흑인들을 일컫는 'nigger'라는 말이 나왔다. 그리고 본문에 이 단어가 있기 때문에 인종통합주의자들은 지역 교회가 인종

통합을 추구한 모임이었다고 주장한다. 그러나 만일 그들의 말대로 지역 교회가 인종 통합을 추구했다면 지역 교회에는 흑인 지도자들도 분명히 있었을 것이다. 거듭나고 성경대로 믿는 그리스도인들 안에 존재하는 통합이란 그들이 생각하는 인종 통합과는 아무런 관계도 없는 것이다. 한편 (니겔이라고 하는) 이 시므온이 마가복음 15:21의 시몬으로 여겨지고 있다. 그렇다면 로마서 16:13의 『**루포**』는 시므온의 아들이 된다. 그러나 마가복음 15장의 시몬은 "쿠레네인"이고, 여기 사도행전 13장 본문에는 루키오가 "쿠레네 사람"으로 되어 있다. 어떤 이들은 루키오가 사도행전의 저자인 누가라고 하기도 하는데, 이는 라틴어로 된 〈성경의 예언들, *Prophecies Collected from All the Books*〉이라는 책을 근거로 한 것이다. [이 책은 램세이와 사우터가 증거로 인용한 바 있다.] 그러나 이 같은 추측은 전혀 가능하지가 않다. 왜냐하면 누가는 본문에서 자기 자신을 1인칭으로(행 16:10) 언급하고 있기 때문이다. 따라서 그 같은 추측은 정경에 이방인 저자를 포함시킴으로써 말씀이 유대인들에게 맡겨졌다는 로마서 3:2의 말씀을 무너뜨리려 하는 시도에 지나지 않는다. A.T. 로버트슨은 누가가 이방인이었다는 이론을 상당히 강력히 지지하고 있으며(누가복음에 대한 그의 글을 볼 것), 대다수의 근본주의 학교들은 그를 "믿을 만한 권위"로서 따르고 있는 실정이다.

본문에 마나엔은 영주 헤롯(헤롯 대왕의 아들)과 함께 자랐다고 되어 있다. 이 헤롯은 B.C. 4년부터 A.D. 39년까지 갈릴리로부터 페레아까지를 다스렸으며, 침례인 요한의 목을 벤 장본인이기도 하다. 그렇다면 마나엔은 "법칙을 증명해 주는 예외"라고 할 수 있으며(행 12:1 및 주석 참조), 여기서 우리는 회심한 형제와 그렇지 않은 형제 사이의 완벽한 대조를 보는 것이다. 두 사람은 모두 한 어머니 밑에서 자랐지만 한 사람은 여자에게서 난 자 중에 가장 위대한 사람을 죽인 뒤 골(Gaul) 지방으로 망명한 반면, 다른 한 사람은 성경적 기독교가 뿌리 내리는 핵심 지역의 초대 교회에서 성경을 가르치고 있는 것이다.

『**그들이... 금식하고**』(2절). 금식은 구약(슥 7:5)에서 사도행전까지(고후 6:5) 실행되어 왔으며, 오늘날 금식하는 것이 부적절하다고 말할 하등의 근거도 없다. 이 관행을 오용하는 사람들이 있기는 하지만(예를 들면 사순절, 태양신 즉 이집트의 오시리스를 기리기 위해 40일간 금식하는 절기) 그럼에도 금식은 기도의 응답과(마 17:21) 육신을 부인하는 것과 연관된다. 극단적인 방법으로 금식하는 사람들도 있기는 하지만, 그렇다고 해서 성도가 금식하는 것이 부당하다고 말할 수는 없다.

『**성령께서 말씀하시기를 "내가 불러 시키는 일을 위하여...**』(2절) 이는 에베소서 4:11과 고린도전서 12:1-7의 적용이다. 그들은 성령에 의해 부르심을 받았으며 성령에 의해 구비되었고 성령에 의해 보내심을 받았다(4절). 그들의 일은 영적인 일이었기 때문에 하나님의 영께서 그 일을 하도록 그들을 부르셔야 했다. 그들이 "구별"된 것은 단순히 세상으로부터(from)만이 아니라 "복음을 위하여"(unto the gospel) 구별된 것이었다. 많은 그리스도인들이 이러한 종류의 일에 "부르심"을 받지 않는 이유는 그들이 "부르는 것이 들릴 만한" 거리에 있지 않기 때문이다. 이들 선지자들과 교사들은 금식하고 기도하면서 하나님께서 그들이 하기 원하시는 일이 무엇인지를 구했다. 그들은 보통 때는 TV나 보다가 일요일이면 친구들과 친척들만 모아 놓고 교회를 운영하는 사람들이 아니었다.

한편 본문에는 선교의 방법이 나타나 있다. 즉 선교사들은 지역 교회에 의해 파송되고 지역 교회가 그들에게 안수한다(3절). 해외 선교는 어느 곳의 어떤 그리스도인이든지 해야 하는 "구령"과 "증거"와는 다른 특별한 부르심이다. 민수기 27:23은 안수에 대한 좋은 예이며, 사도행전 6:6에서 이미 주석한 바 있다.

13:4 그리하여 그들은 성령의 보내심을 받아 셀루키아로 갔다가 거기에
서 쿠프로를 향하여 배를 타고 가니라.
5 그리하여 살라미에 와서는 유대인의 회당들에서 하나님의 말씀을
전파하였고 요한도 그들의 조력자로 두었더라.
6 그후에 그 섬을 가로질러 파포까지 가서 한 유대인 거짓 선지자
인 요술사를 만났는데 그의 이름은 바예수더라.
7 그가 그 지방의 총독 서기오 파울로와 함께 있었는데 그는 총명
한 사람이더라. 총독이 하나님의 말씀을 듣고자 바나바와 사울을
부르니라.
8 그러나 요술사 엘루마는 (그의 이름을 번역하면 요술사라.) 그들
을 반대하며 총독으로 하여금 믿지 못하게 하려고 애쓰더라.
9 그때 (바울이라고도 하는) 사울이 성령으로 충만하여 그를 주목하
고
10 말하기를 "오 모든 간교와 악행으로 가득 찬 너 마귀의 자식아,
너 모든 의의 원수야, 네가 주의 의로운 길에서 돌아서게 하는 일
을 그치지 못하겠느냐?
11 이제, 보라, 주의 손이 너에게 있으니 네가 눈이 멀어 한동안 태양
을 보지 못하리라." 하자, 그 즉시 안개와 어두움이 그를 덮치므로
그가 앞을 더듬으며 손으로 자기를 인도해 줄 사람을 찾더라.
12 그때 총독이 이 광경을 보고 주의 교리에 놀라서 믿더라.
13 그후 바울과 그의 동료들은 파포에서 떠나 팜필리아에 있는 퍼가

에 왔으며 요한은 그들을 떠나 예루살렘으로 돌아가더라.

최초의 진짜 선교사들은 성령에 의해 부르심을 받고 또 보내심을 받는다(2,4절). 그런데 그들은 동쪽에서 서쪽으로, 다시 말하면 지중해에서 바나바의 본향쪽을 향해서 여행한다. 셀루키아는 안티옥에서 서쪽으로 16마일 떨어져 있으며 오론테스 강 북쪽 어구에서는 약 5마일 떨어진 곳이다. 『**거기에서 쿠프로를 향하여 배를 타고 가니라.**』 살라미는 쿠프로의 수도로 섬의 동쪽 해변에 위치한 곳이었다. 살라미는 동(東) 쿠프로 정부가 있던 곳으로 여겨지며, 파포는 그 지방 정부의 핵심지역이었다. 학자들은 "구"파포와 "신"파포를 구별하기도 한다. [그러나 이런 사실은 성경 지식에는 아무런 도움이 되지 못한다.] 사울과 바나바는 살라미에서 별 문제 없이 유대인과 유대인 개종자들에게 연설한다(5절). 그들은 섬을 통과해서(동에서 서로) 파포에 이른다. [신파포든 구파포든, 그 지역은 "파피언"이라는 여신의 비도덕적인 종교의식이 치러지던 곳이었다. 로버트슨은 그 여신을 "비너스"라고 부르고, 브루스는 "아프로디테"라고 부른다. 성경을 진지하게 공부하는 학생이라면 행 19:28을 공부할 때 이 부분을 기억하고 있어야 한다. 대부분의 학자들은 "다이아나"를 보다 덜 유명한 여신인 "아데미"로 바꿔야 한다고 주장한다.]

6절에서 로마의 예수회 사제들(1582)은 "전체"(whole) 라는 단어를 첨가시켰다. 〈어느 번역본이 하나님의 말씀인가, *Which Translation?*〉와 〈성경적 관점, *The Biblical Viewpoint*〉(밥존스대학 교수진)이 추천하는 NASV도 마찬가지다. 알란과 메츠거도 이 암흑시대 성서 본문을 그대로 따르고 있다. 『**한 유대인 거짓 선지자인 요술사... 바예수**』(6절). 얼마간 눈먼 상태로 있게 된 이 사람은 이 세대의 이스라엘의 유형이다(롬 11:7). 그의 행동(8절)은 데살로니가전서 2:14-18과 일치했기 때문에 그는 눈이 멀게 되었다. 엘루마 바예수는 시몬(행 8:9)이나 스케바의 아들들(행 19:14)과 비슷한 사람이다. 서기오 파울로가 그런 사람에게 속임을 당한 것은 놀라운 일이라고 말한 로버트슨도 그들과 다르지 않다(행 8:9 주석 참조). 많은 『**총명한 사람**』(7절) 또는 "명철이 있는 사람"(로버트슨은 본문을 그렇게 바꾸었다)이 교황 요한이나 교황 바오로의 주문에 걸려 있었던 것이다. 아이큐가 110-150에 달하는 케네디가(家)조차도 바티칸이 별 어려움 없이 속일 수 있었다. 한편 7절의 "총명한"이란 말은 서기오 파울로가 사울과 바나바를 불러서 말씀을 전할 기회를 줄 정도의(7절) 분별력은 가지고 있었다는 사실을 성령께서 설명하고 계신 것이다.

『**서기오 파울로**』는 믿음 없는 자들(infidels)이 (오랫동안) 성경 기록이 거짓임을 증명하기 위해 즐겨 사용했던 것 중 하나였다. 이 이름은 죽은 정통주의 배교자들을 당황케 했는데, 이는 성경의 신뢰성은 역사적 사건들을 증명함으로써 불가지론자들과 불신자들을 만족시켜야만 입증된다고 그들이 생각하기 때문이다. 글루엑(Glueck), 알브라잇(Albright), 울리(Wooley), 넬슨(Nelson), 프리(Free), 램세이(Ramsay), 가스탱(Gastang)은 성경과 일치되는 증거들을 찾아내서 하나님의 말씀에 대한 자신들의 의심을 만족시키는 데 일평생을 쓴 사람들로 알려져 있다. 그 증거를 찾지 못하게 되면 그들은 자신들이 찾은 증거가 무엇이든지 간에 거기에 맞춰서 성경 구절을 변개시켰다. [우리는 농담을 하거나 과장하는 것이 아니다. 삼하 5:8,9나 "Suph sea"에 관한 자료를 찾아보면 알 수 있다.]

『**파울로**』는 그때 당시 쿠프로의 로마 총독이었다. A.D. 51년과 52년의 날짜로 된 두 개의 비문이 발견되었는데(Cesnola Collection) 그 비문들을 통해 그 지역이 원로원의 책임으로 바뀐 후에(B.C. 25) "파울로"라는 사람이 거기에 있었다는 것이 증명되었다. (이것은 〈킹제임스성경〉이 처음부터 옳았다는 것을 말해 줄 뿐이다.)

클라크는 『**엘루마**』가 히브리어나 헬라어 단어가 아니라 아시아식의 단어라는 것에 대해 장황하게 설명한다. 그러나 누가는 그의 이름에 해당하는 헬라어식 이름을 제시하고 있다. 그의 이름은 엘루마 바예수인데 왜냐하면 『**바예수**』는 분명히 '다른 이름'(surname 또는 姓)이기 때문이다(마 16:17의 "시몬 바요나"를 참조할 것). 엘루마는 바울을 대적한다. 이것은 구리세공자 알렉산더(딤후 4:14)가 그랬던 것과 같으며 얀네와 얌브레가 "모세를 대적한 것"과(딤후 3:8) 같다. 그는 데살로니가전서 2:14-16에서 바울이 말한 것과 마태복음 23:13에서 그리스도께서 말씀하신 것의 완벽한 예가 된다. 현대판 엘루마에 해당되는 이들은 캠벨파, 오순절파, 몰몬교, 제칠일 안식교, 여호와의 증인들로, 이들은 죄인이 갈보리에서 완성된 일을 믿고자 하는 그 순간에 인간이 생각해낼 수 있는 모든 형태의 "행위"들을 그들 앞에 제시함으로써 죄인으로 하여금 그리스도를 영접하지 못하게 한다. 그들을 개인적으로 상대해 본 사람들은 그런 일에 익숙할 것이다. 그러나 학자 연맹은 "현장"에서 충분한 시간을 보내지 못했기 때문에 우리가 말하는 것을 알지 못할 것이다. 어떤 사람을 그리스도께로 인도하려고 할 때마다(혹은 바로 직후에) 거의 매번 "바예수"가 현장에 나타나서 개심자로 하여금 자신이 구원받은 것, 또는 구원받고 있는 것을 알지 못하게 만든다.

이 문제에 대해서는 사도행전 15:1-6에서 더 자세히 다룰 것이며, 사도행전 15:1-6은 갈라디아서 6:12-15의 주석과 연결시켜서 이해해야 한다. 아래 나열한 악당들은 어떻게 해서든 사람들로 하여금 그리스도께서 (죄인을 대신해서 죽으심으로써) 완성하신 속죄를 믿는 것만으로는 충분치 않다는 확신을 갖게 만든다.

유대인은 "할례!"라고 소리지른다.

캠벨 추종자는 "물!"이라고 소리지른다.

카톨릭은 "성사들!"이라고 소리지른다.

오순절파는 "성령세례를 받은 증거들!"이라고 소리지른다.

몰몬교는 "진정한 교회!"라고 소리지른다.

제칠일 안식교는 "계명들을 지키라!"고 외치며 여호와의 증인은 "성경을 공부하라!"고 소리지른다.

참으로 애석한 일은 이 거짓 종교에 속한 사람들 중 누구도 영생에 대한 확신을 가진 사람이 한 사람도 없었다는 사실이다.

엘루마는 무엇인가를 시도했다(8절). 자세한 내용은 알 수 없지만 그는 아마도 총독에게 행위에 대한 무언가를 말했을 것이다.

『**그때 (바울이라고도 하는) 사울이**』(9절). 누가는 여기서 바울이 평생 동안 불린 그의 이름을 삽입한다. 그 이유는 두말할 것 없이 바울의 첫 번째 이방인 개종자의 이름이 "파울로"('바울'의 독일어 및 라틴어 이름)였기 때문이다. 바울이 이 이름을 이전에도 가지고 있었는지는(로버트슨, *Ibid.*, p.181 참조) 추측의 문제다. 그는 확실히 예루살렘 부근에서는 "바울"이라는 이름으로 알려지지 않았다. 주께서는 그를 "바울"이 아니라 "사울"(행 26:14)이라고 부르셨다. 라틴어로 보자면 "바울"은 "작은" 혹은 "왜소한"을 뜻한다. 그 단어를 히브리어('팔라')로 보자면 "훌륭한," "범상한"의 뜻이 된다. 그러나 그가 나면서부터 로마 시민이었다는 사실과 고린도후서 10:10로 미루어볼 때 그 단어는 라틴어에서 온 것이 분명하다. "바울"이라는 이름은 그의 자유 "시민권"(행 22:25)으로 인해 그가 태어났을 때 그에게 주어진 이름일 가능성이 크다. 어쨌든 그가 이방인들을 위한 사역에서 그의 은사들을 쓰기 시작할 때까지는 아무도 그 이름을 사용하지 않았으며, 그 이름은 쿠프로에서 사용되기 시작했다.

10절과 11절은 설명이 필요치 않다. 엘루마는 전에 하나님께서 바울에게 주셨던 것을 받는다(행 9:9). 한편 총독은 즉석에서 회심한다. 그는 고린도후서 13:2,3; 10:1,2을 알게 된 것이다.

선교여행은 계속된다. 그들은 파포에서 배를 타고 『**팜필리아에 있는 퍼가**』(13절)에 이르는데, 그들은 지중해를 가로질러 북쪽으로 약 170마일을 여행했다. 그런데 성경 해석의 "권위자들"은 요한이 무리를 떠나 예루살렘으로 돌아온 사실을 잊어버린다. 그가 그렇게 한 이유가 무엇이든지 간에 바울은 그것을 "쟁기를 잡고 뒤를 돌아보는 것"이라 말하고 있는데도(행 15:38) 주석가들은 대부분 마가가 대열에서 도망한 탈영자가 아닌 것처럼 해 놓는다. 그러나 고린도후서 11:25의 엄청난 고난은 이것과 어떤 관계가 있었을지도 모른다. 성경을 세심하게 읽지 않은 주석가들은 사도행전 9장과 27장 사이에 있었던 세 번의 파선에 대해 설명해야 한다는 사실을 잊어버렸다. 고린도후서가 사도행전 27장 이후에 기록되었다 할지라도 두 번의 파선은 여전히 설명되지 않은 채로 있다.

얼과 카터는 마가에 대한 바나바의 평가가 옳았다는 증거로 디모데후서 4:11을 인용했다. 그러나 그것은 억지로 꿰어 맞추려 안간힘을 쓰는 것에 지나지 않는다. 디모데후서의 말들은 이 여행이 있은 지 15년도 더 지나서 기록되었다. 15년간 한 그리스도인의 영적 상태에 많은 것들이 일어날 수 있다. 1년 안에도 많은 일이 일어날 수 있는 것이다.

13:14 그러나 그들이 퍼가를 경유하여 피시디아의 안티옥으로 와서 안식일에 회당에 들어가서 앉으니

15 율법과 선지서들을 읽고 난 후 회당장들이 그들에게 보내어 말하
기를 "형제들이여, 사람들에게 권고할 말이 있으면 말하시오." 하
니
16 바울이 일어서서 손짓하며 말하기를 "이스라엘 사람들과 하나님을
두려워하는 이들이여 들으라.
17 이 이스라엘 백성의 하나님께서 우리의 조상을 택하시고 이집트
땅에서 나그네로 산 그 백성을 높이시어 그곳에서 높으신 팔로 그
들을 이끌어 내셨느니라.
18 그리하여 약 사십 년 동안 광야에서 그들의 소행을 참으셨으며
19 또한 카나안 땅의 일곱 민족을 멸망시키시어 그들의 땅을 분할해
서 그들에게 나누어 주셨느니라.
20 그후 약 사백오십 년 동안 선지자 사무엘 때까지 재판관들을 주셨
으며
21 그후에 그들이 왕을 구하니 하나님께서 그들에게 베냐민 지파의
사람 키스의 아들 사울을 사십 년 동안 주셨느니라.
22 그후 그를 폐하시고 다윗을 그들에게 왕으로 세우시어 그에 대해
증거하여 말씀하시기를 '내가 이새의 아들 다윗을 만나니 내 마음
에 맞는 사람이라. 그가 나의 모든 뜻을 행하리라.' 하시니라.
23 하나님께서 약속하신 대로 이 사람의 씨에서 구주를 이스라엘에
일으키셨으니 곧 예수라.
24 그분이 오시기에 앞서 요한이 먼저 회개의 침례를 온 이스라엘 백
성에게 전파하였느니라.
25 요한이 자기의 달려갈 길을 마치고 나서 말하기를 '너희는 나를
누구라고 생각하느냐? 나는 그리스도가 아니라, 그러나, 보라, 한
분이 내 뒤에 오시나니 나는 그분의 신발끈을 풀어드리기에도 적

합지 못하노라.'고 하였느니라.

회당에서 한 이 연설은 소아시아 전역에 흩어져 있던(14:19) 반대파의 연쇄반응을 불러일으키며(50절) 그 반대는 결국 로마까지 이른다(행 28:22). 쿠프로에는 소아시아에 있었던 것과 같은 하나님의 말씀에 대한 관심이 거의 없었다.

14,15절은 설명이 필요치 않다. 우리는 여기서 주님께서 누가복음 4:16, 17에서 하신 일이 허락된 이유를 알 수 있다. "율법과 선지서들을 읽는" 일은 매주마다 행해졌으며 이 목적을 위해 구약성경은 부분들('파라쇼드'와 '하파타롯')로 나누어졌다. 그러나 읽는 사람이 말씀을 읽자마자 학자 연맹은 일어서서 소리지른다. "헬라어로 읽어야 해!" 그런 다음 매장마다 이해할 수 없는 말들이 뒤따른다. 그러나 그 무리 중 한 사람도 오늘날 성경을 히브리어 성경으로 읽어야 한다고 말하지 않는다. 그 건물에 있는 모든 사람이 영어를 말하는 미국인인 곳에서 이런 일이 일어났다. 스트라보는 여기서 네 가지 언어 즉 피시디아어, 솔리만, 헬라어, 리디아어가 사용되었다고 말한다. (안티옥이 피시디아가 아니라 프루기아에 있었다고 말하면서 피시디아어라니?) 클라크는 그들이 오리겐의 70인역을 가지고 있었음이 틀림없다고 말한다. 브루스는 그들이 70인역을 인용하고 있다고 말한다. 램세이는 성경이 히브리어로 읽혔으며 그런 다음 사람들을 위해서 코이네 헬라어로 통역되었다고 말한다. 그것은 틀림없는 사실이다. 왜냐하면 유대인들은 25세기 동안 성경의 히브리어를 버리지 않았기 때문이다. 오늘날에도 팔레스타인 거리에서 여전히 히브리어가 사용되고 있다. 헬라어 칠십인역을 회당 안으로 밀반입하려는 시도에는 마음속 이면의 동기가 있다. 바울의 설교가 계속됨에 따라 그 동기가 무엇인지를 살펴볼 것이다.

『**이스라엘 사람들과 하나님을 두려워하는 이들이여**』(16절). 이는 아브라함, 이삭, 야곱의 후손들과 거기 참석한 이방인 개종자들(43절)에게 한 말이다. 『**이 이스라엘 백성의 하나님께서 우리의 조상을 택하시고**』(17절). 바울은 스테판의 설교 전달 방법을 잊지 않았다. "우리 조상들"이란 말은 유대인들이 사용하는 표현이다(마 5:45; 6:9 및 주석 참조). 17,18절은 설명이 필요치 않다. 17절은 출애굽기 1-5장 주석에 자세하게 설명되어 있다. 『**그들의 소행을 참으셨으며**』(18절). 이 인용은 히브리어 구약에서는 발견되지 않는다. 그래서 오리겐과 그의 "펜팔들"은 그것을 훌륭하고도 적절하게 바꾼다. A, C, E는 올바른 본문을 변개시켜서(헬라어 'etropophoresen') "유모가 먹이는 것처럼 그들을 먹이셨다."(헬라어 'etrophophoresen')로 바꾼 뒤 그리스도께서 부활하시고 승천하신 뒤 300년도 훨씬 더 뒤에 신명기 1:31에 이 단어를 첨가했다. A.T. 로버트슨 박사가 "칠십인역"(LXX)이라고 부르는 사본이 이번에는(*Ibid*., p.187) 콘스탄틴이 죽은 뒤 100년 후에 기록된 필사본이다. (그리고 여러분은 "사도들"이 〈칠십인역〉의 "구약" 본문을 인용했다고 믿도록 강요받는 것이다!!) 이번에는 알렙과 B가 〈킹제임스성경〉 본문과 일치한다. 그러면 문제가 해결될 것 같지만, 천만에 티쉔돌프, 얼, 카터, 브루스, 웨스트, 리빙 가스펠즈, RV, ASV(1901)가 이번에는 A, C, E를 따르는 것이다. 한편 래드, 웬트, 빈센트, NASV는 이도저도 따르지 않으면서 어떻게 해서든 A.V. 본문을 있는 그대로 내버려 두려 하지 않는다.

본문은 명백하다. 하나님의 "오래 참으심"(저자의 주석서 〈출애굽기〉 34:6 참조)은 출애굽기와 민수기에 너무도 잘 선포되어 있다. 그 책들에서 하나님께서 "이스라엘을 양육하시고 부양하신" 것은 사실이다. 그러나 바울은 스테판의 방식을 따라 설교하고 있다. 구약의 역사를 들어 당시의 유대인들을 책망하는 것이다.

1. 하나님께서는 그들의 소행을 참으셨으며(18절)

2. 그들이 세운 왕을 폐하셨다(21,22절).

3. 관원들은 메시아를 알아보지 못했다(27절).

4. 조심하라. 그렇지 않으면 "스스로 멸망하리라"(41절).

이것이 바울이 설교한 내용을 있는 그대로 보존한 것이다. 18절을 부정적인 의미 대신 긍정적인 의미로 변개시킨 것은 지상에서 처음으로 "참으로"(yea)라는 말이 나온 이후로(창 3:1) 우리가 참아 왔던 학자들의 소행이다.

뒤이어 구약의 요약된 역사가 나온다(19-23절). 재판관기에서 그것을 읽을 수 있는 사람은 사무엘상하에서도 그것을 읽게 된다("사백오십 년 동안"의 재판관 시대에 관해서는 출 1:8 주석을 참조할 것]. 학자들은 이 구절을 변개시켜야 한다고 수없이 제안해 왔다. 그 중 대표적인 변개는 재판관기에서 450년을 설명하기 위해 오리겐과 그 일당이 시도한 것을 들 수 있다. 그들은 『**재판관들**』(20절)이란 말이 450년 뒤에 오게 한 다음 450년이란 말을 19절에 또 한 번 삽입했다. 예수회 사제들과 밥 존스 3세(〈주의 칼〉을 포함해서)는 모두 예수회 성경(1582)과 NASV(1963) 본문을 지지한다. 웬트, 메이어, 홀츠만은 이 로마카톨릭의 변개가 "난관을 극복하기 위해"(Expositor's Greek Testament, p.292) 일어났다는 것을 알면서도 그들 중 아무도 그 변개에 이의를 제기하지는 않는다. 밥존스대학이 추천하는 "믿을 만한 번역본들"도 변개되어 있다. 결국 ASV와 NASV는 우리가 여러 차례 증명한 바와 같이 로마카톨릭 번역본들이다. [여기서 그들은 우리의 주장에 한 번도 반박하지 않았음을 덧붙이는 바이다. 미국에 있는 소위 "근본주의" 학교들은 이러한 비난들에 만족할 만한 답변을 할 수가 없었다. 신학대학원 수준에서 훈련받은 200명을 합해도 답변할 수 없다. 그 비난에 대한 답변이 없다. 이 사람들도 그것을 안다. 그들의

"답변"이란 고작해야 가십이나 비방 내지는 실없는 소리에 지나지 않는다.]

『**하나님께서 약속하신 대로 이 사람의 씨에서 구주를 이스라엘에 일으키셨으니 곧 예수라**』(23절). 물론 "씨"는 "여자"의 씨여야 한다(창 3:15). 예수께서는 『**육신으로는**』(롬 1:1-4) 다윗의 씨이다. 왜냐하면 그는 부활을 통해(33절을 볼 것) 하나님의 아들(행 4:27)로 선포되셨기 때문이다. 여기서 "일으키셨다"(raising up)는 표현은 파라오를 세우셨다(raising up, 롬 9:17)는 말과 동일하다. [출 9:16에서 "선택"(election)에 관한 주석 참조.]

『**회개의 침례**』(24절, 행 2:38 주석 참조). 25절은 요한복음 1:20-27에서 발견된다.

13:26 형제들이여, 아브라함의 자손과 너희 가운데 하나님을 두려워하는 모든 자들이여, 너희에게 이 구원의 말씀이 보내진 것이거늘

27 예루살렘에 거하는 자들과 그들의 관원이 그분을 알지 못하였고 안식일마다 읽히는 선지자들의 말씀을 알지 못하였기에 그들이 그분을 정죄하여 말씀들을 성취시켰도다.

28 그들이 죽일 만한 어떤 죄과도 찾지 못하였으면서 그를 죽여야 한다고 빌라도에게 간청하였느니라.

29 그분에 관하여 기록된 모든 것이 성취되니 그들이 그를 나무에서 내려 무덤에 안치하였으나

30 하나님께서 그를 죽은 자들로부터 살리셨고

31 그가 갈릴리에서부터 예루살렘까지 그와 함께 동행한 사람들에게

여러 날 보이셨으니 그들이 백성에게 그분의 증인이 된 것이라.
32 이제 우리가 너희에게 기쁜 소식 즉 조상들에게 하신 약속을
33 하나님께서 예수를 다시 살리심으로써 그들의 자녀인 우리에게 어
떻게 동일하게 이루셨는가를 선포하노라. 시편 둘째 편에도 기록
되었듯이 '너는 내 아들이라, 오늘 내가 너를 낳았노라.' 하셨고
34 그를 죽은 자들로부터 살리사 다시는 썩어질 것으로 돌아가지 않
게 하실 것에 관하여 이와 같이 말씀하시기를 '내가 다윗의 확실
한 자비를 너희에게 주리라.' 하셨으며
35 그래서 시편 다른 곳에서도 말씀하시기를 '주께서 주의 거룩하신
분으로 썩어짐을 보지 않게 하실 것입이니이다.' 하셨느니라.
36 다윗은 그의 당대에 하나님의 뜻을 따라 섬기다가 잠들어 그의 조
상 곁에 묻혀 썩어짐을 보았으나
37 하나님께서 다시 살리신 그는 썩어짐을 보지 않았느니라.

바울의 설교는 유대인과 유대교로 개종한 사람들을 대상으로 하고 있다(26절). 27-31절에 있는 모든 내용은 마태복음, 마가복음, 누가복음, 요한복음에서 발견되는 것들이며 사복음서 자체가 그 문제에 관한 최고의 주석이다. 『**그들의 관원이 그분을 알지 못하였고**』(27절, [행 3:17 주석을 참조하고 이를 고전 2:8과 비교할 것). 빌라도, 헤롯, 유다, 그리고 사형을 집행했던 백부장에 따르면 그분께는 『**죽일 만한 어떤 죄과도**』(28절) 없었다. 『**그가... 여러 날 보이셨으니**』(31절, 행 1:1-6 주석 참조). 『**이제 우리가 너희에게 기쁜 소식... 선포하노라**』(32,33절). 당시에 바울은 영장, 헤롯왕의 일파들, 소환장, 사두개인들, 법적 서류들, 바리새인들을 눈 앞에 두고 있었는데도 그는 갑자기 31절의 "증인들"에 자기 자신을 포함시킨다. 『**조상들에게 하신 약속**』(32절)은 분명히 부활에 관한 약속이다(행 24:14,

15 참조). 이스라엘의 실제적 부활은 에스겔 37장에 예언되어 있으며, 베드로는 베드로전서 1:3에서 거듭난 그리스도인들에게 이 약속을 영적으로 적용하고 있다. 이것으로 인해(엡 2:1-4과 더불어) 후천년주의자들과 무천년주의자들은 요한계시록 20:1-4을 영적으로 해석함으로써 구약의 3/4을 푸는 열쇠를 잃어버리게 되었다. 바울은 예수 그리스도께서 죽은 "자들로부터"(from) 살아나신 사실(행 17:31 주석 참조)만을 전파하고 있다. 그는 이스라엘이 언젠가는(행 26:23) 죽은 자들로부터 부활하리라는 증거로써 그 사실을 제시하는 것이다. 이 능숙한 복음전도자는 원수들을 만났을 때 바리새인들에게 어필하기 위해 이것을 죽은 "자의"(of) 부활로 바꾸었다. 바울은 그 말이 청중을 분열시키리라는 것을 알고 있었으며, 실제로 분열이 일어났다. 만일 그가 사도행전 23:6에서 죽은 "자들로부터의"(from) 부활을 말했다면 그는 아마 갈기갈기 찢겼을 것이다. 무천년주의 카톨릭이나 후천년주의 개혁주의자 중 누구도 죽은 자로부터의 부활을 믿지 않는다. [한편 바울은 자신을 고소하는 사람들 앞에 섰을 때도 행 24:14,15에서 한 것을 반복한다.]

『**하나님께서 그를 죽은 자들로부터 살리셨고**』(30절). 『**하나님께서 예수를 다시 살리심으로써... 그를 죽은 자들로부터 살리사**』(33,34절). 조상들에게 하신 "약속"은 죽은 "자들의"(of) 부활이 있으리라는 것이었다. 그러나 그리스도의 부활은 이 부활이 "일반적인 부활"(general resurrection) 전에 일어날 것이었음을 보여 준다. 이것이 마르다가 혼동했던 것이었다(요 11:24).

『**시편 둘째 편에도 기록되었듯이 '너는 내 아들이라, 오늘 내가 너를 낳았노라.' 하셨고**』(33절). 이 구절이 A.D. 325년 니케아 공회에서 파문을 일으킨 이후로 여기서 다시 모든 것이 "엉망"이 된다.

A. 첫 번째 해석은 그리스도께서 영원 속에서 태어나셨기 때문에 "오늘"(this day)이란 말은 그 어떤 "날"과도 관계가 없다는 것이다. 이 해석 체제에 따르면 "하나님의 모든 법령은 영원하기"(칼빈주의 상투어구) 때문에 시편 2:7의 선포는 창세기 1장 이전에 있어야만 한다. 이것이 니케아에서 하나님께서 존중하지 않으신 논란을 불러일으켰던 것이다. NASV(1963)의 요한복음 1:18은 오리겐의 책상과 펜대에서 나온 것과 똑같이 되어 있다.

B. 두 번째 해석은 그리스도께서 죽은 자들로부터 일으켜지셨을 때 "태어났다"(begotten)는 것이다. 이것은 모든 사람에게 "새로운 탄생"이 미래의 일이 되게 만든다. 이 말은 그 어떤 사람도 제칠일 안식교인이나 카톨릭, 캠벨 추종자, 여호와의 증인들과 마찬가지로 자신이 죽을 때 어디로 가는지 모른다는 말이 된다. 여러분이 거듭나야 하고(요 3:3-5) 그리고 "다시 또다시, 또다시, 그리고 또다시" 거듭나야만 한다면(오순절 형제들처럼!), 그리고 죽은 후에야 진정으로 거듭나는 것이라면, 죽을 때까지 어떻게 영생의 확신을 가질 수 있겠는가? 눈멀고 확신 없는 사람들에게 똑같이 눈멀고 확신 없는 사람이 "진리"를 가르치는 것이다. 소경이 소경을 인도하면...!

C. 세 번째 해석은 새로운 탄생이 이스라엘 민족에게만 약속된 민족적인 현상이었기 때문에(벌링거, 베이커, 오헤어, 발링거, 무어 등) 이 시대에 "입양," "살리심," "구원" 등은 있을지 몰라도 "새로운 탄생"은 없다는 것이다.

D. 네 번째 해석은 『**오늘 내가 너를 낳았노라.**』고 말씀한 날은 마리아를 통해 그리스도께서 지상에 태어나신 날이라는 것이다. 그 날을 그리스도의 부활과 연결시킨 것은 부활(34절)이 동정녀 탄생(롬 1:1-4)의 증거이

기 때문이다. 바울이 로마서 1:1-4에서 말한 바가 바로 이것이다.

뿐만 아니라 『**그를 죽은 자들로부터 살리사**』(34절)는 뒤이은 구절들(34,35절)이 부활을 다루는 말씀임을 보여 준다. 33절의 인용구는 하나님께서 한 아들을 낳으셨다는 말씀이다. 『**너는 내 아들이라, 오늘 내가 너를 낳았노라.**』 이 부분을 읽는 독자는 33절 상반부가 부활을 다루고 있기 때문에 혼란에 빠질 수 있다. 그러나 절 중간의 '세미콜론'(;)-존 칼빈이나 루이스 스페리 샤퍼보다 성경을 더 잘 아는 사람이 붙인-을 보면 이단에 빠지지 않고도 본문의 분명한 뜻을 얻을 수 있게 된다. 1800년 이후로 그 어떤 성경 개정자, 주석가, 학자들도 〈킹제임스성경〉에 있는 구두점을 존중하지 않았기 때문에 우리가 주석가들에게 기대할 수 있는 것은 혼란뿐이었으며 우리가 얻은 것도 혼란뿐이었다!

서방원문은 시편 둘째 편을 첫째 편으로 바꾸어 놓았으며 그 구절에 21단어를 첨가시켰다. 또한 『**그들의**』(33절)란 단어가 모든 로마카톨릭 성경들(ASV, NASV, RSV, NRSV, NEB, 그리고 1582년 예수회 성경)에는 빠져 있다. 브루스는 예수께서 침례받으셨을 때 "거듭났다"고 한다. 이것은 모나키아니즘(2,3세기에 일어났으며 삼위일체설에 반대하는 이단설)적인 ASV가 누가복음 23:42을 잘못 번역함으로써 문제를 고착시킨 것과 일치한다. F.F. 브루스과 C.H. 도즈 역시 그리스도의 물침례를 그의 "새로운 탄생"으로 이해했으며 그 증거로 변개된 서방원문의 누가복음 3:22를 인용하기까지 했다. 해켓, 메이어, 루터는 "낳았노라"(begotten)를 부활과 혼동했다. 레이크와 캐드베리는 "오늘"이 그리스도께서 지상에 계셨던 33년을 뜻한다고 말한다! 그 구절을 어떤 형태로든지 "아들 됨"과 연결시키기를 꺼려하는 래드는 전체 문제를 회피하고는 그 구절이 그리스도의 "메시아 되심"을 뜻한다고 말한다. 그리고 그는 "아들 됨"은 "여러 방면의 개념"을 가지고 있다고 말함으로써 정통 기독교 진영과 자유주의 진영의 경계

선을 교묘히 빠져 나간다. [그 말은 확실히 맞는 말이다. 어떤 사람들은 예수 그리스도께서는 그가 "독생자"라는 의미에서만 하나님의 아들이었다고(요 3:16, 행 4:27) 믿으며, 또 어떤 이들은 그가 단지 "한 아들"에 지나지 않으며(RSV, 마 27:54) "태어나시지"(begotten) 않았다고(RSV, 요 3:16) 믿는다.]

A.T. 로버트슨 박사는 33절의 "raising up"(살리심)이 34절의 "raising up"(일으키사)과 동일하다고 말한다. 그는 이 개념을 웨스트코트와 홀트에게서 얻었다. 그들은 표준원문의 33절이 "초기에 발생한 오류"라고 주장했던 사람들이다.

『**다윗의 확실한 자비**』(34절)는 사무엘하 7:1-12과 시편 89:20-30의 내용을 말한다. 바울이 여기서 〈칠십인역〉을 인용하고 있다는 클라크의 말은 단지 그가 원하는 바일 뿐이다. 이것은 전혀 사실이 아니다. 이것은 마치 바울이 A.V.(1611)의 이사야 53:11 본문을 인용하고 있다고 말하는 것과 다를 바 없다. A.V.(1611)는 바울의 때에 기록되어 있지 않았기 때문에 바울은 그것을 인용했을 수가 없는 것처럼, 브루스가 인용했던 〈칠십인역(LXX)〉도, 커스터와 닐이 인용한 칠십인역도 당시에 기록되어 있지 않았다.

『**다윗의 확실한 자비**』는 그의 씨에게 주어진 것이다(시 89편). 다윗의 확실한 자비는 솔로몬에게 부분적으로 성취되기는 했어도(대하 9:1-12) 이 씨는 그리스도의 유형이다(시 89편). 한편 부활은 G. 테드 암스트롱 등의 주석가들의 말대로 "탄생"이 될 수 없다. 왜냐하면 부패를 보지 않고 죽은 자들로부터 부활한 모세는 주 예수께서 부활하신 지 몇백 년 전에 일어났음에도 불구하고 성경은 그가 "죽은 자들 가운데서 첫째로 났다(begotten)"고 말씀하지 않기 때문이다. 『**죽은 자들 가운데서 첫째로 나**

시고』(계 1:5)라는 말은 예수님께만 붙여졌던 표현이다. "독생자"(only begotten)라는 말은 『**오늘 내가 너를 낳았노라[begotten]**』와 연결되며, 결코 부활에 대한 언급이 될 수 없다. 왜냐하면 나사로도 부활했으며, 요나도 부활했고, 도르카도 부활했으며, 야이로의 딸도 부활했기 때문이다. 이들 중 누구에게도 "only begotten"이란 말이 붙여지지 않았다. 그 용어는 태어남과 관련된 것인데, 이 태어남은 영원 속에서가 아니라 시간 속에서, 즉 특정한 날 특정한 시간에 일어난 것이다. 이 동정녀 탄생 없이는 "죽은 자들로부터 첫째로 났다"거나 "독생자"(only begotten)도 없었을 것이다. 죽은 자들로부터 첫째로 일어나서 다시는 죽지 않을 그 사람은 성령으로 태어난 첫 번째 사람이다. 예수 그리스도께서 동정녀에게서 태어나시지 않았다면 그분의 몸은 지금도 예루살렘 밖, 북쪽 끝 묘에서 썩어가고 있을 것이다. [『**주의 거룩하신 분으로 썩어짐을 보지 않게 하실 것임이니이다.**』 행 2:27,31 및 주석 참조]

13:38 그러므로 형제들아, 너희가 알 것은 이분을 통하여 너희에게 죄들의 사함이 선포되었으며
39 너희가 모세의 율법으로는 의롭게 되지 못하였던 그 모든 일에 있어서도 믿는 자는 모두 그분을 통하여 의롭게 된다는 것이니라.
40 그러므로 선지자들로 말씀하신 것들이 너희에게 임하지 않도록 조심하라.
41 '보라 너희 경멸하는 자들아, 놀라서 패망하라. 내가 너희의 날에 한 일을 행하리니 누가 그 일을 너희에게 말해 줄지라도 너희가 그것을 결코 믿지 않으리라.'고 하였느니라." 하니라.
42 유대인들이 회당을 떠날 때 이방인들이 간청하기를 다음 안식일

에도 자기들에게 이런 말을 해 달라고 하더라.
43 그 집회가 끝난 후에 많은 유대인과 유대교로 개종한 경건한 사람
들이 바울과 바나바를 따르니 두 사도가 그들에게 권고하여 말하
기를 "하나님의 은혜 안에 꾸준히 있으라."고 하더라.

오직 믿음으로 말미암아 은혜로 받는 구원이 여기 나온다. 본문의 시기는 A.D. 46-47년경으로 바울이 고린도전서나 에베소서를 쓰기 오래전이다. 죄인은 물침례를 통해서가 아니라 예수 그리스도를 통해(38절) 죄들을 용서받는다. 여러분은 이 복음을 통해서 태어났다(고전 4:15). 침례를 통해서가 아니다. 여러분의 죄들은 예수 그리스도께서 하신 일을 통해서만 용서되며(39절) 『**이분**』(38,39절)과 여러분이 어떤 관계인가에 따라 여러분의 칭의가 결정된다. 이방인들의 사도에 따르면 물침례는 믿음, 용서, 구속, 칭의(38,39절)로 우리를 인도해 줄 수 없다. 이 메시지의 내용은 『**영원한 생명**』(48절)과 『**구원**』(47절)이다. 그렇기 때문에 바울과 누가는 직간접적으로 이 말들에서 물침례란 말을 조심스럽게 빼는 것이다.

코넬리우스 스탬이 계속해서 물침례를 빠뜨리는 것은 (이 부분에서의 누가와 바울을 따르기 위해서인 듯하다) 캠벨 추종자들이 물침례를 강조하는 것만큼이나 치우친 일이다. 스탬은 바울이 사도행전 28장까지는 물침례에 대해 "혼란"을 겪고 있었다고 말한다. 그러나 바울은 조금도 혼란스러워하지 않는다. 그는 사도행전 10장 이후로 단 한 번도 물침례가 "구원"이나 "영생"과 어떤 관계가 있다고 생각해 본 적이 없었다.

『**그 모든 일에 있어서도 믿는 자는... 의롭게 된다는 것이니라**』(39절). 모든 정통 유대인, 카톨릭, 캠벨 추종자, 오순절파, 러셀 추종자, 홀리니스파, 몰몬교인, 안식교인들의 눈에 이것은 고약한 이단 교리이다. 이들 중 누구도 "믿음"이 『**모든 일에 있어서**』 죄인을 의롭게 한다는 것을 믿지 않는다. 그들은 마음에 로마서 4:5을 가지고 새 예루살렘으로 가느니, 그들의 입에 야고보서 2:24을 가지고 죽어 지옥에 가는 편을 택한다. 여기서 (39절) 그리고 48절에서도 오직 "믿음"만이 요구된다. "믿고 침례받는 것"은 없다. 사도행전 9장에서도 바울은 자기가 "침례를 주게 하려고"(고전 1:17) 보내심을 받지 않았음을 알고 있었다. 그리고 그는 사도행전 16-19장에서 그의 개종자들에게 침례를 주기 오래전에 "몸의 신비"에 대해서 알고 있었다. 바울은 물침례가 그리스도의 죽음과 장사와 부활의 "모형"임을 인지하고 있었다. 이 사실은 그가 영적인 것들을 말할 때 "부활"이라는 단어를 쓰고 있다는 사실로도(롬 6:1-4) 알 수 있다. 바울은 물침례를 지나치게 강조하지도 않으며 또 그것을 무시하지도 않는다. 그 문제에 대해 그는 균형을 잘 이루고 있다.

『**모세의 율법으로는 의롭게 되지 못하였던**』(39절). 메리 엘렌 화이트는 이 절에서 『**모든 일**』이 "의식적 율법"(ceremonial law)이나 "율법의 기록"(handwriting of ordinances)만을 의미하도록 만들기 위해 애썼지만, 안타깝게도 바울은 『**모세의 율법**』이라고 말했다. 율법을 주시고, 그것을 강화하고 기록하고 보존하고, 그것을 지키신(눅 24:44,45) 분에 따르면 율법에는 창세기에서부터 신명기까지가 포함된다. 그리고 『**모든 일**』(39절)은 "모든 죄"를 뜻한다(요일 1:7).

『**그러므로... 조심하라**』(40절). 하나님의 말씀을 전혀 존중하지 않는 학자 연맹은 바울의 경고에 전혀 귀를 기울이지 않는다. 그들은 우리 앞에 (그리스도께서 승천하신 후 200년도 더 뒤에 기록된) 세 개의 대문자 필사본을 제시하면서 하박국은 히브리어가 아니라 헬라어로 기록되었으며, 바울은 그리스도께서 태어나시기 250년 전에 기록된 헬라어로 된 하박국을 인용하고 있다고 말한다. 본문에 "은혜에 의한 구원"이 등장하자마자 이런 일을 시도하는 것이다. 학자 연맹은 사도행전 9:5,6; 8:37; 26:28 본문도 파괴시켰다.

오리겐, 심마쿠스, 아퀼라, 클레멘트, 유세비우스는 사도행전의 저자 누가가 죽은 뒤 여러 해 후에 사도행전 13:41을 읽고서 그 부분을 하박국 1:5에 첨가해 놓았다. 그렇게 함으로써 그들은 바울로 하여금 성경을 잘못 인용하고 있다는 비난을 면하게 해주려 했던 것이다. 하박국 1:5이 사도행전 13:41과 똑같이 되어 있는 모든 필사본은 신약이 완성된 지 오랜 후에 기록되었다. 모든 학자들이 인용하는 대문자 필사본 A는 A.D. 440년에 기록되었다. 그러나 성경 변개(위 참조)에 부주의하고 서툴렀던 70인역(A.D. 150-550)의 알렉산드리아 저자들은 두 번째의 『**일**』(41절)을 하박국에 삽입시키는 것은 잊어버렸다. 에딘버러, 하이델베르그, 슈트트가르트, 본, 예일, 하버드, 시카고 대학, 밥존스대학, 콜게이트-로체스터 신학교, 달라스신학교, 비올라, 미드웨스턴, 사우스이스턴, 풀러신학교 등을 속이고자 하는 열성에 찬 나머지 『**내가 너희의 날에 한 일[work]을 행하리니[work] 누가 그 일[work]을 너희에게 말해 줄지라도 너희가 그것을 결코 믿지 않으리라.**』고 말한 부분에서 "일"(work)을 삽입하는 것을 잊어버린 것이다. 그러나 칠십인역에서 본문의 세 번째 『**일**』을 빼버린 것은 무의미하게 되어 버렸다. 왜냐하면 알란드와 메츠거가 그들의 변개된 헬라어 원문을 출판했을 때(1966) 그들은 하박국을 인용하는 부분에서 대담하게도 "일"(헬라어 '에그론')이란 단어를 본문에 넣지 않았기 때문이다. 그러나 그들은 구약을 인용한 부분에서 일치하지 않는 모든 단어를 첨가했다. [행 2:26-28, 눅 20:17, 마 4:4 등을 볼 것.]

이런 분명한 과실에도 불구하고 노울링, 래드, 로버트슨, 클라크, 더멜로우, 레인지, 글로그 등은 바울이 그가 죽은 후 350년 뒤에 기록된 필사본(5세기에 기록된 알렉산드리아누스 사본)을 인용한 것이라고 주장한다. 이는 "경건한 사람들"로 이루어진 전형적인 "보수주의 학자계"의 주장이다.

바울은 훈계를 위해 한 구절을 도용하고 있다. 바울은 자주 그같이 한 것을 볼 수 있다(롬 10:19,20; 9:25,26 참조). 하박국 1:4,5의 문맥적 의미는 칼데아인들이 앞으로 침공해 오리라는 것이다(B.C. 606-589). 그러나 그 부분은 복음 전도 때 초청으로 이용하기에 아무 무리가 없다. 왜냐하면 『**믿음**』으로 살아가는 "의인"이란 점에서 같은 메시지이기 때문이다!! (합 2:4) 그런데 느부캇넷살의 통치를 받는 "칼데아인들"은 적그리스도의 통치를 받는 로마인들의 유형이다(마 24장, 계 17장). 따라서 예루살렘은 A.D. 70년에 이런 의미에서 다시 "칼데아인들"에 의해 황폐화되었으며, 앞으로 30년 이내에 이런 일이 다시 있게 될 것이다.

42절 내용은 설명이 필요치 않다. 이렇게 분명한데도 A.T. 로버트슨은 최종권위의 자리를 강탈하고는, 표준원문에서 '타에스네'(『**이방인들**』에 해당하는 헬라어)라는 단어를 성령께서 쓰신 것은 잘못이었다고 말한다. 그가 그렇게 말한 근거는 시내 사본, 알렉산드리아 사본, 파피루스 74(파피루스 74는 보드머 파피루스로 변개된 바티칸 사본과 일치한다. 힐스의 〈성경을 믿기 위한 공부, *Believing Bible Study*〉 p.135 참조)에는 『**이방인들**』이란 말이 없기 때문이다. 그래서 『**이방인들**』이란 말은 1582년 예수회 카톨릭 성경과 마찬가지로 ASV(모든 판)에서 삭제되었다. 모든 카톨릭 성서들은 『**이방인들**』이란 말을 빼고 있다. 암흑시대의 본문을 채택함으로써(제롬도 같은 것을 사용했다) 다음 안식일에 그들에게 말씀을 전파해 줄 것을 원했던 사람들은 "유대인들"이 되어 버린 것이다. 그러나 44절은 전혀 그렇지 않음을 보여 주고 있다. 시기로 가득 찬 유대인들이(45절) 왜 말씀을 들으려고 모여들었겠는가? 누가 그들을 모았는가? 사도행전

14:1과 그 주석을 보라. 제롬, 오리겐, 웨스트코트, 로버트슨, 홀트, 로크만 재단은 유대인들이 군중을 모은 것처럼 보이게 하든지, 아니면 "유대인들"이 45절의 유대인들이 아니라고 한다. 그렇다면 그것은 일요일 아침 버스로 성도들을 교회에 데려오는 사람이 자신의 버스가 가득 찬 것을 보고 유감스러워하는 경우인가? 부흥회를 시작한 후에 부흥회를 원치 않은 요나의 경우인가? 요나는 말씀을 전파하기 전에 군중을 모으려 하지 않았다. 그는 부흥회가 열린 밤 거기서 도망쳤다. 우리가 본문을 통해 보는 것은, 말씀을 더 들려 달라는 요청이 있기 전에 유대인들이 회당을 떠났다(42절)는 것이다. 그리고 그 집회가 끝난 후에 『**유대인**』과 『**유대교로 개종한 경건한 사람들**』(43절)이 바울을 따랐다. 말씀을 전파함으로써 주일학교 출석기록을 깼던 사람들은 분명 이방인 개종자들이었다.

『**그들에게 권고하여 말하기를 "하나님의 은혜 안에 꾸준히 있으라."고 하더라**』(43절). 이 구절은 그리스도인이 "하나님의 은혜에 미치지 못하거나"(히 12:15), "은혜로부터 떨어질"(갈 5:4) 수 있다는 등, 구원에 이르지 못할 수 있다는 것을 증명하기 위해 캠벨파와 카톨릭, 홀리니스, 개신교인들이 즐겨 사용하는 유명한 구절이다. 구원의 교리를 이렇게 부패시킨 장본인은 창녀들의 어미인(계 17장) 로마 교회이다. 로마는 항상 "은혜"를 합법적인 상태라고 정의내림으로써 그리스도인이 "은혜의 상태" 안에 있거나 거기서 벗어날 수 있다고 가르쳐 왔다. 카톨릭 신자들이 "회개" 대신 "고행"을 하는 것도 이와 유사한 것이다. 로마는 항상 마음으로부터 순종하는 대신 합법적인 형식을 실천할 것을 강요한다. 한편 은혜를 경험한 성경대로 믿는 그리스도인은 은혜가 다양한 모습을 가지고 있음을 안다.

1. 은혜는 기꺼이 돈을 나눠 줄 수 있는 능력이다(고후 8:19; 9:8).
2. 은혜는 기꺼이 가난하게 되는 능력이다(고후 8:9).

3. 은혜는 이 세대에 전파되는 메시지이며, 우리는 이 메시지에 주의를 기울여야 한다(고후 6:1).

4. 은혜는 일시적으로 호의가 베풀어지는 기간으로, 사람이 그것을 가지고 무엇을 하는지를 보기 위해 주어지는 것이다(갈 5:4, 스 9:8).

5. 은혜는 하나님께서 죄인들을 구원하시기 위해 그들을 다루시는 데 취하시는 태도이다(엡 2:8,9).

6. 은혜는 어떤 사람이 다른 사람에게 보이는 호의적인 인상이다(창 6:8).

7. 은혜는 어떤 사람의 성품이다(요 1:14).

8. 은혜는 우리에게 그것이 필요할 때 하나님께서 주시는 것이다(히 4:16, 롬 1:5; 12:6).

9. 은혜는 미래에 이루어질 구원의 완성이다(벧전 1:13).

그러므로 "은혜"를 가져다가 자기 자신이 이루어 놓은 신학에 억지로 맞추려는 것은 요한계시록의 저자를 모욕하는 행위이다. 바울과 바나바는 오직 그리스도만을 계속해서 신뢰하고, 그들을 의롭게 하기 위해(39절) 그리스도께서 하신 일만을 계속 신뢰하라는 의미에서 『**하나님의 은혜 안에 꾸준히 있으라.**』고 한 것이다. 신약의 구원에 있어서 은혜는 행위를 배제한다(롬 11:6). 여기서 아무도 "끝까지 신실함을 지키거나" "주를 위하여 살려고 노력"하고 있지 않다. "구원을 잃어버릴 수 있다."고 믿는 사람들이 이 본문을 잘못 적용하는 것은 그들이 성경의 권위를 믿지 않는다는 증거일 뿐이다.

13:44 그 다음 안식일에는 온 성읍이 거의 다 하나님의 말씀을 들으려고 모이더라.

45 그러나 유대인들이 무리를 보자 시기로 가득 차서 바울이 말한 것들을 대적하여 반박하고 모독하여 말하니라.

46 그때 바울과 바나바가 담대하게 말하기를 "하나님의 말씀을 먼저 너희에게 전해야 하는 것이 마땅하나 너희가 그 말씀을 외면하고 너희 스스로가 영생을 받을 자격이 없다고 판단하니, 보라, 우리가 이방인들에게로 향하노라.

47 이는 주께서 우리에게 명하시기를 '내가 너를 이방인들의 빛으로 세웠으니 너는 땅 끝까지 구원을 베풀라.'하였음이라." 하더라.

48 이방인들이 이 말을 듣자 기뻐하며 주의 말씀을 찬양하였고 영원한 생명을 얻기로 정해진 자들은 다 믿더라.

49 그리하여 주의 말씀이 온 지역에 퍼지니라.

50 그때에 유대인들이 경건하고 존경받는 부인들과 그 성읍의 지도층 사람들을 선동하여 바울과 바나바에게 박해를 가하고 자기들의 지경에서 쫓아냈으나

51 두 사도가 그들을 향해 자기 발에서 먼지를 떨고 이코니움으로 왔으며

52 제자들은 기쁨과 성령으로 충만하더라.

여기서 우리는 아시아에서의 전환점을 만나게 된다. 사도행전 전체에 걸쳐 중요한 전환점들이 나오는데, 그 전환기들을 통해서 사도들이 유대인에게서 시작했다가 이방인에게로 나아가면서(롬 1:16) 발생되는 점진적인 변화와 복음의 전파를 볼 수 있다. 첫 번째 전환점은 예루살렘(행 7장)에서 있었다. 그 이후로 계속해서 성령 하나님께서는 북쪽, 서쪽, 북서쪽으로 이동하기 시작하셨다. 두 번째 전환점은 여기(13:47) 소아시아에서 있고, 성령께서는 계속해서 서쪽, 북서쪽으로 움직이신다. 세 번째 전환점은 사도행전 18:6에서 유럽인의 본토에서 있게 된다. 성령께서는 계속해서 서쪽, 북서쪽으로 이동하신다. 마지막 전환점은 사도행전 28장에서 로마에서 있게 된다. 여기 이후부터 주님께서는 이방인들 가운데서 『**그의 이름을 위하여... 한 백성**』(행 15:14 및 주석 참조)을 "불러내신다." 유대인들도 개인적으로는 계속해서 구원을 받는다. 그러나 복음의 물결은 이스라엘을 지나친 채 발칸을 휩쓸고(A.D. 100-300), 스페인을 돌아 아일랜드와 영국으로(A.D. 400-700), 그 다음 다시 독일을 통과해서 스위스와 보헤미아(A.D. 1200-1500)로 흐른다. 그리고 이 복음의 물결은 서쪽, 북쪽, 남쪽, 동쪽, 그리고 땅 끝까지 흘러간다(A.D. 1500-1900).

『**유대인들이... 시기로 가득 차서**』(45절). 여기에는 설명을 덧붙일 것이 없다. 시기 때문에 카인은 살인자가 되었다. 시기 때문에 다섯 번째 그룹은 뱀이 되었다. 요셉의 형제들이 요셉을 노예로 팔았던 것도 시기 때문이었다. 코라, 다단, 아비람이 구덩이에 들어간 것도 시기 때문이었다. 이것 때문에 사울은 마귀에게 사로잡혀 자살하게 된다. 이것 때문에 미칼은 자녀를 갖지 못했다. 예수 그리스도를 빌라도에게 넘겨준 것도 이것 때문이었다. A.V.(1611)를 대신하기 위해 일 년에 50번의 성경 개정이 이루어지는 것도 이 때문이다. 다른 어떤 죄를 결합한 것보다도 바로 이 시기로 인해서 지역 교회들이 망쳐지고 파괴되어 왔다. 『**시기 앞에 누가 설 수 있으리요?**』(잠 27:4) 시기 때문에 정통 유대인들은 하나님을 모독하는 자들이 되었고(45절) 그리스도께서는 그들을 "지옥의 자식"으로 부르셨다(마 23:15). 왜냐하면 마태복음 23:15에서 "지옥의 자식"은 "천국을 닫아버려서 사람들도 들어가지 못하게"(마 23:13) 하는 자들이기 때문이다. 유대인들은 "시기로 가득 차" 있었던 반면(45절) 제자들은 "성령으로 충만"해 있었다!(52절)

『**하나님의 말씀을 먼저 너희에게 전해야 하는 것이 마땅하나**』(46절). 이는 사도행전 3:26의 베드로의 교리적 진술에 따른 것이다. 『**너희 스스로가 영생을 받을 자격이 없다고 판단하니**』(46절)라는 말은 냉소적인 표현이다. 구원을 받을 만한 자격이 있는가 없는가를 말한다면 아무에게도 그럴 자격이 없다. 그러나 여기서 바울은 유대인들이 듣기 싫어하는 소리로 그들을 괴롭히고 있는 것이다(마 25:26도 같은 경우이다). "좋아, 그럴 자격이 없다고 생각한다면 우리는 다른 사람들 즉 이방인들을 찾겠어!" [롬 11:14은 이와 같은 말에 대한 바울의 설명이다. 그로부터 1,000년 전에 솔로몬은 이것을 분명하게 기록해 놓았다. 잠 1:32을 보라.]

『**보라, 우리가 이방인들에게로 향하노라**』(46절). 그러나 그는 사도행전 18:6과 사도행전 28:28에서도 이 말을 반복한다. [이것이 그가 행 7장 이후에 하나님께서 이스라엘을 다루시는 "전환점"으로 세 곳을 언급한 이유이다.]

『**내가 너를 이방인들의 빛으로 세웠으니**』(47절). 이것은 이사야 49:6의 인용으로 누가복음 2:32에서 시므온도 이것을 인용했다. 원래는 천년왕국에 관한 언급이지만(야곱의 지파들의 회복이 그 뒤를 잇는 것에 주목할 것), 바울은 로마서 9:25에서 호세아 2:23을, 로마서 10:19에서 신명기 32:21을 인용한 것과 같은 맥락에서 그 구절을 이용하고 있다. 사도 바울은 전천년주의자였음에도 "책망과 훈계"를 할 때 주저하지 않고 성경을 실제적인 면으로 적용시켰으며 우리도 그렇게 해야 한다.

『**영원한 생명을 얻기로 정해진 자들은 다 믿더라**』(48절). 이 구절은 칼빈과 카이퍼와 벌콥과 A.W. 핑크와 오늘날의 모든 "분별력 없는 침례교도"들이 거짓 교리를 가르치기 위해 사용해 온 구절이다. 칼빈주의적 접근 방식에 의하면 하나님께서 영원한 생명을 얻도록 예정해 놓으신 사람은 그것을 얻고, 그것을 얻지 못한 사람들은 "세상의 기초가 놓이기 전에" 영생을 얻도록 예정되지 않았다는 것이다. [이 거짓 교리에 관해서는 엡 1:4과 출 9:16 주석에서 집중적으로 설명해 놓았다.] 여기서 우리는 "정하다"는 단어(헬라어 '테타그메노이')가 어떤 것을 절대적으로 고정시켜 놓는다는 뜻이 아니라는 것만 살피는 정도에서 그치겠다. 그 헬라어 단어는 누가복음 7:8, 로마서 13:1, 사도행전 28:23, 마태복음 28:16에서도 사용된다. 그러나 영어 성경에서 사용한 그 단어의 의미가 사실상 훨씬 더 명료하다. 그 단어는 영어 상에서 훨씬 명료하기 때문에 "헬라어"로 가면 혼란만 가중될 뿐이다. 고린도전서 7:17에서 바울은 어떤 것들을 "정했는데"(ordained) 그 말은 그러한 일들이 일어나리라고 절대적으로 고정되었다는 뜻으로 쓰이지 않았다. 로마서 13:1은 『**모든 권세는 하나님께서 정하신 것이라.**』고 말씀한다. 그러나 그것이 하나님께서 원하시는 바에 따른 하나님의 직접적인 뜻을 말한다고 생각한다면, 그런 사람은 네로 칼리쿨라, 테드 케네디, FDR, 드골, 교황 레오 1세, 교황 요한 23세, 루크레시아 보르기아, 피의 메리, 스탈린, 징기스칸, 바이바르스, 한니발, 마호메트, 닉슨 대통령의 생애가 어땠는지 전혀 알지 못하는 사람이다. 본문의 정확한 의미는 로마서 2:7에서 찾을 수 있다.

A..T. 로버트슨은 장로교 입장을 취하면서 (무천년주의를 택한 것도 마찬가지다) "생명으로 정해진(appointed)" 자들은 믿는 사람들뿐이라고 말한다. 그러나 이것은 칼빈의 교리를 지지하는 것이다. 왜냐하면 그의 해석은 "신에게 버림받은 자들"이 창세기 1:1 이전에 지옥으로 갈 것으로 정해졌음을 암시하기 때문이다. "영원한 생명을 얻기로 정해진" 자들은 로마서 2:7에 순종한 사람들이었다. 거기서 믿은 모든 사람은 로마서 2:7을 따른

것이다. 사람이 그의 양심을 따라 말씀을 기꺼이 듣기 전까지(42,48절) 하나님께서는 어떤 이방인도 영생을 얻도록 "정하시지" 않는다. 이 경우에는 『**들음**』(롬 10:17)이 곧 믿는 것이다.

49-52절은 설명이 필요치 않다. 이코니움은 안티옥에서 남동쪽으로 45마일 거리이며 피시디아에 있다. 그곳은 주요 도로가 만나는 지점으로 1940년 당시에 인구가 약 30,000명이었다. 『**경건하고 존경받는 부인들**』(50절)은 인구 5천이 넘는 미국의 모든 도시에서 매우 활동적으로 일하고 있다. 이들의 정원 클럽, 브리지 클럽, 요트 클럽, 연합기금운동, "성경 공부" 등은 전적으로 불경건하고 이교도적이다. 한편 사도들은 누가복음 9:5에 복종하여 그들의 발에서 『**먼지를 떨고**』(51절) 계속 나아간다(빌 2:13).

사도행전 14장

14:1 그후 이코니움에서 그들이 함께 유대인의 회당에 들어가서 말씀을
전하니, 유대인과 헬라인의 큰 무리가 믿더라.
2 그러나 믿지 아니하는 유대인들은 이방인들을 선동하여서 형제들
을 대적하여 악의를 품게 하더라.
3 그후 그들은 오랜 기간을 머물며 주 안에서 담대하게 말하니 주께
서는 자신의 은혜의 말씀을 증거하시고 또한 표적들과 이적들을
주셔서 그들의 손으로 행하게 하시더라.
4 그런데 그 성읍의 무리가 나뉘어져 한 편은 유대인들을 지지하고
다른 편은 사도들을 지지하더라.
5 이방인들과 유대인들이 그들의 관원과 더불어 두 사도를 모욕하고
돌을 던지려고 달려들 때
6 그들이 이를 알아차리고 루카오니아의 성읍들인 루스트라와 더베
와 그 근방으로 피신하여
7 그곳에서 복음을 전파하니라.

〈NASV〉, 〈리빙바이블〉, 〈공동성서〉, 그리고 다른 변개된 성서들은 사도행전 13:42의 오류를 여기(행 14:1)에서 반복하고 있다. 문제를 일으킨 이들은 『**믿지 아니하는 유대인들**』이며, 『**믿지 아니하는 유대인들**』은 사도행전 13:42,43,45에서 그랬던 것처럼 『**유대인의 회당**』(1절)에 있었다. 여기서(5절) 문제를 일으킨 자들은 유대인들과 이방인들이지만, 이 문제들을 선동한 자들은 사도행전 13:50에서와 마찬가지로 유대인들이었다. 그러므로 ASV나 NASV의 본문과 로버트슨, 알란드, 메츠거, 트렌치, 빈센트, 데이어, 샤프, 래드, 노울링, 더멜로우의 학자적 지위는(13:42 및 주석 참조) 공허한 것에 지나지 않는다.

『**자신의 은혜의 말씀을 증거하시고**』(3절, 13:43의 "은혜"에 관한 주석 참조). 『**또한 표적들과 이적들을 주셔서 그들의 손으로 행하게 하시더라**』(3절). "그들의 손"은 바나바가 사도의 표적(고후 12:12)을 가지고 있었음을 뜻한다. 그래서 그는 14절에서 "사도"로 불리는 것이다. 한편 복음 전파는 분열을 가져온다(4절). 왜냐하면 주께서 오신 목적 중 하나는 칼을 보내시어 그들을 분열시키는 것이기 때문이다(눅 12:51). 그리스도께서 사회들을 연합시키시고 인종이나 사람들, 협회 등을 화해시키기 위해 오셨다는 자유주의적 허구는 종종 근본주의자들이 가르치고 설교하는 것인데, 그것은 한두 방울의 성경으로 "성경적" 색조를 내고자 하는 묽어진 공산주의에 지나지 않는다. 그것은 여전히 독이다. 그리스도께서는 매번 입을 여실 때마다 상황을 악화시키셨다(요 10:31; 11:48; 9:40; 8:59; 7:43; 6:66 등).

『**그곳에서 복음을 전파하니라**』(7절). 이제 "복음"이라는 말은 고린도전서 15:1-5의 형태를 띠어 가고 있으며, 다음 장에서 무슨 일이 일어난 것인지에 대해서는 의심의 여지가 없다. 바울은 유대인 메시아가 이스라엘에게 왕국을 회복시켜 주기 위해 올 것이라는 좋은 소식을 전하고 있는 것이 아니다. 그는 "그리스도께서 성경대로 우리의 죄들을 인하여 죽으셨고 장사되셨다가 성경대로 셋째 날에 죽은 자들로부터 다시 살아나셨음"을 설교하는 것이다. 스탬과 베이커가 아무리 속인다 할지라도 여기서 바울이 "왕국 시대"를 전파하는 것으로 만들 수는 없다. [사도행전에서의 바울의 사역에서 "회개"라는 말이 나옴으로써(행 20:21; 26:20) "극단적 세대주의자들"은 낭패를 당하게 되었다. 왜냐하면 그들은 고린도후서 5:20에 바울의 사역의 모든 것을 억지로 갖다 맞추고는 그에 덧붙여지는 어떤 것도 "복음"이 아니라고 주장하기 때문이다. 고린도후서 5:20에 대한 지나친 강조는 자유주의적 입장을 취하는 근본주의자들에 대해 언급한 4절에서 이미 말한 바이다. 고린도후서 5:20은 유진 카슨 블레이크의 '자유주의 강령'의 기초가 되는 것으로 1960년대에 장로교회에서 채택한 것이다.]

14:8 루스트라에는 발에 기운이 없는 한 사람이 앉아 있었는데 그는 모태로부터 절름발이가 되어 걸어 본 적이 없었더라.

9 이 사람이 바울이 말하는 것을 듣고 있을 때 바울이 그를 유심히 보니 그에게 치유받을 만한 믿음이 있는 것을 안지라,

10 큰 소리로 말하기를 "네 발로 똑바로 일어서라." 하니 그가 벌떡 일어나서 걷더라.

11 그때 무리가 바울이 행하는 것을 보고 그들의 음성을 높여 루카오니아 말로 말하기를 "신들이 사람의 형상을 입고 우리에게로 내려오셨다."라고 하더라.

12 그리하여 바나바를 쥬피터라고 부르며 또 바울을 머큐리라 하니

이는 그가 주로 말하는 자이기 때문이더라.

13 그때 그 성읍 앞에 있던 쥬피터의 제사장이 소들과 화관들을 문 앞에 가지고 와서 무리와 더불어 제사를 드리려고 하더라.

14 그때 사도 바나바와 바울이 그 말을 듣고 자기들의 옷을 찢으며 무리 속으로 달려가서 외치며

15 말하기를 "여러분, 어찌하여 이 같은 일을 하느뇨? 우리도 여러분과 같은 성정을 지닌 사람으로 여러분에게 전하는 것은 이러한 어리석음을 버리고 하늘과 땅과 바다와 그 안에 있는 만물을 지으신 살아 계신 하나님께로 돌아오라는 것이라.

16 지나간 때에는 하나님께서 모든 민족이 자기들의 길로 가는 것을 허락하셨지만

17 그분은 자신을 증거 없이 내버려 두지 않았으니 이는 그분이 선을 행하시고 우리에게 하늘로부터 비와 풍요한 계절을 주시며 음식과 기쁨으로 우리의 마음을 채우셨음이니라."고 하더라.

18 이렇게 말을 함으로써 무리가 그들에게 제사를 지내지 못하도록 간신히 만류하니라.

절름발이를 치유시켜 준 것은 바울이 시몬 베드로와 필적함을 나타내는 것이다(행 3:1-6 및 주석 참조). 9절은 지난 1세기 이상 동안 치유에 실패한 신유자들을 구해 준 구절이었다. 이 구절은 어떤 사람이 치유되지 않는다면 그것은 그에게 "치유받을 만한 믿음"(9절)이 없었기 때문인 것처럼 보일 수 있다. 그리고 절름발이, 소경 등 불구자가 치유받지 못했을 때 쉽게 이 구절을 제시하는 것이다. 그러나 그런 사람들은 마가복음 6:5,6을 읽어 보지 않은 것이 분명하다. "그들이 믿지 않으므로" 주님께서는 그들을 "고쳐 주신 것 외에는 다른 권능을 행하실 수" 없었다(막 6:5)고 분명히 말씀하고 있기 때문이다. 사도행전 14장 본문에서 치유를 받은 사람(9절)은 바울이 하나님의 말씀을 설교했을 때 듣고(롬 10:17) 믿음을 얻은 이방인이다. 바울은 자신의 메시지의 권능과 권위를 나타내기 위해 즉석에서 그 일을 행했으며 그 기적의 결과는 11-14절이었다. 바울은 예수 그리스도처럼 "너의 죄들이 용서되었다."(막 2:5)고 말하지 않았고, 베드로가 한 것처럼 "나사렛 예수의 이름으로"라고(행 3:6) 말하지 않았다. 그는 단지 『**똑바로 일어서라.**』고만 말한다. 마이크도, 오르간도, 조명도, 아프리카 음악도, 상대방을 정신적인 쇼크 상태로 들어가게 하기 위한 준비 단계도 없다.

『**신들이 사람의 형상을 입고 우리에게로 내려오셨다**』(11절). "외계에서 온 방문객들"과 마주칠 때면(창 6:1-4 또는 행 19:35 주석 참조) 정통주의 주석가들과 자유주의 성경 개정자들과 보수주의 학교 교수진들은 히스테리를 일으킨다. 이 사람들은 성경에서가 아니라 자신들의 거실에서 심야 쇼를 보면서 "신들"을 보는 것을 더 좋아한다. 이 주제가 성경에서 나올 때마다(시 82편과 단 2장) 모든 수단을 다 써서 그 본문을 제거하려고 시도한다. 학자들의 마음속에는 어떤 보이지 않는 세력이 있어서, 그들이 이런 구절들을 만날 때마다(엡 6:12나 사 14:12-14 같은) 수동적 상태가 되어 전기 스위치로 조절되는 자동인형이 되는 것 같다.

1. 고대의 모든 사람들은 신들이 이전에 지구에 왔었다고 믿었으며, 오늘날에도 사람들은 그들이 다시 나타날 것을 여전히 기다리고 있다(11절)[폰 다니켄(Von Daniken)의 〈외계에서 온 신들, *Gods From Outer Space*〉(1968) 참조].

2. 그들이 기다리고 있는 두 신은 태양계 내에서 가장 큰 행성에서 온 『**쥬피터**』라는 최고 신(행 19:35)과, 최고 신을 위해서 말하는(계 13:8-16

참조) 통역자(머큐리)이다.

3. 외계에서 온 이 "신들"은 지상에서 그들을 섬기는 제사장들을 갖고 있으며, 그들을 숭배하는 것은 "소"와 연관된다(13절).

4. 사람들은 남성인 신들(11절)을 찾고 있으며, 그들이 기다리는 신은 자기가 온다는 소식을 전해 줄 선지자(계 13:10-17)를 대동할 것이다.

이 모든 것은 성경에서 명백하게 드러난 것이며, 출애굽기 4:16이나 이사야 40:1-8을 공부한 사람에게는 명백한 사실이다. 적그리스도는 외계에서 올 것이며(〈짐승의 표〉 참조) 그가 오는 것은 한 선지자에 의해서 알려질 것이다(계 13:10-16).

"신들"은 전에 여기에 있었다(히슬롭, 벨리코프스키, 폰 다니켄, 펨버, 라킨의 책들을 참조할 것). 그리고 그들은 다시 나타날 것이다(마 24장, 막 13장, 계 11-13장). 이쯤 해서 "경건한" 근본주의자들은 과연 이 본문에 어떻게 대응하는지 보기로 하자.

A. 그것은 쥬피터가 아니라 "제우스"이다(웨스트, NASV, RSV, 공동성서, 빈센트, 바틀렛, 글로그). 래드, 더멜로우, 로버트슨은 본문에서 『**쥬피터**』를 잠시 내버려 두었다가(ASV처럼) 본문에 대해 토론하기 시작할 때 재빨리 그것을 "제우스"란 말로 대체시킨다. 여기서 라틴어('쥬피터'와 '머큐리') 대신 그에 상응하는 헬라어 단어('제우스'와 '헤르메스')가 사용되는 것이 맞다는 생각에서이다. 그러나 요한계시록 17,18장을 믿고, 마태복음 2장, 누가복음 2장, 마태복음 27장, 누가복음 23장, 사도행전 28장, 다니엘 2장, 교회사(!)에서 했던 로마의 역할을 아는 사람이라면 누가 로마어 대신 다른 명명법을 쓰겠는가? 서방원문(라틴어로 된)은 "그 지역의 제우스 봉랍 사제들"(행 14:13)이라고 함으로써 진리를 덮어 버리고 있다. 그러나 비잔틴 원문에는 그와 다르게 되어 있다. '디오스'(Dios, 13절)와 '디아'(Dia, 12절)라는 단어는 영어의 '신성'(Diety)과 연결되는데, 이 지역의

이방 신은 헬라의 지역신인 "제우스"가 아니었다. 최고 신은 쥬피터였으며, 그는 요베(Jove, Jehovah - 여호와에서 나온 말)와 연관된다. 참으로 모방하는 데는 천재적인 가짜 신인 것이다.

B. 브루스는 루스트라 근처의 한 제단에서 발견된 비문(W.H. 버클러와 캘더 교수가 발견한 것)을 인용한다. 그는 그 비문이 "제우스"를 언급하는 것일지도 모른다고 생각한 것이다. 그는 또 한 비문에서("세다스"라는 곳에서 발견된) "제우스의 사제들"이라고 되어 있다는 사실로 이를 더욱 확실시하고 있다. 그러나 루스트라의 수호신으로서 시(市) 바로 앞 의자에 앉아 있는 거대한 쥬피터 상(그루터의 〈비문, *Inscription*〉 제1권, p.20) 머리에는 "머큐리"(헤르메스가 아니라)의 날개 달린 모자를 쓰고 있으며, 바로 그 위에 "쥬피터 커스토스"(쥬피터 관리인)라는 글이 있다.

C. 가장 기가 막힌 일은 로크만 재단이 갑작스럽게 "쥬피터"라는 단어(행 19:35과 여기서 사용된)가 "하늘"(heaven)을 뜻하는 것이라고 결정한 사실이다. [이런 미숙한 번역을 밥존스대학의 커스터 박사는 "단어 대 단어" 직역이라고 불렀다. 그들은 "heaven"을 뜻하는 단어는 "sky"(행 1:10)로 번역하고서 "쥬피터"가 나오자 그것을 "heaven"으로 번역한 것이다. 누군가가 "목성"(영어로 "쥬피터")에서 올 누군가와 관련된 참조 구절들을 성경에서 없애 버리려고 하고 있다. 그 사람이 누구인지 궁금하다.

바울과 바나바 둘 중에 아마도 바나바가 나이가 더 많았을 것이다. 왜냐하면 그에게 높은 지위(쥬피터)가 주어지고 바울에게는 젊고 똑똑하고 번뜩이는 신의 이름이 붙여졌기 때문이다. 바알 숭배에는 여지없이 『**제사장들**』(마 27:20 주석 참조)이 등장하고(계 6:9 주석 참조) 출애굽기에서 아론이 만들었던(출 32장 참조) 바로 그 "소"가 등장한다(저자의 〈짐승의 표〉 참조). 그리고 『**신들**』에게 씌우기 위한 『**화관들**』이 준비된다. 자기들에 대한 이와 같은 경의를 다니엘처럼 받아들이는 대신(단 2:46!!) 바울과 바나바는 코넬료가 자기를 향해 땅에 엎드렸을 때 "최초의 교황"(행 10:26)이 했던 것 이상의 반응을 보인다. 『**자기들의 옷을 찢으며 무리 속으로 달려가서**』(14절). 바울은 사람들이 자신을 신으로 만들도록 내버려 두지 않았다. "교황" 바오로가 그것을 참아 낼 정도로 둔한 사람이라면 그것은 그의 문제다. 여기는 자유국가니까.

『**같은 성정을 지닌 사람**』(15절)이라는 표현은 바울과 바나바를 엘리야(약 5:17)와 모세(저자의 주석서 〈출애굽기〉 2:2,10 참조)와 같은 배에 태운다. 바울은 다른 모든 죄인들과 마찬가지로 자신도 때로 약하고 애탄다고 말한다(고후 11:29). 사람들이 자기를 너무 높이면 바울은 그들의 환상을 무너뜨린다(고전 4:6). 『**이러한 어리석음을 버리고**』(15절). 이러한 어리석음은 우상을 숭배하는 것과 인간을 우상화하는 것을 말한다. 이러한 우상화는 오늘날 미국에서 자행되는 우상화와 일치한다. 많은 젊은이들이 자신들의 순수성과 돈과 마음의 평화와 미래를 희생하면서(13절) "원숭이"('멍키즈'라는 록 그룹)나 "딱정벌레"('비틀즈')나 조 나마스나 행크 윌리엄스 같은 비참하고 가련하며 구원받지 못한 죄인들을 따르고 있다. 『**살아 계신 하나님께로**』(15절)라는 말은 하나님을 인간과 정반대의 위치에 둔다. 인간들은 죽기 때문이다. "살아 계신 하나님"께서 "하늘과 땅과 바다와 그 안에 있는 만물"을 지으셨다(15절).

『**지나간 때에는 하나님께서 모든 민족이 자기들의 길로 가는 것을 허락하셨지만**』(16절). 이것은 사도행전 17:30과 함께 같은 맥락에서 읽어야 한다. 학문의 중심지(아테네)에 있는 헬라 학자들과 철학자들이 루스트라에 있는 바알 숭배자들과 똑같다는 것을 성도들은 마음에 새겨야 할 것이다.

하나님께서는 이교도들의 엄청난 우상 숭배를 허락하셨다. 그럼에도 하나님께서는 그들에게 그것이 헛되며 어리석은 짓(시 68:9; 104:15,27, 특히 사 40-46장)임을 계속해서 증거하셨다. "하늘로부터 비를 주시는 분"(17절)은 하나님이신데도 흡족한 비에 대한 공로가 진흙으로 만든 동상이나 나무상이나 "증기와 응고의 화학적 과정" 등에게로 돌려진 것이다. 우상이 하나님을 대신한 것이다. [출 34:7; 20:3 및 주석 참조]

아담에서 모세에 이르기까지 하나님께서는 형상을 사용하는 것을 참아주셨다. 그 주된 이유는 그것들은 거의 또는 전혀 쓸모가 없었기 때문이다. 형상이 진짜로 부흥하게 된 것은 홍수 이후의 일로, "하나님의 아들들"의 임재를 대신해서 사용되었다. 이 거인들(창 6:1-6 주석 참조)은 지구 곳곳에 그들의 표를 남겼으며 우르, 카르토움, 타니스, 메기도, 여리코, 우가리트, 수사, 라스 샤라 등에서 발견된 땅을 판 흔적들(이스터섬, 크레테, 소아시아에서 발견된 것을 포함해서)은 링컨 기념비만큼이나 거대한 존재가 거기 있었음을 보여 준다. 하나님께서는 창세기 전체에서 형상들의 사용을 참아 주셨다. 라헬이 한 예가 된다(창 31:19). 그러나 율법을 주심과 더불어(출 20:1-4) 형상을 사용하는 것은 아브라함과 이삭과 야곱의 자손들에게는 끝이 났다. 또 주님께서는 구약 전체를 통해서 이방인들에 대해서는 계속해서 참아 주셨지만, 신약에서는 그분의 "형상"(고후 4:4)이 나타났기 때문에 "그들이 변명하지" 못하게 되었다(롬 1:20).

『**살아 계신 하나님**』은 쥬피터와 머큐리(렘 10:11)와는 구별되어야 하며, 힌두교나 헬라, 로마 신화에 나오는 수만 개의 신들과도 구별되어야 한다. 이 신들이 한때 여기 있었으며, 그들에게 이름이 있었다는 것은 진정 열려 있고 객관적인 생각을 가진 사람에게는 명백한 사실이다. ["객관적"이라고 큰소리치는 현대의 "과학적 지성"은 초자연적인 증거를 거부하

는 데 숙달된 유물론적 지성에 지나지 않는다. 거기에 "객관적인" 것이라곤 아무것도 없다.]

마디그라("다섯 깃발의 축일"이라는 뜻으로 참회의 화요일)가 시작되었다. 모든 지역 사회 단체들은 거리에 행진 차량을 내보낸다. 상공회의소에서는 "산업"과 "무역"을 루스트라로 끌어들이기 위해 축제 분위기를 최대한으로 고조시키려 한다. 카메라는 현란한 복장의 미스 루스트라가 춤추는 모습을 찍는다. 모든 사제들은 촛불을 가지고 거리를 행진한다. 이제 곧 소(ox)를 잡을 것이다("x"로 끝나는 단어들을 주의하라!) 그때 바울과 바나바가 옷을 찢고 고함을 치고 손을 흔들며 행진 속을 뚫고 나간다. "그만둬요! 멈추라구요! 우리는 신들이 아닙니다. 우리는 은혜로 구원받은 죄인들입니다! 멈춰요, 멈추라니까!"

『**제사를 지내지 못하도록 간신히 만류하니라**』(18절).

14:19 그때에 안티옥과 이코니움에서 거기로 온 어떤 유대인들이 무리를 설득하여 바울을 돌로 치니 그가 죽은 줄로 생각하고 성읍 밖으로 끌어내더라.

20 그러나 제자들이 그를 에워싸고 섰는데 그가 일어나서 성읍 안으로 들어가더라. 그리하여 그 다음 날 바나바와 함께 더베로 떠나니라.

21 그들이 그 성읍에서도 복음을 전하여 많은 사람들을 가르치고 루스트라와 이코니움과 안티옥으로 다시 돌아가서

22 제자들의 혼을 강건케 해주고 그들이 믿음 안에 거하도록 권고하며 또 우리가 많은 환난을 거쳐서 하나님의 나라에 들어가야 한다고 말하니라.

23 두 사도는 각 교회에서 장로들을 선임하고 금식 기도하며 자기들 이 믿는 주께 그들을 의탁하더라.

24 그들이 피시디아를 경유하여 팜필리아에 도착한 뒤

25 퍼가에서 말씀을 전하고 앗탈리아로 내려와서

26 그곳에서 배로 안티옥을 향해 떠나더라. 그곳은 그들이 완수한 일을 위하여 전에 하나님의 은혜에 의탁받았던 곳이더라.

27 그들이 도착한 후 교회가 함께 모여 하나님께서 그들과 함께 행하신 일들과 이방인들에게 믿음의 문을 열어 주신 것을 모두 설명하더라.

28 그후에 그들은 한동안 제자들과 함께 그곳에 머무니라.

운명의 수레바퀴는 돌아가고, 말타의 원주민들은 재빨리 바울을 "살인자"(행 28:4)에서 "신"(행 28:6)으로 변신시킨다. 마찬가지로 바울을 숭배했던 루스트라인들도 그에게 사형선고를 내린다. 『**바울을 돌로 치니... 성읍 밖으로 끌어내더라**』(19절). 이 유대인들은 사도행전 13:14과 14:1의 사람들이다. 그들은 사냥개를 풀어서 바울과 바나바를 쫓아다니며 하나님의 말씀을 무너뜨리기로 결심했다. 그들은 『**무리를 설득하여**』(19절) 바울을 돌에 맞아 죽게 했다(19절). 『**그러나 제자들이 그를 에워싸고 섰는데 그가 일어나서 성읍 안으로 들어가더라**』(20절).

바울은 자신이 돌에 맞았던 그 성읍으로 다시 들어간 것이다!

잠시 여기서 한숨 돌리고 보물을 캘 시간이다. 바울이 자기를 죽이려 한 상황 속으로 갑자기 되돌아간 것을 많은 주석가들은 설명하지 못한다. 로버트슨은 하루 이상 머물 만큼 안전하지 않았기 때문에 그가 다음 날(20절) 떠났다고 말한다. 제미에슨, 포셋, 브라운은 "얼마나 담대한가"라고 경탄한다. F.F. 브루스와 아담 클라크는 『**성읍 안으로 들어가더라.**』는 말이 그들이 읽고 있는 역본에는 없기라도 한 것 같은 태도를 취한다. 얼, 카터, 윌리엄은 이 부분을 지나쳤으며, 크리소스톰(407)은 루스트라에 있는 제자들이 실망하지 않도록 하기 위해 그렇게 했다고 말한다.

그러나 제자들은 "그를 에워싸고"(20절) 서 있으며, 지금까지 힘든 상황에 부딪칠 때마다 그는 떠났었다. 사도행전 13:51과 14:6을 보라. 그렇다면 바울의 "삶의 방식"이 왜 갑자기 바뀌었는가? 박해를 피했던 사람이 갑자기 박해를 찾아 나서다니, 무엇이 그를 사로잡고 있었단 말인가? 우리가 그 답을 발견할 수 있는 곳이 있다면, 그것은 권위역본에 대해 불평하며 앉아 있는 사람의 책은 아니라는 것을 먼저 알아야 한다.

바울의 괴상한 행동에 대한 "답"은 고린도후서 12:1-6에서만 찾아볼 수 있다. 그 구절에서 바울은 셋째 하늘로 끌려 올라간다. [이 부분에 관한 뉴스코필드의 주석은 무시해도 된다. 그런 말도 안 되는 해석을 해 놓은 보수주의자들은 만일 그들이 바울의 "1세기 우주론"을 공격하지 않는다면 교육받은 형제들이 그들의 교육을 의심할지도 모른다는 생각에 두려워하는 것이다. 행 1:9,10 주석 참조] "낙원"(고후 12:2,3)에서 바울은 그가 쓰거나 말할 수 없는 것들을 보았다. 놀라서 자기 머리에 손을 댔을 때 그의 머리가 거기 없는 것을 알았다(고후 12:2-4). 그는 자신의 다리를 내려다보았다. 그가 볼 수 있는 것이라고는 구름뿐이었다. 머리를 긁거나 손을 겹쳐 볼려고 몇 번 시도해 보다가 그는 곧 『**영적인 몸**』(고전 15:44)은 다른 몸이라는 것을 깨닫게 된다. 바울은 자신이 보고, 듣고, 느끼고, 말하고, 냄새 맡고, 만지고 생각할 수 있음을 알았다(지옥에 있는 부자처럼 - 눅 16:24!). 그러나 『**타고난 몸**』(고전 15:44)이 없었기 때문에 그는 자신이 "몸 안에 있었는지 아니면 몸 밖에 있었는지" 구별할 수 없었다.

바울의 눈은 거의 그의 머리에서 나올 지경이었다(고후 12:1,4). 그리고 그는 말한다. "하나님께 영광을, 저길 봐, 저기도! 내가 구원받기 전에 죽였던 그 그리스도인 부부도 있잖아. 그리고 스테판도! 여어어어이, 스티브!"

"시간이 다 됐다." 주께서 말씀하신다. "아래로 다시 내려가거라."

"다시 내려가라구요?" 바울이 소리친다.

"그렇다, 바울아, 네가 너무 실망하지 않도록 하기 위해 네게 하늘나라를 잠시 보여 주는 것이 필요하다고 생각했다. 모세도 한때 너와 같은 처지에 놓여 있었다. 그리고 나는 그에게 나의 영광을 보여 주어야만 했다. 그렇게 하지 않았다면 그는 결코 40년간을 버티지 못했을 것이다. '성도들'이 때로는 진짜 방해물이 되기도 하지. 데마, 마가 요한, 힘마니우스를 다루게 될 때 그 사실을 알게 될 것이다. 자, 바울아, 내려가라!"

"저, 잠깐만요, 주님, 여기서 어떻게 해 볼 수는 없을까요? 제 말씀은 루스트라 밖에 있는 낙타길에서 여기까지는 먼 거리란 말이죠. 여기에 1년 정도 있으면 어떨까요? 괜찮겠죠? 1년만, 그 다음엔 제가..."

"바울아, 그렇게는 안 된다."

"그러면 6개월만이라도요. 이런 곳을 보고 난 후에 누가 저런 쓰레기 같은 세상으로 다시 내려가고 싶겠습니까?!"

"바울아, 미안하지만 네가 조금 더 육신에 남아 있으면서(빌 1:24) 나를 위해 열매를 맺는 것이 필요하다. 내려가라. 시간이 다 됐다."

"주님, 한 달만이라도, 그러면 일주일, 일주일은 어떻습니까? 일주일만이요."

"새 예루살렘기에 지금 탑승중이다. 아래로 내려가라. 내려가지 않으면 가브리엘을 시켜서 던져 버리겠다."

"좋습니다, 주님, 좋아요. 오, 세상에, 이런 곳을 보고 내려가서 어떻게 저 혼잡한 세상에 다시 익숙해진단 말인가? 좋아요, 지금, 내려갑니다. 주님, 한 가지만 더요, 내려가서 이것을 기록해도 되나요?(고전 2:9)"

"안 된다. 바울아, 너는 이것을 말할 수 없다. 이 계시는 요한이 기록하도록 준비된 것이다."

[위와 같은 "주석"은 A.V.(1611) 본문에 분노하는 학자들의 고상한 요구를 결코 만족시켜 주지 못할 것이다. 그렇지만 그들이 이런 구절을 설명할 만한 분별력을 가졌던 적이 있었는가? 그 성경이 살아 있는 것이 아니라면, 제아무리 〈리빙바이블〉이라 할지라도 거기에서 우리에게 실제적으로 적용되는 살아 있는 말씀을 얻지 못할 것이다. 참으로 "살아 있는"(Living) 성경은 내가 지금 손에 가지고 있는 성경이며 이것은 테일러의 고조할머니가 태어나기도 전부터 있었던 성경이다.]

위와 같은 가르침에 반대하는 주요한 이유는 대부분의 학자들이 루스트라에서 있었던 사건과 고린도후서의 기록 연대 사이에 14년(고후 12:2)이 있었다는 사실을 이해하지 못하기 때문이다. 고린도후서의 기록 연대를 A.D. 57년으로 본다면, 바울이 루스트라에서 돌에 맞은 것과 고린도후서 12:1-3의 계시 사이에는 9년, 많아야 10년 정도밖에 차이가 없게 된다. 그러나 스코필드는 고린도후서의 기록 연대를 A.D. 60년으로 잡음으로써 진리에 훨씬 더 근접하고 있다. 여기서 14년을 거슬러 올라가면 A.D. 46년이 되며, 이것은 사도행전 기록 연대에서 1년 정도밖에 차이가 나지 않는다. 뿐만 아니라 사도행전 13과 14장의 사건들은 대부분의 연대기들이 잡은 것보다 훨씬 짧은 기간 안에 일어났을 수도 있다. 바나바를 동행한 바울의 예루살렘 여행은(행 11:30) 헤롯이 죽자마자 끝난다. 그 연대는 A.D. 44년이다. 그 사건과 바울이 돌에 맞은 것 사이의 시간은 본문이 요구하는 바를 충족시키려면 1년 반이면 된다. 고린도후서가 A.D. 60년에 기록된 것이라면 "십사 년 전"(고후 12:2)은 사도행전 12:25 이후 1년이 지난 A.D. 45년이 될 것이다. 사도행전 13:1에서 14:18의 사건이 일어나는 데 12개월 이상이 걸렸다고 말하는 것은 본문에 없는 어떤 것을 본문에 집어넣어서 읽는 격이다. 사도행전 13:1과 14:18 사이에 긴 시간이 경과했다고는 볼 수 없다. 오히려 그 반대로 사도행전 14:28에서 돌에 맞는 일 이후로 긴 시간의 경과가 있었다. 사도행전 12:25에서 14:1-19 사이의 일들이 1년 11개월 안에 일어났다고 보면 "십사 년 전"이란 진술과 조화를 이루게 된다.

그러나 우리는 바울의 움직임에 대해 연대기적 추측을 하고자 하는 것은 아니다. 여기에는 연대 측정보다 훨씬 더 중요한 문제가 있다. 고린도후서 11:23-26에서 바울의 말은 자살하려는 충동에 사로잡힌 모습이다. 그 누구도 바울이 당한 만큼의 환난을 당한 사람은 없다. 적어도 살기를 원하는 목사치고 그처럼 많은 어려움을 자초한 사람은 없다. 우리는 우리의 귀중한 시간을 "최초의 헬라어 본문"에 대한 말로 낭비하지 않을 것이다. 우리는 영어로 ("보다 나은 필사본"의 도움없이) 고린도후서 5:8과 빌립보서 1:21,23을 읽을 수 있으며, 누군가가 "최초의 헬라어 본문"을 갖고 있다고 해도, 거기서 그들이 얻을 수 있는 것보다 더 많은 것을 우리는 이 영어 성경에서 얻을 수 있다. 어떤 사람이 살아 있기보다 죽기를 바란다면(바울이 그랬다), 죽음을 이익이라고 생각한다면(바울이 그랬다), 죽고자 하는 욕망을 가지고 있다면(바울이 그랬다), 그리고 20년도 채 못돼서 열 번이나 거의 죽을 뻔한 상황에 처했다면(!), 그리고 나서 자신이 방금 돌에 맞은 도시에 다시 들어간다면...! 상황을 이해하기 위해 "헬라어 원본"이 필요하다고 생각하는가? 바울은 향수병에 걸려 있었던 것이다. 하늘나라가 이 땅에서의 그의 삶을 망쳐 버린 것이다(골 3:1-3).

이것이 사도행전 14:20에 대한 해설이다. 이러한 성경적이고 신약적이며 영적인 진리를 간과하는 추측이나 이론은 성경을 다룰 때 심각하게 고려할 가치가 없다.

『**그들이... 복음을 전하여 많은 사람들을 가르치고**』(21절). 이것은 마태복음 28:19,20의 위임사항을 지키는 것이다. 즉 설교하고 가르치는 것이다. 『**제자들의 혼을 강건케[confirming] 해주고**』(22절). 여기서 강건케 해준다는 말은 카톨릭에서 말하는 견진(confirmation) "성사"를 말하는 것이 아니다(행 8:36-38 주석 참조). 바울과 바나바는 믿음 안에서 새로 회심한 자들을 강건하게 해주고 있다(골 1:9 및 주석). 『**믿음 안에 거하도록**』(22절)이라는 말은 그때까지 그들에게 계시된 진리 안에 계속해서 거하는 것을 말한다(유 1:3, 갈 1:23, 엡 4:13 참조). 신약에서 "믿음"은 로마카톨릭 교회의 믿음이나 실행을 말하지 않는다. 카톨릭의 믿음과 실행(다른 말로 하면 "전통")은 신약 정경 27권과 조화되지 않는다. 로마가 가장 아끼는 교리 중 둘은 마귀들의 교리며, 그것들은 "믿음"에서 떠나 있다(딤전 4:1-6). 『**우리가 많은 환난을 거쳐서 하나님의 나라에 들어가야 한다...**』(22절) 이 표현은 사도행전 1:3과 누가복음 19:11과 연결된다. 고난과 환난(살전 1:6)은 "값없는 선물"(롬 6:23)이 아니라 노력으로 얻어진 "보상"(롬 8:17)과 연관된 것이다.

『**두 사도는... 장로들을 선임하고**』(23절). [빌 1:1,2 주석 참조. "선임"(ordination)은 직분을 맡기기 위한 것이며, 베드로전서 5:1,2과 디모데전서 5:17의 내용과 일치한다. 또 각 교회에는 한 명 이상의 장로가 있는 것을 알 수 있다(행 20:17).] 순회여행으로 바울은 다시 해변 길로 간다(24,25절). 그들은 "전초기지"에 보고하기 위해 안티옥으로 되돌아가서 그들의 선교여행이 어떠했는지를 "후원 교회"에 알린다.

『**그들이 도착한 후 교회가 함께 모여**』(27절). "교회"라는 단어가 지역모임을 나타낸 것에 주목하라. 『**하나님께서... 이방인들에게 믿음의 문을**

열어 주신 것을』(27절)이란 말은 "문"과 "열쇠들"(마 16:19 주석 참조)이 고린도전서 16:9에서처럼 복음 전파의 기회와 연관된 것임을 보여 준다. 28절은 설명이 필요치 않다.

사도행전 15장

15 : 1 유대에서 내려온 어떤 사람들이 형제들을 가르치며 말하기를 "너희
가 모세의 율례에 따라 할례받지 않으면 구원을 받을 수 없노라."
고 하더라.
2 그러므로 바울과 바나바와 그들 사이에 적지 않은 의견 차이와 논
쟁이 일어나니 형제들이 바울과 바나바와 그들 중에서 몇 사람을
더 선정하여 이 문제를 규명하기 위하여 예루살렘에 있는 사도들
과 장로들에게 올라가도록 하니라.
3 이들이 교회의 전송을 받고 페니케와 사마리아를 경유하며 이방인
들의 개종을 설명하니 모든 형제가 크게 기뻐하더라.
4 예루살렘에 도착하여 교회와 사도들과 장로들의 영접을 받고 하나
님께서 그들과 함께 행하신 모든 일을 설명하니라.
5 그러나 바리새파에서 믿는 몇 사람이 일어나서 말하기를 "그들에
게 할례를 주는 것이 필요하니 모세의 율법을 지키도록 권고하라."
고 하더라.

이 부분과 그 뒤에 이어지는 부분은 사도행전 2장과 10장의 내용만큼이나 중요하다. 사실 이 본문은 교회사상 가장 중요한 것일지도 모른다. 왜냐하면 본문에서부터 생겨난 두 가지 거짓 교리는 그것들이 교회 안으로 들어온 이래 그리스도인들을 끊임없이 괴롭혀 왔기 때문이다. 그 중 하나는 1절에 나타나 있는데, 쉽게 요약하면 구원받기 위해서는 무엇인가를 해야만 한다는 가르침이다. 다른 하나는 5절에 있는데, 구원을 유지하기 위해서는 율법을 지켜야 한다는 것이다. 로마카톨릭 교회, 그리스도의 교회, 연합 감리교회, U.N., 불교, 브라만교, 오순절주의, 도교, 유교, 정통 유대교, 감독교회, 제칠일 안식일 교회, 몰몬교, 여호와의 증인 등은 모두 이 두 가지 거짓말을 붙들고 있다.

성경은 이 두 이단 교리를 반박하며 그것들을 바로잡아 준다(행 15:11, 19,24). 그러나 교회가 시작된 이래 19세기가 지난 오늘날까지도 엄청난 소위 자칭 기독교인들이 이 두 거짓 교리를 믿고 또 가르치고 있다. 기독교 지도자들, 목사들, 사제들, 장로들, "사도들," 주교들, 교사들은 사도행전 2장을 교리적으로 붙듦으로써 그렇게 하는 것이다. 때로 그들은 사도행전 15장에서 미끄러져서 히브리서 6,10장으로 가기도 하며, 건전한 교리는 공개적으로 배격한 채 종종 마태복음 24장이나 산상수훈으로 후퇴하기도 한다. 그들은 19세기 동안 참 성도들을 괴롭히고 성가시게 해 왔다. 그들은 사도행전 15:1-5에서처럼 오늘날에도 해롭고 성가신 존재들이다.

이 거짓 교사들 중 한 사람도 구원받기 위해 얼마나 많은 일을 해야 하는지 또는 무슨 일을 해야 하는지에 관해 지금까지도 의견의 일치를 보지 못했다. 그들 중 무작위로 3,000명을 뽑는다면, 그들 중 한 명도 자신이 구원받았는지 어쩐지를 모른다는 사실을 알게 될 것이다(요일 5:13). 구원받기 위해 해야 한다고 자기들이 말해온 일들을 열심히 행해 왔음에도 말이다. 구원받지 못한 이 가련하고 지옥을 향해 가는 "목사들" 중 하나가 내게 자기는 "구원받는 법을 알기" 위해 "성경을 공부하고 있다"고 했으며 "진리가 너희를 자유롭게 하리라" 등의 말들을 했다. 나는 그에게 얼마나 오랫동안 공부해 왔는지를 물었다. 그는 20년 동안 공부하며 설교해 왔다고 했다. 나는 그에게 아직까지도 어떻게 하면 구원받는지 발견하지 못했느냐고 물었다. 그는 "회개하고, 믿고, 고백하고, 침례 받으면" 구원받을 것이라고 말했다. 나는 그에게 그가 그 공식을 따랐는지 물었고 그는 그렇게 했다고 답했다. 그래서 나는 그에게 자기가 구원받은 것을 아느냐고 물었다. 그는 모른다고 했다!

기독교 5대 이단에 미혹당한 사람들은 모두 15,000,000명에 달한다. 그들에게 "구원받는 법"을 가르치는 사람들은 자신들이 말하고 있는 바에 대한 직접적인 지식조차도 없다. 피터 폴 루벤이 그린 초상화를 베끼는 법을 눈먼 사람에게서 배우겠는가? 피아노를 조율하는 법을 귀먹은 사람에게서 배우겠는가?

어떤 죄인이 주 예수 그리스도께서 완성해 놓으신 일 외에 다른 것을 의지한다면(갈 5:4) 하나님께서는 그런 죄인에게는 구원의 확신을 주시지 않는다(창 4:1-7 및 주석 참조). 인간의 가르침을 따르는 데서 돌이켜, 자신을 지지해 줄 충분한 양의 성경 지식을 얻으라. 그러면 자신의 혼의 영원한 운명에 대한 모든 의심이 사라질 것이다. 세상에서 유일한 흠 없는 옷(사 61:10)을 거부하고 자기 자신의 더러운 걸레(사 64:6)를 하나님 앞에 내민다면 하나님께서 그 걸레를 존중하시리라 여기는가? (로마카톨릭이 자기들의 우두머리라고 말하는) 시몬 베드로는 사람이 은혜로(행 15:11) 구원받는다고 말하고는, 카톨릭 사제나 캠벨파 목사가 규례, 성사, 황금률, 십계명, 안식일 준수, 물침례 등을 그에게 몰고 오기 전에 자신의 문장에 마침표를 찍는다.

이 가엾은 사람들이 사용하는 구절들(히 3,6,10장, 마 24,25장 등)은 다니엘의 칠십째 주를 당하는 사람들을 위해 성령께서 기록하신 구절들이다. 다니엘의 칠십째 주가 시작되면 이스라엘은 "언약의 속박"(겔 20:37) 아래로 다시 오게 된다. "진리의 말씀을 올바로 나누어서" 그것을 제대로 이해할 수 없다고(히 8:8-10) 해서 진리의 말씀을 엉망으로 만들지는 말아야 한다. 그것은 여러분이 할 일이 아니다. 게다가 실제로는 눈먼 불가지론자에 지나지 않으면서 성경을 인용함으로써 여러분을 지옥으로 인도하는 "경건한 사람들"을 신뢰하지 말아야 한다.

"구원을 잃어버리는 것"에 대해 가장 많이 말하는 사람들은 거듭나지 않은 사람들이다. 나는 거듭나지 않은 죄인들이(자기가 거듭났다고 고백조차 하지 않는) 둘러앉아서 한 시간 (문자 그대로 한 시간) 가량 "영원한 보장"에 관한 자신들의 그릇된 생각들을 말하는 것을 들었다. 현재 영생을 소유하고 있지 않다면 그 사람은 구원에 관해 입을 다물어야 할 것이다.

『**어떤 사람들이 형제들을 가르치며**』(1절). 그렇다면 에스라(스 7:6) 같은 서기관들을 반대하는 가짜 서기관들(마 23:1-4)과, 바울 같은 사역자들을 대적하는(고후 11:1-14) 가짜 사역자들(고후 11:12-14)과, 자신들이 베드로 같은 사도들이라고 말하는 가짜 사도들(고후 11:12-14)이 있을 뿐만 아니라 안티옥에서 온 교사들과 같은 교사들을 대적하는(행 13:1-20) 가짜 교사들이 있을 것임을 알 수 있다. 1980년 현재에도 그들을 알아보는 것은 어렵지 않다.

A. 그들은 하나님께서 존중하시고 종교개혁 때 사용하신 안티옥 계열의 성경들(시리아 계열 원문)을 사용하지 않는다. 그들은 알렉산드리아에서 나온 이집트 계열 원문을 사용한다. TEV, NEB, 리빙바이블, ASV, NASV, RSV 등.

B. 그들 중 다수가 이 시대에 구원받기 위한 수단의 일부로 행위를 가르친다. 그러나 그 문제는 최초의 사도들이 모인 공식적인 교회 모임에서 결론지어진 문제이다.

C. 그들은 하나님의 말씀이 아니라 전통에 호소한다. [“모세의 율법”(눅 2:22)이나 『**모세의 율례**』(1절)를 사도행전 6:14의 『**관례**』와 비교할 것.]

다가오는 단일 세계 종교는 두 지점에서 모두 일치된다.

1. 〈킹제임스성경〉(1611)을 없애야 한다.

2. 사람은 하나님의 은총을 얻기 위해 무언가를 해야만 한다.

1번을 성취할 사람들은 근본주의 학자계이며, 2번을 완성시킬 사람들은 로마카톨릭이다.

바울과 바나바는 이 “유대주의자들”(Judaizers)(2절)과 논쟁을 벌이는데, 바울은 타소에 있었을 때 이미 그들과 마주친 적이 있다(행 9:30; 11:25). “의견 차이”와 “논쟁”(2절)이 이 문제를 다소 완화시킨다. 이 의견 차이와 논쟁은 20세기까지 계속되어 왔으며, 오늘날에야 1절과 5절을 가르치는 집단들은, 캠벨파와 일부 성결주의자들(Holiness groups, 은사주의의 일파-역자 주)을 제외하고는, 교리적 설교를 전적으로 그만두었다. 마귀가 사랑 운운하며 “교리적 논쟁”을 피하는 이 집단들 중의 하나에 그리스도인을 합류시키게 되면, 그는 영원한 보장의 확신을 잃어버림으로써 그의 간증을 잃게 된다. 그리하여 오늘날(1970-1980) 각 이단 그룹마다 자기들의 성경이 하나씩 있게 되고, 그 이단에 속한 모든 이들은 절대 진리에 대한 진지한 토론을 피한다. 3,4절은 설명을 요하지 않는다.

『**바리새파[the sect of the Pharisees]에서 믿는 몇 사람이 일어나서**』(5절). “믿는”이란 말은 불길한 예감을 준다. 왜냐하면 거듭난 성도도 “교단”이 아니라 분파(sect)의 견해에 참여할 수 있음을 보여 주기 때문이다. 분파의 견해를 갖는 것은 이단의 전형적인 특징이다. "교단"이란 말은 원래 기독교 안에 속했다고 고백하는 다양한 무리들을 명명하는 데서 나왔으며, 그리스정교, 로마카톨릭, 루터교, 침례교, 성공회, 개혁교(장로교), 감리교, 이렇게 일곱 교단이 존재한다. 기독교 내의 모든 주요 집단은 이 그룹에서 나왔다. 뿐만 아니라 이 모든 집단은 믿음의 일곱 가지 근본사항들을 믿는다고 고백한다. 그러나 1900년 이후로 사람들이 고백하는 바(profession)에 속아서는 안 된다. 예수 그리스도께서 음행으로 태어난 사생아라고 믿는 감리교도들도 있다. 물질의 영원성을 믿는 루터교도들도 있다. 실제적인 하늘나라와 지옥을 부인하는 장로교인들도 있다. 그뿐 아니라 성경을 최종권위로 믿지 않는 침례교도들도 많이 있다. 오늘날 "그리스도인"이라고 고백하는 지상의 모든 집단은 위에 열거한 일곱 집단 중의 하나에 그 뿌리를 두고 있다. 크로닌과 다비(플리머스 형제단)는 카톨릭과 침례교 배경을 가지고 있었다. 웨슬리와 모리슨은 감독교회 출신이다. 미국에 있는 모든 하나님의 교회 목사는 침례교와 캠벨파의 관행을 따른다. 암만파, 던커스, 메노나이트, 모라비안, 피에티스트, 퀘이커교도들은 모두 루터교회와 성공회를 그 뿌리로 했었다. 개혁교회에서 장로교와 회중교회가 나왔다. 미국의 모든 "분파"(sect)들은 침례교, 감리교, 감독교, 장로교 출신의 사람이 시작한 것이다. 엄밀히 말하자면 몰몬교, 그리스도의 교회, 제칠일 예수재림교, 여호와의 증인은 "교단"이 아니다. 그들은 분파 또는 이단이다. 그러나 이 땅에 퍼져 가는 극심한 배교로 인해 이 집단들은 현재 정부로부터 "교회"로 인정받고 있다. 심지어 그리스도인들 중에서 그들을 "기독교의 지류들" 정도로 생각하는 사람들이 있다. 그러나 그들의 교리를 면밀히 검토해 보면 그들의 믿음은 전혀 성경적인 믿음이 아니라는 것을 알게 될 것이다. [그러나 사람들은 검토해 보지 않는다. 그래서 사람들은 뭔가를 배우는 대신 점점 미쳐 가는지도 모르겠다(고전 14:20!).]

『**바리새파에서 믿는 몇 사람이**』(5절). 이것은 자신들의 구원을 잃어버릴 수 있다고 생각하는 구원받은 제자들에 관한 구절이다. 『**필요하니 모세의 율법을 지키도록 권고하라**』(5절). 즉 "죄의 속임수에 빠져 완악하게" 되거나(히 3:13) "확고하게 붙들지"(히 3:14) 않거나 "은혜의 영을 모독"하면 "놀라운 은혜"에서 떨어져 구원을 잃어버릴 수 있는 상태에 빠지게 된다는 것이다. [히브리서에서 그와 같은 구절들은 대단히 중요하며 따라서 철저히 연구해야 한다. 마태복음 주석서 1-5장에서 "마태복음, 사도행전, 히브리서"에 관해 그렇게도 많이 언급한 이유가 바로 여기에 있다. 어떤 경건한 사람이 성경을 인용하면서 여러분을 지옥으로 인도하지 못하도록 하라고 우리가 말한 이유가 바로 거기에 있다.]

15:6 그때에 사도들과 장로들이 이 문제를 논의하려고 함께 모였는데
7 많은 논의가 있은 후에 베드로가 일어나서 그들에게 말하기를 "형제 여러분, 당신들이 아는 대로 하나님께서 오래전부터 우리 가운데 택하시어 나의 입을 통하여 이방인들이 복음의 말씀을 듣고 믿게 하셨느니라.
8 마음을 아시는 하나님께서는 우리에게 행하신 것과 마찬가지로 그들에게도 증거하시어 성령을 주셨으며
9 우리와 그들 사이에 어떤 차이도 두지 아니하셨으니 믿음으로 그들의 마음을 정결케 하셨느니라.
10 그런데 이제 너희가 어찌하여 하나님을 시험하여 우리의 조상이나 우리도 감당할 수 없었던 멍에를 제자들의 목에 걸려고 하느냐?
11 우리는 주 예수 그리스도의 은혜로 구원받는 것을 믿으며 그들도 마찬가지니라."고 하더라.

12 그러자 모든 무리가 조용해지며 바나바와 바울이 하나님께서 그들을 통하여 이방인들 가운데서 어떠한 기적들과 이적들을 행하셨는가를 설명하니 듣더라.

두 번째로 교회 "운영 회의"가 열린다. 성령께서는 이 회의를 묘사하는데 "공회"(council)란 말을 쓰지 않으신다. 한편 여기서 회의되는 문제는 (행 6:1-5과는 달리) 교리적인 문제였으며, 바울 서신들이 기록되고 있는 동안 신약 교리를 결정짓기 위한 것이었다. 이 회의에서 소위 교황 회칙(1500-1900)이라는 것이 나왔다. 그것은 "신실한 이"라고 불리는 "그리스도의 대리자"께서 발표하신 장중한 교서들로 전 세계의 "카톨릭" 교회에게 배포되는 것이다. 그러나 교황 회칙은 JFK의 취임 연설만큼도 성경적이지 못하다.

『**많은 논의가 있은 후에**』(7절). 수요일 밤 교회 운영 회의 같지 않은가? 지금까지 나뉘거나 분열이 생긴 모든 지역 교회는 교회 운영 회의에서 그렇게 되었다. 필자가 경험한 27년간의 목회 생활에서 그 법칙에 예외되는 것은 하나도 없었다. 이런 일을 피할 수 있는 유일한 방법은 목사가 그 회의와 주일학교, 회계, 집사 회의, 교사들, 게시판, 교회 비서, 관리인 창고, 주차장, 강단, 육아실 등을 통제하는 것이다. (아, 성가대를 빼 먹을 뻔했군!) 지역 교회에 진짜 "자유"가 있게 되면 항상 재난의 소지가 존재하는 것이며, 지상에서 그리스도인의 최상의 부르심이 다른 사람들의 일에 간섭하는 것이라고 생각하는 전임 전문 "교회 경영자들"은 언제나 있게 마련이다. 그들은 모두 같은 방식을 따른다. 그들은 모두 말을 통제하는 고삐를 잡고 싶어한다. 그러나 마차 바퀴가 수렁에 빠지게 되면 자신이 말고삐를 잡는 자리에 앉은 것을 다른 사람이 보는 것을 원치 않는다. 이런 일이 일어나면 항상 목사의 잘못이다! 십중팔구 목사는 지난번 바퀴가 깨진 이후로 자기 손에 고삐를 잡지 않았을 것이다. 이런 일이 미국 각 주당 200개 이상의 교회에서 밤낮 일어나는 일이다. 신약성경에 이런 일을 언급하는 곳을 찾아볼 수 있는지는 모르겠다. 그러나 『**많은 논의**』(7절)는 회중 교회 운영에서는 매우 일상적인 일이다.

6,7절은 사도행전 2장과 사도행전 10장에 설명되어 있다.

『**믿음으로 그들의 마음을 정결케**』(9절). 이 구절은 암기해야 한다. 누구도 물로 정결케 되지 않았다. "정결케 함"은 더 이상 물동이(요 2:6)나 "요한의 침례"(요 3:26)의 문제가 아니다. 그것은 믿음(9절)과 은혜(11절)의 문제이다. 그것을 아직 알지 못한 사람이 있다면 그는 성경을 읽는 것이 아니며, 성경을 이해하거나 믿지도 못하는 사람이다. 베드로가 여기서 말한 교리적 진술(9,11절)은 로마서 3,4,8,10장, 골로새서 1,2,3장, 에베소서 2장의 교리와 일치된다. 모든 캠벨 추종자들은 사도행전 2:38에서 베드로를 따라 지옥까지 가며, 모든 카톨릭은 마태복음 16:16-18에서 그를 따라 지옥까지 가고자 한다. 그러나 어느 누구도 여기서 그를 따르지 않는다는 사실을 어떻게 설명할 수 있겠는가!? 놀랍지 않은가? 사람들을 속여서 그들의 교회가 베드로 위에 세워졌다고 생각하도록 하는 데까지만 베드로를 따르는 것이다. 주께서 그를 "사탄"이라고 부르신(마 16장) 바로 그 부분을 따르는 것이다. 그의 저주와 맹세에 대해서만(마 26장) 그를 따르는 것이다. 그의 교리가 엉망이 될 때(갈 2장) 그를 따르는 것이다. 그러나 그가 물침례(10장) 이전에 믿음으로 말미암아 은혜로 구원받는(행 15장) 것에 대해 가르치기 시작하면 그들은 갑자기 그를 잘못 따르고 있다는 결론을 내리는 것이다. 놀랍지 않은가? 내 말은 정신 건강 차원에서 놀랍다는 말이다!

물침례는 구원이나 "정결케 됨"의 수단에서 (직간접적으로) 전적으로 배제된다. 이 교리에 관한 시몬 베드로의 최종 진술은 믿음(9절)을 통해 은혜(11절)로 구원받는다는 것이다. 이런 말을 하면서 베드로는 "물침례"가 그 구원의 『**모형**』(벧전 3:21)이라고 말한다.

밥 그레이(플로리다, 잭슨빌)가 한 카톨릭 신자에게 요한복음 10:28과 로마서 8:38,39을 제시한 적이 있다. 그때 그녀는 "바울이 그 말을 하지 않았으면 좋았겠네요. 나는 항상 구원을 잃어버릴 수 있다고 생각해 왔거든요."라고 했다. 문제는 여기 있다. 어떤 사람들은 사도행전 2:38이 "구원의 계획"이 아님을 인정하기보다는 차라리 자신들의 구원을 잃고 지옥에 가는 편이 낫다고 여긴다. 그들은 "은혜"로 새 예루살렘 거리를 걷느니 차라리 자신들의 신학과 함께 지옥에서 불타는 편을 택한다.

하나님께서 말씀하신 바를 믿는다는 것은(롬 10:9-14) 그가 말씀하신 것이 그런 뜻이 아니라는 것을 증명하기 위해 애쓰는 것이 아니다. 한 목사가 죽어가고 있을 때 곁에 서 있던 한 사람이 그를 위로하고자 이렇게 말했다. "목사님은 하늘나라에 갈 수 있을 거예요. 저의 어머니께서 제게 말씀하시기를 하늘나라에 갈 만한 자격이 있는 사람이 있다면 그건 바로 목사님이라고 말씀하셨거든요."

이 말에 죽어가던 그 목사는 한쪽 팔을 괴고 몸을 일으키며 거칠게 속삭였다. "죽어가는 죄인에게 그런 헛소리는 하지 말게. 나는 오직 예수 그리스도께서 흘리신 보혈로만 영광의 집으로 가네."

진짜 "넘어지게 하는 자"를 만나고 싶다면 F.F. 브루스의 이 구절에 관한 주석을 읽으면 된다. 브루스는 네 페이지에 걸쳐 갈라디아의 유대주의자들에게 보낸 편지에 관해 말하면서도 이 부분과 연관된 교리적 문제는 인식조차 하지 못하고 있다. 그는 1절과 11절 사이에서 단 한 구절도 오늘날의 문제에 적용시키지 않는 것이다. 대신에 과거의 역사만을 다룬 수

많은 학자들의 학설과 추측만을 나열해 놓았을 뿐이다. 바울이 사도행전 15장 이전에 갈라디아서를 썼는지 아니면 15장 이후에 썼는지는 구원에 관한 진리나 구원의 교리를 발견하는 데 전혀 도움이 되지 않으며, 이 시대까지 계속되는 두 가지 교리적 오류를 설명해 주지도 않으며, 어디서 이런 오류가 발생되는지도 제시해 주지 않으며, 물침례(행 2:38)와 구원과의 관계도 제시해 주지 않으며, 오늘날의 그리스도인에게 현시대의 신학적 상황에 대해서도 경고해 주지 않는다.

윌리엄즈(최고의 벌링거 추종자)는 11절에 대해 설명하는 것을 절대적으로 거부한다. 사실 그는 그의 주석에 11절 본문을 싣지도 않았다. 우리는 그 이유를 알고 있다. 벌링거 추종자들은 사도행전 28장 이전에 "은혜"가 나오는 것을 참지 못하기 때문이다[12절은 설명을 요하지 않는다. 행 13:10-12 및 주석을 참조할 것].

15:13 그들이 잠잠해진 후에 야고보가 대답하여 말하기를 "형제 여러분, 내게 경청하라.
14 하나님께서 그의 이름을 위하여 이방인들 가운데서 한 백성을 취하시려고 처음에 어떻게 그들을 찾으셨는가를 시므온이 설명하였으니
15 이것은 선지자들의 말과 일치된 것이라. 기록된 바
16 '이 일 후에 내가 다시 돌아와서 쓰러진 다윗의 장막을 다시 세울 것이며 또 거기에 파괴된 것들을 다시 세워 일으키리라.
17 그리하여 남은 자들로 주를 찾게 할 것이며 또 내 이름으로 불리는 모든 이방인들도 그러하리라. 이 모든 일을 행하시는 주가 말하노라.

18 세상의 시작부터 그의 모든 역사가 하나님께 알려졌느니라.'고 함
과 같으니라.
19 그러므로 내 판단은 이방인들 가운데서 하나님께로 돌아온 사람들
을 우리가 괴롭히지 말고
20 다만 그들에게 글을 보내어 우상으로 더럽혀진 것과 음행과 목매
어 죽인 것과 피를 삼가게 하자는 것이라.
21 이는 예로부터 각 성읍에서 모세를 전파하는 자들이 있어 안식일
마다 회당에서 그 글이 읽혔음이라."고 하더라.
22 그리하여 사도들과 장로들이 온 교회로 더불어 그들 가운데 사람
들을 선정하여 바울과 바나바와 함께 안티옥으로 보내는 것을 좋
게 여기니 곧 형제들 중에서 지도자인 바사바라 부르는 유다와 실
라더라.
23 그들이 이렇게 그들 편에 써 보내기를 "사도들과 장로들과 형제들
은 안티옥과 시리아와 킬리키아에 있는 이방인 형제들에게 문안
하노라.

이제 야고보(주의 형제, 갈 1:19)가 그 모임을 이끌고 있으며 논의를 종결짓고 있다. 이것이 바로 초대 교회 사도들과 성도들이 도달한 결론이다. 로마가 그 결론에 "Yes"라는 표를 던지지 못하는 것은 그들이 비성경적 종파(sect)이기 때문이다.

『**하나님께서... 이방인들 가운데서... 처음에 어떻게 그들을 찾으셨는가**』(14절). 이는 사도행전 10장과 연관된다(15:8,9 참조). 『**그의 이름을 위하여... 한 백성을 취하시려고**』(14절, 눅 1:17; 7:16 참조). 여기서 야고보가 그리스도의 재림에 관한 주제에 접근하자 학자 연맹은 또다시 배를 버릴 준비를 한다. [14:11-13 주석에 "외계에서 온 방문객들"에 대한 설명 참조.] 벌링거와 윌리엄즈와 스탬(극단적 세대주의자들), 더멜로우와 빈센트와 로버트슨(무천년주의자들), 헨리와 노울링과 클라크(후천년주의자들), 제미에슨과 포셋과 브라운(전천년주의자들!), 그리고 로마카톨릭 교회는 일제히 배의 뒷쪽으로 가서 구명 조끼를 입고 뛰어들 준비를 한다. 뛰어들기 전에 그들은 배에 구멍을 뚫는다.

A. 벌링거의 이단 교리에 따르면 "이방인들 가운데서 모여든 사람들"은 천년왕국에 적용된다. 왜냐하면 스탬과 벌링거는 구약에 있는 교회 시대에 대한 예언을 전혀 인정하지 않는데 그 이유는 교회 시대가 그때 계시되지 않았다는 것이다(행 2:1-14 주 참조). 그들은 이 구절(14절)이 그리스도께서 돌아오신 후(2,11절) 이방인들의 개심을 말한다고 주장한다. 이것이 윌리엄즈와 코넬리우스 스탬이 그 구절 위에 세운 교리이다. 그러나 본문에는 두 번의 모임이 있다. 14절과 17절을 보라. 뿐만 아니라 첫 번째 "찾으심"(14절, visit)은 『**다윗의 장막**』(16절)이 "다시" 세워지기 전에 일어난다.

B. 로버트슨, 클라크, 브루스, 래드, 노울링, 글로그, 렌돌, 더멜로우는 오리겐과 유세비우스를 그대로 따르고 있다. 즉 그들은 18세기나 시대에 뒤떨어진 것이다. 이들은 다윗의 장막(16절)에 대해 이렇게 말한다. 다윗의 장막은...

1. 그것은 그리스도의 부활과 이방인들이 교회로 들어옴으로써 다시 세워졌다(브루스).

2. 이방인들이 교회에 들어왔을 때 다시 세워졌다(아담즈, 그레이).

3. 그것은 다윗의 천막(tent)에 대한 시적인 유형이다(A.T. 로버트슨, 클라크).

4. 오순절에 성취되었으며 그 구절은 문자적으로 해석해서는 안 된다

(노울링).

5. 그때 이스라엘 내의 남은 자들을 구원함으로써 재건되었다(래드).

6. 오순절에 재건되었으며 다윗의 "자손"은 그후 계속해서 통치해 왔다(크리소스톰)[행 1:16, 2:30 주석 참조].

성경 본문을 영적으로 해석하는 학자들의 해석을 접할 때마다, 근처 어딘가에서 오리겐을 발견하게 된다. 예수 그리스도께서 이 지상에서 통치하는 것을(계 5:10) 거부하는 그들과 마주치게 되면, 그리 멀지 않은 곳에 오리겐이 반드시 숨어 있는 것이다. 그는 머리부터 발끝까지 "이집트, 알렉산드리아"로 뒤덮여 있다. 예를 들면...

1. 학자 연맹은 갑자기 야고보가 인용한 본문은 칠십인역이라고 단정짓는다. 로버트슨, 클라크, 래드 등에 따르면 15-17절은 70인역(LXX)에서 나온 것이다.

2. "70인역"의 본문과 다른 부분("그 날에" 대신 『**이 일 후에 내가**』, "이것을 행하는" 대신에 『**이 모든 일을 행하시는**』, "그들이 에돔의 남은 자들을 소유하리라" 대신 『**남은 자들로 주를 찾게 할 것이며**』)은 "자유 인용"(free quotations)이라 부른다. [그렇다면 신약에 있는 모든 구약의 인용이 왜 "자유 인용"이 아니었는가? 왜 그것들이 신약이 완성된 후 100년 뒤에 기록된 알렉산드리아 필사본에 일치해야만 하는가?]

3. 『**세상의 시작부터 그의 모든 역사가 하나님께 알려졌느니라**』(18절). 이 부분은 [원본에 포함되었는지 여부가] "지극히 의심스럽다"(클라크). 그러므로 (밥 존스 3세가 추천하는) NASV는 『**하나님께 알려졌느니라.**』를 빼버리고는 에큐메니칼 공회가 만든 RSV에 일치되게 만든다.

이런 종류의 "학식 있는 사람들"은 자기들이 좋아하지 않거나 동의하지 않는 것은 성경에서 제거해 버리면서 "누구누구는 자기만 옳고 다른 모든 사람은 틀렸다고 생각한다."고 소리치는 것을 우리는 안다. 그들의 말에는 전혀 귀를 기울일 필요가 없다. 영원한 생명의 말씀을 거부하는 것(요 6:67-69)과 100년도 채 못살고 죽는 죄인을 거부하는 것 중 하나를 선택해야 한다면, 선택의 여지가 있는 것일까?

알렉산드리아의 서기관들은 18절의 처음 세 단어를 삭제했다(시내 사본, 바티칸 사본 및 이집트 번역본들인 사이릭과 보하이릭). 티쉔돌프, ASV(1901), 웬트, 바이스, NASV(1963), 웨스트코트, 홀트, RSV(1952), 그리스바흐, 공동성서(1973)는 이 삭제를 인정했다. 그러나 그것이 빠진 이유는 만일 그 부분이 본문에 그대로 있다면 누구도 그것이 아모스 9:11에서 인용된 것이라고 생각하지 않을 것이기 때문에 빠진 것이다. 오리겐은 누가가 실수했다고 생각했다. 그래서 그는 "고어로 된" 표준원문을 살아있는 성경(Living Bible)으로 "최신화"시키기 위해서 대동하고 다녔던 7명의 속기사들과 7명의 필사자들을 통해 누가의 실수를 바로잡아 놓았다. 그러므로 우리는 오리겐, 로크만 재단, 밥존스대학을 우리가 생각하는 최선으로 바로잡아 놓으려 한다. 가장 극심하게 변개된 대문자 필사본(시내사본과 바티칸 사본)들은 『**행하시는**』(헬라어 '오 포이온')이라는 단어 또한 17절에서 삭제시켰다. 그리하여 NASV와 로마카톨릭의 변개된 성서들은 『**주가 말하노라.**』를 17절에서 18절로 삽입시킨 것이다.

아담 클라크는 그의 저술 802쪽에서 칠십인역을 하늘 높이까지 추켜세우고는 예루살렘에서는 히브리어 원문보다 칠십인역을 더 선호했다고 말한다. 여기에 대한 이유는 "드로시"와 "켄니코트"라는 사람들이 사도행전 15:16,17과 일치하는 아모스 9:11의 히브리어 필사본들을 발견하지 못했다는 것이다. "이 권위 있고 가장 귀중한 역본은 모든 그리스도인에게 얼마나 소중한가..."라고 클라크는 외친다. [그러나 이 모든 "권위 있는 역본"의 복사는 A.D. 330년에 이루어지는데 그것은 요한이 신약 기록을 끝마친 지 200년도 더 지났을 때이다.]

A. 신약에 있는 많은 인용들은 "자유 인용"(마 8:17, 히 8:11)이며 알렉산드리아 학파의 교수진은 신약에 인용된 부분을 구약에 일치시키기 위해 그것을 변개시켜서는 안 된다. 주께서 자신이 쓰신 책을 자유로이 인용하시고자 한다면(행 28:27), 그건 주님의 일이지 그들의 일이 아니다. 『**선지자들의 말**』(15절)에서 "선지자들"은 단수가 아니라 복수다. 그러므로 아모스 9:11 한 구절에만 그 인용을 한정시키는 것은 문법적으로도 상식에서 벗어난다. 모든 "경건한 보수주의자들"이 그런 오류를 범했다는 사실은 그들이 불경건하며, 살아 계신 하나님의 살아 있는 말씀을 존중하지 않는다는 증거일 뿐이다. 『**선지자들의 말**』(15절)은 이방인들이 두 번 모인다는 사실과도 맞는다. 한 번은 환란 때이며(계 7장) 한 번은 천년왕국 때이다(사 2장). 이것은 기초 성경 공부에서 기본적이고 근본적인 유치원 수준의 진리들 중의 하나이다. 모든 주석가들이 그것을 놓친다면 그들은 또한 그리스도의 심판석에서 그들의 상도 놓친 것이다. 4학년 수준 영어의 기초 원리도 알지 못하면서 생계를 위해 하나님의 말씀에 "주를 다는 것"은 그 누구도 해서는 안 된다. 이방인들이 두 번 부르심을 받으리라는 것은 선지자들에게는 잘 알려진 사실이었다(렘 49:39, 사 19:18; 42:1; 49:5,6 등).

B. 『**이 일 후에**』(16절)는 『**그 날들 이후에**』(히 8:10)와 일치한다. 두 구절의 문맥도 일치한다. 문맥은 천년왕국에 앞서는 환란 시대이다. 『**이 일 후에 내가 다시 돌아와서**』(16절). 이것보다 더 분명한 것이 있을 수 있는가? 사도행전 2장과 연관된 구절인가? 사도행전 10장? 마카비 제6서 97:13? 그분께서 돌아오셨는가? 그렇다면 "오순절에 성취되었다"거나 "교회에 들어온 이방인들"에 대한 말은 다 뭔가? 『**이 일 후에 내가 다시 돌아와서 쓰러진 다윗의 장막을 다시 세울 것이며 또 거기에 파괴된 것들을 다시 세워 일으키리라. 그리하여 남은 자들로 주를 찾게 할 것이며**』(16,17절). 야고보는 그가 죽은 후 200년 뒤에 기록된 필사본(신화적인 70인역)

을 인용할 만큼 다재다능했음에도 이사야 2:1-4과 이사야 66:6-20을 간과할 만큼 어리석었단 말인가? "세울 것이며," "쓰러진," "파괴된 것"...성령께서 사용하시는 용어는 모두 영적 천막(tent)이 아니라 물리적 건물이 아닌가? 어떻게 해서 이 교육받은 사람들이 "성막"(tabernacle)을 "장막"(tent)과 혼동하고, 성전이 "성막"과 같은 종류에 속한다는 사실을 몰랐을까? 다윗 이전 시대의 장막을 『**성전**』이라고 부르지 않았던가?(삼상 1:9) 신구약은 모두 솔로몬(다윗의 아들)의 물리적이고, 눈에 보이는, 문자 그대로의 성전이 예루살렘에(겔 40-48장) 다시 세워질 것을 증거하고 있다(계 11:1-3). 다윗의 보좌(마 19:28)는 눈에 보이며 물리적이고 지상에 세워지는 문자 그대로의 보좌(마 25:31)를 말하며 어떤 사실도 이보다 더 분명한 것은 없다(눅 1:30-33). 하나님께서는 "내가 그것을 세우리라."고 말씀하셨다. 오리겐, 교황들, U.N., 로버트슨, 브루스, 유세비우스, 제롬, 노울링, 콘스탄틴, 그레이, 아담스, 로크만 재단이 하나님께서 "그것을 세우시는" 것을 원치 않는다고 해서 하나님께서 세우시지 않으리라고 생각하는가?

C. 『**남은 자들로... 또 내 이름으로 불리는 모든 이방인들도...**』(17절) 14절에서처럼 『**그의 이름을 위하여 이방인들**』이 아니라 『**내 이름으로 불리는**』 이방인들을 말한다. 『**남은 자들**』은 지상의 인구 중 3분의 2가 죽은 후에 남은 사람들이다(계 4-19장). 야고보서 2:7은 그들이 하나님께 경배할 때 하나님의 이름이 한 백성에게 적용될 것임을 보여 준다. 환란 때 이 이름은 아마도 "여호와"가 될 것이다(계 14:1 및 주석 참조). 그러므로 현재 "여호와의 증인들"은 전적으로 시대착오적인 사람들이다. 환란 때 하나님의 이름은 모든 "족속과 언어"에서 나온 "큰 무리"와 연관된다(계 7:9). 이 구원받은 이방인들은 환란 때 법을 어긴 자들로 처벌당할 것이며, 자신들의 목으로 그 값을 치르게 될 것이다.

D. 『**하나님께 알려졌느니라**』(18절). 인간에게 계시되었건 그렇지 않건 간에(엡 3:1-6 및 주석 참조) 하나님께는 알려졌다. 『**그의 모든 역사가**』(18절). 하나님의 미리 아심은 그분의 선택(벧전 1:2)과 미리 정하심(롬 8:29), 『**그의 모든 역사**』에 선행한다. 한편 문맥은 환란과 천년왕국 성도들을 말하는 것이며 "왕국을 이어받는"(마 25:34) 환란에서 나온 사람들이 "세상의 기초가 놓인 이래로 그들을 위하여 준비된"(마 25:34) 왕국을 얻게 된다. 하나님께서는 이방인들이 "두 번" 불러냄을 받으리라는 것을 아셨다. 아직은 하나님께서 바울에게 교회 시대의 계시를 기록하게 하시기 전이지만, 야고보는 환란 구절을 사용해서(롬 15:10-12 참조) 교회 시대에 그것을 적용시킨다.

여기서 야고보는 『**판단**』(sentence)을 내린다. 간증을 잃지 않기 위해 이방인 성도가 지켜야 할 네 가지가 있다. "구원을 받기 위해서"나 "구원을 유지하기" 위해서가 아니다. 이 네 가지는 다음과 같다.

1. 우상으로부터 더럽혀진 것
2. 음행
3. 목매어 죽인 동물들
4. 피를 먹는 것

이들 중 단 하나도 이방인들이 구원을 받거나 구원의 상태를 유지하기 위해 주어지지 않았다. 또한 물침례를 지키라는 말도 하지 않았다. 야고보는 결코 물침례를 유대인의 율법의 "규례들"(ordinances)에 포함시키지 않았다. 21절은 로마서 14:1-4과 고린도전서 10:29이 위험에 처해 있음을 보여 준다.

알미니안주의, 카톨릭, 칼빈주의, 오순절파에 속한 자들이 본문에서 "규례"(decrees, 16:4)가 언급된 의도가 무엇인지에 대해 오해하지 않도록 하기 위해 성령께서는 바로 다음 구절에서 규례들의 목적을 설명하고 계신다. 『**예로부터 각 성읍에서 모세를 전파하는 자들이 있어 안식일마다 회당에서 그 글이 읽혔음이라**』(21절). 사도들과 장로들과 교회와 성령께서 내린 결론은, 어떤 사람이 믿게 된 후 행위는 어떤 형태로든 구원에 영향을 미치지 못하지만 그 사람으로 하여금 간증을 잃어버리게 할 수 있다는 것이다. 미국에 있는 90%의 자칭 그리스도인들이 그것을 믿지도 가르치지도 않는다는 사실은 역사상 가장 큰 배교가 그리스도의 몸 안에서 지금 일어나고 있음을 증명해 줄 뿐이다. 베드로와 바울은 이 시대에 사람은 믿음으로 말미암아 은혜로 구원받는다고 말한다(행 15장). 카톨릭이나 오순절파, 캠벨파만이 이 계시를 거부하고 사도행전 2:38이나 야고보서 2:24을 가지고 지옥으로 가는 것이다. 이방인 개심자들에게 따르게 하도록 결정된 네 가지는 "명령"으로서 주어지지도 않았다. 대신 『**이와 같은 것들로부터 너희가 스스로 조심하면 잘되리라.**』(29절)고 말한다. "그런 것들을 지키면 구원을 받으리라."는 말이 아니다. 20절에 있는 모든 경고는 유대인들이 잘못된 것이라고 알고 있는 것에 관한 것이다(레 17장, 신 12장, 창 9:1-16). 한편 A.T. 로버트슨 박사를 비롯한 〈복음주의 주석〉의 저자들은 네 개의 금지 조항을 세 개로 만들고 싶어한다. 그렇게 해서 그는 주를 달 때 교묘하게 "피"를 본문에서 빼내고(*Ibid.*, p.230) "그 단어들이 본문에 첨가된 것인지 어떤지... 등"에 대해 말한다(*Ibid.*, p.231). 그는 또 "목매어 죽인 것"도 빼놓고는 "네 개 사항이 모두 레위기 17,18장에 언급되어 있다"고 말한다. 로버트슨의 자유주의(또 이기적인) 성향은 그가 〈단어 그림집〉을 쓰기 훨씬 전부터 드러난 명백한 사실이다. 미혹된 비평가들을 따르기 시작할 때 극도의 이기주의로 바뀐다는 사실에 놀랄 것은 없다. 이들 비평가에는 샤프, 그레고리, 네슬, 트레겔레스, 그리스바흐, 데이어, 빈센트, 알란드, 하우슨, 램세이 엘리코트, 산데이, 라잇풋, 웨스트 등이 있다. (한 구절에서 세 번이나 성경을 고칠 만큼 자신이 똑똑하다고 생각하는 죄인에게 적절한 호칭은 무엇인가? "겸손"이나 "경건"?)

네 가지(다섯 또는 셋이 아니라) 지시사항의 목적은 이방인 개심자들이 율법을 존중하는 유대인들(롬 2:17-25)을 화나게 하지 않도록 하기 위한 것이다.

『**판단**』(19절)이 처음으로 전달된 곳은 안티옥(22,35절)이었다. 왜냐하면 "믿음과 행위"에 대한 문제들로 야고보로 하여금 서신서를 쓰게 한 곳이 그곳(1절)이었기 때문이다. [약 2:24 및 행 12:2 주석 참조]

『**바사바라 부르는**』 유다는 15장 이후로 성경에 다시 나타나지 않는다. 실라(22절)는 고린도후서 1:19, 데살로니가전서 1:1, 베드로전서 5:12 등의 "실루아노"이다. 그는 다음 선교여행(행 16장)에서 바울의 동역자가 된다.

『**사도들과 장로들과 형제들**』(23절). 죽은 정통주의 로크만 재단은 "형제들"이란 말을 고쳐서 보수주의 학자 대다수에게 일치시키며, ASV(1901)는 로마카톨릭의 예수회 성경(1582)과 일치한다. 이 본문의 근원지는 변개된 알렉산드리아 대문자 필사본(시내 사본과 바티칸 사본)이다. 거기에 "장로인 형제들"(elders brethren) 혹은 "나이든 형제들"(elderly brethren)로 되어 있는 이유는 알렉산드리아와 서방 필사본들에는 두 단어 사이에 "그리고"가 없기 때문이다. "그리고"나 "is" 등이 없는 것이 성경을 존중하지 않는 학자들의 눈에 대단하게 생각되던 때가 있었는가? 그들은 같은 장 36절에서 "그리고"를 첨가시켰다. 다음 절에서는 "그들의"를 첨가시켰다. 그런데 여기서는 필사본에 "그리고"가 없는 것을 문제시하는 저의가 무엇인가? 디모데전서 3:16에는 "was"가 없다. 그러나 밥 존스 3세는 "was"

를 첨가해서 2절의 처음에 "하나님" 대신 "그"가 가능케 된 "성서"를 추천했다.

『**사도들**』(23절)은 분명 첫 번째로 언급할 필요가 있는 부류이다. 『**장로들**』(2절)은 그 다음으로 말할 필요가 있는 부류이다. 왜냐하면 그들 중 많은 사람이 "사도들"이 아니었기 때문이다. 『**형제들**』(1절)은 세 번째 부류이다. 그들 중 많은 이들은 『**사도**』도 『**장로**』도 아니었다. "형제들"이 "장로들"과 동일해야 한다는 어리석은 추측(알렉산드리아와 서방 필사본들을 근거로 한)은 무모한 억측일 뿐이다. 성경은 그 문제를 결정한 것이 "나이 든 형제들"이나 "형제인 장로들"이 아니라 『**온 교회**』(22절)라고 말한다. "온 교회"는 "장로들"이 아니며 "사도들"이나 "장로들과 사도들"도 아니다. 그것은 『**형제들**』이었다. 그렇게 되어 있지 않은 성경을 가지고 있다면 그것은 배교한 성사주의자들(서방원문 D)이 출판한 것이거나 배교한 보수주의 학자들(이집트 알렉산드리아)이 펴낸 것이다. 이 두 집단은 성경 해석이나 교리의 정립에 관한 한 자신들이 그리스도의 몸을 통제해야 한다고 생각한다. 이것이 보통의 『**형제들**』(23절)을 그 구절에서 쫓아내고자 한 이유이다. 그럼으로써 그것이 "특별한 소수"가 되도록 바꾼 것이다. 학자들의 전형적인 발상이다.

15:24 우리가 듣기로는 우리 가운데서 나간 몇몇 사람이 말로 너희를 괴롭히고 너희의 혼을 파멸시키며 말하기를 '할례를 받고 율법을 지켜야 한다.'라고 하는데 우리는 그들에게 그러한 지침을 준 적이 없노라.

25 우리의 사랑하는 형제 바나바와 바울과 더불어 사람들을 선정하여 너희에게 보내기로 일치 가결하였으니 그것이 우리에게 좋은

것 같도다.

26 그들은 우리 주 예수 그리스도의 이름을 위하여 자기들의 생명을 바친 사람들이라.

27 따라서 우리가 유다와 실라를 보내는 것도 그들 역시 동일한 것을 너희에게 입으로 전하게 하려 함이라.

28 다음의 필요한 것들 외에는 너희에게 더 이상의 짐을 지우지 않는 것이 성령과 우리에게 좋은 것 같으니

29 곧 우상들에게 바친 제물과 피와 목매어 죽인 것과 음행을 삼가라는 것이라. 이와 같은 것들로부터 너희가 스스로 조심하면 잘 되리라. 평안함을 비노라."고 하더라.

30 그리고 나서 그들을 보내니 그들이 안티옥으로 가서 함께 무리를 모으고 그 편지를 전해 주더라.

31 그들이 읽고 그 위로하는 말로 기뻐하니라.

32 그때 유다와 실라도 그들 자신이 선지자이므로 여러 말로 형제들을 권고하고 강건케 해주더라.

33 그곳에서 잠시 지체한 후 그곳 형제들로부터 평안히 가라는 전송을 받고 사도들에게로 가려 하되

34 실라는 오히려 그곳에 머무는 것을 좋게 여기니라.

35 바울과 바나바도 안티옥에 머물면서 많은 다른 사람과 더불어 주의 말씀을 가르치고 또 전파하니라.

"말로" 그리스도인을 괴롭히는 이들은 디도서 3:11과 디모데후서 2:14을 변개시키는 자들이다. 어떤 계열의 어떤 헬라어 원문도 이 같은 귀중한 정보를 주지 못한다. 따라서 어떠한 헬라어 필사본에서도 얻을 수 없는 향상된 계시를 얻기 위해서는 무오한 A.V.(1611) 본문에 의지해야 한다. 그리스도인들을 "괴롭히는"(24절) 이들은 대개가 자칭 그리스도인들이다. 본문이 어떻게 말씀하는가에 주의하자. 『**우리 가운데서 나간 몇몇 사람**』(24절). 구원받은 이후에 만나게 되는 악당은 자칭 그리스도인들이다. 이것을 읽고 있는 사역자들 중 구원받은 후에 기독교 학자들에게 "괴롭힘"을 당하지 않은 사람은 없다. 지난 100년간 본문을 근거로 〈킹제임스성경〉을 공격해 온 모든 사람은 자칭 그리스도인이었다. 그들 모두가 자칭 그리스도인이다. 『**우리는 그들에게 그러한 지침을 준 적이 없노라**』(24절). 예루살렘에 있는 구원받은 제자들은 구원과 연관해서 할례나 율법(1,5절)을 말한 적이 없다. 바울이 구원과 연관해서 물을 언급한 적이 없듯이(행 13:38,39) 그들도 그런 것을 말한 적이 없다.

24절을 오늘날에 적용시키는 것은 분명하고도 또 한편으로 고통스러운 일이다. 오늘날 미국에는 성도에게서 영원한 보장을 빼앗고자 하는 일곱 개의 자칭 기독교 종교 단체가 있다. 이 단체들은 다음과 같다.

1. 여호와의 증인, 러더포드 판사와 러셀 목사가 세움
2. 제칠일 안식일 예수재림교, 메리 엘렌 화이트가 세움
3. 로마카톨릭 교회, 배교한 교회 교부들과 로마 정치인들이 세움
4. 몰몬교, 조 스미스와 브리그햄 영이 세움
5. "그리스도의 교회," 알렉산더 캠벨이 세움
6. 은사주의와 "홀리니스" 집단
7. NCCC 내의 자유주의 교회들

이런 "트러블 메이커들"에 더하자면 자기가 초교파적 신유자라고 주장하는 라디오 설교가들이 있다. 이들 중 누구도 성도의 구원의 영원한 보장을 믿지 않는다. 이들과 다소 유사한 사람들이 교육받았다고 하는 학자들이다. 이들은 계속해서 절대 권위를 훔치고자 함으로써 그리스도인을 괴롭힌다. 그들은,

1. 수많은 근본주의 학교에 있는 헬라어, 히브리어 교사들

2. 로크만 재단과 뉴스코필드 편집위원회

3. 필립 샤프(1884,1901)와 웨스트코트와 홀트(1881)를 따르는 전체 학자계이다.

이들이 "우리 가운데서 나간 몇몇 사람"(24절)과 "말로 너희를 괴롭히는"(24절) 사람들에 포함될 수 있을 것이다. 그러한 사람들이 지금처럼 많았던 적은 없었다. 암흑시대의 가장 어두웠던 때에도 구원받은 죄인들이 하나님의 말씀을 전복시키고 "정통주의"나 "믿음의 근본 사항들"로 말씀을 대체시키는 데 자신의 일생을 바치지는 않았다.

『**일치 가결하였으니**』(25절, 행 1:14; 2:1; 2:46; 4:24 등 참조.]. "예루살렘의 첫 번째 침례교회"는 대단한 교회였다! 그들은 설교, 기도 모임, 교제, 헌금, 그리고 성경에 대해 바른 태도를 가지고 있었다. 여러분은 이런 것들에 대해 바른 태도를 가지고 있는가? 그리스도인인 여러분의 마음을 더 끌어당기는 것은 무엇인가? 사회 생활, 사람들, 스포츠, 은혜 안에서 자라는 것, TV 프로그램, 자선, 선교, 잡지, 혹은 기도? 누구를 기쁘게 해주고자 하는가? 아버지, 대중, 어머니, 아내, 당신 자신, 아니면 하나님? 전에는 일요일 저녁에 교회에 가곤 했지만 그 시간에 구원받지 않은 친구들의 모임에 합세하게 되었는가? 그러고 나서 교회 내에서의 교제가 더 이상 중요하지 않게 되었는가? 1년에 몇 번씩만 참석하는가, 아니면 일요일 아침 예배에만 출석하는가, 아니면 정기적으로 참석하는가? 『**일치 가결하였으니**』 이 집회는 이상적인 집회이다. 그러나 성도로서의 의무가 짐이 되거나, 비판적이고 사랑이 없는 영이 회중 가운데서 생기게 되면 (혹은 하나님의 말씀이나 기도에 관심이 없게 되면) 그 교회는 이상적인 상태와는 거리가 멀어진다. 또한 『**일치 가결**』이 있다 하더라도 그것이 고정된 형식

주의 안에서 존재하는 것이라면 결코 바람직하지 않다. 창세기 11장에서도 “일치”가 있었지만 그것은 하나님 보시기에 아무 가치가 없었다.

『**바나바와 바울**』(25절)은 주를 위해 『**자기들의 생명을 바친**』 사람들이었다(26절). 그들이 가진 두드러진 특징은 담대함이었다(4:13 및 주석 참조). 한편 바울과 바나바가 보냄을 받을 때 아무도 바울의 교육 조건을 언급하지 않은 것은 흥미로운 일이다. 그가 읽고 쓰고, 적어도 세 개의 서로 다른 언어로 말할 수 있었음에도, 그의 교육 배경이나 지적 성취에 대해서는 한마디 언급도 없다. 당시의 그리스도인들은 가치에 대한 바른 분별력을 가지고 있었고 “의로운 자들은 사자처럼 담대하다”(잠 28:1)는 것을 알고 있었다. 하나님께서는 자신의 책을 바로잡을 수 있는 똑똑한 죄인들을 찾고 계시는 것이 아니다. 그분은 적과 타협하지 않고 전쟁에서 싸워 승리할 수 있는 군인들을 찾고 계시다. 적과의 싸움이 불가피하다면(삼상 4:9) 기쁘게(행 16:25) 그리고 용감하게(빌 1:28) 해야 한다. 현 교회에 필요치 않는 한 가지가 있다면 그것은 부드럽고, 약삭빠르며, 교육받은, 경건한 “아이들”로, 그들은 자신들이 성경을 심판하는 자리에 앉을 만큼 똑똑하다고 생각한다. 바울의 신용증명서는 26절에 나온다(고후 11:23를 볼 것). 그를 보낸 사람들은 그가 얼마나 많은 기독교 교육을 받았는가에는 전혀 관심이 없었다.

바울과 바나바는 그 편지(30절)를 직접 전달했고, 유다와 실라는 그것을 입으로 전했다(27절). “두 증인이나 세 증인의 증언으로...”(신 17:6). 나머지 구절들은 설명이 거의 필요치 않다. 모든 것이 질서 정연하다. 『**다음의 필요한 것**』(28절) 몇 가지는 “간증”(testimony)에 필요한 것(21절)이지 “구원”에 필요한 것이 아니다. 안티옥에 있는 사람들은 그 소식을 듣고 기뻐했다. 왜냐하면 그들은 이미 은혜의 대로를 가기 시작했기 때문이다.

만일 예루살렘에서 반대되는 결정이 왔다면 그들은 바울의 사역에 의심을 품었을 것이다(갈 2:1-4 및 주석 참조). 유다는 예루살렘으로 되돌아가고 (33절) 실라는 머무른다(34절).

안티옥에는 "많은 선생들"이 있었다(35절). 그러므로 신약성경 번역본이 어디에서 시작되었는지를 찾아볼 때 이곳을 살펴봐야 한다. 안티옥은 "선교사들"과 "성경 교사들"로 알려진 곳이다. 이곳이 바로 성경이 강조하는 곳이다. 그러므로 독일의 배교자들(바이스, 웬트, 네슬, 홀츠만, 그리스바흐, 라흐만, 스트라우스, 티쉔돌프, 샤프, 메츠거, 루켄)이나 영국의 배교자들(산데이, 홀트, 라잇풋, 엘리코트, 웨스트코트, 노울링, 렌돌, 워즈워드, 스펜스, 데이빗슨)이 강조하는 것은 잘못된 강조이다. 그들은 기독교 학자계가 그리스도의 몸의 최종권위이며, 그것은 알렉산드리아에서 시작해서 로마를 통해 뉴욕, 런던, 시카고로 갔으며, 베를린과 하이델베르그를 거쳐 갔다고 주장한다. 그러나 교회사가 제시하는 증거는 전혀 다르다. 참된 "성경 교육"이나 참된 "말씀의 전파"가 그러한 곳들을 근거지로 해서 나왔다는 증거는 성경이나 교회사에 없다. 안티옥은 신약 기독교의 "근거지"이다. 안티옥에는 『**주의 말씀**』(35절)과 "많은" 교사들(35절)이 있었다. 알렉산드리아나 로마가 『**주의 말씀**』을 가진 적이 있다면 그것은 안티옥에서부터 얻어진 것이며, 로마에서 하나님의 말씀을 찾을 수 있다면 그것은 안티옥(시리안) 계열의 헬라어 원문에서 나온 것이다. 그러나 그 말씀을 1881년(RV)과 1901년(ASV), 1952년(RSV), 1963년(NASV), 1973년(NRSV) 위원회들은 완전히 거부했다.

34절을 로크만 재단과 밥존스대학 교수진은 성경에서 완전히 말살시켜 버렸다. 그리고 그 구절은 ASV, NASV에도 빠져 있다. 극도로 변개된 대문자 필사본 B와 알렙에도 빠져 있다. 그러나 왈덴스들의 구라틴 역본과 D(서방계열), C(알렉산드리아 계열), 시리아와 비잔틴 계열 사본들(안티옥 계열)에는 그 구절이 들어 있다.

예루살렘 회의 이후에 베드로가 안티옥으로 오고(33,35절), 바로 이 시점에서 갈라디아서 2:11-21의 사건이 발생한다. [그렇다면 갈라디아서는 사도행전 15장 이전이 아니라 그 이후에 기록된 것이 분명하다(F.F. 브루스, *Ibid.*, p.300 참조). 브루스는 그것이 사도행전 15장 이전에 기록된 것으로 보고 있다.]

15:36 며칠이 지난 후에 바울이 바나바에게 말하기를 "우리가 주의 말씀을 전파한 각 성읍의 우리 형제들에게 다시 가서 방문하여 그들이 어떻게 하고 있는지 알아보자."고 하니

37 그때 바나바는 마가라고 하는 요한을 데리고 가고자 결심하였으나

38 바울은 팜필리아에서 자기들을 떠나 함께 사역하러 가지 않은 그 사람을 데리고 가는 것을 마땅치 않게 생각하더라.

39 그러므로 그들 간에 심한 의견 대립이 있어 서로 헤어지니 바나바는 마가를 데리고 배로 쿠프로로 떠나고

40 바울은 실라를 택하여 떠나니 형제들이 그들을 하나님의 은혜에 의탁하더라.

41 그는 시리아와 킬리키아를 경유하며 교회들을 강건케 해 주니라.

두 번째 선교여행은 개종자들이 어떻게 하고 있는지를 알아보기 위해(36절) 시작된다. 안티옥 사람들은 견진성사나 모세의 율법, 물침례, 할례, 성경공부, 기도 생활, 맥주, 담배, 짧은 치마 등이 어떠한 방법으로도 영향을 미칠 수 없는 완전한 구원을 소유한 것을 기뻐한다. 이제 그들은 "좋은 소식"을 정말로 전파해야 할 위치에 놓이게 된다.

『**각 성읍의... 다시 가서**』(36절). 그들은 13,14장에서 언급한 도시들을 다시 거쳐가려 하고 있다. 그런데 여기서 누군가가 "형제들 사이에 불화를 뿌려 놓았다"(잠 6:19). 요한 마가(37,38절)로 인해 교회 안에 작은 분열이 생기게 된 것이다. 본문에는 이 의견 대립이 "심했다"(39절)고 되어 있다. 두 명의 성령충만한 사람을 "서로 헤어지게"(39절) 할 만큼 심한 대립이었다. 학자 연맹이 이것을 희석시키고자 하는 모든 시도는 헛된 것이다. 그것은 다시 인간의 본성과 사역을 이해하는 데 있어서 "보수주의" 낙제생들이 얼마나 비현실적이며, 현명치 못하며, 분별력이 없는가를 보여 줄 뿐이다.

바울과 바나바가 "성령으로 충만"했으며 기적을 행할 수 있었다고 해서 그들이 하루 24시간 동안 서로의 모습에 대해 참을 수 있었다는 뜻은 아니다. 빌리 그래함, 프랭그 노리스, 존 라이스, 존 로링즈, 달라스 빌링톤, B.B. 크림, J. 헤롤드 스미스, 존 웨슬리, 마틴 루터, 아이언 페이슬리, 샘 존스, 빌리 선데이를 한 방에 다 같이 두면 한 시간도 채 못되어 문 아래로 피가 흘러나올 것이다. "믿음의 근본 사항들"이나 성경이나 사역에 대해 확고한 신념을 가진 사람들은 대답, 태도, 예의, 돈, 복장, 잠버릇, 정책, 말에도 자신의 확고한 신념을 가지고 있다. 카톨릭 교회와 에큐메니칼 공회가 항상 연합전선을 펼 수 있는 이유는

1. 에큐메니칼 공회에 속한 누구도 영원한 것에 대한 성경의 확신을 갖고 있지 않다.

2. 로마 교회의 누구도 비성경적인 어떤 것이 그들에게 제시되었을 때 그것에 반대하지 못한다. 그러나 성경대로 믿는 프로테스탄트는 그들과 다르다!

“그렇지만 바울, 그는 본토까지 갔었다구.”

“그래서 어쨌다는 건가? 반만 해놓은 사역을 사역이라고 부를 수 있나? 그런 사람은 무언가를 얻을 수 있기만 하다면 빌리 그래함이라도 지지할 걸세.”

“오, 이런, 바울, 요한은 좋은 사람이야! 그리고 그는 증거도 하잖아. 성경이 우리에게 형제를 사랑하라고 말씀하지 않나?”

“물론이지, 물론이라구, 나도 그를 사랑해. 그러나 타협자와는 교제할 수 없어.”

“요한은 타협자가 아니야! 쿠프로 사람들에게 한치도 내주지 않는 걸 자네도 봤잖나?”

“내 책에는 상황이 어려워질 때 그만두는 것은 타협이라고 되어 있네. 그리스도께서는 ‘자기 자신을 부인하라’고 하셨어. 요한은 자기에게 위안이 필요할 때마다 어딘가로 사라져 버릴 거야.”

“그건 모르는 일이야! 처음에 그가 잘못했다고 해서 그럴 수 있나! 그 사람에게 기회를 주라구, 바울! 더 나아지지 않는다고 어떻게 장담하나...”

“선택의 여지가 없어. 그를 쓸 수 없다구. 나도 그를 사랑하지만 더 이상 그를 신뢰할 수는 없어.”

모든 그리스도인에게는 취약한 곳이 있다. 세상의 어떤 “목사”가 디모데전서 3:1-9의 요구사항을 다 만족시킬 수 있다고 생각하는 사람이 있다면, 주께서는 그 사람이 더 나아가기 전에 그의 신학(위와 같은 생각)을 바꿔 주실 것이다. 교회가 “목사”에게서 타율 1,000을 요구할 때, 그들은 대개 300 이하를 친다. 노리스는 트루엣을 비난한다. 라이스는 그래함을 비난하고, 루터는 에라스무스를, 먼스터는 루터를, 밥 존스 1세는 라이스를, 선데이는 그래든을, 근본주의 학자들은 〈킹제임스성경〉을 그렇게도 혹독하게 비난한다. 그럼에도 그 위대하고 훌륭한 책을 우리가 여전히 가지고 있다는 것은 기적이 아닐 수 없다. 어떤 "비방자들"은 비방하는 사람들의 이름을 직접적으로 거명하지 말아야 한다고 생각한다. 그러나 그들이 그렇게 하는 것은 성경적 이유에서가 아니다. 재정적인 문제나 사회적 이유 때문에 그러는 것이다. 또 어떤 이들은 공개적으로는 누군가를 공격하지는 않지만 교실이나 "기도모임"에서 온갖 더러운 말들을 서슴지 않는다. 또 어떤 이들은 그들의 형제자매들을 미워한다. 그리고 그들의 헌신, 신학, 학식, 혹은 사역에서 잘못을 찾지 못하면 그들의 개인 생활을 공격한다. 제일 심한 위선자들은 항상 다음과 같은 식으로 말을 시작한다. "그래, 나는 누구누구 형제가 훌륭한 설교자라는 것을 알지. 그는 성경을 잘 알아. 그러나..." 그런 다음 외과용 메스와 레이저 광선을 가지고 그 사람의 인격에 대해 가차없이 난도질한다. 그들은 다음과 같이 계속한다. "그리스도 안에서 나의 사랑하고 친애하는 형제에게, 나는 커다란 슬픔의 부담 속에서 이것을 당신에게 씁니다. 하나님께서는 당신의 사역이 나와 수천의 사람들에게 얼마나 많은 의미가 있는지를 아십니다. 나는 항상 당신을 위해 매일 기도해 왔으며, 내가 이것을 쓸 때 하나님께 이것을 축복해 달라고 간구했습니다. 지금 내가 당신의 마음에 대고 말할 수 있기를 바랍니다. 나는 사랑과 동정 속에서 이것을 씁니다. 당신이 머리를 조금만 더 뒤로 기울여 주면, 나는 당신의 목을 귀에서 귀까지 완전히 찢어 놓을 겁니다!"

『**바나바는 마가를 데리고 배로 쿠프로로 떠나고**』(39절). 거기로 다시 가서 마가와 마주치는 것보다 바울은 곧장 본토를 가로질러 소아시아로 가는 길을 택한다(41절). 그리하여 주님께서는 하나 대신 두 개의 선교팀을 갖게 되신다. 이것이 침례교도들이 늘어나는 방법이다! 남부의 모든 도시에는 악의와 경쟁이라는 원칙으로 나누어지는 일이 적어도 두 번씩은 있다(더 큰 도시에는 열 번). 많은 독립교회들이 나뉜 데서 또 나뉘고, 또 나뉘고 해서 결국 남는 것이 톱밥밖에 없을 때까지 계속 나뉜다[빌 1:15 주석 참조]. 펜사콜라에는 특정 목사에 대한 분노로 교제가 형성된 적어도 다섯 개의 지역 교회와 한 개의 "성경" 학교가 있다. 그들 교제의 핵심이며 중심은 바로 그것이다. 만약 그 목사가 죽기라도 한다면 이 친애하는 사람들은 48시간 내로 "그들을 묶는 유대"를 끊고 서로 싸울 것이다. 목회자 후보생이 이런 교회 중 하나에 가게 되면 그가 처음으로 듣는 말은 "누구누구"와는 교제해서는 안 된다는 것이다. 이런 부류의 "흠 없는" 그리스도인들은 자기들이 결점을 찾아내는 다른 개인이나 집단보다 자신들이 더 영적이라는 생각을 가지고 있다. 여기에는 예외가 없다(고전 3:3). 섬김의 동기가 시기, 악의, 경쟁인 집단은 항상 자신들이 "영적"이라고 생각한다.

『**그는 시리아와 킬리키아를 경유하며**』(41절). 바울과 실라는 육로로 더베, 루스트라, 이코니움, 프루기아를 통과해서 순회한다.

사도행전 16장

16:1 그후 바울은 더베와 루스트라에 도착하였는데, 보라, 그곳에 디모데
라고 하는 한 제자가 있는데, 그는 어떤 믿는 유대 여인의 아들이나
그의 부친은 헬라인이며,
2 또 루스트라와 이코니움에 있는 형제들에게서 칭찬받는 자더라.
3 바울이 이 사람과 함께 가고자 하므로 그 근방에 있는 유대인들 때
문에 그를 데려다가 할례를 주니 이는 그들 모두가 그의 부친이 헬
라인인 것을 알고 있음이더라.
4 그들이 성읍들을 경유하면서 예루살렘에 있는 사도들과 장로들이
결정한 규례를 주어 지키게 하니라.
5 그러므로 교회들이 믿음으로 강건해지고 날로 그 수가 늘어 가더
라.
6 그들이 프루기아와 갈라디아 지역을 통과하였을 때 성령께서 아시
아에서 말씀 전하는 것을 금하셨으며
7 무시아에 이르러 비두니아로 가려고 하였으나 성령께서 허락하지

아니하시므로

8 무시아를 지나서 트로아로 내려왔더라.

9 그 밤에 바울에게 환상이 나타났는데 어떤 마케도니아 사람이 서서 그에게 간청하여 말하기를 "마케도니아로 건너와서 우리를 도와 달라."고 하니라.

10 그가 그 환상을 본 뒤에 우리는 즉시 마케도니아로 떠나려고 하였으니 이는 주께서 그들에게 복음을 전하게 하시고자 우리를 부르셨다고 확신하였음이니라.

11 그리하여 우리는 트로아에서 배를 타고 사모드라케로 직행하여 그 다음 날 네아폴리에 이르렀고

12 거기서부터 빌립보까지 갔는데 그곳은 마케도니아 지방의 첫째 가는 성읍이요 또 식민지더라. 우리가 이 성읍에서 며칠 동안 머무니라.

13 그런데 안식일이 되어 늘 기도를 드리던 성읍 밖 강가에 나가 앉았다가 모여든 여인들에게 말씀을 전하였느니라.

방향에 대해서는 앞에서 여러 번 살펴본 바 있다(6,7절)[자세한 내용은 창 4:16 주석 참조.]. 태양이 움직이는 방향은 역사가 움직이는 방향과 부흥이 일어난 방향을 보여 준다. 성령께서는 바울과 실라가 아시아 본토로(터키, 아르메니아, 페르시아, 인도 등) 돌아가는 것을 금하셨다. 왜냐하면 부흥의 역사는 발칸을 통과해서 독일과 영국으로, 그리고 서반구로 올라가기 때문이다.

『**디모데**』는 여러 서신서와 히브리서 13:23에서도 언급된 그 디모데이다. 우리는 그의 어머니의 이름과 할머니의 이름도 안다(딤후 1:5). 그는 사도행전에서 여러 차례(17:14; 18:5; 19:22; 20:4) 나타나는 것 외에 로마서 16:21, 골로새서 1:1, 데살로니가전후서와 빌레몬서 1:1에도 언급된다. 한편 오헤어(벌링거 추종자)는 갈라디아서 2:3-5; 6:15이 "보다 나중에 주어진 계시"라고 말함으로써 3절의 문제를 회피한다. 그러나 그것은 고려할 가치도 없는 말이다. 디도는 완전한 헬라인이었기 때문에 어떤 유대인도 그의 할례에 대해 의문을 제기하지 않았을 것이다. 그러나 디모데의 어머니는 성경대로 믿는 유대인이었다. 게다가 디모데는 바울과 함께 선교여행을 떠나려던 참이었다. 디모데는 구원받지 않은 유대인들을 만나게 될 것이었다(행 17:2,5 참조). 예루살렘을 방문한(갈 2:1-5) 디도는 바울이 믿는 자들에게 교리적인 면을 입증하기 위해 데려온 사람이었다. 그러므로 오헤어의 주석은 고려할 가치도 없다.

오리겐에 따르면, 디모데는 더베의 시민이었다. 그러나 『**그곳에 디모데라고 하는 한 제자**』(1절)에서 "그곳"은 루스트라를 말하는 것이다. 서방원문은 그 구절에 시리아 원문(표준원문)에는 없는 30단어를 첨가시켰다. 그 원문을 신뢰하는 웨스트코트와 홀트 및 오늘날의 3,000여 명의 학자들에게 이것은 "매우 당혹스런" 일이다. 그들은 〈킹제임스성경〉은 알렉산드리아원문과 서방원문을 합친 "합성된 본문"이라고 계속해서 가르쳐왔기 때문이다. 로크만 재단과 ASV(1901) 위원회 역시 "합성된 본문" 이론을 이의 없이 받아들인다. 그것이 사실이라면 사도행전에서 지금까지 우리가 살펴본 100개 이상의 첨가를 왜 A.V.(1611) 본문에서는 찾아볼 수 없는가?

『**칭찬받는 자**』(2절)는 디모데를 말한다. 3-5절은 설명이 필요치 않다. 그들은 남서쪽, 서쪽, 북서쪽, 북쪽, 북동쪽으로 순회하며, 이제 동쪽으로 방향을 바꾸려 한다. 그때 "성령"께서 "아시아에서 말씀"을 전하지 못하게 하신다(6절). 그들은 다시 서쪽으로 갔으며, 소아시아의 북서쪽 끝에 도착해서는 비두니아로 가기 위해(7절) 북쪽과 동쪽으로 방향을 바꾼다. 성령께서는 또 허락하지 않으신다(7절). 그들은 가차 없이 소아시아의 북서쪽 해안으로 몰린다. 그들이 갈 수 있는 유일한 길은 에게 해를 건너는 것뿐이다. 바울이 환상 속에서 본 "마케도니아 사람"(9절)은 바울과 실라에게 와서 자기들을 도와 달라고 한다. 그들은 배로 사모드라케 섬으로 가서 네아폴리에 있는 유럽 본토에 상륙한다(11절). 그리고 거기서 그들은 빌립보로 간다. 그곳은 바울이 유럽에서 처음으로 개종자를 얻은 곳이다. 고린도인들, 빌립보인들, 로마인들 (그리고 데살로니가인들)에게 쓴 서신들은 이 유럽의 성도들에게 기록된 것들이다.

그들은 기도하러 강가에 갔다가 거기에 모여든 몇몇 여인들에게 처음으로 증거한다. 그들은 유대교로 개종한 사람들이 분명하다(행 10:1-3; 8:27-30 참조). 히브리어 구약성경의 역사서와 잠언과 시편과 이야기들은 학자들이 생각하는 것보다 훨씬 더 널리 보급되어 있었으며 회자되고 있었다. 〈킹제임스성경〉이 지상의 모든 주요 나라에 알려지고 경외받으며 사랑받고 있는 것과 마찬가지로, 히브리어 구약성경은 다른 어떤 책도 필적할 수 없는 세계적인 명성을 가지고 있었다. 학자들(이 문제에 있어서는 자유주의나 보수주의나 마찬가지다)이 저지르고 있는 크나큰 실수는 하나님께서 쓰신 책(딤후 3:16)이 팔레스타인이나 근동 지역에만 제한된 영향력을 가지고 있었다고 생각하는 것이다. 하나님의 책은 유일하고 절대적인 책이며, 그것을 기록하고 보존하신 하나님은 콜럼버스가 산살바도르로 항해하기 전에 그 책이 브리티쉬 콜롬비아에 출현한 것을 잘 아신다. 〈킹제임스성경〉은 1881-1884년 영국 성경개정위원회가 권위역본을 파기하기 위해 출범하기 50년도 전에 이미 일어, 중국어, 러시아어, 말레이어, 방글라데시어, 포르투갈어, 프랑스어, 텔레구어, 따갈로그어, 콩고어로 번역되어 읽혀지고 있었다.

로크만 재단은 10절에서 예수회 사제들을 따라서 『주』를 "하나님"으로 바꿨다. 이런 변개는 NASV, RSV, TEV, NEB를 포함해서 1881년 이후에 나온 모든 성경에서 발견된다[1582년 예수회 성경 본문은 테일러의 〈리빙바이블〉과 NASV 본문과 일치한다]. 그러나 다수필사본 본문(서방원문과 비잔틴원문을 포함해서)은 〈킹제임스성경〉과 같다.

10절에서 누가는 바울과 실라에게 합류한다. 따라서 화자는 "그들"에서 『**우리**』로 바뀐다.

블래스(Blass)와 필드(Field)는 12절을 "첫째 지구의 도시"로 바꾼다. 이것은 빌립보가 성경이 말씀하는 대로 "첫째 가는 성읍"임을 그들이 믿지 않기 때문이다. 여기에 대한 필사본 증거가 있는가? 없다. 그런데도 A.T. 로버트슨은 암피폴리와 데살로니가가 빌립보보다 더 컸기 때문에 빌립보가 "첫 번째 성읍"이 될 수 없다고 말한다. 제미에슨, 포셋, 브라운은 A.V.(1611)본문이 "사실과 일치하는 것으로 보기 어렵다"(*Ibid.*, p.110)고 말한다. 19세기의 파괴적 비평가들(티쉔돌프, 웨스트코트, 홀트, 라잇풋, 엘리콧, 웬트, 램세이, 노울링)은 "최근의 고고학적 발견"이나 "더 오래되고 더 나은 필사본"이라는 미명하에 본문을 완전히 망가뜨렸다. 알렙, A, C, E가 본문을 망가뜨렸고, "D"도 본문을 망가뜨렸으며, 페쉬타나 허클리안 시리아 역본도 본문을 망가뜨렸다. 그런 변개된 본문은 혼란만을 양산할 뿐이다. 이런 혼란은 어떤 역사가의 기록과 일치시키기 위해서 야기되었다. 〈헬라어 해석자 성경, *The Greek Expositor's Testament*〉 p.356에 이 문제가 장황하게 논의되어 있다. 한마디로 말하면, 빌립보는 로마의 식민지였기 때문에(12절) 첫째가는 성읍이었음이 분명하다. 이것이 성령께서 본문에 그렇게 쓰신 이유이다. 모든 학자들이 암피폴리의 인구에 대해 불평을 늘어놓을 때 그들은 그 수치가 바울이 태어나기 200년 전의 것이었다고 말하는 것을 잊어버린다.

16:14 거기에 루디아라고 하는 여인이 있었는데 두아티라 성읍의 자주 옷감 장수로 하나님을 경배하는 여인이었으며 우리의 말을 듣더라. 주께서 그녀의 마음을 열어 바울이 말한 것에 주의를 기울이게 하시니라.

15 그리하여 그녀와 그녀의 집안이 침례를 받자 그녀가 간청하여 말하기를 "당신들이 저를 주께 신실한 자로 여기신다면 저의 집에 와서 머무소서."라고 하며 우리를 강하게 붙들더라.

유럽에서 바울이 처음으로 얻은 회심자는 여자였다. 루디아는 『**두아티라 성읍의 자주 옷감 장사**』(14절)였다. 그러므로 "마케도니아 사람"은 여인들로서 나타나게 된다(!). 이 여인들은 유대인이 아니었을 것이다. 유대인의 회당은 여인들이 회당 밖에서 기도모임을 갖는 것을 허락하지 않기 때문이다. 또 (유대 랍비들의 가르침에 따르면) "회당"을 세우는 데는 열 명의 남자가 있어야 한다. 이 여인들은 유대교로 개종한 개종자들이었을 수도 있다. 그러나 그들은 부분적으로나마 구약성경을 알고, 구약이 완성되기 오래전에 수많은 이방인들이 그랬던 것처럼 주님을 찾고 있었을(롬 2:14 참조) 가능성도 있다.

『**지극히 높으신 하나님**』(17절)이란 표현은 창세기 14:18에서 처음으로 나타나는데, 거기에는 이방인 제사장이 나타나서 아브라함과 이삭과 야곱의 후손이 아닌 사람들을 위해 직무를 수행한다. 그때 야곱은 아직 태어나지도 않았었다. 가다라의 더러운 영을 지닌 사람(막 5장)은 『**민족들의 갈릴리**』(사 9:1) 근처에 있었는데, 그 안에 있던 마귀들은 그리스도를 『**지극히 높으신 하나님의 아들**』(막 5:7)이라 불렀다.

루디아는 잠언 31:22-24의 여인 같은 여인으로, 자주색 옷감(당시에는 대단한 사치품이었다) 장사를 한다(저자의 주석서 〈출애굽기〉 25:4 참조).

루디아는 "하나님을 경배하는" 수많은 이방인들 중 하나였으며, 주께서 "그녀의 마음을 여셨고"(14절), 그래서 그녀는 열린 마음으로 바울의 말을 들었다. 사도행전 28:27에서 바울의 말을 들었던 사람들의 마음과는 사뭇 다르다. 같은 현상을 백부장의 응답(마 8:10)에서도 볼 수 있으며, 마태복음 15:22의 시리아계 페니키아 여인의 응답에서도 찾아볼 수 있다(하나님께서 "여신" 것들에 대해서는 행 5:19; 14:27; 26:18; 10:11을 볼 것).

『**그리하여 그녀와 그녀의 집안이 침례를 받자**』(15절). 이 구절을 존 칼빈과 교황들은 유아세례의 증거 구절로 이용했으며 오늘날 감독교회와 개혁교회도 그대로 이용하고 있다. 15절은 33절과 더불어 유아세례의 증거 구절로 사용된다.

그러나 본문에 아기들은 언급되지 않았다. 그리고 코넬료처럼 루디아와 빌립보 간수는 침례받기 전에 믿었다. 또 그들은 세례가 아니라 침례를 받았다. 이런 생생한 진리에도 불구하고 감독교, 카톨릭, 감리교, 루터교, 장로교 사역자들은 자기들의 틀린 교리를 증명하기 위해 그 구절을 이용한다[못 믿겠으면 그들에게 가서 아기들이 성경 어디에서 세례를 받았는지 보여 달라고 물어보라].

『**그녀가... 우리를 강하게 붙들더라**』(15절). 당시 누가는 사도행전 15:41과 16:9 사이 어디에선가 바울과 합류한 이후 바울과 함께 있었음을 알 수 있다. 『**당신들이 저를 주께 신실한 자로 여기신다면**』 이 말은 루디아가 그들에게 머물기를 간청한 동기를 보여 준다. 또한 그들이 그녀의 집에 있을 동안 그녀가 도덕적으로 깨끗했음을 보여 주기도 한다. 주석가들은 모두 이 표현에 머뭇거리는 것 같으며 "선교에 대한 열심" "침례받을 때 한 서약에 대한 신실함" "개심의 증거" 등으로 말하고 있다. 그러나 이것은 사람들의 관심을 본문에서 이탈시키려는 시도일 뿐이다. 세 명의 구원받은 선교사들이 그녀의 도덕적 생활이 비난받을 것이 없다고 확신하지 않았다면 혼자 된 이방 여인의 집에 가서 "머무르려고"(15절) 하지 않았으리라. 오늘날 미국과 유럽에서는 그 여자가 50세가 넘지 않았다면 아마도 이런 일은 일어나지 않을 것이다. 미국인들과 유럽인들(야벳 족속)은 지난 60년 동안, 지금 누가와 바울과 실라가 한 것 같은 행동을 한 어떤 사람이 "간증"을 잃어버린 것에 대해 충분한 세뇌를 받았다.

16:16 그후 우리가 기도하려고 나가서 점치는 영에 사로잡힌 어떤 소녀를 만났는데 그녀는 점을 쳐 줌으로써 자기 주인들에게 상당한 수익을 얻어 주더라.

17 그녀가 바울과 우리를 따라오면서 외쳐 말하기를 "이분들은 지극히 높으신 하나님의 종들이라. 우리에게 구원의 길을 전하신다."라고 하더라.

18 그 소녀가 여러 날을 이렇게 하므로 바울이 마음이 아파서 그 영을 향하여 "내가 예수 그리스도의 이름으로 네게 명하노니 그녀에게서 나오라."고 말하니 그 즉시로 나오더라.

19 그 소녀의 주인들이 보니 자기들의 수익의 희망이 없어진지라, 바울과 실라를 붙잡아 시장터에 있는 관원들 앞으로 끌고 가서

20 행정관들에게 데리고 가 말하기를 "이 사람들은 유대인으로 우리 성읍을 심히 소란케 하며

21 우리 로마 사람들로서는 받아들여서도 행해서도 안 되는 관습을 전하고 있나이다."라고 하더라.

22 무리가 일제히 그들을 반대하고 일어서니 그 행정관들이 그들의 옷을 찢어 벗기고 때리라고 명령하니라.

23 그리하여 그들을 많이 때린 후에 감옥에 집어넣고 간수에게 잘 지키라고 명령하니

24 임무를 부여받은 그 사람이 그들을 안쪽 감옥에 집어넣고 차꼬로 그들의 발을 채우더라.

본문에 나오는 부류의 사람들은 자본주의 나라라면 어디서나 볼 수 있는 사람들이다. 주의 말씀을 전하는 사람들을 감옥에 넣는 일은 이탈리아, 스페인, 러시아, 루마니아, 불가리아, 남아메리카, 중국, 그리고 사도행전 당시의 발칸 반도에나 있는 일이긴 하지만 말이다. 본문에서 우리는 진리를 전하는 마귀에 사로잡힌 소녀(!)와 돈버는 데 종교를 이용하는 장사치들, 하나님의 진리보다는 돈벌이와 "평화를 지키는 데" 더 많은 관심을 가진 도시 행정가들을 본다.

『**점치는 영**』(16절)이 점을 쳐 주고 있다. 점치는 영은 예언하는 영이며, 이에 해당하는 헬라어 단어(Puthonos)는 '커다란 뱀'(Python)을 가리킨다. 아폴로는 그리스 중부에 신전이 있는 피디언 신(Pythian god)과 연관되며, '피톤'(Python)이란 이름은 아폴로가 살해한(창 3:15) 뱀의 이름(사 27:1,2)이다. 그리스와 로마의 모든 신화는 성경을 모방한다. "아폴로 I, II, III...호"가 달에 올라갔을 때, 그 우주선이 "끝없는 구렁의 천사"의 이름을 땄다는 것을 승무원 중 아무도 알지 못했다. 그 천사의 이름은 "아폴루온"(계 9:11)이다. 한편 미래에 대해 말할 수 있고(민 24:17) 항상 종교적이며(막 1:24) 지혜를 주는 이 뱀(창 3:1-4)은 근본주의적 입장을 가졌다(약 2:19). 성경에서 마귀에게 사로잡힌 사람 중에 무신론자는 없다. 그리스도를 직접 대면했을 때 그리스도의 신성이나 동정녀 탄생을 부인한 마귀도 없다. 피의 메리도 동정녀 탄생, 피의 속죄, 육체의 부활, 재림 등을 믿었다. 리 오스왈 부인, 나폴레옹, 프랑코, 쥬안 페론, 존 R. 라이스, 심지어 오리겐도 그런 사항들을 믿었다.

『**우리에게 구원의 길을 전하신다**』(17절). 그녀는 거짓말하지 않았다. 틀림없이 그녀는 여기에 기록되지 않은 다른 것들도 말했을 것이다. 여기서 그녀가 한 말은 "복음적 진리"이다. 그들은 지극히 높으신 하나님의 종들이었으며 마케도니아인들에게 『**구원의 길**』을 제시해 주고 있었다. 그렇다면 문제가 발생한다. 그들은 왜 그녀가 부흥집회를 선전하도록 내버려 두지 않았는가?

얼과 카터는 침묵을 지킨다. 그녀가 계속 말하게 내버려 두는 것은 "사탄과의 교제"를 허락하는 것이라고 말하면서 윌리엄스는 뒤로 물러난다. 더멜로우는 그리스도께서는 악한 영들의 증거를 받지 않으신다고만 말한다(막 1:25).

아담 클라크는 비록 이 문제에 대한 적용은 제시하지 않았어도 문제의 근원에 접근은 했다. 마귀들과 더러운 영들이 바울의 사역과 연계된다면 유대인들은 마태복음 12:24을 바울에게 적용시킬 것이고, 이방인들은 '피톤'(Python)의 영(창 3:1-4)이 성령(6절)과 같은 영이라고 생각하게 될 것이다. 그리고 이방인들은 마귀들과 흑마술이 성경적 기독교의 일부라고 생각하게 될 것이다. 그렇다면 우리는 모든 학자들이 하기를 거부한, 이 부분에 대한 실제적 적용을 다음과 같이 제시할 수 있다.

로마카톨릭 교회(500-1900년)는 그들이 정복하고 개종시킨 어떤 나라에서도 그 나라에 이미 존재하고 있던 이교도적 숭배 체제를 결코 파괴시키지 않았다. 이들 대부분의 나라(필리핀, 멕시코, 남아메리카, 아일랜드 등)에서 민간 전설과 물신(物神) 숭배는 오히려 고무되었다. 그리하여 오늘날까지 이교도들은 생각하기를 "기독교"에는 "십자가," "미사," "성수,"

"묵주," "교황의 축복," "사제들," "수녀들," "견진성사" 등이 포함된다고 생각하는 것이다.

1960-1980년대에 있었던 "초교파 청년 부흥운동"은 그들이 행하는 '숭배'에 아프리카 섹스 음악을 포함시키고 있었다. 뿐만 아니라 마약중독자들과 성도착자들의 생활 방식과 복장, 습관, 음악, 예술은 〈리빙바이블〉, 〈새영어성경〉, 〈현대인을 위한 기쁜 소식〉에 그대로 담겨져 있었던 것이다.

그래도 NASV와 NRSV에는 그리스도의 신성을 증거하는 부분도 있다고?

"근본사항"(A.D. 325년 니케아 공회 강령)이나 "복음"에 대해 증거하는 마귀는 쫓아내야 한다. 전 우주에서 "근본사항들"을 믿지 않는 마귀나 더러운 영은 하나도 없다. 진짜 문제는 "근본사항들"이 아니다. 진짜 문제는 최종권위이다[〈확실한 예언의 말씀, *The Sure Word of Prophecy*〉을 보라]. 이것에 대해 의심이 간다면 다음 구절을 보라. 『**내가 예수 그리스도의 이름으로 네게 명하노니**』(18절)! 문제는 최고 "권위"가 무엇이냐이다. 최고 권위를 소개해 주는 단체에 대한 충성이나, 자신이 최고 권위인 체하는 교회나, 최고 권위를 변개시키는 헬라어 학자나, 하나님을 그분의 보좌에서 걷어차 버리려 하는(시 2편) 공산주의 철학이 아니다. 문제는 항상 최종권위였으며 앞으로도 그럴 것이다(롬 13:1-3). 골로새서 1:16-19에서는 "그를 높이는" 반면 누가복음 2:33, 사도행전 4:27, 누가복음 24:50,52에서 예수 그리스도를 공격하는 성경 번역본은 점치는 영에 사로잡힌 소녀와 다를 바가 없다.

바울은 "분리주의자"이다. 만일 그가 NASV를 가지고 있었다면 냄비 받치는 데에나 사용했을 것이다. 그는 부흥 사역을 위해서 마귀의 도움을 필요로 하지 않았다. 뿐만 아니라 그는 "거대한 복음전도집회"보다는 한 사람의 구원에 더 관심을 가졌다.

『**그 즉시로 나오더라**』(18절). 얼마 후 유대인들은 이 묘기를 시도해 보다가 비명을 지르게 된다[저자의 주석서 〈마태복음〉 8:28에서 마귀에 관한 자세한 주석 참조].

『**그 소녀의 주인들이 보니 자기들의 수익의 희망이 없어진지라**』(19절). 결국 문명화된 모든 나라의 중요한 신은 "돈"이다. 미국의 가장 큰 신들(돈, 섹스, 교육)은 고대의 마케도니아, 갈라디아, 프리기아, 그리스의 신들과 크게 다르지 않다. 상업은 결코 복음의 친구가 된 적이 없다. 이 점에서 자본주의는 공산주의나 로마카톨릭만큼이나 하나님의 적이다. 로마카톨릭은 하나의 "정치 체제"가 교회라는 가면 뒤에 숨은 것으로, 국제사회주의자들과 마찬가지로 세계 정복을 꿈꾼다. 자본주의는 필요와 부족이 전체 체제에 의해 끝까지 이용되는 자유기업체제이다. 상업은 교회, 국가, 성경, 일요일 등에 대해서는 전혀 고려하지 않는다. 이런 것들을 고려하는 사업가들이 있긴 하다. 그러나 상업 그 자체는 본질상 한 가지, 즉 "이익"에만 관심이 있다. 상업은 우리의 관습과 생각과 법을 주조한다. 이기적인 목적을 위해 통합시키며, 그 어떤 소비자의 비위도 건드리지 않기 위해 폭넓은 마음의 범신론을 가르친다. 상업은 "좋은 의도," "공동체의 이익," "모두의 유익"이라는 이유로 온갖 죄들을 변명한다. 상업은 교회 내의 배교의 원인이다. 왜냐하면 배교자들로 하여금 "성경을 만들고" "개정"하게 만드는 것은 판매 전략적 속임수이기 때문이다(성경 판매는 언제나 높은 수익을 보장해 주는 사업이다). 상업은 다윈이 정글에 적용시켰던 적자생존의 법칙을 가지고 있다. A.V.의 디모데전서 6:10이 틀렸다고 생각하는 사람은 자신의 안경을 조사해 보는 것이 나을 것이다. 이것을 "모든 종류의 악"으로 바꾼 사람들이 사도행전 16:17에서는 (자기들이 딤전 6:10에서는 삽입시키고 싶어하지 않았던) 관사를 삽입시킨다. 우리는 속지 말아야 한다. 1880년 이후로 출판된 모든 성경의 실제적인 동기는 권위역본에 대한 시기 외에는 없으며, 그 목적은 판매 외에는 없다.

미국의 대부분의 기독교 서점들(행 19:19 주석 참조)은 〈킹제임스성경〉이 서가에서 그 성경에 돌려져야 마땅한 위치를 차지하게 되면 무일푼이 될 것이다. 그러나 걱정할 필요는 없다. 그런 일은 없을 테니까. 결국 그들의 관심은 이익이지, 살아 계신 하나님의 살아 있는 말씀을 높이는 것은 아니다.

『바울과 실라를 붙잡아... 이 사람들은 유대인으로 우리 성읍을 심히 소란케 하며 우리...로서는 받아들여서도... 안 되는 관습을 전하고 있나이다』(19-21절). 이것은 성경 어디서나 찾아볼 수 있는 거짓말이다. 예레미야는 거짓되이 비난을 받았다(렘 38:4). 그리스도께서는 빌라도 앞에서 거짓말쟁이라는 말을 들으셨다(눅 23:1,2). 스테판의 죄목도 거짓이었다(행 6:13).

사람들은 그리스도의 경우와 마찬가지로(마 27:2) 관원들과 행정관들(19,20절)에게 호소했다. 그런 사람들은 늘 있어 왔다(행 18:12 및 주석 참조). 어떤 그리스도인들은 사태가 자기 마음대로 돌아가지 않거나, 그들의 교회 출석 혹은 사업(혹은 학교 등록)이 다른 그리스도인에 의해 손상을 당하게 되면, 지난 밤에 하나님이 죽어서 재판소 외에는 갈 곳이 없기라도 한 것처럼 곧장 폰티오 빌라도에게로 달려간다. 그런 사람들은 늘 있어 왔다(행 24:1 및 주석 참조). 이것이 영적 능력과 마음의 평화가 없는 그리스도인들의 특징(1880-1980)이다. 그들은 계속해서 법적 고소, 비방, 물리적 폭력, 다른 사람의 업적을 자기 것으로 돌리기, 목적 성취를 위한 정치적 억압 등에 호소한다. 이런 점에 있어서는 많은 현대의 근본주의자들은 스페인의 종교재판소 판사들과 다를 것이 없다(1400-1600). 모든 공산주의자들, 카톨릭, 프로테스탄트 "교황들"은 이런 수단에 의지할 수밖에 없다. 왜냐하면 그들에게는 개인 기도 생활이 없기 때문이다.

그들은 "우리 성읍을 심히 소란케"(20절) 한다! 그러나 수년간 마귀에게 사로잡힌 점쟁이들에 의해 소란케 된 그 성읍을 소란케 하시는 이는 하나님이셨다. 복음에 대한 마귀의 반응은 『**당신이 우리를 멸하려고 왔나이까?**』(막 1:24)이다. 복음은 항상 누군가를 괴롭히게 되어 있다. 그렇지 않다면 복음은 "하나님의 능력"(롬 1:16)이 될 수가 없다. 요나는 어찌나 니느웨를 괴롭게 했던지 그들은 40일 동안 가게 문을 닫아야 했다. 그러나 성읍을 괴롭힌 사람들은 거리의 설교자들이 아니었다. 문제를 일으키는 자들(왕상 18:18)은 사기꾼들, 횡령자들, 토지 강탈자들, 주류상인들, 성인용 만화 제작자들, 부정한 법률가들, 돈만 챙기는 의사들, 진화론 교사들, 국제 인종 혼합주의자들, "민권"운동가들, 보건교육후생의 독재자들, 그리고 누구와도 연합하고 싶어 하는 좌익교수들이다.

이런 무리들이 대학과 지방 정부에서 완전히 손을 뗀다면 더 많은 사람들이 성경의 가르침과 설교에 마음을 열 수 있을 것이다. 그러기 전에 문제는 나아지지 않는다.

이 거짓말쟁이들(20절)은 그들의 진짜 관심사인 "수익"의 손실에 대해서는 한마디도 하지 않는다. 그들은 하나님, 지옥, 천국, 그리스도, 구원, 성경, 부흥에 대해서는 떠들지 않는다. 한편 로마법을 향한 그들의 거짓 고소는 예상 밖의 결과를 초래한다. 바울이 로마인이라는 사실이 드러났고(37절), 실라 또한 로마인임이 판명되었기 때문이다. 그들은 법에 위배되는 것을 가르친 적이 없었다(2절). 바울은 구원받기 전이나 후나 법을 준수하는 시민이었다(롬 13:1-4). 그는 법을 거스르는 것은 아무것도 가르치지 않았다. 그는 심지어 사형까지도 받아들였다(행 25:11). 이 사실은 미국의 대법원 및 지방법원판사들과 바울 사이를 상당히 멀게 만든다.

22-24절은 설명이 필요치 않다. 그들은 끌려가 채찍에 맞고 차꼬가 채워져서 감옥에 갇힌다.

변개된 NASV는 16절에서 『**우리**』를 "너희"로 바꾼다. 그리하여 로마카톨릭의 예수회 성경(1582)과 일치를 보게 된다. 〈리빙바이블〉과 〈굳뉴스〉(TEV)도 NRSV와 NEB처럼 카톨릭 성서 본문과 일치한다.

이렇게 해서 유럽으로의 첫 번째 선교여행에서 복음 전도자와 찬양 인도자는 감옥에 갇히게 되었다.

복음전도자가 되어 본 적이 없고, 모임을 인도해 본 적이 없는 사람은 (그리고 모임이 끝난 후에 바울이 당한 것 같은 일을 당해 본 적이 없는 사람은) 이 부분의 많은 부분을 제대로 이해하지 못하게 되어 있다. "축자적으로 영감받은 원본"도 "본문에" 전혀 "빛"을 던져 주지 못한다. 그럼 이제 본문 속으로 잠깐 들어가서 "현대어"로 된 "생생한" 번역본을 갖고 있는 것처럼 생각해 보라.

"아이쿠! 내 등이야!"

여기서 정말로 중요한 것을 놓치고 싶지 않다면 우리는 사도행전 16:9로 돌아가야 한다. 말씀에서 복을 얻고 싶다면 25절 이전의 기도와 찬양모임에서 시작해야 한다. 그 "마케도니아 사람"은 도대체 어떻게 된 것인가?(행 16:9)

"으으! 내 목이야." (침묵)

"바울"

"응"

"이제 어떻게 하지?"

"나도 몰라. 생각좀 해 보자구." (더 긴 침묵)

"언제쯤 우리를 내보내 줄 것 같나?"

"내가 알고 싶은 게 바로 그거야. 자네 추측이 곧 내 추측이지." (더 긴 침묵)

"바울"

"왜"

"자네에게 따지려는 건 정말 아니지만, 마케도니아 사람 말이야, 기억나나?"

"왜 안나겠나, 그는 '와서 우리를 도와 달라'고 정말로 간곡하게 말했다구!"

"정말로 그랬나?"

"정말이야, 너무나도 분명하게 그렇게 말했어."

"흐음." (더 긴 침묵)

"무슨 생각을 하는 거야, 왜 그러는데?"

"바울, 그게 정말 주님이었다고 확신해? 그 영을 시험해 보았냐구."

"물론이지! 우리는 분명히 하나님의 뜻 가운데 있어. 우리는 로마서 8:28 말씀을 신뢰해야 하는 거야."

"알아, 바울, 하지만 자넨 이걸 알아야 해. 난 바울 자네만큼 강하지 못해. 고린도후서 2:14이나 로마서 8:28 등등을 인용하는 것까진 좋아. 하지만 내 몸은 지금 아프다구. 지금 응급처치를 받지 못하면 소리질러 버릴 것만 같단 말이야. 물은 어디에 있지?"

"물? 물은 갖다 주지 않았어. 자, 힘내게. 빌립보서 4:13 말씀을 알잖나."

"알아, 나도 안다구. 물론 잘 알아." (더 긴 침묵)

"바울, 지금 기도하는 것이 소용이 있을까?"

"그럼 기도하고 있지 않았단 말이야?"

"내 등에 첫 번째 채찍이 내려친 때부터 계속해서 쉬지 않고 기도해 왔지. 그런데 하나님께서는 도대체 언제 우리를 구해 주시려는 거지?"

"어쩌면 우리가 아직 시도하지 않은 일이 있는지도 몰라."

"아니, 우리가 할 수 있는 일이 도대체 뭐가 남았다는 거지?! 자네는 간수에게도 증거했잖나. 그래도 아무 소용없었어. 이 방까지 들어오면서 줄곧 성경 말씀을 외쳐 보기도 했지만 그것도 아무 소용없었잖아." (잠시 말을 멈춘 후) "밖은 아마 새벽일 거야. 잠도 잘 수가 없고. 이제 도대체 어떻게..."

"그냥, 하나님을 찬양하는 건 어떨까?"

"그래, 좋지, 좋다구."

"이봐, 실라, 나쁠 거 없잖아. 내가 사도행전 14장에서 본 걸 자네가 보기만 했다면..."

"그래, 알아, 하지만 난 보지 못했다구."

"알았어, 알았다구. 내가 찬양을 시작할 테니까 자네도 따라서 해."

"좋아."

16:25 한밤중에 바울과 실라가 기도하고 하나님께 찬송을 부르니 죄수들이 듣더라.

26 그때 갑자기 큰 지진이 나더니 감옥의 기반이 흔들리고, 모든 문이 즉시 열리며 각 사람에게 채워졌던 사슬이 풀려지니라.

27 간수가 잠에서 깨어나 감옥의 문들이 열린 것을 보고 죄수들이 도망한 줄로 짐작하고 칼을 뽑아 자살하려고 하자,

28 바울이 큰 소리로 외쳐 말하기를 "네 몸을 해치지 말라. 우리가 다 여기 있노라."고 하니

29 그가 등불을 요청한 후, 달려들어와 떨며 바울과 실라 앞에 엎드리더라.

30 그리하여 그들을 데리고 나와서 말하기를 "선생님들이여, 내가 구원을 받으려면 어떻게 해야 하나이까?"라고 하니
31 그들이 말하기를 "주 예수 그리스도를 믿으라. 그리하면 너와 네 집안이 구원을 받으리라."고 하니라.
32 그리고 그들이 주의 말씀을 그와 그의 집 안에 있는 모든 사람에게 전하니라.
33 그리하여 그가 그날 밤 같은 시간에 그들을 데리고 가서 그들의 상처를 씻겨 주며 또 그와 그의 온 가족이 곧바로 침례를 받더라.
34 그리고 그가 그들을 자기 집으로 데리고 들어와서 음식을 차려 주고 온 집안과 더불어 하나님을 믿음으로 인하여 기뻐하더라.

본문에서 얻을 수 있는 진짜 양식은 여기 있다. 하나님께서 분명한 부르심과 우리의 노력을 축복해 주시겠다는 분명한 약속으로 우리를 부르셨을 때, 이 부르심은 때로는 여기서처럼 감옥이 되기도 하며, 돌무덤이나(스테판), 단두대나(침례인 요한), 화장터나(후스와 사보나롤라) 십자가(그리스도)가 되기도 한다는 사실이다. 하나님께서 자신의 사역자들을 기독교 학교로만 부르신다고 하는 오늘날의 기이한 가르침은 장사꾼들의 상업적 속임수에 지나지 않는다.

"죄인들을 돕는 것"(16:9)은 때로 비난을 당하고 매를 맞으며 감옥에 갇히는 것을 포함할 수 있다. 어떤 사람들을 돕는 일에 부르심을 받았다고 주장하는 사람을 따라 나선 후에 실라의 경우에 처했다면, 그때 여러분의 믿음은 어떻게 되겠는가? 본문 말씀은 1세기의 통계학이나 감옥의 내부 구조, 또는 헬라어 "시제"보다도 훨씬 더 많은 것을 담고 있다. 하나님께서 문을 여시는 것 같더니 바로 코 앞에서 문을 닫아 버리실 때 "만복의 근원이신 주님께 찬양"이라고 노래할 수 있겠는가? 낮에 노래하는 것은 쉽다. 그러나 욥은 "밤의 노래"에 대해 말했다. 발이 차꼬에 묶여 있고, 등에서는 피가 흐르고, 입은 모래처럼 말라 있을 때 찬양할 수 있다면 그 사람은 헬라어 본문의 도움 없이도 이미 본문을 마스터한 것이다.

듀엣은 시작된다. 『**한밤중에 바울과 실라가... 하나님께 찬송을 부르니**』(25절). 들을 수 있는가? "날마다 나는 얼마나 의심했던가! 내 죄가 씻겨진 사실을 확신할 수 없었네. 성령께서 내게 말씀하실 때 나는 진리를 외면했네. 나는 참 평안을 알지 못했네. 그러나 이젠 알았네, 이젠 알았네, 이제 나는 알았네!" 『**죄수들이 듣더라**』(25절). 디모데와 누가가 감옥 밖에 있었다면 (그들은 체포되지 않았었다) 그들도 그 찬송 소리를 들었을 것이다. "모든 의심 없애시는 하나님을 찬양해. 나는 알았네!"

『**그때 갑자기 큰 지진이 나더니**』(26절). [이것이 최초의 "로큰롤(rock and roll, 흔들고 굴리다)" 찬양일 것이다.] 사슬이 풀려지고(26절) 문이 열렸다. 이것은 수갑을 풀고, 다리 차꼬를 풀어 주고, 발에서 사슬을 벗겨낸 이상한 지진이었다. 죄수들이 도망한 사실이 발견되면 다음 날 사형에 처해질 게(행 12:19) 분명하다고 생각한 간수는 자살할 준비를 한다(27절). 간수는 십 분 동안 땀 흘려 기도하던 마루에서 일어난다. 그는 검을 쥐고서 양쪽으로 늘어선 감방 가운데 복도를 걸어간다. 감옥 뒤쪽 문이 열려져 있다. 양쪽의 모든 감방 문도 열려 있다. 그는 감옥 안을 들어가 보려고조차 하지 않는다. 어떤 간수가 그렇게 하겠는가? 어떤 간수라도 죄수들은 해 뜰 때부터 해 질 때까지 오직 한 가지 생각만을 한다는 것을 안다. 즉 "어떻게 하면 여기서 나갈 수 있을까?"이다. 이때 바울은 지하 감옥에서 얼굴을 내밀고 소리친다. 『**네 몸을 해치지 말라. 우리가 다 여기**

있노라』(28절). "다"라는 말에 간수는 놀라 돌이킨다. 바울과 실라가 감옥에 그대로 머물러 있을 뿐만 아니라 다른 죄수들도 하나도 도망치지 않았던 것이다! 사도행전 12:6에서처럼 여기서도 기적이 일어난 것이다.

간수에게 사형을 당하리라는 두려움 이상의 무언가가 작용해서 죄의 찔림이 있었다는 것 외에는 30절의 갑작스런 질문을 합리적으로 설명할 다른 길이 없다. 사실 간수가 이 질문을 했을 때 그는 사형을 당할 위험에 처해 있지도 않았다.

간수는 횃불을 청한다. 그의 부하 중 하나가 그것을 준다. 간수는 바울과 실라가 있는 감옥(29절)으로 들어가서 땅에 엎드린다(29절). 그는 그들을 데리고 나와서 질문을 한다. 그 질문은 어떤 캠벨 추종자나 진화론자, 카톨릭 신자도 바르게 답변할 수 없는 것이었다. 『**선생님들이여, 내가 구원을 받으려면 어떻게 해야 하나이까?**』 그것은 아주 실제적인 질문이다. 모든 인간이 해 온 질문 중에서 가장 실제적인 질문이다. 모든 사람은 반드시 죽는다. 무덤에서 사람을 구해 낼 수 있는 유일한 것은 휴거이다. 그것은 하나님의 은혜로 거듭난 죄인에게만 적용된다. 예외가 있기는 하지만(휴거의 모형인 에녹) 호흡이 있는 모든 사람은 죽을 것이고 심판을 받게 될 것이다. 그렇다면 구원에 대한 질문은 지극히 실제적인 문제이며, 기회주의자들, 교육가들, 사회주의자들, 뉴스 리포터들, 과학자들, 회의론자들이 어떤 다른 질문을 하기 전에 주의를 기울일 만한 가치가 있는 질문이다. 『**내가 구원을 받으려면 어떻게 해야 하나이까?**』

또한 그것은 개인적인 질문이다. 문제는 형제, 어머니, 성가대의 위선자, "노동자 계급," 돈을 챙기는 목사, 담배 피우는 집사, "착취당하는 대중"이 아니라 바로 자기 자신이다. 그 사람의 혼은 그의 재산, 건강, 시간, 삶, 명성, 돈, 심지어는 그 인생 자체보다도 더 중요한 것이다. 영원히 살아 계신 하나님께서 자신의 혼에 얼마나 큰 가치를 부여하시는지 알기 전에는 하나님과 어떠한 관계도 맺지 못한다. 이 말은 자기 자신이 지은 모든 죄들을 하나님과 개인적으로 처리해야 한다는 뜻이다[출 27:1-6 및 주석 참조].

그것은 공손한 질문이다. 『**선생님들이여, 내가... 어떻게 해야 하나이까?**』 그것은 "진리가 무엇이냐?"고 물은 빌라도의 질문처럼 경박하고 냉소적인 질문이 아니다. 시시한 위트나 농담은 없다. 『**선생님들이여, 내가... 어떻게 해야 하나이까?**』

해서는 안 될 것이 있다. "그리스도의 교회"를 찾을 때까지 기다려서는 안 된다. 왜냐하면 카톨릭, 몰몬교, 캠벨파들은 모두 그렇게 주장하기 때문이다. 감정을 기다려서도 안 된다. 감정은 공포영화나 TV의 멜로드라마를 보는 데 다 써 버려서 하나님을 위해서는 아무것도 남아 있지 않을 테니까. "죄들의 사함을 인하여 예수 그리스도의 이름으로 침례"(행 2:38)를 받아서도 안 된다. 왜냐하면 A.D. 36년 이후로 그런 방법으로는 누구도 성령을 받은 적이 없기 때문이다. "완벽한 삶"을 살 수 있을 때까지 기다려서는 안 된다. 왜냐하면 가장 위대하고, 가장 경건했으며, 가장 거룩했던 인물들도 그렇게 하지 못했기 때문이다(바울, 욥, 다니엘, 요셉 등). 여러분이 "완벽한 삶"을 살 수 있었다면 주님께서는 고통을 당하시고 피를 흘리시며 죽지 않으셨을 것이다.

『**선생님들이여, 내가 구원을 받으려면 어떻게 해야 하나이까?**』 (유다처럼) 회개하지도 말고, (발라암처럼) 고백하지도 말며, (시몬처럼) 믿지도 말고, (파라오처럼) "침례를 받지도" 말라. 완전한 쓰레기에 전적으로 의지함으로써 의미 있는 관련성을 찾으면서 자신의 인격의 잠재적 가능성과 타고난 능력을 발휘하기 위해 환경과 조화를 이루려 하지도 말라. 지옥은 "자기들 안에 존재하는 그리스도를 실현하려고" 애쓰거나 "무한한 지성과 영원한 존재와의 하나 됨을 얻기 위해" 애쓴 사람들로 가득 차 있다.

『선생님들이여, 내가 구원을 받으려면 어떻게 해야 하나이까?』

『주 예수 그리스도를 믿으라. 그리하면 너와 네 집안이 구원을 받으리라』(31절).

이것이 답이다. 사도행전 2:38절은 답이 아니다. 사도행전 2:37에서는 아무도 이런 질문을 하지 않았다. 여기서부터 런던에 이르는 모든 물개들이 말하기를 사도행전 2:38이 그 답이라고 한다 할지라도 그것은 답이 아니다.

문제는 바울의 대답이 너무 간단하다는 것이다. 그것은 너무나 원시적이어서 지성인들을 의지할 필요도 없다. 거기에는 어떠한 형식도 없고 우리가 바랄 만한 아름다움도 없다. 바울의 대답은 종교적인 성사(聖事)주의자들에게는 전혀 호소력이 없다. 그는 "그리스도께서 세우신 교회"나 견진례, 고행, 연옥, 참회, 거룩한 명령들에 대해서는 한마디도 언급하지 않았다. 바울의 대답은 선을 행하는 자들에게는 너무 간단하다. 그는 "황금률"도 "십계명"도 잊어버렸고 "사람들을 바르게 대하기"도 잊어버렸다. 그의 대답은 정신과 의사들을 결코 만족시키지 못할 것이다. 왜냐하면 거기에는 "순응"이나 "나눌" 만한 "의미 있는 경험"도 없기 때문이다. 거기에는 "이방 종교의 용인"이나 "가장 거룩한 접근방식"이나 "승화와 보상작용"도 없다. 그 대답은 "충동, 긴장, 해방, 동기"에 있어서 지독할 만큼 부족하다.

바울의 대답은 모든 시대의 거의 대부분의 자칭 그리스도인들에게는 항상 받아들일 수 없는 것이었으며, 앞으로도 그럴 것이다. 자칭 기독교계와 성경에 대한 신뢰는 별개의 문제다.

『주 예수 그리스도를 믿으라.』(31절)는 기록된 대로, 있는 그대로를 뜻한다. 히브리서, 야고보서, 마태복음, 사도행전 2:38로 달려가려는 시도는 어리석은 짓이다. 우리는 사도행전 15장에서 이미 마태복음, 야고보서, 사도행전 2:38을 지나쳤으며 히브리서에는 아직 도달하지 않았기 때문이다.

누군가를 믿는다는 것은 그를 신뢰하고 그에게 자신을 완전히 내맡기는 것을 뜻한다(습 3:2). 의사가 수술할 수 있도록 자신을 내맡기는 것(골 2:12,13)이 바로 그런 믿음이다. 믿음은 행위와 반대된다(롬 4:5). 믿는다는 것은 행하지 않는데도 하는 어떤 것이다(롬 4:5). 믿음은 지성과 마음에서만 일어난다. 믿음은 입을 통해서 드러난다(롬 10:9,10). 왜냐하면 "마음에 가득한 것을 입이 말하기" 때문이다(마 12:34). 어떤 사람이 주 예수 그리스도를 믿을 때, 그는 육체로 나타나신 하나님이신 분(딤전 3:16)을 믿는 것이다. 그 사람이 이스라엘에 보내진 기름부음 받은 메시아('크리스토스' 즉 그리스도)임을 믿는 것이며, 이분이 그를 통해 하나님께 나아오는 자들을(히 7:25) 구원할 수 있음을('여호수아' 즉 "여호와께서 구원하신다") 믿는 것이다. 이것이 "주 예수 그리스도"를 믿는 것이다(31절). 이런 믿음에는(롬 10:17) 입으로의 고백이(32절) 수반된다.

모든 카톨릭, 캠벨파, 오순절파, 홀리니스파, 몰몬교, 안식교, 럿셀파, 감독교인들은 32,33절에 자신들의 "행위 계획"을 끼워 넣는다. 이 종교적 사기꾼들이 우리로부터 이익을 취하기 전에 주 예수 그리스도를 믿음으로 말미암아 은혜로 구원을 받아야 한다(엡 1:13).

성령께서는 사람들에게 죄의 찔림을 주시기 위해 이 세상에(요 16:8) 오셨다. 그분께서 사람들에게 정죄하는 죄는 믿지 않는 것(요 16:9)이지 물의 부족이 아니다(막 16:16). 게다가 이스라엘이 성령을 받기 위해 침례를 받아야만 할 때(행 2:1-38 및 주석 참조)도 그들은 예수 그리스도를 그들의 메시아(행 2:37)로 믿지 않은 것에 대해 찔림을 받았다. 이것을 세대적으로 이해할 수 없다면 다음을 이해하라.

야고보서 2:24에 따라 의로워지기 위해 자신의 행위를 의지하며 자신이 진짜 그리스도인임을 증명하기 위해 자신의 행위를 의지하는 사람이 있다면 그는 지옥에 가 있는 것과 다를 바 없다. 자신이 하는 일이 자백, 회개,

믿음, "그리스도께서 세우신 교회"에 다니기, 침례, 그리고 "끝까지 견디는 것"에 해당하는 사람도 결국 같은 곳에 가게 될 것이다.

"믿는 것"은 야고보서 2:17과 사도행전 2:38을 문맥에서 떼어 내어 물침례와 행위가 자신을 하늘나라에 가게 할 수 있음을 증명하는 것이 아니다. 그것은 "믿는 것"이 아니다. 그것은 성경을 왜곡시켜 스스로 파멸에 이르는 것이다.

빌립보 간수는 침례받기 전에 믿었다(34절). 먼저 믿지 않았는데 침례받은 사람은 그 집에 아무도 없었다(『**온 집안과 더불어 하나님을 믿음으로**』 34절). 더구나 바울은 구원에 관한 그의 질문에 답하는 데 있어서 조심스럽게 물침례를 뺀다(31절). 사도행전 6장 이후로 구원과 물침례는 아무 관계도 없게 된다. ["그의 온 집안이 그의 것"이었기 때문에 그들이 침례를 받았다는 윌리엄의 주석은 실없는 소리에 지나지 않는다. 그들은 믿었기 때문에 침례를 받았다(34절).]

이와 같이 신약의 중요 부분에서 우리는 문제를 예견할 수 있다.

A. 31절의 "집안 구원"을 홀란드와 미시건의 개혁주의 그룹 및 그들과 연합한 이들은 고린도전서 7:14 및 로마서 4:11과 연결시킨다. 33절은 "언약 자녀"를 만들어내는 "언약 침례"를 증명하기 위해 사용된다. 이것은 쯔빙글리와 칼빈이 들어갔다가 빠져 나오지 못한 혼란이다. 이것은 침례가 할례를 대신하며 세례받은 부모들의 자손의 구원을 확증해 준다는 것이다. 그래서 개혁주의자들과 칼빈주의자들, 장로교인들은 물을 뿌린다. 이런 현상의 역사는 여기서 다 다룰 수는 없다. 어쨌든 침례인 요한에서부터 바울에 이르기까지 침례를 받은 성경의 모든 죄인들은 침례받기 전에 무언가를 믿어야만 했다. 무언가를 믿지 않고 세례를 받은 사람들은 감독교인들, 장로교인들, 루터교도들, 카톨릭 신자들, 개혁주의자들뿐이다.

B. 여기서 아무도 "회개하라"는 말을 듣지 않았다. 이것은 로마의 장엄

한 미사만큼이나 의식적인 캠벨파의 공식(회개-자백-믿음-침례, 그런 다음 이것을 더하고 저것을 더하고 계속 더한다)을 망쳐 버린다. [아기들이 침례받기 전에 회개하는 것을 상상해 보라. "얘야, 말해 보아라! 네가 어떻게 했느냐?"

"우구구, 구, 가 우우아, 가가"

"너는 믿느냐?"

"워오오! 아그흐으 맘마아...!"

"그러므로 나는 다른 복음을 위해 임명된 배교자로서, 내게 부여된 가짜 권위로 네게 교황 레오와 교황 이노센트와 교황 우르반의 이름으로 세례를 주노라!"]

본문은 『**온 집안과 더불어 하나님을 믿음으로**』(34절)라고 말한다. 그리고 말씀은 그들 중 어느 누가 믿기 전에 그들 모두에게 전해진다(32절).

이렇게도 읽기 쉽고 믿기 쉬운 성경을 가지고서 오늘날의 제도화된 교회들은 어째서 그와 같은 혼란 속으로 빠져들어가는 것인가?

간수는 바울과 실라를 한밤중의 식사에 초대한다. 그들의 상처를 씻고 붕대를 감은 후 그들은 저녁식사 식탁에서 작은 "야외 집회"를 갖는 것이다.

16:35 날이 새니 행정관들이 부하들을 보내어 말하기를 "이 사람들을 놓아주라."고 하니,

36 그때 그 간수가 이 말을 바울에게 전하며 "행정관들이 전갈을 보내어 여러분을 놓아주라고 하니 이제 떠나시어 평안히 가소서."라고 하더라.

37 그러나 바울이 그 부하들에게 말하기를 "그들이 로마 사람인 우리

를 죄도 정하지 않은 채 공개적으로 매질을 하고 감옥에 집어넣었다가, 이제는 비밀리에 내보낸단 말인가? 그렇게는 아니 되니 그 사람들이 와서 직접 우리를 내보내게 하라."고 하니라.

38 부하들이 이 말을 행정관들에게 전하자 그들은 이 사람들이 로마 사람이었다는 말을 듣고 두려워하더라.

39 그러므로 그들이 와서 용서를 구하고 그들을 데리고 나가 그 성읍에서 떠나 달라고 부탁하더라.

40 그들이 감옥에서 나와 루디아의 집에 들어가서 형제들을 만나 그들을 위로하고 떠나니라.

바울의 간계와 교활함은(고후 12:16) 성경 여기저기서 종종 드러난다(행 23:5 및 주석 참조). 37절과 39절은 참으로 익살스런 광경이 아닐 수 없다. 35절 이후로 바울과 실라는 그들이 그 도시에 들어왔던 날만큼이나 쉽게 그곳을 나갈 수 있었다. 그러나 본문에서 보이는 바울의 완고함은 "성령께서 인도하신" 것이다. 왜냐하면 그들은 얼마 동안 그들이 원하는 대로 다닐 수 있었고 또 이후에 설교하러 다시 돌아올 수 있게 되었기 때문이다.

이런 일이 또다시 일어났을 때(행 22:25) 바울은 책임자에게 자신이 로마인임을 말함으로써 간단하게 소송행위를 막았다. 그러나 여기서 바울은 자신이 로마인이라는 암시조차도 하지 않고 그들이 하고 싶은 대로 하도록 내버려둔다. 사도행전 14:19에서 했던 설명만이 이러한 행동의 변화를 설명해 줄 수 있다. 이곳에서도 바울은 그것을 구하고 그것을 얻지만 하나님의 간섭으로 인해(행 14:20에서 그러셨던 것처럼) 계속해서 사역을 해야만 하는 상황이 된다. 사도행전 21:40에서 그는 자신의 동족을 위해서라면(행 22:1) 기꺼이 자신이 저주받기를 희망한다(롬 9:3). 그때 그의 생명은 그에게 아무 의미도 없었지만(행 22:22) 그에게는 살아 있어야 할 이유가 있었다. 사도행전 22:30이 그 답이다.

다음 날 경찰과 시장이 공회에 나타났을 때(38절), 그들은 전날과는 비교할 수 없을 정도로 호의적이었다(22절). 그들은 바울에게 환영마차를 주었고, 도시로 들어오는 열쇠들을 주었으며, 공회의 명예의원직을 주었고, 그들이 원할 때면 언제든지 상가에서 전도지를 뿌려도 된다고 말하는 것이다. 그리고 상가에서 설교하는 것도 일요일이기만 하면 괜찮다고 말한다. (이렇게 성경에는 모든 경우에 해당하는 이야기가 다 들어 있는 것이다.)

바울과 실라가 떠났을 때 누가와 디모데는 다른 곳에 있었다. 왜냐하면 『**그들**』이란 단어가 39,40절에서 쓰이고 있고 10절에서처럼 『**우리**』라는 단어가 쓰이고 있지 않기 때문이다.

로크만 재단에서 출판한 변개된 NASV는 바울의 구원 메시지에서 『**그리스도**』를 빠뜨렸다. 고대로부터 시작된 이 변개는 알렉산드리아에서 기원해서 1884년의 RV와 1901년의 ASV를 통해 우리에게까지 전해졌다. NASV는 여기서도 NEB와 공동성서 및 카톨릭의 변개된 성서들과 일치한다. "그리스도"는 그보다 300년 전에(1582) 예수회에서 이미 삭제해 놓았었다. 그들은 "근본주의" 협회에 있는 보수주의 헬라어 학자들의 도움으로 그들의 헬라어 성경 본문을 회복시키고 있다. [은혜로 받는 구원의 예가 나올 때마다 성령의 말씀에 공격을 가하는 것에 대해서는 이미 설명한 바 있다. 행 9:5,6 참조] 루디아의 집이 어디 있었는지에 대한 말은 없지만 본문으로 볼 때 바울과 실라는 도시에서 급히 도망하지는 않았다. 오히려 그들은 잠시 동안 머물면서 빌립보 간수를 믿음 안에서 세워 주고 다른 몇 명의 새로운 회심자들을 가르쳤음을 알 수 있다(40절).

사도행전 17장

17:1 그후 암피폴리와 아폴로니아를 경유하며 데살로니가에 오니, 거기
에 유대인의 회당이 있는지라,
2 바울은 습관대로 그들에게 가서 세 안식일에 걸쳐 성경을 가지고
그들과 변론하며,
3 그리스도께서 고난을 당하셔야 했던 것과 죽은 자들로부터 다시 살
아나셔야 했음을 설명하고 입증하면서 "내가 여러분에게 전하는
이 예수가 바로 그리스도라."고 하자
4 그들 가운데 몇 사람이 믿고 바울과 실라를 따랐으며 경건한 헬라
인들의 큰 무리와 적지 않은 수의 저명한 부인들도 그리하니라.

그들은 이제 마케도니아 해변 아래쪽에서 그리스까지 이르는 소위 "이집트인의 길"을 여행 중이다. 이것은 콘스탄티노플("비잔티움")에서 디라키움에 이르는 로마의 도로로서 약 500마일 거리가 된다. "암피폴리"는 "도시의 양쪽 면"을 뜻하고, "아폴로니아"는 "아폴로의 장소"를 의미한다.

이곳은 데살로니가(1절)에서 약 35마일 떨어진 마케도니아에 위치해 있었다. 데살로니가는 마케도니아의 4개의 지역에서 두 번째 수도였으며 인구는 약 70,000명이었다(로버트슨은 그곳이 정치적 중심지로서 시리아의 안티옥이나 팔레스타인의 카이사랴에 필적한 도시였다고 말한다). 그곳에 도착한 바울과 실라는 먼저 회당을 찾아갔다(행 13:14에서처럼). 바울은 성경을 가지고 "그들과 변론"했다(2절).

바울은 예수 그리스도의 주 되심을 다루는 구약의 구절들을 명백히 한다는 의미에서(눅 24:45 참조) "성경을 열었다." 한편 "입증하다"(alleging)는 말은 예수께서 주의 그리스도이심(눅 2:26)을 증명하는 증거를 제시함을 뜻한다. 바울은 플라토, 소크라테스, 아리스토텔레스의 저술이나 시저의 입법강령들을 가지고 그들과 변론하지 않았다. 그는 성경으로 그들과 변론했다. 3절은 바울이 고린도전서 15:1-4에서 정의내린 복음이 여기서 전파되었음을 나타낸다. 왜냐하면 그때까지 안티옥 교회의 모든 사도, 장로, 교사들은 이사야 53장, 시편 22편, 출애굽기 12장에 익숙해 있었기 때문이다. 이것은 갈라디아서 1장의 복음이며, 사도행전 8장 이후로 이 기본적인 메시지는 결코 변하지 않는다. 복음을 전파한 바울은 열매를 얻는다(4절).

17:5 그러나 믿지 않은 유대인들은 시기하여 시장터에서 불량배들을 데리고 와서 무리를 모아 온 성읍을 소란하게 만들고 야손의 집에 쳐들어가서 사도들을 백성에게로 끌어내려고 하더라.

6 그러나 그들을 찾아내지 못하니 야손과 다른 형제 몇 사람을 성읍의 행정관들 앞으로 끌고 가서 외치기를 "세상을 소란케 한 자들이 여기에도 왔도다.

7 야손이 그 사람들을 맞아들였는데 이들은 모두 카이사의 법령을 거
역하여 행하고 예수라는 다른 왕이 있다고 말하더이다."라고 하니
라.
8 그때 백성과 성읍의 행정관들이 이런 말을 듣고 난처하게 되어
9 야손과 그 나머지 사람들로부터 보석금을 받고 나서 그들을 놓아주
더라.
10 그러자 형제들이 즉시 바울과 실라를 밤에 베뢰아로 보내니 그들이
거기에 도착하여 유대인의 회당 안으로 들어가니라.
11 베뢰아 사람들은 데살로니가 사람들보다 더 고상하여서 전심으로
말씀을 받아들이고 그 말들이 그런가 하여 매일 성경을 상고하므로
12 그들 중에서 많은 사람이 믿었는데 헬라 상류 사회의 부인들과 남자
들도 적지 아니하더라.
13 한편 데살로니가에 있는 유대인들은 바울이 하나님의 말씀을 베뢰아
에서도 전하는 것을 알고 그곳까지 와서 무리를 선동하니라.
14 그러자 즉시 그 형제들이 바울을 바다까지 가도록 보내고 실라와
디모데는 계속 그곳에 머물더라.
15 바울을 안내하여 아테네까지 데려간 사람들이 실라와 디모데도 가
능한 한 속히 바울에게로 오게 해야 된다는 부탁을 받고 떠나니라.

우리는 사도행전 13:45에서 있었던 것과 똑같은 광경을 목격한다. 데살로니가에 단 하나의 회당만 있었다고 인정한 학자들(램세이, 클라크, 로버트슨 등)은 [이들은 행 13:42을 오리겐의 억측에 일치시키기 위해 하나님의 말씀을 변개시켰다.] 이제 제1급 혼란에 직면해 있다. 이들이 회당에서 바울의 설교를 들었던 유대인들이 아니라면 『**믿지 않은 유대인들**』은 누구란 말인가? 그들이 『**법령을 거역하여**』(7절)라고 말한 것은 사도행전

16:21에서 『**받아들여서도... 안 되는 관습을 전하고 있나이다.**』에 일치하는 말이다. 이들과의 논쟁의 핵심은 최종권위이다. 이때나 또 다른 때에 몇몇 로마인들의 눈에 카이사는 "신"으로 보였을는지도 모른다. 클라크와 다른 이들이 그렇게도 많이 말했던 "새 신들"이나 "새 종교"가 여기서 문제가 된 것이 아니다. 여기서 발생한 문제는 『**예수라는 다른 왕이 있다**』(7절)는 것이었다. 현시대의 정책에 어긋나지 않고서는 그리스도의 재림을 전파할 수 없다. 왜냐하면 주께서 돌아오시면 지상의 모든 신학적, 교육적, 철학적, 군사적, 상업적, 정치적 단체들은 영향을 받게 될 것이기 때문이다. 이 문제를 잘 숙고해야 할 것이다. 초자연적인 정치 지도자가 갑자기 세상 정부의 통치권을 인수해서 자신의 뜻과 정책을 강력하게 실현시킨다면, 그것이 "왕들"에게 영향을 미치지 않겠는가? 그 어떤 사회주의자도 예수께서 이 땅에 다시 오셔서 왕으로 다스리기를 원치 않는다. 철학자들 중 누구도(골 2:8 및 주석 참조) "예수라는 다른 왕"(7절)을 원하지 않는다. 그들은 모두 자기 자신의 쇼를 연출해서 인간 지성에 영광을 돌리고자 하는 것이다.

『**시기하여**』(5절). 많이 들어본 말이 아닌가? [행 13:45 주석 참조] 이들 『**믿지 않은**』 사람들은 바로 유대인들이었다. 데살로니가전서 2:13에서 우리는 매우 흥미로운 사실을 발견할 수 있는데, 왜냐하면 그 구절은 사도행전 17:1-5에서 방금 전파된 메시지로 개심한 사람들에게 쓴 것이기 때문이다. 데살로니가전서 2:13에는 하나님의 말씀을 하나님의 말씀으로 믿기를 거부한 사람들에게 동기가 된 것은 "시기"였다고 말한다. 왜냐하면 그들은 그것을 "사람의 말"로 여겼기 때문이다[살전 2:13의 문맥, 특히 15, 16절을 볼 것]. 믿지 않는 사람들의 마음속에는 반드시 시기가 있다. 그들은 성경이 사람들의 마음을 지배하는 것을 시기하는 것이다. 사람들의 마음을 통제하고자 하는 이들, 즉 대부분의 교육가들, 왕들, 사회주의자들, 철학자들, 랍비들, 사제들, 교황들, 교사들, 사역자들은 성경의 권위를 참을 수 없어한다. 왜냐하면 성경은 성경을 믿는 모든 구원받은 죄인들의 마음과 지성을 장악하고 있기 때문이다. 진짜 〈리빙바이블〉은 1611년에 만들어졌다. 현대의 〈리빙바이블〉(1972)은 더 이상 "살아 있지" 않다. 빌리 그래함(1972)이 그 책을 "살아 있는 성경"이라고 말한 것은 그것이 최신 구어체로 되었기 때문에 살아 있다고 한 것이다. 이는 곧 "〈킹제임스성경〉은 살아 있지 않아. 그것은 죽었어. 왜냐하면 최신 구어체가 아니기 때문이야"라고 말하는 것이다. 여기에도 "시기"가 있음을 알 수 있다. 1611년 이후로 지금까지 번역되거나 개정된 어떤 성경도 책 중의 황제가 맺은 열매를 맺을 수 없었기 때문이다.

"믿지 않은 유대인들"은 "시기"로 마음이 움직여졌으며(5절) 『**온 성읍을 소란하게**』(5절) 한 후 『**야손의 집**』을 기습공격했다. "믿지 않는 보수주의 학자들"이 "시기"로 배교의 전성기(1881-1901)에 권위역본을 공격해서 그리스도의 몸을 "소란케" 했다고 말하는 것은 과장된 것이 아니다. 무정부주의자들과 "혁명가들"은 늘 나쁜 일이 생기면 성경대로 믿는 사람들을 비난의 대상으로 삼는다. 『**세상을 소란케 한 자들이 여기에도 왔도다**』(6절). 1901년의 ASV 같은 변개된 성서에 반대해서 A.V.(1611)를 믿고 수호한 사람들에 대해 존 R. 라이스 및 다른 이들이 갖는 감정이 바로 그것이다. 이 배교한 쓰레기를 변론할 때 라이스는 두 가지 이유를 댄다.

1) "번역가들은 헌신된 사람들이었다." 그러나 그는 그들이 어디에 "헌신"했는지를 말하지 않았다.

2) "누가복음 2:33에서 "요셉"을 '아버지'로 바꾼 것 같은 '작고도' 사소한 단어 변화는 성경 교리에 전혀 영향을 미치지 않는다."

라이스는 성경의 단어 하나하나까지 영감받았다고 하는 책의 집필을 마치자마자 갑자기 동정녀 탄생을 다루는 한 구절에서 "사소하고" 작은 단어가 번역상의 문제를 만들어내지 않는다고 말한 것이다. 또 존 R. 라이스는 A.V.의 요한계시록 22:14은 잘못된 번역이며 (왜냐하면 자신이 그것을 이해할 수 없었기 때문에) 그것이 〈킹제임스성경〉에서 거짓 교리를 가르친다고 주장한다. "사소한" 단어가 얼마나 큰 차이를 만들어낼 수 있는가! 요한복음 3:36이나 요한일서 5:12에서 사소하고 작은 단어 "not"을 빼버린다면 그것은 구원받은 것과 구원받지 않은 것의 차이를 만들어낼 것이다.

한편 5절은 세상을 실제적으로 소란케 한 자들은 믿지 않은 유대인들이었다고 말한다. 사람들을 따르는 사람들은, 성경대로 믿는 사람이 사람을 따른다고 비난한다. 성경대로 믿는 사람에게, 그리스도를 따르는 대신 성경을 따르는 "성경 숭배자"라고 비난하는 사람들은 정작 성경에 그리스도께서 나타나실 때(출 34:6-8 및 주석 참조) 항상 그분을 찾아내지 못한다. "축자적으로 영감받은 원본"에 대해 가장 길고도 큰소리를 지르는 사람들은 그리스도의 신성을 부인하는 성경들을 가장 먼저 선전하는 이들이다(NASV, 1963). 이상한 세상이 아닌가? 미시시피에 사는 나이 많은 경건한 그리스도인 여인이 ASV(1901)와 RSV(1952)의 누가복음 2:33의 잘못된 번역에 대해 불평하는 편지를 존 R. 라이스에게 썼을 때(1973) 그녀는 터툴리안(150-222)과 이레내우스(142-200)가 "믿음의 근본 사항들"을 변호하기 위해 애쓴 이래로 가장 뛰어난 놀라운 체계의 변증론을 제시받았다. 그 편지의 골자는 아래와 같다.

1. 누가가 누가복음 2:41에서 요셉과 마리아를 "부모"로 불렀기 때문에 누가복음 2:33에서 성령께서 요셉을 그리스도의 "아버지"로 부른 것은 타당하다.

2. 입양된 아이들은 그들의 양부모를 "엄마, 아빠"(혹은 "어머니, 아버지")

로 부르도록 가르침을 받기 때문에 성령께서 요셉을 그리스도의 아버지로 기록하신 것은 옳다.

3. 마리아는 요셉을 그리스도의 "아버지"로 불렀기 때문에(눅 2:48), 성령께서도 같은 일을 하셨다고 보는 것은 타당하다. 그러나 예수 그리스도께서 직접 그 문맥 속에서 그의 어머니의 잘못을 수정하셨다(눅 2:49).

여기에 1901-1963년의 배교한 근본주의자들이 "작고도 사소한 단어"에 대해 이야기하면서 절대 진리를 어떻게 다루는가가 잘 나타나 있다. 하나님을 깎아 내리며 그리스도를 모욕하는 필사본을, 단지 자신들의 권위를 유지하기 위해 정당화시키는 그 장황함은 끝이 없다. 그들은 어떠한 하나의 성경도 최종권위로 허락하지 않는다. 그렇게 되면 자신들이 최종권위로서의 자리를 잃어버리기 때문이다. 그래서 이런 일이 계속되는 것이다. 그것은 그리스도의 심판석(고전 4:5)에 이르기까지 끝나지 않을 것이다. 누가복음 2:33에서 성령의 영감으로 누가는 『**요셉과 주의 모친**』이라고 말한다. 이것은 "부모"나 "양부모," 그리고 마리아가 거기 있었을 때 요셉을 어떻게 불렀는지와 아무 상관없는 일이다. 이성적인 그리스도인이라면 누구라도 이것을 알 수 있다. 이것은 이 부분에서 성령 대신 웨스트코트에게 귀를 기울였던 ASV(1901) 편집위원회의 불경건과 헌신의 부족을 영원히 증거해 주는 것이다. 미시시피의 나이든 성도가 옳았다. 라이스 박사가 틀렸다.

『**난처하게 되어**』(8절). 이런 문제를 야기하는 이들은 『**이 사람들은 유대인으로 우리 성읍을 심히 소란케 하며**』(행 16:20)라고 말했던 이들과 같은 부류의 사람들이다. 사도행전 16장에서 그들은 돈을 움켜쥔 이방인들이었으며, 사도행전 17장에서 그들은 정통 유대인들이었다. 두 경우의 공통점은 바로 그들 자신이 "문제를 일으키는 자들"이었다는 사실이다. 하나님께서 말씀하신 것을 믿고 거리에서 그것을 전파했던 사람들은 "문제를 일으키는 자들"이 아니다.

세상이 마귀를 위해서가 아니라 하나님을 위해서 도덕적으로 또 영적으로 뒤엎어지게 된다면, 그것을 하는 사람은 성경대로 믿고, 성경대로 설교하고, 성경대로 가르치는 남자들이 될 것이다. 진정한 영적 혁명은 "민권운동가들"이나 "평등권" 지지자들, 여성 해방운동가들, 벼룩에 물린 무정부주의자들, 동성연애자들, 국제사회주의자들, 수염을 기른 히피들, 연합통신과 TV가 내놓는 끝없는 헛소리로는 일어나지 않는다.

『**야손...[으]로부터 보석금을 받고**』(9절). 클라크와 더멜로우, 로버트슨, 래드 등은 야손이 유대인이었다고 주장한다. 더멜로우는 그가 바울의 친척이었다고까지 말한다(롬 16:21 참조). 그러나 이 모든 것은 거듭나지 않은 유대 역사가를 따른 것에 불과하다. 야손은 의심할 나위 없이 본문에 언급된 "경건한 헬라인들" 중의 한 사람이다(4절).

야손이 지불한 "보석금"은 바울과 실라가 그 도시에서 "예수라는 다른 왕"을 계속 전파하지 않게 할 것을 보장하는 보증금이다. "예수라는 다른 왕"에 대한 소문으로 예루살렘과 헤롯이 동요되었던 것처럼(마 2:1-4와 그 주석) 데살로니가와 그 도시의 관원들도 그 메시지로 소란케 되었다.

10절은 설명을 요하지 않는다. 베뢰아는 데살로니가 남서쪽으로 약 50마일 떨어진 곳에 있다.

『**베뢰아 사람들은 데살로니가 사람들보다 더 고상하여서 전심으로 말씀을 받아들이고**』(11절). 데살로니가에 있는 성도들과 같은 모습이다(살전 2:13). 데살로니가에서 있었던 반대에도 불구하고 진정으로 회심한 사람들이 있었는데(행 20:4) 아리스타코와 세쿤도는 이 모임에서 얻은 열매였다. 바울이 그 지역에서 떠난 뒤 곧바로 심한 박해가 있었음이 분명하다(살전 2:14; 3:1-5, 살후 1:6 참조).

『**성경을 상고하므로**』(11절). 따라서 그들은 상고할 "성경"을 갖고 있었다. 그런데 문맥을 보면 그들이 "유대인의 회당"(10절)에 있었다고 되어 있다. 그러므로 유대인의 성경은 히브리어로 되어 있었을 것이다. 믿은 헬라 여인들과 남자들은 "성경을 상고"하는 회당의 유대인들과는 구별된다. 구약의 어떤 부분이 그리스도 이전에 헬라어로 번역되었을 가능성이 있다면 (그럴 가능성은 높다) 그것은 흩어진 유대인들의 회당에 있던 "레위 지파 출신"의 유대인 서기관들에 의해 이루어졌을 것이다. 레위 지파는 흩어진 유대인들 속에서 충분히 추적해 낼 수 있었을 것이며 이는 사도행전 4:36에 따르면 매우 명백하다. 왜냐하면 바나바도 레위인이었기 때문이다. 레위인들은 구약 정경을 보존하는 책임을 맡았다(신 31:25; 17:18). A.D. 100년 이전에 "믿을 만한" 헬라어 구약성경이 있었다 할지라도, 그것은 알렉산드리아의 이상한 대학에서 나온 것이 아니다. 그것들은 기껏해야 유대인들의 회당에서 구약성경의 일부분을 헬라어로 번역한 파편들이었다. 그것들은 이집트에 있는 "국제 에큐메니칼 공회"에서 나온 것이 아니다. 프톨레미와 친하게 지냈던 "72"명의 멍청이들("아리스테아스에게 보낸 편지" 참조)이 번역한 신화적인 〈칠십인역〉은 성경 번역에 대해 아무것도 알려 줄 수 없다.

성경 읽기는 "개인주의"를 낳으며, 믿음은 읽는 것에 뒤따른다(12절). 진리를 진정으로 찾는 어떤 사람이 『**그 말들이 그런가 하여**』(11절) 성경을 기도하며 읽는 데는 항상 믿음이 있어야 한다. 성경대로 믿는 프로테스탄트를 공산주의적이고 파시즘적이며 사회주의적이고 수동적이며 대중적인 혼합 상태로 예속시킬 수는 없다. 모든 정치, 종교 지도자들은 그것이 증명된 사실임을 안다. 역사를 통한 한 가지 분명한 교훈이 있다면 그것은 교황에 반대했던 (그리고 성경을 믿었던) 나라의 국민은 결코 다른 나라에 종속된 적이 없었다는 교훈이다. "자유인의 땅이며 용감한 자의 고향" 미국은 성경을 거부하기(1901-1929) 전까지는 자유국가였다. 루즈벨트 행정부가 1930년대에 행한 일(특히 헨리 월리스가 농업성을 통해 행한 파괴적인 일)은 A.V.(1611)에 눈과 귀를 막은 나라에 대한 하나님의 심판을 가져오게 했다. 미국을 이런 지경으로까지 오게 만든 것은 FCCC뿐만 아니라 보수주의 및 근본주의 학자계이다. 미국은 수출입관세를 파괴함으로써 다른 나라에 종속되었다(밴 고더의 〈미국의 기근, *A Famine in the Land*〉 참조). 이런 일은 "경건하고 헌신된 선두적인 보수주의 학자들"(존 R. 라이스의 말을 인용하자면!)이 가정과 학교와 강단에서 A.V.의 권위를 파괴시키지 않았다면 일어나지 않았을 일이다. 성경대로 믿는 프로테스탄트를 노예로 만들 방법은 없다. 체포, 감금, 고문, 살인, 박해를 통해서만 그렇게 할 수 있을 뿐이다. 이런 일을 맡은 사람들은 유네스코 지도자들, UN 에큐메니칼 공회, 그리고 주립대학의 교수들이다.

『**그들 중에서 많은 사람이 믿었는데**』(12절). 한두 사람이 아니라 "많은 사람"이 믿었다. 그들은 바른 마음의 상태, 즉 "열린 마음"으로 "성경을 상고"(11절)했기 때문에 믿은 것이다. 현대의 대학 교수가 "열린 마음"을 가지라고 말할 때, 그가 진짜로 의미하는 바는 "절대 진리를 버리라"는 뜻이다. 그러나 여기서 우리는 절대 진리를 기꺼이 받아들이는 사람들을 본다(11절). 이것은 하늘과 땅 차이이다. 성경을 믿고 싶다면 열린 마음으로 그것을 읽으라. 그러나 불행히도 우리 중에는 그렇게 하기에 너무 늦은 사람들이 많이 있다. 왜냐하면 그들은 다음 세 가지 점에서 베뢰아의 유대인들과 달랐기 때문이다.

1. 우리 중 많은 이들은 이미 구원을 받은 사람들이다. 베뢰아 사람들은 그렇지 않았다. 오늘날 성경을 믿는 데 가장 큰 적은 자칭 그리스도인들이다(행 15:1-5 주석 참조).

2. 우리 중 많은 이들이 더 높은 수준의 기독교 교육에 노출되어 왔다. 베뢰아 사람들은 그렇지 않았다. 미국의 거의 모든 주요 근본주의 기독교 학교는 기독교 학자계가 최종권위이며, 그들이 원할 때는 어느 때라도 (A.V. 1611을 포함해서) 어떤 번역본의 어떤 구절이라도 판단할 수 있다고 가르친다. 이런 오만하고 자기중심적인 태도의 전형이 되는 사람은 존 R. 라이스다. 그의 태도는 1973년 1월부터 7월 사이에 그가 〈킹제임스성경〉에 대해 공격한 수많은 서신들에 잘 나타나 있으며, 그 태도란 (그리고 모든 신학교 교수들이 동의하는 바) 간단히 말하면 다음과 같다.

a. "훌륭하고, 경건하며, 헌신된 사람들"이 〈킹제임스성경〉의 몇몇 부분들을 좋아하지 않는다. 그들은 그런 본문과 연관된 필사본 증거에 관해서는 웨스트코트와 홀트가 그 본문에 대해 한 말을 "더 선호"한다.

b. 이것은 "하나님의 말씀"에 영향을 미치지 않는다(바스 및 브루너의 저술 참조). 왜냐하면 "하나님의 말씀"은 〈킹제임스성경〉이 아니기 때문이다. 〈킹제임스성경〉을 더 선호할 수는 있겠지만, 그것이 곧 하나님의 말씀이라고 믿는 사람은 교육받지 못했고 광신적이며 문제를 야기시키는 극단주의자이다.

c. 모든 사람은 "하나님의 말씀"을 가지고 있다. 그러나 "하나님의 말씀을 어디서 찾을 수 있을까?"라고 질문해서는 안 된다. 왜냐하면 그것은 "신실하지 못한 질문"이기 때문이다. 오히려 "자신이 선호하는 것"을 가지고 있다면, 자신이 하나님의 말씀을 가지고 있다고 믿어야 한다.

d. "자신이 선호하는 것"이 성경 본문에서 4,000군데나 바꿨다 할지라도(1901년 ASV의 경우) 여전히 "하나님의 말씀"을 가지고 있는 것이

다. 왜냐하면 그 부분들은 "경건하고, 헌신된 훌륭한 사람들"이 바꾼 것이기 때문이다.

이것은 법정에서 증명될 수 있는 정확한 진술이다. 전혀 "과장"되거나 어떤 사람의 말을 "문맥에서 벗어나게" 인용한 것이 아니다. 이것이 대다수의 보수주의 학자들이 취하는 입장이다. 그리하여 자기 자신들이 최종권위의 자리에 있게 되고 성도는 성경이 아니라 그들을 신뢰하게 되는 것이다. 이런 문제들은 1970년에 출판된 〈필사본 증거〉에 상세하게 진술되어 있다. 여러분도 하나님의 말씀을 가지고 있지 않고 그것을 고친 사람도 하나님의 말씀을 가지고 있지 않다면 어떻게 "하나님의 말씀"을 신뢰하는가? A.V. 번역가들이 ASV 번역가들만큼 "경건하고, 헌신되고, 훌륭하지" 않았다는 확증을 누가 당신에게 주었는가? "훌륭하고 경건하고 헌신된 사람들"이 성경 본문에서 30,000군데에 동의하지 않을 때 무슨 일이 일어나는가? (ASV, RV, RSV와 1611년 A.V. 사이에는 이보다 더한 차이가 있다.) 자기 자신이 어느 것을 선호하는지 결정했는가? 그렇다면 여러분 자신을 최종권위로 만든 것이 아닌가?

3. 많은 목회자 후보생들은 자신들이 받은 교육에 이미 많은 돈을 낭비했다. 따라서 아무 쓸모없는 일에 돈을 낭비한 것을 시인하는 것은 대단히 굴욕적인 일일 것이다. 따라서 현 상황에서는 계속해서 〈킹제임스성경〉을 거부하고 (그리고 변개시키며) 라이스의 입장을 취할 수밖에 없다. 즉 A.V.는 "자신이 그것을 선호한다면" 최고의 성경이라고 믿는 것이다. 이 시점 이후로 그는 계시되는 진리에 개인적으로 분개하는 것이 하나님을 섬기는 것이 된다. 그러나 "본향"에 가게 되면 죽 한 그릇에 장자권을 판, 자신이 "선호"해서 내린 결정에 대해 하나님께 설명하게 될 것이다. (지금 와서 어떻게 자신의 입장을 바꿀 수 있겠는가? 그러기엔 너무 늦었다. 만일 그렇게 하면 "자격 있는 권위자들" 앞에서 체면을 잃게 될 것이

다. "낮아짐"이란 말은 대부분의 학자 연맹에게는 떠오를 수 없는 어휘이다).

위의 세 가지 사항을 주의 깊게 읽어 보면 라틴 교회(로마카톨릭)에 속한 최초의 신학자들이 모두 이 세 가지 사항에 해당된다는 것을 알게 될 것이다. 그리스도의 몸에 마태복음 13:33의 "누룩"을 집어넣는 일을 도왔던 이들은 오리겐, 유세비우스, 클레멘트, 제롬, 콘스탄틴, 파피아스 등이다. 이 무리에 속한 사람들은 모두 "그리스도의 신성," "동정녀 탄생," "부활"을 믿는다고 하는 자칭 그리스도인들이었다. 현대의 근본주의 학자들이 성경을 망치는 곳을 살펴보면 요한계시록 17:1-4의 음녀에게서 행진 명령을 받았음을 알 수 있다. 그 음녀는 성경을 거부하는 최초의 "근본주의자들"을 길러낸 인물이다.

뒤이어 나오는 내용은 평이하다. 13-15절은 도중에서 발생한 문제와 박해와 또 한 번의 긴급한 이동을 보여 준다. 이것은 사도행전 13:50이나 14:6에서 일어난 것과 비슷한 모습이다. 실라와 디모데가 베뢰아에 머물러 있는 한편(14절) 바울은 배로 아테네에 간다(15절).

아테네는 과거에도 그랬고 현재에도 미국 교육제도의 심장이며 중심이다. 이것은 분명한 사실이다. 콜롬비아대학과 시카고대학(하바드와 예일을 포함해서)은 여전히 기원전의 아테네 철학자들에 의해 조정되고 있다. 사도행전 17장 이후로, 그들의 신념이나 실행에 있어서는 한 번의 변화도 없이, 천 번이나 이름을 바꾸었다 해도 그것은 사실이다.

17:16 그후 바울이 아테네에서 그들을 기다리고 있는 동안 그 성읍이 전부 우상에게 바쳐진 것을 보고 그의 영이 그 안에서 몹시 괴로워하더라.

17 그리하여 그가 회당에서는 유대인과 경건한 사람들과, 시장터에
서는 날마다 그가 만나는 사람들과 토론하니라.
18 에피쿠로스 학파와 스토아 학파의 어떤 철학자들이 그를 만나니,
몇몇 사람들은 말하기를 "이 말쟁이가 무슨 말을 하고자 하는가?"
하기도 하고 또 다른 몇몇 사람들은 "그가 이방신들을 전하는 자
같다."라고도 하니 이는 그가 예수와 부활을 그들에게 전파하였기
때문이라.
19 그들이 그를 붙들어 아레오파고로 데리고 가서 말하기를 "네가
말하는 이 새로운 교리가 어떤 것인지 알려 주겠느냐?
20 네가 우리 귀에 어떤 이상한 것들을 들려 주므로 이것들이 무슨
뜻인지 알고자 하노라."고 하였더라.
21 (그곳에 있는 모든 아테네인들과 타국인들은 그들의 여가를 어떤
새로운 것을 말하거나 듣는 데 외에는 아무것에도 쓰지 아니하더
라.)
22 그러므로 바울이 마르스 언덕 한가운데 서서 말하기를 "아테네 사
람들이여, 내가 보니 너희는 매사에 너무나 미신적이니라.
23 지나다니다가 너희가 섬기는 대상을 보았는데 '**알지 못하는 신에게**'
라고 새겨 놓은 제단도 있었노라. 그러므로 너희가 알지 못하면
서 섬기는 그 대상을 너희에게 알게 하리라.
24 세상과 그 안에 있는 만물을 지으신 하나님은 하늘과 땅의 주시니
그분은 사람의 손으로 만든 성전들에는 계시지 아니하시며
25 또한 무슨 필요한 것이 있는 것처럼 사람의 손으로 섬김을 받아야
되는 것도 아니시니 이는 그분이 만민에게 생명과 호흡과 만물을
주심이라.
26 또 하나님께서는 인류의 모든 족속을 한 피로 만드시어 온 지면

에 살게 하시고 미리 계획하신 시기와 그들이 거주하는 경계를 정하셨으니

27 이는 주를 찾게 하려 함이라. 사람들이 하나님을 감지하려 하면 만나리니 그분은 우리 각 사람에게서 멀리 떨어져 계시지 아니하도다.

28 우리는 그분 안에서 살고 움직이며 존재하느니라. 너희 시인 중에 어떤 이들도 말한 바와 같이 우리도 그분의 자손이라 하였으니

29 우리가 하나님의 자손이라면 사람의 기술과 고안으로 주조한 금이나 은이나 돌이 하나님의 신격과 같다고 생각지는 말아야 할 것이라.

30 이 무지의 때에는 하나님께서 눈감아 주셨으나 이제는 어디에 살고 있는 어떤 사람에게도 회개하라고 명령하고 계시니라.

31 이는 하나님께서 선정하신 그 사람을 통하여 의로 세상을 심판하실 한 날을 정해 놓으시고 그를 죽은 자들로부터 살리시어 모든 사람에게 확증해 주셨음이라."고 하니라.

이 구절은 교육받은 미국인에게는 위협적인 구절이다. 이 구절은 골로새서 2:8과 어울린다. 또한 고린도전서 1,2장에서 성령께서 하신 말씀과도 일치한다. 이것이 미국과 유럽의 지식층을 겨냥하고 있음은 너무나도 분명하기 때문에 ASV와 NASV, RV, RSV는 성경에서 그 구절을 완전히 먹어치우는 것 외에 할 수 있는 모든 짓을 다했다. "경건하고 헌신된 훌륭한 사람들"(라이스를 포함해서)은 이 본문에 또 한 번 격분하게 된다.

1. 하나님의 관점에서는 인간의 철학은 기본적으로 두 개만이 있을 뿐이다. 철학의 네 가지 주요 부류(자연주의, 이상주의, 사실주의, 실용주의)는 이 두 개의 기본적인 철학에서 나온 것이다. 이 구절은 교육철학, 예술

철학, 종교철학, 정부철학 등으로 생계를 유지하는 사람들의 이익과는 엇갈린다. 이 구절로 인해 "라이프니츠의 철학(단자론)"에서 "실존주의"에 이르는, 도처에 산재해 있는 직업인들이 사용하는 "전문용어" 약 40개가 지워진다.

2. 교육받은 헬라 철학자들은 다 미신적이다(22절).

3. "하나님의 지식"인 신학에 관한 한 그들은 불가지론자들이다(23절).

4. 그들은 진정한 숭배에 관해서는 무지하다(23절).

5. 삶에 대한 그들의 기본적인 태도는 여성적이다(21절). 그들 스스로는 최고 선(最高 善)을 찾는다고 고백하는 곳에서조차 그렇다.

6. 그들은 언제나 "새로운" 무엇인가를 찾는다. 따라서 어느 세대에든지 그들을 한 눈에 알아볼 수 있게 하는 것은 이 "오래된" 단어[즉 "새로운"이라는 말]를 계속해서 다시 사용하는 것이다.

a. 새로운 도덕성

b. 새로운 정통

c. 뉴 에이지

d. 새 스코필드 성경

e. 새 영어 성경

f. NASV

g. NRSV

"새"(New)라는 단어는 종종 "Neo"로 바뀐다. 신(Neo)정통주의, 신(Neo)복음주의... 그러나 그것은 옛날과 똑같은 불신앙이며 계속해서 거듭거듭 살아나는 헛된 전통에 지나지 않는다. 이 사람들은 뉴스를 얻기 위해서 뉴스 미디어를 사랑한다. 그러면서도 이들은 "새로운 탄생"이나 "새 하늘들과 새 땅"에 대해서는 말하지 않는다.

이 위대한 두뇌들이 이끄는 아테네인들은 우상을 숭배하며(16절), 미신적이고(22절), 회의적이며(18절), 두 마음을 가졌고(32절), 무지하며(23절), 변덕스럽다(21절).

이런 무리에게 누가 말씀을 전할 것인가? 교회나 일반 청중 앞에서는 A.V.(1611)를 사용한다고 말하면서 신학원 교실에서는 위에서 말한 무리에게 합류하는, 성경을 거부하는 "근본주의자들"에게 누가 말씀을 전할 것인가? 사람들이 미신적이고 이교도적이며 무신론적인 학자들을 따랐기 때문에 교회는 죽어 버렸다. 그들이 위선자임을 알지 못하는가? 그들은 일반 청중 앞에서 소리친다. "우리는 하나님의 말씀을 믿는다! 이 성경에는 하나님의 말씀이 단순히 '포함'되어 있지 않다. 이것 자체가 하나님의 말씀이다. 우리는 성경대로 믿는 협회이다! 우리는 분명하게 성경의 최종권위를 표방한다! 우리가 믿는 것은..." 그러나 그들은 일주일 내내 성경에서 "오류들"을 찾아내는 일에 몰두하는 사람들이다. 모든 상식과 성경적 기독교로 판단해 보건대 그런 사람은 두 얼굴을 가진, 거짓말하는 위선자이다. 자신들이 "성경"을 갖고 있다고 믿지도 않으면서 신학생들을 끌어들이기 위해 거짓말을 하는 선전가들이다.

사도행전 17장에서 바울은 알렉산드리아 대학(A.D. 50-400)에서 선생들을 가르친 사람들과 맞붙어 싸우고 있다. 이것이 처음으로 그의 영이 괴로워한(16절) 곳이었다. 지금까지 그가 방문했던 10곳 이상에서 가장 우상 숭배가 극심한 곳이 바로 서구 교육의 근거지인 것이다. 아데미, 비너스, 아도니스, 아폴로, 제우스 등의 "신전"에 관한 모든 이야기와 "고린도인들의 엄청난 부도덕," "에베소의 극심한 우상 숭배"도 "그의 영을 괴롭게" 하지는 않는다. 그는 에피쿠로스, 제논(18절), 소크라테스, 플라토, 아리스토텔레스의 가르침과 저술들을 부추겼던 도시인 아테네에서 "괴로워"했다. 그가 있었던 곳은 유럽, 소아시아, 알렉산드리아, 팔레스타인을 부패시킨 마귀의 근거지였던 것이다. 이 부패는 사도행전 17장에서부터 1963년

NASV 위원회까지 뻗쳐간다. 우상 숭배(16절)는 항상 서구 교육제도의 두드러진 특징이었다. [저자의 주석서 〈출애굽기〉 20:3; 32:4 참조]

바울은 힘을 다해 설교하기 시작한다. 그는 이 무리에게 단순히 복음만을 전한 것이 아니다. 그는 만나는 사람들과(17절) 『**토론**』(17절)한다. 이것은 사도행전 20:20에서 그가 했던 것처럼 "시장터에서는 날마다"(17절) 이루어진다. 아테네인들과 많은 말다툼을 하기 전에 그는 잘 알려져 있는 학파인 『**에피쿠로스 학파와 스토아 학파**』(18절) 사람들을 만난다. 에피쿠로스(B.C. 약 340-272)는 쾌락주의와 비슷한 철학을 가르쳤는데, 이는 인간 삶의 기본적인 세 가지 사항 즉 "먹고 마시고 즐거워하는"(전 2:24) 것을 최상으로 여기는 철학이었다. 그와 같은 철학이 나오게 된 이유는 죽음 이후의 삶에 대해서는 전혀 아는 바가 없기 때문이다. 시티움의 제노(B.C. 360-260)는 범신론적 유물론자로 20세기의 모든 논리적 긍정주의자와 실존주의자들과 정확히 일치한다. 에피쿠로스나 제노 둘 다 인생에 있어서의 "최고 선"이나 어떤 가치나 목표를 성취하는 데 "타당한 공헌"을 하지 않았다. 그들이 태어나기 500년 전에 기록된 저술에 관심을 기울이지 않은 것이다[저자의 주석서 〈잠언〉 서문 참조]. 그들은 문학과 철학의 사실들을 알았던, 한 객관적이고 과학적인 탐구가에 대해서는 전혀 무지했다. 솔로몬(B.C. 1000)은 그들이 태어나기 500년 전에 이들이 생각했던 철학의 모든 분야를(전 2-12장) 다루었다. 솔로몬의 결론은(전 12:13) 이원론적이며, 절대적이고, 유신론적이며, 예언적이다.

제노는 미래에 대한 절대적 지식 없이 "수학적 통계적 개연성"에 대한 현대의 운명론을 가르쳤다. 시간과 행동이 그에게는 "상대적"이었다. 아인슈타인에게 그것이 "상대적"이었던 것과 마찬가지다. 이 기본 접근방식에 아무리 많은 정교한 장식을 단다 해도 제노는 에피쿠로스와의 접전에서 자기 의를 드러내는 얼간이에 지나지 않는다.

사도행전 17장의 세련된 사람들에게는 주 예수 그리스도의 육체적 부활이 "이방신들"(18절)의 범주에 속할 뿐이다. 그들에게 복음은 "말쟁이의 말"에 지나지 않았다(18절). 왜냐하면 "헬라인들은 지혜를 구하기" 때문이다(고전 1:22). 바울은 사람들보다 더 현명한 "하나님의 어리석음"을 전하고 있다(고전 1:25). 말쟁이든 아니든 교육받은 아테네인은 구식이 되어버린 진리보다는 새로운 말쟁이를 더 좋아한다. 그래서 그들은 바울을 언덕으로 데리고 가서 『**새로운 교리**』를 설명해 달라고 부탁한다(19절).

아담 클라크는 『**그 성읍이 전부 우상에게 바쳐진**』(16절) 것이 아니고 단지 "우상으로 가득 찼을" 뿐이라고 말한다. 또 학자들은 『**너무나 미신적이니라**』(22절)를 "너무나 종교적이니라"로 해야 한다고 주장한다. "미신적"이란 단어를 "종교적"이라고 바꾼 이유는 결국 그리스도를 거부하는 이교 철학자들에게 감상적인 공손함을 보여 주기 위한 것에 지나지 않는다. 어떤 성경의 헬라어 필사본에도 그렇게 되어 있지 않다. 테이어(Thayer)는 바울이 "완곡하게 모호한 표현"을 사용하고 있기 때문에 "종교적"으로 되어야 한다고 말한다.

『**피**』(26절)라는 단어에서 현대 번역본들은 하나같이 변개를 보이고 있다. 본문의 문맥은 『**생명과 호흡**』(25절)이며 "육체의 생명은 피에" 있다(레 17:11). 『**피**』(26절)라는 단어는 네 개의 필사본 계열에서 모두 발견된다. 다만 알렉산드리아 오리겐에게서 발원해서 암흑시대 성경을 거쳐 밥존스대학으로 온, 예수회(1682)의 변개된 가짜 성서에만 빠져 있다.

ASV, NASV 같은 배교한 번역본들이 "피"라는 단어를 제거한 것은 매우 전형적인 모습이다. 이 두 성경과 RSV의 골로새서 1:14에서도 이 단어는 삭제되어 있다. 1901년 ASV는 북아프리카 배교의 모조품으로 NCCC의 RSV에 그대로 복사되어 있다.

성령께서는 아테네의 학자들과 고전적인 헬라 사상의 최고 두뇌들에 대해서 어떻게 생각하시는지 살펴보자.

『**내가 보니 너희는 매사에 너무나 미신적이니라**』(22절). 바울은 『**매사에**』라고 말하고 있다. 따라서 "종교"(새로운 역본들이 사용한 용어를 쓰자면) 문제는 그들이 이야기한 많은 문제들 중 하나에 불과했다. 사실대로 말하자면 18절의 에피쿠로스와 스토아 학파는 "종교"에 대해 토론하고 있지도 않다. 그들은 철학을 논하고 있었던 것이다. 모든 보수주의, 자유주의, 카톨릭 학자들이 18절에서 언급된 이 중요한 사실을 간과한다는 것은 "철학자들"이라는 단어에 대해 그들이 "피해망상"을 가졌다고 볼 수밖에 없게 만든다. 골로새서 2:8,23; 3:1-3, 로마서 1:18,21,25, 이사야 29:11,12, 누가복음 10:21, 고린도전서 1,2장과 디모데전서 6:20과 같은 곳에서 현대의 개정자들과 주석가들은 가벼운 심장마비 현상을 일으킨다.

모든 헬라 철학자들과 학자들은 미신적이다. 그들 중 가장 위대한 이들(소크라테스, 아리스토텔레스, 플라토 등)이 믿었던 것은 오직 미신적인 이교도만이 믿을 수 있는 것들이었다.

1. 그들은 사람이 동물에게서 나왔다고 생각했다. 다윈과 헉슬리가 가르친 거짓 이야기를 믿을 만큼 미신적인 사람들인 것이다. [창 1,2장의 주석 참조]

2. 그들 중 일부는 미래의 정부가 부모의 역할을 떠맡고 교육받은 계층으로 나라를 경영하게 하면 완벽한 평화의 "황금시대"를 도래시킬 수 있다고 믿었다. 그렇게까지 "미신적인" 사람을 찾아보기란 힘든 일이다. 그들은 결코 "종교적"이 아니다!

3. 그들 중 많은 이들은 실제로 우주는 영원하며 진화하고 발전하고 있다고 믿었다. B.C. 400-100년에도 그토록 "미신적인" (종교적이 아니다)

사람들이 있었다. 1970년대의 주의회나 미국의회의 모습을 그대로 보고 있는 것 같은 느낌이다. 혹은 캠퍼스에 세워진 그리스풍 건물에 들어가고 있는 듯한 느낌이다(출 20:3,23 주석에서 "신들"에 대한 주석 참조).

『**알지 못하는 신에게**』(23절). "알지 못하는 자"에 대한 라틴어(헬라어 '아그노스토,' 영어의 'ignostic,' 즉 '불가지론자'와 같은 어원)는 "이그노라무스"(영어의 'ignore' 즉 '알지 못하는'과 같은 어원)이다. 헉슬리(1825-1895)는 "불가지론자"(agnostic)라는 단어를 대중적으로 쓰이게 만들었는데, 이것은 사람들이 눈치 채지 못하게 하면서 자신의 어리석음을 인정하는 세련된 방법이다. "알지 못하는 신"은 결국 하나님과 주 예수 그리스도의 아버지인 것으로 드러난다. 옛날에 파라오가 토마스 헉슬리를 위해 고전적인 진술을 했을 때처럼(출 5:2) 오늘날도 여전히 하나님은 교수용 끽연실에서 "알지 못하는" 분으로 되어 있다. 헬라인들은 이 신을 무지 속에서 숭배했다. 그가 존재할지도 모르기 때문에 어떤 여지를 남겨 둔 것이다. 이것이 바로 열띤 종교적 논쟁이 일 때 현대의 교육받은 자유주의자가 남겨 두는 여지이다. 『**알지 못하는 신에게**』는 "무명용사에게"(알링톤 국립묘지)로 되어 있는 것과 흡사하다. 어디선가 누군가가 죽었다는 것을 인정하기는 하지만 아무도 그의 이름이나 계급, 일련번호, 심지어는 그가 어느 나라를 위해서 싸웠는지조차 모른다. 그런 식으로 서방 교육은 대개 무언가를 시작한 어떤 하나님이 어딘가에 있음을 인정한다. 그러나 그 하나님에게는 이름도 없고, 계시도 없고, 책도, 아들도, 죄인들을 구원하기 위한 계획도 없으며, 심지어는 만물이 지금처럼 돌아가게 만드는 목적도 없다. 헬라인들은 방향을 제대로 잡기는 하지만 그런 후에 "철학자들"과 보조를 맞추어 나간다.

24절은 설명이 필요치 않다(7장의 스테판의 메시지를 참조할 것). 25절도 설명이 필요치 않다(롬 11:36 참조). 26절에서 빌리 그래함, 해럴드 오켄가, 존 R. 라이스, 북부 및 남부 침례교 총회, 테오도르 엡, NAACP, 로마카톨릭 교회, CIA, FBI, 공산당, 공화당, 자유당, 로크만 재단, NCC, UN은 조용히 빠져 나간다. 이들 중 누구도 감히 이 절 전체를 헬라어 필사본 본문에 있는 그대로 큰소리로 읽지 못한다. 그들은 모두 "땅에는 평화, 사람들에게는 호의"를 위해 그 구절의 절반만을 인용할 뿐이다.

『**한 피**』를 "한 민족" 혹은 "하나로," "한 무리," "한 조상"으로 바꾼다고 해서 인종통합주의자들의 문제가 해결되는 것은 아니다. 왜냐하면 그 구절은 다음의 말로 계속되기 때문이다. 『**미리 계획하신 시기와 그들이 거주하는 경계를 정하셨으니**』(26절). "'인종'이라는 용어는 존재하지 않는다. '나라들'만이 있을 뿐이다"라고 외치는 인종통합주의자들의 신학을 이 구절은 파괴시켜 버린다. 하나님께서는 경계를 정하셨기 때문이다. 인종통합주의자들이 추구하는 목표는 앞으로 UN을 지배하게 될 국제적인 독재자를 위해 세계를 준비시키는 것이다(계 12,13장). 이 구절의 문맥은 "분리"(신 32:7,8)와 "인종차별"을 말하고 있다(창 11:1-8 주석 참조). 문맥적으로 볼 때 "한 조상"과는 전혀 관계가 없다. 이뿐 아니라 자유주의자들(ASV, RSV, NASV, NRSV)은 인류가 "한 사람"에게서 시작했다는 것조차 믿지 않는다. 그들 자신이 만든 성경들조차도 그들이 믿는 바를 진술해 주지는 않는다. 에피쿠로스 학파처럼 그들 또한 진화론자들이다. 자신이 변개시킨 변개마저도 믿지 않으면서 사도행전 17:26을 "인종통합"을 증명하기 위해 변개시키는 취지가 뭔가? 그들은 인류가 아담에게서 나왔음을 믿지 않는다. 몇몇 직업 정치인들이 이런 형태의 위조와 거짓 보고를 하는 것은 이해할 수 있다. 그러나 성경개정위원회가 하고 있는 이 일은 도대체 뭔가?

이 구절에 관해서는 〈분리냐 통합이냐, *Segregation or Integration*〉

(1959,1970)에서 자세하게 설명한 바 있으며, 많은 근본주의자들과 자유주의자들 사이에서 이 구절을 인용하는 문제에 있어서는 완전한 일치와 화합을 이루고 있음을 보여 주었다. 이것을 인용하는 모든 사람이 『**살게 하시고**』(26절)에서 멈춰 버린다. 왜 그런가? 캠벨 추종자가 베드로전서 3:21의 중간에서 멈춰 버리는 것처럼, 보수주의 "근본주의자"(오류 없고 축자적으로 영감받았으며 하나님께서 호흡을 불어넣으신 최초의 원본을 믿는 사람들)가 인종에 관한 구절 중간에서 멈추는 이유는 뭔가?

간단하다. 그것은 그 구절이 사회적으로, 또는 "정치적"으로 합당치 않기 때문이다.

이것이 오늘날 미국의 95%의 기독교 운동 뒤에 숨은 기본적인 동기이다. 하나님의 말씀에 대한 불신 같은 것은 부차적인 문제조차도 되지 못한다.

근본주의자들은 말로는 "믿음의 근본 사항들"을 고수하기 위해 자유주의자들과 싸운다고 하면서(1900-1940) 정작 하나님의 말씀은 저버린 것이다. 사도행전 17:26은 그들을 멈추게 한다. 그들은 그 문제에 대해 토론하기를 거부한다.

돼지와 양이 같은 피를 가지고 있다. 그러나 돼지는 율법 아래서 금지되고 양은 금지되지 않았다. 모든 사람은 같은 피를 가지고 있다. 그러나 사람들이 가진 인종적 특징은 유전자와 염색체에서 나오는 것이지 피에 기인한 것은 아니다. 히틀러가 "종자" 실험을 하고 "순수한 피"를 가르친 것을 강력하게 비난한 사람들이 미국 대학 수업시간에는 그와 똑같은 것을 가르치고 추천하고 있다. 최근(1973년 5월) 유네스코에 제출된 한 보고서는 "유전자의 변형"과, 정상적인 동거생활 없이 이루어지는 재생산의 조정이 권장할 만하다는 내용을 담고 있었다. 이런 모든 것들이 오늘날 과학적인 논리로 받아들여지고 있다. 30년 전에 세계는 아돌프가 이 논리를 따라서 실제적인 행동을 취한 것에 대해 분개했었는데도 말이다. 가축 사육자는 담을 허물어뜨리는 것이 아니라 그것을 쌓음으로써 순수한 피를 얻을 수 있음을 안다. 여러분과 내가 절대적으로 닮은 한 가지는 우리가 한 피를 가지고 있다는 사실이다. 여러분의 혈액형은 내 것과 다를지 모른다. 그러나 우리의 인종적인 특징은 수혈로 바뀌지 않는다. 『**하나님께서는 인류의 모든 족속을 한 피로 만드시어**』(26절, cf. 24절). 이것은 요한복음 3:16이나 창세기 1:1만큼이나 확실한 역사적, 종교적, 성경적, 과학적, 실제적 계시이다.

스토아 학파나 에피쿠로스 학파에 속한 어떤 사람도 인류의 모든 인종이 한 사람에게서 나왔다는 것을 믿지 않았다. 따라서 그들이 32절에서 바울을 비웃은 것은 그 이유 때문이 아니었다. 아테네에 수많은 조각들이 있게 한 그리스 신화는 창세기 6:1-6을 근거로 하고 있다(주석 참조). 따라서 그들의 귀에 불을 지를 만한 어떤 문제가 있다면, 그것은 "인류의 모든 족속"(26절)이 "피"를 가졌다는 것이다. 그들은 이것이 사실임을 알았다. 그러나 하나님의 아들들(욥 1:6; 38:7)이 나타났을 때 그들에게는 피가 없었다. 인종통합 이상의 어떤 것이 그리스나 다른 민족의 역사 이전 시대에 숨어 있다(유 1:6, 벧후 2:4 참조). 그러나 우리가 전에 말한 바와 같이 곧 나타날 (외계로부터의) "방문자들"과 연관된 성경 구절이 나오기만 하면 개정자들, 교사들, 설교가들, 번역가들, 주석가들은 온몸이 마비되어 버린다. 그리고 그들은 갑자기 "피"가 삭제돼야 한다고 생각한다. "한 피"는 네 개의 필사본 계열과 다수 필사본에서도 발견된다. 또한 변개된 알렉산드리아의 대문자 필사본보다 200년 앞서 기록된 기록물에도 인용되어 있다.

자기들이 "신들"이라고 생각하는 사람들(로버트슨, 데비스, 블래스, 메이어, 오리겐, 어거스틴, 제롬, 디엠, 웨스트, 테일러, 필립스, 로크만 재단)

은 "피"에 대해서는 "신들"(시 82편)만큼도 알지 못한다. 그들이 알았더라면 올바른 본문을 하나님께서 기록하신 그대로 내버려 두었을 것이다. ["그들이 거주하는 경계"에 대해서는 계 21,22장 주석 참조]

『**주를 찾게 하려 함이라**』(27절). 이 말은 하나님께서 아담의 아들들을 분리시키신(신 32:7,8) 이유는 그들이 구원받도록 하기 위해서(사 5:8)라는 뜻이다. 그렇다면 열 개의 연방으로 구성된 세계 로마카톨릭 연합(단 2장, 계 12,13,17,18장)을 형성시키기 위해 "경계를 옮기는 자"(출 19:12, 호 5:10)에게 화가 있으리라! 남자 같은 여자, 여자 같은 남자, 어른 아이, 애 어른, 밝은 피부빛의 흑인, 어두운 피부빛의 백인들을 만들어서 카톨릭-프로테스탄트와 프로테스탄트-카톨릭, 동양의 서구인들과 서양의 동양인들(사 5:20,21)을 불쾌하게 만들지 않으려는 대학 교수들과 그런 사람의 사진을 싣는 신문기자들에게 화 있으리라! "지극히 높으신 곳에 계신 하나님"께 영광을 돌리지 않고(행 12:23 주석 참조) "땅 위에 평화"를 위해 함께 왕국을 건설하려 할 때(창 11장), 하나님께서 그런 무리에게 어떻게 하셨는지는 성경이 이미 말씀하신 바이다(창 11장).

교통과 통신이 발전함에 따라, 적어도 1901년 이후로(ASV) 성경의 진리를 유포하는 것이 감소되고 〈킹제임스성경〉이 선교현장에서 대체되고 있다는 것은 발전의 역설이라고 하겠다. 단파만을 수신하는 수신기에만 미치는 모든 단파 방송국을 위해 FCC는 100개의 장파 방송국의 방송활동을 통합하고 있다. FCC(1960-1970)가 "평등한 방송시간 할당"을 지배하게 됨으로써 미국 내의 모든 성경 교사들이 하나님의 전체 계획을 공개적으로 제시하지 못하게 되었다. 왜냐하면 어떤 방송국도 카톨릭이나 캠벨파, 또는 흑인들이 공개적으로 설교되는 진리에 대해 짖어 대기 시작할 때 그들의 면허가 취소되거나 소송의 위험을 무릅쓰는 경우를 당하고 싶어 하지 않기 때문이다.

1. 더 많은 사람을 모으면 모을수록 확신과 신념도 다양해진다. 1901년 이후로 미국의 인구는 거의 두 배가 되었으므로 1928년 이후의 라디오 방송의 증가는 큰 의미가 없다.

2. 지금은 라디오, 비행기, 텔레비전을 통해 그 어느 때보다도 빨리 사람들을 하나로 모을 수 있다. 이 말은 사람들을 불쾌하게 하거나 화나게 하는 기회도 그와 똑같은 비율로 증가하고 있음을 뜻한다. 이 말은 핵전쟁이 일어나지 않는다면 A.V.(1611)가 완전히 제거되거나, 그 반대의 경우라면 엄청난 혼란이 있게 되리라는 뜻이 된다. 왜냐하면 A.V.(1611)는 지상에 살아 있는 거의 모든 사람의 종교적, 정치적 신념에 대치되기 때문이다. 성경은 하나님께서 인간을 거슬러 증거하신 것이다. 성경은 (조만간에) 그 사람이 누구이건, 어디 출신이건, 혹은 자신이 누구라고 생각하건 간에 사람들의 감정을 상하게 할 것이다.

3. 이것이 마태복음 23장, 요한계시록 17장, 마태복음 13,24장, 이사야 66장, 아모스 9장, 신명기 32장, 창세기 9장, 디모데전서 6장, 예레미야 23장의 진리를 퍼뜨릴 수 있는 전국적인 주간지나 일간지, AM 라디오 방송, TV 방송이 단 하나도 없는 이유이다. 빌리 그래함(1948-1974)의 설교에서 NCC(및 로마카톨릭 교회)의 배교를 다루는 구절을 찾아볼 수 없다는 것은 어떤 문제가 있음을 암시해 주고 있다. 모르드캐 햄(1878-1959)에게는 그런 문제가 없었다. 빌리는 모르드캐 햄이 북캐롤라이나 샤로트에서 열었던 집회에서 구원받았다. 모르드캐와 빌리 선데이(1862-1935)는 라디오나 TV 방송에 가해진 제한에 장애를 받지 않았다. 그런 일이 있었다 해도 그들은 그 제한을 무시해 버렸을 것이다. 현대의 TV나 라디오 방송(NBC, CBS, ABC 등)이 전천년주의를 고수하는 성경대로 믿는 그리스도인에게 광고 시간을 판다면 그들은 하루 24시간 내내 사람들을 불쾌하

게 할 것이다. 오늘날의(1970-1980) TV 시청자들은 1920-1940년대의 라디오 청취자보다 훨씬 좋지 않다. 그들은 부정적인 설교에 대해서 훨씬 더 편협한 마음을 가지고 있으며, 훨씬 더 신랄하고, 훨씬 더 심한 악의를 품고 있다. 그리고 그들은 이 나라에 아직까지 남아 있는 진리의 소리를 없애는 데 전념하는 종교, 정치 체제에 의해 통제되며 통합되고 있다.

"세계 연합"은 하나님의 진리를 희생시킨 대가로 이루어지는 것이다.

세상이 마침내 하나가 될 때(계 12,13장) 그것은 하나님의 진리라는 대가를 치르고 얻어진 결과가 될 것이다. 이런 이유로 하나님께서는 세상이 함께 모일 때(계 6:4,8) 결코 그것을 그대로 두시지 않는다. 하나님의 진리는 세계 평화, 가족의 화합보다 더 중요하다. 하나님의 지혜와 판단으로는 그렇다. 이것을 증명해 보이기 위해 하나님께서는 요한계시록 20:1-3 이전에 세 개의 주요 전쟁을 일으키실 것이다[나와 논쟁하고 싶으면 그냥 텔레비전이나 계속해서 보면 된다. 텔레비전은 우리가 말하는 것을 할 것이기 때문이다. 텔레비전은 〈킹제임스성경〉이 말한 대로 앞으로 일어날 세 개의 전쟁을 보도하게 될 것이다].

『**우리는 그분 안에서 살고 움직이며 존재하느니라**』(28절). 이것이 성령께서 알고 계신 유일한 범신론이다. 비록 그리스도인은 『**육신 안에서**』 행하지만(고후 10:3) 『**육신 안에**』(롬 8:9) 있지는 않다. 구원받지 않은 사람은 "육신 안에" 있으며(롬 8:8) "자신의 죄들" 속에 있다(엡 2:1-3). 그러나 그리스도인은 그렇지 않다. 구원받지 않은 사람도 하나님 안에서 살고 움직이며 하나님의 "자손"으로서 존재한다(28절). 이것은 다소 다른 의미이다. 바울은 이 구절에서 자신을 포함해서 『**우리**』라고 말했다. 학자 연맹이 고린도후서 10:3을 주의해서 보았다면 이 구절에서 어려움을 느끼지 않아도 됐을 것이다. 바울은 구원받았건 구원받지 않았건, 사람들의 육체적인 몸에 대해서 말하고 있는 것이다. 그러나 학자들의 연맹은 결코

A.V.(1611)를 믿을 수 없으며 그것을 액면 그대로 받아들일 수 없기 때문에 본문을 뒤져서 버릴 것을 찾는 것이다.

바울은 무지하고 미신적인 그의 청중의 수준으로 내려가기 위해 아라투스(혹은 클린데스)를 인용한다. 그는 진화론자들을 목표로 하고 말하고 있다(롬 1:22-24 참조). 사도행전 17:29과 로마서 1:23을 비교해 보면 이것은 분명하다. 따라서 그가 인용하는 것은 물질적인 것을 언급하는 것이다. 창세기 1:27이나 창세기 2:7의 "하나님의 형상"에 대한 언급이 결코 아니다. 26절의 "한 피" 역시 이것이 물질적인 언급임을 보여 준다. 바울은 그의 청중이 F.F. 브루스, 하우슨, 램세이, 로버트슨이 생각한 것보다 훨씬 더 많이 알고 있다는 것을 알고 있다. 바울은 자신이 유물론적 진화론자들과 유신론적 진화론자들을 다루고 있음을 알고 있었다. 그들은 최고의 하나님이 있다면(23절) 그는 "육체"가 아니라 "영"이어야 함을 알고 있었다. 그러므로 그런 하나님이 존재한다면(23절-『**그 대상을 너희에게 알게 하리라.**』) 그가 창조한 물질세계는 어떤 의미에서 그 "안에" 있어야만 한다(28절). 이것은 오직 물질적인 의미만을 담고 있는 말이다. 문맥의 어디를 보아도 이것은 명백하다.

1. 『**너무나 미신적이니라**』(22절)
2. 『**세상과 그 안에 있는 만물을 지으신 하나님**』(24절)
3. 『**사람의 손**』(25절)
4. 『**생명과 호흡**』(25절)
5. 『**한 피**』(26절)
6. 『**지면에**』(26절)
7. 『**하나님께서 선정하신 그 사람**』(31절)!

바울은 24절에서 하나님을 그분의 창조와 떼어 놓는다. 이것은 모세가 창세기 1:1에서 한 것과 같다. 에피쿠로스 학파는 이 설명을 비웃었지만

스토아 학파에게는 다소 호소력을 갖는다. 왜냐하면 소크라테스와 아리스토텔레스 추종자들 대부분은 유신론자들이기 때문이다. "유신론자들" 대부분이 버나드 램이나 현대의 카톨릭 신학자들 같은 진화론자이기는 하지만 (이들은 과학적 사실을 거부하는 자들이다. A.E. 월더 스미스의 〈생명의 창조〉 참조) 바울은 다수를 자기 편으로 갖게 된다.

바울이 『**우리가 하나님의 자손이라면**』(29절)이라고 말한 것은 자신을 "세상에서 소망도 없고 하나님도 없는"(엡 2:12) 구원받지 않은 청중들과 함께 분류한 것이다. 바울이 하나님의 물리적인 창조에 대해 말하고 있으며 "한 피"에 의한 인류의 물리적인 하나 됨에 대해 말하고 있지 않다면 그와 같은 말을 설명할 길이 없게 된다. 왜냐하면 바울은 예수 그리스도를 영접했을 때 하나님의 형상으로 창조되었기 때문이다. [골 3:10 및 주석 참조] 그가 26절에서 아담을 말하는 것이라면 그는 거짓말을 하는 것이다. 바울이 거기 있는 청중들과 동일할 수 있는 것은 그의 피뿐이다. (이것에 대해 기도해 보고 그리고 이해가 되면 사도행전 17:26에서 『**한 피**』를 삭제시킨 모든 쓰레기를 서고에서 치워 버려라.)

하나님이 『**사람의 기술과 고안으로 주조한 금이나 은이나 돌**』(29절)이 아니라는 증거(29절)는 이런 물건들에는 피가 없기 때문에 그들은 물리적인 어떤 것도 만들어낼 수 없다는 사실이다. 바울은 하나님께서 진짜 피를 가지고 육체의 몸으로 성육신하신 것에 초점을 맞춘다. 그리고 예수 그리스도의 육체적인 몸의 실제적인 부활에 대한 얘기로 들어간다(31절). 부활에 관한 문제는 죄 없는 피이다(행 20:28 참조). 예수 그리스도의 피가 물리적이었는가 아니면 그렇지 않았는가? 그분은 피를 아담에게서 얻지 않으셨다!!

『**한 피**』(26절)를 빼고서 이 설교를 설명하는 것은 자신의 언어공부를 신뢰하는 성경비평가의 공상일 뿐이다[성령께서 30-32절에 대해 시 82:6,

계 9:21, 행 14:16, 민 15:27에서 설명해 놓으신 것을 보라]. 30절은 이미 사도행전 14:16에서 설명한 바 있다. 바울이 31절을 말하고 있을 때 야유 소리가 시작된다!

17:32 그 사람들이 죽은 자의 부활을 들을 때 어떤 사람들은 비웃고 어떤 사람들은 말하기를 "이에 관해서 다시 듣겠다."고도 하더라.

33 그러므로 바울이 그들 가운데서 떠나더라.

34 그러나 몇몇 사람은 믿고 그에게 가담하였는데 그 중에는 아레오파고 사람 디오누시오도 있었고, 또 다마리라고 하는 여인과 그들과 함께한 다른 사람들도 있더라.

아테네 사람들이 가지고 있던 문제는 물리적인 것이었다. 철학자는 가장 위대한 철학자(솔로몬)가 내린 결론을 참을 수 없어한다. 솔로몬은 실존주의, 실용주의, 사실주의, 이상주의, 회의주의, 불가지론, 유신론, 이신론, 범신론, 쾌락주의, 스토아주의, 논리적 긍정주의, 신아리스토텔레스주의, 염세주의 등을 플라토가 〈공화국〉의 첫장을 쓰기도 전에 이미 다 섭렵했다. 그리고 솔로몬은 결론을 내렸다. 그 결론을 바울은 지금 설교한다. 『**하나님께서 선정하신 그 사람을 통하여 의로 세상을 심판하실 한 날을 정해 놓으시고 그를 죽은 자들로부터 살리시어**』(31절).

소포클레스, 이스킬루스, 유리페데스, 아리스토파네스, 버트란드 러셀, 플루토, 디필루스, 메안더, 프로타고라스, 조지아스, 존 듀이, 탈레스, 틸리치, 헤라클리투스, 아낙시메네스, 엠페도클레스, 피타고라스, 앨버트 아인슈타인, 크세노파네스, 아낙사고라스의 저서에는 백보좌 심판에 대한 것은 아무것도 없다. 여러분이 소크라테스 같은 동성연애자라면 "의로" 심판받는 것(31절)을 즐거워하겠는가? 여러분이 플라토 같은 파시스트라면 신정국가를 세우신 하나님께(출 19,20장) 설명하는 일이 즐겁겠는가? 여러분이 "중용"에 의한 행복이 의보다 더 중요하다고 가르쳤던 아리스토텔레스 같은 기만적인 인물이라면, 자신의 개인적인 행복을 생애 동안 결코 문제시하지 않았던 죄 없는 사람에게 심판받는 것을 좋아하겠는가? 이런 신학적, 철학적 왜곡들은 하나님께서 정해 놓으시고(31절) 앞으로 그렇게 되기로 결정되었으며(계 20:11-14) 그리고 그렇게 될 일을 피하고자 하는 평범한 죄인의 광란적인 노력일 뿐이다.

"심판자가 오신다!"

이 심판자는 죄 없는 사람이다. 이 심판자는 실제적인 육체로 살았던 사람이다. 그의 독특함은 그의 피에 있다. 이것이 바로 바울이 그분을 『**인류의 모든 족속**』과(26절) 구별한 이유이다. 예수 그리스도께서 그 심판자가 되실 것이라고 『**모든 사람에게 확증**』(31절)을 주신 분은 하나님이시다. 왜냐하면 "신들"은 그들이 "사람들처럼 죽은" 후에는(시 82:7) 다시 나타나지 않았기 때문이다. 이 신들은 요한계시록 20:11-14에서야 비로소 나타날 것이다. 로마서 2:16 역시 죄 없으신 심판자를 말하고 있다. 상식선에서도 이 진리는 호소력이 너무나 크기 때문에 인간의 양심은 결코 그것을 파괴시킬 수가 없었다. 현대의 정신의학과 세뇌장치의 "도움"을 받고서도 그렇게 할 수가 없었다. 하나님께서 살아 계신 것만큼이나 확실하게 그분은 완전한 분이어야 한다. 그러므로 심판의 기준도 완전해야 한다(롬 10:1-10). 인간이 시험받는 것(눅 4:1-10)과 동일한 조건에서 동일한 시험을 받지 않은 것이라면 인간에게 적용되는 어떤 기준도 완전할 수 없다. 따라서 인자이신 예수 그리스도(히 4:15)께서는 이 시험을 겪으셨으며 평균 타율 1,000으로 드러났다. 누군가가 인류를 심판한다면 그렇게 해야 할 것이다(롬 2:16).

모든 헬라 철학자들은 자신들이 모든 것과 모든 사람을 심판할 수 있다고 생각했다. 그래서 그들은 자신들이 "알지 못하는 신" 앞에 서서 개인적인 심판을 받게 되리라는 말을 들었을 때 "비웃었다"(32절). 정해진 날은 요한계시록 20:11-15이다(벧후 2:9 및 3:10 참조). 지정된 심판자는 어떤 것에 대해 교육받은 사람에게 결코 자문을 구하지도 않았으며 앞으로도 그렇게 하지 않으실 것이다. 성경은 "예수 그리스도의 날"에 대해 말씀한다(빌 1:6). 그 날 "성도 안에서 행해진 선한 일"은 마침표를 찍게 될 것이다. 『**주의 날**』(살전 5:2)은 환란 끝에서 천년왕국 끝까지를 망라하는 기간이다. 『**그리스도의 날**』(살후 2:2)은 그리스도의 심판석에서의 일들과 연관된다. 『**주 예수의 날**』(고전 5:5)은 심판석 이후의 상과 연관된다. 『**우리 주 예수 그리스도의 날**』(고전 1:8)은 천년통치를 말하며 『**전능하신 하나님의 위대한 날**』(계 16:14)은 아마겟돈을 뜻한다. 『**하나님의 날**』(벧후 3:12)은 영원이 시작되는 지점이다. 본문에서 바울이 말하는 날(30,31절)은 아테네의 청중이 전능하신 하나님의 권위를 "학자적 권위"의 헛소리로 바꾼 것에 대해 지옥에서 벌받게 되는 날을 말한다. 한편 학자들은 34절의 디오누시오가 앞에서 언급한 "어거스트 협회"(아레오파고 법정)의 한 멤버라고 단정해 버린다.

마르스 언덕을 법정으로 보는 결정적 요인 중 하나는 19절의 『**아레오파고**』 앞에 붙은 관사(헬라어 '톤')이다. 이상하게도 이 관사는 골로새서 2:8에서는 번역되지 않았다. 한 번은 그것을 번역해야 한다고 주장하고 다음 번에는 번역하지 말아야 한다고 주장하는 것은 "경건하고, 훌륭하고, 헌신된 사람들"(존 라이스 인용)의 특징이다. 이들은 '밥티조'라는 단어를 "baptism"으로 번역한 것에 대해 A.V.(1611)가 "일관성이 없었다"고 비난하는 자들이다. 그들은 자신들의 교단에 부정적인 영향을 미치는 음역에 대해서는 지지하지 않는다. 그러면서도 성경 독자의 마음에서 "하나님을 두려워함"을 제거하기 위해서 '하데스'와 '스올'은 음역하고자 하는 것이다.

이것은 또 하나의 예에 불과하다. 헬라어 본문은 '디오누시온 호 아레오파기테스'로 되어 있다. 이것은 에라스무스, 엘지버, 베자, 펠, 월튼, 밀, 그리스바흐, 트레겔레스, 알포드뿐만 아니라 네 개의 필사본 계열 모두에서 발견된다. 그 관사(헬라어 '호')는 공회의 한 구성원을 가리키는 것으로 여겨진다.

1. 디오누시오가 아테네 최고 공회의 구성원이라면, 공회에서 여자가 뭘 하고 있는 건가? 34절에는 『**다마리**』라는 여인이 언급된다. 안내원이 사람들을 앉히고 있는 동안 그녀가 화재 탈출구를 통해서 들어오기라도 했단 말인가? 시세로나 세네카 등이 언급한 공식적인 법정에 여자는 들어오는 것이 허용되지 않았다. 한편 램세이(A.V. 본문 변개에 주로 책임이 있는 사람)는 아테네 여인은 공회에 들어가는 것이 허용되지 않기 때문에 『**다마리**』는 우연히 공회에 들어온 외국인이라고 단정한다.

2. 도대체 『**아레오파고**』(Areopagite)라는 단어가 어떤 공회를 말하는 것이라는 생각은 어떻게 갖게 됐는가? 성경에서 100군데도 넘게 그와 같은 단어는 지리적인 위치나 사람의 가계를 말하고 있다. 사무엘상 17:58을 보라. 베들레헴이 공회라고 생각하는가? 아라우나(삼하 24:18)가 공회나 "여부스"라는 이름의 성읍에서 왔다고 생각하는가? 『**아레오파고**』가 나오는 책에 "엘람인"이란 말도 나온다(행 2:9). 그것이 도시 공회로 여겨지는가? 여부스인, 아모리인, 헷인, 카나안인, 페레스인, 모압인이 "소크라테스"를 재판하기 위해 세워진 순회 법정이라고 생각되는가? 역대기상 26:31의 "헤브론인들"은 누구라고 생각하는가?

성경에서 고유명사 끝에 붙은 접미사 "-ite"는 항상 계보 또는 지리적 위치를 나타낸다. 성경 66권 중에서 "-ite"의 의미가 헬라인들이 조직한 이교도 공회의 "명예 회원"을 의미하는 곳은 한 군데도 없다. 그 단어는 대개 어떤 사람의 추종자를 가리킨다. 그래서 러셀라잇(Russelite), 캠벨라잇(Campbellite), 벌링거라잇(Bullingerite)이라고 하는 것이다.

디오누시오의 가족은 마르스 언덕에 살았다. 아마도 그의 조상은 B.C. 800년경의 이오니안인에게까지 거슬러 올라갈 수 있을지도 모른다. [B.C. 800년의 유대인에게 B.C. 1800년까지 거슬러 올라가 조상을 찾는 것은 어려운 일이 아니었다.] 디오누시오는 『**아레오파고의... 디오누시오**』라 불린다. 왜냐하면 그가 아레오파고에 살았기 때문이다. 이것이 여전히 확신을 주지 못한다면 작은 "관사" 하나가 얼마나 큰 문제를 일으키는가를 살펴보라! 전능하신 하나님께서 1800년 이후에 출판된 개정판을 사용하시지 않는 것만큼이나 확실하게 "The Areopagite"는 공회 회원에게는 어울리지 않는 명칭이다. 그가 "아레오파고"의 구성원이라면 어느 누구에게도 이런 명예는 주어지지 않을 것이다. 그랬다면 "한 아레오파고인"(An Areopagite)이라고 해야지 "The Areopagite"라고는 하지 않을 것이다.

『**그러나 몇몇 사람은... 그들과 함께한 다른 사람들도**』(34절). 말씀은 항상 열매를 맺는다(마 13:3-8). 어떤 씨들은 공중의 새들이 먹어 버리고 다른 것은 돌밭에 떨어지기는 해도, 어떤 이들은 좋은 땅에 뿌려진 씨를 받아들인다(막 4:20). 그리고 그들은 열매를 맺는다. "지혜로운 자가 많지 않다"고 했기 때문에(고전 1:26) 바울은 그 언덕에서 적은 수의 열매를 얻었을 뿐이다. 로버트슨과 다른 많은 이들은 바울이 고린도전서 2:1-5에서 아레오파고 언덕에서의 자신의 실패를 말하고 있다고 생각한다. 바울이 이 메시지에서 자신이 한 실수를 통해 어떤 교훈을 배웠다는 것이다. 그러나 바울은 고린도전서 1,2장의 내용을 기록하기 전에 이미 확실하게 깨닫고 있었다. 갈라디아서 1장에서의 그의 말을 볼 때 그는 사도행전 17장 이후에 그랬던 것처럼 사도행전 13장 이전에도 사람의 지혜의 부족함에 대해 잘 알고 있었다.

바울은 거기서 적어도 한 시간은 설교했을 것이다. 누가가 (성령의 영감으로) 기록한 연설은 그 연설의 핵심 부분이며, 말로 하면 약 7분 정도 된다. 이것은 사도행전 2,4,20장 같은 부분에서도 마찬가지다.

바울은 세 종류의 결과를 얻는다.

1. 거부와 비웃음 - 『**어떤 사람들은 비웃고**』(32절).

2. 연기와 미결정 - 『**이에 관해서 다시 듣겠다**』(32절). 그런데 그들은 결코 그렇게 하지 않았다.

3. 받아들임 - 『**그러나 몇몇 사람은 믿고**』(34절).

17장 주석을 마치기에 앞서 바울은 〈공동성서〉(1973)에서 발견되는 로마카톨릭 외경을 인용하기보다는 이방의 시인의 말을 인용했다는 사실을 짚고 넘어가자(예를 들면 딛 1:12에서 에피메데스를 인용한 것). 밥존스대학이 추천하는 ASV와 NASV가 번역된 헬라어 성경에는 구약 외경이 포함되어 있다. 또 "아레오파고 공회"에 대한 모든 말이 주로 위대한 배교자 유세비우스의 저술에 근거한다는 것을 잊지 말아야 한다. 그는 고린도 주교의 말을 인용함으로써 "디오누시오"(34절)를 "아테네의 최초의 주교"로 만들었던 인물이다. 그러나 하나님의 말씀에는 주께서 아테네의 어떤 교회나 알렉산드리아 어떤 교회에 있는 주교들에게 특별한 관심이 있으시다는 말씀은 없다. 신약에서 12개 이상의 교회가 언급되는데도 성령께서는 의도적으로 초기 기독교의 두 개의 교육 도시, 즉 아테네와 알렉산드리아를 피해 가신다. 바울 서신에 언급된 교회에는 이 두 교회가 포함되지 않는다. 소아시아의 일곱 교회는 다른 부류이다. 로마, 아테네, 알렉산드리아에 있었던 "최초의 주교들"이라는 말은 "가장 고대의 필사본" "초기 교회의 전통" 등과 동일한 말이다. 즉 성령께서는 그들에 관해 말씀하시지도 않고 관심을 기울이시지도 않으신다.

크리소스톰은 "아레오파고"가 사람들의 모임이 아니라 장소라고 말한다. 크리소스톰은 또한 26절에서 "한 피"가 올바른 본문이라고 말한다. [〈호밀리 XXXVIII권, 사도행전〉 p.235, 〈니케아 공회 이전 및 이후 교부들 XI권〉 참조.] 그러나 우리는 그런 자문을 구하지 않고서도 그 사실을 안다. 성경을 가지고 있다고 믿는 우리들은 하나님께서 자신의 말씀을 보존하시겠다고 하신 약속을 믿기 때문이다.

사도행전 18장

18:1 이런 일이 있은 후에 바울은 아테네를 떠나 고린도로 와서
2 (클라우디오가 모든 유대인은 로마를 떠나라고 명령했기 때문에,)
최근에 이탈리아에서 온 폰토 태생 아퀼라라고 하는 유대인과 그
의 부인 프리스킬라를 알게 되어 그들에게 찾아가니라.
3 그가 동일한 업종에 종사하였기 때문에 그들과 함께 머물면서 일
하였으니 이는 그들이 생업으로 천막을 만드는 사람들임이더라.
4 그가 안식일마다 회당에서 변론하며 유대인들과 헬라인들을 설득
시키니라.
5 실라와 디모데가 마케도니아에서 왔을 때 바울은 영 안에서 매임을
받아 유대인들에게 예수가 그리스도이심을 증거하더라.
6 그러나 유대인들이 반박하며 모독하자 그는 옷을 털며 그들에게 말
하기를 "너희 피가 너희 머리로 돌아갈 것이요 나는 깨끗하니라.
이제부터는 내가 이방인들에게로 가리라."고 하더라.

로버트슨이 "고대 도시 중에서 가장 귀족적"(Furneaux 인용)이라고 불렀던 아테네의 위대한 대학 도시를 떠나서, 이제 우리는 비도덕적이고 죄 많은 도시 고린도로 간다. 고린도는 아테네보다 훨씬 더 복음에 잘 반응한다. 죄가 많은 곳에 은혜가 훨씬 더 넘치기 때문이다. 하나님께서는 아테네 대학의 지식인들에게 하실 수 없는 일을 부도덕한 고린도인들에게 하신다(8,10,11,18절). 하나님을 가장 괴롭힌 이들은 "다윗들"이 아니다(삼하 11:1-3). 하나님과 문제가 가장 많았던 이들은 "솔로몬들"이다. 솔로몬은 지적인 철학자였지만 다윗은 작가이고 음악가이자 전사였다.

18장이 기록된 시기는 A.D. 43-54년쯤일 것이다. 바울이 데살로니가전후서를 쓴 것이 그가 아테네에 있는 동안이 아니었다면 아마 이 시기에 썼을 것이다. 고린도는 아테네에서 동쪽으로 약 46마일 떨어진 곳에 있다. 고린도는 아프로디테(비너스)를 섬기는 근원지였던 것으로 여겨진다. 그 여신의 신전은 해발 약 1,886피트(아크로고린도)에 있었다. 거기에는 아시아와 로마를 잇는 무역로로 연결되는 미항이 있었다.

고린도는 펠로폰네소스와 그리스 북부를 연결하는 다리 역할을 하는 지역이었다. 이곳은 참으로 중요한 교회가 시작된 곳으로, 그 교회에 보내는 바울의 서신서는 그가 쓴 다른 서신들보다도 분량이 더 많다. 고린도전후서는 로마서와 데살로니가전후서를 합친 것보다 더 많은 분량을 차지하고 있다. 바울이 일차적으로는 침례를 주기 위해 보냄을 받은 것은 아니지만, 그는 고린도인들에게 침례를 준다(행 18:8). 이것은 예루살렘 집회에서 구원의 문제를 은혜로 결정하고 한참(약 4년) 지난 후의 일이다. [이것으로 "하나님의 은혜의 세대"가 행 18장 이후에 시작된다고 오헤어가 생각한 이유를 알 수 있게 된다. 극단적 세대주의자는 어떤 형태로든지 물침례를 그냥 참고 넘길 수 없는 것이다.]

『최근에 이탈리아에서 온 폰토 태생 아퀼라라고 하는 유대인과... 프리스킬라...』(2절) 아퀼라는 "독수리"라는 뜻이며 프리스킬라는 "작고 늙은 이"라는 뜻이다. 이 두 사람은 로마서 16:3과 고린도전서 16:19에 나온다. 그들은 소아시아 동쪽에서 자랐으며(행 2:9 및 벧전 1:1 참조) A.D. 49년경 클라우디오 카이사 통치 때 이탈리아에서 추방되었다(수에토니오스의 〈클라우디오의 생애〉 참조). 이방 나라에서 유대인들이 추방되는 일은 (과거에도 그랬고 지금도) 일상적인 일이었다. 현대(1971)에는 그들에게 떠나는 것에 대해 몸값(납치)을 요구해서 그들이 요구한 돈을 다 마련할 때까지 잡아 둔다.

『동일한 업종에 종사... 그들이 생업으로 천막을 만드는 사람들임이더라』(3절). 죽은 정통주의 배교자들은 이것이 잘못된 번역이며 "가죽을 가공하는 사람들"로 돼야 한다(브루스, *Ibid.*, p.367)고 주장한다. 그러나 새 번역본들은 이런 터무니없는 본문을 수용할 만한 "배짱"이 없었기 때문에 그것들은 대개가 A.V.(1611)본문과 일치한다. "가죽을 가공하는 사람들"이란 말은 2세기의 이교도 철학자인 오리겐(그도 "축자적으로 영감받은 최초의 원본"을 믿었다)에게서 나온 말이다.

"천막을 만드는 사람들"이 맞다. 왜냐하면 주님께서는 "장막"과 "성막"에서 40년을 여행한 후(삼하 7:6) 육체를 장막 삼아 그 안에 거처를 정하셨기 때문이다. "만일 땅에 있는 우리의 장막 집"(고후 5:1-6)이 무너진다 해도 우리에게는 하늘에 또 다른 집이 있다. 바울은 현명한 "건축가"였다(고전 3:10). 생업으로 천막 만드는 일 외에 그가 무엇을 했겠는가? 참수형을 당할 때까지 그가 사역하면서 했던 일이 바로 그 일이다!(고전 4:12)

4,5절은 설명이 필요하지 않다. "바울은 영 안에서 매임을" 받는다(5절).

바울은 이번에는 사도행전 17:16에서처럼 "몹시 괴로워"한 것이 아니다. 그는 핵심을 찔러서 사도행전 17:4과 같은 결과를 얻어야 한다는 큰 부담감을 느낀다. 메시지를 들은 후 거기에 반대한 이들은 회당에 있던 유대인들이다(4절). 사도행전 13:42의 경우와 정확히 일치한다. 배교자들은 자신들의 기만적인 상상력에 맞추기 위해 그 구절을 변개시켰다. A.T. 로버트슨은 5절에 있는 "영"이란 단어를 좋아하지 않는다. 로크만 재단은 (밥존스대학과 펜사콜라기독대학의 몇몇 교수진과 함께) 본문에 있는 다섯 단어를 빼버리고 NASV 본문으로 대체시킨다. 그리스바흐는 바울이 "영안에서 매임을" 받는 것을 좋아하지 않는다. 알렉산드리아 사본과 바티칸 사본을 기록한 서기관들도 마찬가지다. 리빙바이블, 공동성서, NEB도 바울이 그런 부담을 느끼고 있었다는 것을 그냥 보아 넘기지 못한다. 메이어, 해켓, 빈센트, 글로그 및 대부분의 보수주의자들도 그 본문에 만족해하지 않는다. [다수 필사본의 본문은 〈킹제임스성경〉과 일치한다. 그러나 알렉산드리아 필사본들(그리고 "D")은 오리겐과 일치한다. 앞에서 언급했듯이, 오리겐이 카이사라에서 시작한 (그리고 유세비우스가 뒤이은) 일은 시리아에서 시작해서 그 지역의 북쪽 및 북동쪽으로 이동한 헬라어 사본을 변개시키는 일이었다. 바실과 크리소스톰은 때로 알렉산드리아의 변개된 필사본들을 사용했지만, 성령께서는 소아시아와 비잔틴을 거쳐 유럽으로 건너가서 종교개혁을 가져온 다수 필사본을 통해 그것을 바로잡으신다.]

『**영 안에서 매임을 받아**』(5절)라는 말은 분명 강박관념을 말하는 것이며, 바울은 디모데와 실라(5절)가 나타났을 때 그것을 갖게 된다. 그들이 오자 바울이 갑자기 "말씀에 전적으로 헌신"(NASV 본문 참조)하기 시작했다는 것은 우스운 추측에 지나지 않는다. 바울의 전 생애 동안 "말씀에 전적으로 헌신"되지 않은 적이 없었다. "이 부분이 진짜 의미하는 것은..." (클라크, *Ibid*., p.834)이라고 말하며 얄팍한 증거에 근거해서 하나님의 말씀을 바꾸는 것은 자존심이나 시기심(혹은 둘 다)에서 나온 것에 지나지 않는다. 로버트슨은 실라와 디모데가 마케도니아에서 헌금을 가져왔기 때문에(살전 3:6, 고후 2장, 빌 4:15) 바울은 "아무것에 얽매이지 않고 자신을 완전히 말씀에 헌신했다"고 말한다. 그러나 이와 같은 모든 설명은 설교에서는 바울과 같지 않으며, 말씀에 대한 믿음에는 바울에 반대하고, 설교에 대한 태도에서는 바울적이지 않으며, 행동에 있어서는 바울과 다른, 그런 사람들의 노력인 것이다.

바울이 갑자기 예수가 그리스도(5절)라고 증거했던 이유는 압박감 때문이었다는 사실은 누구라도 금방 알 수 있다. A.T. 로버트슨이 말한 대로 압박감에서의 해방과는 아무런 상관이 없다. 적의에 가득 찬 청중 앞에서 폭력적이고도 논란을 불러일으킬 진리를 제시해야 하는 실제적 압박감을 당해 보지 않은 성경교사에게 "최초의 헬라어 원본"의 의미를 발견하는 일은 불가능한 일이다. 그런 사람이 "원본"을 가지고 있다 하더라도 그들은 자신의 명철과 이해의 부족으로 그것을 고치고자 할 것이다. 여기서 올바른 해석은 상식의 영역과 사역에서의 개인적인 경험에서 나올 수 있다. 실라와 디모데가 나타날 때까지 바울이 말씀에 전적으로 헌신하지 않았다고 생각하는 사람이 있다면 그는 사도행전을 가르칠 만큼 바울에 대해(혹은 성경에 대해) 알지 못하는 사람이다(시 119:99,100). 이것이 A.T. 로버트슨 박사와 로크만 재단, 더멜로우, 래드, 램세이, 제미에슨, 포셋, 브라운, 빈센트, 노울링, 글로그, 클라크, 레인지, 해켓, 웨스트의 입장이다. 주 예수 그리스도나 성경을 높이고자 하는 그리스도인이라면 그 누구라도 여기에서 그들이 하나님의 말씀을 변개시키는 것에 대해 참아서는 안 된다.

실라와 디모데와의 교제(사랑의 선물을 받은 것을 포함해서)는 바울에게 "영" 안에서 부담을 준다. 그의 "말씀에 대한 헌신"은 전혀 영향을 받지 않는다. 그는 단순히 도화선에 불을 붙일 때라고 결심한다. 그리고 그는 그렇게 한다.

『**그러나 유대인들이 반박하며 모독하자**』(6절). 복음을 거부하는 사람은 영적으로 자살하는 사람이다. 이번에 죄인들을 지지하는 자는 "바예수"(행 13:6)나 심지어 사탄(롬 15:22)도 아니다. 자기 의를 내세우는 그들 자신의 자아이다(롬 10:1-4). 여기서 일어나는 "모독"(blesphemy)은 어떤 의미로 성령을 거스르는 모독이 될 수 있다. 그러나 그것이 마가복음 3:29, 30에 나오는 "성령을 거슬러 모독하는 죄"는 될 수 없다. 왜냐하면 예수 그리스도께서는 그때 지상에 육체로 계시지 않았기 때문이다.

『**나는 깨끗하니라**』(6절). 사도행전 20:26과 느헤미야 5:12,13과 같다. 에스겔이 그랬던 것처럼, 바울도 "파수꾼"으로서 증거를 마친 후에 영적 살인(겔 3:17-27)에 대해 무죄하다고 주장한다[행 20:26 및 주석 참조]. 한편 "모독"(blasphemy)이란 단어는 NCCC의 약한 심장에는 너무나도 강한 표현이다. 그래서 그들은 6절에 "비방"이란 말을 삽입시켰다. 그러나 RSV (1952)의 처음 본문에는 그렇게 되어 있지 않다. 테네시 템플, 밥 존스, 클리어워터, 미드사우스, 미드웨스턴, 달라스, 필스베리, 시카고, 콜럼비아, 사우스이스턴이 추천하는 보수주의 학자들은 누룩이 들어간 ASV(1901)를 만들어내기 50년도 더 전에 "모독"을 "비방"으로 대체시킬 것을 이미 제안했었다.

『**이제부터는 내가 이방인들에게로 가리라**』(6절). 사도행전 13:46,47 주석 참조.

18:7 그리하여 그곳을 떠나 하나님을 경배하는 유스토라는 사람의 집에 들어갔는데 그의 집은 회당 옆이더라.
8 회당장 크리스포가 온 집안과 더불어 주를 믿으니 많은 고린도 사람도 듣고 믿으며 또 침례를 받으니라.
9 그때 주께서 밤에 환상으로 바울에게 말씀하시기를 "두려워 말고 전파하며 잠잠하지 말라.
10 내가 너와 함께 있는 이상, 아무도 너를 해치지 못할 것이니 이는 이 성읍 안에 내 백성이 많음이라."고 하시더라.
11 그가 일 년 육 개월을 그곳에 계속 머물면서 그들 가운데서 하나님의 말씀을 가르치니라.

7절의 『**유스토**』는 로마에 있는 유스토(골 4:11)나 예루살렘에 있던 유스토(행 1:23)와는 다른 사람이다. "디도"라는 여분의 단어가 NASV(1963)와 다른 배교한 부패본들에서 그의 이름(디도로)에 내동댕이쳐져 있다. "디도"라는 단어를 넣은 근거는 바티칸 사본(약 4개가 있다)에 있는 사본 하나와 "D"(약 5개가 있다)에 하나 그리고 시내 사본이다. 다수 필사본을 포함해서 4계열의 필사본에는 "디도"가 없다. 유스토는 루디아처럼 이방인 경배자이다(행 16:14와 그 주석 참조).

8-11절의 내용은 명백하다. 바울은 고린도에서 귀한 열매들을 거둔다. 회당의 최고 지도자가 구원받은 후 주님께 순종해서 침례를 받고(8절) 『**많은 고린도 사람**』(8절)들도 합류한다. 선교에 관한 하나님의 절대적인 계획을 따라, 바울은 사람들을 구원받게 하고 침례받게 하며 그들에게 성경

을 가르친다(11절). 이 계획은 그 누구에 의해서도 결코 더 향상된 적이 없다. 새로운 개종자와 성경에 순종하는 일에 있어서 우리가 당면한 문제는 간단하다. 수천 명이 구원을 받는다. 빌리 그래함의 전도집회에서 믿음을 고백한 사람들과 500여 개의 독립 침례교회에서 주일 아침에 기록한 보고를 다 합치면 새로 믿는 사람들은 일주일에 5,000명이 넘는다. 그러나 여전히 진짜 부흥은 없다. 성경을 "가르치는" 일에 순종하지 않는다면 부흥은 결코 없을 것이다. "새신자들을 가르치는 일"이 그들의 손에 35개의 역본들을 던져 주고, 듣기 좋은 말로 교회 출석을 부추기고, 교육 기관을 숭배하도록 가르치고, "건전한 교리"를 피하는 교제에 합류시키는 것이라고 생각하는 한, 또 히브리어와 헬라어 지식으로 성경에 침을 뱉을 수 있다고 착각하는 자기중심적인 학자들을 신뢰하는 것이 성경을 공부하는 것이라고 생각하는 한, 진정한 "부흥"은 있을 수 없다.

바울은 그들 가운데서 "하나님의 말씀"을 가르치고 있었다. 새 신자에게 소위 성경의 "오류"를 가르치는 것은 (배교자에게서 가르침받은 대로) 성경공부가 아니다. 정말로 "헌신되고" "경건한" 사람이라면 설혹 그가 실수라고 생각되는 것을 발견했다 할지라도 새 신자에게 그것을 보여 주지는 않을 것이다.

주님께서는 바울을 격려해 주고 계신다(10절). 이 부분에서 로버트슨은 드디어 본색을 드러내며 말하기를 만일 바울이 "계속 전파한다면" "선택된 자들"이 구원을 받을 것이라고 한다[*Ibid*., p.299]. 그의 말에서 더욱 놀라운 것은 "모든 목사와 설교자들의 문제"는 "선택된 자들"을 어떻게 그리스도께 이겨오느냐라는 것이다[서문에서 사도행전에서 발견되는 세 가지 주요 이단에 관해 말한 것을 다시 살펴보라]. 이것이 바로 로버트슨이 루이스빌 신학교에서 줄곧 가르친 것이다. 바로 칼빈과 메이첸, 벌콥, 댑니, 질, 핫지, 스트롱, 그리고 프린스톤과 웨스트민스터의 위대한 죽은 정통주의 무천년주의의 그룹에서 그렇게 한 것이다.

1. 11절의 『**그들**』은 10절의 "심히 많은 내 백성"(10절)을 말하는 것이다. 이들은 "하나님의 백성"(10절)이다. 왜냐하면 그들이 믿었기 때문이다(8절). "많다"(8절)는 말은 10절에서 "많은 백성"이 누구인지를 말해 준다. 그러나 로버트슨은 성경이 그의 사사로운 해석에 결코 간섭하지 못하게 막는다. 어거스틴, 존 R. 라이스, 알렉산더 캠벨, 존 칼빈, A.W. 핑크도 마찬가지다. 한편 G.C. 모건은 잃어버린 연결고리를 찾아내어 10절의 "심히 많은 내 백성"이 새로운 개종자들을 뜻한다고 말한다.

물론 그들은 새로운 개종자들이다.

2. "많은 사람들"이 "선택된 사람들"이라면(로버트슨, *Ibid.*, p.299) 그들을 구령하는 데 무슨 문제가 있겠는가? 저항할 수 없는 은혜, 제한된 속죄, 무조건적인 선택이라는 칼빈의 교리가 사실이라면 "선택된 사람들"을 그리스도께로 구령하는 데 무슨 문제가 있겠는가?(*Ibid.*, p.299) 하나님께서 살아 계신 것만큼이나 확실하게 선택된 사람들은 (칼빈의 교리 체계 내에서) 확실히 구원받게 된다. "만일 바울이 계속 전파한다면" 그들이 구원을 받는다니? 로버트슨은 『**구원을... 얻게 하려 함이라**』(딤후 2:10)를 읽을 때 『**영원한 영광과 함께**』(딤후 2:10)라는 부분은 잊어버리고 읽은 것이다. 칼빈처럼 말이다.

『**그가 일 년 육 개월을 그곳에 계속 머물면서**』(11절). 고린도 교회는 "은사들"을 받았고(고전 12장) 그 은사들은 믿지 않는 유대인들을 다루기 위한 것이었다(고전 14:22). 이것이 고린도전서 14장에서 언급된 방언들을 설명해 준다. 방언이라는 "표적"은 믿지 않는 유대인을 위한 것이며(사 28:11) 본문에는 유대인들이 등장한다(2,4,8,12절). 가장 은사가 많은 교회(고전 12장)가 가장 육신적인 교회였다. 그들은 역사상 가장 위대한 성경 교사에게 약 2년 동안 성경을 배워 "지식"(고전 8:1)은 얻었지만, 여전히 인구 80,000이 넘는 오늘날 미국의 전형적인 도시와 아주 유사한 환경 속에서 살았다. 이런 육신적인 환경 속에서 육신적 특징들이 금새 나타났는데, 그것은 다름 아닌 "다툼과 분열"(고전 3:3)이었다.

18:12 그런데 갈리오가 아카야의 총독이었을 때 유대인들이 일제히 바울을 반대하고 일어나서 그를 재판석으로 끌고 가
13 말하기를 "이 사람이 율법을 어기면서 하나님을 경배하라고 사람들을 선동하나이다."라고 하더라.
14 바울이 입을 열어 말하려고 할 때 갈리오가 유대인들에게 말하기를 "만일 이 일이 참으로 불의하거나 악한 범법 행위라면 오 너희 유대인들이여, 내가 너희와 더불어 그 이유를 규명하겠으나
15 만일 그 문제가 말과 명칭과 너희의 율법에 관한 것이라면 너희 자신이 처리하라. 나는 이런 문제에는 재판관이 되고 싶지 아니하노라."고 하고
16 그들을 재판석에서 내보내더라.
17 그러자 모든 헬라인이 회당장 소스데네를 붙들어다 재판석 앞에서 때리나 갈리오는 이 일에 전혀 상관하지 아니하더라.

본문의 사건이 일어난 시기는 A.D. 53-54년경이며, 갈리오가 아카야의 총독으로 있을 때이다. 그는 스페인 코르도바에서 태어났으며 유명한 로마인 세네카의 친족이다. 폰티오 빌라도와는 달리 그는 영적인 문제에 대해 아무런 관심도 보이지 않았다. 일등급 공민의 지도자인 그에게 더 나은 무엇을 기대할 수는 없을 것이다. 그가 무신론자든, 불가지론자든, 이

교도든, 로마인이든 간에 어쨌든 그는 판사로서 공평하고 편견이 없었다.

유대인들은 재판석에서 바울을 비난한다(12절). 『**이 사람이 율법을 어기면서 하나님을 경배하라고 사람들을 선동하나이다**』(13절). 이것은 성경대로 믿는 사람으로 하여금 하나님의 법에 순종하기 위해 시민의 법을 어기게 하거나 아니면 그와 반대되는 상황으로(단 6장) 끌어들이고자 하는 전형적인 수단이다(마 22:17-20 참조). 이번에는 사도행전 16:21과 17:17에서 언급했던 때와는 달리 "하나님"을 끌어들인다. 여기서 우리는 사도행전 16:21과 17:17에 대한 클라크와 램세이, 로버트슨 등의 주석이 잉크만 낭비한 것이라는 강력한 증거를 갖게 된다. 왜냐하면 갈리오는 "율법을 어기면서 하나님을 섬기는 것"이 범법행위라고조차 생각하지 않기 때문이다. 이것으로 우리는 클라크, 램세이 등이 그들의 비평자료를 A.D. 33-60년 이전이나 이후에 있었던 로마의 관행에 관한 세속 자료에서 가져왔음을 알 수 있게 된다. 이 문제에 관한 그들의 연구 전체는 (그리고 그들을 따랐던 저자들은 모두) 무용지물이다. A.D. 54년 아카야의 총독에 따르면 "잘못"과 "악"의 문제는 황제 숭배나 하나님 숭배와는 아무런 관련이 없었다[클라크, 램세이, 로버트슨 등이 이것에 찬성하지 않는다면, 그들은 자유로운 미국 시민 혹은 유럽 시민으로서 자신의 의견을 제시할 수는 있다. 그러나 성경 진리를 찾는 학생들은 그들을 심각하게 고려해 볼 가치가 전혀 없다]. 당시에 황제 숭배가 문제거리가 되었다면 갈리오가 이런 태도를 취하고서도 살 수 있었으리라고 생각하는가?

『**말과 명칭과 너희의 율법에 관한 것이라면**』(15절). 갈리오는 영적이거나 성경적인 문제에 관해 전혀 관심을 기울이지 않는다. 『**갈리오는 이 일에 전혀 상관하지 아니하더라**』(17절). 카톨릭 사제나 유대인 랍비, 무신론자, "뛰어난 근본주의자들"도 갈리오를 움직이게 할 수는 없다. 갈리오는 카톨릭 사제, 동성연애자, 흑인 이슬람교도, 공산주의, 근본주의, 랍비, 힌두교인, 사탄숭배자, NAACP가 하루 24시간 라디오 방송국에서 프로그램을 방송하는 것은 그냥 보아 넘긴다. 그들이 서로서로를 죽이지 않는 한 (17절) 그는 상관하지 않는다. 갈리오는 종교적인 문제로 주먹싸움을 하는 사람은 코피를 흘려도 싸다고 생각했다.

『**나는 이런 문제에는 재판관이 되고 싶지 아니하노라... 그들을 재판석에서 내보내더라**』(15,16절). 바울을 그곳으로 데려간 사람들은 그에게 온갖 욕을 퍼붓는다(행 24:5,6 참조). 그들은 성경 구절을 들먹이며, 50년 동안 아무도 시행하지 않은 로마법을 소리치며 두루마리를 폈다 말았다 한다. 갈리오는 하품을 하고 포도 몇송이를 입에 넣고는 그들이 지쳤을 때 간단하게 말한다. "고소 사항이 있는가?" 다시 혼란이 시작된다. 그들은 15분간 열을 올린다. "법정의 질서"를 회복한 후 갈리오가 다시 묻는다. "고소 사항이 있는가? 살인이나 간음, 공무원의 위법 행위, 뺑소니 등 고소 사항이 있는가?"

"이 사람은 교회를 분열시키고 있습니다! 그는 성도들을 나누고 있다구요! 그는 극단주의자에 광신자라구요! 그는 문제를 일으키는 사람이며 증오 문학[성경]을 쓰는 사람입니다. 그는 다른 사람들의 믿음을 뒤엎는 말을 합니다. 그는 파당을 짓는 악당이라구요!"

"그를 데리고 가시오!"

법정은 안정을 찾고, 검사들은 중요한 서류라도 찾고 있는 것처럼 그들의 서류가방을 뒤적인다. "판사"는 앞으로 몸을 내밀고 천천히 말한다. "이 거리 설교자에게 어떤 범법 행위에 대한 고소 사항이 있으면 법정이 휴회한 후 사무원에게 가져오시오. 없으면 그 사람을 여기서 내보내고 이 법정이 이런 문제로 시간을 낭비하지 않게 하시오. 평생 동안 이런 종교적인 멍텅구리들은 많이 있을 테니까!!"

『**그들을 재판석에서 내보내더라.**』

헬라인 구경꾼 무리는 소스데네가 유대인이기 때문에 그를 붙잡았다(행 19:33과 21:29에서도 똑같은 실수가 있다). 그리고 그들은 그를 흠씬 두들겨 팼다. 소스데네(고전 1:1)는 크리스포(구원받았을 때 퇴임한)의 뒤를 이은 사람이다. 여기서 소스데네는 그리스도인이 아니었을지도 모른다. 그가 만일 그리스도인이 아니었다면 이것은 그를 "회개하도록 인도하시는"(롬 2:4) "하나님의 선하심"이었다. 하나님께서는 헬라인 폭도들을 사용하셔서 그에게 찔림을 주셨을 수도 있다.

한편 오리겐(184-254)과 그의 "가장 희한한 대학" 교수진은 17절에서 "유대인들"로 되어야 하는 부분에 왜 "헬라인"이라는 단어가 버티고 있는지 생각하는 데 다소 골치를 썩고 있다. 그들의 훌륭한 분석력에 따르면 "유대인"이 되어야 맞다는 것이다. 그래서 바티칸 사본과 알렉산드리아 사본에는 "헬라인"이 빠져 있다. 1582년 예수회 역본에서 1963년 NASV에 이르는 모든 카톨릭 성경에도 빠져 있다. ASV(1901)도 RSV(1952)나 NRSV (1973)와 마찬가지이다.

로버트슨은 예수회 성경 본문을 너무나 열심히 정당화시키고자 한 나머지 "헬라인"을 빼고서도 그것이 어디에 있는지 없는지조차 언급하지 않는다. 그러나 네 개의 필사본 계열을 포함해서 대부분은 〈킹제임스성경〉과 같다. 로버트슨은 이런 말을 하기가 당황스러웠을 것이다. 그래서 그는 입을 다물고 있는다. 클라크는 때리는 자들은 유대인들이 되어야 하기 때문에(17절) 그것은 "헬라어를 말하는 유대인"이 분명하다고 말한다.

『**갈리오는 이 일에 전혀 상관하지 아니하더라**』(17절). 래드와 더멜로우가 찬성을 하든, 로버트슨과 노울링이 찬성하지 않든 갈리오는 전혀 관심이 없다. 아레오파고가 공회가 아니라 장소라는 데 주의를 환기시킨다 해도 그는 별로 그 문제에 오랜 시간을 쏟지는 않을 것이다. 그는 자신의 일에 몰두한다. 그의 일은 누군가에게 잘못된 일이 행해지거나 "악"이 행해졌을 때 그것을 재판하는 것이다. 대부분의 미국 판사들은 (하나님께 감사하게도) 그런 식이다. 어떤 이들은 그렇지 않기도 하지만 말이다. 갈리오가 종교적이거나 영적인 일에 관심이 있었다고 생각하게 할 만한 것은 본문(13-17절) 어디에도 없다. 갈리오를 "종교적인 사람"으로 그리고자 하는 아담 클라크와 로버트슨의 잘못된 인도는 비합리적이다. 아담과 클라크는 동시대의 구령자들이 이 본문을 "무관심"의 한 예로 사용해서 한 설교에 분개했다. 이런 이유 때문에 로버트슨과 클라크는 정말로 "관심은" 있지만 양심의 찔림을 말할 수 없었던 모습으로 갈리오를 그리고자 했다. 그러나 실제로 갈리오는 무관심했다. 본문에 갈리오가 영적 문제에 무관심한 것이 아니라고 말하는 부분이 있는지 살펴보자. 갈리오는 『**이 일에 전혀 상관하지 아니하더라.**』 "이 일"에는 13절과 15절이 포함된다. 그는 말씀이나 구약의 율법이나 경배에 관한 하나님의 계시에 전혀 관심이 없었다. 그가 관심이 있었다면 그는 조금이라도 그 문제에 관여했거나, 그가 비록 재판관이었을지라도 좌절했을 것이다(아그립파와 펠릭스의 경우를 참조할 것). 종교 문제에 관심이 있었던 모든 재판관들은 그들에게 청문회 기회를 주었다.

18:18 그후 바울은 여러 날을 더 머물다가 형제들과 작별하고서 배를 타고 거기서 시리아로 떠나는데 프리스킬라와 아퀼라도 동행하더라. 그가 하나님께 서원하였기에 켄크레아에서 자기 머리를 깎더라.

19 그후 에베소에 와서 일행들을 그곳에 남겨 두고 자신만이 회당에

들어가 유대인들과 변론하니라.
20 **에베소에 있는 사람들이 자기들과 함께 더 머물러 달라고 그에게**
간청할 때 승낙하지 않고
21 **그들과 헤어지면서 말하기를 "내가 어떠한 일이 있어도 다가오는**
이 명절을 예루살렘에서 지키리라. 그러나 하나님의 뜻이면 여러
분에게로 다시 돌아오리라." 하고 에베소에서 배를 타고 떠나니
라.
22 **그리하여 카이사랴에 내렸다가 올라가 교회에 문안하고 안티옥으**
로 내려가더라.
23 **거기에서 얼마간 있다가 떠나서 차례로 갈라디아와 프루기아 온**
지방을 다니며 모든 제자를 강건케 하더라.

고린도전서 1:14-17에 근거해서 보면 실라와 디모데는 고린도의 회심자 대부분에게 침례를 베푼다. 이 사실은 실라가 이스라엘의 "열둘"을 대신하는 새 교회의 "여덟" 중 하나라고 주장하는 스탬, 윌리엄스, 벌링거, 발링거, 모어, 오헤어의 실수를 바로잡는 데 도움이 된다. 바울처럼 실라도 침례를 받았으며 개종자들에게 물에서 침례를 주었다.

고린도에서 약 2년간 머문 후 바울은 실라와 디모데에게 작별을 고한다(18절). 그리고 그는 프리스킬라와 아퀼라와 함께 시리아로 돌아간다(18절). 그들이 에베소에 있는 동안(19절) -바울이 카이사랴로 떠난 후(22절) 얼마 지났을 때- 아폴로 사건이 일어난다(24-28절). 『**그가... 서원하였기에 켄크레아에서 자기 머리를 깎더라**』(18절). 이 구절은 민수기 6:18,21과 연관된 것으로 여겨진다. 나실인은 "회중의 성막문"(민 6:13)으로 가야 한다. 이 성막은 바울 시대에 예루살렘에 있던 성전이다. 바울이 맹세했을 때 그 성전은 여전히 거기에 있었다. 그러므로 바울은 자신의 맹세를 지키기 위해 예루살렘에 가야만 하는 것이다(행 21:26). 그런데 문제가 있다. "성전이 더 이상 경배의 중심지가 아니라는 것을 바울이 몰랐단 말인가?" 물론 그는 알고 있었다. 이 사실은 갈라디아서와 고린도전후서에서 명백히 알 수 있다. "그렇다면 '제물' 때문에 예루살렘에 간(행 21:26) 목적은 무엇이었는가?" 예루살렘에서 유월절을 지키고자 하는 바울의 갑작스런 소망은 이제까지 수행해 온 그의 선교의 소명과 대치되는 것이었다. 13-17장에서 바울은 단 한 번도 예루살렘에서 어떤 명절을 지키고자 한 적이 없었다. 그런 그가 왜 갑자기 바뀌었을까? 본문에 언급된 서원은 어떻게 된 것인가? 만일 그가 전에 나실인의 맹세를 했기 때문이라면 그는 전에 예루살렘으로 갔었어야 한다. 그리고 그는 세 차례나 예루살렘에 간 바 있다(행 9:28, 갈 1:18, 행 15:1-7). 그러면 예루살렘에 갈 때마다 그는 성전에 갔었는가? 한 번은 확실히 성전에 갔었다(행 22:17).

22절의 『**올라가**』라는 말은 그가 카이사랴에 왔다가 예루살렘으로 올라간 후 다시 안티옥으로 내려갔다는 암시를 준다[행 11:2; 15:2; 21:12,15; 24:11에서 이 말이 어떻게 사용되었는지를 참조할 것]. 바울이 만일 이때 성전에 갔다면(22절) 그는 예루살렘으로 들어가서 머리털 하나 다치지 않고 나온 셈이다. 이것이 그가 그렇게 한 마지막이다. 그가 다섯 번째로 예루살렘에 갔을 때는 그에게 고난이 기다리고 있었다(행 21장).

『**올라가**』(22절)라는 말은 예루살렘 방문을 말하는 것이어야 한다. 왜냐하면 바울은 반응이 좋았던 유대인의 회당을 마치 서두르는 듯이 떠났기 때문이다(20,21절). 그가 서두른 것이라면 사도행전 21장의 방문은 여기서 말한 "명절"일 리가 없다. 왜냐하면 중간에 그는 카이사랴, 안티옥, 갈라디아, 프루기아(23절), 에베소(19:1), 마케도니아와 아카야(19:21)를 두루 돌기 때문이다.

여기서 바울이 유대인으로서 특이한 행동을 보이는 것을 이해하려면 두 가지 사실을 알아야 한다. 첫째, 시몬 베드로(행 11:5)처럼 그도 환상을 보았으며(9절) 기적적으로 구출되어(18:16) 그것에 대해 감사했다(행 12:4-10 참조). 둘째, 하나님께서 이 교회에서 유대인을 크게 강조하셨다는 점이다. 왜냐하면 고린도 교회는 이스라엘을 위한 "표적"이 존재했던 유일한 교회였기 때문이다(고전 12-14장). 데살로니가나 베뢰아, 아테네, 루스트라에 있는 어떤 지역 교회도 바울이 떠난 뒤 그렇게 많은 표적을 은사로 받은 교회는 없다. 그가 갈라디아인들에게 보내는 편지에서 "기적들"에 대해 이야기한 적은 있다(갈 3:5). 그러나 우리가 지나왔던 모든 곳에서(행 13-17장) 지역 교회에 "방언"이나 "치유" "기적" 등이 주어졌다는 말은 없다. 이것들은 이스라엘을 위한 표적이다(고전 14:22). 사도행전 18장에서 이스라엘을 향한 무엇인가가 바울의 마음에 생겼다. 이것은 다음의 사항들로만 설명이 가능하다.

A. 바울은 자신의 사역으로 두 명의 회당 지도자가 회심하는 것을 본다(8,17절). 이것은 이스라엘에 대한 그의 부담을 새롭게 해준다(롬 9:1-3). 그가 머리를 깎은 이유는 이스라엘에 대한 그의 유대인으로서의 간증과 연관된다(19절). 이것은 이 일 후에 곧바로 기록된 고린도전서 9:20로 볼 때 분명해진다.

B. 바울이 현명하게 행동했다는 증거는 20절에서 발견된다. 왜냐하면 에베소 회당에 있는 유대인들은 비록 회심하지는 않았다 해도 바울에게 얼마 동안 머물러 있기를 청했기 때문이다. 21절에서의 바울의 대답은 그들에게 그가 모세의 율법을 어느 정도 존중하는(행 21:20,21) 율법을 지키는 유대인이라는 증거가 된다.

C. 마지막으로 『**하나님의 뜻이면... 다시 돌아오리라.**』(21절)는 말에 주목하자. 야고보는 "주께서 허락하시면"이란 말을 붙이지 않고 내일 확정적

인 어떤 것을 하겠다고 말하는 것은 죄라고 말한다(약 4:15-17). 주 예수 그리스도께서는 이런 말씀을 하실 수 있었다(마 16:21). 그러나 그것은 그분의 인성이 아니라 신성의 증거들 중 하나이다. 바울은 몇 년 전에 그에게 주어진 경고로 인해(행 22:17) 그가 다시 돌아오게 될지 어떨지에 대해 확신이 없었다.

따라서 바울은 이번에는 앞으로 만나는 유대인들을 구령할 "계획"만을 세운다(고후 12:16). 한편 바울은 "소아시아"에서 "유대인들"로부터는 더 이상의 심한 박해를 받지 않았다는 사실에 주목해야 한다(행 19:8,9; 20:3 참조). 바울은 로마나 빌립보(20:6)에서는 사도행전 13,14장에서 보여진 그의 사역의 특징 중 하나인 격렬한 소요에 휘말리지 않았다. 진짜 문제는 아시아에서 온 유대인들이 팔레스타인에서 그를 만나게 될 때 다시 시작되었다. 이 문제는 그가 아그립파를 떠나 로마로 항해할 때까지 그를 따라다닌다. 잠언 16:7이 여기에 적용될 수 있다. 왜냐하면 (하나님 보시기에) 바울은 이스라엘과 "경기"를 할 만한 "자격이 갖추어져" 있었기 때문이었다. 여기서부터 문제를 일으키는 것은 유대인이 아니라 이방인들이다(19:24).

23절에서 바울은 제3차 선교여행을 떠나며 이것은 사도행전 19:1-21까지 이어진다.

18:24 그런데 알렉산드리아 태생인 아폴로라고 하는 어떤 유대인이 에베소에 왔는데 언변이 유창하고 성경에 밝은 자더라.

25 이 사람이 주의 도를 배웠으며 영 안에서 열심을 내었고 주의 일들을 정확하게 말하고 가르치나 요한의 침례만 알고 있더라.

26 그가 회당에서 담대하게 말씀을 전하기 시작할 때 아퀼라와 프리

스킬라가 그의 말을 듣고 그를 형제들에게 데려가서 그에게 하나님의 도를 더욱 정확하게 설명해 주니라.

27 그후 아폴로가 아카야를 지나고자 하므로 형제들이 제자들에게 편지를 써서 그를 영접하라고 부탁하니라. 그가 도착하여 은혜로 말미암아 믿은 사람들에게 많은 도움이 되니

28 이는 그가 성경으로 예수가 그리스도이심을 공개적으로 증거함으로, 유대인들을 강력하게 논박함이더라.

여기서 끝없이 깊은 구렁의 천사와 관련된 이름이 나온다[『**아폴로**』는 요한계시록 9:11의 『**아폴루온**』의 헬라어식 발음이다]. 그가 성경을 가르칠 수 있고 진리와 오류에 대해 그가 가진 것을 근거로 사람들에게 "강력한 찔림"을 줄 수 있는 교육받고 언변에 능한 사람이 아니었다면! [모든 죽은 정통주의 보수주의자들은 그 신성한 이름 "알렉산드리아"에 넋을 잃는다. 그러나 고대의 고색 창연한 그 도시와 연관된 숭고하고도 신성한 것들은 이런 것이다. 쥬피터에 의해 동정녀에게서 태어났다고 여겨졌던 마귀에 사로잡힌 간질병 환자 알렉산더 대왕, 알렉산더를 가르쳤던 위대한 성경 거부자이며 진리를 증오하는 이교도 아리스토텔레스. 그리고 근처의 스핑크스, 대문자 필사본과 알렉산드리아 사본과 바티칸 사본과 시내 사본에 근거한 위대한 문서들 - 벨과 용, 토빗과 유디스. 그리고 이 지역을 통치한 파라오. 예수 그리스도(그리고 요셉의 뼈와 야곱의 뼈와 모세)와 이스라엘은 이 지역에서 불러냄을 받았다.]

본문이 증거하는 바에 따르면(19:1-12) 아폴로는 거듭나지 않았다(18:25). 아폴로는 구원받지 않았다는 것을 제외하고는 구령하는 복음 전도자로서의 모든 자격을 갖추고 있다. 사도행전 19:1-6에서 나타나는 특이한 상황은 그가 진리를 부분적으로 전한 사실에 기인함을 결코 잊어서는 안 된다. 아폴로를 정말로 정확하게 평가하기 위해서는 그가 아퀼라와 프리스킬라의 가르침을 거부했을 경우를 생각해 봐야 한다. 그랬다면 그는 죽어서 지옥에 갔을 것이다.

아폴로는 요한복음 20:22 이전에 시몬 베드로가 구원받은(눅 22:32) 의미에서는 구원을 받았다. 이것으로 아폴로의 가르침 뒤에 나오는(19:1-6) 이상한 상황이 설명될 수 있다. 이것은 우리에게 오순절 운동 및 주님과 마귀를 구별할 만한 성경적 진리를 갖지 못한 사람들에 대한 진정한 통찰력을 제공해 준다. 모든 이단과 분파는 모호한 성경 구절에서 시작된다. 그 예들은 제칠일 안식일 예수 재림교(겔 20:20), 캠벨파(행 2:38), 로마카톨릭(마 16:18), 은사주의(행 19:6), 몰몬교(겔 37:15-19), 여호와의 증인(계 7:14) 등이다. 아폴로가 가르친 것에 별 문제는 없었다. 다만 그는 마태복음 3:11밖에 이르지 못했을 뿐이었다. 그리고 성령께서는 불완전한 계시에 멈춰서는 안 된다는 사실을 지적하신다(19:2-6). 사도행전 2:38에서 멈춘 사람은 잘못된 곳에 머물러 있는 것이다. 한편 완벽한 계시는 항상 과거의 계시와(19:4) 상반되지는 않는다. 예를 들어 에베소서 2:8,9과 골로새서 2:14이 사도행전 2:38과 사도행전 3:19과 모순되는 것은 사실이다. 그러나 에베소서 4:5이 고린도전서 12:13(즉 물로 침례를 받은 사람들에게 기록된 서신서)과 모순되는 것은 아니다. [똑바로 알라. 똑바로 알 수 없다면 최소한 엉망으로 만드는 일만은 그만두라.]

아폴로가 "히브리서"를 기록한 장본인인지도 모른다. 그러나 전에 말한 바와 같이 히브리서의 전체 분위기는 사도행전 2장과 14장 사이 어딘가에 있는 저자와 교리적 수준이 일치한다. [아폴로가 그것을 썼다면 그는 12장까지만 썼을 것이다. 열세 번째 장은 (열세 번째 사도가 쓴 열세 번째 서신서로서) 바울이 쓴 것이 명백하다.]

『**언변이 유창하고 성경에 밝은 자더라**』(24절). 이것은 드문 일이다. 『**성경에 밝은**』 사람들은 위대한 설교자가 되지 못한 경우가 많다. 크리소스톰, 루터, 할데만, J. 프랭크 노리스는 이 둘을 겸비한 몇 안 되는 사람들이지만, 일반적으로 학자들은 자신들의 설교 능력을 과대평가하고, 설교가들은 자신들의 성경 지식을 과대평가한다. 펨버와 클라렌스 라킨은 로버트슨, 노울링, 렌돌, 웨스트, 디엠, 조디아츠보다 "성경"에 있어서 훨씬 앞선다. 언변이 유창한 것에 관해서는 탈마지나 휫필드, 빌리 선데이가 그들 중 누구에게도 뒤지지 않을 것이다. 그러나 많은 "연설가들"(R.G. 리, 비처, 휫필드, 워드, 밥 존스 2세, 크리스웰 등)은 "성경 지식"에 있어서는 미키 마우스 수준밖에 되지 않았다. 그들이 성경에 대해 배운 것이 있다면 그것은 벌링거, 라킨, 펨버, 피에터스, 켐프, 스코필드, 다비, 크로닌, 비에더울프, 칼빈의 발 앞에 앉아 있었던 사람들이 쓴 책에서 배운 것들이다. 존 칼빈은 당대에는 성경에 밝았지만 그의 목마(T.U.L.I.P.)가 시간의 흐름과 더불어 그의 저술의 가치를 더욱 떨어뜨렸다. 바울이 "언변에 능했다" 할지라도 그의 적들은 그렇게 생각하지 않았다(고후 10:10). 또한 바울도 자신이 언변에 능하다고는 말하지 않았다(고후 11:6). 그리스도인에게 "건전한 말씀"(딤후 1:13)의 본을 굳게 붙잡으라고 말한 후에 바울은 "게으른 탐식가들," "탐식가," "악한 짐승들," "배설물," "회칠한 무덤," "이단," "거짓말쟁이" 등의 강한 어조를 사용한다. 아마도 서신서에 기록되지 않은 그런 비방들을 열 개 이상은 더 사용했을 것이다. 바울의 글은 결코 교양 있는 글이 아니었다. 죽은 정통주의 언어학자, 고고학자, 어원연구학자, 필사본 조사가, 번역가, 개정가, 주석가, 헬라어 교수들이 바울을 역동적이면서도 부드럽고 균형 잡혔으며 절제되고 구변이 좋은 학자 타입의 분석가라고 생각하는 것은 그들의 전형적인 태도일 뿐이다(〈필사본 증거〉 제6장의 "바울적 강박관념" 참조, 1970). 그들은 자신의 형상을 닮은

신을 만들어낸다. 진짜 바울적 타입은 플랜더스의 탄첼름, 루마니아의 버톨드, 아일랜드의 세인트 팻, 텍사스의 프랭크 노리스, 아이오와의 빌리 선데이, 웨일즈의 웨슬리, 켄터키의 모르드캐 햄, 벨페스트의 이안 파이슬리, 알라바마의 밥 존스, 스코틀랜드의 존 낙스 등이다. 이 사람들이 "책을 좋아하는 데"는 부족한 점이 있다 할지라도 『**성경에 밝은**』 사람의 혼 속에 불타는 열정에 있어서는 결코 부족함이 없었다. 트레겔레스, 네슬, 알란드, 메츠거, 티쉔돌프, 라잇풋, 산데이, 엘리콧, 알포드, 샤프, 그린, 올슨, 잉글리쉬, 브루스, 데이어, 래드, 로버트슨, 웨니거, 클라크, 더멜로우가 "성경에 밝았다"는 잘못된 개념은 학자들이 만들어낸 생각일 뿐이다. 이 사람들은 파괴적인 비평에만 "밝은" 사람들이었다. 그들이 "성경에 반대하는 데 밝은" 것은 사실이다. [존 R. 라이스는 그들과 그들의 "친족"을 "훌륭한 사람들" 혹은 "경건한 사람들"이라는 칭호로 부름으로써 그들이 종교개혁성경을 변개시킨 것을 정당화시켜 준다.] 교육을 세 가지 신(돈, 섹스, 교육) 중 하나로 보는 미국의 우상 숭배로 인해 이 사람들은 기독교 문서에서 성경 해석의 "거장들"로 언급되고 있다.

『**주의 도를 배웠으며**』(25절). 아폴로는 (당시에 살아 있던) 필로를 계승한 이교도 철학자들에게서 배운 것은 분명히 아니다. 필로는 아폴로가 성인이 되어 말씀을 전파하게 된 이후에 죽었다. 필로처럼 판테누스(알렉산드리아 대학의 창시자)의 인간적 지혜를 숭배하는 배교한 유대인들은 결코 누구에게도 "주의 도"를 가르친 적이 없다. 그들이 학생들에게 가르친 것은 플라토, 아리스토텔레스, 쾌락주의(에피쿠로스), 심리적 쾌락주의(유독쿠스), 스토아주의(에피테투스), 신플라토주의였다. 그들이 아는 것이라고는 그게 전부였다. 그들은 전도서(B.C. 1000) 이상을 넘어가 본 적이 없다. 그래서 그들은 알렉산더가 태어나기 1,200년 전에 기록된 욥기를 결코 따라잡지 못했다. “아폴로”가 주의 도를 배웠다면 그것은 히브리어로 된 구약성경을 통해 주님으로부터 배웠거나, 아니면 사도행전 2:10에서 나온 구약을 믿는 유대인에게서였을 것이다. 그 유대인이 필로와 판테누스가 그들의 학생들을 혼란으로 집어넣었던 곳에서 아폴로를 꺼내 주었다.

『**영 안에서 열심을 내었고**』(25절). 바울이 그리스도인에게 말한 대로다. 이와 같은 표현들을 보라. 『**영 안에서 매임을 받아**』(18:5), 『**영 안에서 열심을 내었고**』(18:25), 『**영 안에서... 계획을 세우고**』(19:21), 『**영 안에 매인 바 되어**』(20:22). 이 사중 계시가 로크만 재단(NASV)과 로마카톨릭 교회(예수회 성경, 1582)에서 번역한 18:5에서 사탄적인 계시로 인해 파괴된다.

『**요한의 침례만 알고 있더라**』(25절). [행 19:2-4 및 주석 참조.]

『**회당에서 담대하게 말씀을 전하기 시작할 때**』(26절). 바로 그때 아퀼라와 프리스킬라도 그 자리에 있었다. 그들도 유대인이었기 때문이다. 그들은 아폴로를 따로 불러서 초대한다. 그리고는 “가정성경공부과정”을 통해 이사야 53장(행 8장)과 시몬 베드로에게 계시된 것(행 10장), 의롭게 됨 속에 있는 하나님의 은혜(행 13:39), 그리스도의 몸에 대한 법령(행 15장), 물침례를 구원의 수단에서 제외시키는 갈보리에서 완성된 일(행 16:31)을 가르친다. 이에 아폴로는 반응한다. 베뢰아인들처럼 그는 성경을 상고한다. 그에게는 루디아처럼 주께서 열어 주신 마음이 있었던 것이다. 그가 이 계시를 거부했다면 그는 구원받지 못한 사람으로서 영원으로 들어갔을 것이다. 이 문제에 관해서 갈라디아서 5:4, 고린도전서 15:2, 고린도후서 6:1의 바울의 판단을 보라.

아폴로는 26절에서 인생의 갈림길에 들어선다. 그가 "성경에 밝았고" "언변이 유창했던" 만큼 교만했다면 그의 희망은 사라졌을 것이다. 그런 일은 매일 일어난다. 예를 들어, 항상 일어나고 있는 일 중 하나는 사역을 준비하는 학생이나 헬라어 교수가 이 나라에 얼마 남지 않은 성경대로 믿는 사람을 통해 눈을 뜰 뻔 하는 것이다. 눈을 뜨게 하는 것이 데이빗 오티스 풀러(〈어떤 성경인가?, *Which Bible?*〉)나 J.J. 레이(〈하나님께서는 한 가지 성경만을 쓰셨다, *God Wrote Only One Bible*〉), 또는 에드워드 힐스 박사(〈성경을 믿게 하는 공부, *Believing Bible Study*〉)나 윌킨슨, 버간, 밀러, 스크리브너가 쓴 저술, 혹은 "가장 큰 이단" 럭크만이 쓴 책의 형태로 "아폴로"에게 다가가는 것이다. 아폴로는 그것을 훑어본다. 그 책의 어떤 표현들은 그의 마음에 들지 않는다. 그 책은 그렇게 "유창한" 언변으로 된 것 같지도 않다. 그들의 신학 중 일부 역시 마음에 들지 않는다. 그것은 그가 가진 전천년주의 배경과는 맞지 않는다. 그의 톤이 마음에 안든다. 그가 염원하는 것은 "구령"과 "위대한 일"(말씀을 높이는 것이 아니라)을 하는 것이다. 그래서 그는 그것을 쓰레기통에 던져 버리고 그의 네슬판(혹은 그의 버스 사역)으로 돌아간다. 그리고는 헬라어 성경이 완성됨과 동시에 하나님께서 사람들에게 무언가를 계시하시는 일을 그만두시기라도 한 것처럼 행세한다. 그러나 "아폴로"는 언젠가 갑작스런 심장마비를 일으킬 것이다. 그리스도의 심판석에서 "마음의 생각"이 드러날 것이기 때문이다[자신의 일이나 간증을 확신하지 말라. 언젠가는 벌거벗겨질 테니까].

『**하나님의 도를 더욱 정확하게**』(26절). 이것은 여자라도 그녀의 남편이 함께 있기만 하다면 남자에게 성경을 가르칠 수 있음을 보여 준다. 앨라

배마, 테네시, 조지아, 남부 및 북부 캐롤라이나, 미시시피에는 시카고, 하바드, 예일, 콜롬비아에 있는 박사들에게 "하나님의 도"를 가르칠 수 있는 구원받은 성경대로 믿는 여자들이 많이 있다. 그러나 아폴로와는 달리 오만하고 허영심이 강한 이 무식한 사람들(아, 실례, "불가지론자들"이라고 해야지!)은 초등학교 6학년 수준의 농부 여인에게서는 강의를 들으려 하지 않는다.

27,28절 내용은 평이하다. 아폴로는 전에 아카야를 통과했었다. 바울도 동쪽으로 가는 길에 그곳을 통과했기 때문이다. "침례인 요한"의 복음을 따르던 아폴로의 제자들은 고린도에서 오는 길에 바울과 마주친다. 아폴로는 이제 믿지 않는 유대인들과 "큰 소동을 벌일" 준비를 갖추었다. 왜냐하면 그 자신도 "유대인"이며, 예수께서 약속된 메시아(28절)임을 "강력하게 논박할" 수(28절) 있게 되었기 때문이다. 그는 "유대인"들을 강력하게 논박했고 그들에게 공개적으로 증거했다(28절). 그것은 유대인들에게 참으로 당황스러운 일이었을 것이다. 바울은 주로 회당에서 유대인에게 설교했지만 아폴로는 시장과 도시 광장에서 설교한다. 아폴로는 진정한 설교가이다. 왜냐하면 그의 사역은 이미 믿고 은혜로 구원받은 제자들에게(27절) "도움이 되기"(27절) 위한 것이기 때문이다. 그의 가르침은 박해를 최소화시켜 주었다. 왜냐하면 유대인들은 공개적으로 회심하거나 지역 모임에 합류하지는 않았지만 그들의 마귀적 행위는 그들의 양심과 지성이 아폴로의 논쟁에 동의함으로 인해 누그러들었기 때문이다. 아폴로는 그들이 다루기에는 너무나 대단했다. 만일 그들에게 사도행전 7장에서 가졌던 자유가 있었다면(행 9:23; 13:45) 그들은 틀림없이 아폴로를 죽이고자 했을 것이다. 또다시 잠언 16:7이 적용되는 상황이다.

사도행전 19장

19:1 아폴로가 고린도에 있을 때 바울이 북부 지방을 경유하여 에베소로
와서 어떤 제자들을 만나
2 그들에게 말하기를 "너희가 믿은 후에 성령을 받았느냐?"라고 하니
그들이 말하기를 "우리는 성령이 있다는 것조차 듣지 못했나이다."
라고 하니라.
3 그가 그들에게 말하기를 "그러면 무슨 침례를 받았느냐?"라고 하니
그들이 말하기를 "요한의 침례니이다."고 하더라.
4 그러자 바울이 말하기를 "요한은 정녕 회개의 침례로 침례를 주면
서 백성들에게 자기 뒤에 오실 이, 곧 그리스도 예수를 믿어야 한다
고 말하였노라."고 하니
5 그들이 이 말을 듣고 주 예수의 이름으로 침례를 받더라.
6 그리하여 바울이 그들에게 안수하니 성령께서 그들 위에 임하시어
그들이 방언들로 말하며 예언하니

7 그들은 모두 열두 명쯤 되니라.

우리는 이제 사도행전이라는 고속도로의 "교리적 입체교차로"에 서 있다. 여러분이 마태복음 3장, 누가복음 16:16, 사도행전 1:6; 4:30; 8:15-17; 10:44; 15:9,11; 13:39, 에베소서 1:4, 고린도전서 12:13과 14:22을 정확히 알고 있지 않다면 그 고속도로에서 나오는 편이 낫다. 이 교차로에는 1번 고속도로(발티모어에서 워싱턴으로 가는)에 매일 생기는 잔해보다 더 많은 잔해들이 있다. 길을 알지 못하거나, 표지판을 읽을 수 없거나, 신호를 볼 수 없다면 사도행전 15:11로 가서 자신이 하고 있는 일을 알게 될 때까지 기다려야 한다. 로스앤젤레스의 '아주사 거리 미션'(1904)에서부터 기독실업인 모임인 '캐리스매틱-글로사리아'(1970)에 이르기까지 자기 감정 내키는 대로 행동하는 자들의 가르침은 다음과 같다.

A. 구원받고 그리스도를 믿음으로 하나님의 영을 받을 수 있다. 그러나!

B. 구원받은 후에 "성령"을 받아야 한다.

C. 그러므로 『**너희가 믿은 후에 성령을 받았느냐?**』라는 구절은 오순절파, 개혁 오순절파, 그리고 은사주의 운동에 참여하는 침례교, 카톨릭, 감독교, 감리교, 장로교 등의 교리적 기초가 된다.

여기서 몇몇 운전자들이 바퀴를 잃어버린 것을 감지하고 NASV(구ASV처럼)는 2절에서 『**후에**』(since)를 "때"(when)로 바꾼다. 이것은 "Have ye"(완료시제)를 "did you"(과거시제)로 바꾸는 일을 불가피하게 만든다. 그리고는 그 구절이 증오스런 〈킹제임스성경〉과는 완전히 다르다는 것을 분명히 하기 위해 "Ghost"를 "Spirit"으로 바꾼다(행 1:2; 2:4 및 주석 참조). 우리는 지금 여섯 개의 도로가 교차하는 교차로만큼이나 위험한 부분에 도달해 있다.

우리는 성경을 읽는 그대로 믿어야 한다. 자신을 성령보다 더 높은 권위자로 세운 것 때문에 그리스도의 심판석에서 자신의 평생의 업적을 하나님께서 불태워 버리시도록 하겠는가? 믿는 사람에게는 모든 것이 명백하다(잠 8:8).

『**회개의 침례**』(4절)는 요한이 전파했던 침례를 말하며(4절) 그것은 "성령 침례"가 아니었다(행 1:5). 이 사실은 침례인 요한 자신이 사람들에게 분명히 말했던 것이다(마 3:11).

그들은 믿은 "후에" 성령을 받지 않았다. 왜냐하면 그들은 사도행전 8장에서 사마리아의 회심자들이 처했던 바로 그 상황에 있었기 때문이다. 『**우리는 성령이 있다는 것조차 듣지 못했나이다**』(2절). 그들은 타락한 미국 실업가 무리나, 진리 대신 "사랑"을 교제의 근거로 삼아서 하나님을 매수하고자 하는 젊은이들이 아니다. 또한 갑작스럽게 "성령"에 대해 눈을 뜬 은사주의자들도 아니다.

『**그러면 무슨 침례를 받았느냐?**』(3절) 요한은 자신의 이름으로 침례를 주었다. 그들은 요한"에게로"(unto) 침례를 받은 것이다. 이것은 이스라엘이 모세"에게로"(unto) 침례를 받은 것과 같다(고전 10:1-4, 마 3:7; 21:25, 막 11:30, 눅 7:29 참조). 그것은 그리스도의 침례가 아닌, "요한의 침례"이다. 그들은 『**요한의 침례니이다**』(3절)라고 대답했다. 요한이 "성령 침례"에 대해 언급한 부분(마 3:11)은 한마디도 인용하지 않았다. 따라서 이 "과도기적" 상황 속에 있는 회심자들은 마태복음 3장과 사도행전 2:38의 중간쯤에 있는 자들로, 똑같은 과도기적 상황에서 형제들을 만났던 (18:25) 그들의 선생(아폴로)과 같은 처지에 있었던 것이다.

『**자기 뒤에 오실 이, 곧 그리스도 예수를 믿어야 한다고 말하였노라**』(4절). 아폴로가 그랬던 것처럼 이 제자들은 바울의 향상된 계시를 받아들인다. 캠벨 추종자들과 함께 사도행전 2:38에서 죽어가거나, 자유주의자들처럼 마태복음 5-7장에서 멸망해가거나, 카톨릭처럼 마태복음 16:18에서 지옥으로 가거나, 여호와의 증인처럼 전도서 3:20에서 불못으로 착륙하는 대신, 그들은 갈라디아서 1:6,10과 고린도전서 15:3-5의 복음을 믿는다. 한편 7절의 "열둘"이라는 숫자로 미루어 보아 그들이 유대인들임을 짐작할 수 있다. 또한 "제자들"(1절)이라는 말은 그들은 아나니아(9:10)처럼 유대인 성도들이었음을 말해 준다. 아나니아는 바울이 성령으로 충만하도록 바울에게 안수했었다(9:17).

"예수"라는 이름이 삼위의 하나님 모두에게 주어진 이름이라고 말한 A.T. 로버트슨은 이제 이들이 "진정으로 침례를 받은 것"이라고 말한다(그들이 처음 받은 침례의 의미는 깨닫지 못했기 때문이라는 것이다). 또한 성령이 물침례를 통해 받는 것이 아니라고 믿었던 바울은 성사주의자(聖事主義者)가 될 수 없다고 말하는 오류를 범한다(*Ibid.*, pp.312,313).

바울이 "성사주의자"가 아니라면 성령이 어떻게 안수함으로 전달될 수 있는가?(6절) 이것이 "성직자"들이 수행하는 성사가 아닌가? "견진성사"가 아닌가? 그들이 믿기 전에는(4절) 바울 서신의 관점에서 볼 때, 심지어는 사도행전 2:38의 관점에서 보더라도, 구원받은 것이 아니라는 사실을 로버트슨 박사는 어째서 망각해 버렸단 말인가? 사도행전 2:41을 다시 보자. 『**받아들인**』 요한복음 7:39에는 십자가에 처형되고 장사되었다가 부활하신 구주를 믿는 것이 성령을 받는 것과 동일하게 되어 있다. 『**그들 위에 임하시어**』(행 19:6)와 『**그들 가운데... 내리신**』(행 8:16)이란 표현이 세 군데에서 "받다"(행 8:17)와 동일하게 쓰였는데, 사도행전 2장-오순절에 있는 유대인, 사도행전 8장-사마리아 개종자들, 사도행전 10장-코넬료 집안의 경우가 그것이다. 이 중 두 경우에 방언이 발생하며 사도행전 8장에는 방언이 없다. 그렇다면 빌립과 베드로와 요한은 8장에서 방언이 없었기 때문에 성령께서 사도행전 2:1-3에서 하신 것과 동일한 일을 8장에서는 하시지 않았다고 생각했는가? 그러나 이것은 문제를 과장해서 해석하는 것이다. 왜냐하면 오늘날 사람들이 하는 거짓말에도 불구하고, 오순절에 회심한 사람들 중 누구도 방언을 하지 않았기 때문이다. 오순절에 회심한 3,000명 가운데 단 한 명도 알지 못하는 말이나 외국어를 하지 않았다. 그런 가르침은 완전히 미신에 지나지 않는다. (방언을 한 사람은 사도들이었다.)

방언이 일어난 경우는 모두(행 2,10,19장) 유대인을 향한 표적을 위해서이다.

아폴로는 유대인이었고(행 18:24) 그의 개심자들도 유대인 제자들이었다(행 19:1). 여기서 성령을 받기 위해 "안수"하는 경우가 마지막으로 나오는데, 이것은 카톨릭에서 말하는 소위 "견진례"와는 전혀 관계가 없다. 왜냐하면 이것은 바울의 복음이 하나님의 것이며, 아폴로가 전파한 복음을 바울의 복음이 폐지시킴을 증명하기 위해 행해졌기 때문이다. 성령께서는 사도행전 2장과 사도행전 8장의 의미에서 이 사람들에게 "임하신다." 그들은 방언을 하고 "예언한다"(행 19:6). 이것은 회당에 있는 유대인들과 바울에게 증거가 되는 것으로, 그들은 바울이 그들에게 제시한 향상된 계시를 믿었다. 6절을 고린도전서 14:22 바로 아래에 못 박으심으로써 성령께서는 은사주의자들의 사사로운 해석을 의도적으로 폐지시키고 계신다. 고린도전서에 따르면 방언은 이스라엘에게 주는 "표적"이며(사 28:11,12) 예언은 믿는 사람들을 위한 것(고전 14:22)이라고 말한다. 바울은 믿는 사람이다. 그러므로 사도행전 19:6을 보면 『**그들이 방언들로 말하며 예언하니**』로 되어 있다.

아폴로의 회심자들은 마태복음 28:19,20이나 사도행전 2:38에 따라 침례받은 것이 아니었다. 왜냐하면 두 침례와 연관해서 성령을 언급하기 때문이다. 그렇다면 가장 합당한 질문은 『**무슨 침례를 받았느뇨?**』이다.

위 본문은 사도행전 13:24-39에서 바울이 피시디아 안티옥의 회당에서 했던 메시지를 보충해 준다. 두 문맥 사이의 차이점은 바울이 여기서는 사도행전 13:24을 믿은 뒤 사도행전 13:39로 넘어간 아폴로의 열두 제자들을 다루고 있다는 점이다. 그렇다면 요한의 침례는 정통 유대인에게는 시범 사례가 된 셈이며(마 11:12) 그것이 바로 그 문제가 신약에서 계속해서 제기되는 이유이다(요 1:24,26,33, 마 3:11, 막 11:30, 행 10:37).

여기서 바울은 시몬 베드로가 사도행전 8장에서 했던 것처럼 행동한다. 그는 예루살렘으로부터 온 권위와(행 8:14 참조) 요한의 침례만을 알고 있던 사람들 사이에 일시적인 연결고리 역할을 한다. 사마리아의 모든 사람들은 요한의 침례에 대해 알았다(행 8:13). 왜냐하면 예수께서 지상사역 기간 중 네 번이나 그 지역을 통과하셨기 때문이다(눅 7:11). 예수께서는 사람들에게 침례인 요한에 대해 말씀하시는 것을 잊지 않으셨다(마 11:11). 본문의 "어떤 제자들"(1절)은 아직도 그리스도의 죽음과 장사와 부활 이전 세대에 속해 있는, 아직 구약에서 벗어나지 못한 사람들이다. 그들은 사도행전 18:8; 17:3,12,34; 16:31; 13:38 등에 있는 사람들과는 다른 상황에 있다.

19:8 바울이 회당으로 들어가서 담대하게 말씀을 전하니 석 달 동안이나 하나님의 나라에 관한 일들을 변론하고 설득시키더라.

9 그러나 어떤 사람들은 완고하여 믿지 아니하고 무리 앞에서 그 도를 비방하니 그가 그들로부터 떠나서 제자들을 분리시켜 날마다 투란노 학교에서 토론하니라.

10 이런 일이 이 년 동안 계속됨으로써 아시아에 사는 모든 사람이

유대인이나 헬라인이나 할 것 없이 주 예수의 말씀을 듣게 되었더라.

11 하나님께서는 바울의 손을 통해 비상한 기적들을 행하게 하셔서
12 그의 몸에서 손수건이나 앞치마를 가져다 병자에게 대기만 해도 질병이 떠나고 또한 악령들도 그들에게서 나가더라.

서문에서 말했듯이 사도행전은 은사주의자들이 그들의 거짓 교리를 정립시키는 데 가장 좋은 책이다. "안수"에 대한 진리를 찾고자 3에이커의 늪지를 헤쳐나가자 마자 우리가 만나게 되는 것은 "접촉"으로 인한 신유(12절)와 신유주의자들이 할 수 있다고 주장하는 "비상한 기적"이다.

바울은 사도행전 13,14,18장에서처럼 회당(8절)에서 설교한다. 바울의 사역 대상에 "이스라엘 자손"(행 9:15)이 포함되기 때문에 스탬과 베이커는 8절이 하나님께서 "아직도 이스라엘을 다루고" 계신다는 설명이라고 잘못 추측한다. 하나님께서는 여전히 이스라엘을 다루고 계셨지만 그것은 그 구절과는 아무런 상관도 없다. 하나님께서 사도행전 전체에서 이스라엘을 다루신다는 것은 사실이다. 그러나 이것은 "물침례"와는 전혀 연관이 없다. 왜냐하면 바울이 이스라엘을 대상으로 사역하기는 했지만(행 19:5) 그는 이방인들에게 침례를 주었기 때문이다. 바울의 사역을 이방인들에게만 제한시킨다면 사도행전 전체 위치가 잘못되며, 바울의 죽음이 "그리스도의 몸"의 시작이라는 벌링거의 결론을 따를 수밖에 없게 된다. 바울은 흩어져 있는 유대인들에게 증거할 임무를 부여받았다(행 19:5). 이러한 임무가 에베소서 3:1-8과 고린도후서 5:20만을 설교하는 것이라는 공상은 사사로운 속임수일 뿐이다.

『투란노 학교에서... 이 년 동안』(9,10절). 교사이자 철학자인 투란노라는 사람이 부재중인 동안 바울이 "학교를 세 냈다"는 생각은 서방원문에 근거한 것이다. 그러나 서방원문은 사도행전 15-19장에서 70개 이상의 단어를 첨가시킨 원문이다. 투란노는 이방인이거나 유대인 철학자이거나 둘 중 하나로 보인다. 그의 라틴어 이름이 이방인 철학자인 것으로 여겨지긴 하지만 확실치는 않다. 투란노는 관대하게도 바울에게 비어 있는 시간에 학교를 쓰게 했거나, 특별한 기간 동안 학교에서 수업을 하도록 허락했을 것이다. 후자의 추측이 대부분의 주석가들의 추측보다는 더 가능성 있는 추측이다. "투란노 학교"는 주석가들이 생각하는 것보다 그 시대에 더 알려져 있었다(출 14,15장 주석 참조). 왜냐하면 바울의 강의가 소아시아까지 퍼져 가서 결국은 그 지역에 "일곱 교회"(계 1장)가 세워지기 때문이다.

우리는 지금 출애굽기 14,15장에서 이미 충분히 언급한 내용을 또다시 접하고 있다. 즉 때로는 세속사에서 별로 중요하게 다루어지지 않은 사항을 성령께서는 주지하시고 언급하시는가 하면, 새로운 고고학적 발견으로 세상은 많은 새로운 정보를 얻을 때 하나님께서는 그것에 별 관심을 기울이지 않으신다는 것이다. 때로는 12명의 제자를 놓고 학교 강의실에서 이루어지는(마 10:1-4) 강의가 국제교육협회보다 한 나라의 진로나 상원의 법안 통과나 UN의 운명에 더 많은 영향을 끼치기도 한다. 때로 12명의 성경대로 믿는 거리설교자들(마 10장)이 교육을 숭배하고 성경을 거부하며 현대판 바리새인 무리로 가득 찬 3,000명의 구원받은 죄인들의 학교보다 배교를 더 잘 막을 수 있다.

투란노 학교에는 최소한 바울이 등록한 이후 질의 응답의 기회가 있었다. 『**아시아에 사는 모든 사람이... 주 예수의 말씀을 듣게 되었더라**』(10절). 이것은 고린도전서 16:9에서 언급된 "큰 문"이다(골 1:7 및 몬 1:23 참조). 여기서 "아시아"는 소아시아를 말하며 아담 클라크가 말한 대로

"식민지 아시아"가 아니다(*Ibid.*, p.813).

『**손수건이나 앞치마**』(12절). 이것은 특별한 사역을 맡은(행 9:15,16) 특별한 사람에게서 나오는(6절) 『**비상한 기적**』이다(11절). 그러므로 가짜들은(계 2:2) 자신들이 바울처럼 영적이고 헌신됐다는 과장된 자만과 공상을 품은 사람들일 것이다. 자신을 이 부류로 분류하기 전에 고린도후서 11,12장을 살펴보자. 루터와 웨슬리도 이 부류에 어울릴 수 없었다. 휫필드와 무디도 할 수 없었다. 후스와 낙스도 이 사역을 할 수 없었는데 바울의 경쟁자가 될 만한 다른 사람이 있다고 생각하는가?

다시 우리는 10절의 단어를 잊어서는 안 된다 - 『**유대인이나 헬라인이나**』. 유대인들은 "표적"을 구한다(고전 1:22). 그리고 그들은 많은 표적을 얻는다(12절). 마가복음 16:17-19에서 유대인의 표적은 분명하게 드러난다[표적에 관한 자세한 설명은 출 4:6-8 주석 참조. 하나님께서는 바울을 통해 이 일들을 행하셨으며 신체적인 접촉을 이용하셨다].

19:13 또 돌아다니며 귀신을 쫓아낸다고 하는 어떤 유대인들이 악령들린 사람들에게 주 예수의 이름을 불러서 말하기를 "우리가 바울이 전파하는 예수로 너희에게 엄명하노라."고 하였더라.

14 제사장들의 우두머리인 한 유대인 스케바에게 일곱 아들이 있었는데 그들도 그렇게 행하더니

15 그 악령이 대답하여 말하기를 "내가 예수도 알고 바울도 알지만 너희는 누구냐?"라고 하더라.

16 그리고 그 악령들린 사람이 그들 위에 뛰어올라 그들을 짓누르니 그들보다 힘이 센지라, 그들이 상처를 입고 벌거벗은 채로 그 집

에서 도망치더라.

17 **이 일이 에베소에 살고 있는 모든 유대인과 헬라인에게도 알려지**
니 두려움이 그들 모두에게 임하여 주 예수의 이름을 드높이더라.

18 **그리고 믿는 사람들이 많이 와서 자백하며 자기들의 행실을 털어**
놓더라.

19 **또 마술을 행한 많은 사람도 그들의 책을 함께 가져와 모든 사람**
앞에서 불태우니 그것들을 값으로 계산하면 은 오만 개어치나 되
더라.

20 **하나님의 말씀이 힘있게 융성하며 세력을 얻으니라.**

『**귀신을 쫓아낸다고 하는 어떤 유대인들이... 우리가 바울이 전파하는 예수로 너희에게 엄명하노라**』(13절). 이 사람들은 엘루마(행 13:8)나 시몬(행 8:9)처럼 순회 마술사들이다. 그들이 시몬이 했던 일을 하지 않았다 할지라도 그들은 마귀들린 사람들에게서 마귀를 쫓아내거나(마 12:27) 혹은 그렇게 할 수 있다고 말한다. 과거에 그들이 그런 일을 했었다면 그들은 "여호와"의 이름으로 그렇게 했을 것이다. 이제 그들은 "예수"의 새로운 이름이 얼마나 강력한지 보기 위해 그 이름을 시도해 본다(마 26:63의 대제사장이 거의 같은 방식으로 그리스도께 접근했던 사실을 알 수 있다). 스케바는 에베소(예루살렘이 아니라)에 있는 제사장들의 우두머리였는데, 이는 그것이 가짜 제사장직, 즉 파당이나 이단의 제사장직임을 나타낸다. 왜냐하면 아나니아의 친족 중 누구도 에베소에 있지는 않을 것이기 때문이다.

이 "엑소시스트들"(즉 마귀를 쫓는 사람들)은 더러운 영을 제어해서 모든 이름 위에 있는 이름으로 그에게 명령한다(13절). 『**그리고 그 악령들린 사람이 그들 위에 뛰어올라 그들을 짓누르니 그들보다 힘이 센지라,**

그들이 상처를 입고 벌거벗은 채로 그 집에서 도망치더라』(16절). 이 구절에서 현대의 "거룩한 역본"들은 마귀를 쫓아내는 일에 있어서 쫓는 그 사람이 "하나님과 올바른 관계 속에 있지 않으면"(즉 가짜 사도를 믿지 않으면) 마귀들이 그 사람에게서 나와서 쫓는 사람에게 들어갈 가능성도 있다고 말한다. 그러나 성경에 그런 말은 없다. 주께서는 유머감각을 갖고 계시다. 구원받지 못한 사람을 해방시키기 위해 자신의 아들의 이름을 증거하는 대신(행 16:18 참조) 하나님께서는 모든 사람에게 한 가지 교훈을 주시는 것이다.

『**내가 예수도 알고 바울도 알지만**』(15절). 지옥은 하나님께서 사용하시는 사람들을 안다. 기드온은 비록 땅에서는 소작인이었지만 셋째 하늘에서는 "용사"였다. 마귀는 욥을 생각했었다. 하늘에서 욥은 큰 인물이었다. 그는 그가 지상에서 가졌던 명성이 사라진 후에 더 큰 인물이 되었다. 물론 마귀는 시몬 베드로를 알고 있었다(눅 22:31). 하나님과 대면하여 논쟁해서(행 10:14, 요 13:8) 승자가 된 사람은(출 32:14 참조) 누구나 고려의 대상이 된다. 야곱은 "하나님과 사람들과 더불어서 겨룰 힘"을 가지고 있었다(창 32:28). 여러분은 어떤가? 이스라엘에서 다윗을 알지 못하는 더러운 영은 없었다. 그러나 여러분은 어떤가? 여러분은 지옥에 알려져 있는가? 여러분은 어둠의 세력에게 위협적인 존재인가? 여러분의 이름이 어린양의 생명 책에 있다 할지라도(빌 4:3) 어둠의 군대가 한 혼을 전복시키려 할 때 그 이름을 언급하는가? 여러분은 누구인가? 악한 영은 예수와 바울을 알았으며, 깨끗해지거나 구원받지 않고서도 그는 예수를 알았다(마 7:22). 많은 사람들이 그런 식으로 "예수님을 안다." 그가 누구인가를 아는 것과 그가 한 일을 믿는 것은, 그를 자신의 구주로 믿고 그분의 피의 속죄를 자신의 죄의 용서와 칭의의 유일한 근거로 받아들이는 것에는 결코 미치지 못한다. 구원받은 사람은 마태복음에서 멈추지 않는다. 그는 로마서와 갈라디아서로 곧장 간다.

이 일로 인해 부흥이 계속적으로 일어난다. 『**주 예수의 이름을 드높이더라**』(17절). 그리고 하나님의 말씀은 『**힘있게 융성하며 세력을 얻으니라**』(20절). 이 표현은 서로 조화를 이루고 있으며(잠 30:5,6) 진정한 "성령의 부흥"의 열매가 맺혀지고 있다.

18절은 설명이 필요치 않다. 이것은 성경의 부흥이다. 진짜 부흥이 일어날 때 사람들은 그들의 우상들을 버리고 나쁜 생활을 고백할 뿐 아니라 감사치 않음과, 하나님에 대한 사랑의 부족과, 불신과, 가족에 대한 임무를 등한시한 것과, 욕심, 임무를 수행하는 태도, 자기 부인의 부족, 오만, 구원받지 못한 사람들에 대한 무관심까지도 고백한다. 이런 부흥에서는 늘 미국의 모든 소도시에서 일어나야만 하는 일이 일어난다. 그것은 책을 태우는 일이다. 그 책에는 플라토의 〈공화국〉, 아리스토텔레스의 〈오이디프스왕〉도 분명히 포함된다. 학자들은 이제 손에 손을 잡고 태워져야 할 책들은 흑마술, 최면술, 점성술, 신비철학에만 제한됨을 증명하고자 한다. 그러나 거기에는 하나님의 말씀을 낮추거나 성경의 질을 저하시키는 학자들의 책이 포함되어야 한다.

"새로운 번역본들"이라고 불리는 상품들은 가장 질 낮은 물품들이다. 책장을 정리하고자 한다면 이 번역가들이 하나님의 말씀을 공격하기 전에 자문을 구했던 교과서들부터 시작해야 하리라. 전천년주의이며 근본주의이고 독립적이며 구령하는 미국의 보수주의자들이 추천하는 책 NASV (1963)부터 시작하라. 그것을 태워 버려라. 진짜 태워야 할 것은 1884년판 RV이다. 그 책이 없다면 1952년판 RSV도 좋다. 둘 다 같은 헬라어 텍스트에서 나왔다. 그 다음으로 〈리빙바이블〉이나 〈현대인을 위한 기쁜 소식〉이다. 정말 태울 것은 〈확대신약〉이다. ASV(1901)도 잘 탈 것이다. 어드만스, 베이커, 존더반, 메이첸, 데이비스, 로버트슨, 소우터, 노울링, 램세이, 해켓, 바이스, 웬트, 래드, 트렌치, 캐드베리, 브루스, 블래스, 더멜로우, 모울톤, 디엠, 글로그, 린드세이, 샤프, 렌돌, 알포드가 출판한 30권의 주석서들을 태우고 싶을지도 모르겠다.

요한계시록 12:3-8을 존 밀턴의 〈실락원〉으로 해석하는 대신, 성경에 기록된 그대로 믿는 법을 모든 그리스도인이 배운다면 굉장하지 않겠는가? 그리스도인들이 '스코필드성경 편집위원회'가 창세기 6:1-6에 대해 말하는 것을 믿는 대신 성경에 기록된 그대로를 믿는다면 어떤 일이 일어나리라고 생각되는가? "경건하고 헌신된 보수주의" 주석가들이 말하는 것을 믿는 대신 출애굽기 13-15장이 말씀하는 대로 믿는다면 말이다. 코페르니쿠스와 갈릴레오, 케플러, 로렌즈, 아인슈타인이 쓴 책들의 무더기들은 A.V.(1611)와 비교한다면 그들의 적당한 위치, 즉 불 속으로 가야 한다. [물론 그것들이 성경과 어긋나는 바로 그 부분만 찢어내어 태우면 될 것이다.]

미국에서 주류제조판매금지법(1933)이 폐지된 이후로 진짜 부흥은 없어졌다.

교회들은 "열매"를 얻었고 "사람들을 구원"시켰으며 미국의 10여 개 대도시들에서 얼마간의 거대한 사역을 하고 있었다. 그러나 이 일들을 다 합친다 해도 미국의 어린이들에게 학교 선택의 권리, 사회에서 만나는 친구들을 선택할 권리, 마약 거래와 도색문화에서 보호받을 자유를 줄 수는 없다. 미국에서의 어떠한 부흥도 대중으로 하여금 압력을 가해 단 하나의 술집이나 삼류 영화관도 문 닫게 할 수 없었다. 이런 일이 술가게 주인이나 영화관 소유주가 개인적으로 회심했을 때에 일어날 수는 있다. 그러나 전면적인 부흥은 두 가지 것 중 하나, 즉 내전이나 파산이 일어나지 않고서는 불가능하다.

『**은 오만 개어치나 되더라**』(19절). 미국 돈으로 약 삼만 달러에 해당된다. 모든 인플레이션을 감안한다면 약 삼십만 달러어치에 상응하는 책들이다.

그 더미 속에 히브리어 구약성경이나 야고보서, 데살로니가전서, 고린도서, 갈라디아서, 마태복음의 헬라어 사본은 없었다. 토빗, 벨과 용, 마카비, 유딧, 모세의 다섯 번째 책, '상인'(멜카토르), '유령의 집'(모스테라리아), '황금 단지'(아울라리아), '안드로스의 여인'(메안더), '사물의 성질에 관하여'(루크레티우스), '원자 이론'(루크레티우스), '시'(카툴러스), '아에네이드'(버질), '송시'(호레스), '사랑의 기술'(오빗), '경구집'(테오크리투스), '희곡'(아리스토파네스), 그리고 유리피데스의 희곡 등이 불꽃 속에서 타오르고 있었다. 불행히도 그들은 유진 오닐, 스타인벡, 앤더슨, 윌리엄스, 크리포드 오데츠, 버나드 쇼와 현대의 도색적인 아프리카 희곡 등의 작품을 입수하지 못했다. 그들이 이 책들을 입수할 수 있었다면 그것들도 활활 타올랐을 것이다. 안드레 가이드, 토마스 엘리엇, 싱클레어 루이스, 살바토르 쿠와시모도, 세인트 존 퍼스, 보리스 패스터낙, 도스 파소스, 알베르뜨 까뮈의 책들이 거기에 있었다면 그것들도 화염 속으로 던져졌을 것이다. 이 목록을 읽고 화를 내는 사람은 즉시 이 책을 불태워 버릴 것이며 그런 사람들 중 대부분은 또 한 명의 '피의 메리'가 백악관 주인과 결혼하게 되면 여러분을 화형시켜 버릴 것이다. 세상에 속해 있고, 세상을 위하며 세상을 사랑하는 속물들은 항상 하나님의 말씀을 비판하거나 모방하거나 전복시키는 책이 공격당하는 것에 증오심을 품는다. 위에 열거한 저술 중 단 하나도 신학적으로 중립적 위치에 있는 것은 없다. 그 책들 모두는 어느 점에선가 성경을 공격한다. 그것들 중 대부분이 사탄적인 영감으로 사람과 죽음에 대한 성경적 교리를 타락한 인간의 타락한 추측으로 대체시킨 것이다.

인생을 거짓되이 묘사하는 책들, 성경을 공개적으로 공격하는 책들, 범죄와 죄에 대해 변명하는 책들, 육욕을 불러일으키는 책들, "마귀 숭배"(고전 8:4; 10:20 참조)의 표제 아래 학자들과 단체들(혹은 전통)을 성경과 동등한 권위에 두는 책들, 그것들은 "이 세상의 신"이 만들어낸 것들이다. 그가 그 책들에 영감을 불어넣었고 기록했으며 출판했고 자신의 자녀들을 써서(요 8:44) 선전하고 있다. 그 책들은 모두 창세기 3:1이나 요한복음 8:47을 근거로 해서 성경 어느 부분인가에 접근한다. 로버트슨 박사와 E.S. 잉글리쉬, 존 R. 라이스도 위에 언급한 사람들처럼 이 문제에 접근한다. 이 사람들은 "축자적으로 영감받았으나 현재는 존재하지 않는 잃어버린 성경"에 대한 믿음을 고백하는 동시에 서슴지 않고 자신들이 좋아하지 않는 어떤 구절을 스스로 판단한다. 문학과 예술, 학자계, 과학, 교육, 철학, 음악, 스포츠, 사업(돈과 오락)을 그들의 적절한 위치 즉 살아계신 하나님의 무오한 말씀의 절대적인 권위 아래 두기 전에는(렘 23:36) 진정한 부흥이란 있을 수 없다.

『**하나님의 말씀이 힘있게 융성하며 세력을 얻으니라**』(20절). 융성하며 세력을 얻는 다른 길은 없다. 여러분이 어떤 사람의 의견이나(나는 그의 IQ가 160이든지, 그가 얼마나 경건한 생활을 하는지에 대해서는 관심 없다) 어떤 학교의 의견이나 (나는 그들이 얼마나 많은 학생을 가지고 있는지에 대해서는 관심 없다) 어떤 교회의 의견(나는 그들이 재판관기 17:10의 "사제-아버지" 앞에 있든 그렇지 않든 관심 없다)을 성경보다 우위에 둔다면, 그런 사람은 성경을 거부하는 우상 숭배자이며, 그리스도의 심판석(혹은 백보좌 심판)에서 자신의 신성모독적인 종교에 대해 수정을 당하게 될 것이다. "성경 숭배자"에 대해 가장 많이 염려하는 사람들이 바로 성경의 파괴적 비평가들을 숭배하는 사람들, 즉 보수주의 선두주자들이다. 그들은 참으로 "교육 숭배자들"이다.

19:21 이 일들이 이루어진 뒤에 바울이 영 안에서 마케도니아와 아카야
를 경유하여 예루살렘으로 가려는 계획을 세우고 말하기를 "내가
그곳에 들른 뒤 로마도 보아야 하리라."고 하더라.
22 그리하여 자기와 동역한 사람들 중에서 두 사람, 곧 디모데와 에
라스토를 마케도니아로 보내고 자신은 아시아에서 한동안 머물더
라.
23 그 무렵 그 도로 인하여 적지 않은 소요가 있었으니
24 이는 데메트리오라는 어떤 은 세공장이가 다이아나를 위한 은 감
실을 만들어서 장인들에게 적지 않은 수익을 얻게 하였는데
25 그가 같은 업에 종사하는 공원들을 불러모아 놓고 말하기를 "여러
분, 여러분도 알거니와 우리가 이 업으로 인하여 재산을 얻었는
데
26 그대들이 보고 들은 바와 같이 이 바울이 에베소뿐만 아니라 아시
아 온 지역에서 손으로 만든 것은 신들이 아니라고 많은 사람을
설득하여 돌아서게 하였으므로,
27 우리의 이 업이 수치스럽게 될 위험에 처했을 뿐만 아니라 위대한
여신 다이아나의 신전도 멸시받을 것이며 따라서 온 아시아와 세
상이 숭앙하는 그녀의 위엄 또한 소멸될까 하노라."고 하였음이
라.
28 그들이 그 말을 듣고 분노로 가득 차서 소리질러 말하기를 "에베

소인의 다이아나는 위대하도다."라고 하더라.

사도행전 18:8에 뒤이어 사도행전 18:12의 사건이 발생한 것처럼, 성령의 진정한 역사 뒤에는 지옥의 모든 것이 풀려난다. 우상 숭배자들은 사업과 복음이 섞일 수 없음을 알게 된다(24절). 수천 명의 에베소인들의 회심에 뒤이어 철학, 인본주의, 신화, 흑마술 등에 관한 수백 권의 책들의 상실은 우상 판매 - 이 경우에는 "하늘의 여왕"(다이아나, 비너스, 아프로디테, 마리아, 아데미, 아스타롯, 이스터, 구아달로프의 처녀 등의 이름으로 불리는)의 신상 판매 - 에 치명적인 손상을 입힌다. 한편 외계에서 지구를 방문할 방문객들에 대해 무엇인가를 암시하는 구절(35절)에 마주치면 대다수의 보수주의 학자들은 〈킹제임스성경〉에 반대해서 완전한 일치를 보이며, 전능하신 하나님의 계시를 가려 버린다. 이런 일은 사도행전 14장에서도 있었다. 창세기 6장에서도 있었다. 외계로부터의 누군가에 관한 구절이 나타날 때마다 이런 일이 일어난다(출 32장 및 주석 참조). 성령께서는 현대의 근본주의자들의 과학이나 하나님에 대한 신뢰를 테스트하기 위해 성경에 이런 위험스런 구절들을 두신 것이다.

21,22절에 대한 주석은 고린도후서 1:15,16과 고린도전서 16:5-7에서 찾아볼 수 있다. 디모데와 에라스토는 바울보다 앞서 마케도니아로(22절) 간다(롬 16:23과 딤후 4:20 참조). 아시아에서는 봄이면 다이아나를 위한 큰 축제가 크리스마스트리와 함께 진행 중이다. 그 해의 다섯 번째 달에 일어난 "소요"(23절)는 상업국과 사업향상국이 지역행정협회와 콜럼버스 기사단과 연합해서 일으킨 것이다.

『**돈을 사랑하는 것이 모든 악의 뿌리니**』(딤전 6:10). 현대의 변개된 "성서들"에 되어 있는 것처럼 "모든 종류의 악" 중에서 "한 뿌리"가 아니다.

이익이 가장 먼저 고려될 때 그 나라는 도덕적, 영적, 사회적, 물리적으로 타락하게 된다. 그리고 나서 차선책으로 그 어떤 정책을 펴든 그 나라는 개선될 수가 없다.

19:29 그리하여 온 성읍이 혼란으로 가득 찼으며 사람들이 바울의 일행
인 마케도니아 사람 가이오와 아리스타코를 붙잡아 일제히 극장
으로 몰려가더라.
30 그때 바울이 군중 가운데로 들어가고자 하나 제자들이 그를 말리
더라.
31 또 아시아의 관리 중 바울의 친구인 몇 사람이 그에게 전갈을 보
내어 극장에는 들어가지 말라고 사정하더라.
32 그런데 어떤 사람들은 이 말을, 또 어떤 사람들은 저 말을 외쳐
대므로, 그 모인 사람들이 혼란을 일으켜 대부분의 사람은 무엇
때문에 모였는지조차 모르더라.
33 사람들이 알렉산더를 무리 가운데서 끌어내니 유대인들이 그를
앞으로 밀어내더라. 그때 알렉산더가 손짓을 해 보이며 군중에게
변명하고자 하나
34 군중이 그가 유대인인 것을 알고서 모두 다 한 소리로 약 두 시간
동안이나 외치기를 "에베소인의 다이아나는 위대하도다."라고 하
더라.
35 그때 성읍의 사무장이 무리를 진정시키며 말하기를 "에베소 사람
들이여, 에베소인의 성읍이 위대한 다이아나 여신과 쥬피터로부터
떨어져 나온 신상의 숭배자란 사실을 모르는 자가 누구리요?
36 이런 일을 부인할 수 없는 이상 진정하고 아무것도 경솔하게 행하

여서는 안 될 것이라.

37 이 사람들은 교회들의 물건을 훔친 자들도 아니고 너희의 여신을 모독한 자들도 아닌데 너희가 여기로 데려왔으니

38 그러므로 데메트리오와 그와 함께 있는 장인들이 누군가에 대하여 할 말이 있으면 법정도 개정할 수 있고 총독들도 있으니 그들끼리 고소하게 하라.

39 만일 다른 문제에 관하여 어떤 질문이 있으면 합법적인 집회에서 해결해야 할 것이라.

40 이는 우리가 오늘의 소요로 인해 심문을 받을 위험이 있으며 이 집회에 대하여 어떤 이유를 댈 수 있는 변명의 여지도 없기 때문이라."고 하더라.

41 이렇게 말한 뒤 그가 그 집회를 해산시키더라.

'은 세공장이 연합'은 아테네의 파르테논과 지역 사제계급과 연합해서 상당히 좋은 수익을 올려 왔다. 사제들은 다이아나와 『**쥬피터로부터 떨어져 나온 신상**』(35절) 판매를 촉진해 왔다. 한편 여기서 언급된 신은 제우스가 아니라 "쥬피터"이다. "위대한 여신의 신전"(27절)은 이 장인들에게는 부차적인 문제이다. 그들은 알렉산드리아인들과 자유주의자들이 "율법"보다는 "이 거룩한 장소"를 앞세웠던 것처럼(행 6:13) 그 말을 했을 뿐이다. 연합기금을 뜯어낼 때 젖먹이에게 돈을 낼 동기를 부여하기 위해 쓰레기 위에 종교적 크림을 약간 첨가하는 것이다. 그 돈이 여러분의 허락 없이 여러분의 의지와는 반대로 여러분에게서 나갔다는 사실은 절대로 신경쓰지 말라. 그냥 넘겨주기만 하라. 양심이 자신을 괴롭히면 로마카톨릭 교회가 통제하는 "기독" 사업에 그 돈이 얼마나 많이 쓰일 것인가를 생각하라.

은 세공장이들은 자신의 양심을 달래기 위해 다이아나의 신전을 덧붙였다. 왜냐하면 자신들이 복음의 진리에 반대하는 진짜 이유가 밥줄 때문이라고 생각하면 그들의 양심이 소리지르기 때문이다.

다이아나는 1870-1970년대의 학자 연맹이 생각하는 것보다 훨씬 더 잘 알려져 있다. 왜냐하면 27절의 진술은 이교도 우상 제작자들의 공상이 아니기 때문이다. 『**에베소인의 다이아나는 위대하도다.**』(28절)라고 소리치는 군중은 그리스의 한 도시 안에서만 알려진 신화에 나오는 여신을 말하고 있는 것이 아니다. 소요가 일어난 사실을 설명하기 위해서는 그보다 더 깊이 들어가야 한다. 한편 장인들은 마태복음 27:20의 제사장들이 그랬던 것처럼, 바울이 설교한 것에 대해 논쟁을 하거나, 거기에 무엇이 잘못되었는지를 말한다거나, 『**다이아나는 위대하도다.**』(28절)라고 소리지르는 동기에 대해 토론해 보지도 않고 이 폭동에서 유익을 취한다. 혼란에 빠진 군중은 알렉산더라는 유대인이(33절) 다이아나를 대적해서 설교한 것으로 생각하기에 이른다(34절). 모든 정통 유대인은 우상을 증오하기 때문에(출 20:1-4 및 주석 참조) 어떤 유대인도 우상을 숭배하는 사람들에게서 환영을 받지는 못했다(34절). 그러나 이 사람은 디모데후서 4:14의 배교한 구리세공자일 수도 있다. 왜냐하면 구리로 만든 다이아나 신전 모형이 은으로 된 제품 다음가는 큰 돈벌이였을 것이기 때문이다. 또한 소요 중에 가이오와 아리스타코(행 20:4; 27:2, 골 4:10, 몬 1:24 참조)가 극장으로 서둘러 들어간다. 알렉산더가 말을 할 수 있었더라면 그는 분명히 그들에게 책임을 돌렸을 것이다. 그러나 가이오와 아리스타코가 비난을 받기 전에 군중은 알렉산더를 끄집어 내렸고 그 성읍의 사무장이 나서서 그 소요를 중지시킨다. 데메트리오(24절)와 그의 친구들이(38절) 아리스타코와 가이오에게 혐의를 두지 않았기 때문에(18:14,15와 비교할 것) 폭도들은 해산한다. 은 세공장이들에게 한 충고는 어떤 불평이 있다면 그 문제를 법정으로 가져가라는 것이었다(38절). 이것은 좋은 충고였다. 집회는 결국 해산되고, 가이오와 아리스타코와 바울과 제자들은 다치지 않고 빠져 나간다. 바울은 몇몇 개심한 에베소 관리들에 의해 그 장소에서 억지로 빠져 나간다(31절). 이 관리들은 바울이 가이오와 아리스타코에게 가서 어떤 변호를 하지 못하도록 한다(30절).

『**에베소인의 다이아나는 위대하도다.**』라는 외침은 "우리의 소득은 위대하도다"라고 번역되었으면 더 정확했을 것이다. 이것이 이제껏 있어 온 많은 시위 뒤에 숨은 진짜 동기이다. 마귀는 "선동가"가 아니라 돈을 벌고자 하는 소수 집단으로 등장하는 것이다. 로크만 재단이 "성경은 위대하도다"라고 소리치는 것은 "성경을 고치는 우리의 능력은 위대하도다"라는 뜻이다. 숨은 동기를 읽어낼 줄 알아야 한다. "검은 것이 아름답다"는 때로는 "검은 것을 흰 것인 체, 흰 것을 검은 것인 체하자"라는 뜻이다("흰 것도 또한 아름답지 않은가?")

학자들의 확고한 생각은 이렇다. 35절의 모든 것은 〈신들의 병거, *The Chariots of the Gods*〉(본 다니켄)에서 나온 것이기 때문에 그것은 단지 신화일 뿐이며, 결코 그것을 외계에서 온 검은 돌(메카, 블라니 스톤 등으로 불리는)이나 "형상"(행 14장)들과 연결시킬 수 없다. 왜냐하면 이 마지막 세기는 예수 그리스도의 재림에 앞서 끝날 것이며, 마귀는 자신이 세계 종교독재자로서(계 13장) UN 회의 대보좌에 들어가는(계 12:7,8) 것과 관련된 진리를 모호하게 하기 위해 할 수 있는 모든 것을 다 해야만 하기 때문이다.

성경의 권위를 전복시키는 데 있어서 누가 사탄을 도울 것인가? 자원하는 사람 없는가? 여기 있다! A.T. 로버트슨 박사, 그는 달라스, 밥 존스, 무디, 휘튼, 풀러 신학교 교수진을 위해 헬라어 교과서를 쓴 사람이다.

1. 로버트슨은 『**세상**』(27절)이란 말은 과장된 표현이라고 말한다. 그러

나 다이아나의 신전은 프랑스와 스페인에서도 발견되었다. 이것은 로마서 1:8의 "온 세상"과 같은 맥락에서 이해될 수 있는 것이다. 로버트슨은 또 "쥬피터"(35절)를 "제우스"로 대체시킨다. 그러면서도 병행되는 구절(행 14:13)에서는 그를 "쥬피터"("제우스"가 아니라)라고 부른다. 또 『**교회들**』(37절)은 ASV, RV, NASV, NRV, RSV, NRSV 등에서처럼 "신전들"이 되어야 한다고 말한다.

2. 래드 박사(〈위클리프 주석〉)는 그 신상이 『**쥬피터**』(35절)로부터 떨어져 나온 것이 아니라 단순히 "하늘에서" 떨어져 나온 것이라고 말함으로써 NASV (1963)의 변개된 본문에 세력을 부여했다. F.F. 브루스도 그렇게 바꾸는 것이 필요하다고 말한다. 제미에슨, 포셋, 브라운도 그렇게 되어야 한다는 데 동의한다. 그러나 이들을 따라가다 보면 그들의 견해는 헬라어 성경과는 전혀 상관없음을 발견하게 된다. 그 신상이 쥬피터가 아니라 "하늘"(sky)에서 내려왔다는 것에 대한 온갖 이야기는 유리피데스(〈타우리스의 이피지니아〉, B.C. 414-412)라는 이름의 이교 철학자에게서 나온 것이다.

3. 얼과 카터는 (노울링과 렌돌과 더불어) "교회들"이란 말을 이교도 우상 숭배자들과 연결시키는 것을 참을 수 없어한다. 그래서 그들은 "신전들"을 고수한다. (또는 아담 클라크처럼 "신성한 장소들"로 바꾼다). 빈센트는 여러분의 성경 본문을 "우스꽝스러운 시대 착오"(*Ibid.*, p.557)라고 부른다[얼마 후에 그것이 얼마나 "우스꽝스러운지" 살펴보겠다].

이제 우리는 하나님께서 무오한 본문의 헤아릴 수 없는 풍부함 속에서 우리를 위해 예비하신 것을 살펴볼 것이다.

1. 우리가 여기서 다루는 것은 아테미가 아니라 다이아나이다. 여기서의 신전은 고대 세계의 7대 불가사의 중 하나이다. 그 극장은 56,000명을 수용할 수 있는 크기였다. 그곳에서 검투사들의 싸움이나 연극, 저술 낭

독, 토론 등의 행사가 열렸다. 최초의 다이아나 "신전"은 20년에 걸쳐 건축되었으며 길이 425피트에 폭은 220피트이며 127개의 기둥이 있다. 이 "다이아나"는 헬라인들과 아시아인들뿐만 아니라 로마인들도 숭배했다. 전 세계에서 풍요를 상징하는 여신으로 알려진 이 다이아나는 달과 순결을 상징하는 "여자 사냥꾼"으로서 훨씬 더 큰 종교적 의미를 갖는다. 반대로 『**에베소인들의 다이아나**』는 해와 달의 여신이며 모든 생명의 근원이었다. 그녀는 이쉬타르, 아스타롯, 비너스, 쥬노, 베스타, 미네르바, 키벨레(신들의 어머니)와 동일한 "어머니 여신"이었다. 성경은 그녀를 『**큰 바빌론... 창녀들과 가증한 것들의 어미**』(계 17장)라고 말하고 있다. 그러나 지난 500년간의 성경 주석에서 단 한 명의 보수주의 주석가도 그녀의 성경적 신분을 알아내지 못했다. 벌링거나 윌리엄스(전천년주의자들)도 실마리조차 찾지 못했다. 그러나 이 사람들이 그 구절에 관한 주석을 쓰기 오래전에 히슬롭(〈두 개의 바빌론〉)이 그 실마리를 찾아내었다. 또한 아시아, 유럽, 아프리카에서 숭배되었던 것은 "쥬피터"(제우스가 아니라)였다(클라크, *Ibid.*, p.847).

2. 그리고 37절은 『**교회들**』이지 신전들이 아니다. 그것을 바꾼 이유는 표준원문을 포함해서 어떠한 헬라어 본문에서도 발견되지 않으나 영어 본문에서 하나님께서 보여 주신 향상된 계시를 숨기려는 것이다. [한 번은 오스트레일리아에서 분개한 어떤 형제로부터 나를 매우 화나게 만드는 편지 한 통을 받았다. 그는 A.V.(1611)조차도 모든 경우에 헬라어 표준원문에 충실한 것은 아니라며 몇몇 예들을 제시했다. 그가 제시한 사실들을 내가 알고 있다는 것을 왜 그가 생각지 못했는지 모르겠다. 우리는 단 한 번이라도 표준원문을 더욱 정확하게 번역해 낼 수 있겠다라든지 만일 그렇게 되면 하나님께서 그것을 사용하실 것이라고 말한 적이 없다. 우리가 처음부터 지금까지 주장한 내용은 하나님께서는 이 세기를 위해서, 전 세

계의 보편적 언어로, 오류가 증명된 적이 없는 무오한 번역본을 보존하셨다는 것이다.] 어머니 여신을 믿는 이교도들에게도 “교회들”이 있었으며 그것은 “신전들”을 말하는 것이 아니다.

여기서 하나님께서는 1890-1990년대의 불경건하고 돈을 사랑하는 이교의 우상 숭배자들도 “교회”에 나간다는 것을 성경 독자에게 보여 주신다. (나는 “신전들”이라고 말하지 않았다.) 20세기의 종교적 혼란에 대해 하나님께서 보여 주신 이 통찰력을 받아들이지 않는 사람은 어리석은 사람이다.

여러분의 성경이 37절에서 『**교회들**』 대신 “성전들”로 되어 있다면(ASV, RV, RSV, NRV, NASV, NRSV 등), 에베소로 되돌아가서 그들이 바베큐 불(19절)을 지피는 것을 도우라.

3. 신들은 전에 지상에 있었다(창 6장, 행 14:11). 그리고 그들은 다시 나타날 것이다(유 1:6, 벧후 2:4, 마 24:15). 이것은 분명한 사실이다. 이 “신들”이 여기 있었을 때 사람들은 그들에게 이름을 주었다. 그리고 창조에 대해서 그들 나름대로의 이야기를 인간에게 들려 줄 때 그들은 “초인적 존재들”을 언급했던 것이다. 쥬피터가 이 행성에 아무것도 떨어뜨리지 않았다고 생각하는 “과학자들”에게 속아서는 안 된다. 에베소 성읍 사무장은 어떤 신화나 전설을 생각하고 말했을 수도 있다(35절). 그러나 확신컨대 1901년의 ASV와 1963년의 NASV를 펴낸 사람들의 저술에서는 그 반 정도도 발견되는 게 없다. 쥬피터(제우스), 쥬노(헤라), 넵튠(포세이돈), 비너스(아프로디테), 마스(아레스), 플루토(하데스), 베스타(헤스티아), 세레스(데메테르)가 나타났을 때 그들이 살았던 지역의 사람들이 그들에게 이름을 붙여 주었다. 이 타락한 천사들은 셈과 함과 야펫과 그들의 후손들의 기억 속에서 홍수 이후에도 남아 있었고 유럽, 아시아, 아프리카 사람들은 그들 고유의 언어로 그들에게 이름을 붙여 주었다. 오딘(우오덴), 프

리가(프리카), 도르, 비다르, 발데르, 호두르, 티르, 하임달, 발크리에스는 "지상의 거인들"에게 붙여진 이름들이다(창 6:1-6).

지구 밖에서 온 형상에는 두 가지가 있다(고후 4:4). 하나는 옳은 것이고 다른 하나는 잘못된 것이다. 하나는 여기에 왔었다(요 5:43). 다른 하나는 오고 있는 중이다(사 14:12-14). 존 밀튼은 그의 방문(계 12:7,8)을 과거로 봄으로써 보수주의자들을 속였다. 그 문제에 있어서 그들은 완전히 속았다(골 2:18-23 및 주석 참조). 향후 20년은 과학, 교육, 종교에 관련된 모든 노력이 쥬피터(목성)에서 온 방문객들을 위한 길을 예비하는데 사용될 것이다[이것을 믿지 못하겠거든 자신이 좋아하는 것을 믿으라. 여기는 자유국가니까. 그러나 "그"가 여기 도착하면 그렇게는 안 될 것이다. "거인들"(창 6:4)은 여러분이 살고 있는 것보다 더 큰 행성이 필요할 것이다. 그것에 대해 생각해 보라!].

본문의 『**장인들**』(craftsmen, 38절)이란 말은 적절하다. 왜냐하면 다니엘 8:25의 "craft"("계략")는 (문맥상 적그리스도와 함께) 요한계시록 18:22의 "장인"과 맞아떨어지기 때문이다. 헬라어 단어도 두 곳 모두에서 일치한다. 요한계시록 18:22는 『**온 아시아와 세상**』(27절)을 지배했던 창녀 여신으로 생계를 유지한 사람들에 대해 이야기하고 있다.

『**이렇게 말한 뒤 그가 그 집회를 해산시키더라**』(41절). "교회"라는 단어가 어떠한 집회도 지칭할 수 있다는 증거로 그 단어(헬라어 '에클레시아')가 여기서는 『**집회**』(assembly)로 등장한다. 모든 집회는 "교회"이다. 그러므로 모든 단체들이 사실상은 종교 단체("교회들")라는 사실을 알아야 한다. 그들 모두는 어떤 점에서든지 하나님의 말씀에 반대되는 종교적 원리나 종교적 가르침을 가지고 있기 때문이다.

사도행전 20장

20:1 소요가 그친 뒤에 바울은 제자들을 불러서 그들에게 작별 인사를
하고 마케도니아로 가기 위해 떠나니라.
2 여러 지방을 경유하면서 여러 가지 말로 그들을 격려해 주고 그리
스에 와서
3 그곳에서 석 달을 지내더라. 배로 시리아로 가려고 할 즈음에 유대
인들이 그를 해치려고 모의하므로 마케도니아를 경유해서 돌아가
기로 작정하니라.
4 그와 아시아까지 동행한 사람들은 베뢰아 사람 소파트로와 데살로
니가 사람 아리스타코와 세쿤도며 더베 사람 가이오와 디모데, 그
리고 아시아 사람 투기고와 트로피모니라.
5 이들이 먼저 가서 트로아에서 우리를 기다리니라.
6 무교절 기간이 지난 뒤에 우리가 빌립보에서 배로 떠나, 닷새 만에
트로아에 있는 그들에게로 가서 그곳에서 칠 일을 머무니라.
7 그 주의 첫날 제자들이 빵을 떼고자 함께 모였을 때 바울이 그들에

게 설교하되 다음 날 떠날 준비를 하고 한밤중까지 설교를 계속
하더라.
8 그들이 함께 모인 다락방에는 많은 등불이 켜져 있는데
9 유두고라고 하는 한 청년이 창가에 앉았다가 깊은 잠에 빠졌더라.
바울이 오래 설교하므로 그가 잠을 이기지 못하여 삼층에서 떨어
졌는데 일으켜 보니 죽었더라.
10 그러자 바울이 내려가서 그에게 엎드려서 팔로 그를 안고 말하기
를 "소란 피우지 말라. 생명이 그에게 있도다."라고 하더라.
11 그러므로 그가 다시 올라가 빵을 떼어서 먹은 후에 동이 틀 때까
지 오랫동안 대화하고 나서 그곳을 떠나니라.
12 사람들이 살아난 그 젊은이를 데려오니 적지 않은 위로를 받더라.

본문의 내용은 평이하다. 바울은 에베소에 있는 형제들에게 작별 인사를 하고 마케도니아와 그리스(1,2절)로 여행한다. 이것은 고린도후서에 언급되어 있다. (특히 2:12,13; 1:14,16). 이 시기에 바울은 데살로니가전후서, 갈라디아서, 고린도전후서를 이미 쓴 뒤 로마서를 쓰던 중이었으리라고 여겨진다. 연도로 보자면 A.D. 55-57년 정도일 것이다. 그리스에서 시리아로 배로 여행하는 대신(3절), 바울은 빌립보에서 트로아로 항해하기 전에 다시 마케도니아를 통과한다. 오리겐(184-254)과 그의 친구들이 4절로 갔을 때 학자들은 『**아시아까지**』(into Asia)라는 표현을 이해할 수가 없었다. 왜냐하면 5절에 그들이 바울보다 먼저 트로아에 갔다고 말하기 때문이다. 그래서 교황에게 늘 복종하던 대로 (모든 예수회 성경들은 여기서 NASV와 내용이 같다) 로크만 재단(NASV)과 ASV(1901) 위원회는 4절에서 『**아시아까지**』를 빼 버린다. NASV가 암흑시대의 예수회 성경(1582)과 일치하는 반면 ASV는 그것을 "As far as Asia"로 바꾼다.

로버트슨은 소파트로만이 아시아로 갔고 트로피모는 서쪽 예루살렘으로, 아리스타코는 로마로(*Ibid*., p.337) 갔다고 말한다. 그러나 우리는 여기서 다시 3학년 수준의 영어를 읽을 만한 능력만 된다면 로크만 재단 구성원, 루이즈빌 신학교, 알렉산드리아 대학, 〈해설자의 헬라어 성경〉의 저자들에게 큰 이익이 될 곳 중의 하나에 이르게 된다. "아시아"라는 단어가 16절에서 튀어나온다. 그러자 A.T. 로버트슨 박사는 바울이 같은 구절에서 에베소를 지나친 것처럼 그것을 슬쩍 지나쳐 버린다. 그러나 누가가 4,16절에서 "아시아"라는 단어를 쓸 때 그것은 소아시아 대륙의 어디라도 가리키는 것이다. 그것은 16절에서 그 단어의 쓰임으로 볼 때 명백하다. 그래서 A.T. 로버트슨 박사는 "아시아"란 단어가 거기에 없기라도 하듯이 가장한다. 4절은 〈킹제임스성경〉 본문에 있는 그대로가 맞으며 NASV는 틀렸다. 트로아는 에베소처럼 아시아 "내"에 있다. 여기에 의심이 생긴다면 요한 세베대에게 전화를 해서 왜 그가 에베소를 아시아에 있는 교회로 말했는지 "높으신 학자"의 이름으로 물어보라[계 1:4을 보라].

일곱 명의 형제들이 트로아(아시아에 있는)에 먼저 가고 누가와 바울은 『**무교절 기간이 지난 뒤에**』 배로 떠난다(6절). 그들은 트로아에서 그리스도인들과 7일간 머문다. 일요일날 바울은 평상시와 같은 긴 설교를 한다. 일요일 저녁 예배는 7:30에 시작한다. 8시까지 계속된 찬양 이후에 바울은 자정까지 설교한다(7절). 청중 중에서 한 사람(그는 지루해서 죽을 지경이었다, 9절)을 잃은 후에 바울은 그를 다시 소생시키고(10절) 강단으로 가서 오전 5:30까지 설교한다.

본문에서 우리는 몇 가지 분명한 사실들을 확신할 수 있다. 먼저 제자들은 일곱째 날이 아니라 『**그 주의 첫날**』(7절)에 모였다는 점이다. 그들은 카톨릭이나 캠벨파처럼 "미사를 집전"하거나 "성체배령"을 하기 위해서가 아니라 『**빵을 떼고자**』(행 2:46) 함께 모였다. 그들은 독립 침례교회들이 500년이 넘도록 해 온 것처럼 밤 예배를 드렸다. 오전 11시에 집전하는 카톨릭 "미사"는 이와는 전적으로 다르다. 그것은 로사리오기도, 십자가상, 기도용 초, 9일 기도, 면죄, 바티칸 국가, 수녀들만큼이나 성경과는 이질적이다.

『**빵을 떼고자**』가 성체배령의 미사라는 생각은 "빵을 떼는 것"을 "eucharist"로 번역한 시리아 계열의 번역에서 유래한 것이다. 그 단어가 세상의 어떤 헬라어 필사본에도 나타나지 않음에도 로버트슨은 이 미끼를 삼킨다. 더멜로우는 "주의 만찬"이 매 "주일"(Lord's Day) 예배의 정규적인 순서였다고 말한다(*Ibid.*, p. 846). 아담 클라크는 그것에 정관사를 붙여 "the eucharist"라고 부른다.

유두고는 깊고 깊은 잠에 빠진다. "이제 좀 자야 되겠다. 설교는 길고 주제는 심오하니... 내가 깨기 전에 설교가 끝나면 살짝 흔들어 깨워 주세요." 많은 설교가 11:30분에 시작해서 11:35분에 끝난다. 그러나 밥 그레이(Bob Gray)의 두 시간 설교가 풀톤 쉰(Fulton Sheen)의 한 시간 설교만큼 지루하진 않으며, 레스터 롤러프(Rester Roloff)의 한 시간 설교는 헤롤드 오켄가(herold Okenga)의 15분짜리 설교보다 훨씬 더 빨리 지나간다. 아프리카 선교사였던 윌리엄즈(J.B. Williams)는 어느 날 저녁 오후 7시에서 새벽 2시까지 설교를 했다. 그리고 잠시 눈을 붙였다가 3시에 원주민들의 북 소리에 깼다. 그리고 다시 마을로 들어가서 아침 6시까지 설교를 계속했다고 한다.

바울은 죽은 자들 가운데서 유두고를 살렸다. 이것은 베드로가 도르카를 살린 것과 일치한다(행 10:40 및 주석 참조). 11절의 『**빵을 떼어서**』가 7절의 『**빵을 떼고자**』를 해석해 준다. 그것은 "성체배령"도 "주의 만찬"도 아니며 미사도 아니다. (성경이 그 자신의 주석가이다. 이 의견에 동의하지 않는다면 그건 그 사람 사정이다. 그러나 그렇다고 우리를 괴롭히지는 말라).

20:13 그때 우리가 먼저 배를 타고 앗소로 항해하여 그곳에서 바울을 태우려고 했으니 이는 자신은 도보로 갈 생각으로 그렇게 정하였기 때문이라.

14 그가 우리를 앗소에서 만나니 우리가 그를 배에 태워 미틀레네로 갔다가

15 그곳에서 배로 떠나 그 다음 날 키오 맞은편에 이르렀고, 그 다음 날에는 사모에 들렀고 트로굴리움에서 머물렀으며, 그 다음 날 밀레토에 도착하였더라.

16 바울은 아시아에서 시간을 아끼려고 배로 에베소를 지나치고자 작정하였으니 이는 가능하면 오순절 날에 예루살렘에 도착하려고 서둘렀기 때문이라.

모든 지명들은 지도에서 위치를 찾아낼 수 있다. 이 구절에 대한 클라크의 설명은 훌륭하다. 그들은 소아시아 서부 해안 아래 남쪽으로 항해한다. 누가는 바울과 함께 있다(13-15절의 "우리"). 바울은 에베소에서 멈추지 않고 거기서 약 28마일 떨어진 밀레토에 상륙한다. 바울은 자신이 에베소에 상륙하면(에베소는 "아시아" 안에 있다 – 행 19:10 및 주석 참조) 아시아에서 얼마간의 시간을 보내게 된다는 것을 알았다. 왜냐하면 그는 아시아에서 수백 명의 개종자들을 얻었기 때문이다(19:17-20). 그리고 또 다른 소요(19:21-40)에 연루될 가능성도 높았다.

20:17 그리하여 그가 밀레토에서 에베소로 보내어 교회의 장로들을 청
하니
18 그들이 그에게 오므로 그들에게 말하기를 "너희는 내가 아시아에
온 첫날부터 내가 언제나 어떻게 너희와 함께 지내 왔는지를 아
느니라.
19 나에게 가해진 유대인들의 계략으로 인하여 온갖 마음의 겸손과
많은 눈물과 시련으로 주를 섬겼노라.
20 너희에게 유익한 것은 무엇이나 숨겨두지 않고 보여 주었으며 또
집집마다 다니며 너희에게 드러나게 가르쳤으니
21 유대인과 또한 헬라인에게도 하나님께 대한 회개와 우리 주 예수
그리스도에 대한 믿음을 증거하였노라.
22 이제 보라, 내가 영 안에 매인 바 되어 예루살렘으로 가노니 거기
에서 내게 무슨 일이 일어날는지 알 수 없지만
23 다만 성령께서 각 성읍에서 증거하여 말씀하시기를 결박과 고난이
나를 기다리고 있다고 하시니라.
24 그러나 나의 달려갈 길을 기쁨으로 끝마치고 내가 주 예수로부터
받은 사역, 곧 하나님의 은혜의 복음을 증거하기 위해서라면 이런
일을 전혀 개의치 아니할 뿐 아니라 나의 생명을 조금도 아끼지
아니하노라.
25 이제 보라, 내가 너희 가운데 왕래하며 하나님의 나라를 선포하였
으나 너희 모두가 더 이상 나의 얼굴을 보지 못하게 될 줄을 내가
아노라.
26 그러므로 내가 오늘 너희에게 증거하노니 모든 사람의 피로부터
내가 깨끗하니
27 이는 내가 하나님의 모든 계획을 조금도 주저함이 없이 너희에게

전해 주었음이라.

이것은 밀레토 해변에서 바울이 에베소 장로들에게 한 고별 연설이다. 이 때 이후로 그들이 바울에게서 직접 듣는 소식은 에베소인들에게 보낸 서신을 통해서인데, 바울은 감옥에 갇히기 전에 다시 에베소를 방문한다. 이것은 디모데전서 1:3; 3:14; 4:13, 디모데후서 4:13로 볼 때 분명하다. 디모데후서 4:20에서 그는 다시 밀레토에 간다. 이렇게 해서 바울은 죽기 전에 한번 더 트로아, 에베소, 밀레토로 "순회 여행"을 한다.

전체 문맥(35절까지)은 바울이 해 왔던 것과 같은 일(28절)을 하게 될 사람들에게 그의 마음을 쏟아 놓는 것이다. 그러므로 우리는 여기서 진정한 사역자가 따라야 할 필수적인 사항들을 발견하게 된다. 사역에 관한 다른 세부 사항들은 디모데서, 고린도서, 로마서 12-14장, 에베소서 4-6장에 있다. 사역을 준비하는 학생들은 여기에 언급된 사항들에 특별한 주의를 기울여야 한다. 왜냐하면 다음에 나오는 것은 바울이 성령충만한 상태로 다른 사역자들에게 부담과 염려를 가지고 전달한 메시지를 누가가 속기한 것이기 때문이다. 위 본문은 바울이 감옥에서 천천히 조심스럽게 숙고할 시간을 가지고 기도하면서 계산되고 측정된 교리적 점검을 했던 에베소서 1-3장의 교리적 진술과 비교되어 '이등석'으로 밀려나서는 결코 안 된다. 여기에 특별히 주의하기 바란다. 왜냐하면 거의 모든 신학생들은 바울의 "메시지"가 에베소서 3장과 고린도후서 5:20의 내용이라고 배우기 때문이다. 그러나 본문은 두 가지 특별한 계시를 담은 핵심적인 교리적 내용을 다루고 있다. 바울의 설교는 스탬, 벌링거, 칼빈, 로스, 질펀, 핑크, 발링거, 베이커, 필립 머로가 바울의 두 가지 교리에 대해 그들이 생각하는 바를 이야기하는 것과는 거리가 멀다. 사도행전 20장에서 바울은 그가 어떻게 에베소서와 고린도후서를 설교했는지를 말하고 있다. 바울의 설교는 극단적 세대주의자들과 극단적 칼빈주의자들이 생각하는 바와는 거리가 멀다.

바울이 장로들에게 한 메시지에서 28절은 신약에서 발견되는 그리스도의 신성에 대한 가장 중요한 구절들 중 하나이며, 다른 것들은 디모데전서 3:16, 로마서 9:5, 히브리서 1:2,3, 요한일서 5:20이다. 사도행전 20:28을 공격하거나 사도행전 20:28에서 머뭇거리거나 사도행전 20:28에 대해 억측을 늘어놓는 것은 성경을 거부하는 자유주의자나 보수주의자들이 번역해 낸 하나님께서 낮추시는 쓰레기 조각일 뿐이다.

20:28 그러므로 너희 자신을 조심하고 모든 양떼에게도 그리하라. 이들을 위하여 성령께서는 너희를 감독자들로 세우셨으며 하나님께서 자신의 피로 사신 하나님의 교회를 돌보게 하셨느니라.

29 또 내가 이것을 아노니, 내가 떠난 후에 흉악한 이리들이 너희 가운데로 들어와서 양떼를 아끼지 아니할 것이며

30 또한 너희 가운데서도 사람들이 일어나서 왜곡된 것을 말하여 제자들을 끌어내어 자기들을 좇게 할 것이라.

31 그러므로 깨어 있어 내가 삼 년 동안 밤낮으로 각 사람에게 쉬지 않고 눈물로 훈계하던 일을 기억하라.

32 이제 형제들아, 내가 너희를 하나님과 그분의 은혜의 말씀에 의탁하노니 그 말씀이 능히 너희를 굳게 세워 줄 것이며 또 거룩하게 된 모든 사람 가운데서 너희에게 유업을 줄 것이라.

33 내가 어느 누구의 은이나 금이나 의복을 탐낸 적이 없으며

34 정녕 나와 또 나의 일행에게 필요한 것들을 이 두 손으로 충당한 것을 너희 자신이 아는 바라.

35 내가 너희에게 모든 것을 보여 준 대로 수고함으로써 약한 자들을 도와주고 '주는 것이 받는 것보다 복이 있다.'는 주 예수께서 하신 말씀을 기억해야 하리라."고 하더라.

36 바울이 이런 말을 한 뒤에 그들 모두와 함께 무릎을 꿇고 기도하니

37 모두가 몹시 울며 바울의 목을 안고 그에게 입맞추더라.

38 그가 한 말 중에 가장 마음 아픈 것은 그의 얼굴을 다시는 보지 못하리라는 것이더라. 그들이 그를 배에까지 전송하더라.

바울의 메시지는 아시아에 있는 사람들에 대한 그의 사역을 회고하는 내용이다. 이것은 교회를 떠나는 목사가 설교하기에 알맞은 메시지이다. 위에 있는 내용대로 했던 사람이라면 말이다.

『**너희는 내가... 어떻게 너희와 함께 지내 왔는지를 아느니라**』(18절). 그의 사역과 그의 개인적 생활은 사람들에게 잘 알려져 있었다. 그는 "어둠에 숨겨진 것들을 비난하면서" 공개적으로 일을 했다(고후 4:2). 사람들이 그의 행동을 옳게 평가하든지 혹은 나쁘게 평가하든지(고후 6:8) 그는 상관하지 않았다(고전 4:3). [성경은 이미 바울의 사역이 대부분의 기독교 "교육가"의 사역과는 다름을 보여 주었다.]

『**주를 섬겼노라**』(19절). 이것은 누구나가 인정하는 부분이었다(18절). 사람들이 바울의 친구들(고후 7:13,14)이나 적들(고후 11:13,14)이나 그의 개인 생활(고후 13:7)이나 그의 연설(고후 10:10)에 대해 어떻게 생각하든지 간에, 그가 오직 하나님만을 섬겼다는 것으로 그를 비난할 수 있는 사람은 아무도 없다. 『**온갖 마음의 겸손**』(19절). 겸손이 중요시되는 곳은 마음이다(롬 12:16). 마음이 성경 위까지 높아져서 성경을 심판하는 자리에 앉게 되면 (로버트슨, 데이비스, 메이첸, 워필드, 그레고리, 라이스, 핫지, 해가이, 코더, 미첼, 존슨, 쿨버트슨, 잉글리쉬, 노울링, 램세이, 렌돌, 래드, 웸프, 더멜로우, 벌링거 등) "겸손"이란 종종 사람들에게 "자신의 경건한 생활"로 감동을 주고자 하는, 구부정한 어깨를 하고 있는 위선적인 겸손에 지나지 않는다. 29절을 보라. 우리가 무엇인가를 날조하고 있는 것이 아니다. "마음의" 겸손(19절)은 1901년(ASV)과 1963년(NASV)에 하나님의 말씀에 대항하여 심판석에 앉은 위원회 회원들 사이에서는 결코 존재하지 않았다. 그들은 겸손하게 "보였을" 뿐이다.

『**많은 눈물과 시련으로**』(19절). 바울은 겁쟁이가 아니었다. 사도행전 13-18장의 내용으로 볼 때 이것은 명백하다. 그러나 그는 때로 두려워했는데 그것은 문맥으로 볼 때 『**유대인들의 계략**』(19절) 때문이었다. 그는 많이 울었고(빌 3:18) 많이 떨었다(고전 2:1-4).

『**무엇이나 숨겨두지 않고... 집집마다 다니며 너희에게 드러나게 가르쳤으니**』(20절). 바울은 결코 자신의 설교를 고린도전서 2:2에 제한하지 않았다. 그 구절을 문맥에서 벗어나게 해서 디모데전서 6:1-4, 고린도전서 14:20,38, 데살로니가후서 3:7-12, 데살로니가후서 2:1-8을 설교하는 데 쓰는 사람은 차지도 덥지도 않은 타락자이다. 바울은 시기, 원한, 거짓말, 게으름, 사기, 중상, 수다, 도둑질, 과장, 횡령, 탐욕 등을 책망할 때면 (특히 그것들이 구원받은 근본주의자들에게 해당될 때) 호되게 책망했다. 성경에 대한 사람들의 믿음을 파괴시키고 자신의 학문적 업적에 주의를 기울이게 만들고 싶어하는 오늘날의 죽은 정통주의 근본주의자는 바울이 "육신으로"(고후 12:2,3) 나타난다 할지라도 그의 사역을 좋아하지 않을 것이다. 바울은 기생충을 보면 알아차렸다. 요한도 마찬가지였다(요일 5:1-3, 요이 1:9). 바울과 요한은 양의 얼굴 뒤에 감추어진 독니와 침을 볼 줄 알았다(마 7:15).

아무것도 숨겨 두지 않았다는 것(20절)은 『**내가 하나님의 모든 계획을 조금도 주저함이 없이 너희에게 전해 주었음이라.**』(27절)는 의미다. 이것은 몸의 신비와 성도를 한 몸이 되게 하는 한 침례를 의미한다. 왜냐하면 바울은 마지막 당부를 하기 전에 이런 문제들에 관해 기록했기 때문이다(고전 12:13 참조). 회개(21절)와 물침례(행 18:8)가 "현재의 진리"가 아니라고 한 벌링거(및 다른 사람들)의 이단적 가르침은 고려할 가치도 없다. "하나님의 모든 계획"은 하나님께서 바울에게 보여 주신 모든 것이다. 하나님께서는 바울에게 많은 것을 보여 주셨다. "하나님의 모든 계획"에는 다니엘과 잠언의 가르침도 포함된다. 바울은 자신이 온 아시아에 구약을 설교했음을 두려움 없이 말한다(24:14 및 26:22 참조). "모든 계획"은 말라키 3:10과 요한복음 3:16에 대한 설교 그 이상을 포함한다. 기도와 찬양에 대한 가르침 그 이상의 것을 포함한다. 또한 여기에는 주일학교를 세우거나 엄한 학교 규율로 학생들을 단속하는 것 이상의 내용이 포함되어 있다. 성경에 대해 무엇인가를 안다면 "모든 계획"은 머리카락을 곤두서게 할 만큼 경악스런 것이다. 그것이 무엇인지에 관심이 있다면 우선 로마서 1-3장을 살펴보고 그 다음엔 로마서 8장을, 그 다음에는 이사야 29:1-18과 잠언 28-31장을 살펴보라(에스겔 16장과 시편 119편도 좋다). "하나님의 모든 계획"에는 지옥에 관한 설교가 포함된다. 왜냐하면 27절 문맥에서 『**모든 사람의 피로부터 내가 깨끗하니**』(26절)라고 말하고 있기 때문이다. 이것은 에스겔 3:18과 일치한다. 현대의 기독교 유명인사가 영원한 불과 고통(계 14:10)에 대해 설교하기를 거부한다면 그는 "하나님의 모든 계획"을 선포하는 것이 아니다.

『**집집마다 다니며... 드러나게**』(20절). 근본주의 학교들의 많은 교수진들과 직원들은 이 점에 있어서 필립 샤프나 비숍 라잇풋 정도밖에 바울적이지 못하다. 미국에서 대부분의 기독교 교사들은 집 근처 거리에서 설교하지 않으며, 집집마다 방문하며 복음을 전하지도 않는다. 성도들을 방문하며 그들의 집에 함께 앉아서 그들의 영적, 경제적, 가정적, 신앙적, 정신적 문제에 대해 성경을 가지고 상담해 주지 않는 사람은 바울을 따르는 것이 아니다(고전 11:1). 바울 서신서들이 이런 문제들을 다루고 있지 않다고 생각하는 사람은 결코 바울 서신서를 읽어 본 적이 없는 사람이다.

『**하나님께 대한 회개와 우리 주 예수 그리스도에 대한 믿음을 증거하였노라**』(21절). 이것이 구원받지 않은 사람들에게 전하는 메시지의 핵심이다. 고린도후서 5:20이 이 메시지에서 나중에 발전된 것이라는 생각은 학자들의 속임수이다. 누군가에게 죄에서 돌이키고 "악한 길"에서 돌이키고 "바르게 행하라"고 말하지 않는다면 "간구"하는 것이 아니다(고후 5:20). 바울은 이 이방인들에게 회개하라고 말했을 뿐만 아니라, 침례인 요한이 했던 것처럼 유대인들에게 "회개에 합당한"(26:20) 열매를 내라고 말했다. 이 말을 했을 때 바울은 한 분 성령께서 성도를 "믿음으로 말미암아 은혜로" 한 몸 안으로 넣으신다는 것을 알고 있었으며, 이 교리들을 이미 기록한 후였다(로마서, 고린도전후서). 진정으로 "믿음"(21절)을 가진 사람은 자신의 믿음을 고백하며, 주를 직접 부르고, 진짜 문제가 무엇인지를 알게 되며, 예수님을 따르게 된다. "하나님을 믿으라!"(막 11:22) 하나님을 믿는 것(히 11:1-3)이 이제 "주 예수 그리스도를 믿는 것"으로 대체되었다. 이분이 도마가 "나의 주, 나의 하나님"(요 20:28)이라고 말했던 분이다. 그분에 대한 믿음이 없는 회개는 기준에 미치지 못한다(행 19:1-6 및 주석 참조).

22절은 설명이 필요치 않다. 『**성령께서 각 성읍에서 증거하여**』(23절).

바울은 여느 사람 못지않게(고전 14:1,3) 예언의 은사를 가지고 있었다(고전 14:22). 아가보(행 21:10)도 바울에게 아무것도 더해 주지 못했다(갈 2:6). 하나님께서 바울에게 그것을 보여 주시지 않았다 하더라도 바울은 지난 100년간 각 성읍에서 본 것을 근거로 무슨 일이 일어날 것인지 알 수 있었을 것이다. 사도행전 13장 이후로 그가 들어간 모든 성읍에서 그는 유대인들이 기회가 되면 그를 죽이리라는 것을 알았다.

『**나의 생명을 조금도 아끼지 아니하노라**』(24절). 바울은 누가복음 9:24에 복종해 왔다. 매임이나 고난도(23절) 그의 진로를 변경시키지 못했다(눅 9:53의 그리스도의 태도와 비교). 이것이 그를 여느 사람과 다르게 만들었다. 그는 출생의 표(고전 15:8), 물침례의 표(행 9:18), 성장의 표(행 20:32), 죽음의 표(딤후 4:6)를 포함해서 "그리스도의 표"를 지니고 있었다. 『**나의 달려갈 길을 기쁨으로 끝마치고... 사역**』(24절). 그는 아킵포에게 이것을 주의하라고(골 4:17) 말했으며, 경주를 마치는 순간까지 자신의 달려갈 길을 주의했다(딤후 4:1-8, 고전 9:24).

바울의 설교에서 두 가지를 더 살펴보자.

1. 몸의 신비(벌링거 추종자들과 발링거 추종자들) - 에베소서 3장
2. 화해(스탬과 베이커) - 고린도후서 5장
3. 하나님을 향한(성경) 회개 - 사도행전 20:21
4. 우리 주 예수 그리스도에 대한 믿음(성경) - 사도행전 20:21
5. 하나님의 나라(25절)
6. 하나님의 은혜의 복음(24절)

이 여섯 가지 사항 중 하나를 설교에서 뺀다면 그 사람은 더 이상 고린도전서 1:17이나 디모데전서 1:12에 순종하고 있는 것이 아니다. 바울처럼 설교하면 가난한 집에 살게 될까봐 두려워하는 죽은 정통주의 성경 비

평가들을 따름으로써 속았을 뿐이다. 『**하나님의 은혜의 복음**』은 유대인들이 팔레스타인에 복귀하는 것과 〈킹제임스성경〉이 존재하는 것만큼이나 이 시대를 위한(행 20:24) "현재의 진리"이다. "현재의 진리"는 바울이 처음으로 로마에 가기 전에 아시아에서 설교되고 있었던 것이다. "이 시대"는 사도행전 13장 이전에 시작되었다. 왜냐하면 바울은 『**하나님의 은혜**』는 그가 『**주 예수로부터 받은 사역**』이라고(24절) 말했기 때문이다. 그는 이 사역을 사도행전 9:15에서 받았다. 그리고 바울은 물 속에서 침례를 받았다.

『**하나님의 나라**』에 대해서는 사도행전 1:3 주석과 〈확실한 예언의 말씀〉을 참조하기 바란다. 『**더 이상 나의 얼굴을 보지 못하게 될 줄을**』(25절). 이것은 바울 편에서 믿음이 부족했음을 보여 주는 부분이다. 왜냐하면 그는 다시 그들을 보았으며 적어도 그들 중 일부는 또다시 보았기 때문이다(딤전 1:3; 3:14; 4:13). 어떤 선지자도 자기 자신의 운명에 관해서는 100% 정확하지 않다. 그러나 관 뚜껑이 자기 머리 위를 덮어오고 있음을 알 권리가 있는 선지자가 있었다면 그들은 예레미야(렘 38:4), 다윗(삼상 22,23장), 바울(행 20:31)이었을 것이다!

『**모든 사람의 피로부터 내가 깨끗하니**』(26절). 이것은 단지 지옥을 향해 가고 있는 구원받지 않은 사람들만 말하는 것이 아니라 (비록 문맥은 그렇다 하더라도) 지역 교회들에 있는 구원받은 장로들에 대한 말이다(27절). 바울이 어떤 장소를 떠날 때 구원받은 사람이든지 구원받지 못한 사람이든지 바울을 향해 "당신이 하나님의 계획의 이런저런 부분에 대해 우리에게 말하지 않았다."고 말할 수 있는 사람은 한 사람도 없었다. 그들은 구원받지 못한 사람들을 향한 하나님의 계획을 바울의 입을 통해 들었다.

"바울적"인 설교는 그런 식이어야 한다. 그런 식으로 가르치거나 설교하지 않는 사람은 지금까지 살았던 가장 위대한 그리스도인을 따르는 것이 아니다(고전 11:1). 그가 주일학교에서 20,000명을 이끄는 전천년주의자이든, 매 3월 500명의 정통주의 젊은이들을 신학교에 입학시키는 자든 관계없다. 그런 사람은 하나님의 말씀을 오염시키는 사람이다. 빌리 그래함에 대해 허풍을 떨거나, 자신이 살고 있는 도시 거리에서 골로새서 2:8, 히브리서 13:13, 디모데전서 6:20을 설교할 배짱도 없으면서 "제2의 분리"에 대해 자랑하지 말라.

『**조심하고... 하나님께서 자신의 피로 사신 하나님의 교회를 돌보게 하셨느니라**』(28절). 1880년 이후로 거의 모든 번역본은 이 구절을 어떤 형태로든 변개시켰다. 그러나 이 구절은 "하나님"께 피가 있다고 말한다.

이 구절은 러더포드 판사와 러셀 목사를 결코 만족시키지 못했다. 그들의 신화적인 "여호와"에게는 피가 없기 때문이다. 또한 이 구절은 밥존스 대학도 만족시키지 못한다. 그들은 두 개의 하나님을 받아들이기 때문이다. 하나는 피가 있는 하나님이고 하나는 피가 없는 하나님이다(요 1:18, NASV). 이 구절은 강령술사, 유니테리언, 연합을 추구하는 자들, 크리스찬 사이언스, 사탄 숭배자들, 진화론자들, 국제 사회주의자들, 자유주의자들, 현대주의자들, 신정통주의자들을 만족시키지 못한다. 그러므로 사람을 기쁘게 하며, 사람을 두려워하는 세상적인 기회주의자들은 이 구절을 있는 그대로 내버려 두어서는 안 되었던 것이다.

본문(28절)은 왜 영국인들이 "bloody"(피의)라는 단어에 강한 혐오감을 갖고 있는지를 설명해 준다. 영국 사람들의 생각 속에서 "bloody"란 단어는 하나님의 피를 연상시키기 때문이다.

본문에 언급된 교회는 신비의 몸("한 몸 된 교회")이어야만 한다. 왜냐하면 그것은 에베소서 5:25의 사신 바 된 교회이기 때문이다. 후에 바울은 교회가 사신 바 된 소유라고 말한다. 그러므로 사도행전의 "몸"과 "신비의 몸"이 다르다는 벌링거의 생각은 완전히 잘못 되었다. 그 둘은 같은 것이다. 에베소서 1-3장의 교회를 산 것은 피의 속죄이며, 사도행전 20:28의 "양떼"를 산 것도 피의 속죄이다. 또한 "양무리"에는 그리스도의 몸에 감독들이(딤전 3:1) 있는 것처럼 "감독자"들(28절)이 있다. "한 몸 된 교회"(벌링거의 상투어구)란 여기에 언급된 교회를 말한다. 벌링거 추종자들로 하여금 그와 같은 극단적 세대주의적 상상을 갖게 한 것은 회개(21절)와 물침례(행 18장)가 이 교회에서 발견될지도 모른다는 생각 때문이었다. 여기서 그들은 마치 대환란의 끝에서 떨어져 나온 사람들처럼 보인다. 왜냐하면 바울의 계시에서 한 가지 분명한 것이 있다면 그것은 두 개가 아닌 하나의 몸이 있다는 점 때문이다.

『**하나님의 교회**』(28절)는 고린도전서 10:32에서 "한 몸"(고전 12:13)으로 언급된다. 이 사람들은 물 안에서(행 18:8) 침례를 받았다. 28절의 "양떼"는 한 몸 안에 있는 구원받은 유대인들과 이방인들을 말한다. 그리고 하나님께서는 그 몸을 자신의 피로 사셨다. "주의 피"나 "그리스도의 피," 혹은 하나님의 피의 영향을 말살시키기 위해 몰래 대체된 어떤 "영적 진리"로 사신 것이 아니다.

디모데전서 1-3장을 믿는다면 장로는 "자신을 조심하고" 그 다음에 양떼를 주의해야 한다(딤전 4:16). 『**또 내가 이것을 아노니, 내가 떠난 후에 흉악한 이리들이 너희 가운데로 들어와서 양떼를 아끼지 아니할 것이며**』(29절, 요 10:1-20과 비교). 이런 일은 꼭 일어난다. 이기적이지 않고 자신의 직무를(그리고 자신의 사람들을) 진정으로 염려하는 목사가 떠날 때마다 24시간 내로 "디오트로페"가 나타난다. 이 나라의 모든 근본주의 교회 안에는 교만하고 자기 의를 내세우는 그리스도인들이 숨어 기다리고 있다. 그들은 교회를 좌지우지하려는 잘못된 욕망을 가지고서 열렬히 "주를 섬긴다." 이 사람들은 대체적으로 분파를 형성한다(바리새인들처럼). 그들은 믿음의 근본 사항들을 믿는다(마귀도 눈 하나 깜짝이지 않고 "니케아 공회 강령"을 암송할 수 있다.) 그들은 항상 헌신과 성별을 세상 앞에 내세워야 할 외적인 모습으로 생각한다. 다시 말하면 내적인 삶과 그리스도인으로서 지녀야 할 마음의 태도에 있어서 그들은 성사중시적인 태도를 가진 것이다. 그들은 자신들이 "경건한" 사람들임을 스스로에게 (그리고 다른 사람들에게) 증명하기 위해 네 가지 규칙을 따른다.

1. 그들은 정기적 모임에 결코 빠지지 않는다. - 이것은 외적으로 좋게 보인다.

2. 그들은 정기적 헌금을 결코 잊지 않는다. - 이것은 외적으로 좋게 보인다.

3. 그들은 음행에 관한 죄들을 용서할 수 없는 죄들로 여기고 "아주 나쁜" 죄들로 여긴다. - 이것은 외적으로 좋게 보인다.

4. 그들은 다른 사람들의 사생활에 대해 논의하고 그들과 같은 사람들을 통제하기 위한 정책을 논의하는 것을 "사역"이라고 생각한다.

양의 옷을 입은 이 이리들은(29절) 아시아 이리처럼 대개 쌍을 지어 여행한다. 부드럽고 상냥한 "어린양"의 순진하게 웃는 얼굴 뒤에 탐욕스럽게 침을 흘리는 이빨을 감추고 있다. 그 이빨은 기회만 되면 여러분의 팔을 잘라 놓을 것이다. 모든 교회에는 그런 사람들이 있다. 그들에게는 성경으로부터 얻는 진정한 찔림이 없다. 그들은 "자기들을 좋아하는" 사람들을 "좋아하고" 자기들을 싫어하는 사람을 싫어한다(마 5:46). 그것이 그들이 믿는 기독교의 영역이다. 그들과 공놀이를 하라. 그러면 그들도 여러분과 공놀이를 할 것이다. 그들을 반대해 보라. 그들은 한쪽 귀에서 다른 쪽 귀까지 여러분의 목을 잘라 버릴 것이다. 목사의 설교가 직접적으로 자기들을 겨냥하는 것이 아니라면 그들은 어떠한 설교라도 용납한다. 그러나 비방, 가십, 탐욕, 시기, 증오, 기만, 자기 의에 관한 설교를 두 달간 하면 그들은 양무리에서 빠져 나가 버릴 것이다. 이런 부류의 사람들은 결코 그러한 죄들을 자백하지 않는다. "죄 안에서 사는" 사람들이 있다면 ("그리스도 안에" 있는 성도에게 그런 것은 없다) 그들이 그런 사람들이다. 그들의 전 생애는 스스로 의롭게 되는 일에 바쳐져 있다. 그럼으로써 세 살박이 수준밖에 되지 않는 내적 삶을 보충한다. 그들이 말씀을 읽고 가르치거나, 혹은 말씀을 배우고 설교를 들을 때, 그들에게 동기를 부여하는 것은 하나님의 말씀이 아니다. 그들의 섬김의 동기는 인정받는 것이거나 자기가 교회를 조정하게 되는 것 둘 중 하나다. 내적 삶에 대한 "하나님의 모든 계획"보다도 그들을 더 화나게 하는 것은 없다. 그들은 어떠한 "양떼"(29절)에게도 전혀 관심이 없다. 내적 문제가 있던 어떤 선교사가 회중을 떠나면서 이렇게 말했다. "나는 교회에 무슨 일이 생기든지 관심없습니다!" 그는 정말로 관심이 없었다. 그가 관심 있었던 것은 사람들이 그를 어떻게 생각하며, 그가 사람들을 어떻게 생각하는가였다. 우리 모두는 이런 변장한 이리들이 지역 교회 안에 들어와서 권위의 자리에 올라 사역을 협회, 회의, 대회 등에 넘겨주는 것을 보았으며, 때로 그들이 교회 운영회를 통제하고, 권위역본을 변개시킴으로써 유명하게 되는 것이 인생의 최고 목표인 사람들에게 교회를 파는 것을 보았다. 엄청나게 많은 자칭 그리스도인들이 사실은 "탐욕스런 이리들"이다. 그들은 양떼의 영적 복지에 대해서는 전혀 신경쓰지 않으면서도 그 일에 정말로 관심이 많다고 큰소리친다. 그러나 그들이 진정으로 양떼에게 관심이 있다면,

1. 자신이 염려하는 바나 자신의 입지를 세우기 위해 과중한 염려를 그들에게 지우지 않는다.

2. 양떼를 먹인다. 자신의 이름을 내기 위해 그들을 굶주리게 하지 않는다.

3. 그들의 불평과 투덜거림을 인내하며 여전히 전과 동일하게 그들을 사랑한다.

4. 그들을 섬기며, 그들의 슬픔과 고통을 자기 자신의 것처럼 함께 나눈다.

이것이 진정한 시험이다. "간증을 잃는 것," "간증을 망치는 것," "사람들이 어떻게 생각할까" 하는 것은 자기 의를 내세우는 성사주의자들에게서 나왔다. 그들은 자신들은 결코 비난받기를 원치 않는다. 그들은 평생을 "형제들"에게서 단점을 찾는 데 보낸다.

여러분이 진정으로 양떼에 관심이 있고 "양떼를 아끼기" 원한다면 하루에 10갤런씩 휘발유를 태우면서 성도들을 목사로부터 돌아서게 하겠는가? 그것이 양이 하는 일인가? 그렇게도 자신이 영적 거인(혹은 "경건한 인물") 이라면 형제가 실족한 것으로 그를 정죄해야겠는가? 그런 것을 "경건"이라고 부르는가? 자신과 자신의 동료들이 사람들의 눈에 그렇게도 흠이 없다면, 사람들이 알지 못하는 자신의 가정생활에 대해서는 하나님께서 어떻게 생각하시겠는가? 이리들은 시체를 산산조각내서 그것을 먹어치울 때까지는 잠을 자지 않는다. 교회에서 "분리되고, 헌신되었으며, 흠 없는" 생활과 자기 의를 내세우는 많은 바리새인들이 가장 위험한 침입자들이다. 양의 옷을 입은 이 이리들은 양떼 안으로 들어와서 양들이 눈치 채기도 전에 양 몇 마리를 해치워 버린다.

『**너희 가운데서도 사람들이 일어나서... 자기들을 좇게 할 것이라**』(30절). 모든 목사는 이런 문제에 친숙하다. 초교파 사회주의자들이 교회를 망치기 위해 외부에서 지역 교회 안으로 들어오는 데서도 문제가 생기지만, 문제는 내부에서도 발생한다. 즉 자신의 아내가 자신을 따르지 않기 때문에 따르는 사람을 갖고 싶어 하는 것이다. 또 여자가 가정을 통제하고 남자를 마음대로 하는 집의 남자는 자신이 남자임을 증명하기 위해 교회를 경영하고자 하게 되는 것이다. 이것이 그처럼 "훌륭한 간증"을 가진 "헌신된 그리스도인들" 사이에서 일어나는 일이다.

자, 이리들을 두 줄로 세워 보자. 먼저 이런 이리들이 있다.

1. 목사(혹은 집사회)에게 압력을 가해서 교회가 어떤 학교나 협회, 장로교, 대회 등과 연합하도록 만들 의도로 교회에 들어온 부부들

2. 교회 밖의 초교파적인 일에 지지를 얻기 위해, 정치적 지지자들을 얻기 위해 교회에 들어온 부부들

3. 순전히 목사에게 보복하기 위해 운영회에 합류하고 장악한 뒤 사역을 목사의 적들에게 넘겨주는 부부들

두 번째 이리들은 회중 가운데서 교회를 운영하려고 하는 사람들이다.

1. 코넬리우스 스탬과 벌링거(혹은 은사주의 책들)에 빠져서 "이 시대에 침례는 없다"고 하거나 "이 시대에도 방언이 있다"는 등의 말로 젊은이들을 분열시키는 회원들

2. G. 테드 암스트롱(또는 지미 스와거트)에게 빠져서 교회 모든 회원들에게 〈명백한 진리, *Plain Truth*〉를 보내는 구성원들

3. 교회 모든 구성원 중 누가 목사를 (혹은 목사 사모를) 좋아하는지 (혹은 싫어하는지) 전화를 걸어 알아낸 후 사람들을 "영적 교제," "기도 모임," "성경 공부" 등으로 조직하는 회원들

4. 교회에서 자기들이 좋아하지 않는 사람들을 험담할 목적으로 다른 회원들을 저녁 식사에 초대한 뒤 그 사람을 대적해서 교회 안에 파벌을 형성하는 회원들

『**그러므로... 조심하고 모든 양떼에게도 그리하라**』(28절). 오늘날 "양떼"는 대개 동물원일 경우가 많다. 양떼를 치기 원한다면 그들을 사랑하고 그리스도 안에서의 자유를 줄 것인지, 아니면 그들을 거부하고 무조건적으로 복종하게 할 것인지, 둘 중 하나를 결정해야 한다. 교회 운영 회의가 교회를 산산조각 내는 것만큼이나 확실하게, 미국의 큰 교회들 중에서 회중들이 결정을 내리는 교회는 하나도 없다. "결정을 내리는 회원"이 되려는 사람은 "큰 교회" 회원이 되려는 희망을 버리는 편이 나을 것이다. 왜냐하면 "큰 교회"를 세운 "일류급" 목사 중 누구도 당신의 대담성과 개인주의를 단 일 분도 용납하려 하지 않을 것이기 때문이다. 목사는 그를 해고해 버리고 말 것이다.

『**그러므로 깨어 있어... 기억하라**』(31절). 이 훈계는 전체 바울 서신에서 발견된다(골 4:2, 빌 1:3, 고전 16:13, 살전 5:6; 3:6). 그들은 위에서 우리가 언급한 두 부류의 이리들에 대해 3년간 경고를 듣는다. 이것은 장로가 들어야 할 경고이다(벧전 5:1). 왜냐하면 장로는 이런 일을 만나게 될 것이기 때문이다(딤전 5:17-19). 장로에게 가장 많은 문젯거리(그리고 가장 악의에 찬 비평)를 제공하는 사람들 대부분은 외적 행동과 평판에는 흠잡을 데가 없다. 그러나 내적 헌신과 인품은 별개다. 조만간 이 비평가들은 "쓰러져 버릴" 것이다. 왜냐하면 진정한 성경대로 믿는 사람들, 성경 설교자, 성경 교사, 구령자들을 재생산하지 못하는 것이 그들의 운명이며 불행이기 때문이다. "마음의 생각"을 아시는 분은 결코 그들의 "사역"에 축복하지 않으신다. 비록 그들 중 일부는 평생 동안 자칭 "교회 운영자"로서 종교적인 일을 하게 된다 하더라도 말이다. 섬김에 대한 마음의 동기가 올바르고 그렇기에 주께서 쓰시는 다른 사람들과 "연결되어서만" 그들은 남아 있게 된다.

『**이제 형제들아**』(32절). 바울은 결말을 짓는다. 바울은 그들을 두 가지 즉 『**하나님**』과 『**그분의 은혜의 말씀**』(32절)에 의탁한다. 이것이 지상의 모든 그리스도인에게 강조되어야 할 바른 순서이다. 하나님이 먼저이고 그 다음이 하나님의 말씀, 그러고 나서 학자, 과학자, 교육가, 예술가, 음악가, 작가, 설교가, 사제, 정치가, 운동선수, 학교, 교회, 친척, 친구, 교수 등이 하나님께서 기뻐하시는 순서대로 올 수 있다. 하나님이 먼저(출 20:1-4)이며 두 번째가 하나님의 말씀(시 138:2)이다. 어떤 그리스도인이 말로는 하나님을 첫째로 둔다고 하면서 하나님의 말씀을 공격한다면 그 사람은 일급 거짓말쟁이다. 예수 그리스도께서 직접 확실한 용어로(요 8:44) 이것을 하라고 말씀하셨다(요 8:47). 창세기 3:1에서 뱀을 따라가고 싶다면, "주 예수 그리스도를 최고 권위"로 둔다고 말하면서도 그 뱀을 좇아 이사야 14:15까지 따라가야 할 것이다. 말과 행동은 일치해야 하니까.

『**그 말씀이 능히 너희를 굳게 세워 줄 것이며**』(32절). 하나님의 말씀은 젖(히 5:12), 단단한 음식(히 5:12), 빵(눅 4:4), 꿀(시 119:103), 사과(잠 25:11), 물(엡 5:26)에 비유된다. 이 식이요법이 "여러분을 믿음 안에서 굳게 세워" 줄 수 없다면 무엇이 그렇게 할 수 있겠는가? 성경에 대한 약한 믿음은 약한 그리스도인을 만들어낸다. 이들이 〈현대인을 위한 기쁜 소식〉을 배포하는 사람들이다. 성경에 대한 부분적인 믿음은 로크만 재단의 '뉴스코필드성경 편집위원회' 회원들 같은 편협한 그리스도인을 만들어낸다. 반대로 하나님의 말씀에 대한 강한 믿음은 루터, 페이즐리, 노리스, 밥 존스 주니어, 샘 존스, 빌리 선데이, 무디, 피니, 휫필드, 존 패튼 같은 강한 그리스도인을 만들어낸다. 『**너희에게 유업을 줄 것이라**』(32절, 엡 5:5, 골 3:24 주석 참조).

『**내가 어느 누구의 은이나 금이나... 탐낸 적이 없으며**』(33절). 그렇다면 "기념관"을 세우기 위해 돈에 목말라하는 모든 사람들은 실행면에서 비(非)바울적이다. 바울은 "하나님의 영광을 위하여"나 "주님을 위해 위대한 일을 하기 위하여"라는 명목으로 돈을 탐내지 않았다. 그는 어떠한 것에 대한 탐욕도 용납하지 않았다. 그가 열망하라고 한 것은 "최상의 은사들"이었으며, 그것들은 재정적인 은사가 아니었다(빌 4:9,11, 고전 12:31). 이 말은 하나님께서 그런 건물을 위한 재력을 제공하셨을 때 그것이 "마귀에게 속했다"고 말하는 것이 아니다. 오히려 주께서 인도하시는 일이면(출 40장 및 주석 참조) 주께서 필요한 물질을 공급해 주신다. 베드로전서 5:1-6은 이 문제에 대해 입장이 매우 분명하다. 돈에 대한 필요가 너무 커지면 건축하는 사람의 개인적인 영적 생활까지 꽉 채워서 결국 그는 실행에 있어서 바울적 태도를 잃어버리게 된다.

『**필요한 것들을 이 두 손으로 충당한 것을**』(34절). 필요한 것은 "먹을 것과 입을 것"(딤전 6:8)이며, 바울은 대부분의 경우(고후 5:9) 스스로 일하여 그 두 항목을 위한 돈을 마련했다(행 18:3). 이뿐 아니라 바울은 자신의 소득을 그의 동료 여행자들(행 27:2)과 동료 사역자들(몬 1:24)과 동료 죄수들(골 4:10)과 함께 나눠 가졌다. 왜냐하면 바울이 『**나의 일행에게 필요한 것**』(34절)이라고 말하고 있기 때문이다. 『**내가 너희에게 모든 것을 보여 준 대로 수고함으로써 약한 자들을 도와주고**』(35절, 살전 5:14). 바울의 삶은 20세기의 많은 유명 인사들의 사역과는 거리가 멀다. 자신이 직접 "약한 자들"을 도와준 마지막 때가 언제였는가? 약한 자들을 돕기 위해 자신이 직접 수고했던 때가 언제였는가? 자신이 월급을 주면서 일을 시키는 다른 사람이 아니라, 자신이 직접 약한 자들을 도와주었던 때가 있었는가? 혹자는 "럭크만 형제, 나는 큰 사역을 수행하기 때문에..."라고 말한다. 그런 사람은 자백하지 않은 죄를 품고 있는 죄인이다. 겉으로 보이는 모습과 내적 헌신은 별개의 문제다. 바울은 자신이 손수 하지 않는 사역을 "자신의 일"이라고 말하지 않았다(고후 10:13-16).

『**주 예수께서 하신 말씀**』(35절). 이것은 사복음서에는 없는 말씀이다. 로버트슨은 이것이 바울이 "개인적으로 예수 그리스도의 말씀을" 얼마나 많이 알았는지에 대한 의문을 불러일으킨다고 말한다. 그러나 헬라어 학자들의 책 대신에 성경을 읽는 사람에게는 그런 질문이 생기지 않는다. 예수 그리스도의 지상 낚시 친구였던 시몬 베드로와 바울이 2주간을 예루살렘에서 보내지 않았는가?(갈 1:18 및 주석 참조) 시몬의 수다스런 입이(요 13:8과 행 10:14) 마태복음, 마가복음, 누가복음, 요한복음에 기록된 것 외의 일들을 바울에게 말한 것이 아니라면, 우리는 시몬을 잘못 알고 있는 것이다.

『**주는 것이 받는 것보다 복이 있다**』(35절). 이는 메시지를 끝맺기에 아주 좋은 말이며, 이 말로 바울의 전 생애가 요약될 수 있다. 이것이 바울이 그의 서신서들을 끝맺음할 때(롬 16장, 고전 16장, 고후 13장, 빌 4장의 마지막 말 참조) 쓴 『**주 예수 그리스도의 은혜**』(고후 8:9)이다. 하나님께서는 어떤 사람이 모든 것을 기꺼이 드리고자 하는 한 장소를 찾으셨을 때에야(삼하 24:20-23) 비로소 아름다운 성전을 건축하고자 하셨다(왕상 5-7장). 또 하나님께서는 죄인이 그 어떤 일도 하기 전에, 자신을 기꺼이 내어 주심으로써 죄인들을 구원하셨다. 죄 없는 한 사람이 모든 것을 바쳤을 때(마 27:33) 하나님께서는 구원받지 못한 사람들을 상대하셨다. 하나님께서는 너무도 사랑하셨기 때문에 우리에게 "주셨다"(요 3:16). 사랑과 주는 것은 분리시킬 수 없다. 양떼에게는 전혀 신경 쓰지 않는 사도행전 20:29,30의 바리새인들처럼 사랑하지 않고 줄 수는 있다. 그러나 주지 않고는 사랑할 수 없다.

빌 마헬이란 사람이 뇌성마비로 휠체어를 탄 소녀에 대해 내게 말해 준 적이 있다. 그녀의 팔과 다리는 너무 심하게 뒤틀렸기 때문에 글을 쓸 수가 없었다. 그래서 그녀는 팔과 다리를 의자에 단단하게 고정시켜서 하루에 두 통의 편지를 타자로 쳤다. 10년이 넘도록 매일 두 통의 편지가 구원받지 못한 사람들에게 배달되었다. 수십 명의 사람들이 그것을 읽고서 구원받았다. 이 같은 "위대한 기념비적인 일"에 대해 "이 시대의 위대한 믿음의 수호자"라는 칭찬과 더불어 질문을 받았을 때 그녀는 "주님을 위한 일은 아무리 해도 충분할 수가 없다는 사실이 유감스러울 뿐입니다."라고 말했다. (그리스도의 심판석에 서면 놀랄 일이 아주 많이 있을 것이다.)

한 흑인 목사가 기도 요청을 받기 위해 "회중 가운데 기도를 부탁하실 분 있습니까?"라고 물었을 때 한 형제가 말했다. "예, 저는 여러분께서 모두 저를 위해 기도해 주시기를 원합니다. 저는 돈 씀씀이가 헤퍼서 쓸데없는 일에 돈을 다 써 버립니다." 이에 목사가 대답했다. "좋아요. 헌금함을 돌린 다음에 존 형제를 위해 우리 모두 기도하겠습니다."

사랑 없이 줄 수 있다. 사실 사랑 없이 설교할 수 있다. 사랑 없이 구령할 수 있다. 사랑하지 않고서도 사역을 도울 수 있다. 사랑 없이 일을 추진할 수 있다. 성경을 사랑하지 않고도 성경을 읽을 수 있다. 하나님을 사랑하지 않고도 그분께 복종할 수 있다. 나쁜 명성을 얻을 만한 배짱이 없기 때문에 "깨끗한 삶"을 살 수 있다. 동기! 중요한 것은 마음의 동기이다. 『**사람은 외모를 보나 주는 마음을 보느니라**』(삼상 16:7).

『**바울이 이런 말을 한 뒤에 그들 모두와 함께 무릎을 꿇고 기도하니**』

(36절). 이렇게 해서 바울은 에베소 장로들에게 자신의 마음을 쏟아 놓고 또 사역에 관한 당부를 마친다. 여기서 바울이 한 마지막 당부는 디모데에게 한 것만큼이나 비장하다(딤후 4:1-9). 이것은 오늘날의 사역자들에게 더할 나위 없이 좋은 모범이 된다.

성경대로 믿는 그리스도인의 입장에서 바울의 설교를 살피는 것을 마치고, 이제 파괴적인 비평가(로크만 재단, 루이즈빌 신학교, 위클리프 주석, 극단적 세대주의자, 1901년 보수주의 학자계, 헬라어 어원학자, 현대 개정본들, 주석가들, 그리고 마귀)의 입장에서 살펴보기로 한다.

1. 〈현대인을 위한 기쁜 소식〉(미국 성경협회)에 따르면 에베소 장로들은 바울이 그의 시간을 보내는 방식을 제외하고는 그에 대해 아무것도 몰랐으며(18절) 바울은 시련을 당하지 않았으며(19절) 성령께 복종해서 예루살렘에 간다!(22절) 그러나 이것은 완전한 거짓말이다(24:4,11 참조). "피"라는 단어가 28절에서 완벽하게 사라졌으며 하나님의 "말씀"이란 단어가 32절에서 빠지고 "메시지"로 대체되었다.

2. 〈리빙바이블〉(빌리 그래함이 추천하는)은 바울의 시련(19절)을 제하여 버리고 겸손하게 "일했다"는 표현으로 "겸손한 마음"(19절)을 없애 버렸다. 또한 〈리빙바이블〉에서는 바울의 예루살렘 여행이 성령의 탓으로 돌려진다(22절). 왜냐하면 "영 안에 매인 바 되어"가 "성령의 이끄심으로"라는 사사로운 해석으로 바뀌어 버렸기 때문이다. TEV에서는 바울에게는 끝마쳐야 할 사역도 없고(24절), 달려가야 할 길도 없으며(24절), 그 일을 하는 "기쁨"도 없다(24절). 24절에서는 "은혜"도 빠졌다. 25절에서는 "하나님의 나라"도 없다. 하나님의 "계획"(이것은 전체 성경을 포함하는 말이다)이 "하나님의 메시지"로 바뀌었다.

3. NASV는 단 하나의 왕국만이 있다는 자유주의 신학을 근거로 25절에서 헬라어 '데온'을 생략했다. 또 NASV는 바울의 사역에서 "기쁨"(24절)

을 빼 버렸다. 또 바울이 "하나님의 모든 계획"(27절)을 설교하지 못하도록 "하나님의 목적"으로 바꾼다.

잠시 이 "역본들"을 양산하는 책임을 맡은 사람들을 살펴보자. TEV나 ASV나 NASV 같은 모든 변개된 "성경" 뒤에는 개정위원회 학자들이 있다. 이 사람들 뒤에는 그들을 가르쳤던 학교의 교수진들이 있다. 이 교수진들 뒤에는 그들을 교육시키기 위해 사용한 교과서를 쓴 저자들이 있다. 여기에서 주요 인물들의 집결지가 발견된다. 여기에 모든 세대에서 배교를 진행시킨 장본인들이 있다.

A. A.T. 로버트슨 박사는 바티칸 사본(필사본 "B")에 대한 존경심과 함께 모습을 드러낸다. "하나님의 나라"(25절)를 제거해 버리고, 로버트슨은 바울의 사역을 "왕국사업"이라고 부른다. [참고로 이것은 국제 공산주의의 자유주의적 용어이다. "하나님의 왕국"이 아닌 "왕국"인 것이다.] 로버트슨은 (웨스트처럼) 경주 코스에서(24절) "기쁨"이란 단어를 빼버린다. 그럼으로써 히브리서 12:2을 참조 구절로 찾을 수 없게 된다.

B. 얼과 카터(〈복음주의 주석〉)에 따르면 그리스도는 "자신의 생명의 피"로 교회를 샀으며 "하나님"은 이것과 전혀 관계가 없다. 그리고 P74와 서방 필사본에서 나온 "주"라는 단어가 그 본문에 삽입됐다. 이것은 RSV와 NASV와 일치한다. 레이크와 캐드베리는 하나님이 피를 가지신 것을 믿기 어려워한다(*Ibid.*, p.312). 그래서 그들은 다른 사람의 피를 언급하는 것처럼 해 놓음으로써 "하나님 자신의 피"는 아닌 것으로 만든다. 그 "다른 사람"이란 NASV의 요한복음 1:18에 있는 "신적 존재"가 아닌가 싶다.

C. 아담 클라크는 하나님께서 피를 가지고 있다는 말에 괴로워한다. 그래서 28절의 "하나님"을 "주"로 대체시키고는 두 단어(32절) 다 의미의 차이는 없다고 말한다(*Ibid.*, p.845). 동사에 관한 "미완료시제"를 다룰 때에

는 신경쇠약에 걸릴 정도로 예민해지다가도(NASV 신약 서문, 1963 참조) 예수 그리스도의 신성을 다루는 구절에서는 얼마나 관용적이 되는지... 아담 클라크에게 『**하나님의 모든 계획**』(27절)은 드림, 모임, 기도, 증거, 침례, 그리스도인의 사랑, 시기, 분쟁, 질투, 험담, 속임수, 재림, 적그리스도, 휴거, 대환란, 천년왕국, 그리고 로마서와 고린도전서에서 그리스도인들에게 기록된 것들에 대한 하나님의 계획을 제외한 모든 것이다. 클라크는 "모든 계획"을 오직 구원에만 관련된 하나님의 계획으로 제한하기 때문이다. 또한 클라크는 래드(〈위클리프 주석〉)와 마찬가지로 바울이 하나님의 직접적인 뜻에서 도망한 것을 성령의 책임으로 돌린다(22절). 전형적인 예이다. [진실이 밝혀지면 그들이 자신의 삶 속에서도 아마 똑같은 일을 했음이 드러날 것이다.]

19,20,22,24,25,28절을 변개시킨 것은 하나님의 진리를 자신들의 사적인 견해로 전복시키고자 하는 사악한 서기관들(존 R. 라이스는 이들을 "헌신되고" "신실한" 사람들이라고 부른다)의 작품이다. 본문에 충실하라. 교회사상 가장 위대한 시대를 살았던(계 3:8) 그리스도인들이 그렇게 했다면 여러분도 그렇게 해야 할 것이다.

바울은 무릎을 꿇고, 손을 들고(딤전 2:8), 『**그들 모두와 함께... 기도**』(36절)했다. 한편 여기서 〈킹제임스성경〉의 문단 표시는 끝이 난다. 그러므로 이것은 이 시대에는 "진리의 말씀을 올바로 나누는" "바른 나눔"이 더 이상 없음을 분명히 나타내 준다. 1611년 이전이나 이후의 모든 학자들의 의견을 폐기하시는 성령께서 사도행전 20:35에서 선을 그으신다. 그리고 이방인의 사도의 입을 통해 사도행전 20:36을 "현재의 진리"로 고정시키신다.

바울이 자리에서 일어난다. 그리고 그를 배에까지 전송하는 동안 이별 장면이 벌어진다(37절). 진짜 하나님의 사람이 두려워하지 않고, 하나님의 모든 계획을 신실하게 선포하고, 올바른 마음의 동기로 섬기고(벧전 5:1-6), 물질적인 것을 탐내지 않던 곳(행 20:33)에서는 항상 이런 사역에 감사하는 사람들이 마음 아파한다. 자신의 입지와 사회적 이미지, 교회 내에서의 위치에만 관심이 있는 세상적인 바리새인들에게는 그런 사역의 손실이 전혀 손실이 아니라 오히려 이득이다. 그러나 성숙한 그리스도인(히 5:12)이 믿음의 눈으로 사도행전 20장에 묘사된 사역을 살펴볼 때, 이 사역은 다른 사람들을 위해 떠나가는 것이므로 그 눈에서는 눈물이 흐르게 된다(37절).

사도행전 21장

21:1 우리가 그들과 작별하고 배로 떠나 곧장 코스로 왔다가, 그 다음 날
로도에 이르러 거기에서 파타라로 가서,
2 페니키아로 가는 배를 만나 그 배를 타고 떠나니라.
3 이제 쿠프로가 보이므로 그곳을 왼편에 두고 시리아로 항해하다가
투로에 닿으니 이는 그 배가 그곳에서 짐을 내리려는 것이었더라.
4 우리가 거기서 제자들을 만나 칠 일을 지냈는데 그들이 성령으로
바울에게 말하기를 "예루살렘에 올라가지 말라."고 하더라.
5 그 날들이 끝났을 때 우리가 출발하여 길을 떠나니 그들 모두가 부
녀들과 아이들을 데리고 성읍 밖에까지 우리를 따라 나오니라. 그
리하여 우리는 바닷가에서 무릎을 꿇고 기도하였더라.
6 그리고 나서 우리가 서로 작별한 후 우리는 배에 타고 그들은 다시
집으로 돌아가니라.
7 우리는 투로에서 시작한 항해를 마치고 프톨레마이에 이르러서 형
제들에게 문안하고 그들과 함께 하루를 지내니라.

1-3절의 모든 지역은 지도에서 정확하게 그 위치를 찾아볼 수 있다. 비행기나 기차를 갈아타고 가는 것처럼 그들은 배를 갈아탄다. 첫 번째 배는 밀레토에서 일행을 싣고 남쪽으로 코스(에게해에 있는 섬)를 향해 간다. 코스는 헬라인 의사 히포클레스가 태어난 곳으로 밀레토에서 해리 40마일 거리이다. 그들은 로도 섬으로 가서 항구를 통과한다. 그 항구에는 160피트 높이의 청동으로 된 아폴로상이 있는데 그것은 고대 7대 불가사의에 속한다. 로도를 떠난 그들은 다른 배를 타고 동쪽으로 항해해서 파타라에 착륙한다. 파타라는 루시아 해변에 위치한 항구로, 잔투스 강 북쪽 기슭에 있으며, 소아시아 본토에 속한 곳이었다. 그들은 다시 남동쪽으로 항해한다(2절). 그들은 또 남동쪽으로 항해한다(2절). 그리고 쿠프로 섬이 보이자 그곳을 왼편에 두고(3절) 남쪽으로 비켜간다. 그리고 파타라에서 실어 보낸 짐의 종착지가 투로였기 때문에 그들은 투로에 상륙한다(3절).

투로에는 지역 교회가 하나 있어서(4절) 바울과 그의 동료들은 그곳에서 일주일간 머문다. 제자들이 『**성령으로**』(4절) 바울에게 예루살렘에 가서는 안 된다고 말한다.

성령께서 억지로 바울을 예루살렘에 가게 했다고 이미 본문을 변개시켰기 때문에(20:22) 학자 연맹은 이제 큰 혼란에 빠지게 된다. 아담 클라크는 여기서 『**성령으로**』란 말은 바울이 그 시점에 예루살렘에 가서는 안 된다는 뜻이거나, 제자들이 바울을 속인 것이라고 말한다. 즉 제자들이 그에게 거짓말을 했다는 것이다. 얼과 카터(〈복음주의 주석〉 p.317)도 그렇게 말한다. 로버트슨은 성령의 경고를 무시하고 거기 가는 것이 바울의 의무였다고 주장한다. 분명 로버트슨은 고대 로마 속담을 모르는 것이 분명하다. 즉 "의무는 결코 상반되지 않는다." 성령께서 세 번씩이나(20:23; 21:4,11) 그곳에서 사역하지 말라고(행 22:18,21) 하셨는데 이번에는 "의무"가 바울을 부르고 있다니 도대체 무슨 말을 하는 것인가? 예루살렘에서 멀리 떨어지는 것이 그의 "의무"였다. 의무는 결코 상반되지 않는다.

이 네 구절에도 불구하고 윌리엄스(극단적 세대주의자)는 제미에슨, 포셋, 브라운과 함께 아담 클라크, A.T. 로버트슨에 합세한다. 하나님의 명령과 성령께서 하나님의 자녀에게 부과하신 임무를 다루는 구절을 설명하는 데 있어 이들은 전혀 신뢰할 만하지 못하다. 심지어 〈현대인을 위한 기쁜 소식〉이나 〈확대신약〉(두 번역본 다 동정녀 탄생과 그리스도의 신성, 이스라엘의 회복을 부인한다)조차도 4절에서는 분명하게 말한다. 즉 제자들은 성령께 "자극을 받아" 그렇게 말했으며 그들에게 말하도록 시킨 것을 성령의 "힘"이라고 말하는 것이다. 그러나 윌리엄스는 바울은 예루살렘에서 최종 제안을 해야만 했으며 그는 유대에 있는 유대인들을 위한 사역자였다고 말한다. 윌리엄스는 예루살렘 유대인들을 다루는 논의에 "이스라엘"이란 단어(행 9:15로부터)를 교묘하게 삽입시켜서 그렇게 말하는 것이다.

성경을 믿는 사람에게는 전혀 의심할 게 없다. 바울은 자신의 백성에 대한 내적 부담 때문에(롬 9:1-3) 성령의 직접적인 명령에 불순종했다. 바울은 유대 출신의 베냐민인으로서(빌 3:4-6) 고린도에서 했던 일을 예루살렘에서도 하고자 하는 욕망을 이길 수가 없었던 것이다. 그가 한 일은 하나님의 직접적인 뜻을 거스른 육신적인 행동이었다. 그러나 하나님께서는 로마서 8:28에 따라 그것을 처리하신다. 하나님은 그리스도인들의 모든 행동(특히 그 마음의 동기가 올바를 때)을 그렇게 처리하신다. 바울이 가고자 하는 동기는 사랑(고전 13:1-8)이었다.

사도행전 20:38 이후 또 다른 해변의 기도모임(5절)이 나온다. 사도 바울은 항해를 계속하고(6절) 프톨레마이(판 1:31의 "악코," 오늘날의 에이커)에 상륙한다. 이제 그들은 육로로 해변길을 따라 내려가서 카이사랴로 가는 것이다(8절).

21:8 그 다음 날 바울과 일행인 우리는 출발하여 카이사랴에 와서 일곱 명 중 한 사람인 전도자 빌립의 집에 들어가 그와 함께 머물렀는데

9 이 사람에게는 딸 넷이 있으니 이들은 예언하는 처녀들이더라.

10 우리가 그곳에서 여러 날을 체류하고 있을 때 아가보라고 하는 한 예언자가 유대에서 내려왔는데

11 그가 우리에게 와서 바울의 허리띠를 가지고 자기의 손과 발을 묶어 놓고 말하기를 "성령께서 이렇게 말씀하시기를 '예루살렘에 있는 유대인들이 이 띠의 임자를 이같이 결박하여서 그를 이방인들의 손에 넘겨주리라.'하시니라."고 하더라.

12 이 말을 듣고 우리는 그곳에 있는 사람들과 함께 예루살렘에 올라가지 말라고 바울에게 간청하니

13 바울이 대답하기를 "어찌하여 울면서 내 마음을 약하게 만드느뇨? 나는 주 예수의 이름을 위하여 예루살렘에서 결박을 당할 뿐만 아니라 죽을 각오까지 되어 있느니라."고 하더라.

14 그가 권고를 받아들이지 아니하므로 우리는 더 이상 말하지 않고 "주의 뜻이 이루어지이다."라고 말하니라.

15 그 날들 후에 우리는 여장을 꾸려서 예루살렘으로 올라가니라.

16 카이사랴에서 온 제자 몇 사람도 우리와 함께 가고, 그들이 제자가 된 지 오래된 쿠프로 사람 나손을 데리고 왔으니 이는 우리를 그의 집에 묵게 하려는 것이었더라.

17 우리가 예루살렘에 도착하니 형제들이 기꺼이 우리를 영접하더라.

8절의 빌립은 사도행전 6:5의 집사이며 사도와는 구별되어야 한다. 『**전**

도자』(8절, evangelist)란 말은 좋은 소식을 전하는 자를 의미한다(행 21:8, 엡 4:11, 딤후 4:5 참조). 목사도 "전도자의 일"을 해야 하지만(딤후 4:5), 전도자들은 그리스도의 몸에 부여된 은사이다(엡 4:11 및 주석 참조).

『**딸 넷... 예언하는**』(9절, "여자 설교자"에 관해서는 행 8:4 주석 참조). 고린도전서 11:5과 14:34-40에 따라 여자들도 예언을 할 수 있다. 그러나 그들은 집회에서는 침묵을 지켜야 한다. 집회에서 방언을 하는 것은 남자들이며(고전 14:2) 예언을 하는 사람들은 "선지자"이지 "여선지자"가 아니라는 것(고전 14:29)을 주의 깊은 독자라면 알고 있을 것이다. "여선지자"라는 말은 누가복음 2:36에 나오며 미리암, 드보라, 훌다가 이에 해당된다. 이 "처녀 딸들"(9절)은 그들 아버지의 집에서 예언한다(9절). 그곳은 아가보가 예언한 곳이기도 하다(10절). 9절에는 고린도전서 14:19,23에서 말하는 공식적인 모임은 없다. 『**그러므로 만일 온 교회가 한 자리에 함께 모여**』(고전 14:23).

아가보는 이사야나(사 20:2) 에스겔처럼(겔 4:11) 자신의 요지를 밝히기 위해 "설교 예화"를 든다(호 1:2; 3:1). 그는 바울의 허리띠로 자신의 손과 발을 묶고(11절) 『**성령께서 이렇게 말씀하시기를**』(11절)이라고 말한다. 이 표현은 눈에 띄는 표현이다. 왜냐하면 이것은 구약에서 너무나 많이 나오는 예언 공식이기 때문이다(렘 7:20, 사 52:4; 30:15; 49:22, 암 5:3 등). 『**주가 이같이 말하노라**』 혹은 『**주 하나님이 이같이 말하노라.**』 구약의 전능하신 주 하나님 대신 아가보가 의도적으로 "성령"이란 말을 쓰는 것은 성령께서 삼위일체 속에서 가지고 계신 위치를 결정지어 준다. 성령께서는 신격의 제3위로서 여호와의 권위를 가지고 말씀하신다.

한편 NASV(밥 존스 3세가 "믿을 만한 번역본"이라고 부르는)는 아가보가 사용한 것이 "벨트"라고 말한다. 벨트를 가지고 손과 발을 묶으려고 시도해 본 적이 있는가? 이런저런 번역본이 "믿을 만하다."고 말하는 구원받은 죄인을 흉내 내는 대신 벨트로 손과 발을 함께 묶어 보라. 36인치 벨트라도 좋다! [로마카톨릭에서 사용하는 특이한 표현(그리고 일부 프로테스탄트들도 이를 흉내 낸다)이 이 구절에서 나왔다. 왜냐하면 많은 카톨릭 신자들은 사도 빌립과 이 빌립을 혼동하기 때문이다. 이것 때문에 그들은 사도들을 "전도자들"이라고 부른다. 복음서 저자들을 "전도자들"이라고 부르는 관행도 여기서 나온 것이다. "전도자 성 요한" 등.]

아가보는 지난 4개월 동안 주께서 바울에게 하신 세 번째 경고를 한다. 그리고 이것은 바울이 성전을 처음 방문한 이후로 받은 네 번째 경고이다(22:21). 바울에 대한 아가보의 예언과 그리스도께서 자신에 관해 예언하신 것(눅 18:32 참조)을 비교해 보는 것은 흥미로운 일이다. 제자들은 다시 바울에게 예루살렘에 올라가지 말라고 간청한다(12절). 그러나 바울은 죽음에 직면하거나, 일단 시작한 행동을 끝마치는 데는 그 누구 못지않게 대담한 것을 볼 수 있다.

그가 말한 것은 모두 사실이다(13절). 그는 『**주 예수의 이름을 위하여**』 감옥에 가거나 참수형까지도 당할 "준비"가 되어 있었다. 바울도, 제자들도, 또 주님 자신께도 그것에 대해서는 전혀 의심이 없었다. 제자들이 마침내 포기하고 『**주의 뜻이 이루어지이다.**』(14절)라고 말할 때 그들은 우리에게 "주의 뜻"에 대한 위대한 예를 제시해 주고 있다. 하나님께서는 바울이 예루살렘에 가지 못하도록 막으실 수도 있으셨다. 그러므로 하나님의 허용하시는 뜻도 여전히 하나님의 뜻인 것이다. 하지만 그것이 비록 "선하시고" "기뻐하시는" 뜻(롬 12:2)은 될 수 있어도 하나님의 "온전하신 뜻"은 아니다(롬 12:2). 우리는 이 온전하신 뜻을 이루려고 해야 한다. "하나님께서 원하시면"(약 4:15)은 하나님께서 허락하신 모든 것을 망라한다. 그러나 우리가 "주여, 주의 뜻대로 하소서"(빌 2:13)라고 기도할 때 우리는 존 칼빈처럼 스스로를 속여서는 안 된다. 하나님께서는 아무도 멸망에 이르지 않기를 원하시지만 수천 명이 멸망한다. 하나님께서는 예루살렘을 구하고자 하셨지만(마 23:37) 예루살렘은 구원받기를 원치 않았다. 하나님께서는 바울이 흩어져 있는 유대인들(유대에 있는 유대인들이 아니라)에게 사역하기를 원하셨지만, 바울이 그의 마음을 결정했다면 하나님께서는 허락하시고 합력하여 선을 이루신다(롬 8:28). 불순종과 자기 의지 속에서도 바울은 하나님을 위해 죽을 수 있을 만큼 하나님을 사랑했으며(13절) 혼들을 위해 지옥에 갈 수 있을 만큼 그들을 사랑했다는 것을 주께서 알고 계셨음을 결코 잊어서는 안 된다(롬 9:1-3).

21:18 그 다음 날 바울이 우리와 함께 야고보에게로 가니 모든 장로들이 모였더라.

19 바울이 그들에게 문안한 후에 그의 사역을 통하여 하나님께서 이방인들에게 행하신 일들을 일일이 설명하니

20 그들이 이 말을 듣고 주께 영광을 돌리더라. 그리고 바울에게 말하기를 "형제여, 그대도 알듯이 유대인들 중 믿는 자들이 수만 명이 있으며 또 그들은 다 율법을 지키는 데 열렬한 사람들이라.

21 그런데 그들이 그대에 관하여 듣는 바로는 그대가 이방인들 중에 있는 모든 유대인들에게 그들의 자손에게는 할례도 주지 말고 관례를 따라 행하지도 말라고 말하면서 모세를 저버리라고 가르친다고 하니

22 그대가 왔다는 말을 들으면 무리가 몰려 올 것이 분명한데 그때에는 어떻게 하면 좋으리요?

23 그러므로 그대는 우리가 이르는 대로 행하라. 우리에게는 스스로

서원한 네 사람이 있으니

24 이 사람들을 데리고 가서 함께 정결례를 행하고 그 비용을 치러
그들로 자기들 머리를 삭발하게 하라. 그렇게 되면 모든 사람들이
그대에 관하여 들은 그런 것들이 근거 없을 뿐만 아니라 그대 자
신도 율법을 지키는 사람으로서 올바로 행하는 줄을 알게 될 것
이라.
25 그러나 믿는 이방인들은 다만 우상에게 바쳤던 제물과 피와 목매
어 죽인 것을 먹지 말고 음행을 피하라는 것 외에는 이런 것을 지
킬 필요가 없다고 결의하고 편지로 써 보냈노라."고 하더라.
26 그때 바울이 그 사람들을 데리고 그 다음 날 정결례를 행하러 성
전에 들어가서 그들 중 각 사람이 제물을 바쳐서 정결의 날들이
끝났음을 알리더라.

18절의 야고보는 사도행전 15장의 중재자인 "주의 형제 야고보"이다. 19-21절 내용은 설명을 요하지 않는다. 바울은 선교 여행을 다니던 중에 비방을 받았다. 왜냐하면 갈라디아서의 내용으로 미루어보아(갈 6:15) 바울이 그의 자녀들에게 할례를 행해서는 안 된다고 누구에게도 말한 적이 없음이 분명하기 때문이다. 『**관례**』(21절)는 결코 금지된 적이 없으며, 갈라디아서나 에베소서, 골로새서에서도 이에 관한 문제는 언제나 "모세의 율법이나 관례로는 구원받을 수도, 구원을 유지할 수도 없다"는 것이었을 뿐 그 이상도 그 이하도 아니었다. 그것이 갈라디아서 3-5장의 짐이며, 골로새서 1-3장의 문맥이다. 모세에게는 훌륭한 관례들이 많다. 흐르는 물에 손을 씻는 것은 좋은 일이다(레 14:5). 돼지고기를 금하는 것도 좋다(레 11장). 원망을 품지 않는 것도 좋다(레 19:18). 아버지와 어머니를 공경하는 것은 좋다(출 20:12). 피를 삼가는 것은 좋다(창 9:4). 근친상간을 피하는 것은 좋다(신 27:22). 골로새서 2:14,16을 근거로 해서 창세기에서 신명기까지를 던져 버려야 한다고 생각하는 사람은 골로새서 2,3장 전체 문맥에 전혀 주의를 기울이지 않은 사람이다. 골로새서 2:14,16의 문맥은 그런 것들을 통해서는 영원한 구원이 없다는 말일 뿐이다.

NASV는 네슬, 알란드, 메츠거의 지시로 22절의 1/3을 생략해 버렸다. A.T. 로버트슨은 두 개의 대문자 필사본(그 중 하나는 바티칸 사본이다)을 근거로 그것을 빼버렸고, 케네스 웨스트는 그 본을 따랐다. ASV(1901) 또한『**무리가 몰려 올 것이 분명한데**』(22절)를 생략해 버렸다. RSV, 〈공동성서〉, 〈리빙바이블〉도 마찬가지다. [이것은 흥미로운 문제를 야기시킨다. 왜냐하면 밥 존스 3세(1973)가 말하기를 "구"ASV와 "신"ASV(NASV)는 A.V.(1611)와 동일하게 "믿을 만하다"고 했기 때문이다. 하나의 "믿을 만한" 역본에는 여섯 단어가 있고 다른 두 개에는 빠져 있는데 어떻게 양쪽 모두 "믿을 만할" 수 있는가? 그런 식으로 생각하는 구원받은 죄인이 어떻게 믿을 만하겠는가?]

〈킹제임스성경〉 본문은 네 개의 필사본 계열 모두에서 발견된다. 야고보와 예루살렘 형제들은 무리가 조만간 몰려올 것이라고 바울에게 말한다. 왜냐하면 그들은 "바울이 왔다는 말을 들을 것이기" 때문이다. 30절이 그 구절을 해석해 준다. 23절에서는 무리가 몰려 와서 바울이 모세를 반대한다고 고소할 근거를 갖지 못하게 하기 위해 조심스런 계산이 진행된다.『**우리에게는 스스로 서원한 네 사람이 있으니... 정결례를 행하고 그 비용을 치러... 머리를 삭발하게 하라... 그대 자신도 율법을 지키는 사람으로서 올바로 행하는 줄을 알게 될 것이라**』(23,24절). 바울이 이러한 일들을 하는 동기에 대해서는 의심이 있을 수 없다. 왜냐하면 25절을 통해 바울은 사도행전 15장 이후로 예루살렘의 사도들과 장로들에게 아무것도 바뀐 것이 없음을 알았기 때문이다.『**정결례**』(26절)와『**제물**』(26절)은 무리를 진정시키기 위한 계획이다. 민수기 6:13,15은 그 절차를 설명해 준다. 바울은 제물의 값을 치르고(『**그 비용을 치러**』) 그로 인해 제물을 드리지 않아도 되게 된다. 사도행전 13:39의 관점에서 볼 때 그는 온전히 깨끗한 양심으로는 희생제 같은 것을 드릴 수 없었을 것이다. 바울은 히브리서 10:8-12의 진리를 잘 알고 있었기 때문이다. 여기서 그는 고린도전서 9:20,23을 이루고 있는 것이다. 그럼에도 그의 양심은 그를 괴롭혔고 아가보의 메시지를 되뇌였다. 바울은 어디든 갈 준비가 되어 있었지만 민수기 6:1-15의 지시를 수행하기 시작했을 때 그는 핸드백 공장에 들어온 악어만큼이나 초조해졌다. "로마에서는 로마법을 따라야..." 그러나 바울은 『**정결의 날들**』(26절)에 대해 이야기하는 것을 들었을 때 사도행전 15장에서 베드로가 한 말과 사도행전 13:39에서 자신이 한 말을 기억했다. 『**정결례**』를 행하는 것은(26절) 개심한 카톨릭 신자가 일요일 미사에 참석해서 옆에 앉아 계신 그의 부모님으로 하여금 그가 동정녀 탄생이나 피의 속죄를 부인하지 않았다고 생각하게 하는 것과 같다. 바울은 하나님의 직접적인 뜻밖에 있었다. 이때의 그의 행동은 최소한 그를 민망하게 만드는 일이었다. 그러나 그에게는 다른 선택의 여지가 없었다. 주요 주석가들은 "정결례를 행하는 것"에 대해 설명하지 않은 채 내버려 두었다. 그가 무엇으로 더렵혀졌는가? 즉 현장에서 민수기 6:12에 대해 질문을 받으면 그는 무엇이라고 말할 것인가? 그 구절은 『**이는 그의 성별이 더렵혀졌음이라.**』(민 6:12)고 말한다.

여기서 "경건하고, 훌륭하고, 신실하며, 헌신된" 전천년주의자들, 근본주의자들, 무천년주의자들, 후천년주의자들, 정통주의자들, 신복음주의자들, 로마카톨릭은 황혼에 섞여서 자신의 텐트를 거두고 몰래 사라지는 아랍인처럼 조용히 어둠 속으로 녹아 들어간다. 알다시피 "정결례를 행하다"(24절)나 "정결례"(26절)라는 단어는 민수기 6:13-21 어디에도 없다. 민수기

6:10-13이 아니라 민수기 6:14-21이 주석가들이 사용한 구절이다. 구약이나(민 19:9,17; 31:19,20, 욥 41:25, 레 8:15, 느 12:30, 겔 43:26, 사 66:17 등) 신약에서(약 4:8, 벧전 1:22, 요일 3:3, 요 2:6; 3:25 등) 이 단어들이 나올 때마다 매번 죄로 오염된 것에서 깨끗게 한다는 말로 쓰인다. 헌신이나 "맹세" 등은 그 이후의 일이다. 『**무리**』는 스스로 『**서원한**』 사람들이(23절) 성전에 나타나리라고 기대했다. 왜냐하면 그들은 『**무리**』(22절)들이 보기에 유대인에게 더러운 무언가를(민 6:9 참조) 했기 때문이다. 갈라디아서 2장과 사도행전 10장으로 보아 바울이 나타났을 때 이 무리가 어떻게 소리질렀을지는 불을 보듯 분명하다. 『**헬라인들까지... 이 성소를 더럽혔느니라**』(28절). 바울은 깨끗하지 않은 사람들과 먹어 왔다. 의심스럽다면 갈라디아서 2:11-14, 사도행전 10:13-17, 마태복음 9:10; 15:26, 민수기 6:9을 보라. 아시아에서 온 유대인들의 눈에(27절) 그는 자신의 성별을 더럽힌 것이다(행 23:1). 그들은 (율법 안에 거하는 훌륭한 유대인으로서!) 바울이 성전에 들어오기 전에 더러움에서 "깨끗"해져야 함을 요구한다. 야고보와 형제들은 23절을 계획하고, 바울은 잠깐 얼굴을 내민다. 그때 그는 정결을 위한 제물을 드리는 유대인(레 12:2-4, 마리아의 경우를 참조할 것)으로 나타난다. 한편 바울은 아무것도 드리지 않았다. 그는 제사장이 드리는 제물의 비용을 치렀을 뿐이다(민 6:16). 각 사람이 제물을 바쳤음에도(26절) 바울은 그것이 자신의 왼쪽 귓불 하나도 정결케 하거나 깨끗게 할 수 없음을 완벽하게 이해하고 있었다. 바울은 고린도전서 9:20을 이행하고 있었다.

A.T. 로버트슨은 〈킹제임스성경〉의 "제물"(행 24:17)은 희생제였다(*Ibid.*, p.375)고 말함으로써 바울을 더 나쁜 상황에 빠뜨린다. 그러나 여기서 "제물"이란 헬라어는 "프로스포라스"이며 히브리서 10:5,8에서 이 단어는 "희생제물과 예물"로 사용된다. 이 두 경우 "희생제"에 해당하는 헬라어는

"프로스포라스"가 아니라 "두시아"이다.

21:27 그 칠 일이 거의 끝날 무렵 아시아에서 온 유대인들이 성전에서 그를 보고 온 무리를 선동하여 그를 붙잡고서

28 외치기를 "이스라엘 사람들이여, 도우라. 이 사람은 각처에서 백성과 율법과 이곳을 거역하여 모든 사람에게 가르친 자인데, 거기다가 헬라인들까지 성전으로 데려와서 이 성소를 더럽혔느니라." 고 하더라.

29 (이는 그들이 앞서 성읍에서 에베소 사람 트로피모가 바울과 함께 있는 것을 보았기에 바울이 그를 성전으로 데리고 온 줄로 짐작함이라.)

30 온 성읍이 소동하니 사람들이 몰려와서 바울을 붙들어 성전 밖으로 끌어내니 즉시 문이 닫히더라.

31 한편 그들이 그를 죽이려고 할 무렵 온 예루살렘에 소요가 일어났다는 소문이 군대의 사령관에게 들리니

『**아시아에서 온 유대인들**』(27절). 그들도 명절을 지키기 위해 그곳에 있었으며(20:16), 그들은 소아시아에서 바울이 한 일에 대해 직접 알고 있는 사람들이었다. 『**이 사람은 각처에서 백성[people]과 율법과 이곳을 거역하여 모든 사람에게 가르친 자인데**』(28절). 칼 마르크스와 아브라함 링컨이라 해도 이보다 더 잘 말할 수는 없었을 것이다. "THE PEOPLE!" 이것은 수세기 동안 소수 집단이 다수 집권을 전복시키기 위해 사용해 온 사회주의 속임수이다. "THE PEOPLE!" 사람들에게 자유를 빼앗은 데 대한 변명으로 "people"이란 말을 사용하지 않은 파시스트 독재자는 없었다. 미국내 모든 정치가들은 선거에 출마할 때 반드시 이 책략에 의존한다. 누가복음 23:5에서 주 예수 그리스도께 가해진 비난도 이것이었다. 공산당이 리차드 움브란트와 하랄란 포포프(1950-1965)에게 가한 비난 역시 같은 것이었다. 단수형으로 제시된 위대한 중성 복수 "THE PEOPLE"! 모택동이 말한 "The People"은 본토의 중국인들을 의미했다. 그 단어는 일본인이나 필리핀인이나 대만인과는 전혀 상관없는 말이었다. 피델 카스트로가 "The People"이라고 말했을 때 그것은 미국 정부를 전복시키고자 하는 사람이면 누구라도 포함하는 말이었다. 정치인이 "The People"이라고 말할 때, 그것은 그 순간 그가 표를 얻고자 하는 사람들을 의미한다. "억압받는 소수"(안젤라 데이비스 참조) "짓밟힌 대중"(칼 마르크스, 마이클 루터 킹 주니어)은 모든 무정부주의자, 무신론자, 국제 사회주의자들의 말에서는 "The people"이다. 세계를 경영한다는 사람들의 거대한 계획 속에서 "The people"은 수백만의 사람들을 살해하고 투옥시키기 위한 변명거리에 불과했다.

"국민(the people)의, 국민에 의한, 국민을 위한 정부"를 외친 사람들은 하나님의, 하나님에 의한, 하나님을 위한 정부에는(롬 11:36) 전혀 관심이 없다.

바울은 붙잡혔다(27절). 그를 붙잡은 사람들은 소리친다. "이 사람은 율법을 거스르고 이 성전을 거스르며 성전을 더럽혔다! 환경! 오염! 그를 죽여라. 죽여라!" 이 말은(28절) 마치 사도행전 6:13,14에서 나온 것처럼 들린다. 이 순간 바울은 위대한 스테판의 피 흘리며 얻어맞은 얼굴을 떠올렸을 것이다. 돌무더기 아래로 사라지는 그 얼굴을.

성전에 관해 제기된 고소는 확인되지 않은 사실이었을 뿐 아니라 반(半)만 사실이었다. 트로피모가 성전에 간 것이 사실이었다면 (적어도 유대인의 눈에는) 그는 성전을 더럽혔을 것이기 때문이다. 그러나 트로피모는 다른 볼일을 보고 있었다. 그래서 그는 시 경계 내에 있기는 했지만(29절) 성전 안에는 있지 않았다. 바울은 억지로 끌려갔고(30절) 성전 문들이 즉시 잠겼다(30절). 그들은 그를 죽이려고 준비한다(31절). 로마 군대 사령관에게 소식을 전했던(31절) 하나님의 은혜가 아니었다면 바울은 그 자리에서 갈기갈기 찢겼을 것이다. 『**알렉산더**』(19:33)가 그 자리에 있어서 한눈에 바울을 알아봤을지도 모른다.

21:32 그가 즉시 병사들과 백부장들을 대동하고 그들에게 달려오니 그들이 사령관과 병사들을 보고 바울을 치던 것을 그치더라.

33 그러자 사령관이 가까이 다가와서 바울을 잡아 두 쇠사슬로 결박하라고 명령하고 그가 누구며 무슨 일을 하였는지 묻더라.

34 그러자 무리 가운데서 어떤 사람들은 이 말을, 또 다른 사람들은 저 말을 외쳐 대니 그 사령관이 소동 때문에 그 실상을 알 수가 없으므로 그를 병영으로 데려가라고 명령하니라.

35 바울이 계단에 다다르자 무리의 폭력 때문에 병사들이 그를 떠메게 되었으니

36 이는 백성의 무리가 그를 처단하라고 외치며 그 뒤를 따라갔기 때문이더라.

37 병영 안으로 데리고 들어가려고 할 때에 바울이 사령관에게 말하기를 "내가 당신께 말을 해도 되겠느뇨?" 라고 하니 그가 말하기를 "당신이 헬라어를 할 줄 아는가?

38 그렇다면 근간에 소요를 일으켜서 사천 명의 자객들을 광야로 데리고 간 그 이집트인이 아니냐?" 하니

39 그때 바울이 말하기를 "나는 킬리키아의 한 성읍 타소 출신의 유

대인이며 그리 작지 않은 성읍의 시민이라. 간청하노니 사람들에게 말하는 것을 허락하라."고 하니

40 그가 허락한지라, 바울이 계단 위에 서서 백성에게 손짓하니 아주 조용해진지라. 그가 히브리어로 그들에게 말하여 이르기를,

여기서의 사령관은 아마도 사도행전 23:26의 루시아일 것이다. 바울은 로마인들에(33절) 의해 사슬로 결박되어서 폭도들로부터 분리되어 병영의 계단(35절)으로 옮겨진다. 사령관은 혼란의 좌우 사정을 알 수 없었기 때문에 그 죄수를 군중에게서 분리시킨다. 군인들은 그를 어깨 위 높이로(35절) 들어올려서 폭도들에게서 분리시켜야 했다. 폭도들은 "처단하라." 고 소리지른다. 이 말은 정확히 사도행전 8:33에서의 뜻과 같다. 바울은 헬라어로 루시아에게 말한다(37절). 루시아는 그를 바라바와 같은 "혁명가"로 오해했다(38절). 바라바는 살인, 폭동, 도둑질(막 15:7)로 사형에 처해질 예정이었다. 바울은 자신의 신분을 『**타소 출신의 유대인**』(39절)으로 밝힌다. 로마 시민권에 대해서는 말하지 않는다. 바울의 이러한 전략에 대해서는 사도행전 16:20-22에서 설명했다. 바울은 이렇게 가장 힘든 상황 속에서도 그의 영리함과 "교활함"(고후 12:16)을 결코 잃지 않는다. 사도행전 23:1-6을 설명하기 전에 이것을 기억해야 한다. 주석가들은 이것을 잊어버릴 뿐만 아니라 결코 주의조차 기울이지 않는다는 것이다. 그들 모두는 사도행전 23:2-4에서 바울을 미화시킨다. "바울적 강박관념"(〈필사본증거〉 제6장, 주 96 참조)은 죽은 정통주의 보수주의자들과 죽은 정통주의 배교자들에게 나타나는 매우 일반적 현상이다. [이 교회 시대 마지막 부분이 끝나가고 있는 이 때에 그 점을 아무리 강하게 강조해도 지나치지 않다. 1800-1980년 사이에 쓰여진 성경 주석서들은 주로 바울의 사역에 대해서는 전혀 알지도 못하고 실제 경험도 없는 파괴적 비평가들의 저술이다. 미국 내의 한 학교는 연간 500-800명의 사역자들을 교육시키는 책임을 맡고 있었다. 그러나 정작 교육을 시키는 그 사람은 교회를 시무해 본 적도, 복음 전도에 참여해 본 적도, 성경적 선교 사역을 해 본 적도, 구제 선교 사업을 해 본 적도 없는 사람이었다. 그는 주석서를 출판한 35명의 주석가들을 대표한다. 그들은 바울의 생애나 사역에 관해서 지적인 의견을 제시할 만한 자격이 없다.]

바울은 군중에게 말할 허락을 받는다. 그가 손짓을 하자(40절) 그들은 조용해진다. 이 고요함은 바울이 말하기 시작할 때 진공상태로 바뀐다. 왜냐하면 그가 그들의 모국어로 말했기 때문이다(고전 14:22). 그가 "사람들과 천사들의 방언들"로 말할 수 있다 하더라도 (고전 13:1의 "Though"를 간과하지 말 것) 은사주의자들이 한다는 수만 마디 방언보다 청중이 이해할 수 있는 다섯 마디를 하는 편이 낫다(고전 14:19,20). 그것은 바울이 한 충고다. 내 말이 아니다. 그는 여러분이 히브리 대학에 가서 2년간 공부해도 배울 수 없는 방언으로 3시간씩 메시지를 전할 수 있다.

40절에서 로버트슨과 로크만 재단은 갑자기 바울이 히브리어가 아니라 "아람어"를 했다고 말한다. 그러나 새 역본 중 어느 것도 감히 그것을 본문에 집어넣지는 못했다. 그러나 "Hebrew"라는 단어는 항상 히브리어를 말하는 유대인을 말하는 것이었으며 "히브리어"를 시라아어, 아람어, 칼데아-시리아어, 혹은 칼데아-아람어로 만들고자 하는 생각은 그라프 벨 하우젠의 비평적 이론에서 나온 것이다. 성경대로 믿는 사람들은 이런 이론들을 거부하고 권위역본 본문을 고수하면 된다. 바울이 한 말은 본문에 있는 대로 『**히브리어**』(40절)였다.

한편 본문에서 우리는 "박해하는 영"이 활동하고 있음을 알 수 있다. 이것은 어떤 물리적 장소 주위를 맴도는 "형식을 중시하는" 영이다(30절). 이것은 사실에 대한 조사 대신 감정에서 나온 "무지한" 영이다(34절). 이것은 사실이 제시됐을 때 받아들이기를 거부하는 "뒤틀린 마음의" 영(29절)이며, "비합리적인" 영(31,36절)으로 종교적 신념이 다르다는 이유로 어떤 사람을 죽이고자 한다. 그것은 자신의 의견을 제외한 어떤 다른 의견도 참지 못하는 "관용 없는" 영이다(28절).

"증오문학"을 쓰는 사람들(이들은 UN, 민족말살협상에 의해 투옥되고 살해될 것이다)과 투옥하고 살인하는 사람들과의 차이점은 교도관들과 살인자들이 사실을 거부하는 관용심 없는 편협자들이라는 것이다. 예를 들어 진짜 종교적 편협자들을 보고 싶으면 북아일랜드 카톨릭 교도들을 보면 된다. 그들은 자신들이 방금 울스터 거리에서 종교 데모를 했을지라도 다른 종교 데모는 결코 용납치 않는다. [자신의 가정을 지키기 위해 IRA 군대에 대항하여 살인자들이 된, 성경을 거부하는 프로테스탄트들에 대한 허풍은 그만 하라. 거기에 성경대로 믿는 사람은 한 사람도 없으니까.] 자신이 옳다면 자신의 이론과 신념을 수호하기 위해 무력을 사용할 필요는 없다. 무기를 가지고 자신의 이론을 사람들에게 강요하는 이들(모든 국제 사회주의자들-그들은 세계 단일 연방주의자들과 의견이 다른 사람들을 총으로 쏴도 된다고 믿는 사람들이다)에게서 자신의 가정과 나라를 지킬 수는 있다. 그러나 진리는 그런 것이 아니다. 진리는 남에게 의지하지 않는다. 진리를 선전하기 위해 무력을 사용하는 사람들은 결코 진리를 본 적도 없는 사람들이다. 기록된 진리는 무기보다도 더 강력하다. 그러므로 성경은 항상 UN, 로마카톨릭 교회, 공산당, 미합중국, 그리고 정치 세력의 어떤 연합체보다도 더 강력하다. 사람들은 기록된 것을 전복시키기 위해 무기를 사용한다. 그러나 그것은 물리적 검을 휘두르는 사람은 기록된 것에 응수할 수 없음을 입증해 줄 뿐이다[골 2:8 및 주석 참조.].

사도행전 22장

22:1 "부형 여러분, 이제 내가 여러분께 드리고자 하는 나의 해명을 들
으라."고 하니
2 (그들이 그가 히브리어로 그들에게 말하는 것을 듣고 더욱 조용해
지더라. 바울이 말하기를)
3 "나는 실로 유대인이라. 킬리키아의 한 성읍 타소에서 태어나 그
성읍에서 가말리엘 밑에서 자랐고 조상들의 율법의 완전한 방식에
따라 교육받았으며 하나님을 향한 열성이 지극하기로는 오늘 여기
계신 여러분 모두와 마찬가지였노라.
4 내가 이 도를 죽음에 이르도록 박해하였으며 남녀 할 것 없이 결박
하여 감옥에다 넘겼노라.
5 대제사장과 장로들의 지위에 있는 모든 사람들도 내게 증인이 되나
니 이들에게서 형제들에게 보내는 공문을 받아 가지고 다마스커스
에 가서 거기에 있는 자들도 결박하여 예루살렘으로 끌고 가 처벌
을 받게 하려고 했노라.

6 내가 여행하여 정오쯤 되어 다마스커스에 가까이 왔을 때인데 갑
자기 하늘에서 강렬한 빛이 내 주위를 비추기에
7 땅에 엎드러져 내게 말씀하시는 한 음성을 들었는데 '사울아, 사
울아, 어찌하여 네가 나를 박해하느냐?'고 하시기에
8 내가 대답하기를 '주여, 누구시니이까?'라고 하였더니, 그가 내게
말씀하시기를 '나는 네가 박해하는 나사렛 사람 예수라.'고 하셨느
니라.
9 나와 동행하던 사람들은 실로 그 빛을 보고 두려워하였으나 나에
게 말씀하시는 그분의 음성은 듣지 못하였노라.
10 그때 내가 말하기를 '주여, 내가 어찌하오리이까?'라고 하니 주께서
내게 말씀하시기를 '일어나서 다마스커스로 가라. 그리하면 네가
할 모든 일을 정한 대로 거기서 네게 일러주리라.'고 하셨느니라.
11 나는 그 빛의 영광으로 인하여 볼 수 없게 되어 나와 동행한 사
람들의 손에 이끌려 다마스커스로 갔노라.
12 그곳에는 아나니아라는 사람이 있었는데 율법에 따라 사는 경건
한 사람으로 그곳에 사는 모든 유대인으로부터 좋은 평판을 받고
있었더라.
13 그가 내게 와 곁에 서서 말하기를 '사울 형제여, 보게 되라.'고 하
기에, 즉시 그를 쳐다보았더니
14 그가 말하기를 '우리 조상의 하나님께서 너를 택하여 그분의 뜻을
알게 하시고 그 의로우신 분을 보게 하시며 또 그분의 입에서 나
온 음성을 듣게 하셨느니라.
15 이는 네가 보고 들은 일에 관하여 모든 사람 앞에서 그분의 증인
이 되게 하려는 것이라.
16 이제 무엇을 주저하느뇨? 일어나서 침례를 받으라. 그리고 주의

이름을 부름으로써 너의 죄들을 씻으라.'고 하더라.

앞에서 이미 살펴본 내용이기 때문에 여기서는 많은 시간을 쓰지는 않겠다.

3절의 『**가말리엘**』은 사도행전 5:34의 가말리엘이다. 바울은 『**조상들의 율법의 완전한 방식에 따라 교육받았으며**』라고 말한다(3절). 이 사실은 빌립보인들에게 한 그의 간증에서도 분명히 드러난다. 그는 "하나님을 향한 열성이 지극"했다(3절). 그의 행위로도 이것을 증명할 수 있다. 왜냐하면 그는 그리스도인들을 살해하고 투옥했으며(4절), 그들을 고문해서 그리스도를 부인하게 했으며(26:10,11), 남녀를 차별하지 않고 "여성해방운동"과 "남녀평등"을 믿는 사람으로서 남자들과 여자들을 감옥에 집어넣었기 때문이다. 대제사장과 『**장로들**』(5절)도 이것을 알았다[행 5:21 및 주석 참조]. 5-12절은 설명이 필요치 않다(9:1-10 참조). 사도행전 22:9과 사도행전 9:7 (그리고 사도행전 26:14과 9:7) 사이에 나타나는 모순에 대해서는 이미 논의한 바 있다. NASV는 모순을 창출해 내고 성경 자체의 모순을 만들어내기 위해 사도행전 8:7과 사도행전 9:7에 RSV(1952)의 본문을 받아들였고 바울이 "한 음성"을 들은 것이 아니라 "그 음성"(the voice)을 들은 것으로 만들었다[이것은 1582년 로마카톨릭의 예수회 성경 본문과 일치한다]. 이것은 별로 중요하지 않은 문제에 목숨을 거는 전형적인 예들 중 하나다. 현대 배교자들은 관사 번역의 중요성을 주장한다. 그러면서도 골로새서 2:8, 사도행전 9:1,8에서는 그것을 절대로 번역하지 않고, 마가복음 1:4, 마태복음 1:1에서는 원문에 있지도 않은 관사를 번역하는 것이다.

이 배후에 있는 생각은 A.V. 본문을 전복시키기 위해서는 어디서든지 관사를 번역할 수 있지만, 하나님의 본성을 다루는 구절에서는(요 4:24)

관사를 삽입시키면 〈킹제임스성경〉을 뒷받침하는 격이 되기 때문에 관사를 넣을 필요가 없다는 것이다. 즉 성경개정위원회가 번역된 구절에 대해 어떻게 느끼느냐에 따라 관사는 번역되기도 하고 생략되기도 하며, 삽입되기도 하고 무시되기도 하는 것이다. "헬라어 본문에는 관사가 있다"는 말은 아무런 의미도 없다. 왜냐하면 이 "경건하고 헌신된" 학자님들은 본문에 없는 관사들을 삽입시킨 것만큼이나 많이 관사를 번역하지 않았기 때문이다.

미시건에 소재한 전천년주의 기독교 대학에서 한 학생이 훈계위원회(1972)에 불려가서 "선과 악의 지식의 나무"가 포도나무라고 믿는 것 때문에 책망을 들었다. (그 젊은이는 저자의 주석서 〈창세기〉를 읽고서 그것을 알게 되었다.) 이 희한한 상황에 대해 생각해 보자. 사역을 준비하는 젊은이들의 교육을 맡은 사람들이 있다. 그들은 그런 지식은 "필수적"이지 않다고 생각한다. 그러면서 그리스도의 신성(딤전 3:16), 동정녀 탄생(눅 2:33), 실제적인 몸의 승천(눅 24:51)을 부인하는 성경이 믿을 만한 번역본이라고 젊은이들에게 가르치는 것은 절대적으로 필요한 일이라고 생각한다. ASV(1901)는 이 세 가지 근본 사항을 모두 부인한다. 이 나라의 거의 모든 기독교 대학이 그것을 추천한다. 그 이유는 그 성경의 본문 때문이 아니라 그것을 추천하고 출판한 소위 "보수주의자들"의 명성 때문이다.

생명 나무와 포도나무에 대해 성경이 말씀하는 바가 중요하지 않다면, 사도행전 22:9과 모순되게 하기 위해 사도행전 9:7의 관사를 번역한 것은 얼마나 중요한 일이라고 생각하는가? 전능하신 하나님께서 계산하시는 날에(고전 4:5) 그런 사람에게 하실 말씀이 있다고 생각하는가? 기념관을 세우고, 그 일을 하기 위해 자신이 최종권위가 되어야만 하고, 하나 이상의 "믿을 만한 권위"를 세워서 자신을 그것들을 판단하는 최종 권위자로 만드는 것이 정말 문제가 아니겠는가? 하나님께서 "나무들"과 "포도나무"에 대해 하신 말씀에 전혀 개의치 않는 것이 진짜 문제가 아닌가? 자신의 "말"이나 자신의 "사역"을 하나님의 말씀보다 더 우위에 두고서, 자신들의 봉급이 "일"과 "증거"에서 나오기 때문에 기독교 학자들이 그런 행위에 대해 변명하는 것이 진짜 문제가 아닌가?

11-15절 내용은 매우 쉽기 때문에 설명이 필요치 않다.

바울은 들었고, 보았으며, 알았다. 자신이 듣고 보고 안 것을 사실로 증거해야 하는 『**증인**』의(15절) 자격을 바울은 모두 충족시켰다. 『**모든 사람**』(15절)이란 사도행전 20:26과 사도행전 1:8의 의미의 모든 사람을 말한다. 바울 때문에 여기 모인 사람들은 사도행전 9장의 이방인과 흩어진 유대인이다.

『**이제 무엇을 주저하느뇨?**』(16절) 캠벨 추종자들의 풀장으로 뛰어들라고! 지옥에 가기 전에 빨리 서둘러야지! 마태복음 28:19이 아니라 사도행전 2:38의 이름으로 도시 수도 시설에 빨리 몸을 담그라니까, 빨리 서둘러 바울! 그렇게 하지 않으면 거듭나지 못할 거야!

사도행전 2:38 한 구절과 베드로전서 3:21의 4분의 1(그리고 문맥에서 벗어나서 적용한 갈라디아서 3:27)이 알렉산더 캠벨과 캠벨의 추종자들(1800-1990)의 가르침의 핵심이다. 토마스나 알렉산더 캠벨 둘 다 성경을 지적으로 읽을 수 없었다는 사실은 제쳐 두고라도, 둘 다 성경 본문을 혼란시키고 본문을 훔쳐 오는 로마카톨릭의 행위를 따른다는 사실은 차치하고라도, 그 구절을 근거로 "침례에 의한 중생"을 가르친다는 것은 범죄에 해당하는 무지이며, 너무나도 명백한 사실이어서 일반 독자에게는 우습기까지 하다.

A. 침례의 목적은 '정결'과 연관된 것이었다. 『**너의 죄들을 씻으라.**』 거듭남과 연관된 것이 아니었다(16절).

B. "율법의 완전한 방식을 따라"(3절) 모든 정통 유대인은 물을 '정결'과 연결시켰다(요 2:6). 거듭남이 아니었다.

C. 모든 정통 유대인은 물을 물리적 탄생과 연관시켰다. 영적 탄생이 아니다(창 1:20, 잠 5:15-18, 요 3:3,4).

D. 아나니아는 유대교 개종자로서 정통주의자(12절)였으나 사도행전 8:35이나 사도행전 13:39,40, 사도행전 10:15의 계시를 알지 못했었다. 그런 그가 물침례와 정결을 연결시킨 것은 당연한 일이 아니겠는가?

E. "씻으라"는 말을 들은 사람은 그가 물을 보기 3일 전에(고전 15:8) 『**중생의 씻음**』(딛 3:5)으로 이미 씻긴 사람이다. 캠벨 추종자들이 욕조 속에서 수영을 하며 지옥을 통과하려고 아무리 애쓴다 할지라도 이것은 바울 자신의 간증이다(고전 15:8). 바울은 아나니아가 "침례"(16절)에 대해 말하기 3일 전에 "거듭났다."

F. 사도행전 2:38을 설교했던 베드로는 사도행전 15장에서 사람의 마음을 정결케 하는 것은 물이 아니라 믿음으로(15:11)라고 말했다. 베드로는 설교하는 도중 바로 코앞에서 하나님께서 사도행전 2:38을 사도행전 10:44로 바꾸시는 것을 보았다.

교훈 : 모든 그리스도의 교회 장로들이 거듭남의 수단으로 사도행전 2:38을 믿는다면 그들은 피의 메리만큼이나 잘못된 것이다. 그녀는 매주 일요일 아침마다 자신이 그리스도의 시체를 먹는다고 믿었다.

이 본문에 대해 로버트슨은 열 줄을 쓰고 그만둔다. 그는 바울이 아나니아의 말을 잘못 인용하고 있든지, 아니면 아나니아는 침례를 단지 씻음의 "모형"이라고 알았든지 둘 중 하나라는 희미한 변명으로 끝을 맺는다. 한편 브루스는 9절의 "빛"은 "해보다 더 밝은 빛"이 아니었으며(26:13!) 그것은 번개빛이었다고 말한다!(*Ibid.*, p.441)

그래서 바울은 물을 뿌림으로써(아담 클라크, *Ibid*., p.1126) 스스로 침례를 받았으며(에스톤, 브루스 인용), 이것으로 그는 거듭났고(알렉산더 캠벨), 이제 "끝까지 견디지" 않으면 그것을 잃어버릴 수도 있게 되었다(모든 교황).

〈킹제임스성경〉에 오류가 있을지도 모른다고 걱정하기 시작하면서 빠지게 되는 혼란이다. 본문에 충실해서 성경과 성경을 비교하게 되면 성경을 고치는 모든 사람들이 절대적으로 부인한 진리를 발견하게 될 것이다.

어떤 사람이 말했다. "나는 그리스도를 믿었을 때 방언을 받았습니다! 당신에게는 무슨 일이 일어났죠?" 우리 중 대부분은 그리스도를 믿었을 때 "구원을" 받았다. (당신에게는 무슨 일이 일어났는가!!?) 어떤 그리스도인이 캠벨 추종자에게 물었다. "바울은 물에서 침례받기 전에 구원받았습니까, 아니면 침례받은 후에 구원받았습니까?"

그 캠벨 추종자는 질문을 회피하려 했다. 세 번째 동일한 질문을 받자, 그 물개는 대답했다. "왜 그런 것에 계속해서 관심을 갖는 거죠?"

그리스도인이 대답했다. "이봐요, 당신은 나의 영적 행복에 대해 관심이 있다고 말하면서 여기 왔습니다. 신약의 4분의 1을 기록한 사람이 언제 구원받았는지 내게 말해 줄 수 없다면 내게 무슨 말을 해줄 겁니까?"

"나는 당신 자신의 침례에 관심이 있단 말입니다."

그 그리스도인은 캠벨 추종자의 면전에서 큰소리로 웃으며 말했다. "이봐요, 내 혼이 구원받는 문제보다 침례에 더 관심이 있다면, 가 보시오!" 바울은 침례받기 3일 전에 구원받았으며, 그 후에는 결코 지옥에 갈 수 없었다(롬 8:38,39). 그 어떤 캠벨 추종자도 사람들이 지옥에 갈지 연옥에 갈지에는 관심을 두지 않는다. 그가 관심을 두는 것은 캠벨파 장로가 그 사람을 물에 잠기게 해서 "그리스도의" 교회를 지지하게 만드는 것이다.

22:17 그후에 내가 다시 예루살렘으로 돌아와서 성전에서 기도하고 있을 때 무아지경에 빠져서

18 보니 주께서 내게 말씀하시기를 '서둘러 예루살렘을 속히 떠나라. 이는 그들이 네가 나에 관하여 증거하는 말을 받아들이지 아니할 것임이라.'고 하시더라.

19 내가 말하기를 '주여, 내가 주님을 믿는 사람들을 감옥에 가두고 또 어느 회당에서나 매질한 것을 그들이 아나이다.

20 주님의 순교자 스테판이 피를 흘릴 때 나도 그 곁에 서서 그를 죽이는 일에 찬성하고 그를 죽이는 자들의 옷을 지켜 주었나이다.' 라고 하였더니

21 주께서 내게 말씀하시기를 '가라, 내가 너를 멀리 떨어져 있는 이방인들에게로 보낼 것임이라.'고 하셨느니라."고 하니라.

18:18-21 주석에서 바울이 이전에 예루살렘을 방문한 사실(17절)을 말한 바 있다. 그 후에 성경에는 기록되지 않은 많은 일들이 바울의 생애에서 일어났음을 염두에 두어야 한다. 고린도후서 11장에 열거된 바울이 받은 수많은 고난과 사건이 이를 말해 준다. 바울이 겪은 그 모든 일들은 사도행전 22장 이전에 일어난 것이 분명하다. 누가는 바울이 유대인에게 붙잡혀 거의 죽을 정도로 채찍에 맞은 네 번의 사건을 언급하지 않았고, 아시아 선교 여행 동안(행 13-19장) 수차례 맞은 사건(고후 11:24)도 기록하지 않았다. 이제 예루살렘에서 바울은 "육신에 따른... 동족"(롬 9:1-4) 앞에 서 있다. 그는 몸과 팔, 다리, 발, 손, 얼굴에 195대의 채찍 자국을 가지고 거기 서 있다. 그는 조지 폭스나 존 딜린거에 비길 만한 수감 기록을 가지고 있다.

18-21절에서 우리는 하나님의 직접적인 뜻을 본다. 그것은 어떤 인간

중재자도 통하지 않고(21:4 참조) 인간의 감정과도 연관되지 않고(20:22) 하나님에 의해 바울에게 직접 전달된다. 이것으로 바울이 예루살렘에 가는 일에서 "하나님의 뜻 안에" 있었는지 그렇지 않은지에 대한 의문은 영원히 풀리게 된다. 로버트슨은 그 구절을 보고 하얗게 질려 버린다. 그는 〈킹제임스성경〉을 집어들었을 때 18절을 보고 거의 심장마비를 일으킬 지경이었다. 왜냐하면 그 구절이 사도행전 21:4,11과 20:22에 관해 그가 해 놓은 설명을 뒤엎어 버렸기 때문이다. 그래서 위대한 헬라어 학자께서는 "saw him"과 "because"에 관한 두 개의 주석만을 쓰고 그곳을 지나쳐 버린다. 클라크는 18절이 별로 중요하지 않다고 생각한다. 그래서 그는 전능하신 하나님께서 바울에게 예루살렘에서 다시 혼란을 겪지 말라고 말씀하셨음에도, 바울이 하나님의 뜻 안에서 예루살렘에 있었다고 말한다.

바울은 자신의 주장을 변호한다(19절). 그는 예루살렘의 유대인들이 그의 증거를 받아들이지 못할 만한 이유를 생각할 수가 없다. 왜냐하면 그들은 바울이 과거에 어땠는지를 알며, 그가 스테판의 죽음에 찬성하는 것을 보았기 때문이다(20절).

주께서는 이 문제로 바울과 논쟁조차 하지 않으신다. 주께서는 그에게 직접적인 명령을 내리신다. 그리고 예루살렘에 간 바울은 하나님의 직접적인 뜻 밖에 있는 것이다. 그는 하나님께로부터 온 네 번의 경고를 받아들이지 않았다. 그중 둘은 성령께서 직접 하신 것이고, 하나는 그리스도인 제자가, 하나는 "의로우신 분"이신 하나님께서 직접 하신 것이었다. 징계가 뒤따른다.

『**내가 너를 멀리 떨어져 있는 이방인들에게로 보낼 것임이라**』(21절). "이방인들"이라는 말은 즉각적인 반응을 불러일으킨다(22절). 이와 같이 감정을 격하게 만드는 말들은 언제나 있어 왔다.

관용적이라고 자부하는 사람들(이들은 여성해방운동, 동성연애해방, 평등한 권리 등을 열렬히 지지하는 사람들이다)은 종종 누군가가 바울이나 요한이 쓴 성경 구절을 인용했다는 이유로 저주를 퍼붓는다. 모택동이나 레닌을 인용하면 그렇게까지 나오지는 않을 것이다. 이상하지 않은가? 보수주의자들과 "잘 지내려면" "ASV(1901)는 쓰레기 조각이야"라고 말하기만 하면 된다. 그런 다음 그들의 행동을 주의해 보면 된다. ASV는 A.V.(1611)를 고쳐서 생계를 유지하는 구원받은 죄인에게는 민감한 부분이기 때문이다. 그 방법으로 몇 초 안에 편견을 찾아낼 수 있다. "성우(聖牛-비판해서는 안 되는 것)"는 결코 없어지지 않는다. 다윈의 진화론, 아인슈타인의 상대성 이론, 헤겔의 변증법은 견진례가 중세 수녀에게 성스러웠던 것만큼이나 20세기 대학교수에게는 거룩하고 성스러운 것이다. 헬라어와 히브리어에 대한 지식은 성경을 왜곡시키는 자에게는 성스럽고 경이로운 것이다. 유대인에게(A.D. 58,59) "이방인"이란 단어는 "더럽고, 비열하고, 썩어 빠진 거짓말쟁이 돼지"란 뜻이다. 바울은 "거룩한 연합" 앞에 서 있다. 그리고 바울은 『**이방인들**』이라는 한마디로 교회를 완전히 엉망으로 만들고 있다.

누가 텍사스에서 "J. 프랭크 노리스"라고 말하면 설교자들은 땅에 침을 뱉는다. 더블린에서 "존 칼빈"이라고 말하면 그들은 구역질을 한다. 뮌헨에서 "문스터"라고 큰소리로 말하면 아무도 그 교회에 가지 않을 것이다(그 단어가 치즈를 의미할 때만 빼놓고). 북부 베트남인에게 인기를 얻고 싶으면 "카톨릭 주교"를 괴롭히면 된다. 중국에서 인기를 얻고 싶으면 "월스트릿"이라고 말하면 된다. 사람들을 교육시킨다고 해서 정서까지 없앨 수는 없다. 사람들은 이미 가지고 있던 편견을 또 다른 편견으로 대체할 뿐이다. 그 예로, '급진적 분리주의'는 이제까지 모든 나라에서 실행되어 왔으며, 스카랴 14:21까지는 계속 그럴 것이다. "인종차별"을 현 미국의 악이라고 비난하는 사람은 반쯤 미친 사람이다. 지난 400년간 "인종차별"이 원인이 되어 미국에서 일어난 주요 전쟁은 하나도 없었다. 미국 내 진짜 문제는 그것을 없애려고 시도했을 때(1950-1970) 시작되었다. 민권결의를 통과시켰던 상원의원 중에서 자신이 살고 있는 수도의 공립학교에 아이를 맡긴 사람은 하나도 없다. 그러나 그런 사람들은 자기들의 신념을 다른 사람들에게 강요한다. 정작 자신들은 받아들이지 않는 신념을 말이다. 사람을 교육시킨다고 해서 그가 가진 편견을 없애지는 못한다. 6,000년의 역사 속에서 어떤 교육자나 교육 제도로도 그렇게 된 적은 없었다. 오직 하나님만이 "편견"을 고치고 그것을 진리로 대체시키실 수 있다(행 10:1-15). 교육자들이 하는 일이란 사람들의 편견을 자신의 편견으로 대체하는 것이다. 사람들이 할 수 있는 것은 편견을 교환하는 일이다. 카톨릭에 대항하는 편견이 사라지면 성경을 반대하는 편견이 즉시 나타난다. "흑인들"에 대한 편견이 사라지면 높은 도덕 수준에 대한 편견이 즉시 나타난다. "여자들의 권리"에 대한 편견이 사라지면 가정 내 권위에 대한 편견이 즉시 대두된다. 사람을 교육시킴으로 그들이 가진 편견을 없애지는 못한다. 그렇게 할 수 있다고 생각하는 사람들은 미신에 빠져 있는 것이다. 그렇게 된 적이 결코 없었다. 사회주의와 공산주의에 대한 편견이 사라지면 성경 설교에 대한 편견이 즉시 발생한다. 이 책을 읽는 사람 중 단 한 사람도 완벽하게 편견에서 벗어난 사람은 없다. 그렇다고 생각하는 사람은 하나님께서 원숭이에게 주신 만큼의 사려분별도 없는 사람이다. 웨스트코트와 홀트 같은 사람들이 "중립적인 텍스트"에 관해 말하고 존 R. 라이스 같은 사람들이 "열린 마음으로 ASV를 읽는 것"에 대해 이야기할 때, 그들이 의미하는 바는 자신들은 권위역본의 권위에 대한 편견을 가지고 있으며, 그것을 무오한 진리로 받아들이는 사람은 누구라도 비방한다는 뜻이다. 그들은 권위역본에 대해 자신들의 마음을 닫고 그것을 대적하는 심판의 자리에 앉아 있는 것이다. 자, 『**이방인들**』이라는 바울의 말 한마디로 사건은 터지고 말았다.

22:22 그들이 바울의 말을 여기까지 듣고 있다가 목청을 높여서 말하기를 "저런 자는 이 세상에서 없애 버리라. 그는 살 자격이 없도다."라고 하더라.

23 그들은 소리지르며 자기들의 옷을 벗어 던지고 티끌을 공중에다 날리더라.

24 사령관이 그를 병영 안으로 데려가도록 명령하고서 그를 채찍으로 때려 심문하게 하였으니 이는 사람들이 그에 대하여 왜 그처럼 소리를 지르는지 알아보려 함이더라.

25 그리하여 그들이 가죽끈으로 그를 묶으니 바울이 곁에 서 있는 백부장에게 말하기를 "로마 시민을 정죄하지도 않고 채찍으로 때리는 것이 합법적이냐?"라고 하니

26 백부장이 그 말을 듣고 가서 사령관에게 보고하여 말하기를 "당신이 하시는 일을 조심하소서. 이 사람은 로마 시민이니이다."라고 하니라.

27 그때 사령관이 가까이 와서 바울에게 말하기를 "네가 로마 시민인가 내게 말하라."고 하니 그가 말하기를 "그러하다."라고 하더라.

28 그 사령관이 대답하기를 "나는 이 시민권을 사는 데 상당한 돈을 들였노라."고 하니 바울이 말하기를 "나는 날 때부터라."고 하더라.

29 그러자 즉시로 그를 심문하려 했던 자들이 그에게서 떠나고 바울이 로마 시민인 것을 알고는 사령관도 두려워하더라. 이는 자기

가 그를 결박하였기 때문이라.

30 그 다음 날 사령관은 무슨 사유로 유대인들이 그를 송사했는지 그
실상을 알고자 하여 그를 결박에서 풀어 주고 선임 제사장들과
온 공회원을 출두하도록 명령하였으며 바울을 데려다가 그들 앞
에 세우니라.

군중들은 마치 1950-1970년대의 사랑의 자유, 언론의 자유, 자유 섹스, 자유 행진자들처럼 행동한다. 즉 그들은 평정을 잃고 냉정을 잃은 상태에서 자기 통제력을 잃고 실성한 정신병자들처럼 소리치며(23절) 자신들의 옷을 찢음으로써 "진보적이고 정의로운 정신"을 표현한다(워싱턴 D.C.에서 있었던 "가난한 사람들의 행진"에 참가한 사람들이 했던 것과 똑같다). 실제로 그들은 너무나 편협한 마음의 소유자들이다. 그들은 자신들을 위한 특권을 원한다. 그러나 그것들을 얻기 위해서는 얼마나 많은 사람들을 밟고 올라가야 하는지에는 신경도 쓰지 않는다. 가만히 생각해 보면 이들은 록펠러나 광명파(계시를 받았다고 자인하는 신비교파)와 많은 공통점을 가지고 있다. 그들이 자신의 진짜 인격을 알게 되면 얼마나 부끄러워하겠는가!

『**저런 자는... 없애 버리라. 그는 살 자격이 없도다**』(22절). 자기들은 자유를 누려 마땅하지만 그는 죽어야 마땅하다는 얘기다. 그 이유는 그가 자신들의 감정을 건드리는 말들을 해 대기 때문이다! 백인 남부 사람(조지 월리스)을 제외하고는 누구나 언론의 자유를 가져야 한다! 거리에서 설교하는 프로테스탄트(이안 페이즐리)를 제외하고는 모두가 자유를 향유해야 한다! 성경대로 믿는 그리스도인(맥킨터)을 제외하고는 모두에게 평등권이 주어져야 한다! 전천년주의 설교자들에게 시간과 장소를 파는 것을 제외하고는 뉴스 미디어에는 제한이나 통제가 없다. 이런 일들은 지난 수십 년 동안 늘 보아 온 바이다. 조지 윌리스(1970-1972)에게 말하지 못하게 했던 사람들은 "언론의 자유"를 외쳤던 사람들이다. 이런 부류의 좌익 위선자들은 신뢰할 수가 없다. 미국에는 자칭 그리스도인이라고 하면서도 "간증을 잃지 않는 선에서" 그리스도 안의 형제자매들을 제거할 수만 있다면 그렇게 하고 싶어하는 사람들이 있다. 왜 그런지 아는가? 그 형제와 자매가 그들이 좋아하지 않는 것을 그들에게 말했기 때문이다. 그 말이 자신들의 소득에 방해거리가 되었기 때문이다. 그것이 자신들의 명성을 해치고, 사회적 지위를 떨어뜨리고, 헌금을 줄어들게 했기 때문이다. 말로 가하는 공격을 참을 수 없는 종교를 가지고 있다면, 그것이 도대체 무슨 종류의 종교인가? 본문의 유대인 무리는 바울이 이방인에게 간다면 그는 살 자격이 없는 사람이라고 생각했다. 오늘날 미국에는 내가 개인적으로 아는 몇 명의 그리스도인들이 있는데, 그들은 그 누구라도 〈킹제임스성경〉이 무오하다고 말함으로써 그리스도인들을 화나게 만든다면 그는 살 자격이 없다고 생각하는 사람들이다. 그들은 여기서 바울에게 소리치는 바리새적인 무리들과 같다.

끌려간 바울은 이번에는 병영(castle-성)으로 가서(24절) 채찍을 맞는다. 이 성은 안토니아 성으로 로마 군인들의 병영이었다. 그들은 다시 바울을 묶는다(24절). 그러자 바울은 자신이 유대인이며(21:39) "타소 시민" 일 뿐만 아니라(21:39) 로마 시민(22:25)이라고 말한다. 그는 재판을 받지 않았기 때문에 판사의 정죄를 받지 않았다. 사도행전 25:16에서 페스토가 로마법을 말한 것처럼 그는 『**정죄**』(25절)받지 않았다. 로마법에 따르면 그는 "사형이나 감옥에 갇힐 만한 아무 근거가" 없었기 때문에(23:29) 바울은 채찍에 맞을 수가 없었다. 바울은 이 문제를 백부장에게 제기하고 (26) 그 백부장은 사령관에게 전한다. 『**네가 로마 시민인가 내게 말하라.**』

『**그러하다**』(27절). 바울은 날 때부터 자유인으로 태어났기 때문에(28절) 노예 상태나 종 혹은 어떤 카스트 제도로부터 돈을 주고 벗어날 필요가 없었음을 주장한다. 타소는 로마의 식민지가 아니었다. 따라서 바울이 그 도시에서 태어났기 때문에 자동적으로 로마 시민이 된 것은 아니었다. 그러나 이 라틴어 이름(행 13:9 및 주석 참조)으로 볼 때 그가 정치적, 군사적, 혹은 경제적 술수로 로마 시민이 된 특권층 가계 출신임을 알 수 있다. 사령관은 로마 시민이 되기 위해 "상당한 돈"을 지불해야만 했다. 그러나 바울은 로마 시민으로 태어났다. 자유인으로 태어난 것이다. 새로운 성서들과 주석가들, 성경 개정자들, 학자들, 언어학자들은 이에 동의하지 않는다.

채찍을 때리던 사람들이 채찍을 내려놓고 사라진다(29절). 그들은 바울에게서 가죽끈을 벗겨 주고(25,29절) 다음 날 아침까지 그를 감금해 둔다(30절). 다시 공회가 모습을 드러낸다(행 4:15 및 설명 참조). 그들은 여전히 전통적 입장을 고수하고 있다. 그것은 진리를 반대하고 성경이 말씀하는 바를 뒤엎는 입장이다.

『**날 때부터라.**』(28절, free born)는 말은 A.V.(1611)가 아니라 "주 예수 그리스도"와 "영감받은 원본"이 최종권위라고 주장하는 헌신되고 경건한 주석가들을 곤혹스럽게 하기 위해 성령께서 마련하신 중요한 부분이다. 갈라디아서 4:26-30으로 가서 로마서 6:23과 빌립보서 3:20과 비교해 보면 로마법은 "자국민"을 보호한다는 것을 알 수 있다(마 17:25). 이것은 하나님께서 "자유로이 태어난" 그 자신의 소유를 보호하시는 것과 같다! (요 1:13) 우리의 시민권은 천상에 있기 때문에 우리는 "카이사"에게 보호받는다(행 17:7). 그러므로 『**누가 정죄하리요?**』(롬 8:34) 요한복음 5:24이 진리라면 우리는 정죄받지 않는다(25절). 우리는 결박되어 있지(29절) 않다. 그리스도께서 우리를 자유롭게 해주셨기(롬 8:2) 때문이다. 우리는 믿음으로 말미암아 은혜로 구원받았다. 그것은 우리로 태어나게 해주었다(갈 3:26).

사도행전 23장

23:1 그때 바울이 공회를 주목하며 말하기를 "형제 여러분, 나는 이 날
까지 하나님 앞에 온전히 선한 양심으로 살아 왔노라."고 하자,
2 대제사장 아나니아가 바울 곁에 서 있는 사람들에게 명령하기를
"그의 입을 치라."고 하더라.
3 그때 바울이 대제사장에게 말하기를 "이 회칠한 벽이여, 하나님께
서 당신을 치시리라. 당신이 율법에 따라 나를 심판하려고 앉아서
율법을 거역하여 나를 치라고 명령하느냐?"라고 하니
4 그 곁에 있던 사람들이 말하기를 "네가 하나님의 대제사장을 욕하
느냐?"고 하더라.
5 그때 바울이 말하기를 "형제들이여, 나는 그가 대제사장인 줄을 몰
랐노라. 이는 기록되기를 '네 백성의 관원을 욕하지 말라.'고 했음
이니라."고 하더라.
6 그러나 바울은 한 편은 사두개인이요, 다른 편은 바리새인인 것을
알고 공회에 외쳐 말하기를 "형제들이여, 나는 바리새인이요, 바리

새인의 아들이라. 죽은 자의 부활과 소망 때문에 내가 지금 심문
을 받고 있도다."라고 하니라.
7 그가 이 말을 하자 바리새인들과 사두개인들 사이에 분란이 일어
나서 무리가 나뉘었으니
8 이는 사두개인들은 부활도, 천사도, 영도 없다고 말하나 바리새인
들은 다 있다고 시인함이라.
9 그때 큰 아우성이 일고 바리새인 편에서 서기관들이 일어나 항의
하며 말하기를 "우리는 이 사람에게서 악한 것을 찾아볼 수 없도
다. 그러므로 영이나 천사가 이 사람에게 말한 것이라면 우리는
하나님을 거역하여 싸우지 말자."라고 하더라.
10 심한 불화가 일어나니 사령관은 혹시 바울이 그들에게 찢기지나 않
을까 두려워하여 병사들에게 명령하기를 "내려가서 그를 무리 가
운데서 강제로 붙들어 병영 안으로 데려오라."고 하니라.

공회는 여전히 '종교'와 '숭배'라는 이름으로 진리를 말살하는 데 전념하고 있으며(마 10:17) 1980년의 에큐메니칼 공회와 정확하게 일치하는 모습이다. 사도 바울은 자신을 변호하기 시작한다. 『**양심**』(1절)이란 단어가 자기 주장을 펼치기 전에 바울의 입에서 튀어나온다. 그만큼 이 단어는 바울의 생애에서 큰 위치를 차지하고 있었기 때문이다(롬 9:1, 딤전 1:5,9, 행 24:16). 그의 주장은 자랑이 아니었다(빌 3:4). 회심하기 직전에 피흘린 것 때문에 그의 양심이 그를 괴롭힌다 할지라도(행 9:5) 그는 "온전히 선한 양심으로 살았다." 아나니아는 "그를 치라"고 말한다. 성전 경비병 중 하나가 그의 입을 친다(2절). 바울의 기질이 드러나며 그가 말한다. 『**하나님께서 당신을 치시리라. 당신이 율법에 따라 나를 심판하려고 앉아서 율법을 거역하여 나를 치라고 명령하느냐?**』(3절) 그러나 재판중에 사람들을 때리는 것은 "공회"에서는 새로운 일이 아니었다. 마태복음 26:67을 보라. 그 옆에 있던 사람들이 말한다. "입 닥쳐! 누구 앞이라고 감히! 이분은 대제사장이시란 말이다!(출 22:28) 감히 '신들'을 거역하려 하다니!"

여기서 학자 연맹은 또 한 번 무너진다. 바울적 강박관념에 사로잡힌 학자들은 어리석게도 바울이 대제사장을 똑바로 쳐다보고 있으면서도 그가 정말로 대제사장을 못 알아봤다고 생각하는 것이다. 보수주의 학자들은 바울이 사람을 잘못 알아봤다고 우리를 설득하려 한다. 그러나 바울은 위기에서 벗어나기 위해 머리를 굴리고 있는 것일 뿐이다. 6절을 통해 우리는 바울이 어떻게 생각하고 있는지를 알 수 있다. 미숙하고, 무지하고, 비실제적이며, 성경을 거부하는, 믿음 없는 "근본주의자"만이 5절을 제대로 설명하지 않는다.

바울은 "그의 몸 안에" 대제사장을(히 3:1) 소유하고 있었다. 그가 진짜 대제사장을 못 알아보는 실수는 할 수 없었다. 바울이 "대제사장"을 알아보지 못했다니! 마태복음 27:51 이후로 하나님의 관점에서 대제사장 같은 것은 없었다. 개심한 이후 바울의 관점에서도 마찬가지였다.

"대제사장은 공식적인 의복을 입고 있지 않았다"(로버트슨), "바울은 대제사장으로부터 너무 멀리 떨어져 있어서 육안으로 그를 알아볼 수 없었는지도 모른다"(로버트슨), 바울은 "아마 시력이 좋지 않았을지도 모른다"(로버트슨), "바울은 아나니아를 몰랐거나 아니면 그를 잊어버렸다"(클라크), "바울은 다른 방향을 보고 있었거나 아니면 아나니아가 평소의 위치에 있지 않았다"(브루스), "그것은 정기 모임이 아니었다"(래드), "바울은 예루살렘 방문객이었고 알지 못했을지도 모른다"(윌리엄스) 등등...

이 모든 견해는 변명조의 말들에 지나지 않는다. 쉽게 속는 이 형제들 중에서는 바울이 자기가 공평한 재판을 받지 못하리라는 것을 알고 그 혼란에서 벗어나려고 책략을 썼다는(6절) 사실을 아무도 알아내지 못했다.

2절에 이를 때까지 재판은 이름뿐이었다는 것을 바울이 알지 못했다면 그는 래드, 로버트슨, 브루스, 클라크, 그리고 다른 미숙한 신참자들만큼이나 어리석은 것이다. 이와 같은 무리에게 다섯 차례나 채찍에 맞은 사람이 6절이 지나서야 자신이 공정한 재판을 받지 못하리라는 것을 알았다고 생각하는가? "조상들의 온전한 규례를 배웠던" 히브리인 중의 히브리인이, 자신이 어느 위치에 있든지 간에, 예루살렘에 있는 유대인 공회의 대제사장직에 있는 사람이 누구인지를 모르리라고 생각하는가? "율법에는 흠이 없으며" "최고 랍비(가말리엘)의 수하에서 자랐던" 사람이 자신의 생명에 대해 변호할 때 우연히도 대제사장에게 등을 돌리고 있었다고 믿는가? 성경을 믿는 우리 중 누가 터스터, 닐, 디엠, 웨스트, 로버트슨, 램세이, 라이스, 노울링, 렌돌, 래드, 브루스, 하우슨, 그리고 "대다수의 보수주의자들"처럼 세뇌되고 의식이 뒤져 있다고 생각하는가?

여기 "히브리인 중의 히브리인"이 있다. 그는 베냐민 지파 출신이요 바리새인이며 "율법에는 흠이 없는" 사람이었다. 그는 예수 그리스도께서 모든 제사장들을 대신하셨음을 알고 있다. 그런데 지금 그는 유대인 공회 앞에 서 있다. 그리고 명령을 발한 사람에게 말하고 있다. 『**그때 바울이 대제사장에게 말하기를...**』(3절), 『**당신이... 나를 심판하려고 앉아서**』(3절). 그러면서 자기가 말하고 있는 대상이 누구인지, 그리고 무엇을 심판하기 위해 앉아 있는지 바울이 몰랐단 말인가? 대제사장들은 출두 명령을 받았다(22:30). 대제사장들을 모으는 책임을 누가 지고 있었다고 생각하는가? 바울은 출애굽기 22:28을 알고 있는 것만큼이나 아나니아를 잘 알고 있었다. 학자 연맹은 자신들이 무슨 말을 하고 있는지도 모른다.

바울은 학자들이 생각하는 것보다 배는 더 영리하다. "과대평가"인 것처럼 들린다면 고린도후서 11장을 다시 읽어 보라. 그는 이 공회에 들어오기 전에 같은 사람들에 의해 여덟 번이나 죽을 고비를 넘겼다.

대제사장에게 말하고 있는 바울은 예수 그리스도께서 20여 년 전에 이미 대제사장을 대신하신 사실을 알고 있다. 『**이 회칠한 벽이여**』(3절)라고 말할 때 그는 예수 그리스도의 말씀을 거의 그대로 인용하고 있다(마 23:27). 그는 더 이상 마태복음 23장에서 예수 그리스도께서 비방하신 것처럼 그들을 비방하지 않는다. 그러나 예수님께서는 자신의 공식적인 재판에서는 비방하지 않으셨다(벧전 2:23). 바울과 같은 환경(3절)에 처하셨던 죄 없으신 분의 반응은 바울의 경우와 대조된다. 그리스도께서는 『**만일 내가 잘못 말하였으면 잘못된 것에 대하여 증거를 대라. 그러나 내가 올바른 말을 했는데 어찌하여 네가 나를 치느냐?**』(요 18:23)라고 말씀하셨다. 이것이 공식적인 박해에 대한 그리스도인들의 대처 방식이다(벧전 2:23). 그러나 바울 안에는 "악을 악으로 이기고자 하는" 아담의 성품이 있다. 우리 대부분처럼 그도 공격을 받으면 격분한다. 『**이 회칠한 벽이여, 하나님께서 당신을 치시리라.**』 이것은 예언일 뿐만 아니라 기도이기도 하다. "하나님께서 그렇게 하실 것"이라는 의미일 뿐만 아니라 "하나님이 그렇게 하시기를"이라는 의미이기도 한 것이다. 율법은 바울 편이었고(신 25:1,2) 진짜 "대제사장"(히 3:1)도 그의 편이셨다.

『**네가 하나님의 대제사장을 욕하느냐?**』(4절) 그렇지 않았다. 지금까지 계시된 모든 사실들로 미루어볼 때(요 16:1-3) 그는 마귀의 대제사장(요 8:44)이다. 하나님의 대제사장은 (지리적으로는) 그때 거기서 오천만 광년 떨어진 곳에 계셨다. 그러나 믿지 않는 이스라엘의 구원받지 못한 유대인에게는 죄성을 가진 인간이 여전히 대제사장으로 있었다[사실은 상당히 특이한 직분이라고 말할 수 있다. 왜냐하면 대제사장 직분이 필요하게 만드는 휘장이 찢어졌기 때문이다(마 27장)].

『**그때 바울이 말하기를 "형제들이여, 나는 그가 대제사장인 줄을 몰랐노라**』(5절). 이것은 절반만 사실이다. 바울은 아나니아가 대제사장이 아니라는 사실을 알고 있었다. 왜냐하면 대제사장은 예수 그리스도이셨기 때문이다. 바울은 자기를 심판하기 위해 앉아 있는 사람(3절)이 대제사장들의 우두머리임을(22:30) 잘 알고 있었다. 그러므로 5절의 그의 변명은 가짜다. 무엇을 잘못 알아서 나온 말이 아니다. 그것은 "옛 야곱"이 고린도전서 9:20에 따라 활동을 개시한 것이며, 그들에게 자신이 율법을 지키는 훌륭한 유대인임을 확신시키기 위한 것이다. 바울은 대제사장의 이름은 물론 그의 모든 친족들의 이름까지도 알고 있었을 것이다.

바울의 계산은 비행접시 수준으로 돌아가고 있다. 단 1초 안에 최고 속도로 회전하고 멈추고 올라가고 내려간다. 3절의 바울의 말은 이 사람들이 "율법에 따라" 행하는지를 알아보기 위해 던진 것이다. 4절의 역습으로 볼 때 공회는 적절하고 합법적인 절차에 전혀 주의하지 않는다는 것을 알 수 있다. 그들은 바울의 질문에 대답하지 않고 또 다른 질문으로 바울을 옭아매려 한다. 그래서 바울은 그 마구를 받아서 자신의 등에 지고, 이로 재갈을 물고, 채찍에 머리를 숙인 다음, 교묘하게 마차를 벼랑으로 밀어뜨리는 것이다. 이것이 쿵후와 유도의 원칙이다. 공격에 굴복하고 상대방이 힘을 쓰는 대로 움직이다가 그 다음에 적을 죽이는 것이다. 『**이는 기록되기를...**』 그런 다음 종교적 어조로 그들이 모두 마음에 담고 있는 법규를 인용한다. 한순간 그들은 바울이 자신들의 권위에 굴복했다고 생각한다. 그들은 바울의 "사과"를 받아들인다. 그들이 웃으며 고개를 끄덕이며 "아멘, 그렇고말고"라고 말하는 동안, 바울의 눈은 공회를 주욱 훑어 본다. 그는 대제사장을 알고 있을 뿐만 아니라 누가 바리새인들이며 누가 사두개인들인지도 알고 있다(6절).

『**나는... 바리새인의 아들이라**』(6절)!

"흐으음" 사두개인들 쪽에서 소리가 난다.

"좋아, 영광을!" 바리새인들이 말한다.

『**죽은 자의 부활과 소망 때문에 내가 지금 심문을 받고 있도다**』(6절). 새빨간 거짓말이다. 그들의 시각에서 보면 바울은 사도행전 21:28 때문에 심문을 받고 있는 것이며, 하나님의 관점에서 보면 사도행전 4:2 때문에 심문을 받고 있는 것이다. 다음에 이어지는 상황으로 사령관 루시아는 흑해 지역의 해외 임무에 자원할 것을 마음먹는다. 그는 이제 유대교와 관련된 것이라면 지긋지긋하다고 생각한다. 공회는 천사들, 영들, 부활들에 관한 교리적 논쟁으로 완전히 엉망이 된다. 반면 처음 고소 내용은 성전을 더럽히는 것, 이방인들에게 설교하는 것, 율법을 거슬러 가르치는 것이었다. 바울은 법정을 빠져 나갔다. 그들로 하여금 자기 꾀에 빠지게 만든 것이다. 결국 바울은 그물을 빠져 나간 새와 사냥꾼을 피한 노루처럼 이 상황을 모면했다. 뒤이어 이어지는 분란(7절)은 급속도로 『**심한 불화**』(10절)로 발전된다. 루시아는 반대당들이 바울을 두 조각 내지 않도록 자신에게 맡겨진 인물을 구해야만 한다.

사두개인의 종말론은 아테네인들의 종말론과 같았다. 마르스 언덕에서 바울의 설교를 듣던 불신자들처럼, 그들도 육체의 부활을 믿지 않았다. 사두개인은 오늘날의 자유주의자이다. 바리새인은 A.D. 324년에 정해진 근본 신앙을 믿는 현대의 보수주의 카톨릭 신자이다.

『**그때 큰 아우성이 일고**』(9절) 바리새인들은 빌라도가 그리스도께 내린 판단처럼 바울을 판단한다(9절 - 『**우리는 이 사람에게서 악한 것을 찾아볼 수 없도다.**』). 법정은 질서 회복과는 거리가 멀어진다. 모든 사람이 히브리어를 말하고 있기 때문에 루시아는 다시 구경꾼이 된다. 두루마리가 펼쳐졌다 다시 말리기를 거듭한다. 주먹들이 탁상을 쾅쾅 친다. 수염이

뜯기고 손가락질을 한다. 위협하는 소리가 들린다. 앞뒤가 맞지 않는 소리들이 사령관의 귀를 때린다(10절). 마침내 그는 고린도전서 14:23이 이 재판이 있은 이후에 기록된 것이라고 생각하기에 이른다.

바울은 법정을 떠나 안토니오의 성으로 돌아갔다. 거기서 그는 아마도 미소를 지으며 (혹은 소리 내어 웃으면서) 잠자리에 들면서, 주께서 고난의 때에 A.T. 로버트슨, 커스터, 렌돌, 노울링, 레이크, 래드, 브루스, 윌리엄스 캐드베리, 벌링거, 더멜로우, 빈센트, 카터에게 주신 것보다 그에게 더 많은 마음의 평안을 주셨음에 감사했을 것이다.

8절의 "다"(both)란 단어는 (1)부활과 (2)천사들과 영들을 말한다. 어떻게 보면 세 가지 항목인 것처럼 보인다. 그래서 로버트슨은 헬라어 '암포테라'가 둘이 아니라 셋을 말할 수도 있다고 주장하고, 그럼으로써 〈킹제임스성경〉의 본문을 바꾼다.

히브리서 1:14에 의하면 천사들은 영들이다. 아합을 죽음으로 이끈 것은 거짓말하는 영이었다(왕상 22:22). 죽은 정통 배교자들은 "천사"가 메신저(使者)라고 생각한다. 열왕기상 22:22의 "거짓말하는 영"은 메시지를 전했다. 성경을 믿는 사람이라면 사도행전 12:15과 누가복음 24:39을 어떻게 잊어버릴 수 있겠는가?! 『**천사도, 영도**』(8절)는 몸의 형태를 가진 영적 존재들로 제한된다.

이런 사실을 몰랐던 중세 스콜라 철학 추종자들은(안셀름, 라베라드, 아퀴나스 등) "한 개의 핀 끝에 천사들이 몇이나 올라설 수 있는가"에 대해 토론할 만큼 혼란 속에 있었다. 천 개의 더러운 영들이 가다라 지방의 미친 사람(막 5:9)에게 들어 있었던 것은 확실하지만, 그것들은 천사들이 아니었다. 성경에 나타나는 모든 천사들은 33세의 남성이다[저자의 주석서 〈창세기〉 6:1-6 참조]. 반면 그들은 "영들"이었다. 그러므로 〈킹제임스성경〉 번역자들은 헬라어나 히브리어 학자들보다 최소한 400%는 더 수준

높은 번역을 한 것이다. 왜냐하면 『**천사도, 영도**[단수]』라고 말했기 때문이다. 이것은 몸의 형태를 지닌 한 영을 나타낸다.

밥 존스 3세가 선전하는 NASV는 『**영**』(8절) 앞에 "a"를 삽입시켰다. 이것은 전혀 의미가 맞지 않는다. 그러면서도 요한복음 4:24에서는 이 "a"를 넣지 않았다.

23:11 그날 밤 주께서 바울 곁에 서서 말씀하시기를 "바울아, 기운을 내라. 네가 예루살렘에서 나에 관한 일들을 증거한 것과 같이 로마에서도 증거해야 하느니라."고 하시더라.

12 날이 밝자 유대인 중 몇 사람이 작당하고 저주로 맹세하여 선언하기를 "바울을 죽일 때까지는 먹지도 아니하고 마시지도 아니할 것이라."고 하니

13 이 음모에 가담한 자들은 사십 명이 넘더라.

14 이 사람들이 선임 제사장들과 장로들에게 와서 말하기를 "우리가 큰 저주로 맹세하였으니 바울을 죽이기 전에는 아무것도 먹지 않을 것이라.

15 그러므로 이제 여러분은 공회와 더불어 그에 관하여 무엇을 더 정확히 알아볼 것처럼 하고 사령관에게 알려 내일 그를 여러분께 데려오게 하면, 우리는 그가 언제라도 가까이 오기만 하면 그를 죽일 준비가 되어 있노라."고 하더라.

16 그런데 바울의 생질이 그들의 매복에 관한 사실을 듣고 가서 병영으로 들어가 바울에게 알리니

17 바울이 백부장 한 사람을 불러 말하기를 "이 젊은이를 사령관에게 데려가소서. 저가 그에게 알릴 일이 있나이다."라고 하니라.

18 그리하여 그 백부장이 그를 사령관에게 데리고 가서 말하기를 "죄
수 바울이 나를 불러서 부탁하기를 이 젊은이가 사령관께 말할
것이 있다고 하면서 그를 데려가 달라고 하였나이다."라고 하니
라.
19 그 사령관이 그의 손을 잡고 한쪽으로 가만히 데리고 가서 묻기를
"나에게 할 말이 무엇인가?"라고 하니
20 그가 말하기를 "유대인들이 결의하기로는 그들이 바울에 관하여
무엇인가 좀더 정확히 알아볼 것처럼 해서 내일 그를 공회로 데
려와 달라고 사령관님께 요청하겠다고 하더이다.
21 그러나 그들의 청을 들어주지 마옵소서. 그들 중에서 사십 명도
넘는 사람이 맹세하기를 그를 죽이기 전에는 먹지도 아니하고 마
시지도 아니하겠다고 하며 그를 숨어 기다리며 지금 준비하고 당
신의 약속을 고대하나이다."라고 하더라.
22 그리하여 사령관이 그 젊은이를 보내며 당부하기를 "너는 나에게
이 일을 알렸다는 것을 아무에게도 발설하지 말라."고 하고

여기서부터 서술 속도는 빨라진다. 사도행전의 위대한 교리적 부분인 2,3,7,8,10,15장이 지났기 때문이다. 그러므로 여기서부터는 우리의 설명도 간단해질 것이다. 반면 죽은 정통주의 배교자들(그리고 보수주의자들)은 앞에서보다 두 배의 시간을 들여 설명을 하기 시작한다. 여기서부터 바울적이지 않은 "그리스도인들" 사이에 사도행전에 관한 엄청난 관심이 일어난다. 그들은 바울이 했던 것을 제외한 모든 것을 일생 동안 하는 사람들이다. 바울은 어떤 학교를 선전하지도 않았으며, 고고학적 발굴에 시간을 뺏기지도 않았으며, 결속을 다지기 위한 프로그램을 짜지도 않았으며, 직원을 고용해서 자신의 가르침을 행하고 자신을 위해 설교하라고도

하지 않았다. 더군다나 그가 어떤 성경을 "믿을 만한 번역본"이라고 불렀다는 말은 성경 어디에도 기록되어 있지 않다. 바티칸 사본과 시내 사본을 저본으로 썼다는 말도 없다.

『**주께서 바울 곁에 서서**』(11절). 사도행전 27:23은 이 구절에 대한 훌륭한 설명이다. 아담 클라크가 바울이 "자신의 재판의 결말이 어떻게 될지"에 대해 전혀 알지 못했다고 말한 것은 현명치 못한 것이다. 바울은 거기 가면 자신에게 무슨 일이 일어날지 이미 네 번이나 들었다. 그가 위로받아야 할 필요가 있었던 것은 『**육신에 따른... 동족**』(롬 9:1-4)의 상태에 관한 것뿐이었다. 바울이 이런 곤경에 처하게 된 것은 바로 그들 때문이었다. 그들에 대한 부담이 없었다면 바울은 이탈리아, 그리스, 소아시아에 머물렀을 것이다.

『**네가 예루살렘에서 나에 관한 일들을 증거한 것과 같이 로마에서도 증거해야 하느니라**』(11절). 이것을 로마서 1:10과 사도행전 19:21과 비교해 보자. 어찌됐든 바울은 로마로 가게 되지만 그는 이미 하나님의 온전하신 뜻에서는 벗어나 있었다. 로버트슨, 클라크, 레이크, 캐드베리, 렘세이, 래드, 브루스 등의 주석을 완전히 해치워 버리시기 위해서 성령께서는 우리의 관심을 바울이 2년이 넘도록 자신이 맡은 사역을(24:27) 하지 못했다는 데로 돌리신다. 이는 그가 하나님의 직접적인 명령을 거슬러서 자기 의지로 예루살렘으로 갔기 때문이다[참조 구절을 살펴보았는가? 자신의 인생에 관한 하나님의 뜻에 대해 무지한 상태로 남고 싶으면 그렇게 해도 좋다. 왜냐하면 사역자에 관한 하나님의 뜻에 대해 성경에서 분명하게 드러난 것을 깨닫지 못하는 사람은 자기 자신의 행진 명령도 찾아낼 수 없기 때문이다]. 문제: 바울이 어떻게 로마로 갔는가? 답: 흠뻑 젖어서

(행 27장). 그는 제트기 대신 기차로 간 셈이다. 유치장에 앉아 있느라고 사역할 시간을 2년이나 잃어버린 것이다.

자, 유대인들이 함께 모여서 바울을 죽이기 전까지는 먹지도 않겠다고 하나님으로 맹세한다(12절). 그들이 훌륭한 종교심을 가진 사람들이었다면 그들은 모두 다 굶어 죽었을 것이다. 왜냐하면 그들은 바울에게 접근조차 하지 못했기 때문이다.

40명 이상의 사람들이 공모해서(13절) 자신들의 의도(14절)를 공회에 알리고, 선임 제사장들에게 바울을 다른 공회 모임에 데려가라고 말한다(15절). 그렇게 하면 모임 장소에 가는 길에 바울을 암살하겠다는 것이다.

그러나 바울의 생질은 그들이 하는 말을 도청하고는 가서 유대인들이 한 말을 그대로 바울에게 이른다. 바울은 백부장을 불러서(17절) "이 젊은이를 루시아에게 데려가시오. 그에게 전할 중요한 메시지를 가지고 있습니다."라고 말한다. 그는 가서 사령관 루시아에게 정보를 누설하고(18-21절) 루시아는 그를 보내면서 아무에게도 알리지 말라고 말한다(22절). 그래서 유대인들은 자신들의 계획을 바꾸지 않고 병력을 다시 점검한다.

NASV는 ASV(1901)와 마찬가지로 『**그들이... 알아볼 것처럼**』(20절)을 변개시켜 변개된 대문자 필사본인 바티칸 사본과 거기서 번역된 여러 역본들에 일치시켰다. 분명히 이것은 말이 안 된다. 왜냐하면 루시아는 바울을 어디로 데려가 "그를 조사할" 필요가 없기 때문이다. 문장의 주어는 『**여러분은... 더 정확히 알아볼 것처럼 하고**』에 있는 "여러분"(15절)이다.

23:23 두 백부장을 불러 말하기를 "밤 제삼시에 카이사랴까지 갈 보병 이백 명, 기병 칠십 명과 창병 이백 명을 대기시키고

24 또 그들에게 짐승들도 준비시켜 바울을 태워 펠릭스 총독에게 안

전하게 데려가도록 하라."고 하고
25 이와 같이 편지를 쓰니라.
26 "클라우디오 루시아는 펠릭스 총독 각하께 문안드리나이다.
27 유대인들이 이 사람을 붙잡아 거의 죽이려고 할 무렵에, 그가 로
마 시민인 것을 알았기에, 내가 병사들과 함께 가서 그를 구출하
였나이다.
28 무슨 일로 그들이 바울을 송사하는지 원인을 알고자 하여 그를 그
들의 공회로 데려갔더니,
29 그가 그들의 율법 문제로 송사를 당한 것이나 사형이나 감옥에 갇
힐 만한 아무 혐의도 그에게 없음을 알았나이다.
30 그런데 유대인들이 그 사람을 숨어 기다린다는 것을 듣고 곧 당
신께 그를 보내며 송사자들에게도 그에 관한 일을 당신 앞에서
말하라고 일렀나이다. 안녕히 계시옵소서."
31 그때 보병들이 명령을 받은 대로 밤에 바울을 데리고 안티파트리
까지 가서
32 그 다음 날 기병들에게 바울과 함께 가도록 인계하고 그들은 병영
으로 돌아가더라.
33 그들이 카이사라에 들어가서 그 서신을 총독에게 전하고 바울도
그 앞에 서게 하더니
34 총독이 그 편지를 읽고 그가 어느 지방 출신인가를 묻고서 그가
킬리키아 출신임을 알고
35 말하기를 "너를 송사하는 자들도 오면 내가 너의 말을 들으리라."
하고 그를 헤롯 재판정에 두어 지키라고 명령하니라.

색소니(Saxony)의 선거후(신성 로마 제국에서 황제 선거권을 가졌던

제후-역자 주)가 마틴 루터(1521)를 "납치"해서 피신시켰던 것처럼, 바울은 밤에 몰래 마을을 빠져 나간다. 40명의 암살자들을 간단하게 처리할 수 있는 무장한 군인들의 보호를 받으며 바울은 마을을 빠져 나갔다(23,24절). 루시아는 바울과 함께 편지를 보낸다(26절). 이 편지는 아담의 본성을 드러내는 것이다. 27절의 말을 보라. 이것은 참으로 과장된 것이다. 웬트, 조클러, 퍼르노, 래드는 루시아의 말을 그에게 유리한 쪽으로 해석해서 그를 변호한다. 그가 바울이 로마인이었음을 정말로 "알았다"(27절)는 것이다. 그러나 루시아는 외교적 수완을 쓰고 있을 뿐이다. 다시 말해서 그는 거짓말을 하고 있다. 루시아는 예루살렘에 소요가 있었기 때문에 왔었다(21:31). 그리고 그는 로마 시민은 고사하고 누가 "구출"되어야 하는지조차 몰랐다(27절). 더군다나 바울을 구해 준 후에도 그는 바울이 로마 시민임을 알지 못했다(21:39). 루시아는 자신의 출세를 위해서 열심히 노력하고 있는 것이다. 데이브 가드너가 말한 바와 같이 "정치인이란 자신의 관점에서 스스로를 보는 사람이다." 나머지 부분은 평이하다. 『**그들의 율법 문제**』(29절)는 갈리오에게만큼이나 루시아에게도 부담스러운 것이었다. 갈리오가 만일 이와 같은 처지에 있었다면 그는 아마 바울에게 2주 안에 그 나라를 떠나라고 하고 그가 떠나는 동안 그에게 손을 대는 유대인이 있다면 그 유대인을 죽였을 것이다.

바울이 마을을 떠난 뒤에(30절) 루시아는 공회와 연락을 취해서 그들이 다시 문제를 시작하고 싶다면 로마 법정으로 가서 로마 총독 앞에서 하라고 말한다. 바울은 안티파트리로 보내진다. 거기서 기병들이 그를 카이사랴로 데려간다(33절). 그리고 군인들과 창병은(23절) 예루살렘으로 돌아간다. 바울은 펠릭스에게 소개된다. 펠릭스는 그의 신분증을 보고(34절) 그의 말을 들어 보기로 결정한다. 바울은 유대인 고소자들이 함께 모여서 예루살렘에서 올 때까지 헤롯의 재판정에 감금된다(35절).

노울링은 『**너의 말을 들으리라.**』(35절)에서 "듣는다"는 말이 사법적인 공청회를 뜻한다고 열심히 주장한다. 그 증거는 A.D. 200-500년에 기록되었다는 칠십인역 필사본에서 나타나는 그 단어의 쓰임 때문이다. 총독은 "내가 너의 말을 들으리라"고 말하고 나서 곧바로 듣지 않았다(35절). 그리고 고소자들이 『**사형이나 감옥에 갇힐 만한**』(29절) 문제들을 논의하기 위해(35절) 도착하기 전까지도 듣지 않았다. 그렇다면 이것을 사법적인 청문회가 아니라고 생각할 사람이 누가 있겠는가? 그게 사법적인 청문회가 아니라면 뭐겠는가? 사탕 만드는 모임이겠는가? 이 구절을 이해하는데 〈칠십인역〉 같은 종이 조각을 언급해야만 하는 사람들이 누구겠는가? 노울링과 데이스만을 제외하고 누구겠는가?

바울은 중무장한 보병, 기병대와 경장비를 갖춘 군대의 호위를 받으며 밤 9시경에(23절) 예루살렘을 떠났다. 안트, 깅그리치, 마커스, 안토니누스, 얼, 카터, 로크만 재단 등은 24절의 『**짐승들**』이란 단어를 좋아하지 않기 때문에 다양한 대안책을 제시한다. 헬라어 '크테노스'가 NASV의 요한계시록 18:13에서는 "가축"으로 번역되었고, 여기서는 "승용(乘用)동물"로, 그리고 누가복음 10:34에서는 "짐승"으로 번역되었다[이렇게 일관성 없게 번역한 이유는 〈킹제임스성경〉도 '하데스'와 '프뉴마' 같은 단어들을 "일관되게 번역"하지 않았다는 것이다].

안토니오 펠릭스(A.D. 52-59년 동안 총독)는 세 번 결혼했다. 재직중에 그는 "유대교 열성주의자들"을 맹렬히 반대했다. 아그립파(24:24)의 자매 드루실라가 이때 그의 아내였다.

바울은 예루살렘에서 안티파트리까지 약 35마일 거리를 강행군했다. 그리고 그는 터툴로와 아나니아가 나타날 때까지(24:1) 살얼음판 위에 있었다. 바울은 기도할 시간을 충분히 가졌고 준비된 상태였다.

사도행전 24장

24:1 그리하여 닷새 후에 대제사장 아나니아가 장로들과 터툴로라 하
는 어떤 변사와 함께 내려와서 총독에게 바울을 고소하더라.
2 바울이 불려 나오니 터툴로가 고소하기 시작하여 말하기를 "당신의
덕으로 우리가 큰 화평을 누리며 당신의 선견으로 이 민족에게 놀
라운 일들이 이루어졌으므로
3 우리가 모든 곳에서 항상 이것을 감사하며 환영하나이다, 펠릭스
각하.
4 그럼에도 내가 당신께 더 이상 폐가 되지 않으려 하오니 간략하게
우리의 말을 들어주시는 관용을 바라나이다.
5 우리가 알고 보니 이 사람은 전염병자가 되어 세상에 있는 온 유대
인 사이에 소요를 일으킨 자로서 나사렛 이단의 두목이며
6 그가 또한 성전을 더럽히려고 하기에 우리가 그를 잡아 우리의 율
법에 따라 재판하고자 했는데

7 사령관 루시아가 대병력을 대동하고 와서 그를 우리 손에서 빼앗아 가며

8 그를 고소하는 사람들에게 당신께 가도록 명령하였나이다. 당신께서 그를 심문하시면 우리가 그를 고소하는 이 모든 일을 친히 아시게 되리이다." 하더라.

9 그러자 유대인들도 동의하며 그 말이 사실이라고 말하더라.

터툴로는 원하는 결과를 얻기 위해 총독에게 온갖 듣기 좋은 말을 하고 있다. 아렉인 후새의 조언도 동일한 맥락에서 이해될 수가 있다(삼하 17:8-13). 그는 나쁜 충고를 했지만 그것이 더 좋게 들렸기 때문에 채택되었다. 오늘날에도 많은 사람들이 하루 24시간 내내 이런 것에 노출되어 있다. 또 거의 모든 그리스도인들이 하나님의 말씀을 버리고 "듣기 좋은" "최신" 성경 역본을 좇아가는 것도 이상한 일이 아니다.

여기서 사용된 속임수는 상황에 대한 실제적인 사실들을 정확하게 보여 주지 않는 그림을 (TV처럼) 제공하는 것이다. 〈세계의 위대한 연설들〉(시몬, 스쿠스터 공저, 1954)에는 몇 가지 훌륭한 예가 나온다. 그 중 가장 훌륭한 것은 지금까지 살았던 가장 유명한 국제사회주의자들 중 네 명이 한 연설이다. 후루시초프(1956. 2), 잭 케네디(1961. 1), 윌리엄 포크너(1950. 12), 마이클 루터 킹 주니어 - 일명 "마틴 루터 킹"- (1963. 8. 28). 이 네 개의 공산주의 연설(이것은 인간을 별들 위로 높이고 하나님의 말씀을 대적하는 것이다)에서 일품이라고 할 수 있는 것들을 요약하면 다음과 같다.

1. 인간에게는 모든 형태의 가난을 없앨 수 있는 능력이 있다.
2. 미국 정부는 세계 어디서도 침략에 대해 반대한다.
3. 인류 최대의 희망은 UN이다.

4. "자유를 수호하는 것"이 지상에서의 하나님의 일이다.

5. "자유"를 추구하는 흑인은 폭력을 쓰지 않는다.

6. 미시시피는 자유와 정의의 오아시스가 될 것이다.

7. 조지 월리스는 사악한 인종주의자이다.

8 전체적인 인종 혼합은 이사야 40장의 성취이다.

9. 인간의 권리가 누가복음 4:4에 있는 "모든 하나님의 말씀"을 대신해야 한다.

10. "인민의 적"이란 용어는 잔인한 압제를 위한 수단이며 공산주의자가 이것을 사용하는 것은 잘못이다. (이것은 후루시초프가 말한 것이다!)

11. 훌륭한 공산주의 정부는 국민으로 하여금 자신들의 견해를 말할 수 있게 해주어야 하며, 국민은 자신들이 원하는 바를 표현할 수 있어야 한다.

12. 러시아가 통제하는 모든 민족은 러시아에게 호의적이며 러시아와 동등하다.

13. 시인이 하는 일은 자신이 창조하기 이전에는 존재하지 않는 무엇인가를 인간의 영으로부터 창조하는 일이다.

14. 인간은 성경이나 하나님의 도움 없이도 자기 자신의 능력과 힘으로 성공하게 될 것이다.

"링컨의 게티즈버그 연설"과 "공화국 전투가"는 거의 영감받은 것으로 통하지만 실은 쓸모없는 실패작에 불과하다. 역사와 성경을 기준으로 주의 깊게 읽어 보면 그 둘은 비합리적인 이상주의라는 뜬구름 위에 만들어진 솜사탕일 뿐이다. "꿈을 건축하는 사업"을 하고 있는 장사꾼들이 만든 것일 뿐이다. 터툴로라는 변사는(1절) 그렇게 환상적이거나 비성경적이지는 않다. 그는 자격을 갖춘 사람이다.

『**당신의 덕으로 우리가 큰 화평을 누리며**』(2절). 21:30에서처럼? 아니면 12:20에서처럼인가? 아니면 암살자들과 열성주의자 같은 것을 말하는 건가? 혹은 그 당시 진행되던 갈릴리인들과 사마리아인들 사이의 전쟁을 말하는 건가? 내 생각에 이것은 워싱턴 D.C.나 캘리포니아 윗츠에 있었던 "수동적 저항"이나 "비폭력 시위"같은 것이었나 보다. 학교제도를 연방화시키고 워싱턴 D.C.에서 모든 미국 어린이 운동을 통제하기 위해 아칸소, 미시시피, 앨라배마에 정부군을 이동시킨 것도 일종의 "큰 화평"이었다. 그렇다. 아이젠하워, 케네디, 존슨 때에도 "큰 화평"이 있었다.

『**당신의 선견**[providence-섭리]**으로 이 민족에게 놀라운 일들이 이루어졌으므로**』(2절). 하나님의 섭리는 없단 말인가? 이것이 레위기 26장과 신명기 26장을 읽었다는 정통 유대인이나 유대교 개종자가 할 수 있는 말인가?

『**우리가... 감사하며 환영하나이다**』(3절). 펠릭스가 대제사장 요나단을 암살한 것은 어떤가? 군대가 점령하고 있는 것은 어떤가? "감사"라고, 터툴로?

총독에게 한참 아첨을 한 후 터툴로는 고소사항으로 들어간다. 『**전염병자... 소요를 일으킨 자... 이단의 두목... 성전을 더럽히려고...**』(5,6절) 성전 문제를 언급하기에 앞서 터툴로는 바울을 『**갈릴리 사람 유다**』(행 5:37)나 『**드다**』(행 5:36)처럼 국가의 정치적인 적으로 인식시키기 위해 온갖 노력을 다한다. 바울은 전염병자이고 문제를 전염시킬 수 있는 인물이었다. 그는 "이단"(sect, 행 5:17 주석 참조)의 핵심 인물이며 "교단의 인정" 없이 "자기 스타일을 추구하는 복음전도자"였다. 『**나사렛 이단**』은 너무도 무의미한 표현이다. 바울은 결코 나사렛인이 아니며 그의 "서원"(행 21:23)은

7일간 지속되는 종교적 임시방편이었을 뿐이다. 『**우리의 율법에 따라**』(6절) 바울을 판단한다는 것은 농담일 뿐이다. 그들의 율법에 따르면(23:3) 유죄 판결을 내리기 전에 재판에서 사람을 치는 일은 없다. 한마디로 터툴로는 거짓말쟁이다.

이런 거짓말은 "말이 헛나온 것"이나 "실수"가 아니다. 오해, 정보 및 의사소통의 부족, 인간적인 실수, 사실에 대한 부분적인 언급 등으로 인해 사람들이 서로 상대방이 거짓말했다고 비난하는 것을 종종 듣게 된다. 그러나 터툴로가 한 이 거짓말은 미리 계획되고 계산되고 준비된 고의적인 거짓말이다.

이것은 "밥존스대학은 성경의 절대 권위를 주장합니다."라고 된 잡지 광고와 매우 유사하다. 그 광고를 쓴 사람은 그 대학의 학장이나 부학장 모두 우리가 신뢰할 수 있는 완전한 성경 사본이 없다고 믿는다는 것을 잘 알고 있다. 지금까지 어느 누구도 본 적이 없고, 가져본 적이 없는 어떤 것에 "절대 권위"란 말을 붙인 것이다. 이런 거짓말은 자신이 "하나님의 무오한 말씀에서 나온 메시지"를 라디오로 전달한다는 존 R. 라이스가 하는 말과 동류이다. 그러면서도 그는 "무오한 말씀"에 대해 묻는 그리스도인들에게 보내는 답장에서 그 자신이나 다른 사람들도 완전한 성경 사본을 가지고 있지 않다고 정중하게 말하는 것이다. 이것은 1880년 이후로 나온 "새로운 성서들"의 개정위원회가 하는 거짓말과 1933년 이후 대통령 후보자들이 하는 정치연설과도 일치한다. 가장 최근에 나온 새로운 성서들을 선전하기 위한 허무한 말들에 주의를 기울여 본 적이 있는가?

1. "가장 오래된 필사본들"
2. "〈킹제임스성경〉의 고대 영어"
3. "더욱 정확한 직역"
4. "더욱 명확하고 정확한 번역에 대한 기대를 충족시켜 주는"

5. 경제적, 문화적 발전에 따른 "어휘의 융통성"

6. "원본에 가장 가까운, 가장 훌륭한 최상의 필사본을 근거로 한 위대한 비평판"

『**그러자 유대인들도 동의하며 그 말이 사실이라고 말하더라**』(9절). "터툴로"는 로마식 이름이다. "바울"도 로마식 이름이지만 바울은 유대인이었다. 아담 클라크와 더멜로우, 얼, 카터는 터툴로의 변호에 맞장구치며 펠릭스가 두 번의 소요를 진압시켰기 때문에 훌륭한 사람이었다고 주장한다. 그러나 타시투스(Ann, xii. 54)는 말하기를 펠릭스가 소요를 부추겨서 강도들과 강도들을 분열시켰다고 한다. [None Dare Call It Conspiracy, 게리알렌, 1971].

로크만 재단은 7절을 완전히 삭제했다. ASV(1901)는 70년 전에 이미 그 구절을 삭제함으로써(밥 존스 3세가 추천하는) NASV의 길을 예비해 두었다(〈어느 번역본이 하나님의 말씀인가, *Which Translation?*, 밥존스 대학 출판부, 1973〉 참조). 이 두 개의 "믿을 만한 번역본"에는 7절이 없다. 〈킹제임스성경〉에 그 구절이 있기 때문에 "믿을 만하다"고 말하고, 그런 후에 NASV에는 그 구절이 없는데도 "믿을 만하다"고 하는 의도가 무엇인가?(〈어느 번역본이 하나님의 말씀인가?〉 참조). 법정에서는 이렇게 할 수 없다. 박사 사무실에서도 그렇게 할 수 없다. 휴스턴 스페이스센터에서 그런 것은 전혀 효과를 발휘하지 못한다. 두 개의 쇼핑 목록이 서로 모순되며 서로 다른 품목이 들어 있는데도 그 두 개가 똑같이 신뢰할 만하다고 생각하는 농부나 기능공이나 굴뚝청소부나 시궁창 파는 사람은 없다. 그런 식으로 생각하는 것은 "기독교 교육"으로 세뇌되었을 때만 가능하다.

ASV 신약에는 열두 구절이 없다. 그것이 과연 신뢰할 만한지 살펴보라.

〈리빙바이블〉과 〈현대인을 위한 기쁜 소식〉에는 그 구절을 이탤릭체로 (그리고 괄호로) 처리했다. 이것은 그 구절을 완전히 삭제한 배교한 ASV보다는 발전한 것 같다. ASV와 그 자매 역본(RSV)의 문제점은 그 구절이 없으면 터툴로의 존재나 그 친구들의 존재를 설명하지 못한다는 것이다. 7절이 빠지면 알려지지 않은 "미스터 X"가 8절의 명령을 했으며, 심지어는 바울이 거기에 있어야 할 이유도 없어지게 된다. 바울은 유대 율법에 따라 재판받을 준비가 되어 있었는데...(6절의 터툴로에 의하면) 그 다음에 어떻게 되었다는 말인가? 재판을 하지 못한 이유가 무엇이었단 말인가? 그러므로 7절을 뺀 본문의 의미를 통하게 하기 위해 밥존스대학 교수진은 7절 앞에 6절의 절반을 빼버린 "성서"를 추천해야만 했다. 이것이 7절을 빼버리고도 그 연설에서 의미를 통하게 하는 유일한 방법이었다. 잘 아는 대로 죄는 하나의 사소한 탈선에서 멈추지 않는다. 결국 눈사태로 이어진다. 포도를 먹는 작은 여우가 말을 먹는 이리가 되는 것이다.

NASV는 『**소요**』(sedition, 5절)라는 단어가 너무 강하다고 생각한다. 그래서 "불화"(dissension)로 바꾸었다. 위대한 알렉산드리아 모조품(알렙, A, B)에서는 헬라어 '스타신'이 '스타세이스'로 변개되어 있다. 블래스, 바이스, 웬트, 힐젠펠트, 티쉔돌프, 홀트는 이 알렉산드리아 본문을 로버트슨에게 추천한다. 그래서 그 본문이 NASV, NRSV, ASV, RSV에서도 발견된다.

순진하게도 로버트슨은 고용된 검사가 "시대의 가장 위대한 설교자"를 "전염병자"로 낙인찍은 것(*Ibid*., p.414)을 특별하게 생각한다. 그러나 전에도 말한 바와 같이 학자 연맹에 있는 사람들처럼 경험과 상식과 실제 사역의 경험이 부족한 사람들은 언제나 그런 비합리적인 오류를 만들어낸다. 모든 위대한 설교가는 고용된 변호사들에게 그보다 더 심하게 불려졌다. 경험 없는 신참자들만이 그런 문제에 놀라움을 표시한다. 그런 말을 들을 것을 각오하지 않는다면 그런 사람은 삼류 설교자이다. 로버트슨 자신도 터튤로의 연설을 완성하려는 듯 7절에서 표준원문 본문을 "어색한 본문"이라고 부른다.

윌리엄스는 바울이 "나사렛인"이라고 말한다. 그러나 이것은 성경적 단어가 의미하는 바를 찾기에 앞서 성경을 닫아 버린 데서 나온 말이다. 윌리엄스는 바울이 죽은 지 300년 후에 기록되었으며, 로마 주교가 로마 정책을 따르지 않는 유대 그리스도인들을 "나조래언즈"(Nazoraeans)라고 부른 지 50년 후에 기록된 에피파니우스(403)의 이단 목록을 가지고 무모한 짓을 하고 있었던 것이다. 그것이 바로 유대인 검사가 A.D. 59년에 바울에 대해 진리를 말하고 있었다는 주장의 근거이다. 전형적이다. 세속 역사 자료에 대한 지식을 자랑하기 위해 진리를 오도하고 사사로이 해석하는 전형적인 예이다.

성경 속의 어떤 사실에 대한 설명을 세속 자료들과 어원학에 의존하는 것은 항상 그것을 설명하려는 시도를 하기 전에 성경을 닫아 버린 데 기인한다. 여기서 "나사렛"이란 용어는 니케아 시대 이후의 유대인 그리스도인들을 말하는 것이 아니다. 성령께서는 그 용어를 마태복음 2:23에서 그리스도께 적용시킨다. 바울에게 이 이름을 붙인 것은 성령이 아니라 터튤로 자신이다. 바울의 사역에 반대하던 유대인 중 누구도 팔레스타인 안에서나 밖에서나 그를 "나사렛인"이라고 부른 적은 없다(행 28:22; 22:22; 23:9,15; 17:5,17; 14:2,19 참조).

24:10 총독이 바울에게 말하라고 머리를 끄덕이니 바울이 대답하기를 "당신께서 여러 해 동안 이 민족에게 재판관이 되신 줄을 알기에 내가 더욱 기쁜 마음으로 나 자신을 변호하나이다.

11 당신께서 친히 아실 수 있듯이 내가 예루살렘에 경배하러 올라간
지 열이틀도 채 안되었고
12 또한 그들은 내가 성전에서 다른 사람들과 논쟁하는 것을 보지 못
하였을 뿐만 아니라 회당이나 성읍에서도 사람들을 선동하는 것
을 보지 못하였나이다.
13 그들은 지금 나를 고소하는 일들에 관하여 증거도 댈 수 없나이
다.
14 그러나 이것을 당신께 고백하오니 즉 그들이 이단이라고 하는 그
도를 따라서 내가 내 조상들의 하나님을 섬기고 율법과 선지서들
에 기록된 모든 것을 믿으며
15 의인과 불의한 자에게 다 죽은 자의 부활이 있게 되리라는 소망을
저 사람들 스스로 받아들이고 있듯이 나도 하나님을 향하여 가지
고 있나이다.
16 이 소망 때문에 나 자신도 하나님과 사람 앞에 항상 거리낌이 없
는 양심을 지니려고 힘쓰나이다.
17 이제 나는 수년 만에 내 민족에게 구호금과 제물을 가지고 와서
18 드리는 중에 아시아에서 온 어떤 유대인들이 성전 안에서 정결례
를 행하는 나를 보았으며 무리를 모으거나 선동하는 것을 보지 못
하였나이다.
19 만일 그들이 나에 대하여 고소할 일이 있었다면 여기 당신 앞에
나와서 당연히 고소했어야 하리이다.
20 또한 그들이 내가 공회 앞에 섰을 때 내게서 무슨 불의한 일을 찾
아냈다면 그들 스스로가 말하게 하소서.
21 다만 내가 음성을 높인 한 가지는 '죽은 자의 부활에 관한 문제로
내가 오늘 너희들에게 심문을 당한다.'고 그들 앞에 서서 외친 것

이니이다."라고 하더라.

사도 바울의 변호는 예의바르고(10절), 기쁜 마음으로 하는 것이며(10절), 사실적이고(11,12절), 정직하며(14,15절) 법적으로도 적절하다(18,19절). 바울은 판사를 확신시키고 그 사건에서 이긴다. 이때 바울의 융통성(행 21:23-26 및 주석 참조)은 크게 도움이 된다. 왜냐하면 그는 펠릭스에게 『**나는 수년 만에 내 민족에게 구호금과 제물을 가지고 와서**』(17절)라고 말할 수 있기 때문이다. 피고인이 "이단"의 일원(5절)이 아니라는 이보다 더 나은 증거가 무엇이겠는가? 그와 같은 사람이 성전을 더럽히겠는가?(6절) 아그립파처럼(26:26) 펠릭스도 로마 총독치고는 구약에 대해 많이 알고 있었다. 따라서 그는 재판을 연기한다.

그의 증언에 따르면 바울은 예루살렘에 "경배하러"(11절) 왔다. 그러나 그는 사마리아 여인보다(요 4:21-24) "경배 장소"에 대해서 더 잘 알고 있었다. 그리고 그는 "다른 사람들과 논쟁"하지 않았으며(12절), 정부에 반대해서 모반을 일으키지도 않았고(12절), 참석자 중 누구도 5,6절의 고소사항을 증명할 수 없었다.

『**그들이 이단[heresy]이라고 하는 그 도를 따라서**』(14절). 세계가 적그리스도를 위해 하나가 되려면 문맥에서 기분 나쁜 단어는 삭제되어야 한다. 그래서 그 단어는 1880년 이후 출판된 모든 성서에서 사라져 버렸다. 거기에 대한 변명은 개정위원회가 계속해서 주장해 온 "일관성"이다. 이전에 A.V.(1611)가 그 단어를 "sect"로 번역했기 때문에(행 5:17; 15:5; 24:5) 배교자들은 여기서도 "sect"로 번역되어야 한다고 주장한다.

성경을 통제하고 성경을 심판하는 자리에 앉고 싶어하는 옛 성품을 가진 신학생들에게 이것은 매우 인상적인 문제가 된다. 그래서 헬라어와 히브리어 교수들은 A.V.(1611)가 "일관성이 없다"는 것을 지적함으로써 그와 같은 그들의 욕구를 부추긴다. 그러나 거짓말을 분별할 줄 아는 성숙한 그리스도인은 권위역본 본문을 고치는 데 인생을 바친 보수주의 "근본주의자들"조차도 100%의 "일관성"에 대해 말하지 않는다는 것을 안다. 예를 들어 밥존스대학이 추천하는 NASV 서문에는(1963년판 신약) 단어들은 번역자가 필요하다고 느낄 때 다르게 번역할 수 있는 융통성을 가진다고 말하고 있다. "헬라어 시제 번역에 관한 주" (NASV 서문)를 보면 부정과거가 항상 영어의 "과거"로 되는 것은 아니다. 즉 번역자는 자신이 생각하기에 가장 좋은 것으로 번역한다. 새로운 번역본들에서 "짐승"(A.V.-행 23:24)이란 단어 번역을 살펴보면 "일관성"이 전혀 없는 것을 보게 된다.

『**이단**』(heresy, 14절)은 디모데전서 6:20의 "과학"처럼 현대의 유물론적이고 교육받은 타협가가 도저히 성경 본문에 그대로 둘 수 없다고 생각하는 단어들 중 하나이다. 그래서 로크만 재단(NASV)은 RV(1884), RSV (1952), 공동성서(1973)를 가지고 여기서 그것을 "sect"로 바꾼다.

그러나 "이단"(heresy)은 매우 흥미 있는 역사를 가진 매우 흥미로운 단어이다. 오리겐(184-254)이 목사를 "priest"(사제, 제사장)라고 부른 이후에 로마카톨릭은 그를 이단으로 정죄했다. 어거스틴(354-430)은 로마카톨릭 교회에서 세례받은 사람들만을 하나님께서 택하셨다고 가르쳤는데도 정통으로 인정되었다. 루터(1483-1546)는 이단이라고 불렸지만 오늘날까지 로마는 그의 교회-국가 통합 체제를 따르고 있다. 네스토리우스(397-450)는 마리아를 "하나님의 어머니"라고 부르지 않았기 때문에 이단으로 불렸다. 아리우스(325)는 시간적 요소 없이 "아들"(the son)의 탄생 시점을 찾을 수가 없었기 때문에 이단으로 불렸다. 그러나 아리안 신학은 15세기가 넘도록 로마카톨릭이 가르쳐 온 것이다. 러셀(1852-1916)과 러더포드는 근본주의자들에게 "이단"으로 불렸지만, 오늘날 근본주의자들은 〈킹제임스성경〉 대신 이 사람들이 사용한 것과 같은 원문을 사용하고 있다. 청교도들은 "이단들"을 화형시키는 사람들로부터 피하기 위해 고향을 떠났으면서도 그들 또한 "이단들"을 화형대에서 화형시켰다. 벌링거(1837-1913)는 대부분의 보수주의 학자들에게 이단으로 불리지만, 보수주의 학자들 자신들 역시 영어 성경 본문에 벌링거가 하는 것과 똑같이 수정을 하고 있는 것이다. "이단"(heresy)은 참으로 정의하기가 어려운 것 같다. 그래서 그 단어가 나타날 때마다 "sect"라고 부름으로써 그 용어 사용을 피하는 것 아닌가?

정말 단어 놀이를 하고 있을 뿐이다. 왜냐하면 NASV는 같은 단어(헬라어 "하이레시스")를 베드로후서 2:1에서 "이단들"(heresies)로 번역했기 때문이다. RSV와 ASV와 RV도 같은 짓을 했다. "일관성"은 어떻게 된 것인가?! 배교자들은 "저주받을"(벧후 2:1) 어떤 것을 "이단"이라고 부르기를 매우 좋아하면서도, 바울의 성경적 기독교가(행 24:14,15) 다른 이들에게 "이단"으로 간주되었다는 것을 인정하려고는 하지 않는다. 그러나 사실은 그랬다. 베드로후서 2:1의 거짓 교사들과 선지자들을 "이단"이라고 부르면서, 성경대로 믿는 자기 자신은 그 단어로 불리지 않으리라고 생각한다면 오산이다. 사도행전 24:14에서는 "heresy"(이단)가 맞는 단어이다. 성경적 기독교는 행위로 하늘나라에 가려고 애쓰며 자기 의를 내세우는 성사주의자들의 눈에는 항상 "이단"으로 비쳤다.

더군다나 진짜 이단은 자신의 목적 성취를 위해서 선동, 비방, 정치력, 무력, 폭력, 박해, 억압을 사용해야 하기 때문에 우리는 항상 진짜 이단을 식별할 수 있다. 진리는 독립적으로 설 수 있다. 그러나 이단은 세상에서 떨어져 나가지 않기 위해 육신적이거나 세상적인 버팀목을 항상 필요로 한다.

『**율법과 선지서들에 기록된 모든 것을 믿으며**』(14절). 이것은 "말씀을 올바로 나누어" 거기서 "현재의 진리"를 얻는 것을 말한다. 바울은 구약을 믿었고, 그것을 읽었으며(고전 10:1-6), 그것을 인용해서 설교했다(롬 15:4). 모든 그리스도인은 맛소라 원문의 "율법과 선지서들"이 A.V.(1611)에 보존되어 있음을 믿는다.

『**의인과 불의한 자에게 다 죽은 자의 부활이 있게 되리라는 소망을... 하나님을 향하여 가지고 있나이다**』(15절). 이것은 기독교계의 모든 지류들이 믿는다고 공언하는 일반적인 부활을 말한다. 마르다도 이것을 믿었으며(요 11:24), 바리새인들도 이것을 믿었고(23:8), 카톨릭도 이것을 믿으며, 감독교인들(39개 항목)도 이것을 믿는다. 여호와의 증인들도 (비록 그들이 그리스도의 신성을 거부함에도 불구하고) 그것은 믿는다. 이슬람교도와 유대인들도 믿는다. 물론 신약의 향상된 계시에는 두 가지 육체적 부활이 있음을 말해 준다(계 20:5). 어떤 사람이 이 중 첫 번째 부활을 영적 부활로 해석하면(딤후 2:18) [무천년주의자들처럼(엡 2:5)] 그는 "육체를 멸망시키기 위해 사탄에게 넘겨진다"(딤전 1:20, 고전 5:5). 그러나 바울은 어디서 말을 멈춰야 할지 안다. 바울이 일반적인 부활과 일반적인 심판(21절)에 멈춰서 "죽은 자들의 부활"에만 자신의 말을 한정시키는 한 그는 안전하다. 그러나 "죽은 자들로부터 살아난다"(막 9:9,10)고 말한다면! 사도행전 26:7,8에서 언급된 "이스라엘의 소망"(15절)은 이미 오래전에 선지서에 기록되었다(사 26:17-21, 겔 37:11-20 등). 그러나 바울은 로마의 카이사에게(25:10-12) 간 이후에야 마침내 그리스도께서 죽은 자들 "로부터" 일어나셨음을 말한다(26:23). 만일 그리스도께서 앞서 부활하신 것이라면(행 17:31) 주님의 부활은 주님께 속한 자들(골 2:10)의 첫열매들이기 때문에(고전 15:23) 그들도 앞서서 부활하게 될 것이다. 만일 주님께서 죽은 자들로부터 살아나시지 않았다면 주님은 나머지 죽은 자들이 일어날 때 일어나셔야만 할 것이다. 그렇다면 그 누구도 자신의 의로 그리스도의 의를 대적할 수 있다!(롬 10:1-4) 그러나 그리스도의 부활은 자기 의를 드러내는 모든 종교인의 운명을 봉인한다. 왜냐하면 그들 중 누구도 앞서 살아나지 못했기 때문이다. 그리스도께서만 앞서 살아나셨다.

『**의인과 불의한 자에게 다...**』(15절) 바울은 일반적인 부활을 믿는다고 말하면서도 (자기 자신은) 두 가지 부활이 있음을 믿는다고(딤후 4:1,2, 단 12:3-6) 말할 수 있도록 표현하고 있다[그는 언제나 평정을 잃지 않고 균형을 이룬다. 우리는 그의 증거가 항상 그가 말하는 대상에게서 서너 발자국 정도만 앞서가는 것을 볼 수 있다]. 『**거리낌이 없는 양심**』(16절)이란 말이 눈에 띈다. 마치 바울이 양심에 따라 심판을 받게 되기라도 하는 듯이. 그러나 바울에 대한 심판은 지나갔다(요 5:24). 바울도 그것을 알고 있었다!(살전 5:9,10) 그러나 양심의 시대에(롬 2:9-16) 있는 이방인 관리 앞에서(롬 1:18) 바울은 양날 가진 칼을 칼자루 있는 데까지 찔러 넣는 것이다(롬 2:15). 그리고 이 펠릭스는 양심의 가책을 받고 두려움에 떤다!(25절) 16절에서 그의 양심은 깨어 소리지른다. "이보라구! 자넨 어떤가? 자넨 하나님과 사람에게 항상 거리낌 없는 양심을 가지려고 애썼는가? 그런가 펠릭스!"

능숙한 검객이 일을 한다. 객관적 사실을 공손하고 당당하며 세련되게 알려 주다가 이제는 용광로에서 나온 철광석만큼이나 뜨거운 연기를 내는 복음 전파 메시지에 들어간다.

『**아시아에서 온 어떤 유대인들**』(18절)은 사실이다(21:27). 그리고 그들은 다시 아시아로 돌아갔으며, 이 장면을 증거할 증인들로서 다시 송환시킬 수는 없었다(바울은 이것을 알았다). 『**여기 당신 앞에 나와서 당연히 고소했어야 하리이다**』(19절). 이것으로 이 사건은 한풀 꺾인다. 어떤 재판관이라도 이런 주장에 동의할 것이다.

『**또한... 내가 공회 앞에 섰을 때... 그들 스스로가 말하게 하소서**』(20절). 사도행전 21:28과 24:6의 고소를 제거해 버린 후 이번에 그는 24:5의 고소를 제거해 버린다. 『**다만 내가 음성을 높인 한 가지는...**』(21절) 바울은 처음에 그들이 바울을 친(23:2) 이유에 대해서는 완전히 무시해 버린다. 왜냐하면 바울은 그들이 감히 그 문제를 제기하지 못하리라는 것을 알기 때문이다. 어떤 유대인이 자신의 대제사장을 "비방"하든지 말든지 로마 총독은 상관하지 않을 것이다. 바울은 불필요한 것을 생략하고, 전체 고소사항을 교리적 논쟁으로 축소시킨다. 이것은 구원받지 않은 사람은 누구도 "증명"할 수 없다고 생각하는 것, 즉 육체의 부활이다! 『**너희들에게 심문을 당한다**』(21절). 바울은 이 의심쩍은 사건을 펠릭스에게 맡겨 버린다. 미신적인 종교적 얼간이로 보이기를 원치 않는다면 그는 바로 거기서 그 변론을 멈추게 해야만 한다. 그는 그렇게 한다.

24:22 펠릭스가 이 말을 듣고 그 도에 관해서는 자기가 더 정확히 아는 고로 재판을 연기하여 말하기를 "사령관 루시아가 내려오면 너희에 관하여 내가 심의하리라."고 하더라.

23 그리고 한 백부장에게 명령하기를 "바울을 지키되 편안하게 해 주고 그의 친지들이 그를 돌봐 주는 것이나 그에게 오는 것을 금하지 말라."고 하더라.

24 그후 며칠이 지난 뒤에 펠릭스가 자기 아내 드루실라와 함께 왔

**는데 그 여인은 유대인이더라. 그가 바울을 불러오게 하여 그리스
도를 믿는 믿음에 관하여 그에게서 듣더라.**
**25 바울이 의와 절제와 다가올 심판에 관하여 설명하자 펠릭스가 두
려워하여 대답하기를 "이제 그만 가라. 적절한 때가 오면 내가 너
를 부르리라."고 하더라.**
**26 그는 또한 바울이 자기에게 돈을 주리라고 바랐는데 그러면 그를
놓아주려고 하였더라. 그런 연유로 그를 더 자주 불러서 함께 이
야기하더라.**
**27 그러나 이 년이 지난 후에 폴키오 페스토가 펠릭스의 후임자가 되
니 펠릭스는 유대인들의 환심을 사고자 하여 바울을 감금해 놓더
라.**

펠릭스는 재판을 연기하고 루시아가 심의 전에 오리라고 말한다(22절). 바울은 규제가 완화된 상태에서 감금되고(23절), 친지들의 방문이 허락되며(23절), 필요한 것을 가져오는 것도 허락된다(23절). 루시아는 나타나지 않는다. 며칠 후에(24절) 펠릭스는 바울을 오게 해서 그의 유대인 아내와 함께 설교를 듣는다(24절). 바울은 호의를 보이며 『**그리스도를 믿는 믿음에 관하여**』 설교한다(24절). 메시지 이후에 바울은 느슨한 수감 생활을 하지 못하게 되었는데, 이유는 이 부패한 재판관이 1884, 1901, 1948, 1952, 1963, 1969, 1973년 성경개정위원회를 발족시킨 그 동기(딤전 6:10)를 갖게 되었기 때문이다. 『**그는… 돈을 주리라고 바랐는데**』(26절). 두 가지가 펠릭스로 하여금 예수 그리스도를 거부하게 만든다.

1. 그가 구원받게 되면 믿지 않는 유대인 아내가 그의 가정을 지옥으로 만들리라는 점

2. 하나님보다는 금을 원하는 탐욕스런 마음(눅 18:23)

폴키오 페스토가 펠릭스의 후임자가 된다. 바울은 잊혀졌다가 유대인들이 다시 그를 고소한다(25:2). 그들이 바울을 괴롭히는 일을 그만두었다면 그는 카이사랴에 갇힌 채 남아 있었을지도 모른다. 그러나 하나님께서는 "사람의 진노로 주를 찬양케" 하신다(시 76:10). 그래서 하나님께서는 마귀를 사용하셔서 바울을 로마로 가게 하신다.

누구도 바울을 보석으로 풀려나게 하지 않는다(24:26). 펠릭스는 기대했던 몸값을 결코 얻지 못했다. 바울의 친구들은 대부분 가난했으며, 지역교회가 가난한 사람들을 돕거나(롬 15:25,26) 사역을 후원해야 할(고전 9:9,23,24) 돈으로 자기의 몸값을 내고 풀려나게 하는 것을 바울이 허락하지 않았을 것이다.

NASV, ASV 등의 실수와 A.T. 로버트슨, 노울링, 벌링거, 윌리엄스, 래드, 더멜로우, 웬트, 래이크, 캐드베리, 얼, 카터, 블래스, 램세이, 브루스의 오류를 살펴보기 전에, 어둠이 우리에게 덮치기 전에 역사적, 교리적 진리에 관하여 우리가 배울 수 있는 축복을 본문에서 얻어 내기로 하자.

『**그리스도를 믿는 믿음**』(24절)은 "화해"(고후 5장)나 "한 몸 된 교회"의 "현재의 진리"를 선언하는 것에만 한정되는 것은 아니다. 『**그리스도를 믿는 믿음**』은 다음의 사실들을 포함한다.

(1) 의(25절). 바울은 그를 사정없이 해치운다. 그는 펠릭스에게 하나님의 거룩하신 기준을 제시한다(출 20장). 그리고 이 기준(요일 5:17)을 범한 인간의 죄(히 2:2)를 열거한다. 『**의인은 없나니 없도다, 한 사람도 없도다**』(롬 3:10). 『**모든 사람이 죄를 지었으므로 하나님의 영광에 이르지 못하다가**』(롬 3:23). 그는 보기를 들고, 예증을 제시한다. 그는 의를 "설명"하며(reasoned, 25절) 사람이 의를 염원하는 것이 세상에서 가장 합리적인(reasonable) 것이라고 말한다. 그러나 바울은 의에 대해 정말로 합리적인 태도를 가진 사람은 아무도 없다고 말한다.

그런 다음 그는 하나님의 의(롬 10:1-4)인 주 예수 그리스도를 제시한다. 그는 펠릭스를 예수 그리스도와 함께 저울에 놓고 그들을 달아 본다. 그는 부활로 인해(행 17:31) 예수 그리스도께서 유일한 의인(절대적 의미에서)이심을 보여 준다. 그리스도의 죽음으로 누가 옳고 누가 틀렸는가에 대한 문제가 끝났음을 제시한다(요 15:24).

(2) 절제!(25절) 자신의 의가 하나님의 의에 미칠 수 있다고 생각하는 사람이 있다면 먼저 살펴봐야 할 것이 있다. 펠릭스, 자네는 과식하는가, 아니면 소식하는가? 잠을 많이 자는가, 아니면 적게 자는가? "의"란 단순히 간음, 음주, 거짓말, 음행, 살인, 속임수, 절도 등을 금하는 것 이상이다. 펠릭스, 자네는 자신이 가진 것보다 더 많은 돈을 필요로 하지 않는가? 일 년에 오만 달러면 사는 데 충분하다고 생각하지 않는가? 『**먹을 것과 입을 것이 있으면 이것들로 만족할 것이니라**』!(딤전 6:8) 과음하는가? 펠릭스, 하나님의 계시를 비판하는 데 도가 지나친 것은 아닌가? 그렇다면 무엇 때문에 자신의 의가 죄 없으신 분의 의와 겨룰 수 있다고 생각하는가?

(3) 다가올 심판!(25절) 하나님께서 "한 날을 정해" 놓으셨다(행 17:31). 그때 하나님께서 선악 간에(전 12:14) "사람들의 은밀한 것들"을 심판하실 것이다(롬 2:16). "마음의 은밀한 것들"과 (고전 4:5) "생각의 모든 상상"(대상 28:9)을 아시는 하나님께서는 공평하게 심판하실 것이다!(롬 6:23) 모든 허탄한 말들! 입의 모든 말(시 139:4)에 대해서! 여기에는 모든 더러운 농담, 비방, 가십, 비밀스런 계획과 음모, 하나님을 모독하는 모든 말, 불평 등이 포함된다. 다가올 심판! 우리 모두는 자기 자신을 하나님께 설명해야 한다. 율법의 행위로는 어떤 육체도 그분께서 보시기에 의롭게 되지 못한다. 『**나는 내 마음을 깨끗하게 하였도다.**』(잠 20:9)라고 누가 말할 수 있는가? 펠릭스 당신인가?! 하늘들과 땅이 맹렬한 열에 녹고(벧후 3장), 크건 작건, 죽은 자들이(계 20장) 하나님 앞에 서고 책들이 펼쳐질(단

7:10) 그 날에 어떻게 되겠는가?! 펠릭스, 당신은 지금 나를 재판하지만, 언젠가 당신이 심판받게 될 것이고, 죄 없는 재판관께서 당신을 책망하실 것이다. 그분은 편견도 없으신 분이다. 펠릭스, 그대는 죄 없으신 구세주를 소유했는가? 법정에 서게 될 때 자신을 구원하는 수단으로 더러운 걸레인 자신의 의를 신뢰하겠는가?!

『**펠릭스가 두려워하여**』(25절). 그는 분명히 두려워 떨었다. 사악한 로마 총독이 그리스도인과 직면한 것이다. 그의 몸에는 진리를 설교한 것 때문에 입은 상처들이 있다. 그것은 미국내 모든 기독교 대학 교수진들을 다 합친 것보다도 더 많은 상처이다. 여기서 우리는 가장 맹렬한 투쟁을 경험하고 있는 한 혼을 보고 있다. 『**펠릭스가 두려워하여**』 "양심은 우리 모두를 겁쟁이로 만든다." 이때 총독은 조금도 남자답게 행동하지 못했다. 그가 양심의 명령에 따라 행동하지 않는다면 그건 남자답지 못한 것이다. 그러나 양심은 자기에게 팔짱 낀 여자의 팔에서 느껴지는 압력과 대단한 죄수를 보호하고 있다는 생각과 함께 사그러든다. 『**이제... 가라. 적절한 때가 오면 내가 너를 부르리라**』(25절). "나는 예수 그리스도를 거부한다"는 말을 간접적으로 표현한 것이다. 펠릭스는 이 복음 전도 예배 이후 바울과 교제한다(26절). 그 이후에 필릭스에게 무슨 일이 일어났든지 간에, 그는 화인 맞고 더럽혀진 양심을 가지고 살게 되었다(딛 1:15). 펠릭스는 미국의 전국교육협회와 매우 잘 어울렸을 것이다. 이 협회 내의 거의 모든 문학석사들과 철학박사들도 거룩함과 행동에 대한 성경적 기준을 사르트르의 윤리학과 찰스 다윈의 종교인 진화론으로 대체시키는 일에 자기들의 삶을 바치기 전에 그와 같은 경험을 했을 것이기 때문이다.

『**적절한 때가 오면**』(convenient season)은 항상 "내일"이다. 헤롯을 저주했던 것도 이 "적절한 날"이었다(막 6:21). 이 단어를 대신하는 현대 용어는 “상황윤리”다. 펠릭스는 구원받을 틈이 없어서 지옥에 갔다. 이것보다 더 분명한 표현은 없다. 협소한 문보다 넓은 문으로 가는 것이 더 쉽다. 그래서 “그 길로 들어가는 사람이”(마 7:13) 많다. 한 장을 읽는 것보다 성경 몇 줄을 읽는 것이 더 쉽다. 그래서 많은 사람들은 결코 성경을 통독하지 않는다. 기도하는 것보다 기도문을 외우는 것이 더 쉽다. 그래서 많은 이들이 기도하지 않는다. 십일조를 내는 것보다 1달러를 헌금함에 떨어뜨리는 것이 더 쉽다. 그래서... 하루의 힘든 일과 이후에 하나님께 위안을 얻는 것보다 자는 것이 더 쉽다. 그래서... 그래서 우리는 십자가보다 위로를 택하고 논리의 일관보다 편안함을 택한다. 그리고 면류관과(계 3:11) 왕국(딤후 2:12)을 잃어버린다. 하나를 절대적 권위로 받아들이는 것보다 절대적 권위가 존재하지 않는다고 믿는 것이 더 쉽다(구원받지 못한 교육받은 사람은 최종권위를 받아들이지 않기 때문에). 그래서 우리는 3개 내지 10개 정도의 “역본들”을 “신뢰할 만한 권위”로 사용하고, 자기 자신을 제외한 어떠한 절대적 권위도 거부한다. 예수 그리스도에 대해 입을 다물고 있는 것이 여는 것보다 쉽다. 그래서 대부분의 그리스도인들은 영적으로 입을 열지 못한다. 성경을 공부하는 것보다 TV 보는 것이 더 쉽다. 그래서 현대의 대부분의 그리스도인들은 꿈의 세계에서 산다.

펠릭스는 비겁자이며 타협자였다. 그는 소수 집단으로 하여금 나라의 법과 정책을 좌지우지하도록 하고, 군사력에 영향을 주는 외교 정책에 대해서는 분명한 입장을 갖기를 거부한 지난 네 명의 대통령들을 대표한다고 할 수 있다. 펠릭스의 정치적 성격은 전혀 남자답지 못하다. 카이사와 우호적 관계를 유지하기 위해 폰티오 빌라도가 그의 혼을 팔았던 것처럼(요 19:12) 펠릭스도 가족 내의 평화를 지키기 위해 그의 혼을 팔았다(눅 14:26)[지옥으로 가는 한 가지 길은 다른 길만큼 훌륭하다. 선택하라. 많은 동료들을 얻게 될 것이다]. 완전히 자란 성인이 된 후에 예수 그리스도를 자신의 구주로 받아들이는 것은 결코 "쉬운" 일이 아니다. "적절한" 때를 기다리지 말라. 그런 것은 없다. 오늘이 구원의 날이다(고후 6:2). 오늘 결정하는 편이 낫다. 이 페이지를 읽는 것을 멈추고 10초가 지나기 전에...

사도행전 25장

25 : 1 이제 페스토가 관할 지역에 와서 삼 일이 지난 뒤에 카이사랴에서
예루살렘으로 올라가니,
2 대제사장과 유대인 지도자들이 바울을 고소하여 그에게 간청하며
3 그에 대하여 호의를 구하기를, 그를 예루살렘으로 보내 달라 하였
으니 이는 길에서 숨어 기다리다가 그를 죽이려 함이더라.
4 그러나 페스토가 바울은 카이사랴에 갇혀 있어야 되며 그 자신도
곧 그곳으로 가겠다고 대답하더라.
5 또 말하기를 "그러므로 너희 중에서 갈 수 있는 자들로 나와 함께
내려가서 이 사람에게 무슨 잘못이 있으면 그를 고소케 하라."고
하더라.
6 그가 그들 가운데서 십 일 이상을 머문 뒤에 카이사랴로 내려갔으
며 그 다음 날 재판석에 앉아서 바울을 데려오라고 명령하더라.
7 바울이 나오니 예루살렘에서 온 유대인들이 둘러서서 그에 대하
여 여러 가지 중한 죄상들을 제시하나 증거를 댈 수가 없더라.

8 그때 바울이 자신을 변호하기를 "나는 유대인의 율법에 대해서도,
성전에 대해서도, 카이사에 대해서도, 전혀 위반하지 않았노라."고
하니라.
9 그러나 페스토가 유대인들의 환심을 사고자 하여 바울에게 대답하여
말하기를 "네가 예루살렘에 가서 그곳에서 이 문제에 관하여 내 앞
에서 재판을 받으려 하느냐?"고 하니
10 바울이 말하기를 "내가 카이사의 재판석 앞에 서 있으니 이 자리에
서 재판을 받는 것이 마땅하니이다. 당신도 잘 아시는 바와 같이
나는 유대인들에게 어떤 불의한 일도 한 적이 없나이다.
11 만일 내가 무엇을 위반했거나 죽을 만한 일을 했다면 죽기를 사양
치 아니하리이다. 그러나 만일 이들이 나를 고소한 이러한 것들 중
에 어떤 것도 사실이 아니라면 아무도 나를 그들에게 넘겨줄 수 없
나이다. 내가 카이사에게 상소하나이다."라고 하니

페스토가 펠릭스를 대신한다. 시기는 약 A.D. 60,61년이다. 그러나 연대에 관해서는 학자들에 따라 차이가 있다. [어떤 이들은 A.D. 58년으로, 어떤 이들은 A.D. 59년으로 잡는다]. 폴키오 페스토는 "다크 호스"이며, 요세푸스가 한 말을 제외하고는(〈고물, Autiguities〉 XX, 8,9장) 그에 대해 알려진 바도 거의 없다. 그는 죄수를 조사하러 예루살렘으로 올라간다(1절). 대제사장과 지도자들이(2절) 거기에 있다(그들은 마땅히 거기에 있어야 한다. 왜냐하면 사도행전 23:12의 사람들이 맹세를 지켰다면 그들 중 누구도 2년간 한 끼의 식사도 못했을 테니까!). 첫 번째 암살자 무리들이 그 동안 굶어 죽었다 해도 다른 무리가 그들을 대신할 준비를 하고 있다(3절). 페스토는 갈리오가 취한 것과 같은 태도를 취하고(5절) 제사장들을 카이사랴로 오게 한다. 그들은 왔으며(6절), 사도행전 24:9과 18:13-15

과 똑같은 장면이 연출된다. 바울은 자신이 한 말을 지켰으며(고전 8장과 롬 14장에 기록된), 어느 누구에게도 범죄하지 않았다고(8절) 그는 말할 수 있다. 그는 율법을 지키고, 세금을 내며, 평화를 지키는 유대인이다. 그는 "모든 사람의 피"에서 깨끗하다(행 20:26).

그러나 페스토는 (펠릭스처럼) 이중적인 동기를 가지고 있으며, 자신이 다스리는 사람들과 좋은 관계를 유지하기 위해 바울에게 예루살렘에 가서(9절) 거기서 재판받을 것을 제안한다. 이는 페스토가 『**유대인들의 환심을 사고자**』(9절) 제안한 것이다. 네 번의 경고와 두 번의 감금, 한 번의 채찍질, 공식적인 사역을 2년간 하지 못하게 된 것, 이 모든 일 이후에 다시 예루살렘으로 간다면 자기는 이제 끝장이라는 사실을 바울은 잘 안다. 그래서 그는 로마 시민의 최종 소송에 의뢰한다. 그 사건을 대법원(11절)에 상소한 것이다. 『**내가 카이사에게 상소하나이다.**』

이것이 바울의 미래를 결정짓는다. 왜냐하면 이것으로 그는 영원히 유대의 유대인들에게서 벗어나게 되기 때문이다. 그의 다음 선교 여행의 목적지가 결정된다. 그는 주께서 말씀하신 바와 같이 로마로 가게 된다(행 23:11). 메르세데스 벤츠 대신 소형 트럭 뒷칸으로 간다 할지라도 어쨌든 가게 된다.

지금까지 이 구절에서 가장 흥미있는 부분은 11절이다. 주석가들이 3,6,7,10절을 엉망으로 만드느라고 펜과 잉크를 낭비하는 동안, 우리는 본문을 조금만 살펴보자(출 6:1-8 및 주석 참조).

『**만일 내가 무엇을 위반했거나 죽을 만한 일을 했다면 죽기를 사양치 아니하리이다**』(11절). 이것은 성명서이다. 이것을 적절히 평가해 보자.

A. 그리스도를 가장 잘 따랐던 사람이 말하고 있다.

B. 그가 말하고 있는 곳에는 고소한 자들이 그를 죽이려고 나와 있다.

C. 그는 성경이나 기독교에 대해 전혀 관심이 없는 세속 권위자 앞에 있다.

D. 그는 어떤 죄들은 "죽음에 해당한다"는 것을 인정한다.

이 상황에서 바울은 극형 제도를 인정하고 전기의자에 앉기를 사양치 않겠다고 말한다. "블랙 파워"의 말은 어떤가? NAACP나 마틴 루터 킹 부인의 말은 어떤가? 그들은 "기독교"라는 말을 가져다가 성경을 믿지 않는 사람들을 성경을 기록한 사람들이나 성경을 실행한 사람, 성경에 영감을 불어 넣으신 하나님과 모두 뒤섞어 버리고 있다. 은혜 안에 있던 구약에서도 "사형"이 존재했다(창 9:5,6). 율법 아래의 구약에서도 "사형"이 존재했다(민 35장). 신약의 약 2분의 1이상을 쓴 바울은 그 제도를 시인했을 뿐만 아니라 거기에 기꺼이 자신을 내맡기고자 했으며 실제로 그렇게 했다!(딤후 4:1-8) 드와이트 L. 무디(1837-1899)와 빌리 선데이는 사형에 대해 결코 염려하지 않았다. 웨슬리, 휫필드, 낙스, 후스, 루터, 에드워드, 패튼, 커레이, 고포드, 리빙스턴, 스터드, 헨리 마틴도 마찬가지다. 볼티모어의 빈민가에서 태어난 아브라함 링컨(1809-1865)은 상당히 존경스런 인물로 보이는데 그 역시 사형에 대해 염려하지 않았다. 워싱턴, 제퍼슨, 아담즈, 맥킨리, 잭슨, 밴 뷰렌은 왜 사형에 대해 염려하지 않았는가? 독일, 러시아, 중국, 일본, 프랑스, 영국, 스페인에서는 사형제도를 폐지하고자 하는 운동이 왜 없었는지 궁금하다. 미국 내 입법가들이 하루아침에 일제히 사형이 나쁜 것이라고 결정해 버리다니 어떻게 된 일인가? 훌륭하고 법을 지키며 성경을 믿는 그리스도인이 사형제도에 대해 화를 내는 것을 본 적이 있는가? 탈마지(1832-1892)는 사형에 반대하는 설교를 하지 않았다. 스펄전(1834-1892), 샘 존스(1847-1906), 모르드캐 햄(1878-1959), 밥 존스 1세(1883-1968), 비처, 채닝, 심지어 메리 B. 에디조차도 사형에 반대하는 설교를 하지 않았다. 바르게 살았고 다른 사람을 해칠 의도가 전혀 없는 사람이 왜 갑자기 사람들을 죽이며 돌아다니는 불법자들을 정부가 사형시키는 것에 반대하겠는가? 칼이나 총이 없는 사람은 정부가 그런 것을 가지고 다니면서 악당들로부터 자신들을 보호해 주는 것에 감사하지 않겠는가? 나라면 감사할 것이다.

"이웃을 사랑하라"는 말(이웃이 친자매를 강간하게 하고, 이웃이 자기 어머니 목을 조르게 하고, 이웃이 자신의 아이들에게 음행하는 법을 가르치고, 이웃이 자기 아이의 돈을 화장실에서 훔치게 하고, 형을 선고받은 후에 이웃을 감옥에서 꺼내 주고, 총만 아니라면 이웃에게 칼을 가지고 다니게 하고)은 함을 마음대로 조종하는 야펫의 냄새를 풍긴다(창 9:27). 그래서 야펫은 함을 구실로 이용해서 국제적인 통제자의 자리에 자신이 앉고, 궁극적으로는 자신이 좋아하지 않는 사람은 누구라도 무장해제 시켜서 감옥에 넣을 수 있게 된 것이다[〈아무도 감히 그것을 음모라고 부르지 않는다, *None Dare Call It Conspiracy,* 게리 알렌 저, 콘코드 출판사, 1971〉 참조].

은행가들과 정치인들은 "사형제 폐지"와 "평등한 권리"를 주장하는 사람들을 이용한 후 일이 끝나면 모두 "사형"시키고 그들의 권리를 빼앗을 것이다. 레닌과 마르크스의 체제에서 "평등한 권리"라는 것은 없었다. "최고형"은 당연한 것으로 여겨졌다. 사실 거기에서는 "비가 왔다 하면(러시아: 1930-1945) 퍼붓는다"(중국: 1943-1960). 사람들을 보자마자 죽여 버리는 살인자들을 위협할 만한 조치를 제거해 버린다면 그것은 너무도 어리석은 짓이다.

바울은 사형에 대해 걱정하지 않았다. 하나님과 사람과 관계가 올바른(24:16) 사람은 "사형"에 대해 걱정하지 않는다. 사형은 무정부주의자들, 강간자들, 마약 거래자들, 도둑들, 혁명가들, 살인자들, 방화범, 밀조자들에게만 골칫거리일 뿐이다. 그리스도인은 어떤 죄들은 사형에 해당함을 믿고(11절) 거기에 자신을 내준다.

NASV에서는 바울이 카이사의 『**재판석**』(10절)을 놓쳐 버리고 우연히 "카이사의 법정(tribunal)"으로 가게 된다. 그러나 같은 믿을 만한 번역본에서는 이미 "그리스도의 심판석"(롬 14:10)을 "하나님의 심판석"으로 바꾸었다. 그 결과 고린도후서 5:10의 참조 구절을 찾을 수 없게 되어서 그리스도인의 심판을 구원받지 않고 죽은 사람들의 일반적인 심판으로 오해하도록 만들었다. 아담 클라크는 6절에서 성경이 실수한 것이라고 결정해 버린다. 클라크의 말에 따르면 『**그가... 십 일 이상을 머문 뒤에**』(6절)라는 말은 그다지 정확하지 않다. 그래서 클라크는 로마카톨릭 성경과 NASV에서처럼 그 구절에 "8일"을 붙인다. (밥존스대학이 권장하는) 헬라어 본문은 로마카톨릭 교회의 공식 예수회 성경(1582)과 일치한다. F.F. 브루스, 더멜로우, 케네스 웨스트(무디 성경 협회) 역시 북아프리카의 변개된 사본인 라틴 벌게이트를 받아들인다. 1611년 〈킹제임스성경〉 번역자들은 그들이 성경을 번역할 때 NASV의 헬라어 필사본을 이미 가지고 있었지만 그것을 거부했었다. 그러므로 로크만 재단이 "보다 오래된 필사본"에 대해 왈가왈부한다는 것은 참으로 우스운 일이다. 왜냐하면 A.V. 번역자들은 1604-1611년에 그러한 사본들과 똑같은 본문을 갖고 있었지만 그것을 거부했기 때문이다. 바티칸 사본과 시내 사본은 여기서 교황과 일치한다. 이 두 필사본의 본문은 1611년에 그것들을 입수할 수 있었던 번역가들에게 거부되었다. A.V. 번역가들이 오직 "후대의 필사본"만을 가지고 있었으며 바티칸 사본과 시내 사본(A.D. 330-350)에 대해서는 알지 못했다고 믿는 사람은 참으로 어리석은 사람이다. 그들이 번역을 시작하기 20여 년 전인 1582년 예수회 성경에 이 본문이 그대로 있었기 때문이다. 그러나 그들은 NASV와 동일한 그 본문의 부패성 때문에 그것을 쓰레기통에 버렸던 것이다. 지금으로부터 3세기 전에.

바티칸 사본과 시내 사본에는 "him"이란 단어가 본문(7절)에 첨가되었다. 이 단어는 NASV와 다른 로마카톨릭 성서들에서 발견된다. 이 단어는 본문을 "좀 더 생생하게" 하기 위해(〈복음주의 주석〉 p.371) 첨가되었다(잠 30:5,6!!).

25:12 페스토가 공회와 더불어 상의한 후에 답변하기를 "네가 카이사에게 상소하였느냐? *그렇다면* 네가 카이사에게 갈지니라."고 하니라.
13 며칠이 지난 뒤에 아그립파왕과 베니케가 카이사랴에 와서 페스토에게 문안하더라.
14 그들은 그곳에서 여러 날을 머물렀는데 페스토가 왕 앞에서 바울에 관한 일을 제시하고 말하기를 "펠릭스가 죄수로 가둬 둔 한 사람이 있는데
15 내가 예루살렘에 있을 때 선임 제사장들과 유대인들의 장로들이 그 사람을 내게 고소하며 처벌을 요구하기에
16 내가 그들에게 답변하기를 '피고가 원고와 대면하여 고소한 사건에 관하여 변명할 기회를 주기 전에, 그 사람을 사형에 넘겨주는 것은 로마인의 관례가 아니라.'고 하였나이다.
17 그리하여 그들이 이곳에 오자 내가 지체하지 않고 그 다음 날로 재판석에 앉아 그를 불러오라고 했더니
18 그에 대해 원고들이 일어서서 고소하였지만 내가 예상한 혐의는 아무것도 제시하지 못하고,
19 다만 그들의 미신과 예수라는 어떤 사람이 죽었는데 그가 살아 있다고 바울이 주장하는 문제에 관한 것이니이다.

20 그때 나는 이 문제로 인하여 난처하게 되어 그에게 '예루살렘으로 가서 거기서 이 문제에 관하여 재판을 받을 의향이 있느냐?'고 물었으나
21 바울이 '아우구스토의 심리를 들을 때까지 감호해 주소서.'라고 요청하기에 '카이사에게 보낼 때까지 그를 감호하라.'고 지시하였나이다."라고 하더라.

본문 내용은 평이하다. 페스토는 보좌관들과 상의한 후(12절) 바울에게 그가 원하는 바를 허락한다. 이제 바울은 배로 카이사에게 가게 되었다(12절). 한편 유대인들은 대단히 실망해서 예루살렘으로 다시 돌아간다. 이후로 그들은 바울을 괴롭힐 수가 없게 되었기 때문이다. 아그립파와 베니케가 카이사랴를 방문한다. 페스토는 지난 두 장(행 23,24장)의 모든 과정을 그에게 보고한다(14-21절). 아그립파는 이 문제에 관심을 갖는다. 왜냐하면 펠레스타인 왕으로서 정부를 인수한 후(A.D. 50, 칼키스 왕 헤롯 이후) 그는 마태복음 1장에서 사도행전 15장까지의 이야기만 들었기 때문이다. 이때 "아우구스토" 카이사(21절)는 네로(A.D. 54-57)였다. "베니케"(13절)는 처음에 삼촌인 헤롯(칼키스 왕)과 결혼했다가, 킬리키아 왕 폴레모와 결혼하기 전에 그녀의 형제인 아그립파(13절)와 함께 살기 위해 갔다. 그녀는 아그립파와 근친상간을 했다고 전해지며, 티투스 베스파시안(Titus Vespasian)과 연관된 소문도 많았다. 그녀는 1세기의 마릴린 먼로 같은 여자였다.

아그립파(13절)는 헤롯 아그립파(12:1)의 아들이며, 유대인에게 거의 공감을 보이지 않은 완전한 로마인이었다. 율리아누스의 법에 따르면 황제에게 상소한 로마 시민을 재판관이 채찍질하거나 사형에 처할 수 없게 되어 있다. 16절의 로마법은 분명하다. 모든 고대 작가들도 이를 증거하고 있다. 물론 이 법은 공산주의 국가나 카톨릭 국가에서는 무의미하다. 성 바돌로매 대학살(1572, 프랑스)은 파시스트 국가에서 일어났다. 로마 카톨릭은 기독교의 파시스트임을 결코 잊어서는 안 된다. 점령군에게 법은 아무런 의미가 없다. 이 군대가 일본인이든(싱가포르, 1942), 이탈리아인이든(에디오피아, 1936), 독일인이든(폴란드, 1939-1944) 러시아인이든(폴란드, 1945) 그런 것은 상관없다. 수천의 사람들이 다른 사람을 대면할 기회도 갖지 못한 채 죽음에 넘겨졌다. 그들에게는 "변명"의 기회(16절)도 없었다.

최고의 일관성을 유지하는 〈킹제임스성경〉은 '데이시다이모니아'를 여기서 『**미신**』(19절)으로 번역했으며 사도행전 17:22에서도 "미신적"('데이시다이모네스테로스')으로 번역했다. 그러나 일관성 없는 NASV는 사도행전 25:19 본문에는 "종교"로 해 놓고 난외주에는 "미신적"도 가능하다고 덧붙였다. 그리고 사도행전 17:22 난외주에서는 아무 말도 덧붙이지 않았다.

25:22 그때 아그립파가 페스토에게 말하기를 "나도 그 사람의 말을 듣고 싶다."고 하니 그가 말하기를 "내일 들으시리이다."라고 하더라.

23 그리하여 그 다음 날 아그립파와 베니케가 화려하게 외관을 갖추고 와서 고급 장교들과 그 성읍의 유지들과 함께 법정으로 들어가니 페스토의 명령으로 바울을 데려왔더라.

24 페스토가 말하기를 "아그립파왕과 우리와 더불어 여기에 참석하신 여러분, 여러분이 보는 이 사람은 온 유대인 무리가 더 이상 살려 두어서는 안 된다고 외치면서 예루살렘과 이곳에서 나에게 탄원해 온 자라.

25 그러나 내가 알아보니 그는 죽을 만한 일을 한 적도 없고 또 이
사람 스스로가 아우구스토에게 상소하였기에 나는 그를 보내기로
결정하였으나
26 그에 관해서 나의 주께 글을 쓸 만한 확실한 자료가 없는지라, 그
러므로 내가 그를 여러분 앞에 특히 당신 앞에 데리고 왔으니 오
아그립파왕이여, 이는 심문을 하고 나면 무엇인가 글을 쓸 만한
것이 있을까 함이라.
27 그에 대하여 죄목도 표시하지 않고 죄수로 보낸다는 것은 나에게
는 도리에 맞지 않는 것 같도다."라고 하더라.

사람들 앞에 불려나온 바울은 이제 주님께서 그의 앞에 "큰 문을 열어 주신 것"(고전 16:9)을 본다. 아그립파의 법정은 『**화려하게 외관을 갖추고**』 복음을 들을 준비를 한다. "사슬에 묶인" 대사(엡 6:20)는 그의 전 생애를 증거할 가장 좋은 기회 중 하나를 얻게 된다. 그는 이 기회를 결코 놓치지 않을 것이다!

내용은 평이하다. 페스토는 이 사건을 다시 한 번 짧게 요약한다(24절). 그는 자신이 바울에 대한 고소사항에 "죄목도 표시"(27절)할 수 없음을 인정한다. 그래서 바울을 데려와서 아그립파로 하여금 그를 심문하게 한다. 아그립파가 공식적인 고소사항을 써서(26절) 그것을 카이사에게 보내게 되기를(26절) 희망한 것이다. 죄수를 혐의사항도 없이 황제에게 보내서 네로의 시간만 뺏는다면 자신의 신세를 망치게 된다는 것을 페스토는 잘 알고 있다. 네로는 페스토를 "성경 허풍쟁이"라고 하고 자기 궁정 정원에서 화형시켜 버릴 것이다.

이 특별 사건의 "방청객"에는 『**고급 장교들과 그 성읍의 유지들**』(23절) 그리고 페스토의 군중들과 베니케의 친구들(그녀에게 친구가 있다면!)이 있다. 이것은 지난해의 "오스카상 수상자들"이 그들의 친지들과 함께 모두 참석한 가운데 대통령 연회에서 연설할 기회를 얻은 것과 같은, 복음을 전할 수 있는 보기 드문 기회이다. 교육받은 아테네인들처럼 페스토는 육체의 부활에 관한 교리를 "미신"으로 간주한다(19절). 그래서 바울이 말을 하자(26:24) 페스토는 참지 못하고 총독을 믿지 못하게 한(행 13:8 참조) 바예수의 역할을 하게 된다. 세계 최악의 사람들이 『**화려하게 외관을 갖추고**』 있다. "화려한 외관"이 있는 곳에는 항상 이런 사람들이 있다. "화려한 외관"을 입고서도 음란함이 없었던 것에 가장 근접한 때는 빅토리아 여왕의 통치 때였다(1837-1901).

바울은 남성동성연애자들, 여성동성연애자들, 공금 횡령자들, 사기꾼들, 공갈에 관여한 사람들, 정치인들, 점성가들, 악담을 퍼붓는 군 장교들, 주정뱅이들, 찬사를 받기 위해서라면 암탉의 송곳니라도 훔칠 사람들에게 이제 설교하려 한다.

"화려한 외관"(great pomp)은 헬라어로 '환타시아스'이며 이는 20세기의 히피 언어 "fantastic"(환상적인)으로 음역된다. "Pomp"는 "환상"이다. 왜냐하면 그것은 잠시 나타났다가 사라지는 안개이기 때문이다. 이제 강단에 오르려 하는 사람은 그런 것에 대해 잘 알고 있다(고전 1,2장 참조). 그래서 그는 시리아인들을 세 차례나 이긴 왕을(왕상 22:14,28) 봐 주지 않은 미카야처럼, 로마 왕가를 조금도 봐 주지 않는다. 미카야, 침례인 요한, 예레미야, 바울과 같은 사람들은 의복이나 "업적," 보석, 체격, 얼굴 표정, 동료들, 예절, 건강, 교육, 믿음의 고백에 상관없이 죄인의 속을 꿰뚫어 볼 수 있었다. 아그립파가 그 "죄수"에게 말할 것을 허락했을 때 그는 자신의 삶을 위험에 처하도록 만든 것이다. 그 "죄수"가 말을 끝마치기도 전에 아그립파는 누가 자유인이며 누가 사슬에 매여 있는지를 알지 못하게 되어 버린다(요 8:34).

사도행전 26장

26:1 그때 아그립파왕이 바울에게 말하기를 "너를 위하여 말하는 것을
허락하노라." 하니, 바울이 손을 펴며 변호하기를
2 "아그립파왕이여, 유대인들이 나를 고소한 모든 일에 관하여 내가
오늘 당신 앞에서 나 자신을 변호하게 된 것을 다행으로 생각하나
이다.
3 당신께서는 유대인의 제반 관례와 문제점들을 특히 잘 아는 분이시
니 내게 끝까지 들어주시기 바라나이다.
4 내가 처음에 예루살렘에서 내 민족과 함께 살던 젊은 시절의 생활
상은 모든 유대인이 알고 있나이다.
5 그들이 처음부터 나를 안 이상 그들이 증거하고자 하면 내가 우리
종교의 가장 엄격한 파에 속하는 바리새인으로 살아왔다고 할 것이
니이다.
6 지금 내가 서서 재판을 받는 것은 하나님께서 우리 조상에게 하신
약속에 대한 소망 때문이요,

7 **우리 열두 지파가 밤낮으로 하나님을 열심히 섬기며 이 약속한 것이 오리라고 소망함이니, 아그립파왕이여, 이 소망 때문에 내가 유대인들에게 고소를 당했나이다.**

8 **하나님께서 죽은 자를 살리신다는 그 사실을 어찌하여 당신들은 믿지 못할 일로 단정하시나이까?**

9 **사실 나도 나사렛 사람 예수의 이름을 대적하여 많은 일을 하여야 되는 줄로 생각하고**

10 **예루살렘에서도 그렇게 했으며 선임 제사장들로부터 권한을 부여받아 많은 성도를 감옥에 가두었고 또 그들을 사형에 처할 때 나도 그들을 반대하여 찬성표를 주었나이다.**

11 **또한 종종 모든 회당에서 그들에게 형벌을 가하였으며 또 강제로 모독하는 말을 하게 했고 그들에 대한 분노가 심히 격앙되어 심지어는 외국 성읍들에서까지 그들을 박해하였나이다.**

아그립파는 칼잡이(엡 6:17 및 주석 참조)에게 허락을 내린다. 『**너를 위하여 말하는 것을 허락하노라**』(1절). 이것으로 "왕들 앞에서" 증거하리라던 사도행전 9:15을 바울이 성취시킬 길이 열린다. 솔로몬은 오래전에 이 일을 기록했다. 『**자기 일에 근면한 사람을 보느냐? 그는 왕들 앞에 설 것이요, 비천한 사람들 앞에 서지 아니하리라.**』고 말하고 있다(잠 22:29). 바울은 설교하는 데 결코 사슬의 방해를 받지 않는다(엡 6:19,20).

바울은 자신을 변호할 기회를 기쁘게 받아들인다(2절). 그리고 모든 고소 내용에 대해 답변하려 한다(2절). 그는 아그립파에게 찬사를 보내는데(3절) 그것은 아마도 사실이었을 것이다. 그는 처음부터 시작하면서(4절), 자신이 개심하기 전에 어떤 유대인이었는지를(4,5절) 아그립파에게 말한다. 그는 빌립보서 3장에서 이 문제에 관해 더 자세히 말한다. 그는 『**하나**

님께서 우리 조상에게 하신 약속에 대한 소망 때문』(6절)에 자신이 재판받는다고 주장한다. 이것에 관해서는 사도행전 23:6과 24:15에서 설명했다. 이 "소망"(7,8절)은 환란 끝에(겔 37:12) 성취된다. 그 이전에 환란 후 유대인들(시 50:2-4)의 휴거(사 26:18-21)가 있게 될 것이다. 이 "소망"에는 (그리스도인의 복된 소망과 마찬가지로, 요일 3:1-3, 딛 2:13) 죽은 자들의 부활이 포함된다(8절). 그리고 이때 바울은 칼로 허공을 가르는 체하던 것을 멈추고 갑자기 칼을 앞으로 내밀어 왕의 목에 댄다. 『**어찌하여 당신들은... 단정하시나이까?**』(8절) 바울은 메시지를 시작한 지 10분도 되기 전에 개인적 적용으로 들어가고 있다. 이것은 우리에게 바울이 펠릭스에게 어떻게 했는지를(24:16) 기억하게 한다. 여러분의 설교가 (혹은 여러분 목사의 설교가) 이와 같지 않다면, 여러분의 설교는 (혹은 여러분 목사의 설교는) 성경적인 설교가 아니다. 바울은 단 한 번도 우리가 모든 주요 기독교 방송에서(1950-1980) 늘 듣는 기회주의적이며, 나약하고, 아첨하고, 소심하며, 비굴한 "일인칭 복수 주어"인 "우리"를 쓰지 않았다. 하나님의 "사역자들" 중 하나가 말하기를 "우리가 그리스도를 우리의 구세주로 영접한다면, 우리는 걱정 없습니다."라고 하는 말이 하나님의 코에는 얼마나 악취를 풍길까 생각해 보라. 무슨 말인가? 자기 자신도 구원받지 못한 사람이란 말인가? "우리"라니?

『**어찌하여 당신들은 믿지 못할 일로 단정하시나이까? 사실 나도... 생각하고**』(8,9절). 진짜 설교자가 어떻게 하는지 알겠는가? 그는 항상 구원받은 사람과 구원받지 못한 사람 사이에 분명한 구분을 했고, 가능한 대로 개인적 적용을 했다. 바울이 9절을 과거시제로 한 사실에 주목해 보기 바란다. "우리가 그리스도를 영접한다면 우리는..." 바울은 이렇게 말하지 않았다. 바울은 이미 그렇게 했다. 여러분은 그렇게 했는가?

10,11절은 앞에서 이미 설명했다. 이 고백에 누룩을 뿌리고 구원받기 전의 바울을 가능하면 존경받을 인물로 만들기 위해(구원받지 못한 사람이 자신을 정당화시키고자 하는 전형적인 예) 로크만 재단(NASV)과 A.T. 로버트슨 박사와 〈복음주의 주석〉(p.383)은 바울이 그리스도인들을 박해할 때 단 한 명도 "모독하는 말"(blasphemed)을 하게 만들지 않았다고 결정짓는다. 바울은 그들이 하나님을 모독하는 말을 하도록 시도만(tried) 했다는 것이다. 그 이유는 헬라어 '에낙카존'이 "능동 미완료시제"이기 때문이라는 것이다. 이 "능동"이라고 하는 것은 모든 그리스도인들이 그들의 목숨을 버릴 만큼 신실하다고 생각하는 순진하고도 감상적인 성경개정자들에게는 탈출구와 같다. 왜냐하면 그것이 바울의 시도가 실패했음을 의미할 수 있는 "여지를 남겨 주기"(로버트슨, Ibid., p.447) 때문이다. NASV와 RSV, 〈공동성서〉, RSV(1973)는 모두 이 유치원 수준의 해석을 담고 있다. 〈리빙바이블〉과 〈현대인을 위한 기쁜 소식〉, 그리고 다른 보육원 그림책들도 마찬가지다.

기분 전환을 위해 진리로 돌아가 보자.

A. 시몬 베드로는 고문이나 박해를 받지 않고도 하나님을 모독했다.

B. 바울도 마찬가지였다(딤전 1:13).

C. 4세기에 있었던 주요 논쟁 중 하나는 고문으로 변절했었던 그리스도인들을 어떻게 할 것인가였다. 이 문제는 도나티스트 논쟁으로 알려졌다.

D. 라티머 감독(1490-1555)은 압력에 못이겨 믿음을 철회했다. 사보나롤라도 그랬다(1452-1498). 가장 용감했던 두 사람이 그렇게 했다.

E. 본문에서 "강제로 ~하게 했고"(compelled, 1611 〈킹제임스성경〉)에 해당하는 헬라어 단어는 누가복음 14:23에서 "compel"로 번역되었다. "능동"에 대한 모든 헛소리에도 불구하고 NASV는 "일관성" 없이 그렇게 한 것이다. 이것은 바빌론 출판국에서 나온 최근 30개의 번역본들에서도 마

찬가지다. "나는 자랑하는 어리석은 자가 되었노라. 너희가 나를 그렇게 하도록 만들려고 시도한(tried) 것이라"(고후 12:11)고 되었다면 말이 되겠는가? 심지어 로크만 재단(NASV)조차도 여기서는 A.T. 로버트슨의 "능동"에 대한 설명을 따르지 않았다.

상식과 경험, 역사적 사실, 성경적 진리와 더불어 헬라어와 영어 본문이 증거하는 바는 1880년 이후로 나온 모든 성경이 이 구절을 잘못 번역했다는 사실이다.

26:12 그 일을 위해 선임 제사장들로부터 권한을 위임받아 다마스커스
로 가는 중이었는데
13 오 왕이여, 정오에 길에서 내가 보니 해보다 더 밝은 빛이 하늘로
부터 나와 나의 일행을 두루 비추더이다.
14 우리가 모두 땅에 엎드렸을 때 한 음성이 내게 말씀하시는 것을
들었는데 히브리어로 말씀하시기를 '사울아, 사울아, 어찌하여 네
가 나를 박해하느냐? 가시채를 걷어차는 것이 네게 고통이라.' 하
시기에
15 내가 말하기를 '주여, 누구시니이까?'라고 하니 그가 말씀하시기를
'나는 네가 박해하는 예수라.
16 일어나서 네 발로 서라. 이는 내가 이 목적을 위하여 너에게 나타
났음이니 네가 본 것과 내가 너에게 나타나게 될 일에 대하여 너
를 일꾼과 증인으로 삼고자 함이라.
17 그 백성과 이방인들로부터 너를 구해 내어 이제 그들에게 보내서
18 그들의 눈을 뜨게 하여 흑암에서 광명으로 사탄의 권세에서 하나
님께로 돌아서게 하며 그들로 죄사함을 받게 하고 내 안에 있는

믿음으로 거룩하게 된 사람들 가운데서 유업을 받게 하려는 것이
라.'고 하였나이다.
19 오 아그립파왕이여, 이때부터 나는 하늘에서 보이신 것에 불순종
하지 아니하고
20 먼저 다마스커스의 사람들과 예루살렘과 유대 온 지방에 그 다음
에는 이방인들에게 회개하고 하나님께로 돌이켜 회개에 합당한 일
을 행하라고 전하였더니
21 이러한 연유로 유대인들이 나를 성전에서 붙잡아 죽이려고 하였나
이다.
22 그래도 내가 하나님의 도움을 받았으므로 이날까지 계속하여 작은
자나 큰 자 앞에서 증거하며 말한 것은 선지자들과 모세가 이루어
지리라고 말하였던 것들 외에 다른 것은 없으니
23 곧 그리스도께서 고난을 당하실 것과 또 그분께서 죽은 자들로부
터 살아나신 첫 번째 분이 되셔서 이 백성과 이방인들에게 광명
을 선포하시리라는 것이니이다."라고 하더라.
24 바울이 이와 같이 자신을 위하여 변명하니 페스토가 큰 음성으로
말하기를 "바울아, 네가 미쳤구나. 많은 지식이 너를 미치게 하였
구나."라고 하더라.

바울은 다시 한 번 그의 개심의 경험을 말한다(13-16). 하늘에서 나온 빛은 『**해보다 더 밝은**』(13절) 빛이었다. "번개"(F.F. 브루스)와는 비교도 될 수 없는 빛이었다. 14절의 『**히브리어**』는 요한계시록 19:3,4에 따르면 하늘의 언어다. 창조(창세기)가 이 언어로 묘사되었고, 생명의 책에 기록된 "새 이름들"이 성경에서 창조 그 자체보다도 더 많은 공간을 차지하고 있는데(역대기상하) 그렇지 않을 이유가 무엇이겠는가?

바울은 두 가지 것에 대한 『**일꾼과 증인**』(16절)으로 부르심을 받았다.

1. (태어난 때부터 그때까지) 보아온 일들

2. 『**내가 너에게 나타나게 될 일**』(16절) - 그 이후로부터 계속

일꾼은 사람들을 돌보고 그들을 도와야 한다. 증인은 자신이 직접 보고 경험한 사실을 증거해야 한다.

바울은 그가 가는 곳마다 "구해냄"(17절)을 받는다. 고린도후서 11장을 보면 바울이 "구해냄"을 받기 전의 상황이 얼마나 절망적이었는지를 알 수 있다. 그러나 사도행전 14:19의 관점으로 보자면 구해냄이 있든지 없든지는 그에게 전혀 차이가 없었을 것이다. 그는 구해냄을 받기 전에(20:19) 그 문제에 관해 울며 기도했다. 그러나 막상 구해냄을 받으면(딤후 4:1-6) 바울이 그 문제에 관해 초조해 하는 것을 전혀 보지 못하게 된다(빌 4:13-19).

바울은 『**이방인들**』(17절)뿐만 아니라 『**그 백성**』(이스라엘)에게도 보냄을 받는다. 앞에서 언급한 대로 흩어져 있는 유대인에 대한 그의 사역은 하나님의 직접적인 뜻이었다.

바울의 사역은 다섯 가지를 수행하는 것이다.

1. 잃어버린 사람들의 눈을 뜨게 하는 것(고후 4:1-4). "눈을 뜨게 하는 사람"이 아닌 사역자는 바울의 사역을 하는 사람이 아니다. [주께서 베드로를 치셨던 것처럼(행 12장) 사람들을 치지 않고는 그들의 눈을 뜨게 할 수 없다. 그러나 달콤한 잠에서 사람들을 깨우면, 그 이후로는 많은 사람들이 그 사람을 좋아하지 않게 된다.]

2. 어두움에서 빛으로 바꾸는 것(요 1:4-12). 예수님은 빛이시며(요 1:8,9), 성경도 빛이다(시 119:105). 죄인을 이 두 가지로 돌이키게 하기 전에 성사, 학교, 교회로 가게 한다면 그 사람은 바울의 사역을 하는 사람이 아니다.

3. 마귀의 세력에서 하나님께로 사람들을 돌이키는 것(18절). 인류의 상태는 마귀의 뜻대로 마귀에게 사로잡힌(딤후 2:26) "악한 세상"에서 "악한 상상"을 가진 채(갈 1:4, 창 8:21) "소망도 없고" "힘도 없고" "변명도 못하고" "하나님도 없는"(롬 5:6, 롬 1:20, 엡 2:12) 상태이다. 성경은 세상과 그 안에 있는 사람들을 그렇게 부정적으로 그리고 있다. 이것이 구원받지 않은 채 교육만 받은 지구상의 모든 사람의 실상을 있는 그대로 묘사한 것이다. 데살로니가에서 바울이 개심시킨 사람들은(살전 1:9,10) 사람들이 사탄에게서 하나님께로 돌이키면 무슨 일이 일어나는지를 보여 준다. 존 패튼(뉴 헤브리디즈 제도의 선교사)과 존 웨슬리는 이런 사역을 했던 사람들이다.

4. 사람들이 죄사함을 받게 하는 것(18절). 이 용서는 물침례에 있지 않으며(행 13:39,40), 견진례에도 있지 않으며(히 10:1-3), 죄를 "자백"하는 데도 있지 않다(유다, 발라암, 파라오 모두 그들의 죄들을 "자백"했다). 포도주병이 그리스도의 피라고 속이는 데 있지도 않으며, "보다 나은 삶"을 사는 데(갈 3:12)에도 있지 않다. 그것은 그리스도 안에 있는 『**믿음으로**』(18절) 오는 것이다(갈 3:26). 이 용서는 구속에 뒤따르는 것으로, 구속은 "그의 피를 통해서"(골 1:14)만 이루어진다. 이것으로 우리는 이 세 단어 "그의 피를 통해서"가 많은 기독교 학교들이 추천하는 "믿을 만한 번역본들"을 포함해서 1800년 이후로 나온 모든 번역본에서 삭제된 이유를 알게 된다.

5. "온유한 자들"(마 5:5)만이 얻을 수 있는 『**유업**』(18절)을 그들에게 주는 것. 레닌, 엥겔스, 마르크스, 모택동이 그렇게도 많이 말했던, 가난하고, 배회하고, 굶주리고, 정처 없이 피땀흘려 일하며 죽어가는 민중은 하늘과 땅의 왕이 나타나셔서 자신의 유업을(롬 8:17) 그들과 함께 나누시기 전까지는(딤후 2:12) 결코 "지상 천국"을 갖지 못할 것이다. 어떤 왕도,

통치자도, 신도, 마귀도, 교황도, 경제 제도도, 중앙당도, UN도 굶주리고 병들고 죽어가는 절망에 찬 민중들에게 그들이 정말로 필요로 하는 것을 줄 수 없다. 하나님만이 그 필요를 채워 주실 수 있다(빌 4:19). 하나님께서는 지금까지 살았던 사백만 명의 정치, 종교 지도자들의 견해나 사람들의 견해와는 상관없이 "한 사람"을 통하여 그 일을 하기로 결정하셨다[자세한 내용은 〈하나님의 나라와 천국, *The Sure Word of Prophecy*〉(말씀보존학회)에서 다루었음].

『**거룩하게**』(18절) 된 사람들은 갈보리에서(히 10:6-12) 분리된다. 그리스도 안에 있는 그들의 믿음으로 그들과 다른 사람들이 나뉜다(고전 6:11).

『**오 아그립파왕이여, 이때부터 나는 하늘에서 보이신 것에 불순종하지 아니하고**』(19절). "폐하, 폐하께서는 하늘에서 보이신 것에 불순종한 적이 있으신지요?" 코넬료는 순종했다!(행 10:30) 베드로도 순종했다!(행 11:12 - 약간의 부추김을 받고) 폐하께서는 복종하셨습니까, 아그립파왕이여? 자기 자신과 말하는 사람을 비교하게 만드는 개인 간증만큼 죄인에게 효과적인 것은 없다. 이것은 어떤 자기 중심주의자도 저항할 수 없는 덫이다. 두 사람 사이에 오가는 대화에서 "나"란 말을 세기 시작했다면 그 사람은 곧 설교하는 법을 배우게 될 것이다. 그리스도에 관해서, 그리고 설교자 자신에 관해서만 이야기하면 청중은 곧장 자신과 그리스도를 비교해 보거나 자신과 설교자를 비교해 볼 것이다.

20절에 관한 교리적 문제는 20:21에서 설명했다.

21절은 진리 그 자체이다. 이것은 바울이 24:21에서 펠릭스에게 말한 것 같은 속임수가 아니다. 유대인들이 성전에서 바울을 잡아서 죽이려 한 것은 그가 이방인들에게 회개와 믿음(20:21)을 전하는 것 때문이었다(행 22:21 및 설명 참조).

벌링거와 스탬은 22절을 이용해서 "몸의 신비"가 사도행전 28장 이후에 계시되었음을 증명하려 한다. 물론 그것은 말도 안 되는 이야기이다. 바울은 아그립파 앞에서 말하기 2년도 더 전에 한 몸 안으로 침례를 주는(엡 4:5) 한 분 성령(엡 4:4)에 관해 말했었다(고전 12:13 참조). 『**...외에 다른 것은 없으니**』(22절)라는 말을 "나는 그리스도의 죽음과 장사와 부활과 그 백성을 향한 그분의 '빛'에 관해서만 설교했다"는 말로 해석해서는 안 된다. 왜냐하면 여기서 바울은 자기 자신에 대해 한 간증을 다루고 있기 때문이다. 바울의 간증은 『**선지자들과 모세**』 안에는 없다. 또한 주님께서는 바울의 설교를 "모세와 선지자들"로 제한하지 않으셨다. 대신 『**내가 너에게 나타나게 될 일에 대하여**』(16절)라고 말씀하셨다.

이것이 "진리의 말씀을 틀리게 나누는" 극단적 세대주의자들의 전형적인 성경 해석 방법이다. 스탬과 베이커는 고린도전서 1:17을 "나는 누구에게도 침례를 주어서는 안 된다. 그것은 베드로가 맡은 일이다"로 고쳐 읽는 것도 그들이 가진 정신적 문제로 설명될 수 있다. 그 구절의 내용은 그들의 해석과는 전혀 다른 것이다. 하지만 그들은 유사한 방법으로 『**말하였던 것들 외에 다른 것은 없으니**』(22절)라는 표현은 바울이 아그립파에게 구약에서 계시된 것들에 반대되는 어떤 것도 설교하지 않았다는 뜻이라고 주장한다. 도대체 바울이 구원받지 않은 로마 왕에게 "몸의 신비"에 대해 말할 이유가 무엇이겠는가?

구원받지 않은 사람에게 아무런 영향도 주지 못할 이 "신비"(엡 3:1-6)에만 집착하는 극단적 세대주의자들만큼 바울이 어리석을 것 같은가? 아시아와 유대 여기저기서 죄인들에게(20절) "한 몸의 신비"가 설교된다 하더라도 그게 무슨 유익이 있겠는가? 그것은 30년간 성경 공부를 하고서도 자신이 구원받았는지도 모르는 캠벨파 목사가 구원받지 않은 사람들을 데리고 "구원받으려면 무엇을 해야 하는지 알기 위해" 성경을 공부하자고 하는 것과 같다. 아그립파에게 『**선지자들과 모세가 이루어지리라고 말하였던 것들 외에 다른 것은 없으니**』(22절)라고 말했을 때 바울은 이미 갈라디아서, 데살로니가전후서, 고린도전후서를 쓴 상태였다. 여기서 바울이 "나는 나의 가르침과 설교를 구약 내용에만 한정시켰다."라고 말하고 있다면 그는 새빨간 거짓말쟁이가 아니겠는가? 바울은 "모세와 선지서들"에서 발견되지 않은 내용들을 설교하고 가르쳐 왔다. 그가 여기서 하는 말은 그 중 어느 것도 주 예수 그리스도의 죽음, 장사, 부활, 사역을 다루었던 모세와 선지서에 반대되지 않는다는 것이었다. [이 해석이 마음에 들지 않는다면 재정적 이유로든 감정상의 이유로든 간에 다른 해석을 취하라. 디모데전서 6:3의 『**주 예수 그리스도의 말씀**』이 "주님의 몸"에게 하는 경고가 아니라고 생각하는가?]

유대인이 먼저고 이방인이 다음(23절)이다. 17절과 23절에서 순서가 『**그 백성과 이방인들**』이기 때문이다. 이것은 사도행전 3:26과 15:9에서 시몬 베드로가 제시한 순서이다. 『**이방인들**』이란 말은 별 무리 없이 두 번 언급된다(17,20절). 그러나 세 번째에는 마력을 지닌다!

『**바울이 이와 같이 자신을 위하여 변명하니 페스토가 큰 음성으로 말하기를 "바울아, 네가 미쳤구나**』(24절). "바울, 너는 정신병자야! 너는 너무 많은 책을 읽어서 미쳐 버린 거라구." 페스토가 큰소리로 말했다(24절)는 것으로 그가 말하기 전 약 10분 동안 핸드백 공장에 들어온 악어처럼 계속 초조해 하고 있었고 그의 혈압이 상당히 올라가 있었음을 알 수 있다. "항상 배우나 진리의 지식에 결코 이를 수 없는"(딤후 3:7) 사람이라면 "많은 지식"으로 정신병원 신세를 질 수 있다. 그러나 바울은 가장 위대한 교사에게(갈 1:12) "많은 지식"을(갈 1:17) 배웠다.

『**많은 지식이 너를 미치게 하였구나**』(24절). "너는 멍청이야, 바울! 너무 많이 읽었어, 책에 너무 많은 시간을 빼앗긴 거라구! 너는 지옥을 불러일으키는 자이며(행 17:6), 자신이 설교하는 것을 행하지도 못하잖아, 예를 들면 사랑, 기쁨 같은 것(갈 5:22). 너는 문제를 일으키는 사람이야(행 20:1). 게다가 욕까지 하고(딛 3:2), 더군다나 너는 혼자야(본문). 그러면서도 자신만 옳고(고전 11:1) 다른 모든 사람은 틀렸다고(행 13:46) 생각하다니." "네가 미쳤구나!"

이런 말을 들어 본 적이 있는가?

이것이 구원받지 않은 로마 총독의 입에서 나온 말이다. 『**네가 미쳤구나**』(24절). "너는 얼간이야, 바울. 로마 제국 안에 『**기록된 모든 것**』(행 24:14)을 믿는 보수주의 유대인이나 로마인은 단 한 명도 없다구." "자신이 원본을 가지고 있는지 어떻게 알지? 바른 필사본을 가지고 있는지 어떻게 확신할 수 있냐구?" "참으로 하나님께서 그렇게 말씀하시더냐?" [성경 구절을 인용할 때 인용한 구절들이 "무오한 증거들"임을 믿지 않으면서도 〈킹제임스성경〉을 인용함으로써 축자적 영감설을 증명하려 하는 라이스(〈주의 칼, *Sword of the Lord*〉)의 경우와 비슷하다. 출처가 되는 증거 본문이 불확실한데 어떻게 증명할 수 있단 말인가? 헬라어나 영어 본문 중 어떤 것도 절대적으로 옳은 것은 없다고 말한 후에, 현존하는 헬라어나 영어 (또는 히브리어) 본문의 권위에 근거해서 "원본이 영감받았다"고 말하겠다는 건가?] 자신이 사역하는 동시대의 크리스찬 협회를 속일 수 있을지는 모른다. "경건한 학자들이 동의한다."는 사실에 호소함으로써 일시적으로 수천 명의 그리스도인들을 속이는 데 성공할 수도 있다. 그러나 고린도전서 4:5의 일이 일어나면 그들의 진짜 동기가 빛에 의해 드러날 것이다. 이 책을 읽고 있는 사람 중 그 누구도 "극단주의" 운운한다든지 성경을 믿는 문제에 관해서 "극소수의 사람들만이 그들의 입장을 지지한다."라고 말함으로써 하나님을 설득할 수는 없다. 하나님께서는 왜 그 사람이 파괴자의 위치에 섰는지를 아신다. 하나님께서는 그가 하나님 말씀 때문에 위험을 자초하는 것을 두려워했음을 아신다. 그가 속일 수 있는 것은 자기 자신뿐이다(히 4:12,13).

바울은 "미친 사람"이다. 페스토의 눈에 그는 "교육받은 천치"이다. 그러나 페스토의 실제적인 문제는 무엇인가? 모건, 아이언사이드, 존 라이스는 말해 주지 않는다!

페스토는 왜 갑작스럽게 폭발한 것인가? 2절에서 바울은 방해받지 않고 말했다. 아그립파는 주의 깊게 그의 말을 듣고 있었다. 거듭났고, 성경을 믿으며, 전천년주의인 복음 전도자를 왜 갑작스럽게 "미쳤다"고 비난하는가?

A. 페스토는 양심의 찔림을 받고 있다. 그는 전에도 바울과 함께 있었다(24:27; 25:1-13). 그는 바울의 믿음에 관해서 펠릭스와 이야기했었다(24:27; 25:14). 부활하신 그리스도에 관한 교리는 페스토에게 새로운 것이 아니었다(26:26을 볼 것!). 헤롯과 빌라도가 휩쓸렸던 혼란에 관해 들어 본 적이 없는 로마 왕이나 총독, 백부장, 영주가 팔레스타인 내에 있으리라고 생각하는가? 로마의 유대인들이 그것에 관해 들었다면(행 28:22) 페스토도 다소의 "소문"은 들었을 것이다.

B. 페스토는 친구를 잃어버리고 있다. 지금까지 아그립파는 성경을 거부하는 데 있어 전적으로 페스토 편이었다. 그러나 아그립파는 눈이 멍해지고 입이 딱 벌어진 채 주의해서 귀를 기울이고 있다. 아벨, 모세, 다윗, 스테판, 바울, 그리스도를 고난 내지는 죽음으로 몰고 갔던 것은 다름 아닌 시기였다. 진리의 힘이 친구의 마음을 움켜쥐는 것을 보자 페스토는

당황하게 된다. "반박하며" "모독했던"(행 18:6) 유대인들이 이방인이 개심하는 것을 훼방했던 동기와, 페스토가 아그립파를 가로막은 동기는 같은 것이다. 그는 진짜로 바울이 미쳤다고 믿지는 않았다. 그가 끼어든 것은 단지 바울의 말을 멈추도록 하기 위해서였다.

C. 사람들은 더 이상 페스토에게 주목하고 있지 않았다. 바울이 말을 시작하기 전까지 이목은 페스토에게 집중되었었다(25:4-9,14-17 참조). 아그립파도 그에게 귀를 기울였었다. 그러나 일단 지옥을 불러일으키고(행 17:6) 문제를 야기하는(행 20:1) 미친 사람(고후 5:13)이 설교를 시작하자 모두 페스토를 잊어버린다! 그가 비난하는 말을 했음에도 불구하고(그런 언어는 빌리 선데이, J. 프랭크 노리스, 마틴 루터, 모르드캐 햄이 썼던 것이다), 진리에 대한 외로운 입지에도 불구하고(갈 2:6) - 노리스, 무디, 피니, 휫필드, 사보나롤라, 스펄전은 "근본주의자들"에 대항해야만 했다 - 증오와 악의, 분노에도 불구하고(갈 5:12, 고후 11:13,14, 딤전 1:9,10) - 그런 언어는 주 예수 그리스도의 설교와(마 23장, 요 8장), 테넌트, 루터, 낙스, 카트라잇, 크림, 탄첼름, J. 프랭크 노리스의 설교 속에서도 드러난다 - 페스토와 아그립파가 지금까지 들어 본 수천 명보다도 바울은 훨씬 더 나은 설교를 하고 있었다. [진리는 버팀목이 필요치 않다. 진리는 자신의 발로 선다. 진리는 다른 사람의 논리를 검열할 필요가 없다(렘 23:38). 아무리 많은 "경건한 보수주의자들"이 성경 변개에 대해 동의한다 할지라도 진리는 스스로 설 수 있다(렘 23:28).]

페스토는 저기 구석으로 밀려나게 되었다. 이에 기분이 상한 그는 그것에 품위 있게 대처할 수가 없었다. 그래서 그는 다시 무대 중앙으로 나온다. "바울아 네가 미쳤구나!"

페스토가 바울을 향해 한 말은 결코 새로운 것이 아니었다. 마가복음 3:22이 이 사실을 말해 준다. "이단이라고 불리는 도"란 20세기에 진짜 그리스도인이 가진 믿음을 일컫는 것이 분명하다. 1611년 권위역본을 최종 권위로 믿는 사람을 이단으로 몰아붙인 사람들은 "기독교 학자들"이다. 구원받은 죄인은 "헌신되고, 구령하며, 신실하며, 전천년주의를 믿는 근본주의자들이" 될 수 있다. 그러나 (여전히 그 사람 안에 있는) 옛 성품은 자기 자신을 하나님의 보좌에까지 높이고, 하나님의 말씀을 심판하는 자리에 앉아서 말씀을 믿는 사람을 "이단"이라고 부른다. 아담은 여전히 아담이다. 학자로서 쌓은 지식으로 24-27절에서 A.V. 본문을 고치는 "보수주의" 학자들은 그들이 구원받던 날 그런 일을 감히 하지는 않았을 것이다. 그들은 그런 생각을 말씀에 대한 믿음을 저버린 악당들에게 배운 것이다[신실하게 온전한 진리를 따르는 헌신된 학생들이 잊지 말아야 할 사실이 있다. 〈킹제임스성경〉 본문을 거부하는 데 "의견을 같이하는 대다수의 학자들" 중 그 누구도 지금까지 힐스, 버간, 스크리브너, 밀러, 윌킨슨, 레이, 영국 트리니티 성경공회에서 권위역본(1611)에 관해 한 질문들에 대해 답변할 수 없었다는 것이다. 이런 질문에 대한 그들의 대답은 항상 "이단," "극단주의자들," "낙인찍힌," "급진적," "거짓 교리," "소수," "오만한 태도," "좌익"이라는 게 고작이다. 즉 그들은 권위역본의 권위에 직면하게 되면 할 말이 없는 것이다. 그들은 학자적인 답변을 할 수가 없다. 한편으로 그들은 비방하고 욕하며 거짓말을 한다. 다른 한편으로 그들은 자기들과 같은 파괴적인 비평가들과 함께 있을 때는 가장 온순하고 우아하며, 사랑스럽고, 관용적이며, 호의적인 태도를 보인다].

예를 들어 클라렌스 라킨, 마틴 루터, 사도 바울이 "지하" 인쇄소와 "낙인찍힌" 출판사를 사용한 이유(러시아의 그리스도인들처럼)를 알고 싶다면, 그것은 어떤 출판사나 신문사도 자신의 사업에 재정적으로 손해를 끼치는 내용은 광고하지 않기 때문이다. 그리스도의 몸이 종교개혁 원문으로 되돌아가고, 성경을 고침으로써 생계를 유지하는 학자들의 말을 믿지 않게 되면 미국내 "기독교" 서점에 무슨 일이 일어나게 될지 상상할 수 있겠는가? 파산, 파산이다! 『**많은 지식이 너를 미치게 하였구나**』(24절). 아! 그러나 불행히도 베니거, 라이스, 토레이, 올슨, 스미스, 라키어, 잉글리쉬, 밥 존스 3세, 램 등의 사람들로 하여금 자신들을 그리스도께로 인도했던 성경의 권위를 거부하게 만든 것은 "많은 지식"이다. "많은 지식"(딤후 3:7)은 하나님의 권위를 자신의 권위로 대체시키는 데 전 생애를 바친 "경건하고" 헌신되었으며 거룩한 근본주의 학자들의 저술들이다. 바울이 가졌던 지식은 그와는 전적으로 다른 것이다(갈 1:11,12 참조). 현대 보수주의 헬라어 학자와 바울 사이에 유사점이란 찾아볼 수 없다.

26:25 그러나 바울이 말하기를 "페스토 각하, 내가 미친 것이 아니요, 다만 진리와 분별 있는 말을 하고 있나이다.

26 왕께서는 이런 일에 관하여 알고 계시기에 나도 자유로이 왕께 말씀드리오니 이는 이 일이 한쪽 구석에서 일어난 것이 아니기에 이 일에 관한 것은 조금도 왕께 감추어지지 않았음을 내가 확신함이니이다.

27 아그립파왕이여, 선지자들을 믿으시나이까? 믿으시는 줄 아나이다."라고 하니라.

28 그러자 아그립파가 바울에게 말하기를 "네가 나를 설득시켜 거의 그리스도인이 되게 하려 하는도다."라고 하니

29 바울이 말하기를 "당신뿐만 아니라 오늘 내게 듣는 모든 사람도 거의 그리스도인이 되었거니와 이렇게 결박당한 것을 제외하고는 모두가 나와 같이 되기를 하나님께 바라나이다." 하더라.

30 그가 이렇게 말을 하자 왕과 총독과 베니케와 그들과 함께 앉아

있던 사람들이 일어나
31 퇴정하면서 서로 말하기를 "이 사람은 사형이나 결박을 당할 만한
일은 전혀 하지 않았노라."고 하더라.
32 그때 아그립파가 페스토에게 말하기를 "그가 카이사에게 항소하지
만 아니하였다면 석방시켜 줄 수 있었으리라."고 하니라.

바울은 미치지 않았다. 페스토가 미친 것이다. 바울은 『**진리와 분별 있는 말**』(25절)을 하고 있을 뿐이다. 아테네 철학자들의 말도 아니고, 웨스트와 홀트의 비평 선언도 아니며, 책이나 잡지, 신문을 팔려는 사람들의 위선적인 친절도 아니고, 하나님의 말씀을 판단하는 자리에 앉은 렌돌, 해리스, 노울링, 로버트슨, 더멜로우, 하우슨, 레인지, 클라크, 래드, 벌링거, 윌리엄스, 빈센트, 렘세이 그리고 다른 "선두적인 권위자들"의 거짓말도 아니다. 바울은 "진리와 분별 있는 말"(25절)을 하고 있으며, 사람들이 자신의 말에 반대하고 있다는 사실도 안다. 숨 쉴 틈도 없이 바울은 곧바로 아그립파에게 총을 겨눈다. 『**왕께서는... 알고 계시기에**』(26절). 바울은 이미 페스토를 제쳐 두고 있다. 페스토는 "진리의 말씀"에는 전혀 신경 쓰지 않는다. 그는 자기가 사람들의 관심의 대상이 되고 추종받기를 바랄 뿐이다. 페스토 같은 사람들에게 "진리의 말씀"은 결코 문젯거리가 되지 않는다. 그는 비록 구원받지 못한 로마 총독이지만 "진리의 말씀"(잠 22:21과 주석 참조)에 대한 그의 태도는 "대다수의 보수주의 학자들"의 태도와 다르지 않다.

『**페스토 각하, 내가 미친 것이 아니요**』(25절). 진리를 전하느라 열심인 가운데서도 바울은 로마서 13:1-4를 잊지 않는다. 그는 페스토에게 그에게 합당한 존경을 표한다(벧전 2:17). 그리고 진흙 웅덩이를 비켜 가듯 그를 지나친다. 페스토는 그 호칭에는 합당하지만 "진리의 말씀"을 논하는 데는 단 10초도 낭비할 가치가 없는 사람이다. 그런 것은 그에게는 문제시되지 않는다. 이런 종류의 사람을 다룰 때 우리는 그들에게 맞는 합당한 대우를 해줄 수는 있다. 그러나 성경에 대한 그들의 충고나 태도를 따를 만큼 어리석지는 않다.

우리가 그 학자들 중 몇몇에 대해 위대한 "어원학자"라는 평을 할 수는 있다. 또 어떤 이들에 대해 존경할 만한 "언어학자들"이라고 말할 수 있다. 어떤 이들은 상대적 진리(절대적 진리가 아니라)에 관한 한 열린 마음을 가지고 있다고 말할 수 있다. 어떤 이들은 핵심적이지 않은 소재에 관한 한 "철저한 연구가"라고 할 수 있으며, 변개된 필사본을 발견하는 문제에 관한 한 "필사본 탐구가들"이라고 말할 수 있다. 어떤 이들은 위대한 히브리어, 헬라어 언어학자들이라고 말할 수 있으며, 종교개혁 원문을 전복시키기 위해 수십 년간 노력하고 공부한 노력에 대해서는 인정해 줄 수 있다. 그러나 단 한순간도 위에 열거한 것들로 인해 어떤 근본주의자가 성경을 고칠 자격이 있다고 생각하는 실수를 해서는 안 된다. 성경은 다른 책들과는 다르다. 인쇄, 잉크, 펜, 종이, 문법, 단어, 글자, 묶는 것들이 다른 책들과 다를 바가 없다 할지라도 성경은 여전히 초자연적인 책이다.

"학자적"이라고 공언하는 사람들 중에 "교리에 있어서 건전한" 사람은 없기 마련이다. 존 R. 라이스는 그리스도의 몸이 창세기 2장에서 시작했다고 생각했다. 또한 라이스는 그리스도께서 겟세마네에서 마귀에게 살해되었을지도 모른다고 생각했으며, 사도행전 26:18에서는 필립 머로의 무천년주의적 주석을 따랐다. 어떻게 해서 그가 교리적으로 그렇게 멀리까지 벗어났는가? 쉽다! ASV를 가지고(1901) A.V. 본문을 바꾸면서부터 시작되었다. 벌링거가 어떻게 해서 보편적 구원으로 끝을 맺게 되었으며, 사도행전 28장 이후까지는 "몸"이 없다고 했는가? A.V. 본문을 자신의 히브리어와 헬라어 문법 실력으로 바꿈으로써 그렇게 된 것이다. A.T. 로버트슨 박사는 "수난일"과 그리스도의 천 년 통치에 관해 어떻게 해서 그렇게까지 빗나가게 되었는가? 같은 이유에서이다. "성경에 충실하기" 위해 세워진 기독교 대학들(하버드, 예일, 프린스톤, 다트마우스 등)이 어떻게 해서 히피들과 축구선수들을 위한 술 취한 지옥 구덩이로 끝나게 되었는가? 같은 이유에서이다. 로크만 재단이 어떻게 밥존스대학 학생들을 속여서 믿음의 근본 사항들 중 첫 번째 근본 사항을 부인하는(요 1:18, NASV) 성경을 사게 했는가? 같은 접근 방식으로 한 것이다.

『**페스토 각하**』(25절). 페스토에게 돌아갈 것은 그것뿐이다. 호칭(정당한 노력으로 얻어진 것이 아닌)을 제외하면 그에게는 아무것도 남지 않는다.

『**왕께서는 이런 일에 관하여 알고 계시기에... 이는 이 일이 한쪽 구석에서 일어난 것이 아니기에 이 일에 관한 것은 조금도 왕께 감추어지지 않았음을...**』(26절) 이 생생한 냉소는 바울이 가지고 있는 "그리스도의 영"에서 나온 것이다!

바울이 존 R. 라이스 같은 타입의 그리스도인이라면 왜 이런 식으로 말하지 않았겠는가. "저는 개인적으로는, 적어도 제가 생각하는 바에 의하면 - 물론 동시에 다른 훌륭한 학자들의 견해에 대해서도 참작하는 바입니다. - 우리가 의견의 일치를 보지 못한 특별한 문제들은 경건한 보수주의자들이 종종 제기한 것인데, 그것 중 어느 것도 다른 사람들보다 더 많은 지식을 가졌다고 공언하는 소수 특정인에게만 제한된 것은 아닙니다!" 바울은 그렇게 하지 않았다. 바울은 이렇게 했다. "내가 말하고 있는 것을 당신은 정확히 알고 있습니다. 확신컨대 당신은 그것에 대해 알고 있습니다. 왜냐하면 그것은 모두가 알고 있는 일이기 때문입니다. 그리스도께서는 한쪽 구석에서 아무도 모르게 십자가형을 당하신 것이 아닙니다. 그분은 당신이 점령하고 있는 나라의 수도에서 공개적으로 못박히셨습니다."

바울은 말을 삼가지 않았다(롬 1:28-32). 그는 신문이나 잡지를 팔 필요도 없었으며, 예수 그리스도와 "진리의 말씀"(25절) 외에는 무언가를 선전할 필요도 없었다. 자신의 소득으로 "기독교 사업"을 지원하는 상류층 그리스도인들이 그의 행위나 삶의 방식에 화를 낸다 해도, 그는 그들을 향해 로마서 14:16이나 고린도전서 10:32, 빌립보서 4:5, 고린도전서 14:40을 인용해 주지는 않았을 것이다.

무례함에 대해 이야기해 보자! 바울은 이렇게 말했다. 『**아그립파왕이여, 선지자들을 믿으시나이까? 믿으시는 줄 아나이다**』(27절). "이봐, 바울! 이런 속좁은 고집쟁이 같으니라구! 왕에게 자신이 왕의 마음을 읽을 수 있다고 말하는 의도가 뭔가? 왕의 법정에서 왕을 난처하게 하자는 건가?!"(25:23 참조) 『**왕이여... 믿으시나이까? 믿으시는 줄 아나이다.**』 "이보라구, 바울, 그가 자기 스스로 대답하도록 해야 할 거 아니야. 그는 왕이잖아! 왕이 자기가 받은 질문에 대답할 수 있도록 기회를 줘야 한다고 생각하지 않나? 특히 그런 사적인 질문에 대해서는 말이야. 자기가 왕이 믿고 있는 줄 안다고 말할 정도로 대단한 줄 착각하나 본데..."

바울은 왕이 대답하기도 전에 말을 막고서, 왕의 허락도 없이 왕이 믿고 있음을 그에게 말한다. 그리고 그의 대담성을 높이 평가한다. 아그립파의 대답은 클라크, 로버트슨, 얼, 카터, 램세이, 래드, 노울링, 렌돌, 더멜로우의 주석서에 있는 사람의 응답이 아니다. 그것은 한 사도의 권능에 압도당한, 양심에 찔림을 받은 한 죄인의 대답이다. 그것은 권위에 굶주린 한 사람의 대답이다.

『**네가 나를 설득시켜 거의 그리스도인이 되게 하려 하는도다**』(28절). 아그립파는 이미 설득당한 상태였고(26절), 바울은 듣고 있는 모든 사람을 설득시키고자 하고 있다(29절). 페스토와 아그립파에게 이것은 분명하다. 그들의 눈앞에 서 있는 사람은 무엇인가를 정말로 믿는 사람이다. 그들은 바울이 믿고 있는 것에 대해 그가 제시한 논쟁에 하나도 대답할 수가 없었다. 그들이 할 수 있는 것은 그를 거부하거나(아그립파, 28절), 그를 "미쳤다"고 부르는 것(페스토, 24절)이 고작이다[A.V.(1611)가 완전한 진리라고 믿는 사람과의 논쟁에서 현대의 교육받은 근본주의자가 하는 대답도 그와 마찬가지다].

『**거의...**』(28절) 그러나 구원받지는 못했다. "거의"는 소용이 없다. "거의"는 실패일 뿐이다! 슬프고도 슬픈 그 비탄한 외침, "거의," 그러나 구원받지는 못했다! 바울의 변호는 직접적이고 합리적이며 예의바른(25절) 것이었다. 이런 호의적인 분위기를 이용해서 바울은 이제 원자를 쪼갤 수 있는(히 4:12,13 - 문자 그대로다. "극단주의자"가 하는 "과장"이 아니다. 성경을 읽어 보라) 칼날로(골 2:8과 주석 참조) 왕의 심장을 강타한다. 아그립파는 거의 그리스도인이 되는 경험을 할 찰나에 있으며, 동시에 벼랑 끝에 서 있는 상태이다. 왜냐하면 이때 네로가 왕좌에 있었으며 10년도 채 못되어 그의 왕궁 정원에서 그리스도인들을 화형시킬 것이기 때문이다. 페스토와 아그립파가 (펠릭스와 함께) 뒤로 주춤했던 것도 전혀 이상할 것이 없다! 그들은 박해가 다가오는 것을 보았으며, 자신들은 안전하다는 것을 알고 있었다. 즉 토끼들은 그들의 은신처에 머물러 있었던 것이다.

『**거의...**』(28절) 그는 그 설교자를 관찰해 왔었다. 설교자는 사슬에 묶여 있다. 그는 햇볕에 그을렸으며 누구의 기준으로 보더라도 야외에서 주로 시간을 보내는 사람이다. 그는 반쯤 눈이 멀었다. 그는 성경을 문자 그대로 믿는 가장 과격한 사람이었으며, 결코 "믿을 만한 번역본들"이나 "더 나은 본문"에 대해 일생 동안 단 한 번도 말하지 않았다. 왕 앞에 서 있는 이 설교자는 신학교나 교회, 버스사역을 선전한 적도 없으며, 출석 기록이나 서적 판매를 들먹인 적도 없고, 성경과 예수 그리스도를 제외하고는 그 어떤 것도 높인 적이 없었다. 그는 가장 과격한 극단주의자였다(고후 12:10; 11:26). 그는 결코 어떤 그리스도인에게서 무언가를 얻어 내기 위해 자신의 좋은 면만을 드러내려고 한 적이 없었다(고전 9:15). 거기다 더 나쁜 것은 사슬에 묶인 "설교자"였음에도 불구하고 그는 여전히 "사자처럼 대담했다."

라오디케아 학자들(1901-1980)의 관점으로 볼 때 이 설교자는 이단이었다[예레미야처럼(렘 13-19장) 바울도 그 시대의 근본주의자들에게 할 말이 있었다. 모든 바리새인들과 로마카톨릭은 믿음의 "근본 사항"이나 "주요 교리"를 믿는 데는 "근본주의자들"이라는 사실을 잊어서는 안 된다. "이 새 역본은 주요 교리를 하나도 바꾸지 않는다"는 속임수는 그레이하운드 사냥개와 경주하려는 절름발이 오리의 노력에 지나지 않는다. ASV와 NASV는 모든 주요 교리들을 확증하는 동시에 반박하고 있다]. 바울은 방에 가득 찬 왕들, 학자들, 총독들, 귀족들, 의사들, 영주들, 숙녀들, 변호사들, 장교들에게 전혀 마음 쓰지 않았다. 그는 직접적인 적용을 하고, 이름들을 언급하고, 개인적 문제를 다루며, 사람들의 감정은 전혀 고려하지 않는다. 로마서 12:10; 14:17-19나 고린도전서 10:33을 거꾸로 이 장면에 적용해서 엉망을 만들 수는 없다. 바울은 자신이 믿는 바에 충실하고 있다(딤전 1:12). 그가 오늘날 살아 있었다면 그가 현대주의자들과 자유주의자들만을 부정적으로 비평하리라고 생각해서는 안 된다. 바울은 자신들에게 구원을 가져다 준 그 "책"보다 그들 자신이 더 권위가 있다고 생각하는 거듭난 그리스도인들에게 상당히 할 말이 많을 것이다(롬 16장, 골 2:8, 딤전 6:20, 고전 1,2장, 고후 4:2, 살후 2:13, 빌 3:18,19 등). 디모데전서

6:20, 골로새서 2:8, 고린도전서 1,2장과 같은 구절들을 (“보수주의자”는 싹 빼고) 자유주의자와 현대주의자들에게만 적용시키는 것은 라오디케아 교회가 종교 의식을 행하고 있다는 가장 확실한 증거이다.

『**거의…**』(28절)는 듣고, 알고, 믿고자 하면서 불못으로 간 남부 출신의 (1750-1970) 2백만 명 이상의 남자들의 정직한 고백이다. “거의”는 결코 “전적으로”가 아니다. 골대에 반쯤 간 것은 결코 터치다운이 아니다. 부유한 젊은 관원은 “거의” 천국에 속했지만 “완전히” 그런 것은 아니었다. 거의는 구원받지 못한 것이다. “거의”라는 말은 교회 회원, 교리문답, “근본사항”에 대한 믿음, 침례, 황금률, 견진성사, “성공적인 삶”을 포함할 수 있다. 그러나 거의는 구원받지 못한 것이다. 거의 하늘나라에 간 구원은 지옥에 착륙하게 된다. 거의 성경인 책은 성경이 아니다. 아그립파와 같은 사람들이 5,900년 동안 이 지구를 거쳐갔으며, 지옥은 그런 사람들로 가득 차 있다.

『**네가 나를 설득시켜 거의 그리스도인이 되게 하려 하는도다**』(28절). “나사렛인”(Nazarene)이 아니라 『**그리스도인**』이다. (행 24:5을 변개시켰던 부패한 주석가들의 부패한 주석을 참조할 것.) 더군다나 바울은 말을 시작한 이후로 “그리스도인”이란 단어를 한 번도 언급한 적이 없다. 그러므로 그 말은 예루살렘과 유대, 안티옥, 카이사랴, 팔레스타인 지역에서 잘 알려진 말이었다. 반면 “나사렛인”(Nazarene)은 터툴로가 만들어낸 말이다. 20세기 주석가들은 그 단어를 사용하는 데 있어서 터툴로와 일치한다. 역시 그들은 하나님의 말씀 외에는 무엇이라도 믿는 사람들이다.

『**네가 나를 설득시켜 거의…**』(28절) “심지어 왕인 나까지…” 이것이 본문의 의미이다. 다른 식으로 바꾸면 그 의미를 상실하게 된다. 아그립파는 지옥으로 간 사람들의 “신조”격인 말을 했다. 성경이 맞다면 구원받지 못한 수많은 불쌍한 혼들이 오늘밤에도 불 속에서 계속해서 "거의! 거의! 거의!..."를 외치고 있다. 그러나 요한복음 1:12에 미치지 못했으면 그 다음은 요한계시록 20:15이다. "근본사항"에 대한 믿음이 자신을 지옥에서 나오게 하지는 않는다. 교황이 사람들을 연옥에서 나오게 하지 못하는 것과 마찬가지이다. 마귀들도 모든 "근본 사항들"을 믿는다.

필리핀에 하사인 친구가 한 명 있었다(1945). 전투가 끝난 어느 날 그는 대령과 함께 기념품을 얻기 위해 마리벨레스 산에 올라갔다. 대령은 일본제 폭탄을 하나 발견하고는 그 뇌관을 뽑아 내기 시작했다. 하사는 그에게 그것을 버려 두라고 경고했다. 그러나 폭발물 전문가였던 대령은 계속했고 결국 폭탄은 폭발하고 말았다. 친구는 그를 지프에 싣고 산기슭을 내려와 클락필트 뒤쪽 끝(팜판간 지역 안젤레서)까지 갔다. 지프 바닥에는 피가 흘러넘쳤다. 대령의 두 손이 잘려 나갔고 가슴과 배는 케찹을 그 위에 쏟아 부은 것같이 되었다. 그는 클락필드로 가는 길에 줄곧 경적을 울렸고 일 마일 밖에서도 그가 오는 소리를 들을 수 있었다. 간호원들과 인턴들이 비상문에서 준비하고 있었으며, 두 사람이 탄 차는 소달구지를 위해 닦아 놓은 길을 시속 50마일의 속도로 달려갔다. 대령은 문에 닿기 직전에 출혈로 죽었다. 그들은 대령을 옮기는 동안에 지혈을 했고, 거의 그를 살릴 뻔했지만 그는 결국 죽고 말았다.

하사는 너무 늦기 전에 그를 병원까지 운송하려고 목숨을 걸고 운전했고 "성공하기를" 원했지만 그렇게 되지 못했다. 그들은 그를 문까지 데려갔고 거의 문을 반까지 통과했다. 그러나 성공하지는 못했다. 그의 생명을 구하기 위해서 하사가 할 수 있는 모든 일을 다 한 것은 사실이다. 그러나 성공하지는 못했다.

『**거의**』는 구원받지 못한 것이다. "거의"는 마땅히 이르러야 하는 곳에 못 미치는 것이다. 500미터 깊이의 물에서 익사할 수 있는 것만큼이나 빨리 3미터 정도의 물속에서도 익사할 수 있다. “거의”는 “결코”(never)라는 말이다.

『**내게 듣는 모든 사람도... 이렇게 결박당한 것을 제외하고는 모두가 나와 같이 되기를** 하나님께 **바라나이다**』(29절).

“돌에 맞은 상처는 어떤가, 바울?”(고후 11장).

“물론, 여러분들도 이렇게 되기를 바랍니다.”

“채찍 자국(갈 6장)은 어떤가, 바울?”

“물론 그것들도 마찬가지입니다.”

“자네에게 가족, 토지, 집, 차, 정기적인 소득, 연금, 은행구좌, 사회보장, 보험, 교회나 학교가 없다는 사실도?”

“물론입니다! 이렇게 결박당한 것을 제외하고는 모두 나와 같기를 원합니다!”

“왕에게 추천할 수 없는 유일한 것이 자네의 결박뿐이라는 말인가?”

“그렇습니다.”

“이 법정에 있는 모든 사람이 바울 자네와 같이 되어야 한다는 뜻인가?”

“제 말이 바로 그 말입니다.”

“이런! 얼마나 마음이 편협한 사람인가?!!”

그 법정에 있는 모든 사람들이 재산도 없고, 반쯤 눈멀고, 반쯤 죽도록 얻어맞고, 24시간도 살아 있을 보장이 없는 독신 남자와 같이 되어야 한다고 말하는 저 유대인의 배짱을 상상해 보라! 바울은 『**이렇게 결박당한 것을 제외하고는 모두가 나와 같이 되기를** 하나님께 **바라나이다.**』(29절)라고 말하며, 왕의 얼굴 앞에 사슬에 매인 손을 들어 올려 짤랑짤랑 소리를 낸다.

『**그가 이렇게 말을 하자 왕과... 일어나**』(30절). 왕 앞에서(레 19:32) 경의를 표하기 위해 일어나는 것이다. 총독과 베니케가 아그립파와 함께 일어나지만 즉시 나가지는 않는다(31절). 아그립파는 얼굴을 붉혔고, 그도 일어나서 같은 것을 인정한다.

사슬에 매인 바울이 의복을 갖춰 입은 아그립파보다 더 자유롭다(요 8:34).

"톰 아저씨의 오두막집"에 나오는 구원받은 흑인들이 1970년대의 필립 윌슨과 빌 코스비보다 더 자유로웠다. 통신과 교통의 자유가 죄로부터의 자유는 아니다. 바울은 사슬에 대해서만 불평한다. 바울은 얻어맞고, 중상당하고, 채찍에 맞고, 돌에 맞고, 가난, 오해, 비판 등은 괜찮다고 생각하며 그런 일이 있든지 없든지 별로 개의치 않는다. 그런 것들로 영적인 그리스도인을 동요시키지는 못한다. 그는 자신의 몸과 손과 다리에서 사슬이 풀려지기를 원할 수는 있지만, 나머지에 대해서는 관용적이다.

거물들은 왕에게 경의를 표한 뒤 물러나고(30,31절), 만장일치의 결론에 이른다(31절). 바울이 카이사에게 상소하지 않았다면(32절) 그를 풀어줄 수도 있었으리라는 것이다. 그러나 여기에 로마서 8:28이 끼어들어 바울을 모든 암살 가능성으로부터 지켜 주며(25:20), 다음 선교지인 로마로 그를 데려간다. 그는 『**사형이나 결박을 당할 만한 일은 전혀**』(31절) 하지 않았다. 비록 그의 종교적 대적자들이 그를 증오한 나머지 끌어내어 사지를 찢어 놓고 싶어한다 해도 말이다. 그의 죄는 성경을 글자 그대로 믿은 것과(27:25), 대다수의 거물급 랍비들의 전통적 의견과는 조화를 이루지 못할지라도 그리스도께서 자신에게 계시해 주신 것을(26:22) 설교한 것뿐이다.

사도행전 27장

27:1 우리가 배로 이탈리아로 가야 될 것이 결정되니, 그들은 바울과 다른 죄수들을 율리오라고 하는 아우구스토 부대의 백부장에게 인계하더라.

2 그러므로 우리는 아시아 연안을 따라서 항해할 아드라뭇테노에서 온 배를 타고 출발하였는데 데살로니가에서 온 마케도니아 사람 아리스타코가 우리와 함께 있더라.

3 그 다음 날 우리가 시돈에 닿으니 율리오가 바울을 정중히 대우하여 그의 친구들에게 가서 대접받는 것을 허락하더라.

4 그후 우리가 거기서부터 출항하니 바람이 거슬러 불므로 쿠프로 아래쪽으로 항해하여

5 킬리키아와 팜필리아 바다를 지나서 루키아의 무라 성읍에 도착하니라.

6 거기에서 백부장이 이탈리아로 항해하는 알렉산드리아 배를 만나 우리를 그 배에 태우니라.

7 여러 날을 느리게 항해하여 가까스로 크니도 앞에 왔으나 바람이
허락지 아니하는지라, 살모네 앞을 지나 크레테 아래쪽으로 항해
하여
8 간신히 거기를 지나 라새아 성읍에서 가까운 아름다운 항구라고
하는 곳에 다다르니라.
9 이제 여러 날이 지났고 금식하는 절기가 이제 이미 지났으므로 이
제 항해하기가 위태로워진지라, 바울이 그 사람들에게 권고하여
10 말하기를 "여러분, 내가 보니 이번 항해에 화물과 배뿐만 아니라
우리 생명에도 상당한 손실과 피해가 있으리라."고 하나
11 백부장은 바울이 말한 것보다는 선장과 선주의 말을 더욱 믿더라.

본문은 거의 모두가 설명으로 되어 있으므로, 여기서 교리적 문제나 계시는 찾아볼 수 없다. 이런 이유 때문에(서문 참조) 잘난 체하는 대다수의 학자들은 과거 역사의 전문 지식을 설명하느라 바쁘다(4,7,9,12,13,14,15,16,17,27,30,33,39,40절). 자신의 학식으로 사람들에게 감동을 주고자 하는 죽은 정통주의 배교자에게 이것은 정말로 좋은 기회다. 실제로 여기서는 어떤 사람의 믿음에 대치되는 구절이 없기 때문에(23-25절은 제외하고) 정말로 어려운 구절은 없다. 시중에 나온 모든 주석서에서 전문 지식에 관한 문제들을 다루고 있기 때문에 우리는 그것을 다루지 않겠다. 그런 것은 교리적 문제에(혹은 실제적 문제에) 전혀 영향을 미치지 않는다. 우리는 성경 본문을 믿으며 누가복음 4:4 이후로 거기에만 관심을 기울여 왔다. 1세기의 선박 용어, 지리적 위치, 기후 현상, 배의 장비에 관한 장황한 이야기는 진리를 현재에 적용하는 일보다 세속 역사에 대한 지식을 과시하는 데 더 관심이 많은 이들에게 일임하겠다.

27장에서 우리는 수고와 인내의 필요성을 배우게 된다. 또 본향을 향해 가는 우리의 여정에는 다양한 종류의 많은 동료 여행자들이 함께 있다는 사실도 알게 된다. 우리는 이 여정에 고난과 위험이 기다리고 있다는 사실과 희생의 가치에 대해, 안전한 돛의 가치에 대해 배운다. 또한 안전하게 도착하리라는 무오한 약속도 알게 된다. 사탄은 우리를 덫에 걸리게 하고, 속이고, 시험하며, 괴롭히려 애쓴다. 그러나 우리는 "육지에 안전하게" 도착할 것이다(44절).

이런 일들이 일어날 즈음에 바울은 이미 데살로니가후서, 고린도전후서, 갈라디아서, 로마서를 기록한 상태였으며, 히브리서 13장도 기록한 상태였을 것이다. 바울이 처음으로 감금되기 전에 10여 년 동안 "몸의 신비"를 설교해 왔었다는 이 명백한 사실을 피하기 위해 벌링거는 로마서 16:25의 일부가 바울이 로마에 서신을 보낸 이후에 첨가된 것이라고 주장한다. 이것은 "현재의 진리인 몸의 신비"(엡 3:1-6 및 주석 참조)를 사도행전에서 따로 떼어 내려는 시도이다. 이런 식의 공작은 극단적 세대주의자들과 극단적 칼빈주의자들 사이에서는 매우 일반적인 일이다.

연대는 대략 A.D. 60,61년경이다. 어떤 이들은 A.D. 62년으로, 어떤 이들은 A.D. 59년(브루스)으로 본다. 27장 전체에서 정말로 어려운 절은 하나도 없다. 따라서 램세이와 다른 사람들이 이 장을 장황하게 설명해 놓은 것은 완전히 코미디이다. 항해 용어들을 설명하는 데 필요한 자료들은 한 페이지로도 충분하다. 그러나 우리가 전에 여러 차례 말한 바와 같이 "학자계"와 "교육"이라는 것은 전문인들을 위한 어휘와 워크샵을 요구한다. "전문용어"란 말이 공인역본의 권위를 무너뜨리기 위해 사용되는 것이다. 그래서 성경대로 믿는 사람들의 주석에서는 가능하면 그런 것에는 의존하지 않으려 한다.

그들은 예약을 하고 항해를 떠난다(1절). 그들은 "이탈리아로" 항해하려 한다. 그래서 그들은 카이사랴에서 지중해를 가로질러 똑바로 서쪽으로

가고자 한다. 바울은 일단의 죄수들과 함께 있으며(2절) 율리오(1절)의 보호 하에 있다. 그는 코넬료 같은 백부장이다. 그러나 이번에는 "이탈리아 부대"가 아니라 "아우구스토 부대"이다. 그 배의 정박항은 아드라뭇테노이다. 이 항구의 정확한 위치에 대해서는 추측만 할 뿐이다. 이 배는 곧바로 서쪽으로 해서 이탈리아로 가지 않는다. 최소한 카이사랴에서는 연락선은 아니다. 왜냐하면 이 배는 팔레스타인 해안 위쪽으로 해서 시돈(3절)으로 가서 거기서부터 서쪽으로 가는 "연락선"을 타야 한다. 여행에서 두 번 바꿔 타는 것을 알 수 있다. 3절 시돈에서 한 번, 그리고 『**루키아의 무라 성읍**』(5,6절)에서 한 번. 오늘날 여객기에서도 이런 것은 흔한 일이다. 그러므로 설명은 필요치 않다. 『**아드라뭇테노**』의 배는 『**아시아 연안을 따라서 항해할**』(2절) 의도로 북쪽으로 간다. 여기서 다시 한 번 누가가 『**아시아**』(행 20:4 참조)란 용어를 어떻게 사용했는지 주의해 보라. 이것은 성경을 혼란시키는 일에 동의하는 "대다수의 자격을 갖춘 권위자들"과는 반대된다. 『**우리**』(1-5절)라는 말로 누가가 함께 승선했음을 알 수 있다. 바울은 시돈에 있는 그리스도인들을 방문할 "자유"를 얻는다.

그들이 탄 배는(3절) 거슬러 부는 바람 때문에(4절) 북쪽 쿠프로를 향해 간다. 곧장 서쪽으로 항해할 수 없었다는 것이 분명하다. 배는 킬리키아와 팜필리아(5절)로 갈 경우, 로도 근처 소아시아 남서쪽 끝으로 가게 될 것이다. 무라 성읍은 로도에서 동쪽으로 100마일쯤 떨어진 곳에 위치해 있으므로, 배의 본래 항로는 시돈에서 출항하여 쿠프로를 배의 우현에 두고 곧장 북서쪽을 향해 지나갔을 것이다. 그런데 항로를 북쪽으로 잡고 쿠프로 섬을 좌현에 두고 지나간다. 그런 뒤 소아시아 해변을 끼고 천천히 위쪽으로 항해하다가 뱃머리를 돌리면 항로를 서쪽으로 잡을 수 있게 될 것이다. 이런 항해는 글라이더를 타는 사람이 바람을 맞는 것과 매우 유사하다. 큰 비행기라면 바람 속으로 곧장 가지만 글라이더는 강풍 속에서 어려움을 겪는다. 그들은 무라(5절)에 상륙해서 이탈리아로 가는 알렉산드리아 배로 갈아탄다.

다시 배는 어려움을 겪는다. 바람이 여전히 북서쪽에서 불기 때문에 크니도에서 서쪽으로 곧바로 항해하는 것은 거의 불가능하게 되었다. 크니도에서 서쪽으로 직선을 그으면 이탈리아 반도 즉 시실리에 있는 수라쿠스를 거의 나누게 된다. 그래서 다시 배를 고정시키고 그들은 남-남서쪽으로 항해해서 섬의 남동쪽에 있는 크레테를 돌아간다. 그들은 간신히 라새아에 도착하는데(8절) 그곳은 그 섬을 동에서 서로 가로지르는 중간 지점에 있다.

거기서 그들은 바람이 동쪽에서 불기를, 혹은 최소한 북동쪽이나 남동쪽에서 불기를 기다린다. 『**이제 여러 날이 지났고 금식하는 절기가 이제 이미 지났으므로 이제 항해하기가 위태로워진지라**』(9절). "금식하는 절기"는 아마도 속죄일을 말하는 것 같은데, 그 날은 일곱째 달 십일이다(레 16:29). 이것으로 볼 때 그 시기를 9,10월경으로 볼 수 있으며, 이는 전통적으로 어디서나 (단순히 유대인의 미신에 의해서가 아니다. 클라크, *Ibid.*, p.890 참조) 배를 띄우기에는 어려운 때이다. 겨울에 태평양 (혹은 가을에 북대서양에서) "공해"에 있어 본 사람은 10월이 구명조끼 개수를 세야 하는 때인 이유를 안다. 대서양 해안에서는 9월경에 유명한 북동의 강풍으로 인해 배들이 해안 지방으로 들어온다. 동풍의 시기가 지나가기를 기다리면서(9절) 바울은 백부장(율리오)과 배의 주인에게 여행에서 『**상당한 손실과 피해가 있으리라**』(10절)고 말한다. 바울의 "직관"은 다른 사람 편에서는 훌륭한 추측이라고 생각될 수 있지만, 그것은 명백히 하나님께 직접 들은 것이며(23절) 추측을 통해 나온 것이 아니다. 『**우리 생명에도... 피해가 있으리라.**』(10절)가 『**하나님께서는 너와 함께 항해하는 모든 사람들을 너에게 주셨느니라.**』(24절)로 바뀐 사실에 주목해야 한다. 선주는 율리오의 면전에서 바울에게 반대한다. 그래서 그는 바울에게 조용히 하라고 한다. 아마 신경이 조금 날카로운 상태였는지도 모르겠다.

개심한 유대인 복음 전도자의 말 대신 두 명의 전문 뱃사람의 말에 귀를 기울였다고 율리오를 책망할 수는 없다. 휘스퍼 제트기를 탔는데 수갑을 찬 죄수가 (성경을 손에 들고) 비행기가 불시착할 것이라고 말했다고 해서 기장에게 알렸다면 기장과 부기장은 이렇게 말할 것이다. "우리는 40,000마일 이상을 사고 한 번 없이 다녔고, 현재 모든 기기도 다 잘 작동되고 있습니다. 레이더도 이상 없고, 하늘도 맑으며, 마지막 점검도 이상 없이 마쳤습니다." 그런데도 성경을 손에 든 죄수의 말을 믿겠는가?

27:12 또한 그 항구는 겨울철을 위한 대비가 잘되어 있지 않으므로 대다수의 의견은 그곳을 떠나 어떻게 해서든지 페니케로 가서 그곳에서 겨울을 지내라는 것이더라. 그곳은 크레테의 한 항구로 남서와 북서쪽으로 향하고 있더라.

13 남풍이 순하게 불자 그들은 자기들의 뜻을 이룬 줄로 생각하고 닻을 올리고 크레테 옆으로 가까이 항해하는데

14 얼마 안되어 유로클리돈이라는 폭풍이 그곳을 향해 불어서

15 배를 덮치니 배가 바람을 거슬러 갈 수 없어서 바람이 부는 대로 흘러가게 두었더라.

16 클라우다라고 하는 어떤 섬 아래로 밀릴 때 우리는 거룻배를 잡고자 많은 힘을 기울였고

17 거룻배를 끌어올려 구명 밧줄로 배에 동여매었으니 이는 그들이 유사에 빠질까 두려워서 돛을 내리고 표류함이라.

18 우리가 태풍에 심하게 시달렸기에 그 다음 날에는 배를 가볍게

하였더라.

19 셋째 날에는 우리 손으로 배의 장비를 내버리니라.

20 여러 날 동안 해와 별들이 보이지 않고 적지 않은 풍랑이 우리를 몰아치니 우리가 구조될 소망이 모두 사라져 버리니라.

21 여러 날을 먹지 못한 뒤에 바울이 그들 가운데 서서 말하기를 "여러분, 여러분이 내게 경청하고 크레테를 떠나지 아니하였으면 이와 같은 타격과 손실을 입지 아니하였으리라.

22 이제 내가 여러분에게 권하는 것은 기운을 내라는 것이라. 여러분 가운데 생명에는 아무런 손상이 없을 것이요, 단지 배만 상하게 될 뿐이라.

23 내가 속해 있고 또 내가 섬기는 하나님의 **천사가 간밤에 내 곁에 서서**

24 말하기를 '바울아, 두려워 말라. 네가 반드시 카이사 앞에 서야 하리라. 그러므로, 보라, 하나님께서는 **너와 함께 항해하는 모든 사람들을 너에게 주셨느니라.'고 하였느니라.**

25 그러므로 여러분이여, 기운을 내라. 나는 하나님을 **믿나니 나에게 말씀하신 그대로 되리라.**

26 그러나 우리가 어떤 섬에 닿게 되리라."고 하더라.

라새아(8절)에서 3개월(11월에서 2월까지)을 보내는 것을 내켜하지 않던(12절) 배의 승무원들과 선주는(12절) "페니케"라는 항구로 갈 것을 충고한다. 그곳은 크레테 북서쪽과 남서쪽을 바라보고 있는 해안 도시이다. 바람이 남풍으로 바뀌자(13절) 그들은 이 바람을 타고 곧장 서쪽으로 향한다. 그리고 해변 가까이에 머문다(13절). 그러나 『**얼마 안되어 유로클리돈이라는 폭풍이**』(14절) 분다. 이 바람이 배에 불자 죽은 정통주의 배교자들(사도행전 1장 이후로 각 장마다 30군데 이상 성경을 고쳐 온 자들)은 저너머까지 날아갔다가 돌아올 때는 온갖 쓰레기를 다 가지고 돌아온다.

먼저 모든 주요 주석가들은 "폭풍"(tempestuous wind)에 해당하는 라틴어를 주워 왔다. 이것은 12,14절이 거짓이라는 근거에서 그렇게 한 것이다. 알렙(시내 사본)과 B(바티칸 사본), A 사본의 철자는 이번에는 너무나 희한해서 ASV와 NASV에 사용된 이 "위대한 대문자 필사본들"은 14절을 전적으로 거부했던 사람이 본문에 손을 댔음을 드러내 준다[사도행전에서 이 세 개의 필사본들은 종종 성경대로 믿는 사람은 아무도 신뢰하지 않는 한 사람의 손길을 드러낸다. 예를 들어 알렙과 B의 특이한 본문은 4개의 필사본 계열과 (그들 자신의 것을 포함해서) 너무나도 많은 부분이 대치되기 때문에 5세기의 신실한 그리스도인들은 그것들을 거부했다. "근본주의자들"(A.D. 325, 니케아 공회)이 1880-1901년에 다시 이 부패본들을 주워들었다는 것은 사실이다. 그러나 많은 경우에 성경대로 믿는 사람은 "근본주의자"와는 거리가 멀다. 근본주의자는 대개 성경 자체가 아니라 성경에서 끄집어 낸 대여섯 가지 사항만을 믿을 뿐이기 때문이다]. 폭풍(tempestous wind, 14절)이 아니라, 램세이와 스미스는 "squall"(돌풍)로, 자클러와 바이스와 스미스는 "하강하는 바람"(descending wind)으로, 글로그와 빈센트는 "typhoon"(태풍) 혹은 "whirlwind"(회오리바람)으로 바꾼다. 유치원 아이들이 좋아하는 것은 "유라퀼로"(EURAQUILO)이다[이것은 존 R. 라이스가 A.V.(1611) 본문 대신 추천한 것이다]. "유라퀼로"는 1582년 예수회 성경 본문을 정확하고도 문자 그대로 재생산해 낸 것이다. 알렙, B, A를 근거로 만들어진 로마카톨릭 성서 본문은 여기서 ASV(1901)와 NASV(1963)와 일치한다.

컬버트슨, S.I. 존슨, J.G. 미첼, 존 린튼, 윌버 스미스, M.O. 웨지, J.P.

문츠, S.W. 앤더슨, 커스터, 닐, 베니거, 트렌치, 빈센트, 웨스트, 바인, 루벤 딜슨, S.M. 코더의 저술을 가지고 많은 시간을 보낸 독자들은 이제 이 학자들이 차에서 기어를 빼내어 던지는 특이한 이중 클러치를 잘 관찰해야 한다. 사도행전 14:11에서 "신들"에 대한 라틴어 이름과 "무교절"에 대한 라틴어 이름을 거부한 그들이(행 12:1-4 및 주석 참조) 이제는 라틴어 단어들이 옳으며 〈킹제임스성경〉의 헬라어 본문은 틀렸다는 것이다. "유라킬로"(EURAQUILO)라는 단어는 반은 헬라어이고 반은 라틴어이다. 헬라어 "유로클리돈"이 아니라 "유라킬로"가 맞는 이유는 "로마 뱃사람들이 이 바람을 이런 식으로 표현했을지도 모르기 때문"(노울링, *Ibid.*, p.523)이라고 말한다. 다음과 같은 이유로 여기서 라틴어 단어가 헬라어 단어 대신 본문에 자리잡아야 한다는 것이다.

1. 뱃사람들은 모두 로마인이었다.
2. 그들은 그것을 바티칸 사본에 맞추어 불렀을지도 모른다.

이 위대한 "과학적인 본문 해석"이라는 강력한 힘을 근거로 로크만 재단은(1884, 1901, 1952, 1963, 1969, 1973년도 성경개정위원회와 함께) 별 힘 안들이고 라틴어를 본문에 끼워 넣는다[그들은 사도행전 9:5,6의 본문을 알비겐스와 왈덴스들의 라틴어 필사본으로 보존하신 성령을 비판한 사람들이다!]. 이 "근본주의자들"을 구원하시고 그들에게 그들의 뇌와 건강과 일거리를 주신 하나님께서 무슨 일이 진행되고 있는지 모른다고 생각하는가? 하늘과 땅이 사라져도 여기에 있을 성경보다(마 24:35) 자신의 교회, 학교, 사역, "간증"을 더 우위에 두는 이들 중 단 한 사람이라도 심판을 피하리라(롬 2:16)고 생각하는가?

학자 연맹(특히 정통주의)의 비위나 맞추고 선전이나 해주는 사람들은 학자 연맹을 이런 식으로 대우하는 것은 "극단주의"나 "오만"이라고 여긴다. 그러나 이 구원받은 죄인들은 NASV의 요한복음 1:18과 같은 본문의 극단성에 대해서는 한마디도 하지 않는다. 그것은 너무나도 과격하며 헬라어 필사본 중 그 본문을 담고 있는 것은 1%도 채 안 된다. 그들은 구원받은 죄인이 A.V.가 무오하다고 믿으면 그를 "극단주의자"라고 부른다. 믿음과 실행의 모든 문제에 있어 A.V.(1611)가 무오한 권위라고 믿어 왔던 보통 그리스도인들은 1천만 명이 넘는다. 그와 같은 믿음을 "극단주의"라고 생각하도록 속이는 것은 "학자 연맹"의 오만한 속임수일 뿐이다. 자신들의 믿음과 저술들을 하나님의 말씀에 "과격하게" 맞추면 대다수의 보수주의 타협가들도 "극단주의"가 될 것이다.

[최근(1973) 한 전천년주의 신문기자가 그의 독자들에게 "좋은 평판"을 갖고 있지 않은 출판사에서 나온 출판물은 어떤 것이든지 주의해야 한다고 말했다. 그는 자신의 글을 "유명한 출판사들"이 인쇄하려 들지 않았기 때문에 반세기 동안 자기 자신의 출판사를 이용해 왔다는 것을 잊어버린 모양이다. 펨버와 라킨의 저술들은 "낙인찍힌 인쇄소"에서 나왔으며, 로마 카톨릭에 관한 아브로 맨하탄의 저술들에서 발견되는 문헌으로 입증된 증거들은 "명성 있는 출판사"의 10년간의 성장을 위태롭게 만드는 것들이다. 이 신문기자의 생각은 어떤 책이 베이커, 존더반, 에드몬즈, 밴 캠펜에서 인쇄된 것이 아니면 진리일 리가 없다는 것이다. 존 후스, 틴데일, 마틴 루터, 알렉산더 히슬롭, 아브로 맨하탄, 빌리 제임스 하기스, 칼 맥인터의 저술들이 처음 기록되었을 때 어떤 "유명한" 인쇄소가 그들의 작품을 인쇄했는가? 그 기자 자신도 이 저자들의 어떤 책에서는 약간의 "진리"가 발견된다고 말하지 않는가?]

오리겐, 어거스틴, 제롬은 만약 어떤 바람이 배에 불어서 섬에서 떨어지게 한 것이라면 그것은 북동쪽에서 온 것이 틀림없음을 알리고자 애쓴다. 그래서 그들은 "원본"을 자신들의 생각에 맞추어 고쳤다. 보수주의 학교 교수진들의 손에 소위 "원본"이 있었다면 그들도 똑같은 짓을 하리라고 생각하지 않는 사람은, 사람들이 성경 대신 자신을 따르기를 원하는 "훌륭한 사람들"의 시기와 오만함에 대해서 제대로 알지 못하는 사람이다.

〈킹제임스성경〉을 믿는 마음으로 보면 "배를 덮치니 배가 바람을 거슬러 갈 수 없었음"(15절)을 보게 된다. 이 말은 바람이 북동쪽에서 부는 것(로크만 재단)이 아니고, 동-북동(로버트슨)에서 오는 것도 아니며, 사실은 북서쪽 또는 서쪽으로부터 똑바로 불어오고 있음을 의미한다. 더군다나 이 배는 나중에 북동쪽과 남동쪽에서뿐만 아니라 북쪽에서 부는 폭풍(18절)으로 아드리아해에서 "표류"(27절)하게 된다. 그러므로 "믿을 만한 번역본들"에 대해 말하는 사람들이 변개시킨 것은 유로클리돈만큼이나 큰 바람이다.

"믿을 만한 번역본들"에 대해 말하는(사람들이 성경의 권위를 버리도록 하기 위해) 이 기만적이고 오만한 "훌륭한 사람들"은 우리가 갈라디아서 주석(1973) 끝부분에서 열거한 그들의 일관성 없는 번역 방법에 대해 한 논쟁 중에서 지금까지 단 하나도 답변한 적이 없다. 그들은 결코 답변하지 못할 것이며 할 수도 없다. 〈리빙바이블〉과 NASV의 누가복음 2:33, 디모데전서 3:16, 누가복음 24:51,52, 사도행전 4:30은 결코 "믿을 만하지" 못하다. 하나님께서 존중하지 않으시는 번역본들을 번역한 사람들도 "믿을 만하지" 못하며, 그것들을 추천하는 사람들도 "믿을 만하지" 못하다. 그것들을 추천하는 사람들은 스스로 판단하는 최종권위를 받아들이지 않는다. 그들에게는 그들 자신이 "신들"이며, 그들의 최종권위는 그들의 어리석음에 있다. 그들은 성경이건 뭐건 그들이 가진 어떤 책에도 종속되어 있지 않다. 그들은 경건하게 미소를 지으며 말한다. "우리의 권위는 주 예수입니다." 그러나 물론 불신자들과 성경 거부자들을 많이 다뤄 본 우리는 그 말이 무엇을 뜻하는지 안다. 즉 "내가 성경을 고칠 때, 주 예수께서는 내가 생각하는 나의 의견들을 내가 행하기를 원하신다."란 뜻이다.

배는 이제 바람이 부는 대로 흘러가게 되었다(15절). 배는 먼저 남동쪽으로 흘러간다. 남서쪽이 아니다. 어리석은 개정자들과 주석가들은 "바람을 거슬러 갈 수 없어서"(bear up into the wind)라는 표현을 무시하고 로마카톨릭의 "유라킬로"를 배 뒤에서 불게 해서 배가 남서쪽으로 가게 만든다! 바람이 그들 뒤쪽에서(북동쪽에서) 불어온다고 말한 뒤에 이렇게 하는 것은 어리석은 일이 아닌가? 왜냐하면 그들을 남서쪽 클라우다로 가게 한 것이 북동풍이라면, 그들을 어떤 곳으로 "거슬러"(bear up) 들어갈 필요가 없었기 때문이다. 그들이 가고 있던 방향과 거의 같은 방향으로 밀려갈 수 있었을 것이기 때문이다. 이것이 바로 암흑시대 로마카톨릭 성경을 따름으로써(1582) 라오디케아 교회 시대의 근본주의 학자들의 체면을 유지시키기 위해 행한 어리석은 짓이다.

그들이 『**클라우다... 섬 아래로 밀릴 때**』(16절), 그들은 그 섬 남동쪽으로 가고 있었다. 남서쪽이 아니다. 로크만 재단이 유라킬로에 관해서 예수회 사제들(그리고 〈현대인을 위한 기쁜 소식〉)을 따름으로써 처하게 된 어려움을 주의해 보라. "running under"("아래로 밀릴 때" 16절)에 대한 헬라어의 정확한 표현은 4,7절에도 있다. 두 경우다 이 표현은 바람에 대항해서 육지를 보호막으로 이용하고 있다는 의미이다. 자, 갑자기 – ASV(1901)와 NASV(1963)의 종교개혁 이전 카톨릭 본문을 재생시키기 위해 – 학자 연맹은 『**아래로 밀릴 때**』(16절)란 분명히 클라우다 주위를 돌아 그 결과 섬이 배와 북동쪽에서 오는 유라킬로 사이에 있게 된다고 결정해 버린다! 배가 "바람을 거슬러" 갔다면(15절) 어떻게 해서 동쪽 해안을 돌아 서쪽으로 항해했겠는가? 그들이 서쪽으로 갈 수 있었다면 애초에 크레테 해안을 떠날 필요가 없었다. 클라우다를 배와 카톨릭의 "유라킬로" 사이에 두기 위해서는 배는 그 섬의 남서쪽에 있어야만 한다. 바람은 분명히 북서풍이었으며, 그 바람이 배를 남쪽으로 머리를 두고 있는 그 섬의 서쪽 해안을 지나 뒤로 물러나게 했던 것이다.

자, 밥 존스 3세, 라이스, 커스터, 닐, 베니거, 그리고 예수회 사제들을 이런 혼돈 속으로 몰아넣은 것은 무엇인가? 12절로 되돌아가자. 12절에서 모든 주석서들은 『**남서와 북서쪽**』(12절)이라는 A.V.의 표현에 대해 길고도 지루하게 논의한 뒤 이를 정확히 반대의 표현("북동과 남동쪽")으로 바꾸고 『**향하고 있더라**』(lieth toward, 12절)를 "looking"(보고 있다)으로 바꿨다. 그럼으로써 또 한 번 1582년 예수회 성경과 일치하게 된 것이다. 페니케(Phenice)[전문 상인들은 "피닉스"(Phoenix)라고 부른다.]가 클라우다 북동쪽에 있는 것만큼이나 확실하게, 배가 『**바람을 거슬러 갈 수 없어서**』라고 말하는 15절에서 성령의 말씀들을 모순되게 한 것이다. 이것이 "유라킬로"라는 단어를 선택한 이유이다. 배가 페니케에 도착하기 전에 남서쪽으로 밀리게 하기 위해서였다. 그러나 살아 계신 하나님의 무오한 말씀이 있는 한 페니케 성읍은 크레테의 서쪽 해안에 있다(남쪽 해안이 아니다). 왜냐하면 다른 곳에서는 동시에 남서쪽과 북서쪽을 마주 대할 수 없기 때문이다. 예수회의 요구를 충족시키기 위해 램세이, 하우슨, 코니베어는 페니케를, 북동쪽과 동쪽을 바라보는 남쪽 해안에 둔 것이다.

성경대로 믿는 사람들(바울이 믿었던 바를 믿는 사람들-25절)이 12절에 대해 믿고자 하는 마음은 결코 로마, 로버트슨, 노울링, 래드, 글래선, 램, 존 라이스, 하우슨, 렌돌, 코니베어, 라키어, 언거, 윌리엄스, 빈센트, 닐, 커스터, 밥 존스 3세, 그리고 권위역본을 파괴하는 400명의 비평가들이 설치해 둔 덫에 걸려들지 않는다. 12절을 있는 그대로 보면, 북서풍 때문에 배가 북서쪽이나 북쪽으로 가지 못하고, 배는 클라우다의 바람 부는 쪽 끝을 돌아 남동쪽으로 뒤로 밀린다(16절). 그런 후 폭풍은 "변풍"이 되고, 변풍이 없어지기 전에 그들은 동풍으로 밀리게 된다(왜냐하면 북동풍으로는 멜리테에 갈 수 없기 때문이다). 그리고 남동풍으로 밀리게 된다. (왜냐하면 북동풍인 "유라킬로"로는 아드리아로 갈 수 없기 때문이다). 그러므로 1880년 이후로 모든 번역가, 주석가, 학자, 개정자, 교사들이 추천해 온 본문은 더 이상 논의할 것도 없이 즉시 거부되어야 한다. 그 본문은 근본주의 불신앙인들의 작품이다. 그들은 "하나님께서 호흡을 불어넣으신 책"에 대해서는 전혀 신경을 쓰지 않는다.

"동북의 강풍"(Northeaster, 〈리빙바이블〉 참조)이 "하나님께서 영감을 불어넣으신 원문"에 충실한 정도는, NCCC에서 펴낸 〈해설자 성경, The Interpreter's Bible〉이 그것에 충실한 정도와 같다. 그러므로 『**유로클리돈**』을 "유라킬로"로 바꾼 성경들을 추천할 수는 없다.

항해 용어에 대해 여섯 페이지에 달하는 전문적인 주를 단 후에(47개의 각주), 코니베어와 하우슨은(〈성 바울의 생애와 서신서들〉) 한 영국 해군 제독(펜로스)의 말을 인용하며 페니케가 '루트로'라는 곳이라고 설명한다(pp.623-646). 그러나 그 다음에 펜로스나 코니베어나 하우슨 모두는 15절을 설명할 수 없게 된다. 배는 북서풍이나 동-북동풍, 또는 북풍을 맞고 있었던 것이 아니다. 배가 항해하고 있던 과정 중에서 오직 서풍이나 북서풍만이 배를 크레테에서 멀리 가도록 밀칠 수 있었다.

그러나 그들이 설명한 "루트로"는 크레테 남해안에 있으며, 북동쪽과 동쪽을 마주보고 있다. 루트로는 성경에 나오는 페니케의 필수 사항들을 전혀 충족시키지 못한다.

뒤이어 나오는 빈센트(*Ibid.*, p.593)조차 폭풍을 제대로 설명하지 못했다. 바티칸 사본과 시내 사본이 최고의 사본이라고 말한 후에, 배가 "바람을 거슬러"(15절) 측면으로 간 것으로 해서 〈킹제임스성경〉의 권위를 거부한다. 그리스도의 심판석에서(NASV에서처럼 "하나님"이 아니다, 롬 14:10), 빈센트, 램세이, 로버트슨, 하우슨, 코니베어, 그리고 모든 승무원은 오른

쪽에서 불어오는 바람과 45도 각도로 "바람에 직면해" 있는 배를 만들어 냄으로써 그리스도인의 믿음을 파괴시킨 것에 대해 하나님께 설명하게 될 것이다. 이것이 바로 라이스와 다른 이들이 종종 언급하는 "훌륭한 사람들"이 이루어 낸 "수십 년간의 업적"이자 "연구 성과"인 것이다. 가장 호의적인 방법으로 표현을 하자면 "〈킹제임스성경〉을 대신하기 위한 구원받은 죄인들의 철저한 노력"쯤으로 해석할 수 있겠다.

배는 남동쪽으로 밀려가고 있으며 『**어떤 섬**』(16절) 아래로 밀려간다. 그래서 섬은 반쯤 바람막이가 된다. 그러나 그들은 북쪽이나 북서쪽, 혹은 북동쪽으로 항해를 할 수가 없다. 그래서 클라우다를 지나 아프리카 해안으로 간다(17,18절). 거기서부터 그들은 북쪽으로 밀려 아드리아로 들어간다(27절). 『**유로클리돈**』(14절)을 가지고 아무리 장난을 한다 할지라도 배가 "표류"할 때(17절) 북동풍이 배를 북서쪽으로 가게 하지 않았다는 사실을 바꾸지 못하며, 배가 위쪽이 아니라 아래로 갔었다는(17절) 사실을 바꾸지 못한다.

『**배에 동여매었으니**』(17절)라는 말은 밧줄을 뱃머리 위로 해서 아래로 내린 다음 배 아래를 미끄러져 나가게 해서 "U"자처럼 배 아래로 원을 그리게 한 다음 갑판 위에서 밧줄을 단단히 죄는 것이다. 이 "밧줄로 묶는 방법"은 배가 쪼개지는 것을 막기 위한 것이다. 『**돛을 내리고**』(17절). 아담 클라크는 그것이 "돛대(mast)를 내리고"라는 뜻이라고 주장한다. 그것이 사실이 될 수 없는 이유는 40절에서 돛들이 다시 올려지기 때문이다.

『**거룻배**』(16절)는 32절의 배이며, 그것은 배의 본체 뒤에 밧줄로 매여 있은 작은 구명보트를 말한다. 이런 보트들이 펜사콜라 만이나 탐파 만, 그 밖의 어디서나 요트 뒤에 연결된 것을 볼 수 있다. 『**유사**』(the quicksands, 17절)는 "모래톱"이란 뜻이다. 크세노폰(Anab. VII. 5,12)은 그것을 "The Syrtis"라고 부르는데 그것은 카르타고와 키레니아 사이에 있는 지역이다. 이것으로 바람이 이제 14절에서 학자들이 만들어낸 위치로 바뀌었음을 알게 된다. 바람은 이제 북동쪽에서 불고 있다. 바람의 방향이 변한 것은 27절의 『**아드리아**』라는 단어로도 증명이 된다. 이것은 배가 클라우다를 지나 남쪽으로 간 이후, 북쪽으로 밀려가고 있음을 보여 준다. 이 성경적 진리를 없애기 위해서 학자 연맹(1880-1901)은 "아드리아"는 아드리아 해를 말하는 것이 아니라고 주장한다. 그러나 배는 폭풍 속에 있다(18절, 기억하고 있는가?). 배는 북동풍으로 14일간을 밀려간 것이 아니다. 배는, 배를 북쪽, 남쪽, 서쪽, 그리고 어느 방향으로라도 밀쳐버리는 폭풍 속에서 14일을 있었던 것이다. 다시 한 번 학자 연맹의 문제는 표류 속도에 대한 스미스의 추측(로버트슨, *Ibid*., p.466)과 펜로스 제독의 계산법(코니어와 하우슨, *Ibid*., pp.642-646)에 기인한다. 클라우다에서 멜리데까지를 480마일로 잡으면, 24시간당 36마일로 계산해서(468마일) 14일이 나온다. 그러나 이것은 바티칸의 "유라킬로"라는 거짓 이론을 강화시키기 위해 나온 속도이며, 이 바람이 그들에게 "똑바로" 불었다는 것을 전제로 한다. 도대체 200시간 이상을 정확히 같은 방향으로만 부는 "폭풍"을 만난 적이 있는가? 어디서 만났는가? 그렇다면 그 지역의 기상학자에게 알려서 그것을 연구해서 퓰리처 상을 수상할 수 있게 해주는 것이 좋겠다. 그런 "바람"을 만날 수 있는 유일한 곳은 몇몇 자유주의와 보수주의 "성경" 대학의 교수들 라운지에서뿐이다.

폭풍 속에 표류하는 배에 대해서 이보다 더 심한 보수주의의 계산은 24시간 내에 72마일(즉 시속 약 3마일)을 갔다는 것이다. 폭풍이 없는 곳에서도 밀물에서는 시속 2마일 속도로 갈 수 있다. 배로 항해해 본 우리 같은 사람들은 그렇게 될 수 있다는 것을 안다.

시속 3마일로 갔다면 바울의 배는 1,000마일 이상을 갔을 것이다. 멜리테에 상륙하기도 전에 아드리아까지 갔다 올 정도였다. 따라서 성경을 없애기 위해(12절 - 『**남서와 북서쪽**』, 14절 - 『**유로클리돈**』, 16절 - 『**아래로 밀릴 때**』, 15절 - 『**바람을 거슬러**』, 27절 - 『**아드리아**』) 로크만 재단, 램세이, 래드, 코니베어, 하우슨, 노울링, 모건, 불링거, 뉴 스코필드 편집이사회, 무디성경협회, 밥존스대학, 달라스 신학교, 미드사우스 성경협회, 휘튼 대학, 예일, 하버드, 연합신학대학은 시속 2마일 이하로 배의 표류 속도를 줄여야만 한다. [그리스도의 심판석 앞에서 그것에 관해 설명하게 될 것이다. 그들의 최우선적인 관심은 성경을 믿는 것이 아니라 성경을 이용하는 것이다.]

초과되는 짐을 던져 버림으로써 배는 『**가볍게**』 된다(18절). 셋째 날에 배의 장비들을 던진다(19절). 항해가 끝나기 전에 음식이 떨어진다(38절). 이렇게 한 이유는 배에서 짐을 옮기다가 생명을 다칠 수도 있으며, 짐 때문에 배가 한 쪽으로 기울 수도 있고, 짐이 있으면 배를 제대로 조정할 수 없는 데다, 배가 조금이라도 새서 물속에 잠기게 되면 침몰할 수도 있기 때문이다.

『**여러 날 동안**』(20절)은 북동풍 이상의 것이 "크레테 언덕에서 아래로"(14절) 불어오고 있음을 보여 준다. 그들은 아드리아의 초겨울 강풍에 묶여 있으며 "이리저리 밀려다니다가"(27절) 멜리테에 부딪친다.

21절은 "거봐, 내가 말한 대로 됐잖아."라고 하는 것과 같다. 바울은 아무 걱정도 없다(22절). 왜냐하면 그는 이보다 더 심한 일들을 겪었으며(고후 11:26) 이것이 그의 네 번째 파선(고후 11:25)이었기 때문이다. 『**하나님께서는 너와 함께 항해하는 모든 사람들을 너에게 주셨느니라**』(24절).

27:27 우리가 아드리아 해에서 표류한 지 십사일째 되던 밤이었는데 한
밤중쯤 되어 선원들은 어떤 육지에 가까이 온 줄로 알고
28 물 깊이를 재어 보았더니 이십 길이었고 또 조금 더 가서 다시 재
어 보았더니 열다섯 길이더라.
29 그러므로 우리는 배가 암초에 걸리지나 않을까 두려워하여 고물
에서 닻을 네 개나 던져 놓고 날이 밝기를 고대하였더라.
30 그러나 선원들은 배에서 도망치고자 하여 이물에서 마치 닻을 내
리는 것처럼 하면서 바다 위에 거룻배를 내려놓더라.
31 바울이 백부장과 병사들에게 말하기를 "이 사람들이 배에 남아 있
지 않으면 당신들은 목숨을 건질 수 없으리라."고 하니
32 병사들이 그 거룻배의 밧줄을 끊어서 떼어 버리니라.

본문 내용은 설명을 요하지 않는다. 비록 (배의 자연스런 항로를 바꾸어서 자신들의 설명에 맞추어 놓은) 학자들에게는 아드리아 해 근처 어디에도 배가 없다 하더라도. 그들은 지중해가 아드리아 해이며, 그러므로 배는 2주 동안 똑바로 바람에 밀려갔다고 주장한다. 『**아드리아 해에서 표류한 지**』(driven up and down in Adria, 27절)라는 말은 너무도 당황스러운 표현이어서 (자신들의 사사로운 해석에 맞추기 위해 다섯 구절을 바꾼 후에) 로버트슨 박사는 자신의 헬라어 문법을 창밖으로 던져 버리고 그것을 "to and fro"(이리저리)로 번역한다.

진리 외에는 어떤 것이라도 괜찮다는 것이다.

〈리빙바이블〉은 A.T. 로버트슨 박사를 따르고, 반면에 〈현대인을 위한 기쁜 소식〉은 로크만 재단을 따른다("driven about"). 최초로 그 본문을 바꾼 것은 1582년 예수회 성경이다. 거기에는 "sailing"(항해하고 있는)으로 되어 있다. 진리를 제외한 어떤 것이라도 괜찮다는 것이다. '디아페로

메논'이라는 헬라어의 기본적인 뜻에 "to and fro"라는 의미는 들어 있지 않다. 반대로 그 단어는 기본적으로 "어떤 것을 가로지르거나 관통해서 나르는 것"(어느 사전에서나)을 의미한다. 이 기본적인 뜻은 헬라어 문법을 배우는 1학년 학생에게도 분명한 것이다. 학자 연맹이 A.V. 본문을 고칠 때는 "동사 시제"에 관해 "정확"하고 "정밀"하며 "꼼꼼"하면서도, 복합분사를 번역할 때는 얼마나 부주의하고 되는 대로 하는지 놀라울 지경이다. "디아페로"(diaphero)는 "to and fro"(이리저리)의 뜻이 아니다. "이리저리"는 어떤 것을 한 장소에서 무언가를 관통해서 옮길 때 쓸 수 있는 말이 아니기 때문이다. 즉 〈킹제임스성경〉에 있는 대로 『**아드리아 해에서 표류한 지**』(driven up and down in Adria, 27절)가 맞다.

A.V. 본문을 가지고 로버트슨의 "헬라어 문법"을 수정하라. 그것이 항상 안전하다.

아드리아 해는 지중해까지 이어진다. 바울의 배가 "아드리아" 해에 있기 위해서는 아카야나 니코폴라만큼 멀리 북쪽까지 갈 필요는 없다. 그러나 그 배는 분명히 직선 코스로 표류했으며, 똑바로 서쪽으로뿐만 아니라 북서쪽과 남서쪽 바다에서도 "위아래로"(up and down) 밀려다녔다.

『**내가 속해 있고... 하나님의 천사가**』(23절). 하나님의 천사는 로크만 재단과 케네스 테일러(리빙바이블)와는 함께 승선할 수가 없다. 그래서 그들은 하나님의 천사로 하여금 뱃전 널빤지 위를 눈을 가린 채 걷게 만든다(옛날 해적이 포로를 죽이던 방법). 아담 클라크, 라잇풋, 엘리콧, 홀트, 래드, 카터, 얼, 새 영어 성경(NASV 포함), RSV(1973) 등이 본문의 "하나님"(God) 앞에 관사를 삽입하였다. 이렇게 했다. 이렇게 한 이유는 바울이 자신을 『**하나님의 천사**』(23절)의 종으로 불렀을 리가 없다는 것이다. 대신 그 천사가 "나타내는" "그 하나님"(THE God)의 종이라는 것이다. [이들은 행 7:5,9에서 "하나님"을 "주"로 바꾸고, 행 17:19에서는 관사를 번역해야 한다고 주장하면서, 반면에 골 2:8에서는 관사를 번역하지 않은 사람들이 다.] 지금 말하고 있는 사람에 따르면(23절) "하나님의 천사"(the angel of God)는 예수 그리스도의 현현이다(갈 4:4 및 주석 참조). 더군다나 헬라어 원문에는 "the angel"에 관사가 없다. 그러나 모든 번역가들(NASV, ASV)은 사도행전 7:35에서 "the angel"로 "the"를 삽입시켰다.

이상하지 않은가? "자격을 갖춘 권위자들"이라는 자신들도 관사가 없는데 관사를 삽입시키고, 관사가 있을 때는 번역하지 않으면서, 세상에서 가장 위대한 책을 만들어낸 "학식 있는 사람들"(1611)을 가리켜 "일관성 없는 번역"을 했다고 소리 지르는 것이다. 관사가 없는 사도행전 7:35에서는 "the"가 삽입되고, 역시 관사가 없는 사도행전 27:23에서는 없는 채로 놔두었다. 그리고는 다시 다음에 관사가 나타날 때는 그것을 첨가한다. 사도행전 27:23의 헬라어 원문에는 "앙겔로스 토우 데오우" 즉 "그 하나님의 천사"(an angel of the God)이다. 그럼에도 불구하고 그 표현은 요한복음 1:51, 누가복음 12:8, 그리고 다른 곳에서 "그 하나님의 천사"(an angel of THE God)가 아니라 "하나님 천사들"(angels of God)로 번역되었다. 게다가 사무엘하 14:17의 히브리어 원문에는 관사가 있는데도 새 번역본들은 모두 "the angel"로 번역하지 않았다. 또한 사무엘하 14:20에도 관사가 있는데도 어떤 번역본도 "the God"으로 번역하지 않았다. 두 곳 모두 〈킹제임스성경〉에는 『**하나님의 천사**』(an angel of God)로 되어 있다. 새 성경들도 모두 그런 식으로 번역했다. 그들도 관사를 온전하게 반영하지 않은 것이다.

요약 : A.V. 번역가들도 본문에 대해 그들이 취하는 것과 동일한 자유를 취할 수 있다. 왜 〈킹제임스성경〉이 자기들의 규칙대로 되어야 한다고 생각하는가? 그들은 자신들도 그 규칙을 지키지 않으면서 그런 주장을 하

고 있을 뿐이다.

『**하나님의 천사**』(23절)는 분명히 사도행전 7:30-35의 그 "천사"이며, 그분은 자신을 "여호와"라고 주장하신다(출 3:14). 관사의 번역은 신학에 어떠한 영향도 끼치지 않는다.

그뿐 아니라 바울은 『**하나님**』(25절)께서 그에게 23,24절을 말씀하셨다고 함으로써 그 천사와 하나님을 동일시한다(출 32:23 및 주석 참조). 예수회가 S.W. 앤더슨, 존 린톤, L.P. 라흐만, S.I. 존슨, J.G. 미첼, S.M. 코더, 존 해가이, M.O. 웨지, J.P. 문츠, 윌리엄 쿨버트슨 등으로 하여금 〈킹제임스성경〉 본문을 비판하도록 강요해도 소용없다. 그 천사를 제거하고자 하는 모든 시도는 전혀 효과가 없었다. A.V. 본문이 말하고 있는 바와 같이 분명히 『**하나님의 천사**』임에도 불구하고 바울은 『**하나님**』(25절)께서 그에게 말씀하셨다고 말한다.

리로이 라잇(Leroy Wright)이 말하기를 "나는 그것에 관해 들었으며, 그것에 관해 믿었고, 그것에 관해 말하고 있으며, 언젠가는 그것에 관해 보게 될 것이다!"

『**나는 하나님을 믿나니 나에게 말씀하신 그대로 되리라**』(25절). 하나님께서 무언가를 말씀하신다면 그것을 확신할 수 있다는 말이다(민 23:19). 하나님께서 영감을 불어넣으시고, 보존하시고, 말씀하신 그 책은 성육신하신 말씀만큼이나 무오하며 권위가 있다. 진정으로 믿는 사람은(살전 2:13) 이 말씀을 믿으며, "근본주의자들"이 무어라 하든지 그것들을 지킨다(요 14:23). 근본주의자들은 하나님께로부터 권위를 빼앗아 그들 자신의 권위를 세우고 싶어 한다. 요한계시록 17장의 옛 로마 창녀는 성령으로부터 권위를 빼앗아 교회의 권위를 세우려 한다. 현대의 기독교 학교 교수진들은 A.V.의 권위를 빼앗아 보수주의 학자계의 추측으로 그 자리를 메꾸려 한다. [〈킹제임스성경〉은 "Version"이라고 부르면서도 자기들의 번역본(1963)은 "American Standard Bible"이라고 부르는 로크만 재단의 광적 극단주의보다 이것을 더 잘 예증해 주는 것은 없다. 이런 광적 극단주의는 진짜 성경대로 믿는 사람들을 "극단주의"라고 부르는 근본주의 과격파들에게는 매우 전형적인 일이다.]

26-32절은 29,30절 일부를 제외하고는 설명을 요하지 않는다. 때는 밤중이며 아무도 육지를 볼 수 없다(27절). 그러나 그들은 "깊이를 재어 보았다"(sounding the depths, 28절). 이것은 오늘날 "수중음파 탐지기"(sonar)에 사용하는 표현과 같다. 그리고 그들은 점점 얕아지고 있음을 알게 된다(28절, 경험이 풍부한 뱃사람에게는 앞이 보이지 않을 때조차도 육지를 감지하는 것은 어려운 일이 아니다. 새들의 움직임, 냄새, 물 표면의 물체들, 배 위의 귀뚜라미 소리 등은 뱃사람들에게 해안이 가까워지고 있음을 알려 준다).

『**이십 길**』(28절)은 약 120피트이다. 그러나 치수는 다소 차이가 있을 수 있다. 열다섯 길(28절)이란 약 90피트 깊이의 물 위에서 항해하고 있는 것이다. 네 개의 닻이 배의 선미 돌출부에서 던져진다(29절). 모두들 빨리 날이 밝기를 고대하고 있다(29절). 이때 선원들은(30절) 명령도 받지 않고 배를 버리기로 결심한다. 그들은 뱃머리에서 닻을 내리는 것처럼 하면서 구명 보트를 내리고 있다(30절). 이 일은 밤에 이루어졌으며, 비록 물까지 보트를 내렸지만(30절) 배 안으로 들어가기 위한 줄 사다리는 아직 내리지 않았다(32절).

바울은 선원들(31절)이 모선에 머물러 있지 않는다면 백부장과 병사들이 익사하게 될 것이라(31절)고 말한다. 『**이 사람들이 배에 남아 있지 않으면 당신들은 목숨을 건질 수 없으리라**』(31절). (22절을 말한 후에 이 말을 한 것이다!) 그래서 병사들은 칼을 꺼내서 밧줄을 잘라 버리고(32절), 빈 거룻배는 물 위로 밀려다닌다.

27:33 날이 샐 무렵에 바울이 모든 사람을 불러 음식을 먹으라고 권하며 말하기를 "여러분이 계속해서 아무것도 먹지 않고 음식 없이 지내온 지가 오늘로써 십사일째라.

34 그래서 음식을 들라고 내가 여러분을 불렀으니 이렇게 하는 것이 여러분을 살리는 길이라. 여러분 중에서 누구도 머리카락 하나 잃지 아니하리라."고 하니라.

35 이 말을 마친 후에 그가 빵을 가지고 모든 사람의 면전에서 하나님께 감사드리고 그것을 떼어 먹기 시작하더라.

36 그러자 그들 모두가 기운을 내고 그들도 음식을 들더라.

37 배에 있는 우리 모두는 이백칠십육 명이더라.

38 그들이 음식을 배부르게 먹은 후에 배를 가볍게 하려고 곡식을 바다에 던지니라.

39 날이 새어 보니 어느 땅인지는 몰랐지만 해안선과 인접한 작은 만을 발견하고 가능하다면 그곳으로 배를 대려고 작정하니라.

40 그들이 닻을 올려 바다에 자기들을 맡기고 키줄을 늦추어 앞 돛을 바람을 향해 달고 해안으로 향하였으나

41 두 물살이 합치는 곳에 배가 닿자 좌초되니 이물은 부딪쳐 움직여지지 않고 고물은 심한 파도에 부서졌더라.

42 그때 병사들의 의견은 죄수들 중 아무도 헤엄쳐 도망하지 못하도록 죽여야 한다는 것이었으나

43 백부장은 바울을 구출할 의향으로 그들의 의견을 꺾고 명령하기

를 "헤엄칠 줄 아는 사람들은 먼저 바다에 뛰어내려 육지에 오르라."고 하니라.

44 그리고 나머지 사람들은 널조각, 혹은 배에서 부서져 나온 물건에 의지해서 나가게 하니 마침내 모두 다 안전하게 상륙하니라.

33절로 볼 때 "음식을 삼가했을"(abstinence, 22절) 뿐만 아니라 "금식"(fasting)했음을 알 수 있다. 보수주의 주석가들은 음식을 먹지 않은 유일한 이유가 "음식을 요리할 불이 부족"했으며 "힘든 노동"으로 음식을 먹지 못했다고 가정한다. 그러나 진짜 이유는 배 멀미와 절망이었다. 선원들이 절망하게 되었을 때(욘 1:5 참조), 그들은 쉽게 하나님께 도움을 구한다(막 4:38). 군대 개인 참호 속에서는 무신론자가 없듯이, 태풍과 허리케인 속에서도 무신론자는 그리 많지 않다(시 107:23-26!).

바울은 빵을 뗀다(35절). 그리고 그들은 먹는다(행 20:7 및 주석 참조). 『**이렇게 하는 것이 여러분을 살리는 길이라.**』(34절)는 표현은 이것이 "주의 만찬"이 아님을 보여 준다. 그럼에도 불구하고 카톨릭과 캠벨파들은 사도행전 2:46에 대해 말도 안 되는 소리를 한다.

37절의 276명 가운데서, 힐젠펠트, 웨스트코트, 홀트, 레이크, 캐드베리는 200명을 익사시켜 버렸다. 밥 존스, 테네시 템플, 무디, 풀러, 마드리드, 비욜라, 노스웨스턴, 리버티 뱁티스트, 콜롬비아, 트리니티, 멕시코시티, 클리어워터, 시카고, 뉴욕, 바빌론, 포트워스, 런던, 로마, 스프링필드, 알렉산드리아, 리스본, 더블린, 아일랜드 등이 A.V. 본문을 5,000군데나 고치기 위해 사용한(ASV, TEV, RSV, 〈리빙바이블〉) 바티칸 사본은 승객을 76명으로 줄였다. 죄수들이 10명, 바울, 선주 율리오, 선장이 4명, 배를 움직이는 데 30명을 잡는다 해도, 배에 22명의 승객들만이 타고 있었다는 말이 된다. 4개의 돛이 필요할 만큼 큰 배에 관광객이 22명밖에 안 되었다는 계산은 그 배가 이집트에서부터 로마까지가 주요 경로였으며(27:6 참조) 이집트에서부터 아시아까지(6절) 경유하고 있었다는 것을 고려해 볼 때 이치에 맞지 않는다. [올바른 숫자는 276이다. 배교한 NASV조차도 여기서는 바티칸 사본을 따르지 않았다.]

필요한 음식을 먹고 나머지는 던져 버린 뒤(38절) 그들은 닻을 올려 바다에 자기들을 맡기고 해안으로 향한다(40절). 그들은 내해를 향해 가고 있었다(39절). 바닥이 바위가 아니라 모래일 것이라고 생각한 것이다. 그들이 찾을 수 있는 가장 좋은 장소는 "어떤 만"(a certain creek)이다.

『**두 물살**』(41절)이 합치는 것은 조류가 파도에 영향을 주는 작은 만의 입구에서 볼 수 있는 현상이다. 39-41절에서 사용되는 표현에 이상한 것은 아무것도 없다. 이 구절들이 어렵다고 생각하는 것은 주석가들의 환상일 뿐이다.

배는 이물에 부딪친다(41절). 소용돌이와 역류와 강한 파도에 잡혔었던 배는 이제 심한 파도가 그 고물을 쳐서 부서지게 되었다(41절). 병사들은 죄수들을 죽이려 하지만(행 16:27 및 주석 참조) 백부장은 바울이 "범죄자들과 함께 헤아린 바 되었기" 때문에(43절) 그들을 제지시킨다(43절). 모든 사람이 배를 버리고(43절) 수영할 수 없는 사람들은 감자 상자, 오렌지 상자, 모판 기둥을 붙잡고서 『**모두 다 안전하게 상륙**』(44절)하게 된다.

여행의 주요 부분이 끝이 났다. 도착한 섬은 멜리데, 이탈리아 본토에서 150마일 떨어져 있는 섬이었다. 1,000마일을 여행한(16-21절 주석 참조) 그들에게 남은 것은 거의 없었다. 바울은 멜리데에서 시라쿠스로 가서(28:12), 거기서 푸티올리와 압피오 광장을 거쳐(28:13,15) 로마로 가게 된다.

무엇보다도 27장은 그리스도인의 생활에 적용해 볼 수 있다(출 40장 참조). 그러나 A.V.에서 뽑아 낸 "믿음의 근본 사항들"을 붙잡고서 정작 A.V.(1611) 자체는 거부하는 근본주의자들은 이런 적용을 찾을 수 없을 것이다. 성도의 실제적 삶의 관점에서 이 장을 보면 다음과 같은 것을 발견할 수 있게 된다.

1. 인생은 바다 여행과 같다. 여러분의 "그릇"(딤후 2:20)은 배이다.

2. 인생은 바다 여행과 같다. 주 예수 그리스도께서 그 배가 되신다. 창세기 6:14처럼!

3. 대부분의 그리스도인들은 그들이 타고 있는 배가 부서지기 전까지는(고후 4:16) 본향에 가지 못한다. 이 배가 주 예수 그리스도라면, 여러분이 안전하게 육지에 도착하기 위해서는 먼저 그분이 죽으셔야만 했다(히 9:28).

4. 문제가 발생하고 재난이 닥쳤을 때 하나님을 믿으며 기도하는 사람이 그 분야를 전공하고 전문적으로 훈련된 기술자들보다도 항상 더 신뢰할 만하다. 전쟁과 기아 시에(왕하 6,7장) 성경을 믿으며 기도하는 성도 한 사람이 75mm 소총으로 무장한 12명보다 더 가치 있다. 하나님을 두려워하며 기도하는 한 사람의 성도가 그 나라의 모든 죄인이 I.Q. 150이 넘고 30년간의 정규교육을 받고서도 할 수 없었던 일, 즉 한 나라를 구할 수 있다(창 6:8, 왕하 19:35).

5. 문제는 성도와 죄인 모두에게 똑같이 닥친다(요 16:33). 그러나 성도에게는 그와 함께 "탑승한" 분이 계신다(행 27:23). 그가 끝까지 도와주신다(단 3:25).

6. 대부분의 우리의 문제는 걱정 때문이다. 왜냐하면 그것 중 대부분은 실제로 일어나지 않기 때문이다. 그 문제들이 일어난다 할지라도 하나님께서는 우리를 도우셔서 그것들을 이겨 내게 하신다.

7. 그리스도인의 증거는 최악의 상황에서 항상 적절하다. (폭풍이 휘몰

아치는 바다 위에서 배가 가라앉고 있었다. 누군가가 소리지르기 시작했다. "오, 나의 하나님, 우리는 가라앉고 있습니다! 누군가 종교적인 뭔가를 해 보라구! 빨리!")

8. 하나님께서는 때로 교회, 가족, 나라, 학교 등을 자신의 성도들을 위해서(24절) 아껴 두신다. 소수의 성경대로 믿는 사람이 없었다면(25절) 미국은 내전 이후에 "가라앉게" 되었을 것이다.

9. 육지에 도착하기 위해서는 자기 자신을 하나님의 섭리에(롬 8:28) 맡겨야 한다. 비록 바다와 바람에 휩쓸려 거기까지 가게 되었다 할지라도(마 14:32) 그것들은 모두 다 하나님의 통제 하에 있다(시 104:25-30).

10. 모든 성도가 다 침례교 "널조각"(44절)을 잡고 하늘나라에 도착하는 것은 아니다. 어떤 이들은 장로교 판자를 잡고 오며, 어떤 이들은 감리교 나뭇조각을 붙잡고 오고, 어떤 이들은 루터교 통나무를 붙잡고 오며, 어떤 이들은 카톨릭 관을 붙잡고 해변까지 쓸려오기도 한다.

사도행전 28장

28:1 구조된 후에 그들은 그 섬이 멜리테라 하는 것을 알았더라.
2 원주민들이 우리 각자에게 적지 않은 친절을 보여 주니라. 비가 내
리고 날씨가 추우므로 그들이 불을 피워 놓고 우리 모두를 맞아
주더라.
3 바울이 나무를 한아름 거두어 불에 놓으니 그 열기로 인하여 독사
한 마리가 나와 그의 손에 달라 붙은지라.
4 원주민들은 그 독 있는 짐승이 그의 손에 매달려 있는 것을 보고
자기네들끼리 말하기를 "확실히 이 사람은 살인자라. 그가 바다에
서는 구조되었어도 공의가 살려 두지 아니하는구나."라고 하더라.
5 그때 그가 그 짐승을 불에 떨어버렸으나 조금도 상처를 입지 않으
니라.
6 그들은 그가 부어 오르든지 아니면 쓰러져 즉사할 줄로 알았다가
한참을 보아도 그에게 아무 일도 생기지 않음을 보고 자기들의 생
각을 바꾸어 말하기를, 그는 신이라고 하니라.

7 그 근처에는 이 섬의 우두머리인 푸블리오라고 하는 사람에게 속한 토지가 있는데 그가 우리들을 영접하여 사흘을 친절히 유숙하게 해주더라.

8 그때 푸블리오의 아버지가 열병과 이질로 앓아 누웠는데 바울이 들어가서 기도하고 그에게 안수하여 낫게 하니라.

9 이 일이 있은 후에 섬에 있는 다른 병든 자들도 와서 고침을 받으니라.

10 뿐만 아니라 그들은 후한 예절로 우리를 대접하고 떠날 때에도 필요한 물건들을 배에 실어 주더라.

이 섬은 시실리 해안에서 약 50마일 떨어진, 오늘날의 말타이다. 때는 10월 하순경이었고, 춥고 비가 내리는 때였다(2절). 멜리테 섬은 페니키아 사람들이 점령했었고 그 다음은 그리스인들, 그 다음은 카르타고인들, 그 다음은 로마인들이 점령했었다. 고트족, 사라센, 시실리아인들이 계속해서 그 섬을 점령했으며, 1798년에는 나폴레옹에게 점령당했다. 그러나 1800년에 영국이 그에게서 그 섬을 빼앗아 오늘에 이르고 있다. 제2차 세계대전 때 멜리테는 맹렬한 폭격을 받았고, 영국 부대가 거기서 1년 이상을 어윈 롬멜(북아프리카)로 가는 기름과 가스 공급에 공격을 가했음에도 나치의 세력하에 들어가게 되었다.

그곳의 『**원주민들**』(barbarous people, 2절)은 다른 많은 원주민들보다 훨씬 더 친절한 사람들이었다(이 단어의 원래 의미는 "이해할 수 없는 언어를 쓰는 사람"이란 뜻이다. 고린도전서 14:11을 참조할 것). 바울은 모닥불을 피우는 일을 돕고 있다(3절). 불을 지핀 더미 속에서 열기로 인해 『**독사**』(3절)가 나와서 바울을 문다. 한편 A.T. 로버트슨 박사는 램세이에게 기울고(*Ibid.*, p.478) 그들은 그것이 "독사"가 아니었다고 추측한다(*Ibid.*, p.478). 원주민들은 그것이 "독사라고 생각했을 뿐"이라는 것이다. 즉 멜리테 섬에서 살고, 일하고, 결혼하고, 먹고, 자는 원주민들이 그 섬의 동물들에 대해 로버트슨과 램세이만큼도 몰랐다는 말이다. "독사"의 헬라어는 '데리온'이다. 아리스토텔레스도 독사를 말할 때 그 단어를 사용했다. 〈킹제임스성경〉의 용어와 일치하지 않을 때는(행 1:3) 아리스토텔레스를 받아들이면서도, 그가 성경과 일치할 때는(여기서처럼) 그를 거부하는 것이다. 일관성 없고 타락한 "근본주의" 배교자가 아니라면 왜 이런 짓을 하겠는가?!!

『**확실히 이 사람은 살인자라...**』(4절) 즉 율법이 없는 이교도도(롬 2:14) 본성으로 "율법이 담고 있는 것들"(민 35:31, 창 9:5)을 안다. 현재 거의 20년이 넘도록 미국에서 법과 질서를 "뒤엎어 온" 대법원이나 지방법원 판사들보다 이들이 사형에 대해서 더 좋은 분별력을 가지고 있다.

바울은 손목을 뒤흔들어서 독사를 떨어낸 뒤 하던 일을 계속한다(5절) [막 16:18에서 말씀한 대로 그는 사도로서 보호를 받은 것이다. 그러나 벌링거, 발링거, 오헤어, 베이커, 스탬은 바울에게 그러한 특권이 주어졌음을 믿지 않는다]. 바울이 죽어 넘어지지 않자 이교도들은 마음을 바꾸어 그가 신(6절)이라고 믿게 된다.

이것은 우리 눈에 익숙한 광경이다. 사도행전 14장에서 바울은 처음에는 "외계에서 온 신"이 되었다가, 다음에는 사형을 당해 마땅한 죄인이 된다. 그리스도께서도 같은 일을 당하셨다. 군중들은 그를 다윗의 아들로(막 11:10) 환호했다. 그러나 그로부터 1주일도 채 지나지 않아서 주님은 범죄자로 몰리셔서 십자가형을 받으셨다. 그들 중 대다수는(행 2:23) 1년이 채 못되는 기간 전에 메시아로서 입성하시는 그분을 환호했던 사람들이다

(사람은 얼마나 심한 변덕쟁이인가). 바울은 한때는 그리스도인들을 죽이던 자였으나 일주일도 채 못돼서 그들과 교제를 갖게 되었다. "모세 만세!"를 외치던 무리들은(출 4:31 참조) 1년도 채 못돼서 모세를 죽이려고 했다(출 5:21,22). 다윗의 용사들은(삼하 23장) 그들이 처음 탈취당했을 때 그를 죽이려고 했다(삼상 30:6). 사람들은 "위로 올라서라구, 스테판, 우리 옛 친구여, 자네가 무슨 말을 하는지 들어보겠네."라고 하다가도 다음 순간(행 7:57) "이 더러운 신성모독자 같으니라구! 어디 맛좀 봐라!"로 바뀌는 것이다.

어떤 성경 독자들은 "하나님 성경을 주셔서 감사합니다." "나의 온 마음과 혼을 다하여 나는 성경을 믿습니다." "주님, 저는 항상 성경을 사랑할 것입니다."라고 하다가도 "정통주의의 요새"에 참가한 지 4년도 못 돼서 성경에 2,000군데 내지 4,000군데에 달하는 "불행하게도 잘못 번역된 구절들"이 있다고 생각하게 된다.

한편 푸블리오가 나타나서(7절) 그 무리를 대접한다. 바울은 푸블리오의 아버지에게 사도의 은사들을 행함으로써(8절) 복음의 문을 연다(9절). 우리는 수십 명의 섬사람들이 구원받았음을 확신할 수 있다. 그들은 생존자들에게 음식과 의복을 제공한다(10절). 다음 배가 왔을 때도(11절) 생존자들을 잘 돌봐 주고 음식과 의복을 제공해 준다.

푸블리오의 아버지는 "콜레라"를 앓았는데, 이 병은 열병과 이질(8절)을 동반한다. 진짜 의사가 거기 있었음에도 그 의사가 "표적과 기사들"이 드러나는 것을 방해하지 않았다는 것은 매우 교훈적이다. 공인 의사였음에도 누가는 바울이 그 일을 하게 함으로써 복음을 듣도록 만든다(롬 15:18, 19).

28:11 석 달 후에 우리는 그 섬에서 겨울을 지낸 알렉산드리아 배로 떠났으니 그 배의 기호는 카스토와 폴럭스라.

12 우리는 시라쿠스에 당도하여 사흘을 지체하다가

13 거기에서 항로를 돌려 레기온에 당도하여 하루를 지낸 뒤에 남풍이 불므로 그 다음 날 푸티올리에 이르니라.

14 그곳에서 형제들을 만나 그들이 간청함으로 그들과 더불어 칠일을 머물다가 로마로 떠나니라.

15 거기서부터 형제들이 우리의 소식을 듣고 압피오 광장과 세 여관까지 맞으러 나오니 바울이 그들을 보고 하나님께 감사드리며 용기를 얻더라.

16 우리가 로마에 다다르니 백부장이 죄수들을 경호대장에게 넘겨주었고 바울은 자기를 지키는 한 병사와 함께 혼자 있도록 허락하더라.

배의 『**기호**』(11절)는 오늘날의 여객수송용 기차나 항공사의 표시 같은 것이다. 이 어구에 대해 학자들이 일으키는 모든 것들은 말도 되지 않는 것들뿐이다. 내셔널항공사의 표는 태양이다. 어떤 디젤차의 표는 벌새였다 (1940-1960). 델타항공사의 표는 삼각형(1940-1960)과 화살촉이다(1960-1975). 구더리언 기갑 연대의 표는(1940-1954) “G”였다. 그레이하운드 버스회사의 표는 달리는 그레이하운드 사냥개이다. 『**카스토와 폴럭스**』(11절)는 쌍둥이좌에 있는 쌍둥이를 말한다. 이들은 항해하는 뱃사람들에게는 카톨릭의 “수호성자”인 “성 크리스토퍼” 같은 존재였다. 그들은 시실리 시라쿠스(12절)에 도착한다. 그 도시는 수도이며 팔레르모에서 약 112마일 떨어진 곳에 위치한다. 그들은 거기서 3일을 머물고 “돌아서”(fetch a compass) 레기온으로 간 다음 푸티올리(13절)로 간다. 레기온은 오늘날의 “레기오"(Reggio)이고 푸티올리는 "푸주올리"(Puzzuoli)이다.

그들은 로마에서 약 130마일 거리에 있는 푸티올리에서 몇몇 그리스도인들을 방문한다(14절). 율리오는 방문에 필요한 시간을 허락해 준다(14절). 왜냐하면 그들은 바울에게 생명의 빚을 졌기 때문이다.

『**압피오 광장**』(15절)은 아피아의 길(로마 시대 군용도로)가에 있는 마을을 말하며(로마에서 약 52마일), 『**세 여관[three taverns]**』(15절, cf. 로마어로 Tres Tabernae)은 로마에서 약 33마일 거리이다. 제자들은 이 먼 거리를 바울을 만나기 위해 온 것이다. 이들이 온 것으로 바울은 크게 용기를 얻는다(15절). 보통 죄수들은 로마에서 경호대장에게 넘겨지지만(16절) 바울은 병사가 동행하는 조건하에 어느 정도의 자유를 허락받는다.

28:17 그후 사흘이 지난 뒤에 바울이 유대인의 지도층 인사들을 부르니 그들이 함께 왔더라. 바울이 그들에게 말하기를 "형제 여러분, 나는 우리 백성이나 조상들의 규례에 어긋나게 행한 것이 조금도 없는데 예루살렘에서 죄수로 로마인들의 손에 넘겨졌노라.

18 로마인들은 나를 심문하고 나서 나에게 사형에 처할 이유가 없으므로 놓아주고자 하였으나

19 유대인들이 반대하여 말했으므로 내가 어쩔 수 없이 카이사에게 상소한 것이요, 내 민족을 걸어 고소하려는 것이 아니니라.

20 그러므로 이런 연유로 여러분을 만나서 이야기를 나누려고 청하였으니 이는 이스라엘의 소망 때문에 내가 이 사슬에 묶여 있기 때문이라."고 하니

21 그들이 바울에게 말하기를 "우리는 유대로부터 당신에 관하여 편지를 받은 바도 없고 또 형제들 가운데 누가 와서 당신에 관하여

나쁘게 보이거나 말하려고 한 일도 없었느니라.
22 그러나 우리는 당신이 생각하는 바를 당신으로부터 듣기를 바라니
이는 이 종파에 관해서는 어디서나 반대받는 것을 우리가 알기 때
문이라."고 하더라.
23 그후 그들이 그와 날을 정하여 많은 사람이 그의 숙소로 찾아오니
그가 아침부터 저녁까지 강론하며 하나님의 나라를 증거하고 또
모세의 율법과 선지자의 글로써 예수에 관하여 그들을 설득시키
더라.
24 그 중에는 그가 말한 것을 믿는 사람들도 있고 또 믿지 아니하는
사람들도 있어서
25 서로 의견이 맞지 않아 자리를 뜰 때 바울이 한 마디 부언하기를
"성령께서 선지자 이사야를 통하여 우리 조상에게 잘 말씀하셨도
다.
26 말씀하시기를 '이 백성에게 가서 말하되 너희가 듣기는 들어도 깨
닫지 못할 것이요, 보기는 보아도 알지 못하리라 하라.
27 이 백성의 마음이 무디어지고, 그들의 귀는 듣는 데 둔하고, 그들
은 자기들의 눈을 감았으니, 이는 눈으로 보지도 못하고 귀로 듣
지도 못하며 마음으로 깨닫지도 못하고 회심하지도 못하게 되어
나로 그들을 치유하지 못하게 하려 함이라.'고 하셨느니라.
28 그러므로 하나님의 구원을 이방인들에게 보낸 것과 그들이 그것을
들을 것을 너희가 알라."고 하더라.
29 그가 이 말을 마치니 유대인들이 자리를 뜨더라. 그리고 그들 사
이에 상당한 쟁론이 있더라.
30 바울이 만 이 년을 자기 셋집에서 지내며 자기에게 오는 모든 사
람을 맞아들여

31 하나님의 나라를 전파하고 주 예수 그리스도에 관한 일들을 가르치되 모든 담대함으로 하였으니 아무도 그를 금하는 사람이 없었더라.

여기서부터 사도행전 끝까지는 학자 연맹이 성경 본문에 대해 무어라고 하든지 상관하지 않을 것이다. 지금쯤이면 독자는 천 년 동안 들어도 끝나지 않을 그들의 거짓 주장에 질리고도 남았을 것이기 때문이다. 이제까지 그들은 자신들의 무지와 불신만 드러내 왔다. 그들은 200년 동안 항구 위에서 똑같은 "착륙 순위 대기선회"를 해 왔다. 그런데도 아직까지 연료가 떨어지지 않았다. 그들이 하는 모든 말은 너무나 뻔한 것들이며, 기만과 불신, 거짓말, 오류 등을 너무도 일관성 있게 범해 온 그들이 착륙하기를 기다리는 것은 시간과 돈의 낭비일 뿐이다. 이 마지막 부분에서 그들은 29절을 완전히 내동댕이친다. 그들은 70인역이 그리스도 이전에 기록된 책이라고 주장한다(노울링, 렌돌, 브루스, 로버트슨, 래드 등). 그들은 시제를 올바르게 번역하지 못한다. 그들은 필사본 증거에 대해 거짓말을 한다. 그들은 말씀을 변개시켜서 참조 구절을 제거해 버린다. 그들은 본문의 어떤 부분에서도 영적 양식을 찾아내지 못한다. 그들은 재림에 대한 가르침을 왜곡시킨다. 성령께서 이미 반대되는 심판을 내리신 곳에서 세속 작가들의 글을 더 신뢰한다. 그들은 서로를 "권위"로 삼고 서로의 말을 인용한다. 그러나 그들 중 누구도 누가복음 1:30-33을 제대로 설명하거나 사도행전 2:27,31을 믿을 만한 분별력을 갖지 못했다.

그러므로 우리는 『**경호대장**』(16절)에게 그들을 넘겨주고 로마가 그들을 처리하게 할 것이다. 그들은 머리끝부터 발끝까지 로마카톨릭의 미신으로 가득 차서, 하나님이나 인간의 어떠한 치료책으로도(1800-1900) 그들을 겸손하게 만들어서 성경의 권위에 복종하게 하지 못했다. 그들은 전통, 필사본, 태도, 접근 방식, 역본들, 교우들, 번역본들, 비평 등에 있어 완전히 아프리카의 카톨릭 신자들이다. 그들 중 30%는 자신들이 전천년주의를 믿는 "근본주의자들"임을 공언하지만, 그 말은 아무 의미도 없는 말이다.

유대인들이 등장한다(17절). 바울은 어떤 반대가 일어나기 전에 미리 방어한다(17절). 그리고 자기가 유대인들을 공격하거나 괴롭히기 위해 거기에 온 것이 아님을 그들에게 확신시킨다(19절). 그는 『**나는... 조상들의 규례에 어긋나게 행한 것이 조금도 없는데**』(17절)라고 말함으로써 그의 나사렛 서원을 정당화한다(행 21:22-26 및 주석참조). 이것은 좀 더 깊이 논의해 보아야 할 문제이다. 18,19절은 사도행전 22-25장에서 이미 다루었다. 『**이스라엘의 소망**』(20절)은 사도행전 26:6과 24:15에서 이미 논의한 내용이다. 이것은 존 R. 라이스와 G. 캠벨 모건의 주장에도 불구하고 "그리스도의 부활"과는 아무런 상관이 없다. 이 로마 유대인들은 "이스라엘의 소망"을 이스라엘을 위한 부활로 알았으며 예수 그리스도의 부활로 알았던 것이 아니다.

바울과 이야기하고 있는 유대인들은 바울에 대한 개인적인 비난을 듣지는 못했지만 『**이 종파**』(sect, 22절)에 대해서는 들었으며, 그것이 『**어디서나 반대받는 것**』도 알았다. 〈킹제임스성경〉과 그것을 믿고 설교하는 사람들도 마찬가지이다. 『**우리는 당신이 생각하는 바를 당신으로부터 듣기를 바라니**』(22절). 그들이 듣고자 하는 것은 "하나님께서 말씀하신 바"가 아니었다(마 22:17에서도 같은 일이 일어난다). 오늘날 학자들이 원하는 것은 그들이 자기 자신의 의견으로 판단하고 잴 수 있는 "상대적" 견해이다. 그들은 절대 진리에는 관심이 없다. 결론적으로 대부분의 보수주의 학자들이 원하는 것은 두서너 개의 "믿을 만한 번역본들"이다. 그래서 스스로가 최종권위의 자리를 차지해서 그것들을 판단하고자 하는 것이다. "당신은 어떻게 생각하는가?" 그러나 전능하신 하나님께서는 그런 데서 떠나 『**주께서 무엇이라 응답하셨고 주께서 무엇이라 말씀하셨느냐?**』(렘 23:35) 라고 물으라고 말씀하셨다. 그러나 하나님께서 말씀하시고 대답하신 것에 대한 견해의 차이가 있을 뿐이라고 생각하는 "근본주의자들"은 『**살아 계신 하나님, 만군의 주 우리 하나님의 말씀들을 변질**』시켰다(렘 23:36).

바울의 말을 "듣기"(23절) 위해 한 날이 정해지고, 그들은 바울의 셋집으로 향한다. 그리고 바울은 그들에게 설교한다(23절). 메시지의 내용은 바울이 하루 열두 시간 동안 설교해 온 『**모세의 율법과 선지자의 글**』(23절)이다. 그는 예수 그리스도께서 사도행전 1:3에서 열한 사도에게 주신 것을 그들에게 준다. 『**믿는 사람들도 있고 또 믿지 아니하는 사람들도 있어서**』(24절). 언제나 그렇듯이 반응은 둘 중 하나, 즉 믿거나 믿지 않거나이다(출 9:20,21 참조). 믿지 않으면서 믿는다고 말하지 말라. 예수 그리스도께서는 육신으로 나타나신 하나님이시며, 여러분의 죄들을 위하여 죽으시고, 장사되셨다가, 죽은 자들로부터 다시 살아나셨다. 그를 자신의 구주로 믿는다면 그렇게 말해야 한다. 『**아침부터 저녁까지**』(23절) 그 말을 해야 한다. 성경이 하나님의 말씀이라고 믿는다면(살전 2:13) 그렇게 말해야 한다. 아침부터 저녁까지 그 말을 해야 한다. 어떤 사람이 자기도 같은 것을 믿는다고 말했다가, 사실은 그것이 지금까지 그 누구도 발견한 적이 없는 어떤 책을 믿는다고 말한 것이었다면, 그 사람은 그 책을 찾을 때까지 설교하지 말아야 한다.

바울은 형제들을 "분열"시킨다(25절). 그들은 바울이 치명적인 말을 할 때까지는 하나였다(행 22:21 및 주석 참조). 『**그가 이 말을 마치니**』(29절)는 28절, 즉 『**하나님의 구원을 이방인들에게 보낸 것**』을 말한다. 그것이 사람들을 겁먹게 한 것이다(행 26:23 및 주석 참조). 『**그가 이 말을 마치니 유대인들이 자리를 뜨더라. 그리고 그들 사이에 상당한 쟁론이 있더라**』

(29절).

이사야의 유명한 구절이(사 6장) 신약에서 네 차례 인용된다. 로마서 11:8, 요한복음 12:40, 마태복음 13:14, 그리고 여기(26,27절)이다. 마음(27절), 귀(27절), 눈(27절)이 하나님의 말씀을 믿는 데서 돌이켜서 올무와 덫과 거치는 돌에 걸려 넘어지는 것이다(롬 11:9). 유대인들은 구약의 약속이 이스라엘의 정치적, 국가적 번영을 다룰 때는 문자 그대로 믿으면서, 도덕적, 영적 의를 다루는 메시아적 약속들은 믿으려 하지 않는다. 그러나 십자가가 없으면 영광도 없다. 한편 현대의 무천년주의나 후천년주의, "보수주의"는 동전을 뒤집는다. 그들은 성도의 위치와 상태를 다루는 영적 약속들은 믿지만, 이스라엘 국가의 정치적 회복을 다루는 문자 그대로의 약속들은 믿으려 하지 않는다. 같은 동전에 양면이 있는 것이다. 유유상종이라는 말은 이런 경우를 두고 하는 말일 것이다.

『**이방인들... 그들이 그것을 들을 것을**』(28절). 그 말씀 그대로 되었다(31절). 이 다음에 이어지는 이야기는 "교회사"의 영역으로 넘기겠다. 이 이야기는 요한계시록 2,3장에서 개괄적으로 다루었으며, 샤프, 라투레테, 뉴먼, 다우비그네, 유세비우스, 미그네, 프룸, 비드, 돌링거, 팍스, 라가르데, 베더, 그 밖의 많은 이들도 그들의 영감받지 않은 펜으로 자세하게 기록하고 있다.

이방인들은 "들었다." 그들은 쉬지 않고 들었다. 암흑시대와 개혁의 때에도 들었다. 미국의 이방인들은 유대인들의 마음과 눈과 귀(27절)를 갖지 않았었다. 1918년경까지는 그랬다. 1918년은 부패한 ASV가 나온 지 17년, 부패한 RV가 나온 지 34년이 되는 해였다. 두 번의 세계대전 사이에 미국에서는 마지막 부흥이 있었고, 부흥의 열매들은 리 로버트슨, 빌리 선데이, 디한 박사, B.R. 라킨, 데오도르 엡, 밥 존스 1세, 모르드캐 햄, J.

프랭크 노리스, W.B. 라일리, 존 R. 라이스, B.B. 크림, J. 헤롤드 스미스의 사역과 클라렌스 라킨의 저술들과 스코필드 주석성경의 발행이었다. 그러나 『**이방인들의 충만함**』(롬 11:25)이 시작되었고, 제2차 세계대전부터 현재까지 미국 기독교는 다음과 같은 특징을 갖게 되었다.

1. "근본주의자들"에 의한 권위역본의 거부. 후에는 조소와 증오까지 수반됨.

2. 1582년 예수회 성경이 〈미국표준역본〉, 〈리빙바이블〉, 〈현대인을 위한 기쁜 소식〉(TEV)이라는 이름으로 대체됨.

3. 기독교 지도자들이 점차적으로 세상과 타협함. 텔레비전 세뇌로 이루어짐.

4. 기독교 교육가들이 성경(Holy Bible)은 물론이고 어떤 책에 절대적인 권위를 두는 것을 절대적으로 거부함.

1880-1930년에 있었던 구령의 열매들은 성인들의 개심이었다. 그 다음 기간(1930-1960)의 특징은 10대들의 개심이었다. 그러나 이 마지막 시기(1960-1980)는 비참할 정도로 소수의 "아이들"과 어린이들로 줄어들게 되었다. 그러면서도 "우리는 부흥을 이룰 수 있다"는 외침은 여전히 높아만 가고 있다. 빌리 선데이가 죽은 이후로 미국에 진짜 부흥은 없었다.

그러나 이방인들은 사도행전 28장부터 1930년까지 계속해서 "듣는다." 필라델피아 교회 기간이 이방인들의 마지막 부흥이었다. 유럽이 미끄러져 나가고(1700-1900) 그 뒤를 영국(1800-1904)과 미국(1901-1990)이 따르면서, "하나님의 구원"(28절)은 이스라엘에게 보내지기로 결정되었다(롬 11:26).

여기 로마 감옥에서 역사적 연대기를 볼 수 있다. 바울은 이 감옥에서 빌립보서, 골로새서, 에베소서, 빌레몬서를 기록한다. 그리고 잠시 동안의 소강상태 후에(A.D. 63-66) 다시 거기로 되돌아온다(A.D. 67). 그는 디도서와 디모데후서를 완성한다. 그 사이에(A.D. 63-66) 스페인으로 갔을 가능성이 크며(롬 15:24) 심각한 반대를 방지하기 위해 아마 영국으로 갔을 것이다. 거리상으로 보면 한 번 가는 데만 두세 달이 걸렸을 것이다. 그리스도인은 영생을 지녔기 때문에 누가는 바울이 여전히 살아서 "전파하고... 가르치는"(31절) 것으로 서술을 끝마친다. 성령께서는 그리스도의 몸을 통해 아직도 역사를 기술하고 계시기 때문에 "행적"은 사실 끝난 것이 아니다. 사도들의 행적이 끝났다는 의미에서만 그것은 끝난 것이다. 그와 함께 『**표적들과 이적들**』(고후 12:12)과 "사도적 계승"도 끝이 난다. 20세기의 이단(cult)들과 종파들(sects)은 그것을 너무도 탐냈다. 바울은 약 2년간 셋집에 머문다(30절). 그 동안 그는 아마도 4,000명 이상에게 설교하고 가르쳤을 것이다. 바울은 베드로가 나타나기 오래전에 로마에 도착했고, 베드로가 뭔가를 쓰기 오래전에 로마에 편지를 썼으며, 베드로가 거기 도착하기 오래전에 로마에서 설교했기 때문에 베드로가 "로마의 첫 번째 주교"였다고 말하는 것은 역사적 진리를 왜곡시키는 것이다.

이 책이 끝나자 벌링거는 자기 자신이 지어낸 기독교를 시작하면서, 여기까지는 그리스도의 몸이 없었다고 말한다. 바울이 "하나님의 나라"(31절)만을 전파했고 "신비의 몸"에 대해서는 전혀 언급하지 않았기 때문에 그것에 대해서는 전혀 알지 못했음이 분명하다는 것이다. 그러나 바울은 멜리데에서 파도를 헤치고 나가기 전에 이미 이 몸에 대해 기록했다(고전 12:13). 그러므로 벌링거의 추측은 효력 상실이다.

『**주 예수 그리스도에 관한 일들...**』(31절)은 네 번의 파선, 세 번의 채찍질, 한 번 돌로 맞은 것 등이 있기 전, 곧 사도행전 9:22에서 있었던 것보다 여기서는 훨씬 더 많은 것을 포함하고 있다. 사도행전 22장 이전에 바울이 로마인들에게 보낸 편지는 "주 예수 그리스도에 관한 일들"(31절)이 다음을 포함하고 있음을 보여 준다.

1. 믿음으로 말미암아 은혜로 구원받음(롬 2-4장)
2. 행위가 없이 의롭게 됨(롬 3,4장)
3. 성도를 그리스도께로 연합시키는 성령침례(롬 6,7장)
4. 전천년주의(롬 8,9,11장)
5. 이스라엘의 국가적인 회복(롬 9,11,15장)
6. "의심스러운 것들"에 대한 그리스도인의 행동과 규칙들(롬 11,12,13장)
7. 한 몸(롬 12,14,16장)
8. 십자가와 연관된 교리들(롬 5-8장)
9. 완성된 속죄와 연관된 하나님의 칙령과 사법적이고도 합법적인 하나님의 일.
10. 복음을 전파하는 선교사로 부르심(롬 10장)
11. 복음의 내용과 메시지와 믿음(롬 1,2,3,8,9,10장)

그러므로 사도행전 28장 끝에서도 바울이 여전히 사도적인 "유대인의 왕국"을 전파하고 있었다고 생각하는 교사는 크게 실수하는 것이다. 바울은 로마서를 쓰기 훨씬 전에 그 내용을 분명히 알고 있었으며, 예루살렘에서 소요에 휘말리기 전에(행 21장) 로마인들에게 보내는 서신을 썼다. 벌링거는 틀렸고, 성경은 옳다.

언제나 이런 식이다. 어떤 변명이나 거짓 핑계를 댄다 할지라도 성경을 거부하는 사람은 그 책임을 면할 수 없다. "럭크만은 자기만 옳고 나머지 모든 사람은 틀렸다고 생각한다"가 아니다. "럭크만 같은 견해를 가진 사람이 어디 있는가?"가 아니다. 단순한 진리는 이것이다.

성경이 옳고 성경과 다른 모든 것은 틀렸다. 어떤 사람이 성경에 동의하지 않는다면 우리는 그 사람을 대적하는 편에 선다. 그렇게 단순한 것이다. 그리고 그것은 항상 그렇게 단순했다. 뿐만 아니라 우리는 심지어 우리 자신까지도 대적해서 성경 편에 선다. 그렇다면 자기가 성경을 고칠 수 있을 정도로 똑똑하다고 생각하는 사람을 판단하는 기준으로써 우리가 성경을 이용하는 것에 무슨 잘못이 있단 말인가.

무오한 성경에 대한 우리의 주석은 여기서 끝난다. 그림자들은 깊어지고 적그리스도가 과학과 종교와 "믿을 만한 번역본들"을 통해 나타나려고 준비하는 동안, 우리는 성경의 전파와 가르침(31절)으로 돌아간다. 성경은 하나님께서 구원받지 못한 인류에게 보내시는 키스이다.

이 시대의 마지막에 올바로 행하는 것을 잊어서는 안 된다(약 1:22). 우리는 누군가가 "사도들은 민수기(Numbers)에서 끝나지 않았다"고 한 말을 잊어서는 안 될 것이다.

구원받은 죄인으로서 우리가 직면한 심판은 우리 전투의 "질"이다(고전 3:13). 우리 야영지의 "숫자"가 아니다. 바울의 "선한 싸움"과 사역의 "질"은 비평의 여지가 없으며 개선해야 할 여지도 없었다. 그는 말씀을 전파하고 가르쳤으며(행 20:27; 28:31) 결과는 성령 하나님께 맡겼다. 이것이 하나님의 일꾼이 따라야 할(딤전 5:17) 사역이다. 그리고 신실한 "전우"(빌 2:25)는 최고 사령관이신 하나님께 복종해야 할 것이다. 전진!

"환란 성도들의 행적"(단 11장)은 아직 미래에 해당한다. "교부들의 행적"과 "종교개혁가들의 행적"은 우리 뒤에 있다. 오후 5:45에 포도원에 일하러 나간 우리들은 아침 6:00에 등록해서 "사도행전"의 주인공이 되었던 사도들과 동일한 상을 약속받고 있다(마 20:12). 우리의 일은 분명하다. 우리는 밤의 그림자가 임하기 전에 수확해야 한다. "포도를 따는" 마지막 몇 분 동안 우리는 바람이나 구름을 보는 데(전 11:4,5) 많은 시간을 낭비해서는 안 된다. 공산주의와 카톨릭이 번개를 수반한 뇌적운으로 지평선에 떠 있는 지금, 우리의 임무는 분명하다. 우리는 우리 주인의 포도원에서(마 21:28) 주인을 위해 일하고 있다(엡 6:9). 씨로 하여금 그 종류대로 열매를 맺게 하시는 분이(창 1:11,12) 자연을 통제하고 계신다(마 14:32). 우리는 공산주의자들을 기쁘게 해주기 위해 진화론에 타협해서는 안 되며, 카톨릭을 기쁘게 해주기 위해 필사본 증거들에 관해 타협해서도 안 된다. 우리의 반석은 "그들의 반석"(신 32:31)이 아니며 우리의 포도나무는 "그들의 포도나무"(신 32:32)가 아니다. 우리의 성경은 이집트 알렉산드리아의 누룩이 들어간 변개된 사본이 아니며, 결코 그렇게 되지도 않을 것이다. 우리의 성경은 "살아 계신 하나님의 살아 있는 말씀"이다. 이 말씀은 하나님께서 그 말씀을 교회에게 주실 때에도 무오하고 변치 않는 말씀이었으며, 태양계가 불타 버린 이후에도 여전히 그럴 것이다. 말씀을 받은 교회의 임무는 하나님의 말씀을 지키는 것이다(계 3:8).

"이것이 그 길이라. 너희는 그 안에서 행하라."

● 옮긴이 / 윤 지 영

• 경희대 영문학과 졸업
• 펜사콜라성경신학원 졸업

● 역 서

• 〈죄인은 죽어서 어디로 가는가〉(말씀보존학회)
• 〈피터 럭크만의 주석서 사도행전〉(말씀보존학회) 등 다수

피터 럭크만의 주석서

사도행전

1997년 8월 30일 초판1쇄
2021년 3월 19일 개정판2쇄

지은이 피터 S. 럭크만
옮긴이 윤 지 영
펴낸이 이 송 오
펴낸곳 말씀보존학회

서울시 강서우체국 사서함 제90호
전화 (02) 2665-3743 / 팩스 (02) 2665-3302
인터넷 / www.biblemaster.co.kr
출판등록 1988. 12. 12. 제16-223호

값 35,000원